리얼 유토피아

Envisioning Real Utopias
Copyright ⓒ 2010 by Erik Olin Wright
All rights reserved

Korean translation copyright ⓒ 2012
by Dulnyouk Publishing Co.

이 책의 한국어판 저작권은 저자 Erik Olin Wright를 통해 Verso 출판사와 독점계약한 도서출판 들녘에 있습니다.
저작권법에 의하여 한국 내에서 보호를 받는 저작물이므로 무단전재와 복제를 금합니다.

리얼 유토피아
ⓒ 들녘 2012

초판 1쇄	2012년 2월 20일
초판 7쇄	2022년 7월 22일

지은이	에릭 올린 라이트
옮긴이	권화현

출판책임	박성규		
편집주간	선우미정	펴낸이	이정원
편집	이동하·이수연·김혜민	펴낸곳	도서출판 들녘
디자인	고유단	등록일자	1987년 12월 12일
마케팅	전병우	등록번호	10-156
멀티미디어	이지윤	주소	경기도 파주시 회동길 198
경영지원	김은주·장경선	전화	031-955-7374 (대표)
제작관리	구법모		031-955-7381 (편집)
물류관리	엄철용	팩스	031-955-7393
		이메일	dulnyouk@dulnyouk.co.kr

ISBN 978-89-7527-993-5 (03300)

값은 뒤표지에 있습니다. 잘못된 책은 구입하신 곳에서 바꿔드립니다.

리얼 유토피아

좋은사회를향한**진지한**대화

에릭 올린 라이트 지음 | 권화현 옮김

들녘

한국의 독자들에게_**참을 수 없는 불확실성의 무거움**

『리얼 유토피아』는 다른 모든 책처럼 특정한 역사적 상황에서 자신의 삶과 생각을 형성시킨 특정한 개인이 쓴 것이다. 나는 제2차 세계대전 이후 역동적인 경제성장기에 태어난 백인 남성 미국인 학자—사회학자—이다. 나는 아주 학문적인 가정에서 자랐다. 양친이 모두 교수였고 두 동기도 학계에 있거나 있었다. 미국의 보수적 심장부인 캔자스 주에서 자라났고, 고향에서 좋은 공립학교에 다녔다. 나의 어린 시절은 안락했다. 경제적으로나 사회적으로 어떤 갈등에도 휘말리지 않았다. 1964년 대학에 진학하기 위해 집을 떠났고, 엘리트 기관에서 교육을 받았다. 처음에는 하버드, 다음에는 옥스퍼드, 마지막으로 박사학위를 위해 캘리포니아 대학교 버클리 분교에 다녔다. 1976년 이래 나는 위스콘신 대학교 매디슨 분교에서 사회학을 가르치고 있다. 안정되고 보수가 좋은 직업을 가진 셈이다. 2008년 이후 미국의 경제위기로 인한 경제적 혼란에도 불구하고, 내 소득이 10%쯤 줄고 연금 저축이 조금 줄어든 것 외에는 나의 상황이 별로 바뀌지 않았으니까!

이러한 역사적·사회구조적 상황에 있는 어떤 사람이 마르크스주의자이고 『리얼 유토피아』 같은 책을 쓸 수 있다는 것이 한국의 독자들에게는 놀라울지도 모르겠다. 물론 내 이야기에는 나의 사회적 위치에 관한 단순한 사실이나 내가 처한 일반적인 정치적·경제적 상황 이상의 것이 있다. 다음 내용들이 나의 배경을 설명할 때 결정적으로 빠진 몇 가지 것들이다. 내 외조부모는 러시아계 유태인 이민자로 1911년 미국에 와서 살면서부터 평생 러시아혁명에 아주 공감했다. 뉴욕에 사는 내 친척들은 평생 공산주의에 공감했고, 이 피의 일부가 나에게 전해졌다. 내 부모는 1950년대의 시민권운동을 지지했다. 선거에서는 늘 빈곤과 사회정의에 관심이 있는 후보자들을 선택했다. 나는 베트남전 때 대학생이었고, 모든 건강한 미국 청년들처럼 징병에 처했으며, 이 전쟁에 입장을 취해야 했다. 많은 집회와 저항에 참여했고, 미국의 외교정책에 도덕적으로 분노했다. 군 징집을 피하기 위해 나는 1970년 신학교에 들어갔고(신학생들은 군복무에서 면제되었다), 산퀜틴San Quentin 감옥에서 인턴 목사로 일했으며, 일단의 좌파 변호사들과 함께 죄수 권리 운동에 적극적으로 참여했다. 그들의 후원으로 나는 이 죄수들과 활동가들 일부와 함께 협력하여 내 첫 번째 책 『처벌의 정치The Politics of Punishment』를 썼다.

이러한 역사적 상황에서 내가 마르크스주의 전통에 끌려들어간 것은 대체로 그 지적 파워 때문이다. 마르크스주의 전통은 미국 제국주의, 그리고 미국 정치와 사회의 성격을 이해하는 데 가장 일관된 개념들을 제공했다. 그 후 대학원을 다닐 때, 비판적 전망을 발전시키는 데 애쓰던 가장 활기차고 역동적인 지적 모임들은 마르크스주의에 닻을 내리고 있었다. 갑자기, 마르크스주의를 재구성해 참된 질문을 제기하고 새로운 답을 낼 수 있게 하자는 세계적 운동이 나의 지적 "준거집단"—오래된 사회학 용어를 사용하자면—이 되었다. 이 학계에 완전히 들어서게 되면서, 나는 학계를 올바로 세우고 변화시키는 데 적극적으로 기여하며, 마르크스주의 전통 안에 나의 도덕적 관심과 학문적 엄밀성의 추구를 모두 충족시킬 수 있는 틈새를 창조했다. 나는 마르크스주의 계급 개념에 관해, 그리고 이 개념을 발전시켜 사회학에서의 양적 데이터 분석에 유용하게 만드는 방법에 관해 박사논문을 썼다.

1970년대 초에 내가 젊은 지식인으로서 마르크스주의 전통에 끌려들어 간 것은 그렇다 치자. 아무튼 그 시절에 마르크스주의는 어떤 점에서 아주 유행한 사상이었으니까 말이다. 그러나 내가 왜 지금까지 계속 이 전통 안에 머물며 연구하고 있는지는 설명할 필요가 있다. 1970년대 초의 많은 마르크스주의자들은 결국 이렇게 저렇게 마르크스주의를 포기했다. 나는 여기에 두 가지 주요한 쟁점이 있다고 생각한다. 첫째, 나는 내 연구를 의식적으로 좌파 정치적·지적 네트워크와 기관 속에 위치시켰다. 나는 어떤 청중을 내 청중으로 삼느냐가 결정적인 사안이라는 것을 알았다. 왜냐하면 청중의 성격은 많은 면에서 한 사람의 사고의 발전 방향을 규정하기 때문이다. 청중이 오직 미국의 전문 사회학자들이라면, 나는 내 연구가 점차 마르크스주의에서 벗어나게 될 것이라고 예상했다. 그래서 나는 『뉴 레프트 리뷰』에 글을 쓰고 내 연구의 대부분을 지도적인 영어 좌파 언론인 버소Verso 출판사와 출간하기로 했다. 위스콘신에서도 나는 즉시 대학에 계급 분석 프로그램을 만들었다. 이것은 마르크스주의와 급진이론에 관심이 있는 학생들을 끌어들였고, 마르크스주의 주제들에 관한 활발한 논쟁 무대를 지속적으로 제공하는 데 기여했다. 몇 년 후 나는 사회정의와 사회변화의 문제들을 중심으로 활동가와 학자를 잇는 연구소를 세웠다. 이 모든 것으로 인해 나는 어떤 의미에서 진보적인 정치적 청중에 책임을 지게 되었다.

둘째, 나는 내 연구의 이론적 좌표가 "마르크스주의"가 아니라 마르크스주의 "전통"이라고 이해하기 시작했다. "마르크스주의"라는 용어는 지속적으로 재구성되고 전진하는 과학적 이론을 암시하는 것이 아니라 교의를 암시한다. 오늘날의 미국에서 보수적 기독교인들이 진화생물학을 "다윈주의"라 부르는 이유는, 이 과학적 이론이 특정인과 결부되어 있는 교의로 간주되기를 원하기 때문이다. 나는 마르크스주의 전통이 한 사람의 이름을 따라 명명된 것이 항상 다소간의 문제를 초래했다고 생각한다. 왜냐하면 이로 인해 마르크스의 과학적 의제와 그 성취에 특별한 위치가 주어진 것이 아니라 마르크스의 특정한 생각이나 정식에 특별한 위치가 주어졌기 때문이다. 나는 내 지적 기여가 "마르크스주의" 안에 있는 것이 아니라 마르크스주의 전통 안에 있다고 보았기 때문에, 내 연구가 순수하게 "마르크스주의적"인지 아닌지에 지나치게 신경 쓰지 않고 내 자신의 분석 전략과 이론 전략을 훨씬 더 쉽게 발전시킬 수 있었다. 다른 전통들―게임이론, 분석철학, 페미니즘, 신고전파 경제학, 그리고 사회학의 다양한 조류들―에서 나온 요소들이 내 경험적·이론적 연구의 특정한 문제들을 해결하는 데 도움이 될 경우, 나는 이 요소들을 끌어들일 수 있었다. 이와 같은 수입이 마르크스주의 전통을 희석시키기보다는 풍부하게 만들었다고 나는 믿는다.

그렇다면 마르크스주의 전통의 어떤 핵심적 요소들로 인해 이 전통은 그저 여러 사고의 절충물이 아니라 진정한 지적 정치적 전통이 되는가? 나는 다섯 가지 일반적인 요소들이 결정적으로 중요하다고 생각한다.

  (1) 사람들에게 해악을 가하는 한 경제체계로서의 자본주의에 대한 진단과 비판.
  (2) 계급적 지배·착취 관계들의 체계로서의 자본주의에 관한 이론.

(3) 자본주의의 대안들에 관한 이론을 발전시키려는 노력.

(4) 자본주의를 재생산하고 자본주의의 변혁을 가로막는 메커니즘들에 대한 관심.

(5) 의식적 투쟁이 의도되지 않은 사회 변화의 누적적 효과들과 상호작용해서 변혁이 일어난다는 이해.

이 요소들의 각각은 다른 사회이론 전통에서도 발견될 수 있지만, 이들이 모두 합쳐져 마르크스주의 전통의 독특한 배열을 이룬다. 이 요소들의 범위 안에 들어오는 연구는, 그것이 마르크스의 특유한 사상에 충실하든 그렇지 않든, 나아가 스스로를 마르크스주의라 규정하든 그렇지 않든, 마르크스주의 전통 안에 있는 것이다.

『리얼 유토피아』는 이러한 개인적 제도적 맥락으로부터 자라났다. 내가 영어판 서문에서 썼듯이, 이 책의 지적 의제는 1990년대 초 이래 내가 지휘한 장기적 프로젝트, 리얼 유토피아 프로젝트의 일환으로 발전되었다. 이 프로젝트는 소련의 몰락 이후 좌파에게 자본주의의 대안에 관한 새로운 전망, 새로운 사고방식이 필요하다는 많은 지식인들의 생각에 대한 응답이었다. 문제는 좌파에게 좋은 사회에 관한 생각이 결여되어 있다거나 자본주의 속에서의 삶을 개선시킬 건설적 정책 개혁에 관한 생각이 결여되어 있다는 것이 아니라, 자본주의를 초월하는 변혁에 관한 전반적인 전망을 좌파가 더 이상 가지고 있지 않은 듯하다는 것이었다. 리얼 유토피아 프로젝트는 이 문제에 대한 광범위한 생각을 탐구하기 위해 출범했다.

『리얼 유토피아』원고는 2009년 여름 엄청난 불확실성이 난무하던 시기, 그러나 희망, 나아가 낙관주의 역시 피어나던 시기에 완성되었다. 2008년 가을의 금융위기는 신자유주의의 자족적 승리주의를 침묵시켰다. 오바마 행정부가 취한 조치는 이 위기의 난관들을 다루기에는 불충분해 보였지만, 그래도 현상과의 단절을 알리는 것이었다. 미국 건강관리 체계의 개혁과 새로운 형태의 경제 규제가 의제에 올랐다. 신문과 대중지는 현존하는 자본주의 모델의 실패, 그리고 진정한 제도적 변화의 필요성과 국가의 활발하고 적극적인 역할에 관한 토론으로 가득 차 있었다. 좌파는 위기 상황을 곧잘 진보적 사회 변혁에 관한 새로운 제안을 밀고나갈 수 있는 최상의 맥락으로 봐왔으며, 2009년의 상황은 이러한 기회를 제시하는 것 같았다. 『리얼 유토피아』의 중심 목적은 해방적 이상을 구현하는 제도들을 창조하는 문제에 관해 전반적인 전망을 제공하는 것이었기 때문에, 이 시기는 이 책이 나오기에 특히 적절한 때로 보였다.

2010년 가을 이 책이 실제로 나왔을 때, 깊은 불확실성의 상황은 여전했으나, 적어도 미국의 정치적 맥락 속에서는 희망감이 사라지고 말았다. 위기가 진보적 대중 동원을 부활시키기는커녕, 공적 정치 논쟁은 포퓰리즘의 겉치장을 한 퇴보적이고 분노한 우익에 지배되었다. 오바마 행정부의 온건한 개혁은 사회주의적이라고, 정부가 경제를 접수하려는 시도라고 비난받았다. 위기는 지나친 정부 개입과 규제, 지나친 정부 지출과 세금 때문이라는 비난이 쏟아졌다. 매스미디어는 이 저항을 상연하며, 이것이 정치적 스펙트럼 일부의 감정만을 반영하는 것이 아니라 새로운 무게중심을 반영한다는 느낌을 만들어냈다. 2010년 가을 전국 입법부와 주 정부 선거에서 공화당은 큰 약진을 이루었고, 극우파가 공화당을 지배했다. 진보적 정치 이니셔티브의 전망은 모두 사라진 것 같았다. 적극적 국가에 대한 우익의 거센 공격을 막아낼 수 있는지가 문제가 되었다.

지금은 2011년의 여름이다. 혼란과 불확실성은 이제 미국에서는 물론 대다수 선진 자본주의 세계 전체에 걸쳐 계속되고 있다. 과도한 정부 지출과 큰 공적 부채가 경제적 안정에 대한 주된 위협이라는 생각은 이제 미국 보수주의 세력의 염불에 그치지 않고, 대다수 자본주의적 민주주의 국가들의 정치적 중도에게도 대체로 받아들여지고 있는 것 같다. 하지만 2010년 미국에서의 우익적 전환에 대한 최초의 대응에서 보던 것과 달리, 2011년에는 많은 곳에서 진보적 대항운동이 일정한 모멘텀momentum을 얻었다. 긴축계획에 대항한 대대적인 저항이 그리스와 스페인 등지에서 일어났다. 내가 가르치고 있는 미국 위스콘신 주에서도, 새로 선출된 공화당 주지사와 입법부가 공공부문 노조를 제거하고 교육, 건강, 기타 사회 프로그램에 관한 주 정부 지출을 대대적으로 삭감하려는 시도에 대응하여 저항 시민들이 주의회 빌딩을 두 주 이상 점거했다. 이 논쟁은 이번 여름 위스콘신 주 아홉 명의 주의원들에 대한 일련의 소환 선거로 이어졌다. 우익은 이 가운데 다섯 명을 잃었다. 서울에서도 공립학교에서 보편적 무상급식을 폐지하려는 시도가 야당세력에 의해 저지되었다. 2009년의 낙관주의는 다시 점화되지 않았지만, 적어도 정치적 가능성의 느낌은 되돌아오기 시작했다.

『리얼 유토피아』는 현재의 혼란과 관련해 어떤 투쟁 형태가 가장 효과적일지에 대해 특별한 권고를 하지 않는다. 견고한 보수세력에 맞서 어떤 요구들이 호소력을 가질지에 대해서도 조언하지 않는다. 이 책이 하려고 하는 것은, 우리가 가고자 하는 목적지의 성격을 명료히 하고, 진보세력들이 이곳에서 저곳으로 여행하는 법을 이해할 수 있도록 일종의 "분석틀"을 창조하는 것이다.

에릭 올린 라이트
위스콘신 주 매디슨
2011년 8월

지은이의 말_ 민주평등주의적 가치에 근거한 리얼 유토피아 구상

나는 1970년 베트남전쟁 때 징집이 시작되자, 캘리포니아 버클리에 있는 유니테리언 유니버설리즘 신학교인 '토마스 스타 킹'에 들어갔다. 신학생은 징집이 유예되었기 때문에 1960년대 후반에는 신학교에 등록하는 학생이 엄청나게 늘어났다. 나는 "유토피아와 혁명"이라는, 학생들이 주도하는 세미나를 조직했는데 이 세미나는 내 연구와 관련이 있었다. 나와 여러 신학교의 학생들 열두어 명은 버클리 신학 대학원생 회관에서 10주에 걸쳐 미국 사회와 세계 다른 모든 나라의 변혁을 위한 원칙과 가능성에 대해 토론했다. 우리는 젊고 열정적이었다. 시민권운동과 반전운동의 이상주의, 그리고 경쟁적 개인주의와 소비자주의에 대항하는 반문화 조류는 우리를 고무시켰다. 우리는 미국 자본주의를 혁파하는 게 가능한지 전망하고 "프롤레타리아트 독재"의 파생효과에 대해 토론했으며, 대안적인 삶의 방식을 통해 현존하는 권력·지배구조를 반문화적으로 전복하는 게 과연 가능한 일인지에 대해서도 논의했다.

토론을 촉진하기 위해 토론 내용을 녹음하고 글로 정리해 참석자들에게 나누어 주었다. 첫 번째 토론회에서 우리는, 자신이 꿈꾸는 "유토피아"가 무엇인지에 대해 이야기를 나누었다. 토론이 끝나갈 즈음, 나는 다음과 같이 말했다.

우리는 유토피아의 이미지를 구축하기 위해 이 자리에 모였습니다. 하지만 우리가 골몰하는 과제가 현존하는 다양한 문제를 해결할 수 있는 완벽한 제도를 찾아내려는 시도라고 간주하는 것은 그리 바람직하지 않습니다. 우리는 아마 어떤 종류의 사회제도가 우리의 목표를 '부정하는지', 그리고 어떤 종류의 제도가 이 목표를 향해 한 걸음씩 나아가게 하는지를 결정할 수 있을 겁니다. 그러나 우리의 모든 이상을 온전히 구현하는 실제 제도의 세부사항까지 계획하는 건 불가능합니다. 우리의 진짜 과제는 스스로 역동적으로 변할 수 있는 제도, 사람들의 욕구에 반응하고 그에 따라 진화할 수 있는 제도를 생각해 내는 것이지, 너무 완벽해서 더 이상 변할 필요가 없는 제도를 생각해 내는 것은 아닙니다.

얼마 후, 징집 방식이 추첨으로 바뀌었고, 나는 좋은 번호를 뽑았다. 그리고 1971년부터 캘리포니아대 버클리분교 사회학과에서 대학원 공부를 시작했다. 그 다음 20년 동안 나는 마르크스주의를 재구성하는 문제, 특히 계급 분석을 위해 마르크스주의 이론 틀을 재구성하는 문제에 골몰했다. 사회주의의 문제, 그리고 자본주의의 대안을 찾아내는 문제가 이따금 부각되었지만 그것은 내 연구와 저술의 초점이 아니었다.

나는 1992년에 유토피아와 해방적 변혁의 주제로 되돌아왔다. 베를린

장벽이 무너지고, 소련이 해체되었다. 신자유주의와 시장근본주의가 자본주의적 민주주의 국가들에서 정부 정책을 지배했다. 중앙집권적 계획경제가 역사 속으로 사라지자 계획경제체제에 대한 불신은 쌓여만 갔고, 많은 사람들은 자본주의와 자유민주주의가 유일하게 실현가능한 인류의 미래라고 믿었다. "역사의 종말"이 선언되기도 했다.[1]

이것이 내가 1990년대 초에 리얼 유토피아 프로젝트를 시작한 배경이었다. 리얼 유토피아 프로젝트는 현존하는 권력·특권·불평등 구조의 대안에 대해 진지하고 심도 있게 논의해 보려는 시도였다. 이 프로젝트는 거대 체제 설계의 보편적이고 추상적인 정식을 제시하거나, 현행 관행을 살짝 고쳐 금방이라도 성취할 수 있는 개혁 방안을 제시하려는 것이 아니었다. 그것은 사회제도의 여러 영역들을 근본적으로 재설계하기 위한 구체적인 방안을 제시하려는 것이었다. 엄밀히 추구하기가 어려운 논의이긴 했다. 설득력 있는 근본적 재설계를 정식화하는 것보다 현존하는 장치를 만지작거리는 구체적인 방법을 토론하는 것이 훨씬 더 쉽다. "대안 설계의 상세한 청사진을 그리는 것은 공상에 찬 무의미한 연습일 뿐"이라는 마르크스의 말은 옳았다. 나와 리얼 유토피아 프로젝트 참여자들이 성취하고 싶었던 것은, 현존하는 세계의 해방적 대안에 기초가 될 수 있는 실행가능한 제도적 원칙들을 명확하고 정교하게 다듬는 것이었다. 우리의 정교화 작업은 우리 기획에 동기를 부여하는 도덕적 가치들에 대한 토론과 제도적 특징들의 세밀한 디테일에 대한 토론 사이에 위치한다.

리얼 유토피아 프로젝트에서는 2003년까지 네 권의 책을 출간했다(그 이후 두 권이 더 나왔다). 이제 구체적인 제안에서 한 걸음 물러서 이 프로젝

---

[1] Francis Fukuyama, *The End of History and the Last Man* (New York: The Free Press, 1992).

트를 더 큰 분석틀에 넣어 보려고 시도할 때가 된 것 같다.[2] 이와 동시에 나는 『사회학적 마르크스주의Sociological Marxism』라는 책을 내기 위해 마이클 뷰러워이Michael Burawoy와 작업을 시작했다(이 책은 아직 완성되지 않았다). 우리는 사회학 이론을 정리한 교과서를 출간하기 위해 같은 제목의 공동 논문을 썼고, 이것을 책 길이의 원고로 늘리면 좋겠다고 생각했다.[3] 원 논문의 핵심적 주장은, 마르크스주의 전통에서 가장 견고하고 튼튼한 분야는 계급 분석이며, 계급 분석을 중심으로 광범위한 사회학적 마르크스주의를 구성하는 것이 가능하다는 것이었다. 기획된 책에서 우리는 먼저 마르크스주의 전통 속에서 사회학적 마르크스주의의 역사적 뿌리를 추적할 계획이었고, 그 작업은 뷰러워이가 맡기로 했다. 그리고 그 이론적 기초들을 더 철저히 정교화할 계획이었다. 이에 대해서는 내가 일차적인 책임을 맡기로 했다. 나는 초고를 쓰기 시작했는데, 이 초고의 결론부에 있는 몇 개 장들은 리얼 유토피아 구상을 정교화한 것이다. 하지만 공교롭게도 뷰러워이는 미국사회학회장으로 선출되었고, 새로운 방향의 생각에 착수해 "공공사회학"이라는 주제에 대해 쓰게 되었다. 그래서 우리의 공동 저작은 잠시 중단되었다. 그는 나에게 이 마지막 장들을 취해 다른 책의 핵심부로 이용하라고 권유했고, 이것이 결국 『리얼 유토피아』가 되었다.

---

[2] 리얼 유토피아 프로젝트에서 나온 여섯 권의 책은 다음과 같다. *Association and Democracy*, by Joshua Cohen and Joel Rogers (London: Verso, 1995); *Equal Shares: Making Market Socialism Work*, by John Roemer (London: Verso, 1996); *Recasting Egalitarianism: New Rules for Equity and Accountability in Markets, Communities and States*, by Samuel Bowles and Herbert Gintis (London: Verso, 1999); *Deepening Democracy: Innovations in Empowered Participatory Governance*, by Archon Fung and Erik Olin Wright (London: Verso, 2003); *Redesigning Distribution: Basic Income and Stakeholder Grants as Cornerstones of a More Egalitarian Capitalism*, by Bruce Ackerman, Anne Alstott and Philippe Van Parijs (London: Verso, 2007); *Gender Equality: Transforming Family Divisions of Labor*, by Janet Gornick and Marcia Meyers (London: Verso, 2009).
[3] Michael Burawoy and Erik Olin Wright, "Sociological Marxism," in Jonathan Turner (ed.), *Handbook of Sociological Theory* (New York: Kluwer Academic/Plenum Publishers, 2001).

2004년 가을, 나는 미국사회학회 연례회의와 사회경제학진흥협회(the Society for the Advancement of Socio-Economics)에서 이 책의 핵심 주장에 대한 첫 번째 견해를 발표했다. "사회주의에서 '사회적'이라는 말을 진지하게 취급하기"(Taking the 'Social' in Socialism Seriously)라는 제목의 논문이었다. 나는 이 논문이 두 회의에서 모두 좋은 평가를 받았다고 생각했다. 그 다음 분석적 마르크스주의 모임(Analytical Marxism Group)에서도 이 논문을 발표했는데, 이 모임에 속한 학자들은 1980년 경 이래 거의 매년 만나 서로의 저작을 토론하고 있다.[4] 그들은 이 논문을 그리 좋아하지 않았다. 특히, 한 경제 조직 내에서 어떤 권력 형태가 "지배적"인가에 따라 경제 체제의 유형들을 구분하려는 나의 노력을 좋아하지 않았다. 우리는 한 복잡한 관계 구조 안에서 특정한 요소들이 "지배"한다는 것이 무엇인지를 정의하는 문제에 대해 길고 격렬한 (그리고 다소 좌절스러운) 토론을 했다. 아무도 특별히 건설적인 대안을 제시하지 않았고, 나는 조금 의기소침해진 채 이 모임에서 돌아왔다.

나는 이 만남 후 몇 달 동안 그들이 비판한 내용에 대해서 더 생각해 보았다. 나는 이 토론에서 제기된 분석적 문제가 정말 문제이기는 하지만, 이 문제에 대한 내 접근법의 핵심적인 실질적 요점을 심각하게 훼손하는 것은 아니라고 결론지었다(이 쟁점들은 제5장에서 논의할 것이다). 그래서 이 논문으로 되돌아와 2005년에 다시 꼼꼼하게 손을 보았다. 그 결과물은 결

---

[4] 분석적 마르크스주의 그룹은 마르크스주의 이론의 중심적 주제들, 특히 착취 개념을 토론하기 위해 시작되었다. 1980년대 초 이 그룹의 구성원들은 마르크스주의를 탐구하기 위한 독특한 양식을 발전시켰으며, 이것이 결국 "분석적 마르크스주의"라고 명명되었다. 나는 1981년에 이 그룹에 참여하도록 초청받았다. 이 그룹의 다른 구성원들로는 (모두가 다 처음부터 거기 있었던 것은 아닌데) G. A. Cohen, John Roemer, Hillel Steiner, Sam Bowles, Josh Cohen, Robert van der Veen, Philippe Van Parijs, Robert Brenner가 있다. Adam Przeworski와 Jon Elster는 1980년대에 이 그룹의 구성원이었으나, 내가 이 저작을 발표할 때에 이르러서는 떠난 뒤였다. 이 서클의 구성원들이 쓴 저작 모음집에 대해서는 John Roemer (ed.), *Analytical Marxism* (Cambridge: Cambridge University Press, 1985)를 보라.

국 2006년 『뉴 레프트 리뷰*New Left Review*』에 실렸는데, 거기서 펼쳐진 핵심적인 생각들을 이번 책에서 좀 더 정교화했다.[5]

  2005년 봄에 이르러 나는 나의 핵심 주장을 방어할 수 있다고 느꼈지만, 이 책이 얼마나 야심 찬 것이어야 하는지에 대해서는 확신이 서지 않았다. 기본적으로 『뉴 레프트 리뷰』 논문을 조금 더 정교화한 것이어야 하는가? 리얼 유토피아 구상에 관한 이 특정한 주장을 해방적 사회이론이라는 더 넓은 의제 속에 자리매김 해야 하는가? 마르크스주의와 곧바로 씨름하여, 내 주장의 위치를 마르크스주의 전통 안에 세우는 동시에, 내 주장이 이 전통의 여러 측면들과 어떻게 결별하는지 일일이 적시해야 하는가? 이러한 쟁점들을 해결하는 최상의 방법은 방문 강의 초청이 들어올 때마다 이를 받아들여 이 책에 담긴 생각들을 가능한 한 여러 사람들과 공개적으로 토론하는 것이라고 결론지었다. 이 같은 대화과정을 통해 내 주장들을 가다듬는 동시에, 이 책의 의제를 확대하는 것이 얼마나 유용할 것인지에 대해 더 나은 감을 잡을 수 있다고 생각했다.

  그래서 나는 결국 4년 동안 전 세계를 여행하면서, 대학과 학술회의, 그리고 다른 통로를 통해 이 책의 원고에 대해 강의하고, 세미나와 워크숍을 여는 한편 연속 강의도 했다. 총 18개국이나 되는 나라에서 50회 이상 강연하게 되리라고는 나 역시 짐작도 하지 못한 일이었다.

  2005년: 애리조나 대학교, 스웨덴 우메아 대학교(4회), 프라하 찰스 대학교, 체코 의회 세미나, 이탈리아 트렌토 대학교, 자그레브 크로아티아 사회

---

5 이 논문이 『뉴 레프트 리뷰』에 제출되었을 때는 여전히 "사회주의에서 '사회적'을 진지하게 취급하기(Taking the 'Social' in Socialism Seriously)"라는 제목을 가지고 있었지만, 이 학술지의 편집자들은 길고 장황한 제목을 좋아하지 않는다며, "나침반침: 사회주의적 대안을 향해(Compass Points: Towards a Socialist Alternative)"로 바꾸었는데, 이는 내가 이 논문에서 이용한 은유를 변용한 것이었다. 나는 그래도 원 제목을 훨씬 더 좋아했지만, 그들의 편집상의 판단을 따랐다.

학회, 자그레브 대학교, 랜카스터 대학교 도덕경제 학술대회, 캘리포니아 대학교 어바인 분교 사회생태학대, 더블린 유니버시티 칼리지 사회정의대.

2006년: 프린스턴 대학교 사회학과, 보스니아 사라예보에서의 헤겔, 마르크스, 정신분석학 학술대회, 런던 경제대학, 캘리포니아 대학교 버클리 분교(6회), 밀워키 중서부 사회포럼, 토론토 대학교.

2007년: 뉴욕 대학교(4회), 컬럼비아 대학교, 하버포드 대학, 위튼 대학, 일본 센다이 도호쿠 대학교, 일본 후쿠오카 큐슈 대학교, 교토 대학교, 도쿄 대학교, 아르헨티나 부에노스아이레스 대학교, 칠레 산티아고 디에고 포르탈레스 대학교, 베이징 런민 대학교, 베이징 칭화 대학교, 베이징 중국 사회과학 아카데미, 광저우 순야트 센 대학교, 난징 대학교, 상하이 후단 대학교, 남아프리카 요하네스버그 위트워터즈랜드 대학교, 요하네스버그 COSATU 리더십 워크숍, 캘리포니아 대학교 버클리 분교(8회), 노르웨이 트론트하임 대학교(3회), 앙카라 중동부 기술대학교(4회), 이스탄불 보아지치 대학교, 미네소타 대학교.

2008년: 바르셀로나 대학교, 밀라노 대학교, 시에나 대학교, 스페인 빌바오 바스크국 대학교, 파리 시앙스 포, 멕시코시티 멕시코 대학, 랜카스터 대학교.

혹자는 이렇게 많은 강연을 하면 결국 지적인 수익이 현저히 감소할 것이라고 생각할지도 모르겠다. 그러나 실은 그렇지 않았다. 매 차례의 발표와 토론은 원고를 새로 수정하고 다시 정식화한 상황에서 이루어졌으며, 가장 중요한 수정 몇 가지는 나중에 했던 토론에서 실마리를 얻었다.[6] 이 강연들에서 나는 토론 내용을 세심하게 받아 적었고, 어떤 강연들에서는 토론을

---

6 예컨대 제5장의 논의 일부를 미리 이야기하면, 두 가지 "사회권력 강화의 경로들"은 내가 2008년 5월 바르셀로나를 방문한 이후 추가되었다.

녹음해 필기록을 만들기도 했다.[7] 결국 4년에 걸친 토론에서 축적한 내용들로 나는 아주 멋진 노트를 만들었다. 거기엔 문제들, 해결되지 않은 쟁점들, 수정할 수 있는 사항들의 목록이 들어 있었다. 나는 끊임없이 원고를 수정하면서, 가장 최근의 초고들을 웹에 올렸다. 내가 강의할 때, 강의 참가자들 일부가 진행 중인 이 책의 일부를 읽고 미리 논평을 준비한 적도 있다.

이렇게 세계의 각국으로 강의 여행을 다니기 전에는 가는 곳마다 반응이 첨예하게 다를 거라고 예상했다. 중국 사람들이 제기하는 질문은 노르웨이 사람들이 제기한 질문과 다를 것이 틀림없을 거라고 생각했다. 하지만 이 많은 곳에서 이루어진 토론에서 가장 놀라웠던 사실은 제기된 쟁점뿐 아니라 비판점과 관심사도 공통적이었다는 것이다. 그리고 모두들 내가 펼친 의제에 대해 한결같은 열의를 보였다. 사람들은 대개 내가 제안한 사회주의 개념의 제도적 다원주의와 내가 옹호한 사회정의의 도덕적 비전을 높이 평가하는 것으로 보였으나, 딱 그만큼 시민사회에 근거한 사회권력이 세계화의 조건들 아래에서 자본주의 초월의 기초를 제공할 수 있겠는지에 대해서는 회의적인 입장을 취했다. 물론 내 청중들도 상당한 경향성이 있는 사람들이었다. "리얼 유토피아 그리기"라 불린 강의에 가장 나타나기 쉬운 사람들은 현존하는 제도의 비판자들일 것이고, 이미 적극적으로 해방적 대안을 생각하고 있을 터였다. 그래도 사람들은 소수의 흥미 있는 예외를 제외하면, 자본주의를 해방적 대안으로 변혁시키는 데 있어 민주주의와 사회권력을 그 중심에 놓아야 한다는 생각을 수용했고, 이것을 실제로 실현할 수 있는 제도적으로 이질적인 방식들을 탐구해 보자는 생각도 수용했다. 이런 상황은 나를 기운 나게 해주었다. 나는 내가 우

---

[7] 이 강의와 세미나들에서 이 책 원고에 대해 이루어진 토론들의 필기록과 녹음 몇몇은 내 웹사이트 http://www.ssc.wisc.edu/~wright에서 구할 수 있다.

리 시대의 딜레마들에 관한 세계적 대화에 참여하고 있다고 느꼈고, 많은 사람들이 리얼 유토피아의 실행 가능성에 대해 여전히 회의적이었다 해도, 내가 펼친 분석은 많은 공명을 불러일으켰을 것으로 확신한다.

이 모든 여행의 중간 중간—2005년과 2008년—에 나는 위스콘신 대학교에서 리얼 유토피아에 관한 박사과정 세미나를 개최했다. 2008년 봄 학기에 이 책의 초안을 중심으로 세미나를 조직한 것이다. 학생들은 매주 한 장을 읽고 이에 대해 논평했다. 이 세미나는 또한 매주 화상회의를 통해 부에노스아이레스 대학교에 다니는 일단의 사회학과 학생들과도 연결되었는데, 그들은 2007년 5월 그곳에서 열린 나의 강의에 참석했던 사람들이다.[8] 학기 말에는 아르헨티나 학생들이 "리얼 유토피아 그리기"에 관한 이틀 동안 열렸던 소규모 학술회의에 참석하려고 매디슨으로 날아왔다. 그리고 위스콘신 학생들 및 버클리, 뉴욕, 미네소타에서 온 소수의 학생들과 합류했다. 이들 또한 내가 그들의 대학에서 행한 강의와 세미나에 참석했던 학생들이다. 이 책의 최종적인 보강과 수정은 이 집약적이고 (어쨌든 나에게는) 엄청나게 생산적인 세미나의 직접적인 결과물이다.

이와 같은 과정 속에서 얻은 새로운 생각들과 원고의 세련화 작업이 정확히 어디에서 왔는지를 알기란 어려운 일이다. 어쩌면 내가 그토록 열성적으로 참여한 긴 대화에서 이 모든 게 나왔다고 보는 것이 가장 정확할 것이다. 물론 생각이란 단순히 내적 성찰에서 솟아나는 개인적 상상력의 결과가 아니라, 사회적 산물이라는 것은 항상 참인 명제이다. 그러나 이 책에 나오는 생각들은 단순한 사회적 산물이 아니라, 나와 함께 내 주장에 대해 토론한 세계 전역의 사람들 수백 명의 협력에 의해 생성된 집단

---

[8] 이 세미나에서 매주 토론한 내용 대부분을 녹음한 것이 학생들의 논평 및 나의 응답과 함께 온라인으로 http://www.ssc.wisc.edu/~wright에 있다.

적 산물이다. 토론에 참여해서 이 책에 들어 있는 생각을 발전시키는 데 생각과 에너지를 보태준 많은 사람들에게 진심으로 감사드린다.

나는 사람들을 구체적으로 거명해 감사를 드리는 일이 매우 염려스럽다. 왜냐하면 의심, 통렬한 논평, 제안으로 이 책의 주장을 전진시키는 데 중요한 역할을 한 누군가를 틀림없이 빠뜨리고 말 것이기 때문이다. 그래도 내가 반드시 감사해야 할 몇몇 사람들이 있다. 마이클 뷰러워이는 나를 가장 일관되게 비판한 사람인 동시에 나를 가장 일관되게 지지한 두 사람 중 한 사람이다. 그는 리얼 유토피아라는 발상에 대해 사정없이 열광적이었고, 내 분석의 세부사항에 대해 역시 사정없이 비판적이었다. 그는 다른 누구보다 더 "사회적"이라는 단어의 중요성을 강조했으며, "사회주의"에 있는 "사회적"이라는 말을 특정한 의미로 사용하게 된 것도 바로 우리의 토론(특히 북 캘리포니아에서 자전거 여행과 도보 여행을 할 때)을 통해서였다. 내 아내 마샤 칸 라이트Marcia Kahn Wright 역시 이 저작의 가장 일관된 지지자였다. 그녀는 리얼 유토피아 프로젝트에 대한 나의 열의를 끊임없이 재충전시키며 내 여행이 야기한 혼란을 관대하게 참아주었을 뿐만 아니라, 특수한 문제들과 주제들에 대한 우리의 주기적인 심야 토론 속에서 중요한 생각들을 이 책에 실질적으로 보태주었다. 해리 브리그하우스Harry Brighouse는 최근 몇 년 사이에 리얼 유토피아의 문제와 그 철학적 토대에 대해 나와 가장 많이 토론한 사람이다. 이 책의 규범적 기초를 떠받치는 사회정의 및 인간 번영 개념들에 대한 정교화는 우리의 토론에 상당히 빚을 지고 있다. 나의 두 학생 지안파올로 바이오치Gianpaolo Baiocchi와 에이미 랭Amy Lang은 리얼 유토피아적인 제도적 혁신의 구체적인 문제들에 관해 박사논문을 썼는데, 나는 그들이 연구한 사례들의 세부사항에 관해, 그리고 이것이 민주주의의 심화라는 더 넓은 문제에 대해 지니는 함의에 관해 엄청나게 많이 배웠다. 리얼 유토피아 프로젝트의 제4권 『민주주의의 심화Deepening Democracy』의 기초 논문을 쓸 때 나와 아천 풍Archon Fung의 협력은 왜 민주주의가 자본주의의 초월에 있어 핵심 문제인지를 이해하는 데 근본적으로 기여했다. 나는 이전 작업에서 착취가 자본주의의 중심이라는 것을 강조했는데, 물론 착취는 자본주의가 작동하는 방식의 핵심이다. 그러나 자본주의를 초월하는 중심축은 민주주의이다. 조엘 로저스Joel Rogers는 처음부터 리얼 유토피아 프로젝트에 다양한 방식으로 참여했다. 사실 이 프로젝트의 이름을 제안한 사람도 그였다. 우리는 1990년대 초 매주 일요일 내 개와 함께 산책을 했었는데, 어느 일요일 그가 이 이름을 제안했다. 우리는 결사체민주주의에 관한 학술회의를 계획하고 있었으며, 이 학술회의가 결국 이 프로젝트의 첫 번째 책의 기초가 되었다. 이전에 내 학생이었던 비베크 치버Vivek Chibber는 계급투쟁과 계급정치가 자본주의를 변혁하고 초월하는 노력의 중심에 있어야 한다는 것을 거듭 상기시켰다. 비록 지금은 그가, 단절적 계급투쟁 논리가 오늘날의 세계에서는 그리 설득력이 없다는 데 대해 나에게 마지못해 동의하는 것 같기는 하지만 말이다. 분석적 마르크스주의 그룹의 구성원들—제럴드 코헨, 필립 반 파리스, 샘 보울스, 조쉬 코헨, 힐렐 스타이너, 로버트 브레너, 존 로머, 로버트 반 더 빈—은 내가 2004년에 이 책의 주장의 첫 버전을 발표했을 때 나를 실망시켰지만, 그들의 반응은 결국 이 쟁점들을 더 밀고나가는 데 분명히 도움이 되었다. 더 중요한 것은, 평등에 대한 철학적 사고와 평등 실현의 조건들에 대한 나의 이해가 대체로 사반세기에 걸친 이들과의 토론을 통해 발전되었다는 것이다. 마지막으로 나는 이 책의 초고를 읽고 매회 토론을 위해 자극적인 논평을 써준 버클리와 위스콘신의 대학원생들에게 감사한다. 그들이 수업에서 나의 많은 정식들에 대해 날카로운 비판을 제기하고 회의를 표해주었기에, 나는 그들의 이의제기에 대답하기 위해 이 책을 많이 수정하고 주를 많이 첨가할 수 있었다.

◆ 이 책의 독자에 대한 언급

　나는 광범위하고 다소 대중적인 독자를 염두에 두고 이 책을 쓰기 시작했다. 내가 바란 것은, 이 책이 비록 어려운 이론적·정치적 문제들을 진지하게 다루긴 하지만, 급진적 사회이론이나 마르크스주의를 익히지 않은 사람들도 쉽게 읽고 매력을 느꼈으면 하는 것이었다. 그러나 내용이 점점 커지고, 내가 비판에 마주치며 이를 반박할 필요가 있겠다고 느끼게 되면서, 내가 사실은 상대적으로 수준 높은 독자들과 대화하고 있다는 게 분명해졌다. "학술적" 저술의 한 가지 특징은, 대부분의 독자들은 떠올리지 못할 잠재적 비판들에 대응하는 것이다. 그래도 나는 이 책이 학술적 논쟁에 익숙하지 않은 사람들에게도 읽힐 수 있기를 바란다. 나는 대부분의 학술적인 논의와 내 분석에 대한 비판의 반대 비판을 각주에 넣어 해결했다. 본문은 각주를 보지 않고도 읽을 수 있으니까.
　이 책의 희망 독자를 떠올리면 또 다른 긴장감이 생긴다. 이 책이 자신의 지적·정치적 좌표를 사회주의 좌파에 확고히 두고 있는 사람들에게 적절하기를 바라는 만큼, 마르크스주의 전통을 자기 사유의 결정적인 원천으로나 논쟁 무대로 보지는 않아도 보다 정당하고 인간적인 세계의 딜레마와 가능성에 두루 관심을 가진 사람들에게도 적절하기를 바라는 탓이다. 이 역시 건너뛰기 힘든 간극이다. 마르크스주의에 공감하는 사람들을 자본주의의 급진적 초월이라는 문제 주위로 모이게 하려면 혁명적 변혁의 쟁점과 전통적인 마르크스주의 역사이론의 한계를 탐구하는 것이 중요하다. 마르크스주의 전통과 아무 연관을 느끼지 않는 사람들은 이러한 토론을 대체로 부적절하다고 볼 것이다. "사회주의"라는 용어를 사용해서 자본주의에 대한 해방적 대안의 구조적 측면들을 기술하는 것 역시 이 긴장을 반영한다. 마르크스주의 전통에 공감하는 사람들이라면, 사회권력과 급진 민주주의라는 관점에서 사회주의를 다시 생각해 보려는 나의 시도가 이 분야에서 오랫동안 논의되어 온 여러 주제들과 관련되어 있음을 짐작할 것이다. 그러나 마르크스주의자가 아닌 사람들에게는 "사회주의"라는 용어가 낡은 것으로 보일 수 있고, 또 나의 용어법 상의 언명에도 불구하고 중앙집권적 사회주의와 너무 밀접한 고리를 가진 것으로 보일 수 있다.

마르크스주의와 일정한 방식으로 일체감을 느끼는 사람들과 마르크스주의에 무관심하거나 적대적인 사람들 모두를 위해 글을 쓰는 데 따른 이 긴장은, 이 책이 다른 나라 사람들에게도 적절한 것이었으면 하는 나의 소망 때문에 더 깊어진다. 다른 나라들에서는 "마르크스주의"와 "사회주의"가 아주 다른 함의를 가질 수 있다. 미국에서 "사회주의"라는 말은 완전히 주류 정치 바깥에 있는 반면, 많은 유럽 국가들에서 이 말은 민주평등주의적 가치들에 근거한 진보적 정치를 가리키는 포괄적 명칭이다.

내가 희망 독자의 개념을 성공적으로 다루었는지 잘 모르겠다. 다만 내가 이 책에서 명쾌하게 이야기하고, 사용한 모든 핵심 개념들을 정확하게 정의하며, 여러 단계에 걸친 내 주장을 논리적인 방식으로 주의 깊게 제시했기를 바란다. 그래서 이런 식의 논의에 익숙한 사람들이나 익숙하지 않은 사람들 모두가 이 책을 쉽게 읽을 수 있었으면 좋겠다.

매디슨, 위스콘신
2009년 7월

한국의 독자들에게_참을 수 없는 불확실성의 무거움　**4**
지은이의 말_ 민주평등주의적 가치에 근거한 리얼 유토피아 구상　**11**

1. 서론: 왜 현실 유토피아인가?　**29**
2. 해방적 사회과학의 과제　**41**
　　진단과 비판
　　실행 가능한 대안들
　　변혁

PART I DIAGNOSIS AND CRITIQUE 진단과 비판

3. 자본주의의 무엇이 그렇게 나쁜가?　**68**
　　자본주의의 정의: 간결한 설명
　　자본주의에 대한 열한 가지 비판

PART II ALTERNATIVES 대안

4. 자본주의의 대안을 생각함　**138**
　　자본주의의 대안에 관한 마르크스의 이론: 역사적 궤도의 이론
　　자본주의의 미래에 관한 마르크스 이론의 부적절함
　　문제의 대안적 정식화를 향해

5. 사회주의 나침반　**165**
　　사회주의의 "사회적"을 진지하게 취급함
　　개념적 어휘의 명료화
　　사회주의 나침반: 사회권력 강화의 경로
　　결론: 세 가지 회의적인 주석

6. 리얼 유토피아 I: 사회권력의 강화와 국가　**215**
　　민주주의의 세 가지 제도적 형태
　　직접민주주의: 새로운 형태의 권력 강화된 참여적 통치
　　대의민주주의: 두 가지 제안의 스케치
　　결사체민주주의
　　민주주의와 사회권력의 심화

7. 리얼 유토피아 II: 사회권력의 강화와 경제　**269**
　　사회적 경제
　　무조건적 기초소득

CONTENTS

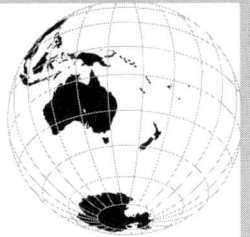

사회적 자본주의
협동조합적 시장경제
포괄적 체제 대안의 두 모델
결론: 사회권력 강화의 확장적 의제

PART III TRANSFORMATION 변혁

8. 변혁이론의 요소들　380
사회적 재생산
한계, 틈, 모순
의도되지 않은 사회 변화의 기초적 동학과 궤도
변혁 전략

9. 단절적 변혁　425
핵심적인 질문과 기본적인 가정들
단절적 변혁과 이행의 저점
대답

10. 틈새적 변혁　441
틈새적 '전략'이란 무엇인가?
틈새적 전략은 어떻게 해방적 사회 변혁에 기여할 수 있는가
단절로 가는 경로를 닦기
자본주의의 엄격한 한계를 침식시키기
틈새적 전략과 국가

11. 공생적 변혁　461
계급타협
공생적 전략의 논리
자본주의를 초월하는 공생적 변혁?

12. 결론: 유토피아를 현실로 만들기　495

옮긴이의 말 _'좋은 사회'를 위한 진지한 논의를 매듭지으며　507
색인　509

일러두기1
*저자가 겹따옴표로 강조한 부분은 한국어판에서도 겹따옴표로 처리했다.
*저자가 이탤릭체로 강조한 단어나 문장은 한국어판에서 홑따옴표로 처리했다.

일러두기2
*Access_'접근권'으로 번역했다. 어떤 대상이나 수단에 접근할 수 있는 권리를 뜻한다.

*Configuration_'배열'로 번역했다. 통상 '지형'이라고 번역하지만, 저자는 제5장 각주 14에서 혼합적 혹은 하이브리드적 경제구조를 논하며 이를 원자 배열에 비유한다. 우리말에서 '배열'은 동사적 의미를 가지기 때문에, 이 책에서 가끔 나오는 '권력 배열'이라는 말은 어색하게 들린다. 그러나 '배열'이라는 번역어가 원의에 가장 가깝다고 생각하며, '권력 배열'은 '권력이 배열되어 있는 상태'로 생각하면 될 것이다.

*Human Flourishing_'인간의 번영' 또는 '인간 번영'으로 번역했다. 우리말에서는 어색한 표현이지만, 다른 대안이 없어 보인다. 저자는 이 개념을 제한적 의미와 확장적 의미로 나눈다. 제한적 의미로는 "정상적 인간 기능을 손상시키는 결함들의 부재"를, 확장적 의미로는 "사람들이 다양한 방식으로 재능과 능력을 개발하고 발휘할 수 있음" 혹은 "다양한 방식으로 그들의 개인적 잠재력을 실현할 수 있음"을 말한다.

*System_'제도'라 번역한 극소수의 경우를 제외하고 '체계' 또는 '체제'로 번역했다. 우리말에서는 '자본주의 체제'라는 말이 '자본주의 체계'라는 말보다 더 자연스럽다. 그러나 사회과학 전공자들이 잘 알고 있는 것처럼 사회나 경제가 'system'을 이루고 있다고 할 때는 '체계'라고 번역해야 한다.

*Social Empowerment_'사회권력 강화'라 번역했다. 이 책에서 가장 중요한 개념이라 해도 좋지만, 가장 번역하기 어려운 개념이기도 하다. 한글 단어에는 'empowerment'의 적절한 번역어가 없는 것 같다. 우선 'power'라는 말 자체가 번역하기 쉽지 않다. 사회과학에서 이 개념은 거의 언제나 '권력'이라 번역되고 있지만, 사실 '힘'이라는 말이 'power'라는 말의 다의성을 가장 잘 옮기는 것 같다. '힘'은 'power'처럼 권력, 권리, 능력 등등을 포괄하는 말이기 때문이다. 저자 역시 제5장에서 'power'를 "행위자들이 세계에서 일을 성취할 수 있는 능력"이라고 일단 정의하고 살을 붙여 나간다. 그러나 '힘'이라는 말은 다른 단어와 결합되기가 쉽지 않다. 그래서 '권력'은 불가피한 대안이다. 그러나 권력이라는 말과 마주칠 때마다 저자의 단순한 정의를 떠올려야 한다. 'power' 자체에 이런 문제가 있기 때문에 'empower'는 훨씬 더 번역하기 어려워진다. 이 말은 '누군가에게 힘을 주다'는 정도의 뜻이다. 따라서 'empowerment'는 'empower'의 명사형으로서, '누군가에게 힘을 주기' 정도로 이해하는 것이 가장 맞아 보인다. 'social empowerment' 역시 '사회에 힘을 주기'가 원의에 가까워 보인다. 저자는 경제나 국가에 비해 시민사회가 더 큰 힘을 가지고 이 힘에 기초해 시민사회가 경제와 국가를 제어할 수 사회가 사회주의 사회라고 본다. 그러나 '사회에 힘을 주기'로 번역할 수는 없는 일이다. '사회권력 강화'는 이런 저런 이유로 인해 가장 합당한 번역어라 보였다. '권력'이라는 말의 부정적 뉘앙스 때문에 부적절한 경우도 있고, 또 '사회권력 강화의 심화와 확대'라는 어색한 번역문이 나올 때도 있다. 이때마다 'empowerment'가 '누군가에게 힘을 주기'라는 단순한 뜻임을 염두에 두었으면 좋겠다. 다른 학자들은 'empowerment'를 '권능 부여', '권한 부여', '능력 부여' 등등으로 번역했지만, 어느 것도 시원한 해결책은 못 된다.

01 | 서론_왜 리얼 유토피아인가?

얼마 전까지만 해도, 자본주의 비판자나 옹호자 모두 "또 다른 세계가 가능하다"고 믿은 때가 있었다. 이 세계를 일반적으로 '사회주의'라 불렀다. 우파는 사회주의가 개인의 사유재산권을 침해하고 괴물 같은 국가 억압을 낳는다고 비난했다. 좌파는 사회주의가 사회적 평등, 참된 자유, 인간의 잠재력 발전과 같은 새로운 전망을 열어준다고 보았다. 하지만 자본주의의 근본적 대안이 가능하다고 믿기는 좌우 모두가 마찬가지였다.

오늘날의 세계, 특히 선진 경제 지역의 사람들 대부분은 더 이상 이 가능성을 믿지 않는다. 그들은 자본주의를 사물의 자연스러운 질서로 본다. 그람시가 언젠가 세계를 변혁하는 데 필수적이라고 했던 의지의 낙관주의도 비관주의로 바뀌었다.

이 책에서 나는 해방적 사회 변화가 가능하다는 희망을 되살리려고 한다. 이를 위해 민주평등주의적 목표—역사적으로 사회주의와 관련되어 있는—를 실현할 수 있는 전혀 새로운 종류의 제도와 사회관계가 가능한지를 탐구하고자 한다. 이 탐구는 현존하는 지배적 사회조직에 맞서 해방적 대안을 구현하고 있는 여러 가지 제도적 혁신 사례를 검토한다. 가히 경험적이라 할 만하다. 하지만 이 탐구는 또한 사변적이기도 하다. 요즘, 해방적 대안을 마련하려는 이론적 제안들이 많이 나오고 있다. 안타깝게도 아직 실행되지는 않았다. 그러나 이것들이 제도적으로 어떻게 설계되어야 하는지, 그리고 사회적으로 실행 가능한 것인지에 대한 검토도 진행 중이다. 이 책은 이 같은 이론적 제안들도 검토한다. 요컨대 나는 급진 민주평등주의적 대안 사회를 위한 경험적·이론적 토대를 제공하려고 하는 것이다.

뒤에서 상세히 논의하겠지만, 다음의 네 가지 예를 보면 이 탐구가 과연 무엇에 관한 것인지 알 수 있을 것이다.

1. 참여적 시 예산 편성

세계의 도시들 중에는 일정한 형태의 선출 정부에 의해 운영되는 도시가 많다. 이들 도시의 예산을 편성하는 것은 대개 도시 최고 수반—보통 시장—의 전문 참모진이다. 이렇게 관료적으로 편성된 예산은 아마 선거를 통해 구성된 위원회에 제출되어 수정과 비준 과정을 거칠 것이다. 시장과 지배적 정치세력은 경제학자, 공학자, 도시계획가, 기술관료 등과 함께 일하며, 자신들의 정치적 의제에 따라 예산의 기본 모습을 결정한다. 이것이 현존하는 세계의 상황이다.

이제 다음과 같은 대안적 세계를 상상해 보라. 일단 도시예산이 위에서 아래로, 또 일방적으로 짜이지 않는다고 가정한다. 도시는 수많은 동네들로 나누어진다. 그리고 각각의 동네는 참여적 예산의회를 가진다고 가정해 보라. 또한 범도시예산의회들이 있어, 전 도시적 중요성을 가진 다양한 주제들—예컨대 문화축제나 공공교통—을 다룬다고 가정하자. 이 참여적 예산의회들의 의무는 특히 다양한 인프라 프로젝트를 위한 구체적인 예산안을 입안해서 범도시예산위원회에 이를 제출하는 것이다. 도시의 모든 거주자들은 이 예산의회에 참여해 예산안에 대해 투표할 수 있다. 이 의회들은 뉴잉글랜드 주민총회처럼 기능한다. 차이라면 이들이 여러 달에 걸쳐 정기적으로 만나므로 예산안을 비준하기 전에 입안과 수정의 기회가 아주 많다는 것이다. 이 의회들은 동네 예산과 주제 예산을 비준한 후 대표자들을 선출하며, 일관되고 견고한 시 예산이 채택될 때까지 이들이 여러 달 동안 범도시예산위원회에 참여하게 된다.

사실 이 모델은 브라질의 포르토 알레그레Porto Alegre 시市에서 실제로 일어나고 있는 일이다. 포르토 알레그레 시는 1989년 이 모델이 시행되기 전만 해도 인구가 백오십만 남짓한 비교적 가난한 도시였다. 따라서 참여적 예산이 제대로 기능할 수 있으리라고는 아무도 생각하지 못했다. 하물며 허약한 민주주의 전통 아래에서 부패와 정치적 후견 관행에 시달리는 나라의 도시인 터에! 이 모델은 직접 참여민주주의의 한 형태로서 사회적 자원이 도시의 여러 가지 목적에 할당되는 통상적인 방식과 근본적으로 배치된다. 우리는 이 사례에 대해 제6장에서 상세히 논의할 것이다.

2. 위키피디아

'위키피디아'는 자유분방한 인터넷 대大백과사전이다. 2009년 중반까지 무려 2백9십만 개의 영어 항목을 담았으니 세계 최대의 백과사전이라 할 만하다. 이제 위키피디아는 인터넷에 접근 가능한 지구상의 모든 사람들이 무료로 사용하는 백과사전이 되었다. 아주 가난한 나라에서도 무리 없이 사용할 수 있다. 도서관에 있는 컴퓨터를 통해 인터넷에 접속하기만 하면 되니까. 2009년 현재, 약 6천5백만 명이 위키피디아에 매달 접근했다. 위키피디아의 항목들은 수십만 명의 편집자들에 의해 '자발적'으로 '아무 보수 없이' 작성된다. 모든 항목은 편집자에 의해 수정될 수 있고, 수정된 것들도 다시 재수정될 수 있다. 제7장에서 보겠지만, 내용을 둘러싼 갈등을 다루기 위해 몇 가지 규칙이 진화되고 있다. 그러나 감독과 사회적 통제를 절대 최소화하면서 발전하고 있는 중이다. 많은 사람들이 놀라는 부분이지만 위키피디아의 질質은 상당히 높다. 학술지 『네이처 Nature』에 보고된 바에 따르면, 과학의 주제들을 뽑아서 검토한 결과 위키피디아와 『브리태니카 백과사전 Encyclopædia Britannica』의 오류 비율은 상당히 비슷했다.[1]

위키피디아는 근원적으로 반反 자본주의적인 방식으로 지식을 생산하고 전파한다. 그것은 "각자에게 필요한 만큼, 각자로부터 능력만큼"이라는 원칙에 기초한다. 어떤 기고자도 보수를 받지 않고, 어떤 이용자도 비용을 내지 않는다. 평등주의적이며, 위계적 통제가 아니라 수평적 호혜성의 기초 위에서 생산된다. 2000년 위키피디아가 출발하기 전, 설립자를 포함한 그 누구도 지금과 같은 상태가 올 것이라고는 생각하지 못했을 것이다.

3. 몬드라곤 노동자 소유 협동조합

"시장경제에서 피고용자가 기업을 소유하고 관리하려면 특별한 조건을 구비해야 한다. 규모가 작아야 하고, 기업 내의 노동력은 상당히 동질적이

---

[1] Jim Giles, "Special Report: Internet Encyclopaedias Go Head to Head," *Nature* 438 (2005), pp. 900-1을 보라.

어야 한다." 경제학자들 사이에 널리 퍼진 생각이다. 이런 기업들은 자본주의경제에서 틈새를 채울 수 있을지는 몰라도 복잡한 분업을 수반하는 자본집약적 기술로 세련된 제품을 생산하지는 못할 것이다. 복잡성이 높은 수준에 이르게 되면 위계적 권력관계와 자본주의적 재산관계가 필요해지기 때문이다.

'몬드라곤'은 스페인 바스크 지역의 노동자 소유 협동조합 복합기업이다. 1950년대 프랑코 독재 시절 설립되었고, 지금은 4만 명의 노동자-소유자 회원을 가진 스페인에서 일곱 번째로 큰 기업집단이자 바스크 지역에서 가장 큰 기업집단이다.[2] 이 복합기업은 약 250개의 협동조합 기업으로 이루어졌다. 이들 각각은 피고용자 소유로서—비노동자 소유자는 없다—세탁기, 자동차 부속품, 은행업, 보험, 식료품점 등 아주 광범위한 재화와 서비스를 생산한다. 제7장에서 보겠지만, 몬드라곤은 오늘날의 세계화된 시장에서 상당한 도전에 직면하고 있다. 그러나 최고경영진은 계속해서 노동자들에 의해 선출되며 기업의 주요 결정은 회원들을 대표하는 이사회나 회원들의 총회에서 이루어진다.

4. 무조건적 기초소득

무조건적 기초소득(Unconditional Basic Income) 개념은 아주 단순하다. 한 나라의 모든 합법적 거주자는 "빈곤선" 이상으로 살기에 충분한 월간 생계비를 받는다. 이것을 "최소한의 문화적 생활수준"이라 부르자. 이 보조금은 노동의 수행이나 기타 형태의 기여를 조건으로 하지 않는 '무조건

---

2 Mondragon Annual Report 2007, p. 3. http://www.mcc.ed/ing/magnitudes/memoria2007.pdf에서 구할 수 있음.

적'인 것이며 '보편적'인 것이다. 부유한 사람이나 가난한 사람 할 것 없이 모든 사람이 이 보조금을 받는다. 보조금은 가족이 아니라 개인에게로 간다. 미성년 자녀 보조금(성인에 대한 보조금보다 낮은 액수일 수도 있다)은 부모가 보관한다.

공교육과 건강관리처럼 현금보다는 서비스를 제공하는 보편주의적 프로그램들은 보편적 기초소득과 함께 계속 유지되겠지만, 일반적 복지, 가족수당, 실업보험, 세금에 기초한 노년연금과 같은 다른 대부분의 재분배적 이전은 제거될 것이다. 기초소득 보조금은 모든 사람들에게 상당한 생계비를 제공하기에 충분할 것이기 때문이다. 따라서 이미 여러 가지 특화된 프로그램들을 통해 반反 빈곤 소득 지원을 관대하게 제공하고 있는 복지체제에서는 보편적 무조건적 기초소득으로 인한 순 비용 증가가 크지 않을 것이다. 다양한 종류의 특별 필요 보조금—예컨대 장애를 가진 사람들을 위한—은 계속되겠지만, 이 역시 현재의 체제 아래에서보다 적을 것이다. 기초 생계비용은 보편적 기초소득에 의해 지불될 것이기 때문이다. 모든 벌이가 사실상 재량 소득을 발생시킨다면 생계비 이하의 임금을 법률적으로 금지할 필요가 거의 없기 때문에, 최소임금 규칙은 완화되거나 제거될 것이다. 모든 사람들이 무조건적 권리로서 보조금을 받지만, 대부분의 사람들은 아마 삶의 모든 시점에서 기여금이 보조금보다 더 높을 것이다. 그들의 세금은 기초소득 이상으로 오를 것이기 때문이다. 하지만 장기적으로는 대부분의 사람들이 생애의 얼마 동안은 순 수혜자로, 다른 얼마 동안은 순 기여자로 살 것이다.

무조건적 기초소득은 소득분배체계의 근본적인 재설계이다. 제7장에서 상세히 보겠지만, 이것은 자본주의의 민주평등주의적 변혁에 심층적인 영향을 미칠 수 있다. 빈곤은 제거된다. 모든 사람들이 퇴장의 선택권을 가지기 때문에, 노동계약은 거의 자발적인 것이 된다. 노동자들은 사실상 무조건적 파업자금을 가지기 때문에, 노동자와 자본가 사이의 권력관계는 덜 불평등하게 된다. 사람들이 협동적 결사체를 만들어 시장 밖에서 재화와 서비스를 생산하여 인간의 욕구를 충족시킬 가능성은 증가한다. 왜냐하면 이와 같은 활동은 더 이상 참여자들의 기초생활수준을 제공할 필요가 없기 때문이다.

아직 어떤 나라도 무조건적 기초소득을 채택하지 않았다. 가장 관대한 복지국가들에서 이것이 불완전하고 파편화된 형태로 이루어지고 있고, 아주 가난한 나라 나미비아에서 실험적인 기초소득 프로그램 하나가 진행되고 있기는 하지만 말이다.[3] 무조건적 기초소득은 하나의 이론적 제안으로서, 그 동태적 효과들에 대해 필연적으로 일정한 추측이 따를 수밖에 없다. 따라서 실행될 경우 관대한 기초소득이 실현 불가능한 것으로 드러날 수도 있다. 그것은 온갖 나쁜 효과들 때문에 스스로 파괴될지도 모른다. 그러나 내가 나중에 주장하겠지만, 그것은 제대로 움직일 것이고 또 다른 세계의 한 초석을 이룰 수 있을 것이다. 그렇게 믿을 만한 좋은 이유들이 있기 때문이다.

이상과 같은 내용이 내가 말하는 "리얼 유토피아"의 예들이다. 이것은 용어상 모순으로 들릴지도 모르겠다. 유토피아는 공상이며, 인간의 심리와 사회적 실행 가능성을 현실적으로 고려하지 않은 채 평화와 조화의 인간적 세계를 그리는 도덕적 설계이다. 현실주의자들은 이와 같은 공상을 피한다. 우리에게 필요한 것은 우리의 제도를 실용적으로 개선하기 위

---

3 Claudia Haarmann, Dirk Haarmann, et al., "Making the Difference! The BIG in Namibia: Basic Income Grant Pilot Project Assesment Report, April 2009"; http://www.bignam.org.

한 아주 실제적인 제안이다. 우리는 유토피아적 꿈에 탐닉하는 대신, 우리 스스로를 실제 현실에 맞추어야 한다.

"리얼 유토피아"라는 개념은 꿈과 실천 사이의 이 긴장을 받아들인다. 이 개념의 기초를 이루는 것, 그리고 실천적으로 가능한 것은 우리의 상상력과 무관하게 고정되어 있는 것이 아니라 그 자체로 우리의 전망에 의해 형성된다는 믿음이다. 자기달성적인 예언은 역사에서 강력한 힘이다. "뜻이 있는 곳에 길이 있다"고 말하는 것이 순진한 낙관주의일지 몰라도, "뜻"이 없이는 많은 "길"이 불가능해진다는 것은 분명하다. 억압이 없는 사회제도를 창조하는 데 무엇이 필요한가를 분명하게 이해하는 것은 억압을 줄이는 급진적 사회변화에 필요한 정치적 의지를 창조해 나가는 과정의 일부이다. 사람들에게 현 상태에서 탈출하는 여행을 떠나라고 권유하려면 유토피아적 이상에 대한 생명력 있는 믿음이 필요할 것이다. 비록 실제로 도달하는 목적지가 유토피아적 이상에 못 미칠 수 있다고 해도 말이다. 하지만 모호한 유토피아적 공상은 우리를 미혹시킬 수 있다. 그리하여 우리의 여행이 실질적인 목적지가 전혀 없는 여행이 될 수도 있고, 더 나쁘게는 어떤 예상되지 않은 나락에 빠지는 여행이 될 수도 있다. 해방을 위한 인간의 투쟁은 "뜻이 있는 곳에 길이 있다"와 마주칠 수도 있지만, "지옥으로 가는 길은 좋은 의도로 포장되어 있다"와 마주칠 수도 있다. 따라서 우리에게는 "리얼 유토피아"가 필요한 것이다. 인류의 현실적 잠재력에 기초해 있는 유토피아적 이상이 필요하며, 중간역이 있는 유토피아적 목적지가 필요하며, 우리의 실천적 과제—사회변화의 조건을 다 갖추지 못한 세계를 향해 나가야 하는 과제—를 뒷받침할 수 있는 유토피아적 제도 설계가 필요하다.

사회제도가 합리적으로 변혁되어 인간의 복리와 행복을 향상시킬 수 있다는 생각은 논쟁으로 가득 찬 매우 긴 역사를 자랑한다. 한편으로 다양한 부류의 급진주의자들은 과거로부터 물려받은 사회체제가 자연의 변하지 않는 사실이 아니라, 변혁 가능한 인간의 창조물이라고 주장해 왔다. 사회제도를 잘 설계하면, 충만하고 유의미한 삶에 대한 인간의 열망을 좌절시키는 여러 가지 억압을 제거할 수 있다. 해방정치의 중심적 과제는 이와 같은 제도를 창조하는 것이다.

다른 한편, 일반적으로 보수주의자들은 사회 재건을 위한 거대한 설계들은 거의 언제나 재난으로 끝났다고 주장한다. 동시대의 사회제도는 완벽하지는 않아도 대개 쓸모가 있다. 적어도 사회 질서와 안정적 상호작용을 위한 최소한의 조건은 제공하니까 말이다. 사람들이 변화하는 상황에 따라 사회적 규칙과 관습을 맞추어 가는 동안 이 제도들은—매우 느리지만—누적된 문제점들을 수정하면서 천천히 진화했다. 이 과정을 추동시키는 것은 의식적인 설계라기보다 시행착오이다. 또 지금까지 지속된 제도들이 "그렇게 지속된" 이유는 대체로 이 제도들이 지속가능한 미덕을 가지고 있기 때문이다. 이것은 제도적 변화, 나아가 의식적인 제도적 변화를 배제하지 않는다. 이 같은 변화는 매우 조심스럽고 누적적인 것이어야 하고, 현존하는 체제에 대한 대대적인 변혁을 수반해서는 안 된다.

시각이 이렇게 다른 데는 핵심적인 이유가 있다. 사회변화를 위한 의식적 노력은 의도된 결과를 낳을 수도 있고, 의도되지 않은 결과를 낳을 수도 있다. 양 진영은 의도된 결과와 의도되지 않은 결과 사이의 관계에 대해 서로 다른 견해를 가진다. 급진적 프로젝트에 대한 보수주의적 비판은 급진주의자들의 해방적 목표들이 도덕적으로 옹호될 수 없다는 게 아니다(어떤 보수주의자들은 이와 같은 프로젝트들 아래 깔려 있는 가치들을 비판하기도 하지만). 그들의 비판은, 이러한 대대적인 사회변화 노력에는 통제 불가능하고 의도되지 않은, 그리고 보통은 부정적인 결과들이 따르게 마련이며, 이러한 의도되지 않은 결과는 의도된 결과들을 반드시 압도하게 되어 있다는 것이다. 급진주의자들과 혁명가들은 프리드리히 하이에크가 말한 "치명적 자만"—합리적 계산과 정치적 의지를 통해 사회를 잘 설계하여 인간의 조건을 현저히 개선할 수 있다는 잘못된 믿음—에 빠져 있다.[4] 누적적인 문제들을 순간순간 수정해가는 과정이 우리에게 영감을 주지는 못한다. 하지만 그것이 우리가 할 수 있는 "최선"이다.

물론 보수주의자들이 선호하는 많은 개혁들도 대대적이고 파괴적인, 의도되지 않은 결과를 초래한다. 세계은행의 구조조정 프로그램들이 많은 빈국貧國에서 초래한 대 파괴가 그 예일 것이다. 더욱이 1990년대에 소련의 명령경제를 자유 시장자본주의로 변혁하기 위한 파국적 "충격요법" 전략의 경우처럼, 어떤 상황 하에서는 보수주의자들 자신이 급진적이고 범사회적인 제도 설계 프로젝트를 주장하기도 한다. 그럼에도 불구하고 의식적인 사회변화 프로젝트들의 규모와 범위가 클수록 이에 따른 변화의 모든 효과를 미리 예측할 수 있는 확률은 더 낮아진다는 보수주의자들의 일반적 주장에도 분명히 설득력은 있다.

좌파 급진주의자들은 일반적으로 인간의 가능성에 대한 이러한 전망을 부정해 왔다. 특히 마르크스주의 전통에서 급진적 지식인들은 사회제도의 대대적인 재설계는 인간의 능력 안에 있다고 주장했다. 그렇지만 마르크스가 주장했듯이, 대안 창조 기회가 오기 전에 미리 상세한 제도적 "청사진"을 고안할 수 있는 건 아니다. 다만, 현존하는 제도의 대안을 구성하는 핵심적인 조직 원칙들, 시행착오를 범하며 진행되는 제도 구축의

---

4 Frederick A. Hayek, *The Fatal Conceit: The Errors of Socialism* (Chicago: University of Chicago Press, 1991).

실천적 과제를 인도하는 원칙들을 미리 구상할 수 있을 따름이다. 물론 의도되지 않은 다양한 종류의 결과가 생길 수도 있다. 그러나 이 결과들은 "혁명 후에" 처리될 수 있다. 중요한 점은 의도되지 않은 결과가 나올 수 있다고 해서 해방적 프로젝트 자체를 일찌감치 포기할 필요가 없다는 것이다.

이 입장들 가운데 어느 것이 더 설득력이 있는지와 무관하게, 현존하는 제도의 급진적 대안이 가능하다는 '믿음'은 동시대의 정치적 삶에서 중요한 역할을 수행해 왔다. 사회민주주의적 개혁을 위한 정치적 공간이 적어도 부분적으로나마 확대된 이유는 아마 자본주의와의 보다 급진적인 단절이 가능해 보였기 때문이었을 것이다. 또한 많은 사람들이 결정적으로 급진적 단절의 가능성을 믿었다는 데 있을 것이다. 혁명적 사회주의의 실행 가능성에 대한 '믿음'은 계급타협의 한 형태인 개혁주의적 사회민주주의의 '성취 가능성'을 높였다. 이는 특히 소련 등지에서의 거대한 역사적 실험에 의해 뒷받침되었다. 따라서 사회체제의 진보적 수선修繕을 위한 정치적 조건들은 가능한 변혁들을 전망할 수 있느냐 없느냐에 좌우될 여지가 크다. 그렇다고 해서 무엇이 가능한지에 대한 거짓된 믿음을 지지해야 된다고 말하는 것은 아니다. 더욱이 그것이 바람직한 결과를 자아낼 것으로 기대되기 때문에 지지해서는 안 된다. 하지만 확고한 이론적 기초를 가진, 급진적 대안에 대한 설득력 있는 전망은 분명 해방적 사회 변화의 중요한 조건이다.

우리는 지금 이 급진적 전망들이 진지하게 취급되기보다 종종 조롱당하는 세계에 살고 있다. 탈근대주의가 "거대서사巨大敍事"를 거부하는 것과 더불어, 아직 정치적 스펙트럼의 왼쪽에 남아 있는 많은 사람까지 거대 설계를 이념적으로 거부한다. 이것이 꼭 평등주의적인 해방적 가치들을 포기한다는 뜻은 아니겠지만, 여기에는 분명 인간의 능력으로는 이 가치들을 제대로 실현할 수 없으리라는 냉소주의가 반영되어 있다. 이 냉소주의는 다시 진보적 정치세력 일반을 약화시킨다.

이 책은 "리얼 유토피아" 개념을 구현하는 대안들을 체계적으로 탐구하기 위한 일반 틀을 정교화하여, 이와 같은 냉소주의를 반박하려는 노력의 일환이다. 우리는 제2장에서 리얼 유토피아 구상 문제를 "해방적 사회과학"이라는 더 넓은 틀 안에 자리매김 하면서 논의를 시작한다. 이 틀은 세 가지 과제들, 즉 진단과 비판, 대안의 정식화, 그리고 변혁 전략의 정식화를 중심으로 구축된다. 이 세 과제들은 이 책에서 세 가지 주요한 의제를 규정한다. 이 책의 제1부(제3장)는 자본주의에 대한 기본 진단과 비판으로, 이는 리얼 유토피아적 대안의 탐색을 고무한다. 다음 제2부는 대안의 문제를 논의한다. 제4장은 대안에 대한 전통적인 마르크스주의적 접근법을 재검토하며, 왜 이 접근법이 불만족스러운지를 보여준다. 제5장은 대안적 분석 전략을 정교화하는데, 이는 사회주의가 자본주의의 대안으로서 국가와 경제에 대한 사회권력 강화(social empowerment) 과정으로 이해되어야 한다는 생각에 근거하고 있다. 제6장과 제7장은 "사회권력 강화"라는 개념에 비추어 제도적 설계를 위한 일련의 구체적인 제안들을 탐구한다. 제6장은 사회권력 강화와 국가의 문제에 초점을 맞추고, 제7장은 사회권력 강화와 경제의 문제에 초점을 맞춘다. 이 책의 제3부는 변혁의 문제―리얼 유토피아적 대안들이 실현될 수 있는 과정을 어떻게 이해할 것인가―로 전환한다. 제8장은 사회변혁 이론의 중심적 요소들을 펼쳐낸다. 제9장에서 제11장은 세 가지 다른 전반적인 해방적 변혁 전략―단절적 변혁(제9장), 틈새적 변혁(제10장), 공생적 변혁(제11장)―을 검토한다. 제12장은 이 책의 결론으로, 핵심적인 주장들을 일곱 가지 교훈으로 추출해낸다.

02 | 해방적 사회과학의 과제

　현실 유토피아 구상은 '해방적 사회과학'이라는 더 넓은 지적 기획의 핵심 요소이다. 그렇다면 해방적 사회과학의 목적은 무엇일까? 바로, 다양한 형태로 나타나는 인간 억압에 도전장을 내미는 집단적 프로젝트를 이끌어 갈 과학적 지식을 산출하는 것이다. 이 과제를 달성하는 데엔 세계의 작동 방식을 설명해주는 체계적인 과학지식이 필요한 탓이다. 리얼 유토피아 구상을 단순히 사회비평이나 사회철학이라고 부르지 않고 사회'과학'의 한 형태로 보는 것은 이런 맥락에서다. '해방적'이라는 말은 지식 생산의 핵심적인 도덕적 목적—억압의 제거와 인간 번영[1]을 위한 조건의 창조—을

---

[1] 개인적인 서신에서 스티븐 루크스(Steven Lukes)는 "해방"이라는 말이 원래 노예제에 대한 투쟁과 관련되어 있었다고 썼다. 노예들의 해방은 속박으로부터의 자유를 의미했다는 것이다. 더 일반적으로 말해, 해방 개념은 자유주의적 자유관과 관련되어 있었고, 그리하여 평등과 사회정의라는 사회주의적 이상들과 관련되어 있었다기보다는 완전한 자유주의적 권리들을 성취하는 것과 관련되어 있었다. 20세기에 좌파는 단지 개인의 자유에 대한 강제적 부정을 수반하는 억압뿐만 아니라 모든 형태의 억압을 제거하겠다는 더 넓은 전망을 지칭하기 위해 이 용어를 전용했다. 나는 이렇게 더 넓은 의미에서 이 용어를 사용하고 있다.

보여준다. 그리고 '사회적'이라는 말은 인간 해방이 인간의 내적 삶의 변혁뿐만 아니라 사회세계의 변혁에도 좌우된다는 믿음을 내포한다.

모든 해방적 사회과학은 이 사명을 완수하기 위해 다음의 세 가지 기본 과제를 수행해야 한다. 현존하는 세계에 대한 체계적인 진단과 비판을 정교화하는 것, 실행 가능한 대안을 구상하는 것, 그리고 변혁의 장애―가능성―딜레마를 이해하는 것. 시간과 장소에 따라 이 과제 혹은 저 과제가 다른 과제보다 더 절박할 수 있지만, 포괄적 해방이론을 위해서는 모두가 다 필요하다.

| 진단과 비판

해방적 사회과학은 현존하는 사회제도와 사회구조가 사람들에게 '어떻게, 그리고 체계적으로' 해악을 가하는지 확인하기 위해 수립되었다. 사람들이 고통 받고 있다는 사실을 드러내는 것, 즉 최상의 번영을 구가하는 오늘날의 삶에 얼마나 거대한 불평등이 존재하는지를 눈앞에 보여주는 것만으로 충분하지 않다는 뜻이다. 과학적 해방이론은 이러한 고통과 불평등이 제도와 사회구조의 특정한 속성들에 기인한다는 것을 확실하게 보여야 한다. 따라서 해방적 사회과학의 첫 번째 과제는 이 해악을 낳는 인과과정에 대한 진단과 비판이 될 것이다.

진단과 비판은 가장 체계적이고 선진적인 경험적 연구를 생산했던 해방적 사회과학의 두 가지 측면이다. 페미니즘을 생각해 보라. 수많은 페미니스트 저작은 현존하는 사회관계, 관습, 제도가 어떤 방식으로 여성을 억압하는지 진단한다. 노동시장 연구는 직무職務가 성에 따라 분리된다는 것, 고용평가체계가 직무 특성들 가운데 문화적으로 여성과 결부되는 특성들을 폄하한다는 것, 승진에서 차별이 이루어진다는 것, 그리고 여러 제도적 장치들이 고용에 있어 어머니들을 불리한 위치에 놓는다는 것을 강조해 왔다. 페미니스트 문화 연구는 미디어, 교육, 문학 등등의 제도에 존재하는 광범위한 문화적 관습들이 어떤 식으로 여성을 억압했는지 알게 해준다. 이를 테면 그런 제도들이 어떻게 성 정체성과 성 고정관념을 강화해 왔는지 보여주는 것이다. 한편, 페미니스트 국가 연구는 국가의 구조와 정책이 여성의 종속과 다양한 형태의 성 불평등을 어떻게 체계적으로 강화했는지 조사해 왔다. 이 모든 연구는 성 불평등과 성 지배가 단순히 남성과 여성의 "자연적인" 생물학적 차이의 결과가 아니라, 사회구조·사회제도·사회관습에 의해 발생된다는 것을 보이려는 것이다. 해방이론의 마르크스주의 전통, 인종적 억압 이론, 급진적 환경주의가 고무한 경험적 연구에 대해서도 이와 유사한 관찰이 이루어질 수 있다. 이 모든 전통에서, 대다수 연구는 현존하는 사회구조와 사회제도가 낳는 해악을 상세히 기록하고 여기에 수반되는 인과과정을 확인하고자 한다.

진단과 비판은 사회정의의 문제, 그리고 규범적 이론의 문제와 밀접히 결부되어 있다. 어떤 사회체제를 "해악"을 낳는 체제로 묘사하는 것은 분석에 도덕적 판단을 개입시키는 것이다.[2] 따라서 모든 해방이론 뒤에는 암묵적으로 정의이론이 깔려 있으며, 또한 한 사회의 제도가 정의롭다고 간

---

2 동시대 자본주의가 해악과 인간의 고통을 낳는다는 데 동의하면서도 이것이 부정의가 아니라고 주장하는 것도 물론 가능하다. 많은 자유지상주의자들이 믿듯이, 사람들이 그들의 재산을 달리 사용하면 인간의 고통을 줄일 수 있다 해도 그들의 재산으로 그들이 원하는 것을 할 권리가 있다고 믿을 수도 있다. 일관된 자유지상주의자라면, 자본주의가 인간 번영에 있어 많은 결함을 낳는다는 진단을 받아들이면서도, 사람들로 하여금 그들이 선택하는 외의 방식으로 재산을 사용하도록 강요하는 것은 개인적 자유의 침해이고 따라서 부정의하다고 주장할 수 있을 것이다. 그럼에도 불구하고 대다수 사람들은, 제도들이 사람들의 삶에서 체계적이고 광범위한 해악을 낳을 때, 이와 같은 제도는 부정의한 것이라고 믿을 것이다. 물론 사람들이 자본주의의 부정의를 인정한다고 해서 그들이 꼭 자본주의를 근본적으로 바꾸고싶어 하는 것은 아니다. 정의 외에도 사람들이 관심을 갖는 것들이 있기 때문이다.

주되려면 어떤 조건들이 충족되어야 하는지에 대한 일정한 시각이 깔려 있다. 이 책의 분석은 정의에 대한 '급진 민주평등주의적' 이해를 기반으로 한다. 그것은 두 가지의 포괄적인 규범적 주장에 기대는데, 하나는 사회정의의 조건에 관한 것이고, 다른 하나는 정치정의의 조건에 관한 것이다.

사회정의: 사회적으로 정의로운 사회에서, 모든 사람은 발달하고 번성한 삶을 사는 데 필요한 물질적·사회적 수단에 대해 대체로 평등한 접근권을 가질 것이다.

정치정의: 정치적으로 정의로운 사회에서, 모든 사람은 그들의 삶에 영향을 미치는 결정에 유의미하게 참여하는 데 필요한 수단에 대해 대체로 평등한 접근권을 가질 것이다. 이것은 개인들이 개별적 인간으로서 그들의 삶에 영향을 미치는 선택을 할 자유, 그리고 개인들이 공동체 구성원으로서 그들의 삶에 영향을 미치는 집단적 결정에 참여할 수 있는 능력을 포함한다.

이 두 가지 주장에는 철학적으로 어려운 점과 논쟁해야 할 점이 많다. 그래서 아주 정교하게 이 주장을 방어하려고 하지는 않을 것이다. 다만, 이 두 원칙의 의미와 함의를 분명히 하고, 이 원칙들이 왜 사회제도에 대한 진단과 비판의 기초를 제공할 수 있는지 설명하려고 한다.

1. 사회정의

자본주의를 비판하고 그 대안 탐색을 고무하는 사회정의관을 설명하는 데 있어 이 책은 세 가지 개념을 중심으로 삼는다. '인간의 번영, 필요한 물질적 사회적 수단, 그리고 대체로 평등한 접근권'이다.

"인간의 번영"은 넓고 다차원적인 포괄적 개념으로, 인간 복리의 다양한 측면들을 포괄한다.[3] 이것은 건강에 대한 일반적인 개념과 비슷하다. 건강이라는 개념은 정상적 신체 기능을 훼방하는 질병이 없다는 제한적 의미는 물론, 튼튼한 육체적 활력이라는 확장적 의미도 가진다. 같은 맥락에서 인간 번영을 보자. 이 개념의 제한적 의미는 인간이 정상적으로 기능하지 못하게 만드는 일군의 결함들이 없다는 뜻이 될 것이다. 말하자면 굶주림을 비롯한 기타 물질적 박탈, 불건강, 사회적 고립, 그리고 사회적 낙인의 심리적 해악과 같은 것들을 포함한다. 이것은 매우 이질적인 목록이다. 어떤 것은 신체적 손상을 가리키고, 또 어떤 것은 사회·문화적 손상을 가리킨다. 그러나 이들은 모두 상이한 메커니즘을 통해 기본적 인간 기능을 손상시킨다. 정의로운 사회란 모든 사람들이 기본적인 인간 기능을 충분히 발휘하고, 이것을 작동시키고 번영시키는 데 필요한 다양한 수단에 특별한 제약 조건 없이 접근할 수 있는 사회를 일컫는다.[4]

확장적 번영 개념은 사람들이 다양한 방식으로 그들의 재능과 능력을 개발하고 발휘할 수 있음을 가리킨다. 달리 표현하면, 다양한 방식으로

---

[3] 평등주의적 사회정의관을 논의하는 철학자들은 행복, 복지, 복리, 번영과 같은 다양한 용어를 사용해 그들의 도덕적 관심사의 원천을 확인한다. 각각의 용어는 장단점이 있으며, 어떤 용어를 이용해 정의에 대한 논의를 떠받칠 것인지는 사실 크게 중요하지 않을지도 모른다. 내가 "번영"을 선호하는 이유는, 이것이 넓은 복리 개념을 시사하기 때문이고, 번영의 많은 측면들이 단지 주관적 상태만이 아니라 객관적 상태와도 관련되기 때문이다

[4] 여기에서 정교화되는 제한적 의미의 번영은 아마르티아 센의 "능력" 및 기본적 기능 개념과 밀접히 상응한다. 그의 분석에서 사회에 대한 판단은 이 사회가 얼마나 많은 일인당 소득을 산출하는가에 기초하는 것이 아니라, 이 사회가 만인에게 기본적 능력들을 제공하는 정도에 기초해야 한다. Amartya Sen, *Development as Freedom*(Oxford: Oxford University Press, 1999)를 보라. 좋은 사회의 핵심적 이상으로서의 번영 개념을 정교화한 논의에 대해서는 Martha C. Nussbaum, *Women and Human Development: The Capabilities Approach* (Cambridge: Cambrdige University Press, 2000)도 보라.

그들의 개인적 잠재력을 실현할 수 있다는 뜻이다. 하지만 이것은, 각 사람 안에 어떤 독특하고 잠재적이며 자연적인 "본질"이 있어서 이것을 방해받지만 않는다면 성장하면서 완전히 실현된다는 뜻이 아니다. 개인적 번영의 확장적 개념은 "모든 도토리 안에는 거대한 참나무가 들어 있어서, 적절한 토양, 햇빛, 비가 주어지면 이 참나무가 번성하고, 이 도토리 안에 있는 잠재력이 성숙한 나무로 실현될 것이다"고 말하지 않는다. 인간의 능력과 재능은 다차원적이기 때문이다. 발전 방향 역시 매우 다양하다. 유아라는 원료로부터, 성숙한 성인들에 이르기까지 이루 말할 수 없이 많은 방식으로 발전되면서 번영해 나간다. 인간이 가진 능력에는 지적·예술적·신체적·사회적·도덕적·영적인 것들이 있다. 하지만 우리가 능력이라고 말하는 것에는 숙달의 개념뿐만 아니라 창조성도 포함된다. 번영하는 인간의 삶이란 이러한 재능과 능력을 충분히 발현하고 함께 발전시키는 사회를 말한다.

인간 번영 개념은 일정한 방식으로 번영을 추구하는 가운데 구축하는 다양한 삶의 방식에 우열을 두지 않는다. 예컨대 지적 능력은 신체적·예술적·영적 능력보다 더 발전할 가치가 있다고 말할 수 없다. 또한 번영하는 삶을 위해 인간이 그들의 모든 능력을 발전시켜야 한다고 주장하지도 않는다. 사람들의 잠재력이 각자 다르기 때문이 아니다. 물질적·사회적 수단에 대한 접근권과 무관하게 인간의 모든 잠재력이 실현되는 것은 일반적으로 불가능하다.[5]

---

5 번영 개념의 다차원성으로 인해, 예컨대 "인간 X는 인간 Y보다 더 번영하고 있다"고 말할 수 있는 분명하고 최종적인 규준도 존재하지 않는다. 왜냐하면 어떤 삶도 상이한 차원을 따라 번영과 결함을 결합하고 있을 것이기 때문이다. 이것은 한 사람이 신체적으로 얼마나 건강한가에 대해 말할 때의 문제와 비슷하다. 한 사람은 만성적인 요통을 가지고 있고, 다른 사람은 천식을 가지고 있다. 누가 "더 건강한가"? 우리는 아마도 이 질문을 특정한 과제와 맥락에 따라 특정화하여 대답을 제공할 수 있을 것이다--천식은 정상적으로 책상에 앉아 있는 기능을 방해하지 않고, 요통은 스모그가 긴 날에 정상적으로 숨을 쉬는 기능을 방해하지 않는다. 그

이 잠재력을 발전시키고 발휘하는 데에는 물질적 자원과 적절한 사회적 조건이 필요하다. 인간의 번영에 물질적 자원이 중요하다는 것은 명백하다. 충분한 영양, 주택, 의복, 개인적 안전 없이는 사람들이 제한적인 의미에서건 확장적인 의미에서건 번영을 구가하기 어렵다. 그러나 지적·신체적·사회적 능력을 얻기 위해서는 단순한 물질적 필수재 이상으로 훨씬 더 많은 것이 필요하다. 좋은 교육환경을 제공하여 아동기뿐만 아니라 전 생애에 걸쳐 학습하고 재능을 기를 수 있도록 기회를 주어야 한다. 좋은 노동환경이 보장되어 기술을 발전시키고 발휘하며 상당히 자발적으로 활동할 수 있어야 한다. 그리고 좋은 공동체가 있어서 시민적 관심사와 문화 활동에 적극적으로 참여할 수 있어야 한다.

정의로운 사회는 모든 사람들이 이 조건들에 대해 대체로 '평등한 접근권'을 가지는 사회이다. "평등한 접근권"은 "평등한 기회" 개념과 유사한 평등의 기준이다. 그 차이는 이렇다. 평등한 기회는 가령 공정한 추첨으로 충족될 것이다. 그런데 모든 사람이 추첨에서 똑같은 승리 확률을 가지는 한, 어떤 사람들은 번영하는 삶을 살 수 있는 풍부한 수단을 가지게 되고 다른 사람들은 비참한 가난 속에서 살게 될 것이다. 반면 "평등한 접근권" 기준은 추첨과 다르다.[6]

러나 이 두 상태를 일차원적인 건강 척도 위에서 서로 비교할 수 있게 하여 "누가 더 큰 건강을 가지고 있는가?"라는 질문에 명쾌한 대답을 제공할 수 있는 길은 없다. 그렇지만 이 문제에도 불구하고, 우리는 한 사회가 건강을 증진하거나 방해하는 방식에 대해 이야기할 수 있고, 따라서 건강 증진을 제도 평가 기준으로 이용하는 것이 가능하다. 이 다차원적 복잡성 때문에, 한 제도적 장치는 어떤 면에서는 인간의 번영을 증진하고 다른 면에서는 인간의 번영을 방해할 수 있다. 이 때문에 인간의 번영이 특정한 제도 변화에 의해 향상될 것이라고 명확히 선언하는 것은 문제일 수 있다. 하지만 그렇다고 해서 인간 번영 개념이 제도 평가를 위한 적절한 가치가 될 수 없다고 할 수는 없다. 다만 이 평가가 항상 단순하고 명백할 수는 없다는 것뿐이다.

6 평등한 기회는 "출발문 평등"(starting gate equality)이라는 개념과도 연관되어 있다. 이것이 가리키는 것은, 모든 사람들이 성인이 될 때까지 평등한 기회를 가지는 한, 어떤 사람들이 그들의 기회를 허비한다면, 후에 그들이 번영하는 삶의 조건들에 접근할 수 없어도 이는 정의의 실패가 아니라는 것이다. "번영하는 삶을 사는 데 필요한 사회적 물질적 수단에 대한 평등한 접근권"이 가리키는 것은, 이상적으로는 번영하는 삶

평등한 접근권의 개념부터 확실히 하자. 이것은 모든 사람이 동일한 소득을 얻거나 동일한 물질적 생활수준을 누려야 한다는 뜻이 아니다. 번영에 "필요한 수단"은 사람들마다 다르다. 일정 정도의 불평등이 존재한다는 것이 모든 사람이 양질의 삶을 사는 데 '필요한' 수단에 접근할 때 반드시 평등한 기회를 가져야 한다는 원칙과 모순되는 것은 아니다.[7] 또 급진 평등주의적 견해가 정의로운 사회에서는 모든 사람이 번영해야 한다고 말하는 것도 아니다. 다만 사회적·물질적 자원에 평등하게 접근하지 못해서 사람들이 번영하지 못하면 안 된다는 것뿐이다.

이 사회정의관은 단지 계급 불평등에 대해서만 적용되지 않는다. 성, 인종, 신체적 장애에 기초한 불평등, 그리고 번영하는 삶에 필요한 물질적·사회적 수단에 접근하지 못하도록 막는 다른 모든 속성—개인의 도덕성과 무관한—에 기초한 불평등도 비난한다. 바로 이 때문에 '사회적' 수단을 포함시키는 작업이 결정적으로 중요한 것이다. 왜냐하면 지위 속성들에 기초한 경멸, 차별, 사회적 배제는 경제적 불평등만큼 번영에 심각한 장애가 될 수 있기 때문이다. 따라서 여기서 제안하는 급진 평등주의적 사회정의관은 물질적 분배뿐만 아니라 낸시 프레이저가 말하는 인정의 정치(politics of recognition)도 포함한다.[8]

을 살 수 있는 조건들에 대해 사람들이 평생 접근할 수 있어야 한다는 것이다. 이 이상에 대해 실천적인 제약이 있을 수 있고, 또한 물론 인센티브 및 "개인적 책임"과 관련된 복잡한 쟁점들도 있지만, 모든 인간 존재는 이러한 접근권을 가져야 한다는 이상은 여전히 남는다.

7 여기서 핵심은 "만인이 충분히 가지기 전까지는 공정한 몫으로 나누고, 잉여에 대해서는 공정한 경기를 한다"(Fair Shares until everyone has enough; Fair Play for the surplus)는 규범적 규칙과 비슷하다. William Ryan, Equality (New York: Pantheon Books, 1981), p. 9를 보라. "충분한"은 기초적 욕구를 확실하게 충족시키는 데 필요한 수단을 지칭할 수도 있고(이 경우 그것은 내가 말한 제한적 의미의 번영과 상응한다), 보다 확장적인 의미에서 번영하는 삶을 살기에 충분한 수단을 지칭할 수도 있다. 여기서 표현되는 생각은, 일단 이 조건이 충족되면, 공정한 몫보다는 "공정한 경기"가 정의의 조작적 원칙이 되어야 한다는 것이다.

8 "인정"은, 사람들이 서로 상호 존중을 표시하고 그들 모두 사회에서 도덕적으로 동등한 사람들임을 승인하는 사회적 실천을 지칭한다. Nancy Frazer, "Rethinking Recognition," *New Left Review* 3 (2000)을 보

여기서 제안하는 번영 개념은 특정한 방식의 번영이 더 우월하다고 말하지 않는다. 그러나 "좋은 삶"에 대한 다양한 문화적 관념 가운데 어떤 범주의 사람들은 번영의 조건들에 원천적으로 평등한 접근권을 가질 수 없다고 주장하는 데 반대한다. 어떤 문화가 특정한 소수민족집단, 인종집단, 계급집단에 대해 그들은 자신의 인간적 능력을 발전시키기 위한 물질적 사회적 수단에 접근할 자격이 없다고 말한다면, 이 문화는 부정의하다. 여성에 대한 최고 형태의 번영이 남편의 욕구에 봉사하는 세심한 아내가 되고, 아이들을 잘 키우는 헌신적인 어머니가 되는 것이라고 주장하는 문화 역시 이 사회정의관을 위반한다. 여성들은 분명 헌신적인 어머니이자 세심한 아내로서 번영할 수 있다. 하지만 여성들에게 이러한 역할을 강요하고 소녀들이 다른 능력과 재능을 발전시키는 것을 제한하는 문화는, 번영하는 삶을 살기 위한 물질적 사회적 수단에 평등하게 접근할 수 있어야 한다는 원칙을 위반한다. 이러한 문화는 여기서 제안하는 기준에 따르면 부정의를 지지한다.[9]

급진 평등주의적 사회정의관은 국민국가를 평등주의가 적용되는 유일한 사회 무대로 보지 않는다. 모든 사람들은 번영하는 삶에 필요한 사회적·물

라. 물질적 분배와 도덕적 인정이라는 문제는 물론 상호 관련되어 있다. 왜냐하면 존중의 부정("불인정")과 낙인)은 물질적 불이익을 강화하고, 계급적 불평등 역시 경멸의 해악을 낳기 때문이다. 계급과 인정의 상호관련에 대한 논의로는, Andrew Sayer, *The Moral Significance of Class* (Cambridge: Cambridge University Press, 2005)를 보라.

[9] 어떤 문화들은 특정한 형태의 부정의를 지지한다는 주장은 여기서 제안하고 있는 급진 민주평등주의적 정의관의 아주 논쟁적인 측면이다. 왜냐하면 이것은 특정 문화의 핵심적 가치들을 비판하는 것이기 때문이다. 어떤 사람들은 이와 같은 비판을 유럽 중심적 혹은 "서구적" 편향을 내포하는 것으로 간주한다. 내가 주창하고 있는 보편주의적 인간 번영 관념이 서구문화와 관련되어 있다는 것이 역사적으로 사실일 수도 있다. 하지만 이러한 보편주의가 서구만의 특징은 아니며, 이 보편주의와 관련되어 있는 정의 이론도 단지 서구 개인주의의 편협한 시각만을 반영하는 것은 아니다. 더욱이 내가 여기서 옹호하고 있는 기준에 따르면, 서구문화 역시 어떤 핵심적인 측면에서는 부정의를 지지하며, 이는 특히 강제적으로 시행되는 사유재산 규칙들과 강한 경쟁적 자본주의를 승인함으로써 이루어진다.

질적 수단에 대체로 평등하게 접근할 수 있어야 한다는 원칙은 '모든' 사람들에게 적용된다. 따라서 이 원칙은 가장 심층적인 수준에서 볼 때 인류를 위한 세계적 원칙이다. 과테말라에서 태어난 사람이 캐나다에서 태어난 사람보다 번영하는 삶의 물질적·사회적 조건들에 대해 접근권을 훨씬 더 적게 가지는 것은 부정의하다. 따라서 비판의 도구가 되는 이 평등주의적 이상은 자원에 대한 접근이 권력과 규칙을 통해 조직되는 어떤 사회단위에 대해서도 겨누어질 수 있다. 가족 구성원들이 번영하는 삶을 위한 수단에 대해 불평등한 접근권을 가질 때, 이 가족은 부정의하다고 비판될 수 있다. 그리고 범세계적인 제도가 시행하는 규칙이 이러한 불평등을 세계적 차원에서 지속시킬 때, 이 제도는 부정의하다고 비판될 수 있다. 사실 사회정의에 관한 대다수 논의는 주로 우리가 "국민국가"라 부르는, 경계를 가진 사회적 실체 내에서의 정의 문제에 초점을 맞춘다. 왜냐하면 사회 변화를 위한 정치적 행위는 대체로 국민국가라는 사회 단위에 집중되어 있기 때문이다. 그러나 이 실제적 제약이 핵심적 원칙 그 자체를 규정하지는 않는다.[10]

물론 이러한 정의사회의 기준을 실제로 충족시킬 제도적 장치를 상술하는 것은 단순한 문제가 아니다. 그렇게 하려면 일련의 어려운 쟁점들과 다투어야 한다. 자원에 대한 접근권을 정의롭게 '분배'해야 한다는 도덕적 신념은 사회적·물질적 번영 수단을 '생산'하는 것에 관한 실천적 고려와 어떻게 균형을 맞추어야 하는가? 어떤 재능은 다른 재능보다 인간의 번영을 위한 사회적·물질적 조건을 창조하는 데 더 많이 공헌할 것이다. 이런 종류의 재능은 다양한 인센티브를 통해 다른 종류의 재능보다 더 격려를 받아야 하는가? 그렇다면 이것은 평등한 접근권이라는 것을 위반하

---

10 이 점을 분명히 하는 것이 중요하다. 평등주의적 이상을 위한 도덕적 우주는 세계적—인류 전체—이지만, 이 이상을 위한 투쟁은 상이한 행위 무대들의 실제적 제약에 의해 매우 깊이 규정된다.

지 않는가? 어떤 재능은 다른 재능보다 개발 비용이 더 클 것이다. 그런데 종합적으로 보아 재능 개발에 이용될 수 있는 자원에 예산 제약이 있을 것이기 때문에, 사람들이 원하는 모든 재능 개발 수단에 평등하게 접근하기는 매우 어려울 것이다. 따라서 번영 수단에 평등하게 접근하는 것이 어떤 재능에 대해서건 이 재능의 양성에 필요한 수단에 평등하게 접근할 수 있다는 뜻은 아니다. 번영하는 삶을 살기 위한 조건에 평등한 접근권을 가질 수 있어야 한다는 이상을 철학적으로 충분히 옹호하려면 이 문제들 및 기타의 문제들과 다투어야 한다. 그러나 이 이상이 다른 무엇을 내포하든, 그것은 분명 일정한 재능과 능력을 개발·발휘하고 사회적 삶에 완전히 참여하기 위한 수단에 접근하는 것뿐만 아니라 음식, 옷, 안식처, 건강에 대한 기초적 욕구를 충족시키는 필수적 수단에 접근하는 것도 내포한다. 하지만 우리는 이와 같은 세계에 살고 있지 않다.

2. 정치정의

 이 책의 진단과 비판 아래 깔려 있는 두 번째 규범적 원칙은 개인적 자유와 민주주의에 관한 것이다. 여기서 이 두 가지 개념이 연결되어 있는 이유는, 두 개념 다 사람들이 자신의 삶에 영향을 미치는 일들에 대해 선택할 수 있는 힘과 관련되어 있기 때문이다. 이것이 핵심 원칙이다. 사람들은 자신의 삶에 영향을 미치는 결정들에 대해 가능한 한 많은 통제력을 가져야 한다. "자유"는 자기 자신의 삶을 선택할 수 있는 힘이다. "민주주의"는 사회구성원으로서 자신의 삶에 영향을 미치는 집단적 선택을 효과적으로 통제하는 데 참여할 수 있는 힘이다. 그리하여 민주평등주의적 정치정의 원칙은 다음과 같다. "모든 사람은 그들 자신의 삶을 선택하는 데 필요한 힘에 대해, 그리고 사회적으로 그들에게 영향을 미치는 집단적 선택에 참여하는 데 필요한 힘에 대해 평등하게 접근할 수 있어야 한다."

자유에 대한 이 평등주의적 이해는 개인적 권리와 자율이라는 핵심적인 자유주의적 이상들을 인정한다. 즉 개인들이 외적 강제에 종속되는 정도를 최소화하고자 하는 이상들을 인정한다. 이 이해가 표준적인 자유주의적 정신과 다른 이유는, 모든 사람은 자기 자신의 삶을 선택하는 데 필요한 힘에 대해 평등하게 접근할 수 있어야 한다는 평등주의적 원칙을 강조하기 때문이다. 이는 타인에 의한 강제로부터 평등하게 보호되는 차원을 넘어서는 것이다. 이러한 자유는 필리페 반 파리스가 말하는 "만인을 위한 '참된' 자유"와 상응한다.[11] 참된 자유는 사람들이 자기에게 중요한 선택을 할 수 있는 실제적 능력을 가지고 있다는 것이며, 이를 위해서는 그들이 자신의 인생계획에 따라 행동하는 데 필요한 기본 자원들에 접근할 수 있어야 한다.[12]

정치정의의 민주주의적 차원은 사회구성원으로서 자신의 삶에 영향을 미치는 문제들에 대한 집단적 결정에 참여하는 데 필요한 정치적 수단에 평등하게 접근하는 것과 관련되어 있다. 민주주의에서는 우선 형식적인 정치적 평등이 존재해야 한다. 즉 모든 사람은 정치 참여 수단에 대해 평등한 법률적 접근권을 가져야 한다. 나아가 민주주의의 권력이 강화되어 사람들이 그들의 공동 운명을 집단적으로 통제할 수 있어야 한다. 참된 민주주의라면 이 두 가지를 모두 긍정해야 한다. 그러나 동시대 사회에서 사

---

11 Philippe Van Parijs, *Real Freedom for All* (Oxford: Oxford University Press, 1997).

12 따라서 물질적 자원의 평등주의적 분배는 상이한 두 가지 방식으로 정당화될 수 있다. 사회정의가 이루어지려면, 번영하는 삶을 사는데 필요한 물질적 수단에 평등하게 접근할 수 있어야 한다. 정치정의가 이루어지려면, 참된 자유에 필요한 물질적 수단에 평등하게 접근할 수 있어야 한다. 물질적 자원의 평등주의적 분배를 위한 이 두 가지 근거는 참된 자유 자체가 인간의 번영에 기여한다는 점에서 서로 연결되어 있다.

람들은 대체로 민주주의에 대해 상당히 제한적인 견해를 가지고 있다. 한편으로, 결정적인 공적 중요성을 지닌 많은 문제들은 민주적 의사결정에 따르는 것이 정당한데도 그렇게 여겨지지 않는다. 특히 우리의 집단적 운명에 엄청난 영향을 미치는 많은 경제적 결정들이 대기업 경영진과 소유자의 "사적" 문제로 여겨진다. "공"과 "사"의 경계 설정은 비교적 강한 사유재산 관념에 근거한다. 이러한 관념은 경제적 자원과 활동에 관한 광범위한 결정들을 민주적 통제로부터 현저히 격리시킨다. 다른 한편, 당연히 공적 통제를 받아야 할 것으로 생각되는 쟁점들에 대해서도 민중의 민주적 권력은 아주 제한되어 있다. 선거정치는 엘리트들에게 크게 지배되어 정치적 평등의 민주적 원칙들을 위반하고 있다. 민중 참여의 다른 장들도 일반적으로 대체로 상징적인 성격을 가지고 있다. 일반 시민들은 "민중에 의한 지배"라는 민주적 이상을 의미 있게 행사할 기회가 거의 없다.

반대로 급진 민주주의는 민주주의에 대한 확장적 이해를 주장한다. 모든 시민의 정치적 평등이라는 이상을 실현하기 위해서는 사적 경제권력이 정치권력으로 전환되는 것을 막는 강한 제도적 메커니즘이 필요하다. 민주적 의사결정의 범위는 중요한 공적 결과를 낳는 모든 영역으로 확대된다. 그리고 권력 강화된 시민 참여의 무대는 주기적 선거에서 표를 던지는 차원을 넘어 더욱 확장된다.

급진 민주주의는 그 자체로 이상理想이다. 사람들은 자신의 삶에 영향을 미치는 결정에 의미 있게 참여할 기회를 가져야 한다는 뜻이니까. 동시에 급진 민주주의는 도구적 가치이기도 하다. 급진 평등주의적 사회정의 원칙을 인간의 번영이라는 관점에서 실현하는 과제는 급진 민주적 정치권력 제도에 의해 촉진된다는 것이다. 급진 평등주의적 사회정의관과 급진 민주적 정치권력관을 합쳐 '민주평등주의'라 부를 수 있다. 이것은 현존하는 제도에 대한 진단과 비판, 그리고 이 책에서 그려지는 변혁적 대안의 탐색을 위한 전반적인 규범적 기초이다.

I 실행 가능한 대안들

해방적 사회과학의 두 번째 과제는 현존하는 제도와 사회구조의 대안들—진단과 비판에서 확인되는 해악과 부정의를 제거 또는 적어도 현저히 완화할 수 있는—에 관한 일관되고 신뢰성 있는 이론을 발전시키는 것이다. 사회적 대안들은 세 가지 다른 기준들에 의해 정교화되고 평가될 수 있다. '바람직함, 실행 가능성, 성취 가능성'이 그것이다. 그림 2.1이 보이듯이, 이 세 가지는 일종의 위계를 이루며 포개어져 있다. 바람직한 대안들이 모두 실행 가능한 것은 아니며, 실행 가능한 대안들이 모두 성취 가능한 것은 아니다.

그림 2.1. 사회적 대안들을 평가하기 위한 세 가지 기준

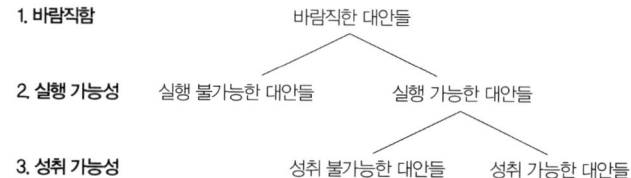

1. 바람직함

실행 가능성이나 성취 가능성의 제약 없이 바람직한 대안들을 탐구하는 것은 유토피아적 사회이론과 다수의 규범적 정치철학의 영역이다. 보통 이와 같은 논의들은 제도에 대해서는 매우 약하게 이야기하며, 실제적

인 제도적 설계보다는 추상적 원칙들의 언명을 강조한다. 따라서 예컨대 공산주의란 "필요에 따라 각인에게, 능력에 따라 각인으로부터라는 원칙에 따라 통치되는 '무계급사회'이다"라는 마르크스주의적 기술은 이 원칙을 실현시킬 실제적인 제도적 장치에 관해서는 거의 침묵한다. 이와 비슷하게, 자유주의적 정의 이론 역시 정의로운 사회의 제도들 속에 구현되어야 할 원칙들을 정교화하고 옹호하지만, 정식화된 순수한 형태로 이 원칙들을 적용하는 지속 가능하고 튼튼한 제도들이 실제로 설계될 수 있는지의 문제는 체계적으로 탐구하지 않는다. 이런 종류의 논의는 중요하다. 왜냐하면 이 논의들은 우리의 가치를 분명히 하고 사회 변화의 힘든 과제에 대한 우리의 도덕적 헌신을 강화하는 데 충분히 기여하기 때문이다. 그러나 대안들에 대해 순전히 유토피아적으로만 생각하면, 제도 구축의 실제적 과제에 기초를 놓거나 현존 제도에 대한 도전에 신뢰성을 더하는 데 거의 아무 도움도 되지 못한다.

2. 실행 가능성

'실행 가능한' 대안들의 연구는 현존하는 사회구조와 제도를 변혁하고자 하는 제안들에 대해, 이 제안이 실행된다면 해방적 결과들을 실제로 낳을 것인지—지속 가능하고 튼튼하게—를 묻는다. 급진 평등주의적 제안들에 흔히 가해지는 비판은 "서류상으로는 좋게 들리지만 결코 먹히지 않을 거야" 하는 것이다. 여기 해당하는 가장 흔한 예로 '포괄적 중앙계획'을 들 수 있다. 이것은 혁명가들이 사회주의 원칙들을 실현하고자 했던 고전적 형태이다. 사회주의자들은 시장의 무정부성과 이것이 사회에 미친 파괴적 효과들을 날카롭게 비판하고, 합리적으로 계획된 경제가 사람들의 삶을 개선할 것이라고 믿었다. 이를 가능하게 하리라고 믿었던 제도적 설계는 중앙집권화된 포괄적 계획이었다. 나중에 드러난 것처럼, 포괄적 중앙계획은 의도되지 않은 "도착된" 결과들을 초래하며, 이 결과들은 복잡성이 낳는 정보 과부하 때문에, 그리고 인센티브와 관련된 일련의 문제들 때문에 이 중앙계획의 의도된 목표들을 전복시킨다.

실행 가능성 문제의 또 다른 예는 관대한 무조건적 기초소득에 대한 제안인데, 우리는 제6장에서 이에 대해 논의할 것이다. 모든 사람이 매월 어떤 조건이나 제한도 없이, 사회적으로 괜찮은 생활수준으로 살 만큼의 수당을 받는다고 가정하자. 급진 평등주의적 사회정의관의 도덕적 관점에서 볼 때, 이것이 현존하는 경제적 분배과정의 바람직한 대안이 될 만한 이유는 여러 가지다. 하지만 관대한 기초소득이 현존 세계의 실행 가능한 대안이 아니라고 주장하는 회의론자들이 있다. 아마 관대한 기초소득은 도착된 인센티브를 낳을 것이고, 모든 사람들은 소파에 앉아 감자칩을 먹으며 텔레비전만 보게 될 것이다. 아마도 세율은 경제활동을 질식시킬 만큼 아주 높아질 것이다. 아마 기초소득에다 노동시장 소득을 더하는 사람들이 완전히 기초소득으로만 사는 사람들에 대해 아주 심한 분개심을 가지게 되어, 기초소득은 정치적으로 안정적일 수가 없을 것이다. 이 쟁점들에 대해서는 대안들의 실행 가능성을 논의하는 자리에서 탐구할 것이다.

물론, 해방적 목표를 실현하려는 어떤 제도적 설계가 실행 가능한 것인지는 역사적 맥락과 여러 가지 부수적 조건들에 의해 크게 좌우될 것이다. 관대한 무조건적 기초소득은 강한 노동윤리와 집단적 의무감이 문화적으로 뿌리내려진 나라에서는 실행 가능할 수도 있다. 왜냐하면 이와 같은 사회에서는 기초소득을 소비하면서도 아무 호혜적 기여를 하지 않으려는 사람들이 상대적으로 소수일 것이기 때문이다. 반면 아주 원자적이고 이기적인 소비자주의 사회에서는 이것이 실행 가능하지 못하다. 또한 기초소득은 이미 장기간에 걸쳐 특정한 목적의 여러 가지 프로그램들에 기초해 관대한 재분배적 복지국가를 발전시킨 사회에서는 실행 가능할 수 있다. 반면 인색하고 제한적인 복지국가를 가진 사회에서는 실행 가능하지 않을 것이다. 따라서 실행 가능성에 관한 논의는 특정한 설계들이 어떤 맥락에서 잘 기능할 수 있는가에 관한 논의도 포함한다.

실행 가능한 대안들의 탐구는 이 대안들이 현재의 사회적 조건 아래에서 실제로 성취 가능한가 하는 문제에 대해서는 일단 판단을 유보한다. 어떤 사람들은 이렇게 주장할지도 모르겠다. 전략적으로 성취 가능한 것이 아니라면, 이론적으로 실행 가능한 대안에 대해 이야기하는 것이 무슨 소용인가? 이 회의주의자에 대한 대답은 이렇다. 미래에 대해서는 불확실성과 우연성이 너무나 크기에, 지금 성취 가능한 미래적 대안들이 정말 무엇인지 우리는 알 수가 없다. 1987년의 소련을 생각해 보라. 누구도 소비에트 국가의 붕괴와 이에 따른 자본주의로의 이행이 몇 년 안에 성취 가능할 것이라고 생각하지 않았다. 아마 우리는, 우리가 지금 어떤 변화를 위해 투쟁할 수 있는가, 현존하는 조건 아래에서 어떤 종류의 연합이 가능하고 어떤 종류의 연합이 불가능한가, 그리고 어떤 정치적 전략이 가까운 미래에 효과적이고 비효과적일 것인가에 대해서는 뭔가 말할 수 있을 것이다. 그러나 우리가 미래로 더 멀리 보면 볼수록, 성취 가능한 것의 한계에 대해서는 더욱 더 확신할 수가 없다.

미래에 대한 이 불확실성을 감안하면, 우리가 살고 있는 세계에 대한 실행 가능한 대안들—실행된다면 지속 가능한 것일 확률이 높은 대안들—의 범위에 대해 가능한 한 분명한 이해를 가져야 한다. 여기에는 두 가지 이유가 있다. 첫째, 이러한 이해를 발전시킨다면, 미래에 역사적 조건들이 바뀌어 실현 가능한 가능성의 한계가 확대될 때, 해방적 사회 변화에 헌신하는 사회세력들이 실제적 대안 이행 전략을 더 쉽게 정식화할 수 있을 것이다. 실행 가능한 대안이 숙고되고 이해될수록 그것은 결국 성취 가능한 대안이 되기 쉬워진다. 둘째, 성취 가능한 것의 실제적 한계는 어떤 대안들이 실행 가능한가에 대한 사람들의 믿음에 부분적으로 좌우된다. 이것은 결정적인 점이며, 사회 변화에 있어 "가능성의 한계"가 존재한다는 생각 자체를 사회학적으로 이해하는 데 근본적으로 중요하다. 가능성의 사회적 한계는 이 한계에 대한 믿음과 독립해 있지 않다. 어떤 물리학자가 사물이 이동할 수 있는 최대 속도에 한계가 있다고 주장한다면, 이것은 속도에 대한 우리의 믿음과는 별개로 작용하는 독립적이고 객관적인 제약이다. 마찬가지로 한 생물학자가 일정한 조건들이 부재할 때 생명은 불가능하다고 주장한다면, 이것은 객관적 제약에 관한 주장이 된다. 물론 물리학자도 생물학자도 틀릴 수 있지만, 이 주장들 자체는 가능성의 실재적이고 침범 불가능한 한계에 관한 것이다. 가능성의 사회적 한계에 대한 주장은 물리학적·생물학적 한계에 대한 주장과 다르다. 왜냐하면 사회적인 경우 한계에 대한 사람들의 믿음은 무엇이 가능한지에 대해 체계적으로 영향력을 행사하기 때문이다. 따라서 현존하는 권력·특권의 사회구조와 제도에 대한 실행 가능한 대안을 더 체계적이고 더 설득력 있게 설명하는 것은 성취 가능한 대안의 사회적 한계 자체를 변화시킬 수 있는 사회과정의 한 구성요소이다.

"또 다른 세계가 가능하다"는 주장을 신뢰하게 만드는 일은 결코 쉬운 문제가 아니다. 사람들은 항상 이미 만들어진 사회에서 태어난다. 그들이 성장하면서 배우고 내면화하는 사회생활의 규칙들은 자연스러운 것으로 보인다. 사람들은 생계를 유지하고 삶의 고통을 다루고, 또 삶의 즐거움을 누리면서 일상생활의 과제에 사로잡혀 산다. 사회세계가 근본적으로나 의도적으로 변화되어 대다수 사람들의 삶이 더 나아질 수 있다는 생각은 따라서 아주 억지스럽게 보인다. 왜냐하면 현실성이 있으면서도 훨씬 더 나은 대안을 상상하는 것이 어렵기 때문이기도 하고, 이와 같은 대안을 창조하기 위해 권력과 특권의 현존 제도들에 어떻게 성공적으로 도전할 것인지를 상상하는 게 어려운 일이기 때문이기도 하다. 따라서 현존하는 제도들에 대한 진단과 비판을 받아들인다 해도, 대다수 사람들의 가장 자연스러운 반응은 아마 세계의 진정한 변화를 위해 할 수 있는 일이 별로 많지 않을 거라는 운명론적 느낌일 것이다.

  이와 같은 운명론은 현존하는 사회세계의 부정의와 해악에 헌신적으로 도전하는 사람들에게 심각한 문제를 초래한다. 왜냐하면 해방적 변화의 전망에 대한 운명론과 냉소주의는 이와 같은 변화의 전망을 감소시키기 때문이다. 물론 급진적 사회 변화의 가능성을 과학적으로 논증하는 데 너무 애쓰지 말자는 것도 한 가지 전략일 수 있다. 대신 이 세계의 부정의에 대한 분노에 근거하여, 그리고 인간의 가능성에 대한 희망과 열정에 고취되어, 바람직한 대안을 고무적으로 그려내고자 노력하는 것이다. 때로 은총에 호소하는 이와 같은 소망적 사고는 사람들을 투쟁과 희생으로 이끈 강력한 힘이었다. 그러나 이것으로는 세계 변혁의 적절한 기초를 만들어 지속 가능한 해방적 대안을 실제로 만들어낼 수 있을 것 같지 않다. 급진적 사회 변화를 위한 인간 투쟁의 역사는, 현존하는 억압 구조에 대한 영웅적인 승리에 뒤이어 새로운 형태의 지배, 억압, 불평등이 비극적으로 재생되는 일화로 가득 차 있다. 따라서 해방적 사회과학의 두 번째 과제는 실행 가능한 대안적 제도에 대한 과학적 견해를 가능한 한 체계적으로 발전시키는 것이다.

3. 성취 가능성

　성취 가능한 대안들에 관한 일관된 이론을 발전시키는 것은 사회 변화를 위한 실제적 투쟁 작업의 중심적 과제이다. 이것은 아주 어려운 과업이다. 왜냐하면 성취 가능성에 대한 견해는 "소망적 사고"에 빠지기 쉽고, 장기적 전략의 성공 가망성에 영향을 미치는 미래의 조건들은 높은 우연성을 지니기 때문이다.

　실행 가능성의 경우와 같이, 성취 가능성은 사실 성취 가능한 것과 성취 불가능한 것처럼 딱 이분법적으로 갈라지지 않는다. 제도 변혁 프로젝트들마다 이행 가능성은 다르다. 현존하는 사회구조와 제도의 일정한 대안이 미래의 어느 때 이행될 수 있는 확률은 두 종류의 과정에 좌우된다. 첫째, 이 확률은 문제의 대안을 지지하고 반대하는 사회적 행위자들이 '의식적으로 추구하는 전략'과 그들의 '상대적 힘'에 좌우된다. 전략이 중요한 이유는 해방적 대안들이 그냥 "저절로 일어날" 것 같지 않기 때문이다. 이 대안들이 일어날 수 있는 이유는 사람들이 이것들을 이행하려고 노력하고 그들이 다양한 장애와 다양한 억압을 극복할 수 있기 때문이다. 따라서 궁극적인 성공 확률은 해방적 변혁을 의식적으로 이행하고자 하거나 거기에 저항하고자 하는 경쟁하는 사회세력들의 힘의 균형에 좌우된다. 둘째, 일정한 대안이 이행될 확률은 이 전략의 성공 가능성에 영향을 미치는 광범위한 '사회구조적 조건들'의 장기적인 궤도에 좌우된다.[13] 이 조건들의 궤도 자체도 부분적으로는 인간 행위의 '의도되지 않은'

13　마르크스의 유명한 경구를 (문맥에서 떼어내) 인용하면 "[사람들은] 그들 자신의 역사를 만들지만, 그들이 원하는 대로 만들지는 않는다. 그들은 그들 스스로 선택한 상황 아래에서 역사를 만드는 것이 아니라, 과거로부터 직접 전해 내려와 마주치는 상황 아래에서 역사를 만든다." Karl Marx, *The Eighteenth Brumaire of Louis Bonaparte* (New York: International Publishers, 1977), p. 97을 보라. 이 인용문은 보통 사회구조가 인

누적 효과들의 결과이지만, '그들 자신의 행동 조건들을 변혁하려는' 행위자들의 의식적 전략의 결과이기도 하다. 따라서 대안의 성취 가능성은 과연 일관되고 설득력 있는 전략—미래에 대안의 실행 조건들을 창조하는 데 일조하는 동시에 이 조건들이 일어났을 때 이 대안을 지지할 필수적인 사회세력을 동원할 잠재력이 있는 전략—을 정식화할 수 있는가에 좌우된다. 이 쟁점들에 대한 이해를 발전시키는 것이 해방적 사회과학의 세 번째 일반 과제, 즉 변혁이론의 목적이다.

| 변혁

해방적 사회과학의 세 번째 과제는 사회변혁이론을 정교화하는 것이다. 우리는 해방적 사회과학을 현재로부터 어떤 가능한 미래로 가는 여행의 이론으로 간주할 수 있다. 우리는 사회에 대한 진단과 비판을 통해 왜 우리가 현존 세계에서 떠나기를 원하는지, 그리고 대안에 관한 이론을 통해 우리가 어디로 가기를 원하는지 알고자 한다. 그리고 우리는 변혁에 관한 이론을 통해 어떻게 여기에서 거기로 가는지—어떻게 실행 가능한 대안을 성취 가능한 것으로 만드는지—를 알고자 한다. 변혁이론은 네 가지 중심적인 구성요소를 포함한다.

간 행위에 제약을 가한다는 뜻으로 취해지지만, 실제의 맥락은 행위의 정신적 조건에 관한 것이다. 이 단락은 이렇게 계속된다. "모든 죽은 세대의 전통은 살아 있는 자들의 두뇌를 악몽처럼 내리누른다. 그리고 그들이 자기 자신과 사물들을 혁명적으로 바꾸는 데, 지금까지 존재한 적이 없는 어떤 것을 창조하는 데 참여하고 있는 것처럼 보이는 바로 그때, 바로 이 혁명적 위기의 시기에 그들은 자신들의 시중을 들도록 과거로부터 근심스럽게 망령들을 불러내고 그들로부터 이름, 구호, 의상을 빌려서, 이 유서 깊은 가장과 이 빌려온 언어로 세계사의 새로운 장면을 제시한다." 마르크스의 요지는 세계의 변혁에 대한 이러한 문화적 제약에 초점을 맞추고 있지만, 보다 일반적인 생각은 무엇인가 하면, 집단적 전략은 전략적 선택의 여지를 직접적으로 허용하지 않는 상황과 마주친다는 것이다.

1. 사회적 재생산에 관한 이론

사회적 해방에 관한 모든 이론들의 핵심 명제는 이것이다. 여러 형태의 억압과 사회적 해악을 발생시키는 구조와 제도가 계속 존재할 수 있는 이유는 단순히 어떤 사회적 관성 법칙 때문이 아니며, 여기에는 적극적인 사회적 재생산 메커니즘이 필요하다. 이 명제는 다음과 같은 가설적 주장에 기초하고 있다. 이 구조와 제도는 사람들에게 실질적인 해악을 가한다. 따라서 어떤 적극적인 사회적 재생산과정이 존재하지 않는다면, 현존하는 사회체제로부터 해를 입는 사람들은 이 해악에 저항하고 이 제도에 도전해, 결국 이것들을 변혁하게 될 것이다. 따라서 억압적 구조와 제도의 상대적 안정성은 이와 같은 도전을 차단하거나 봉쇄하는, 상호 연결되어 있는 여러 사회적 재생산 메커니즘들의 존재에 달려 있다. 그러므로 이 제도를 변혁하기 위해 우리는 이 재생산이 어떻게 일어나는지에 대한 과학적인 이해를 발전시켜야 한다.

2. 재생산과정 내의 결함과 모순들에 관한 이론

사회적 재생산과정이 완벽하게 일관되고 광범위하게 통합된 체계라면, 의도적인 사회변혁 전략을 세울 수 있는 여지는 거의 없다. 해방적 변화가 여전히 일어날 수도 있겠지만, 사람들의 "등 뒤에서" 움직이는 의도되지 않은 변화 궤도들의 결과로서만 일어날 것이다. 어떤 사회이론들은 사회적 재생산이 이처럼 총체적으로 이루어진다고 본다. 지배는 워낙 광범위하고 일관적이어서, 모든 저항 행위는 저항이기는커녕 단지 지배체제 그 자체를 더 안정화시키는 데 기여할 뿐이다. 이러한 이론들도 여전히 사회에 대한 진단과 비판을 내포할 수 있지만, 궁극적으로는 해방적 사회과학의 가능성을 부정한다. 왜냐하면 그들은 해방적 변혁을 위한 효과적인 투쟁이 가능하다고 믿을 어떤 근거도 제공하지 않으며, 따라서 과학적 지식은 여러 형태의 억압에 도전하는 데 아무 소용이 없기 때문이다.[14] 해방적 사회변혁 이론은 거대한 현 체제의 갈라진 틈, 사회적 재생산과정의 모순과 결함, 사회적 재생산이 실패하는 방식—요컨대 사회적 재생산과정이 새로운 가능성을 위한 집단적 투쟁의 공간을 여는 다양한 방식—을 검토할 필요가 있다.

하지만 우리가 해방적 사회과학을 단순히 '철학적 비판'이 아니라 정말 '과학'의 한 형태로 취급한다면, 효과적인 해방적 도전을 쉽게 할 수 있을 만큼 사회적 재생산의 모순이 아주 첨예하게 존재한다고 선험적으로 가정해서는 안 된다. 해방적 변혁의 공간을 여는 모순적 과정들에 대한 '탐색'은 우리 의제의 핵심을 이루지만, 이와 같은 가능성들의 '발견'은 지식의 진보에 달려 있다.

3. 의도되지 않은 사회 변화의 기본 동학과 궤도에 관한 이론

해방적 사회과학은 사회적 재생산과 사회적 모순에 관한 사회학적 이론을 포함할 뿐만 아니라 '의도되지 않은' 사회 변화의 동태적 궤도에 관한 체계적 이론도 포함한다. 호소력 있는 장기적인 사회변혁 프로젝트를

---

14 미셸 푸코(Michel Foucault)가 정교화한, 권력과 지배를 분석하기 위한 이론틀은 때로, 권력관계가 너무 총체적이어서 변혁 불가능하다는 견해에 아주 가까이 다가가 있다. 저항은 일어나지만, 그 변혁적 잠재력은 부정된다. 정도가 다소 덜하기는 하지만, 사회적 재생산에 관한 피에르 부르디외(Pierre Bourdieu)의 작업 역시, 깊이 스며든 "아비투스"(내면화된 성향)를 강조하기에, 전략적 도전과 변혁의 여지를 거의 주지 않는다. 사회 변화는 일어날 수 있고, 또 이 변화는 아마 내면화된 성향과 사회적 공간 사이의 상응이 무너지는 어떤 역사적 순간들에는 해방적일 수도 있겠지만, 이는 집단적인 해방적 변혁 프로젝트의 결과가 아닐 것이다.

정식화하려면 현재의 전략에 대한 장애와 기회뿐만 아니라, 이 장애와 기회가 어떻게 장기간에 걸쳐 발전되는지를 이해하는 게 좋다. 이것이 고전적 마르크스주의 역사이론—역사적 유물론—의 핵심적인 요점이다. 이 이론은 의도되지 않은 사회 변화의 특정한 궤도를 따라 자본주의를 추진시켜 나가는 동태적 경향에 대한 체계적이고 일관된 설명을 제출했다. 이 궤도는 그 자체로는 누구도 의도하지 않은 것이고, 이 궤도를 창출시키려는 의식적 프로젝트의 결과도 아니었다. 그것은 사회관계의 현존 구조 안에서 자기 목표를 추구하는 행위자들의 전략에서 의도되지 않았던 부산물이다. 역사적 유물론은 사실상 개괄적 미래사를 제안했다. 이 이론이 적절하다'면', 장기적인 해방적 변혁 전략을 정식화하는 데 엄청난 도움이 될 것이다. 왜냐하면 이것은 투쟁에 대한 장애와 기회가 어떻게 장기간에 걸쳐 진화하는지에 대한 감을 행위자에게 줄 것이기 때문이다.

나는 사회 변화의 내재적 경향에 관한 이 고전적 이론이 만족스럽다고 생각하지 않는다. 그 이유에 대해서는 제4장에서 분명히 설명할 것이다. 그렇다고 해서 다른 설득력 있는 대안이 나와 있다고 생각하지도 않는다. 우리는 사회적 재생산 메커니즘과 그 모순에 대해서는 과학적으로 잘 이해하고 있을지 모르지만, 재생산, 모순, 사회적 행위의 상호작용이 낳는 사회 발전의 내재적 경향에 대해서는 과학적으로 잘 이해하지 못한다. 따라서 사회 변화의 동태적 궤도에 관한 설득력 있는 이론이 부재한 것은 해방적 사회과학의 중대한 틈이다. 이로 인해, 지금으로서는 미래에 마주치기 쉬운 상황들에 대한 상대적으로 얇은 지식으로 튼튼한 해방적 사회변혁 프로젝트를 정식화하지 않을 수 없다. 이것은 흥미 있는 도전이다. 해방적 변혁 프로젝트가 설득력이 있으려면, 긴 시간 지평을 채택해야 한다. 왜냐하면 민주평등주의 사회를 창조하는 데 필요한 근본적인 구조적·제도적 변화는 가까운 미래에 성취될 수 없는데도, 가까운 미래를 넘어선 사회적 상황들에 대해서는 우리가 과학적으로 신뢰성 있는 지식을 창출하기 어렵기 때문이다. 따라서 과학적 이론의 시간 지평과 변혁적 투쟁의 시간 지평 사이에는 틈이 존재한다.

4. 집합적 행위자, 전략, 투쟁에 관한 이론

결국, 실행 가능한 대안들의 해방적 전망이 정말 성취되어 실제적인 리얼 유토피아가 된다면, 그것은 민주평등주의적 가치들에 헌신하는 사람들의 의식적인 전략의 결과일 것이다. 따라서 사회변혁이론의 마지막 핵심 구성요소는 집합적 행위와 변혁적 투쟁의 전략에 관한 이론이다. 사회적 재생산에 관한 이론은 우리가 직면하는 사회 변화의 장애를 가늠하는 것이다. 모순에 관한 이론은 이 장애들에도 불구하고 여전히 존재하고 있는 기회를 이해하는 데 기여한다. 동태적 궤도에 관한 이론은 우리가 이러한 이론을 가진다면 이 장애와 기회들이 어떻게 장기간에 걸쳐 진화할 것인지를 우리에게 말해준다. 그리고 변혁적 투쟁에 관한 이론은 어떻게 우리가 이 장애들과 집합적으로 싸우고, 어떻게 사회 해방의 방향으로 나아갈 기회를 이용할 수 있는지를 이해하는 데 기여한다.

PART I
DIAGNOSIS AND CRITIQUE
진단과 비판

03 | 자본주의의 무엇이 그렇게 나쁜가?

우리가 살고 있는 세계의 사회 현실은 급진 민주평등주의적 이상과 큰 거리가 있다. 민주 평등주의자들의 꿈은 이 이상을 실현하는 데 필요한 제도들을 창조하는 것이다. 이 꿈을 현실로 바꾸는 첫 번째 단계는 우리의 세계에서 이 실현을 방해하는 것이 무엇인지를 이해하는 것이다. 현실태의 세계에 대한 이 진단은 가능태의 세계를 탐구하기 위한 경험적 맥락을 제공한다.

이 장에서 우리는 자본주의 경제구조가 어떻게 급진 민주평등주의의 규범적 이상들을 침해하는가에 초점을 맞춘다. 그렇다고 이 모든 결함들이 자본주의 경제구조에서 기인한다는 뜻은 아니다. 급진 민주평등주의는 포괄적인 도덕적 신념으로서, 인간 번영의 물질적 사회적 조건들에 접근하는 데 있어 불평등을 유발하는 모든 사회적·문화적 관행에 도전한다. 또한 실질적인 개인적 자유의 조건들, 그리고 집합적 권력에 기초한 민주주의의 조건들에 평등하게 접근하는 것을 방해하는 모든 장벽에 도전한다. 이것은 성, 인종, 종족, 성적 선호, 민족, 시민권과 관련된 권력과 특권의 구조를 포함한다. 따라서 리얼 유토피아를 그리는 이상 우리는 어떤 제도적 장치들이 궁극적으로 이 모든 차원들에서 단단한 평등주의를 구현할 수 있을지를 설명해야 한다. 한편 자본주의는 우리가 과연 인간의 번영과 민주적 권력화의 조건들을 수립할 수 있는지를 너무나 광범위하고 강력하게 규정하고 있다. 따라서 모든 급진 민주평등주의 사회변혁 프로젝트는 자본주의의 성격과 그 변혁의 가능성을 파악해야 한다. 21세기 초에 특히 시급한 과제는 바로 이것이다. 자본주의가 너무나 당연한 경제구조형태가 되었기 때문이다. 이것이 우리의 출발점이다.

Ⅰ 자본주의의 정의: 간결한 설명

자본주의는 사회의 경제활동을 조직하는 한 특정한 방식이다. 자본주의는 두 가지 주요한 차원에 의해 정의된다. 즉, 자본주의가 어떤 '계급관계'를 가지는가, 그리고 자본주의의 핵심 '경제조정' 메커니즘은 무엇인가라는 측면에서다.

계급관계는 생산수단이 소유되고 생산수단의 사용에 대해 권력이 행사되는 사회관계이다. 자본주의에서 생산수단은 사적으로 소유된다. 그리고 생산수단의 사용은 생산수단의 소유자나 그 대리인에 의해 통제된다. 물론 생산수단은 그 자체로는 아무것도 생산할 수 없다. 생산수단은 이런저런 종류의 인간 노동활동에 의해 가동되어야 비로소 가치를 발휘한다. 자본주의에서 노동이란 생산수단을 소유하고 있지 않고 소득을 얻기 위해 자본주의 기업에 고용되어 생산수단을 사용하는 노동자들에 의해 제공되는 것이다. 따라서 자본주의의 근본적인 계급관계는 자본가와 노동자 사이에 이루어지는 사회관계이다.[1]

자본주의에서 경제조정은 사적인 계약당사자들의 탈중앙집권적인 자발적 교환 메커니즘—혹은 일반적으로 "자유 시장"이라 불리는 것—을 통해 일차적으로 성취되며, 생산된 재화와 서비스의 가격과 양은 이 메커니즘을 통해 결정된다. 시장조정은 보통 권위적 국가조정과 대비된다. 권위적 국가조정의 경우, 상이한 목적을 위한 자원의 배분을 명령하기 위해 국가 권력이 사용된다.[2] "보이지 않는 손"이라는 유명한 비유는 시장조정의 기본적인 생각을 포착한 것이다. 개인과 기업은 그들 자신의 사적 이익을 추구하면서 다른 개인과 기업과 자발적으로 거래하고 교환한다. 이 조정되지 않은 미시적 상호작용으로부터 전체적 수준에서 다소 조정되어 있는 경제체계가 나온다.

자본주의의 이 두 가지 특징들—사적 소유와 무산 노동자들에 의해 정의되는 계급관계, 그리고 탈중앙집권적 시장교환을 통해 조직되는 조정—이 결합되면서, 자본주의 기업들은 이윤과 자본 축적을 향해 경쟁적

---

1 이것은 자본주의의 계급구조에 대한 매우 단순화되고 추상적인 견해로, 여기에는 노동자와 자본가라는 두 가지 계급 위치밖에 없다. 이것은 자본주의의 핵심적인 혹은 근본적인 계급관계이기는 하지만, 실제의 자본주의 사회는 상이한 종류의 다양한 계급 위치를, 특히 "중간계급"이라는 이름으로 느슨하게 묶여 있는 계급 위치들을 포함하고 있으며, 이들은 이 양극화된 범주들의 어느 하나로도 산뜻하게 분류되지 않는다. 자본가와 노동자 사이의 양극화된 계급관계라는 단순하고 추상적인 개념을 실제 계급구조의 복잡성과 결합하는 문제에 대해 더 자세히 논의한 것을 보려면, Erik Olin Wright, *Class Counts* (Cambridge: Cambridge Universtiy Press, 1997), 제1장을 보라. 계급 이해에 대한 다른 접근법들을 모은 것을 보려면, Erik Olin Wright (ed.), *Approaches to Class Analysis* (Cambridge: Cambridge University Press, 2005)을 보라.

2 국가와 시장은 경제조정의 모든 메커니즘을 포괄하지 않는다. 많은 경제사회학자들이 주장했듯이, 조정은 결사체, 공동체, 그리고 친척 네트워크를 포함한 다양한 종류의 사회적 네트워크에 의해서도 성취된다. 복수의 조정과정들에 관한 논의에 대해서는 Wolfgang Streeck, "Community, Market, State and Associations? The Prospective Contribution of Interest Governance to Social Order," in Wolfgang Streeck and Philippe C. Schmitter (eds), *Private Interest Government: Beyond Market and State* (Beverly Hills and London: Sage, 1985), pp. 1-29를 보라.

으로 돌진한다. 각 기업은 살아남기 위해 다른 기업들과 경쟁해서 이겨야 한다. 혁신하고 생산비용을 줄이고 생산성을 높이는 기업들은 경쟁자들을 꺾고 이윤을 증가시켜, 다른 기업들을 희생시키며 확장해 나간다. 각 기업은 이 경쟁 압력에 직면하며, 따라서 일반적으로 모든 기업은 살아남기 위해 이런저런 종류의 혁신을 추구하지 않을 수 없다. 이에 따른 무자비한 이윤 충동 때문에 자본주의는 이전의 모든 경제조직에 비해 놀라운 역동성을 지니게 된다.

실제 자본주의 경제는 물론 이보다 훨씬 더 복잡하다. 경제사회학자들이 강조하듯이, 어떤 자본주의 경제도 오직 사유재산과 시장경쟁의 제도들로만 이루어져 있다면 효과적으로 기능할 수 없고 심지어 생존할 수도 없을 것이다. 자본주의가 실제로 움직이는 데는 다른 많은 제도적 장치들이 필요하다. 이들은 모든 실제 자본주의 경제의 사회조직 속에 존재한다. 실제 자본주의 경제의 이 제도적 속성들은 시간과 장소에 따라 상당히 다르다. 그 결과 실세계 자본주의들이 아주 다양하게 존재하며, 이들은 모두 "순수" 자본주의의 추상적 모델과는 다르다. 예컨대 어떤 자본주의에는 강하고 적극적인 국가가 있어, 시장의 많은 측면들을 규제하고 노동자들의 권력을 다양한 방식으로 강화하여 노동과정의 일정한 측면들을 통제할 수 있게 한다. 이것은 "사적 소유"의 "사적"이라는 것이 부분적으로 축소되고 시장에서의 자발적 교환이 다양한 제도적 장치에 의해 제약되는 경제이다. 어떤 자본주의에서는 기업과 노동자들 모두가 다양한 종류의 결사체로 조직되고, 이 결사체가 시장조정과도 다르고 국가조정과도 다른 중요한 조정형태를 제공한다. 무역협회, 조합, 상업회의소, 그리고 기타 종류의 결사체는 이른바 "조직된 자본주의"를 형성하는 데 이바지한다. 다른 자본주의들에는 이와 같은 튼튼한 형태의 집단적 결사체가 존재하지 않으며, 그리하여 이들은 자유주의 시장모델과 더 가까운 방식으로 움직인다. 모든 형태의 자본주의에는 또한 시장에 속하지도 않고 국가에 규제되지도 않는 한 가지 중요한 경제활동 영역이 존재한다. 가정과 친족 네트워크 안에서 이루어지는 경제활동이 특히 그런 경우이지만, 종종 "공동체"라 불리는 더 넓은 사회 환경 안에서 이루어지는 경제활동도 그런 경우이다.[3]

이 변이들은 중요하다. 이들은 자본주의 사회에서의 사람들의 삶에, 그리고 경제의 동향에 중요한 영향을 미친다. 그리고 우리가 제5장에서 보겠지만, 이 변이들 중 일부는 경제의 "자본주의성"을 줄이는 것으로 이해될 수 있다. 어떤 자본주의들은 다른 자본주의들보다 현저히 덜 자본주의적이다.[4] 그럼에도 불구하고 이 변이들 모두가 생산수단의 사유재산제도와 시장이라는 핵심적 요소들을 경제조정의 중심 메커니즘으로 삼고 있는 한, 그것들은 여전히 자본주의의 변종들이다.[5]

---

3 가내 경제활동은 "가사"라는 이름 아래 들어가는 다양한 활동 모두를 포함한다. 공동체 경제활동은 친구들 사이의 아기보기 교환에서 교회를 통한 자원봉사활동에 이르기까지 광범위한 비공식 노동을 포함한다. 이것들은 인간의 욕구를 충족시키기 위해 재화와 서비스를 제공하는 노동활동을 수반하는 한 모두 "경제적"이다. 이러한 "비상품화된" 형태의 경제활동에 관한 자세한 논의에 대해서는 J. K. Gibson-Graham, *A Postcapitalist Politics* (Minneapolis: University of Minnesota Press, 2006), 제3장을 보라.

4 자본주의 경제 전체를 통해 변이에는 이론적으로 구분되는 두 가지 형태가 있다. (1) 유형: 이것은 시장 경쟁성의 정도, 기업의 규모, 기술 발전의 수준, 상이한 산업부문들의 비중, 노동과정 내에서의 분업의 성격 등에서의 변이와 같은 것들이다. (2) 하이브리드: 이것은 자본주의 경제구조와 비자본주의 경제구조가 서로 결합하고 관통하는 다양한 방식들에서 오는 변이이다. 이것은 국가가 생산을 직접 조직하는 정도, 가내 생산의 중요성, 협동조합과 기타 형태의 집합적 재산의 역할, 전자본주의적 경제형태들의 지속적 존재 등에서의 변이를 포함한다. 자본주의의 대안 문제를 이해하는 데 있어 이 두 번째 형태의 변이가 특히 중요하다. 우리는 제5장에서 이 하이브리드의 문제를 길게 논의할 것이다.

5 한 가지 까다로운 이론적 문제가 있는데, 여기에서 우리는 이를 피해 가고자 한다. 당신이 자본주의적 요소와 다양한 종류의 비자본주의적 요소를 결합한 경제체계를 가지고 있다면, 이 체계 전체를 여전히 "자본주의"라고 부르는 것은 어떻게 정당화될 수 있는가? 이 하이브리드는 비자본주의가 얼마나 있어야 더 이상 하이브리드 형태의 자본주의가 아니라 뭔가 전적으로 새로운 것이 되는가? 예컨대 자본주의적 요소들이 "가장 중요하거나" "지배적"인 한, 이 체계는 여전히 자본주의적이라고 말할 수 있다. 아니면 사회적 재생산과 발전의 동학이 "일차적으로" 자본주의적인 한, 이 체계는 여전히 자본주의적이라고 말할 수 있다. 이와 같은 정식화는 중요한 통찰을 포착하고 있지만, "더욱"이나 "지배적"이나 "우선적으로" 같은 말들에 정확한 양적 의미를 부여할 수 없다는 점에서 여전히 모호하다.

I 자본주의에 대한 열한 가지 비판

사람들은 대부분 자본주의를 그냥 자연적인 질서의 일부로 여기며 당연시한다. 기업들의 특정한 행태나 정부의 특정한 경제정책들이 비판 대상이 될 수는 있지만, 자본주의 자체는 그냥 비판할 수 있는 것이 아니다. 따라서 사회주의자들에게 한 가지 중심적인 과제가 되어 왔던 것은, 자본주의 자체가 일련의 바람직하지 못한 결과들을 발생시킨다는 것, 따라서 적어도 자본주의의 대안이 바람직하고 가능하다는 생각을 가져야 한다는 것을 사람들에게 납득시키는 것이었다.

경제체계로서의 자본주의에 대한 핵심적 비판은 열한 개의 기본적 명제로 조직될 수 있다.

1. 자본주의적 계급관계는 제거 가능한 인간 고통을 영구화한다.
2. 자본주의는 확장적 인간 번영의 조건들이 보편화되는 것을 가로막는다.
3. 자본주의는 개인의 자유와 자율에 있어 제거 가능한 결함들을 영구화한다.
4. 자본주의는 사회정의의 자유주의적 평등주의 원칙들을 위반한다.
5. 자본주의는 어떤 결정적인 측면들에서 비효율적이다.
6. 자본주의는 체계적인 소비자주의 편향을 가지고 있다.
7. 자본주의는 환경 파괴적이다.
8. 자본주의적 상품화는 사람들이 널리 지닌 중요한 가치들을 위협한다.
9. 자본주의는 국민국가의 세계에서 군국주의와 제국주의를 부추긴다.

10. 자본주의는 공동체를 침식한다.
11. 자본주의는 민주주의를 제한한다.

이 가운데 어느 것도 단순하고 간단하지 않다. 분명 모두가 논쟁의 여지를 품고 있다. 자본주의의 계급관계는 사적 소유와 무산 노동자들로 정의되고, 자본주의의 경제조정은 탈중앙집권적 시장 교환을 통해 조직된다. 우리는 자본주의의 이러한 기본구조에서 특정한 종류의 부정적 결과들이 발생한다고 본다. 이 명제들은 이러한 부정적 결과들에 대한 진단에서 나오는 것이다. 이 명제들 자체는 자본주의 사회 내부에서 반자본주의적 제도를 창조하는 것이 이 결과들을 어느 정도 중화시킬 수 있는지 보여주지는 않는다. 이 결과들이 자본주의에 의해 발생된 해악이라는 진단은 올바른 것일 수 있고, 다양한 종류의 제도적 변화가 비록 자본주의를 완전히 대체하지는 못한다 해도 이 결과들을 현저히 완화시킬 수 있으리라는 것 역시 사실이다. 두통은 스트레스 때문에 생길 수도 있지만, 아스피린 몇 알로 이 고통을 현저히 감소시킬 수 있다. 이처럼 해악을 치유하는 데 필요한 변혁의 문제가 바로 우리가 아래의 장들에서 다루게 될 주제이다. 여기서 우리의 목표는 해악 그 자체와 이 해악들이 발생되는 구체적인 메커니즘을 진단하는 것이다.

예비적으로 언급해야 할 다른 두 가지 사항이 있다. 첫째, 자본주의 비판자들은 때로 동시대 세계의 모든 심각한 문제와 해악—인종주의, 성 차별, 전쟁, 종교적 근본주의, 동성애 혐오 등등—을 자본주의의 결과물로 다루고 싶다는 유혹을 받는다. 이 유혹에 저항해야 한다. 자본주의는 오늘날의 세계에 존재하는 모든 악의 뿌리가 아니다. 다른 인과적 과정들도 인종주의, 종족적 민족주의, 남성 지배, 대량학살, 전쟁, 그리고 기타 중요한 형태의 억압을 부추긴다. 그렇지만 자본주의에 의해 발생되지 않은 억압의 경우에도, 자본주의는 여전히 그것과 관련되기도 한다. 문제를 극복하기 어렵게 만들 수 있는 것이다. 예컨대 자본주의는 성 차별의 근원적 원인이 아닐지도 모르지만, 양질의 공공 육아 서비스에 충분한 자원을 배분하지 못하게 함으로써 성 차별을 극복하기 더 어렵게 만들 수 있다. 따라서 자본주의 비판에서 결정적인 과제는 자본주의 특유의 메커니즘에 의해 직접적으로 발생되는 해악들을 확인하고, 자본주의가 간접적으로 억압의 축소를 방해하는 방식을 이해하는 것이다.

둘째, 자본주의에 대한 이 열한 가지 비판 가운데 다수는 흔히 "사회주의적"이라고 불렸던 20세기의 경제체계, 혹은 내가 제5장에서 "국가주의적"이라 부르게 될 경제체계에도 적용된다. 예컨대 자본주의에 대한 비판의 하나(명제 6)는 자본주의가 환경에 해를 입힌다는 것이지만, 우리는 소련 국가주의 경제의 권위주의적 중앙계획체제 역시 환경에 대한 부정적 영향에 거의 주목하지 않았다는 것을 알고 있다. 자본주의의 유일한 대안이 국가주의—생산수단이 국가에 의해 소유 통제되고 중앙집권적 관료주의를 통해 조정되는 경제구조—라면, 환경 측면에서의 자본주의 비판은 힘을 약간 잃게 될 것이다. 내가 제5장에서 주장하겠지만 다른 대안이 있다. 이는 곧 국가와 경제 모두에 대한 유의미한 민주적 통제라는 생각에 근거한 사회주의 개념이다.[6] 이 책의 핵심 주장은, 이러한 구조를 가진 경제는 아래의 열한 개 명제들에서 논의되는 해악을 완화할 수 있는

---

6 환경 파괴의 측면에서 자본주의와 국가주의는 유사한 결함을 가진다. 현재의 소비, 경제성장, 환경 보호 사이의 균형에 대한 광범위한 공적 토의의 부재, 그리고 공적 토의를 효과적인 공공정책으로 전환시킬 수 있는 민주적 메커니즘의 부재가 그것이다. 사실 이 결함은 권위주의적 국가주의 경제에서 더 나빴다. 국가도 경제도 민주적 통제 아래 있지 않았기 때문이다. 민주적 국가를 가진 자본주의 나라들에서는 비록 민주주의의 형태가 상대적으로 엷다 해도, 환경 쟁점들을 토의할 수 있는 공적 공간이 더 크게 존재하고, 경제체계의 환경 파괴적 행위들에 일정한 제약을 가하기 위한 정치적 과정이 존재한다.

우리의 집단적 능력을 향상시킨다는 것이다.

1. 자본주의적 계급관계는 제거 가능한 인간의 고통을 영구하게 만든다

단순하고, 논쟁의 여지가 없는 관찰에서 시작해 보자. 우리가 살고 있는 세계는 엄청난 생산성과 풍요를 자랑한다. 인간이 창조성을 실현하고 더 높은 성취를 이룰 기회도 많아졌다. 하지만, 이와 동시에 인간의 고통은 지속되고 인간의 잠재력은 점점 더 좌절된다. 세계 전체를 보든 아니면 가장 선진적인 자본주의 국가에서 사는 사람들의 삶을 보든, 이것은 사실이다. 이 상황에 대해서는 많은 설명이 가능하다. 풍요 속의 빈곤은 단지 삶의 슬픈 사실일 뿐이라고 말할 수도 있겠다. "가난한 사람은 항상 우리와 함께 있을 것이다." 혹은 이것은 단지 일시적인 사태로 경제발전이 더 이루어지면 제거될지도 모른다. 자본주의는, 충분한 시간이 주어지면, 특히 국가 규제의 족쇄가 풀리면 결국 빈곤을 제거할 것이다. 혹은 어떤 개인들이 고통을 받고 있고 성취를 이루지 못한다면 이는 아마 어려운 삶을 사는 개인들의 잘못일 것이다. 동시대의 자본주의는 수많은 기회를 낳지만, 어떤 사람들은 너무 게으르거나 너무 무책임하거나 너무 충동적이어서 이 기회를 낭비해 버리고 만다. 그러나 풍요의 한가운데 빈곤이 존재하는 상황은 이 사회경제체제의 어떤 근본적인 속성들을 보여주는 징후일 수도 있다. 이것이 자본주의에 대한 사회주의적 비판의 핵심 주장이다. '자본주의는 불필요한 인간 고통을 체계적으로 발생시킨다'에서 "불필요"하다는 것은, 사회경제적 관계를 적절히 변화시키면 이 결함들은 제거될 수 있을 거라는 의미이다. 자본주의가 억압적이고 착취적이라고 탄핵하는 반자본주의 수사는 이 주제에 집중한다.

자본주의를 동시대 사회에 존재하는 빈곤의 핵심적 원천으로 비난하는 것이 많은 사람들에게는 이상해 보이거나 심지어 어리석어 보이기까지 할 것이다. 이윤을 추구하는 기업가 정신과 "자유 시장"은 기술 진보, 경제 성장, 번영 증대의 원천으로 끊임없이 격찬되고 있다. 사회문제들과 인간의 고통이 풍요로운 자본주의 사회에 계속 존재한다는 게 분명한 사실이지만, 이것은 자본주의 자체 때문이 아니다. 그것은 자본주의 사회에서 우연히 자본주의와 공존하고 있는 다른 사회적 과정들 때문이다. 만약 미국 어린이의 20%가 21세기 초에 빈곤 가운데 살고 있다면, 이것은 가족의 붕괴 때문이거나, 가난한 공동체의 문화적 결함 때문이거나, 현명치 못한 공공정책이 복지 의존과 빈곤의 덫을 낳았기 때문이거나, 교육제도가 졸렬하게 설계되어 사람들을 급변하는 노동시장에 준비시키지 못했기 때문이다. 빈곤의 지속은 경제체제 자체의 자본주의적 성격과는 전혀 무관하다. 사실 자유 시장은 경제적 불평등을 낳을 수 있지만 경제성장도 낳으며, 자본주의 제도의 옹호자들이 즐겨 말하듯이, "밀물은 모든 배를 들어 올린다." 불평등이 장기적으로는 빈민의 운명을 개선하는 결과를 낸다면, 왜 불평등에 신경을 써야 하는가? 게다가 자본주의의 대안은 훨씬 더 많은 문제들을 야기한다. 소련 등지에서 있었던 국영경제의 운명을 보라. 자본주의가 승리한 이유는, 자본주의가 그 대안보다 더 많은 개인적 자유와 정치적 민주주의를 가져오기 때문이다. 또 대다수 사람들에게 높은 생활수준을 제공하는 데 훨씬 더 효율적이고 유능하기 때문이다.

이 문제를 장기적 관점에서 바라본다면, 자본주의가 대략 지난 두 세기 동안 극적인 기술적 과학적 진보를 낳았고, 이것이 지구상의 많은 곳들에서 상당수 사람들에게 영양의 개선, 질병의 감소, 예상여명의 증가를 가져다 주었다는 것은 분명한 사실이다. 우리의 논의에 특히 적절한 것은,

이 개선이 어떤 특권적인 계급이나 계층에 집중된 것이 아니라 아주 널리 퍼졌고, 더 최근에는 상당수 개발도상국에게로까지 퍼졌다는 것이다. 이 진보가 오직 자본주의 덕분이라고만 할 수는 없지만—예컨대 국가의 행위는 공공 보건에서 중요한 역할을 수행해 왔다—자본주의는 이 과정에서 핵심적인 역할을 했다. 자본주의가 여전히 아주 튼튼한 사회질서로 남아 있는 이유는 부분적으로 바로 이 사실—자본주의가 성장 기계라는 것, 그리고 성장이 다수 사람들의 생활수준에 중대한 긍정적 효과를 낼 수 있다는 것—때문이다.

하지만 이 첫 번째 명제가 주장하는 것은, 인간의 고통을 감소시키는 데 있어 자본주의가 세계의 '이전' 상태에 비해 전혀 기여하지 않았다는 것이 '아니라', 세계의 '가능한' 상태에 비해 제거 가능한 고통의 원천들을 영구화한다는 것이다. 여기에는 한 가지 가설이 내포되어 있다. 즉, 오늘날의 세계에서 적절한 비자본주의적 제도들이 설립되면 인간의 고통이 상당히 감소될 수 있으리라는 것이다. 현존 자본주의 아래에서 물질적 조건이 개선되었다는 경험적 관찰만으로는 이 가설이 거짓이라고 증명되지 않는다. 첫 번째 명제가 주장하는 것은 이러한 개선이 가능태에 훨씬 못 미친다는 것이다.

그렇다면 자본주의가 제거 가능한 고통을 영구화하는 내재적 경향을 가진다는 주장은 어떻게 증명될까? 여기에는 세 가지 메커니즘이 특히 중요하다. 착취, 기술 변화의 통제되지 않는 부정적인 사회적 외부효과, 자본주의적 조건 아래에서의 경쟁이 그것이다.

◆ **착취**

자본주의에서 자본 소유자는 사람들을 경제적으로 취약하고 의존적인 처지에 묶어 두는 데 적극적인 경제적 이해를 가지고 있다. 자본주의는 이 자본 소유자에게 경제적 권력을 부여한다. 다음이 이에 대한 논증이다.

자본주의는 끊임없는 이윤 추구 욕망에 의해 움직이는 경제체제이다. 이것은 무엇보다 개별 자본가들이 엄청난 개인적 탐욕을 가지고 있다는 말이 아니다. 물론 이윤 극대화 문화로 인해 자본가들이 자기이익을 점점 더 외골수로 추구하고, 이는 "탐욕"과 아주 닮아 보이기는 하지만 말이다. 오히려 이것은 자본주의적 경쟁의 동학이 낳은 결과이자, 기업들이 이윤의 개선을 끊임없이 시도하거나 그렇지 않으면 쇠퇴를 감수해야 하는 압력의 결과이다.

자본주의 기업들의 이윤 추구는 피고용자의 노동활동을 중심으로 이루어진다. 자본주의 기업은 노동자들을 고용하고 그들로 하여금 생산수단을 사용해 재화와 서비스를 생산하게 한 다음 이것을 판다. 이 재화와 서비스를 생산하는 총비용과 이것들이 팔리는 가격의 차이가 이 기업의 이윤이다. 이윤을 극대화하기 위해 기업은 노동과 관련해 이중의 문제에 직면한다. 한편으로 노동의 고용은 임금 형태를 취하는 비용이며, 자본가들은 이 비용을 (모든 생산비용처럼) 가능한 한 낮추고 싶어 한다. 다른 모든 조건이 같다면, 임금 비용이 낮으면 낮을수록 이윤은 더 높다. 다른 한편, 자본가들은 노동자들이 가능한 한 열심히, 가능한 한 부지런히 일하기를 원한다. 노동자들이 더 많은 노력을 지출하면 할수록, 일정한 수준의 임금에 대해 더 많은 것이 생산될 것이기 때문이다. 일정한 수준의 비용에 대해 더 많이 생산되면 될수록 이윤은 더 높다.[7] 따라서 자본가들의 경제

---

[7] 이 두 가지 목적—노동자들이 가능한 한 열심히 일하게 하면서 그들에게 가능한 한 적게 지불하는 것—은 약간 긴장관계 속에 있다. 왜냐하면 노동자들이 얼마나 열심히 일하는가는 부분적으로 그들이 얼마나 보수를 받는가에 영향을 받기 때문이다. 이것은 두 가지 주요한 이유들 때문에 그렇다. 더 나은 보수를 받는 노동자들은 그들의 고용주들에게 의무감을 더 느끼기 쉽고 그래서 열심히 일하며, 더 나은 보수를 받는 노동자들은 그들의 일자리에 더 큰 이해관계를 가지고 있어서 해고될 경우 잃을 것이 더 많고 따라서 더 부지런하게 일한다. Samuel Bowles와 Herbert Gintis는 자신들의 분석에서 "착취"라는 용어를 명시적으로

적 이익—그들이 통할統轄하는 이윤—은 노동자들로부터 가능한 한 적은 비용으로 가능한 한 많은 노동을 추출하는 데 달려 있다. 이것이 대체로 "착취"가 뜻하는 바이다.[8]

물론 개별 자본가들이 일방적으로 임금을 책정할 수 없고, 노동의 강도를 일방적으로 결정할 수도 없다. 왜냐하면 그들은 노동시장의 조건에 제약되고, 또 노동자들의 다양한 저항에 직면하기 때문이다. 따라서 자본가들은 이윤을 극대화하기 위해 자기에게 유리한 노동시장 조건을 유지하려고 노력한다. 어떤 노동시장인가 하면, 노동의 풍부한 공급을 보장하는 동시에 노동 강도 강화 압력에 저항하는 노동자들의 능력은 약화시키는 노동시장이다. 특히 다수의 노동자들이 일자리를 놓고 경쟁하는 바람에 임금이 낮추어지거나, 실업률이 높아 노동자들이 일자리를 잃지 않을지 근심하게 되면, 자본가들에게 이익이 된다. 바꾸어 말해, 자본가들은 노동자들의 취약성을 증가시키는 데 집착한다.

◆ 기술 변화

생산과정에서의 기술 변화는 자본주의적 경쟁의 내재적 결과이다. 왜냐하면 기술 변화는 자본가들이 이윤을 유지하기 위해 생산성을 향상시

사용하지는 않지만, 노동 인센티브의 성격에 관한 논문 "Contested Exchange: New Microfoundations for the Political Economy of Capitalism," *Politics and Society* 18 (1990), pp. 165-222에서 이 쟁점들을 눈부시게 탐구한다.

8 착취는 자본주의 분석에 적용되는 논쟁적 개념이다. 신고전파 경제학에 따르면 자본주의에서 착취가 일어나는 경우는 시장관계에서 일정한 형태의 강제가 작동해 노동자들이 자신의 노동을 경쟁 시장가격 이하로 팔지 않을 수 없게 되는 경우뿐이다. 어떤 사회학자들(예컨대 Aage B. Sørenson, "Towaard a Sounder Basis for Class Analysis," *American Journal of Sociology* 105: 6 [2000], pp. 1523-58)은 이 신고전파 경제학 관점의 변종을 채택해, 착취를 다양한 형태의 "사회적 폐쇄"와 관련된 "지대"로 정의해 왔다. 착취를 정의하는 데 따른 쟁점들에 관한 자세한 논의에 대해서는 Wright, Class Counts, 제1장과 G. A. Cohen, "The Labour Theory of Value and the Concept of Exploitation," in G. A. Cohen, *History, Labour and Freedom* (Oxford: Oxford University Press, 1989)를 보라.

키는 핵심적인 방식의 하나이기 때문이다. 생산성 향상은 그 자체로 좋은 것이다. 왜냐하면 그것은 일정한 수준의 산출을 생산하는 데 필요한 투입이 더 적어진다는 것을 의미하기 때문이다. 이것은 자본주의의 큰 성취들 가운데 하나로, 이러한 경제활동 조직 방식을 옹호하는 모든 사람들이 강조하는 것이다.

그런데 무엇이 문제인가? 문제는 기술 변화가 끊임없이 기술을 낡게 만들고, 일자리를 파괴하며, 노동자들을 쫓아낸다는 것, 그리고 이것이 사람들에게 큰 고난을 가한다는 것이다. 이에 대해 자본주의 옹호자들은 이렇게 응답할 것이다. 기술 변화는 새로운 기술과 새로운 일자리에 대한 수요를 창출하며, 대체로 이것은 장기적으로 일자리와 임금의 질을 향상시켜 왔다고 말이다. 기술 변화는 빈곤을 영구화하기는커녕 대대적으로 감소시킬 수 있다는 것이다. 이 응답은 문제가 있다. 자본주의 자체는 낡은 기술을 가지고 있고 일자리 기회가 적은 사람들을 새로운 기술이 필요한 신흥 일자리로 이동시키는 메커니즘을 전혀 가지고 있지 못하기 때문이다. 쫓겨난 노동자들에게 새로운 기술과 새로운 일자리를 제공하는 과제는 아주 힘겨운 과제이다. 이러한 노동자들 다수는 비교적 나이가 많고, 자본주의 기업들은 나이 많은 노동자들의 인간자본에 투자할 인센티브를 가지기 힘들다. 대개 새로운 일자리 기회는 쫓겨난 노동자들의 거주지와 지리적으로 멀리 떨어져 있고, 이러한 일자리로 이동하는 데 따른 사회적 혼란의 비용은 상당하다. 그리고 자본주의 기업들은 부적절한 기술을 가진 노동자들에게는 연령에 관계없이 효과적인 훈련을 제공하는 데 주저하게 마련이다. 왜냐하면 이렇게 새로 훈련된 노동자들은 자유롭게 그들의 인간자본을 다른 기업들로 옮길 수 있을 것이기 때문이다. 따라서 자본주의에서의 기술 변화가 종종 새로운 기술을 요하는 고생산성

일자리를 창출하고, 또 적어도 이 새로운 일자리의 일부는 파괴된 일자리보다 더 나은 보수를 주는 것이 사실이지만, 이 일자리 파괴·창조 과정 속에서 쫓겨난 사람들의 행렬이 끊임없이 이어지며, 이들 가운데 다수는 어떤 새로운 기회도 활용할 수 없다. 기술 변화는 새로운 기회뿐만 아니라 주변화도 낳으며, '이를 상쇄하는 비자본주의적 과정이 부재할 때' 주변화는 빈곤을 낳는다. 이것이 바로 자본주의의 논리 속에 내재해 있는 현실이다. 그리고 비자본주의적 제도들이 부재할 때 이 같은 주변화는 인간의 고통을 영구화한다.

◆ 이윤 극대화 경쟁

기술 변화는 자본주의 경제가 지닌 한 가지 더 광범위한 동학動學(자본의 증가율, 인구의 점증적 경향 따위와 같은 연속적인 변동 현상을 분석하는 이론), 즉 기업들 사이의 이윤 극대화 경쟁이 일자리를 파괴하고 노동자들을 쫓아내는 사태의 한 구체적인 예이다. 자본주의 기업들이 비용을 줄이고 이윤을 증가시키기 위해 그들의 생산을 빈번히 저임금 경제국으로 옮긴다는 것은 자유무역과 세계자본주의에 대한 동시대의 토론에서 상식적인 관찰이다. 이것은 기술 변화나 기술적 효율성 때문이 아니라, 그저 상이한 지역들 간의 임금 차이 때문일지도 모른다. 이와 같은 자본 이동 과정에서 일자리는 파괴되고 노동자는 주변화된다. 여러 가지 이유에서 자본은 사람보다 훨씬 잘 이동한다. 사람들은 대개 공동체에 뿌리를 내리고자 하고, 따라서 이동은 매우 비싼 값을 치르게 된다. 더구나 국제적 경계를 가로지르는 이동에는 종종 법률적 장벽이 따른다. 심지어 국경 내에서도, 쫓겨난 노동자들은 새로운 일자리로 이동하는 데 필요한 정보와 자원을 얻지 못할 수도 있다. 그 결과, 자본주의적 경쟁과 자본시장의 규제 약화로 경제성장이 일어난다 해도, 그 뒤에는 쫓겨난 노동자들이 남는다. 이는 시장이 세계적으로 조직되어 있을 때 특히 그렇다.

이 세 가지 과정—착취, 기술 변화의 부정적인 사회적 외부효과, 이윤 극대화 경쟁—이 종합적으로 뜻하는 것은, 자본주의가 경제성장의 엔진이기는 하지만, 그것은 또한 내재적으로 취약성, 빈곤, 박탈, 주변화도 발생시킨다는 점이다. 자본주의를 세계체제로 볼 때, 이 과정들은 특히 두드러진다. 한편으로, 자본이 세계적으로 이동하고 자본주의적 착취, 기술 변화, 이윤 극대화 경쟁이 저개발지역으로 확대되면서 어떤 경우 급속한 경제적 성장과 발전이 일어났다. 이는 20세기 말과 21세기 초 중국과 인도에서 가장 현저하다.[9] 다른 한편, 이 동일한 과정이 세계의 많은 곳에서 심층적이고 파괴적인 형태의 주변화와 절망적인 빈곤을 낳기도 했다.

물론 원칙적으로 말해 성장의 열매는 모든 사람의 물질적 복지를 개선하는 방식으로 분배될 수 있을 것이다. 자본주의는 오늘날의 세계에서 큰 물질적 부를 낳았다. 더 이상의 경제성장이 없더라도 선진 자본주의 국가들에서는 어떤 개인도 가난할 필요가 없을 정도이다. 빈곤한 제3세계 국가들에서도 모든 사람들에게 기본적 욕구가 충족될 수 있을 정도이다. 이는 의문의 여지가 없다. 하지만 부유한 나라들 안에서든 세계적으로든 이와 같은 재분배를 가능하게 하는 '자본주의 자체의 내적' 메커니즘은 존재하지 않는다. 밀물이 정말 '모든' 배를 들어올리려면, 반자본주의적 제도들이 반드시 창조되어 많은 사람의 삶에 대한 자본주의의 파괴적 영향을 중화할 수 있어야 한다. 자본주의가 제거 가능한 인간 고통을 영구

---

9 마르크스는 사실 자본주의가 세계의 먼 구석으로까지 확대되는 것을 찬양했는데, 이것이 저개발지역의 근대화에 필수적이라는 근거에서였다. 제국주의는 진정으로 세계적인 자본주의를 낳기 위한 필수 과정이었으며, 이것은 또한 마르크스에게 자본주의를 초월하기 위한 필요조건이었다. Bill Warren, *Imperialism: Pioneer of Capitalism* (London: Verso, 1980).

화한다고 비난받는 이유 역시 자본주의가 물질적 박탈을 제거할 수 있는 잠재력을 창조하면서도 그 자체로는 이 잠재력을 완전히 실현할 수 없기 때문이다.

2. 자본주의는 확장적 인간 번영의 조건들이 보편화되는 것을 가로막는다

사회주의자들, 특히 마르크스주의 전통에 뿌리내린 사회주의자들이 자본주의를 비판할 때, 보통 숱한 해악들을 거론한다. 빈곤, 황폐한 삶, 불필요한 노고, 기회의 차단, 억압, 그리고 소외와 착취 같은, 이론적으로 보다 복잡한 개념들이 그것이다. 하지만 자본주의의 대안이 그려질 때, 그 이미지는 그냥 빈곤이나 물질적 박탈이 없는 소비자 천국의 이미지가 아니다. 개인들이 번영하고 그들의 재능과 창조적 잠재력이 가장 완전하게 배양되고 자유롭게 발휘되는 사회질서의 이미지이다. 물론 물질적 박탈과 빈곤의 제거는 인간 잠재력의 완전한 실현과 발휘를 위한 본질적 조건이다. 그러나 사회주의자들에게 있어 해방적 이상의 핵심에 놓여 있는 것이 바로 이것의 실현이다. 따라서 내가 확장적 의미의 "인간 번영"이라 할 때, 그것은 개인들의 재능과 잠재력의 실현과 발휘를 뜻한다.

자본주의는 인간 생산성의 엄청난 진보를 통해 인간 번영의 잠재력을 확대하는 데 상당히 기여했다. 번영하는 삶의 조건들에 인구의 일부분이 접근할 수 있는 상황을 창조한 것도 분명하다. 그러나 자본주의는 심지어 선진 자본주의 국가들에서도—세계의 나머지 국가들은 말할 것도 없이—이 상황이 모든 사람들에게로 확대되는 것을 가로막는다. 이것이 바로 자본주의에 대한 두 번째 비판이 주장하는 바이다. 여기서 세 가지 쟁점이 특히 두드러져 나온다. 첫째, 번영하는 삶의 물질적 조건에 접근하는 데 있어 자본주의가 발생시키는 큰 불평등. 둘째, 흥미롭고 도전적인 일에 접근하는 데 있어서의 불평등. 셋째, 초超 경쟁이 번영의 가능성에 미치는 파괴적 효과.

◆ **물질적 불평등과 번영**

시장과 불평등의 관계는 복잡하다. 한편으로, 시장과 경쟁은 일정한 '평등' 촉진 효과를 가진다. 자본주의 시장은 이전 사회들에 비해 실질적 계급이동의 조건을 일정 정도 창조한다. 따라서 이전의 계급사회에서만큼 출생이 한 사람의 사회경제적 위치를 크게 결정하지 못한다. 넝마에서 부자라는 성공신화는 비교적 드물기는 하지만 실제로 일어나는 사건이며, 열린 경쟁적 시장에 의해 촉진된다. 활력 있는 시장경제는 또한 일반적으로 성, 인종, 종족, 종교에 기초한 다양한 형태의 비경제적 지위 불평등을 완화시킨다. 적어도 경쟁적 노동시장으로 인해 고용자들이 이와 같은 "귀속적" 속성과 무관하게 재능 있는 사람들을 찾아 나서야 한다는 점에서 그렇다. 자본주의가 이와 같은 귀속적 차별의 파괴에 기여해 왔다는 점에서, 그것은 인간 번영의 조건들을 보편화하는 과정을 전진시켜 왔다.[10]

그러나 시장은 불평등을 낳는 강력한 엔진이기도 하다. 시장 경쟁은 승자와 패자를 낳는다. 그리고 승패의 효과가 개인의 삶 안에서 누적되고 다음 세대에도 영향을 미치는 경향이 강하기 때문에, 상쇄 메커니즘이 없을 때 시장에서의 불평등은 시간이 흐르며 강화될 것이다. 이 불평등은

---

10 카를 마르크스와 막스 베버 모두 이와 같은 "귀속적" 지위 불평등—출생의 속성들과 관련된 지위 불평등—에 대한 자본주의의 영향을 그 미덕의 하나로 보았다. 마르크스는 『공산당 선언』에서 이와 같은 전통적 형태의 지위가 자본주의의 맹공을 받고 "대기 속으로 녹아버리는" 것으로 보았고, 베버는 자본주의 시장의 역동성이 경직된 지위 질서를 파괴하는 것으로 본다. 마르크스와 베버의 이 유사성을 논의한 것에 대해서는 Erik Olin Wright, "The Shadow of Exploitation in Weber's Class Analysis," *American Sociological Review* 67: 6 (2002), pp. 832-53을 보라.

부분적으로는 개인이 어느 정도 통제할 수 있는 요인들의 결과이다. 특히, 사람들이 인간자본(기술과 지식)의 획득에 대한 투자를 포함해 여러 가지 투자를 할 때, 그들은 자신의 시간과 자원을 어떻게 배분할 것인지 결정을 내린다. 따라서 모든 사람이 동일한 인간적 재정적 조건을 가지고 출발한다 해도, 장기적으로는 행위자들의 상이한 선호와 노력을 반영하며 불평등이 나타날 것이다. 그러나 시장이 발생시키는 불평등의 대부분은 힘든 노력과 예지의 결과라기보다 우연의 결과이다. 한 노동자는 교육과 훈련에 책임성 있는 투자를 했는데도, 미래의 어떤 시점에서 기술은 낡아버렸고 고용 가망은 아주 낮은 상황에 직면해버릴 수도 있다. 이로 인해 개인들은 절대적 빈곤에 떨어지지는 않는다 해도, 자신의 재능을 발휘할 수 있는 능력이 크게 감소될 수도 있다. 졸렬한 계획과 나쁜 사업방식 때문이 아니라 아무도 통제할 수 없는 시장 충격 때문에, 기업은 파산하고 피고용자들은 일자리를 잃을 수 있다. 시장은 "공로"를 보상하는 튼튼한 메커니즘이 아니라, 종종 잔인한 추첨과 훨씬 더 비슷하게 움직인다.

시장이 큰 경제적 불평등을 발생시키면, 이를 상쇄하는 어떤 비시장적 분배 메커니즘이 없을 경우, 한 국가 내의 국민 전체에 있어서도 세계 자본주의 지역들 전체에 있어서도 번영하는 삶의 물질적 수단이 아주 불균등하게 분배될 것이다. 명백하게도 이것은 아이들에게 특별히 심각한 결과를 초래한다. 왜냐하면 물질적 불평등은 아이들이 자신의 인간 잠재력을 발전시키기 위한 조건들에 접근하는 것을 심각하게 제약할 수 있기 때문이다. 그러나 이것은 단지 삶의 초기에만 해당되는 문제가 아니다. "번영" 개념은 아동기에 이루어지는 인간의 지적·심리학적·사회적 능력의 발전을 포함할 뿐만 아니라, 이 능력을 발휘하고 삶의 상황이 변함에 따라 새로운 능력을 발전시킬 수 있는 평생의 기회까지 포함한다. 자본주의 시장은 이처럼 재능과 능력을 평생 발전시키고 발휘할 수 있는 현실적 기회에 있어 큰 불평등을 낳는다.

◆ 노동

자본주의는 노동시장 활동에 대한 경제적 보상의 문제를 넘어, 노동자들이 흥미롭고 도전적인 노동에 접근하는 데 있어 매우 큰 차이를 낳는다. 자본주의 고용자들의 인센티브는 직무를 설계할 때 노동자들로부터 최소의 비용으로 최대한의 노력을 추출할 수 있도록 설계하는 것이다. 이는 종종—항상 그런 것은 아니지만—특정한 기술을 채택함으로써 이루어진다. 이 기술은 직무를 수행하는 데 필요한 숙련 수준을 낮추고 주요한 과제를 관례화하며 이 일에 대한 감독 요건을 단순화한다.

기술 변화가 새로운 종류의 고도 숙련노동자들에 대한 수요를 여는 것은 분명한 사실이다. 이 직무의 일부는 상당한 문제해결력과 창조성을 발휘할 기회를 가져다주기도 한다. 문제는, 자본주의 기업들이 이와 같은 도전적인 직무를 제공할지 안 할지의 여부가 흥미로운 직무 환경에 대한 사람들의 욕구에 의해 결정되는 것이 아니라, 기업을 위한 이 직무의 수익성에 의해 결정된다는 점이다. 피고용자들을 위해 유의미하고 흥미로우며 도전적인 직무를 창출한다고 해서 일반적으로 수익성이 극대화될 이유가 없다. 더욱이 새로운 기술과 조건에 대응하며 유의미하고 흥미로운 직무들이 창출될 때, 이 직무들이 희소 기술을 요구하고 따라서 높은 보수가 주어져야 한다면, 자본주의적 경쟁은 일반적으로 고도 숙련노동자의 고용과 관련된 비용을 줄이기 위해 이 직무들과 관련된 과제를 가능한 한 많이 정형화하라는 압력을 가한다.[11] 그 결과, 자본주의 경제체제에서 일하는 대다수 사람들은 직장생활을 하는 동안 창조성을 발휘하거나 신나게 도전할 기회를 별로 경험하지 못한다. 인간의 참된 번영을 가로막는 것은 바로 이것이다.

◆ 파괴적 경쟁

경쟁과 인간의 번영 사이의 관계는 매우 복잡하다. 한편으로, 경쟁—다른 사람들보다 더 나아지려고 노력하는 것—이라는 사회적 과정 때문에 사람들은 시간, 정력, 자원을 투자해 자신의 재능을 발전시킨다. 물론 다른 사람들보다 나아지려는 욕망이 재능을 발전시키는 유일한 동인은 아니다. 사람들은 기술의 숙달에서 나오는 성취감과 충만감, 그리고 그 기술을 발전시킨 후 이를 발휘하는 데서 나오는 성취감과 충만감에서도 동기를 얻는다. 그렇다 해도 사람들이 자신의 재능을 성공적으로 발전시킬 때 이를 보상해주는 것은 경쟁이라는 강력한 힘이다. 따라서 일정 정도의 경쟁은 의심의 여지없이 인간의 번영을 자극한다. 다른 한편, 경쟁은 사람들을 다른 사람들과 비교해 '상대적' 지위의 관점에서만 평가하는 성취문화를 강조한다. 성취는 한 사람의 잠재력 실현으로 정의되는 것이 아니라 이기는 것, 다른 사람들보다 나은 것으로 정의된다. 가장 치열한 경쟁—로버트 프랭크와 필립 쿡이 말하는 "승자독식" 경쟁—에서는 꼭대기에 단 한 명의 승자만이 있고, 그가 사실상 모든 상을 독차지하고 다른

---

11 따라서 여기에는 일종의 순환적 과정이 존재한다. 기술 변화는 종종 새로운 종류의 직무를 위한 고숙련 노동자에 대한 수요를 창출한다. 장기적으로 그 이후의 혁신은 이 직무를 정형화시켜, 고숙련 노동자들이 너무 많이 필요해지는 사태를 지양하고자 한다. 좋은 예는 컴퓨터 프로그래머 직무의 장기적인 궤도이다. 1960년대에 이것은 엄청난 교육을 필요로 하는 극히 숙련된 직무였다. 21세기 초에 이르러 컴퓨터의 중요성이 엄청나게 증가하면서 컴퓨터 프로그래밍의 많은 과제들은 비교적 훈련이 없이도 성취될 수 있는 정형적 노동으로 바뀌었다.

모든 사람들은 패한다.¹² 이와 같은 치열한 경쟁은 인간의 번영에 부정적인 결과를 가져올 수 있다. 가장 명백한 사실이지만, 승자독식 경쟁에서는 일단 한 사람이 현실적으로 이길 확률이 없다는 것을 깨달으면, 낙담하고 아예 포기해 버리기가 아주 쉽다. 더 일반적으로 말해, 치열한 경쟁 체제에서는 대부분의 사람들이 "실패자"가 될 것이다. 이에 따른 자존심과 자신감의 상실은 번영의 심리적 조건을 와해시킨다. 더욱이 자본주의에서 재능의 발전을 촉진하기 위한 자원의 배분은 일차적으로 경제적 투자로 간주되고, 투자는 예상되는 경제적 수익에 의해 평가된다. 이 때문에, 재능 육성 자원은 가장 재능 있는 사람들에게 심하게 편중될 것이다. 시장에서는 결국, 재능이 덜한 사람들의 재능을 발전시키는 데 많은 자원을 할애하는 것은 나쁜 투자일 것이며, 따라서 평범한 재능을 가진 사람들은 자기 재능을 발전시키는 수단에 접근할 기회가 대체로 더 적어진다. 이 역시 인간 번영의 보편화를 가로막는다.¹³

따라서 경쟁 그 자체는 인간 번영의 조건이 보편화되는 데 긍정적인 효과와 동시에 부정적인 효과를 낸다. 긍정적인 효과가 더 클 것인지, 부정적인 효과가 더 클 것인지는 경쟁의 강도에 좌우된다. 또 번영을 촉진하는 다른 메커니즘들이 경쟁과 균형을 이루는 정도에 의해서도 좌우된다. 경제가 순전히 자본주의적 기초 위에서 조직되면 될수록, 즉 시장 경쟁과 사적 소유가 자원의 배분을 좌우하면 할수록, 이 균형이 성취될 확률은 더 적다.

---

12 Robert H. Frank and Philip J. Cook, The *Winner-Take-All Society: Why the Few at the Top Get So Much More Than the Rest of Us* (New York: Penguin, 1996).

13 승자독식 시장에서는, 있음직한 수익에 대한 비현실적인 기대 때문에 사람들이 특정한 종류의 재능에 과잉투자하는 경향도 존재한다. 이것은 특히 시내의 빈곤한 지구에 사는 소년들 사이에서 체육기술을 발전시키는 데 시간과 정력을 과잉투자하는 사례에 가장 적실하게 들어맞는다. 스포츠 과잉투자를 논의한 것에 대해서는 Frank and Cook, *The Winner-Take-All Society*를 보라.

3. 자본주의는 개인의 자유와 자율에 있어 제거 가능한 결함들을 영구화한다

자본주의 옹호자들이 자본주의가 최고도로 성취했다고 주장하는 한 가지 가치가 있다면, 그것은 개인의 자유와 자율이다. 밀턴 프리드먼이 주장해 왔듯이, 강한 개인적 재산권에 뿌리내린 "선택의 자유"는 자본주의의 중심적인 도덕적 미덕이라고 여겨진다.[14] 자본주의는 무수히 다양한 제품을 생산해서 팔고, 소비자들은 그들의 예산에 따라 원하는 것은 무엇이든지 자유롭게 살 수 있다. 투자자들은 어디에 투자할지 자유롭게 선택할 수 있다. 노동자들은 자유롭게 일을 그만둘 수 있다. 시장에서의 모든 교환은 자발적이다. 개인적 선택의 자유는 분명 자본주의 작동 방식의 중심에 있는 것으로 보인다.

시장과 재산에 기초한 이 선택의 자유가 허구는 아니지만, 자본주의에 대한 개인적 자유와 자율의 관계를 완전히 설명하지도 못한다. 자본주의가 이 이상을 완전히 실현하는 대신 현저히 가로막는 두 가지 이유가 있다. 첫째, 자본주의 작업장의 지배 관계는 개인적 자율과 자기지휘를 광범위하게 제약한다. 재산 소유자들이 자기 재산을 어떻게 사용할지를 결정하는 권한은 사유재산 제도의 핵심이다. 자본주의 기업에서는 이 권한에 기초해 기업 소유자가 피고용자의 행위를 지휘할 권위를 부여받는다. 고용계약의 핵심은 지시받는 대로 행하겠다는 피고용자들의 동의이다.[15] 물

---

14 Milton Friedman and Rose Friedman, *Free to Choose* (New York: Harcourt, 1980)과 Milton Friedman, *Capitalism and Freedom* (Chicago: University of Chicago Press, 1962).

15 민주주의의 의미에 관한 중요한 책에서, 로버트 달은 사적 소유권이 피고용자에 대한 독재적 권력의 권리를 부여할 어떤 논리적 이유도 없다고 주장했다. 한 사람이 노예 계약에 자발적으로 들어갈 수 있는 경우에도 우리가 노예제를 폐지한 것과 마찬가지로, 우리는 사람들이 자본주의 기업의 고용계약에서 그들의 자율권을 포기하는 것을 금할 수 있을 것이다. Robert A. Dahl, *A Preface to Economic Democracy* (Berkeley and Los Angeles: University of California Press, 1985)를 보라.

론 이럴 때라도 직무 내에 일정 정도의 자기지휘가 여전히 존재할 수도 있다. 왜냐하면 실제로 고용자들이 피고용자의 모든 행동을 효과적으로 감시할 수 없기 때문이기도 하고, 어떤 노동과정들에서는 고용자가 피고용자에게 상당한 자율을 부여할 수도 있기 때문이다. 그럼에도 불구하고 대다수 자본주의 작업장에서는 대부분의 노동자들이 개인적 자유와 자기지휘를 상당히 박탈당한다. 노동세계에 이러한 자유와 자율이 부재함은 자본주의 비판에서 말하는 "소외疏外"의 중요한 부분이다.

이에 대한 자본주의 옹호자들의 한 가지 응답은, 노동자들이 자기가 지시받는 대로 하고 싶지 않으면 자유롭게 그만둘 수 있다는 것이다. 사실 노동자들이 끊임없이 상사의 권위에 자발적으로 복종하기 때문에 지배당하는 건 아니다. 하지만 일을 그만둘 수 있는 개인의 자유는 이와 같은 지배로부터의 허구적인 탈출만을 제공할 뿐이다. 왜냐하면 노동자들은 생산수단의 소유권이나 삶의 기초적 필수품에 접근할 수 없으면, 자본주의 기업이나 국가 조직에서 일을 찾아야 하고, 이 모든 곳들에서 그들은 자유를 포기해야 하기 때문이다.

둘째, 자본주의는 부와 소득의 엄청난 불평등을 발생시킴으로써 개인적 자유와 자율의 이상을 허문다. 필리페 반 파리스가 설득력 있게 주장했듯이, 부와 소득의 불평등은 사람들 사이에 "실질적 자유"의 현저한 불평등이 존재한다는 것을 의미한다. "실질적 자유"는 개인들이 자신의 인생계획에 따라 행동할 수 있는 효과적인 능력, 중대한 선택을 실제로 행할 수 있는 효과적인 능력을 뜻한다.[16] 부와 소득에 큰 불평등이 존재하면,

---

16 Philippe Van Parijs, Real Freedom for All (Oxford: Oxford University Press, 1997). 반 파리스는 소득 분배가 여러 가지 방식으로 실질적 자유의 불평등을 낳는다는 것을 강조한다. 어떻게 부의 분배의 엄청난 불평등이 또한 대부분의 사람들의 자유를 박탈하는지에 관한 논의에 대해서는, Bruce Ackerman and Anne Alstott, *The Stakeholder Society* (New Haven: Yale University Press, 2000)을 보라.

어떤 사람들은 다른 사람들보다 이런 의미에서 훨씬 더 큰 자유를 가지게 된다. 자본주의가 이전 사회들에 비해 개인적 자율과 자유를 신장시킨다는 것은 분명한 사실이지만, 그것은 또한 이 가치의 완전한 실현에 장벽을 세우기도 한다.

4. 자본주의는 사회정의의 자유주의적 평등주의 원칙들을 위반한다

자유주의적 평등주의 정의관은 '기회의 평등' 개념을 중심으로 한다.[17] 그 기본적인 발상은, 모든 불평등이 개인적 선택과 "선택적 운"(option luck)의 조합의 결과라면, 그 분배체제는 정의롭다는 것이다. 선택적 운은 자유롭게 선택하는 제비뽑기와 같은 것이다. 한 사람은 성공의 위험과 확률을 미리 알고 도박을 하기로 결정한다. 그들이 이긴다면 부자가 된다. 그들이 잃는다 해도 불평할 것이 없다. 이것은 "냉엄한 운"(brute luck)과 대비된다. 이것은 한 사람이 통제할 수 없고, 따라서 어떤 도덕적 책임도 지지 않는 위험이다. 한 사람의 기본적인 유전적 소질을 결정하는 "유전적 제비뽑기"는 가장 자주 논의되는 예이지만, 대부분의 질병과 사고도 이러한 성격을 가지고 있다. 자유주의적 평등주의자에게 있어, 냉엄한 운 때문에 사람들의 기회나 복지에 결손이 일어난다면 그들은 보상을 받아야 하지만, 선택적 운의 결과에 대해서는 어떤 보상도 필요하지 않다. 일단 냉엄한 운에 대한 완전한 보상이 이루어지면, 모든 사람들은 사실상 동일한 기회를 가지며, 나머지 모든 불평등은 한 사람이 도덕적 책임을 져야

---

17 자유주의적 평등주의자들은 그들의 정의관에 있어 개인적 선택과 자유를 강조한다는 점에서는 자유주의자들과 같지만, 개인적 선택이 정의로운 결과를 낳을 수 있는 조건들을 명시할 때 더 까다롭다는 점에서 그들과 다르다.

할 선택의 결과이다.

자본주의는 기회의 평등에 관한 이 강한 개념과 근본적으로 양립할 수 없다. 자본주의에서는 부의 사적 축적과 큰 소득 격차로 인해 어떤 사람들은 다른 사람들에 비해 근원적이고 불공정한 우위를 갖는다. 어린이들의 경우가 특히 그렇다. 어린이들이 자라나는 물질적 조건의 엄청난 불평등은 기회의 평등 원칙을 위반한다. 왜냐하면 이 불평등은 어떤 어린이들에게 인간자본의 획득에 있어 큰 우위를 주기 때문이다. 나아가 어떤 젊은 성인들에게는 대량의 자본에 접근할 수 있게 하는 반면, 다른 이들에게는 전혀 접근할 수 없게 하기 때문이다. 따라서 유전적 제비뽑기에서의 "냉엄한 불운"을 어떻게 보상할 것인지의 복잡한 문제는 차치하고도, 사적인 부의 유산이 존재하는 한, 그리고 어린이들의 인간자본에 대한 투자가 부모의 자원의 불평등과 강하게 연결되어 있는 한, 기회의 평등은 허구일 것이다. 따라서 자본주의는 어린이들의 삶의 조건에서 이와 같은 불평등을 필연적으로 발생시키기 때문에, 기회의 평등과 양립할 수 없다.[18]

자본주의는 기회의 평등에 관한 자유주의적 평등주의자들의 강한 견해뿐만 아니라, 정의에 관한 보통의 자유주의적 이상도 위반한다. 자유주의적 정의관의 한 가지 핵심적인 생각은, 한 사람이 자기이익을 추구할 때 타인들에게 그들이 선택하지 않은 부담을 지우는 것은 부정의하다는 것이다. 이것이 절도가 부당한 이유이다. 강제적으로 훔치는 것은 희생자에게 비용을 강요한다. 자본주의의 사적인 이윤 극대화 논리로 인해, 자본

---

18 여기서 주장하는 것은, 현존 자본주의가 불완전한 이유는 단순히 그것이 기회의 불평등을 교정하는 데 실패해 왔기 때문이라는 것이 아니다. 여기서 주장하는 것은 현존 자본주의가 자본주의적이기를 그치지 않고는 원칙적으로 이와 같은 불평등을 완전히 보정할 수 없으리라는 것이다. 이 때문에 정직한 자본주의 옹호자라면, 자본주의가 유의미한 기회의 평등을 필연적으로 위반하며 그리하여 그것은 내재적으로 부정의하다는 것을 받아들여야 할 것이다. 다만 그들은 자본주의가 다른 측면들에서는 바람직하고 이 다른 측면들이 충분히 두드러진 것이어서 모든 것을 고려하면 결국 자본주의가 지지되어야 한다고 말해야 할 것이다.

주의 기업들은 타인들에게 비용을 전가하려고 하는 내재적 경향을 가진다. 다른 모든 조건이 같다면, 소유자 이외의 사람들이 생산비용의 일부를 안는다면, 즉 타인들에게 그들이 선택하지 않은 비용을 부과한다면, 이윤은 더 높을 것이다. 고전적인 예는 오염이다. 자본주의 기업들이 환경에 폐기물을 투기하는 것은 오염 예방 비용을 지불하는 것보다 일반적으로 더 싸다. 그러나 이와 같은 오염은 타인들에게 비용을 부과한다－건강비용의 증가, 환경 청소비용, 환경의 심미성 악화와 같은 형태로. 타인들에게 전가된 비용의 이와 같은 예들은 "부정적 외부효과"(negative externalities)라 불린다. 이것은 단순히 경제적 비효율의 한 형태일 뿐만 아니라—아래의 명제 5에서 보듯이 분명 경제적 비효율의 한 형태이다—부정의의 한 형태이기도 하다.

자본주의 옹호자는, 모든 재산권이 완전히 특정되고 완전히 집행되면, 어떤 "부정적 외부효과"도 없을 것이라고 대답할 수 있다. 완전히 특정된 재산권, 완전한 계약, 완전한 정보의 세계에서는, 자본주의 기업이 그들의 오염비용을 나에게 부과하기 위해서는 나에게서 면허를 구매해야 할 것이다. 나는 원한다면 맑은 공기를 숨 쉴 개인적 권리를 일정한 가격에 팔 수 있을 것이다. 자본주의 기업들은 오염을 예방하는 것이 쌀지 이 비용을 지불하는 것이 쌀지를 결정할 것이다. 기업이 공기를 오염시키기로 결정한다면, 이것은 오염을 마시는 사람들과 기업 사이의 자발적인 교환에 불과할 것이다. 이와 동일한 생각이 다른 모든 종류의 부정적 외부효과에 적용될 수 있다. 예컨대 대기업이 새로운 장소로 생산을 옮길 때 일어나는 주택가격의 하락, 비행기 통행이 야기하는 불쾌한 소음 등등이 그것이다. 주장은 그런 식으로 이루어진다.

완전한 시장을 창출하여 그 안에서 특정하고 포괄적인 재산권이 교환되는 일은 여러 가지 이유에서 불가능하다. 이 같은 시장을 작동하게 하는 데 필요한 정보 조건은 결코 완전히 성취될 수 없다. 비슷하게 된다고 해도, 이 교환을 실제로 집행하는 데 들어가는 비용은 엄청날 것이다. 하지만 훨씬 더 근본적인 문제가 있다. 이윤 극대화 행동의 부정적 외부효과들은 다수가 미래 세대에게 부과되기 때문에, 자신이 선택하지 않은 부담을 실제로 지는 사람들이 "자발적 교환"의 당사자가 결코 될 수 없다는 사실이다. 미래 세대가 현재의 시장 교섭 과정에 참여하여, 이윤 극대화 시장으로 인한 자원 고갈로 자신들이 부담해야 할 비용에 대해 오늘날의 자원 이용자들로부터 일정한 가격을 받을 수 있는 길은 없다.

물론 미래 세대에 부정적 외부효과를 부과하는 이 '세대간' 부정의의 문제는 생산과 소비에 관한 현재의 결정이 장기적 결과를 낳는 모든 경제체제에 문제가 될 것이다. 문제는 과연 한 경제체제가 다른 경제체제보다 이 문제를 더 악화시키느냐 아니냐 하는 것이다. 자본주의는 협소한 자기이익을 조장하고, 시간 지평을 좁히며, 탈중앙집권적 시장을 통해 경제적 결정을 조직하기 때문에, 세대 간의 부정적 외부효과라는 부정의는 자본주의에서 특히 심각하다. 광범위한 투자 결정을 민주적 통제에 종속시키는 경제체제가 미래 세대의 이익을 적절하게 충족시켜줄 것이라는 보장은 없다. 그러나 적어도 이와 같은 체제에서는 현재 이익과 미래 이익의 균형을 맞추는 일이 토의의 핵심 쟁점이 될 수는 있을 것이다. 자기이익을 추구하는 개인들의 원자화된 사적 선택에 맡겨두기보다는 말이다.

5. 자본주의는 어떤 결정적인 측면들에서 비효율적이다

자유와 자율의 이상이 자본주의의 중심적인 도덕적 미덕이라고 생각된다면, 효율성은 일반적으로 자본주의의 핵심적인 실천적 미덕이라고 생각된다. 자본주의의 지속적인 불평등과 그 부정의에 대해 뭐라고 생각하든, 그것은 적어도 효율성은 촉진한다고 생각된다. 자본주의는 "일은 잘한다." 시장과 경쟁은 기업들에게 엄한 규율을 강요하여 정태적 효율성과 동태적 효율성을 모두 촉진한다.

(때로 "배분적 효율성"이라고도 불리는) 정태적 효율성은 상이한 종류의 물건을 생산하기 위해 자원을 배분하는 데 있어서의 효율성을 지칭한다. 자본주의는 경쟁과 탈중앙집권적 의사결정을 통해 가격을 결정하는 표준적 시장 수급 메커니즘으로 배분적 효율성을 촉진한다. 이 이야기는 익숙하다. 어떤 재화의 공급이 이 재화에 대한 수요 아래로 떨어지면, 가격은 올라갈 것이며, 이에 따라 이 재화의 생산자들은 (그들의 재화를 더 높은 가격에 팔면서도, 이에 비례하여 품목 당 비용을 증가시키지 않아도 되기 때문에) 일반적으로 추가 이윤을 얻을 것이다. 이윤이 평균 수준보다 높아지면 공급이 모자라는 생산물의 생산이 증가하며, 따라서 이윤이 더 낮은 활동으로부터 자원들이 재배분된다. 이 재배분은 수요가 충족되면서 이 재화의 가격이 떨어질 때까지 계속된다.

동태적 효율성은 장기간에 걸쳐 생산성을 증가시키는 기술적 조직적 혁신을 지칭한다. 이에 대해서는 이미 명제 1과 관련해 논의했다. 다른 자본주의 기업들이 혁신을 해서 비용을 낮출 것(혹은 혁신을 해서 질을 개선할 것)이라는 위협 아래, 각 기업은 이윤의 유지를 위한 혁신 압력을 느낀다. 물론 시간, 자원, 인간의 정력을 혁신에 할애하는 것은 위험하다. 왜냐하면 이 노력의 대부분은 유용한 결과를 낳지 못할 것이기 때문이다. 그러나 혁신을 추구하지 않는 것도 위험하다. 왜냐하면 시장에서 한 기업의 생활력은 다른 기업들이 혁신을 할 때 장기적으로 쇠퇴할 것이기 때문이다. 따라서 경쟁 압력은 혁신을 자극하는 경향이 있다고 보아야 한다. 그리고 이것은 동일한 산출을 생산하는 데 필요한 투입이 점점 더 적어진다는 의미에서 효율성을 증가시킨다.

이것은 사실 자본주의에서 효율성의 원천이다. 이 점에서 자본주의는, 국가가 조직하는 중앙집권적 권위주의적 생산에 비해서도 이전의 경제조직 형태들에 비해서도, 더 효율적인 것으로 보인다. 하지만 그렇다고 해서 자본주의에 비효율성의 중요한 원천들이 없는 것은 아니다. 따라서 모든 것을 고려할 때 자본주의가 그 대안들보다 더 효율적이냐 덜 효율적이냐는 어려운 경험적 질문이 된다. 왜냐하면 시장이라는 협소한 범위 안에서 정의되는 효율성뿐만 아니라, 모든 형태의 효율성과 비효율성도 등식에 포함시켜야 할 것이기 때문이다.

자본주의의 비효율성의 여섯 가지 원천이 특히 중요하다. 공공재의 저생산, 자연자원의 저가 책정, 부정적 외부효과, 시장 계약의 감시와 이행, 지적재산권의 병리, 불평등의 비용 등이 그것이다.

◆ 공공재

자본주의는 내재적으로 공공재의 생산에 있어 중대한 결함을 낳는다. 그 이유는 잘 알려져 있다. 자본주의 비판자는 물론 자본주의 옹호자도 이것을 인정한다. 공공재라는 개념은 두 가지 조건을 충족시키는 광범위한 사물을 지칭한다. 첫째, 이 사물이 생산되었을 때 누구에 대해서든 이 사물을 소비하지 못하게 하기가 매우 어렵다는 것, 둘째, 한 사람이 이 재화를 소비한다 해도 이것이 다른 사람의 소비를 감소시키지 않는다는 것이다. 깨끗한 공기와 국방은 흔한 예이다. 지식은 또 다른 예이다. 한 사람이 지식을 소비하는 것이 지식의 축적량을 감소시키지 않는다. 또 지식이 일단 생산되면 사람들이 그것을 소비하지 못하게 하는 것도 아주 어렵다. 자본주의 시장이 공공재를 제대로 제공하지 못하는 이유는, 생산된 공공재를 사람들이 소비하지 못하게 하는 것이 쉽지 않아서 이윤을 획득하기 어렵기 때문이다. 그리고 많은 공공재는 삶의 질에도 중요하고, 경제적 생산성에도 중요하기 때문에, 시장에 의존해 공공재를 생산하는 것은 비효율적이다.

얼핏 보기에, 공공재는 아주 좁은 범위의 사물을 지칭하는 것 같다. 하지만 공공재는 사실 아주 광범위하다. 공공재를 "긍정적 외부효과"라는 개념으로 생각해 볼 수 있다. 긍정적 외부효과란 어떤 것을 생산하는 데 따른 어떤 긍정적인 부수효과를 말한다. 공공운송을 생각해 보자. 여기에는 에너지 보존, 교통체증의 감소, 오염의 저하와 같은 많은 긍정적 외부효과가 있다. 이것들은 모두 공공재로 간주될 수 있는 귀중한 긍정적 부수효과들이지만, 매매될 수는 없다. 도시운송회사는 공공운송으로 대기오염이 감소되어 건강관리 비용이 줄어들거나 집에 페인트를 새로 칠할 일이 적어지는 것에 대해 사람들에게 요금을 부과할 수 없다. 이것은 여행 티켓을 사는 사람들보다 훨씬 더 많은 수의 사람들이 경험하는 혜택이다. 공공운송회사가 자본주의적으로 조직된다면, 이 서비스의 모든 직접 비용을 포함하는 티켓 가격을 부과할 것이다. 이 회사가 이 서비스로 발생되는 모든 긍정적 외부효과에 대해 돈을 받는다면, 개별 승차에 대한 티켓 가격은 엄청나게 내려갈 수 있을 것이다(왜냐하면 이 가격은 운송의 모든 비용을 포함할 필요가 없을 것이기 때문에). 그러나 시장에는 공공운송이 이 긍정적 외부효과들에 대해 사람들에게 요금을 부과할 메커니즘이 존재하지 않는다. 그 결과, 개별 승차에 대한 티켓 가격은 전반적인 효율성의 관점에서 볼 때 책정되어야 할 가격보다 훨씬 더 높아야 하며, 더 높은 티켓 가격으로 인해, 공공운송에 대한 수요가 줄어들고, 따라서 공공운송이 덜 제공될 것이며, 긍정적 외부효과들은 감소될 것이다.[19] 이것은 경제적으로 비효율적이다.

긍정적 외부효과들에 대한 이러한 주장은 교육, 공공건강서비스, 나아가 예술과 스포츠에 대해서도 똑같이 적용될 수 있다. 어떤 경우든 긍정적 외부효과는 그 서비스를 직접적으로 소비하는 사람들의 범위를 넘어 사회 일반에 퍼진다. 교육받지 못한 사람들의 사회에 사는 것보다 교육받은 사람들의 사회에서 사는 것이 더 낫다. 백신을 맞지 않는다 해도, 백신을 무료로 이용할 수 있는 사회에서 사는 것이 더 낫다. 예술 활동을 직접적으로 소비하지 않는다 해도, 많은 예술 활동이 있는 사회에 사는 것이 더 낫다. 젊지 않다 해도, 청년들을 위한 광범위한 레크리에이션 활동이 있는 사회에서 사는 것이 더 낫다. 이것이 옳다면, 자본주의와 시장에 의존해 이 사물들을 생산하는 것은 경제적으로 비효율적이다.

◆자연자원의 저가 책정과 과소비

표준적인 경제이론에 따르면, 경쟁 시장에서 물건의 가격은 이 물건의 생산비용을 꼭 맞게 반영한다. 이것은 효율적인 것으로 간주된다. 왜냐하면 그 가격이 생산자들과 투자자들에게 올바른 신호를 보내고 있다는 뜻이기 때문이다. 가격이 어떤 것을 생산하는 비용보다 현저히 높으면, 이것은 이 생산물들에 투자한 사람들이 추가 이윤을 얻을 것이라는 뜻이며,

---

19 공공운송의 이 긍정적 외부효과들은 공공운송체계에 대한 공적 보조금을 정당화하는 중요한 이유의 하나다. 그러나 이 보조금은 보통 비교적 적고, 운송체계는 이용자 요금을 통해 거의 모든 서비스 생산비용을 충당하도록 기대된다. 이것은 경제적으로 비합리적이다. (미래 세대에 대한 긍정적 외부효과들을 포함해) 공공운송의 모든 긍정적 외부효과들이 고려된다면, 승객에 대한 무료 공공운송에 보조금을 완전히 지급하는 것이 이 서비스의 가격을 가장 효율적으로 정하는 방식일 수 있다.

이는 생산자들에게 생산을 증가시키라는 신호를 보낼 것이다. 가격이 생산비용보다 낮다면, 이것은 사람들이 돈을 잃고 있다는 뜻이며, 이는 투자와 생산이 더 적어져야 한다는 신호를 보내는 것이다.

생산비용이 공급 및 수요와 상호작용함으로써 효율적인 시장 신호가 발생한다는 이 표준적인 주장은 재생 불가능한 자연자원의 채취와 가공에 대해서는 결정적으로 무너진다. 기본적인 문제는, 사람들이 "생산비용"을 경험하고 따라서 가격에 의해 발생되는 신호를 해석하는 시간 지평에 있다. 우리는 미래의 어느 시점에 화석연료의 생산비용이 자원 고갈 때문에 현재보다 훨씬 더 높아질 것임을 알고 있다. 현재의 수익성을 계산할 때 미래의 더 높은 생산비용까지 고려해야 한다면, 현재의 가격이 이 비용을 포함하고 있지 않다는 것은 분명하다. 따라서 가격이 이 미래의 더 높은 비용을 포함할 만큼 현저히 올라가기 전까지는 생산이 감소될 것이다. 하지만 시장은 이 장기적 비용을 현재의 생산에 부과할 수 없다. 그 결과, 재생 불가능한 자연자원에 대해 낮은 가격이 책정되고 따라서 자연자원을 과다 이용하게 된다. 이것은 장기적으로 이 자원들을 비효율적으로 이용하는 것이다.

어떤 경우, 이와 동일한 메커니즘이 재생 가능한 자원에도 영향을 미친다. 이런 일이 일어나는 경우는, 단기적 생산비용이 너무 낮아서 자원이 재생 속도보다 더 빠른 속도로 이용될 때이다. 고전적인 예는 대량 어종의 급속한 고갈이다. 생선이 잡히는 속도가 이 어종의 재생산 능력을 초과하지 않는 한, 대양의 생선은 분명 재생 가능한 자연자원이다. 하지만 현대 기술과 함께 생선을 잡는 직접 비용은 너무나 낮아서, 시장에서의 생선 가격은 저가 책정과 과소비로 귀결된다. 시장이 생산자에게 비용을 부과하는 시간 지평 때문에, 자본주의 시장 자체가 이 문제를 풀 수 있는 길은 없다.[20] 이 역시 아주 비효율적인 자원 배분을 낳는다.

◆ **부정적 외부효과**

  우리는 앞에서 자유주의적 정의관에 대해 이야기하면서 이미 부정적 외부효과를 논의했다. 부정적 외부효과는 또한 자원 배분에 있어 비효율성의 원천이기도 하다. 다시 말하자면, 생산자들이 참된 생산비용을 반영하는 화폐 비용을 경험할 때만, 시장에서 효율적인 자원 배분이 일어난다. 왜냐하면 오직 이 상황에서만 이 생산물에 대한 수요가 생산자들에게 올바른 신호를 보낼 것이기 때문이다. 자본주의 경제의 문제는 자본주의 기업들이 그들의 비용 가운데 가능한 한 많은 부분을 다른 사람들에게 전가하려는 강한 인센티브를 가지고 있다는 점이다. 그렇게 하면 그들의 시장 경쟁 능력이 증가하니까. 이미 지적했듯이, 오염은 고전적인 예이다. 엄밀한 이윤 극대화 관점에서 볼 때, 자본주의 기업들이 폐기물을 환경에 투기해도 무사할 수 있다면, 그렇게 하지 않는 것은 비합리적일 것이다. 기업에서 노동자들에게 장기적 영향을 미칠 수 있는 값비싼 위생조치와 안전조치에 대해서도 똑같이 말할 수 있다. 비위생적인 조건들이 생산비용에 영향을 미치지 않는다면, 이윤을 극대화하려는 기업이 이 비용을 피하려는 인센티브가 존재한다.

  이 고찰은 단순히 이론적 주장에 그치지 않는다. 오염 통제와 직장의 위생·안전에 관한 동시대의 논의에서, 기업들은 이 문제들에 관한 규제가

---

20 물론 이것은 어족의 고갈에 어떤 해법도 존재하지 않는다는 뜻이 아니라, 단지 이를 해결하기 위해서는 시장과정을 완전히 폐지하지는 않는다 해도 시장 원리와 자본주의적 경쟁을 위반할 필요는 있다는 뜻이다. 예컨대 어업에 총량적 할당이 설정될 때, 자본주의 기업들은 여전히 특정한 할당량에 대한 권리를 놓고 경쟁적으로 입찰할 수 있을 것이다. 할당량의 부과는 비시장적 비자본주의적 메커니즘을 통해-전형적으로는 국가에 의해 권위적으로-이루어지지만, 할당량 내에서의 권리 배분은 시장에 기초해 조직될 수 있을 것이다.

그들의 경쟁력을 떨어뜨린다고 끊임없이 불평한다. 개발도상국의 기업들은 이 규제들을 받지 않아서 생산비용을 낮출 수 있고, 따라서 그들의 생산물을 더 낮은 가격에 팔 수 있다는 것이다. 이것이 실제로 의미하는 것은, 생산자들이 규제받지 않으면 그들은 비용을 타인들에게 전가할 수 있다는 것이다. 규제가 완화되지 않으면 자기들이 망할 것이라는 이 불평 기업들의 말은 정말 사실일 수도 있겠지만, 이것은 곧 자본주의 시장 경쟁이 자원 배분의 비효율성을 강요한다는 뜻이다.

자본주의 자체는 이와 같은 문제들을 풀 수 없다. 이 문제들은 이윤을 추구하는 사적인 경제적 결정의 내재적 결과이다. 물론 그렇다고 해서 자본주의 사회에서는 부정적 외부효과에 대해 아무것도 할 수 없다는 것은 아니다. 기업들이 비용을 타인들에게 전가하지 못하게 함으로써 부정적 외부효과를 중화시키는 한 방법이 바로 국가가 자본주의적 생산에 광범위한 규제를 가하는 것이다. 하지만 국가 규제 메커니즘은 자본주의와 결부되어 있는 사유재산권들을 침해하는 성격을 항상 가진다. 즉 이 권리들 가운데 일부는, 얼마나 많은 폐기물을 환경에 투기할 것인지를 결정할 권리처럼, 사적인 권리가 아니라 공적인 권리가 되는 것이다.

◆ 시장 계약과 사유재산권의 감시와 이행

자본주의의 비효율성의 네 번째 원천은 시장 기반 계약의 이행과 관련된 비용에서 비롯된다. 시장 교환의 핵심에는 계약—다양한 종류의 재산권을 교환하는 데 대한 자발적 동의—의 문제가 있다. 계약은 저절로 이행되는 것이 아니며, 이 동의를 감시하고 이행하게 하는 것과 관련된 일련의 비용이 존재한다. 이 과제에 자원들이 더 많이 할애되면 될수록, 시장에서 교환되는 재화와 서비스를 실제로 생산하는 데 이용할 수 있는 자원은 더 적어진다. 이 자원들이 뭔가를 생산하는 데 사용되는 것이 아니라 사기詐欺를 막는 데 사용되고 있다는 의미에서 이것은 비효율적이다.

계약 분쟁, 민사소송, 지적재산권의 이행, 정부 규제에 대한 기업들의 도전과 같은 것들을 놓고 변호와 소송에 사용되는 엄청난 액수의 돈은 자본주의적 재산권이 효율성 손실을 낳는 방식들의 명백한 예이다. 이와 같은 자원 지출은 분쟁에 걸린 이해관계를 감안할 때 전적으로 합리적이며, 자본주의적 조건 아래에서 생산이 이루어지기 위해 필요한 것일 수도 있지만, 그럼에도 불구하고 자원을 직접적 생산 활동에서 빠져나가게 하는 것이 사실이다.

하지만 계약 이행이 낳는 효율성 문제들은 소송의 차원을 넘어선다. 이 문제들은 일상적 계약관계에도 영향을 미친다. 두 가지 예들이 이 문제의 범위를 보여줄 것이다. 노동과정 내에서 피고용자들을 감독하는 것과 관련된 비용, 그리고 탈중앙집권적 사보험 체계를 통해 의료비를 지불하기 위한 엄청난 서류작업 비용이 그것이다.

고용계약은 일정한 양의 노동에 대한 임금의 교환을 수반한다. 문제는, 노동자가 이 노동 활동을 수행하는 데 형식적으로 동의할 수 있기는 하지만, 그가 노력의 지출에 대한 실질적 통제권을 다른 누군가에게로 넘겨주는 것이 사실상 불가능하다는 것이다. 사람들은 로봇이 아니기 때문에, 그들은 항상 자기 활동에 대해 일정 정도의 통제권을 보유한다. 일반적으로 고용자들은 노동자들이 노동자들 자신의 의향보다 더 열심히 노동해주기를 원하기 때문에, 피고용자들로부터 실질적인 노력을 추출해내는 데 여러 모로 부딪힌다. 이 문제에 대한 해법은 기피에 대한 위협(특히 해고 위협), 훌륭한 직무수행에 대한 인센티브(특히 승진 기회와 급여 인상), 피고용자의 직무수행을 감시하고 제재를 집행하기 위한 감독을 일정하게 조합하

는 것이다.[21]

물론 기피 가능성은 어떤 협동적 활동에도 존재한다. 하지만 자본주의의 특정한 계급관계는 이 문제를 강화하는데, 왜냐하면 노동과정 내의 노동자들은 그들이 일하는 기업의 소유자가 아니기 때문이다. 그들이 예컨대 노동자 소유 협동조합에 속해 있다면, 그들의 개별적 이해는 그들이 일하는 기업의 이해와 훨씬 더 강하게 일치될 것이며, 사회적 통제의 과제에 할애되어야 할 자원이 더 적을 것이다.[22] 일반적으로 노동자들은 그들이 생산수단을 소유하고 있을 때에는 감시가 덜해도 더 열심히 일할 것이라고 보면, 자본주의적 생산의 육중한 사회통제장치는 비효율성의 원천인 것이다.

자본주의 시장에서 계약의 이행과 관련된 효율성 문제의 두 번째 예는 건강관리와 관련되어 있다. 미국에서 건강관리 비용은 다양한 메커니즘들을 통해 지불된다. 어떤 메커니즘은 국가에 의해 조직되고, 어떤 것은 의사들에게 매번 진료비를 지불하는 개인들에 의해 조직되며, 어떤 것은 자본주의적 이윤 극대화 원칙 위에서 조직되는 사보험을 통해 조직된다. 의사, 클리닉, 병원은 많은 사람들을 고용해, 보험양식을 처리하고 환자들의 본인부담금을 추적해야 한다. 보험회사들은 사람들을 고용해서

---

21 노동자들로부터 노동 노력을 추출하는 문제의 경제적 논리에 관한 논의에 대해서는 Bowls and Gintis, "Contested Exchange"와 Michael Burawoy and Erik Olin Wright, "Coercion and Consent in Contested Exchange," *Politics and Society* 18:2 (1990), pp. 251-66을 보라.

22 여기에서 주장하는 것은, 협동조합 기업에서도 여전히 무임승차 문제가 존재하지만, 노동자들이 이 집단적 기업에 더 큰 이해관계를 가짐으로 인해 더 일관된 상호 감독에 참여할 것이기 때문에, 이 문제를 해결하는 비용이 더 낮을 것이라는 것이다. 노동자들의 협동조합적 소유는 또한 노동 노력에 관한 일련의 다른 도덕적 규범들을 수반하는데, 이 역시 감시 비용을 줄인다. 이 쟁점들은 리얼 유토피아 프로젝트의 제3권 Samuel Bowls and Herb Gintis, *Recasting Egalitarianism: New Rules for Communities, States and Markets* (London: Verso, 1998)에서 광범위하게 논의된다. 협동조합적 소유가 일반적으로 더 효율적이라는 주장에 대한 다소 회의적인 견해에 대해서는 Henry Hansmann, *The Ownership of Enterprise* (Cambridge, MA: Harvard University Press, 1996)을 보라.

청구액을 검토하고 잠재적 보험구매자들의 위험 특성을 평가한다. 물론 환자들도 상당한 시간과 정력을 들여, 수많은 혼란스럽고 이해할 수 없는 청구서들을 추적한다. 반대로 캐나다에서는 적절하게도 "단일납부자"(single-payer)라 불리는 제도를 통해 사실상 모든 의료청구비가 국가에 의해 지불된다. 캐나다 정부는 의사들 및 의료조직들과의 협상과정을 통해 상이한 서비스들에 대한 수가를 정한다. 의사들은 상환을 받기 위해 모든 청구서를 단일한 장소에 제출한다. 사보험 계약의 이행 문제와 직접적으로 관련된 효율성 손실의 한 척도는 이 두 제도에서 지불과 관련된 서류작업 및 행정에 들어가는 총 의료비용의 비율이다. 1999년 미국의 건강관리 행정비용은 건강관리 지출의 31%에 이르렀지만, 캐나다에서는 16.7%에 불과했다. 총 행정비용 내에서 이른바 "간접비"는 미국에서 사보험회사 건강 지출의 거의 12%에 이르지만, 캐나다 제도에서는 지출의 1.3%에 불과하다.[23] 모든 행정비용이 계약 문제와 관련되어 있는 것은 아니지만, 캐나다와 미국 행정비용의 차이는 시장에서 감시와 지불이 훨씬 더 복잡하다는 사실과 관련되어 있다. 캐나다의 단순화된 자원배분·회계 제도는 자본주의적 재산관계에 기초한 미국의 것보다 훨씬 더 효율적이다.

◆ **지적재산권**

지적재산권은 사람들이 다양한 종류의 지식과 정보에 자유롭게 접근해 이를 이용하는 것을 막는 다양한 법률 규칙들을 포함한다. 특허권은

---

23 이 수치는 Steffie Woolhandler, Terry Campbell, and David U. Himmelstein, "Costs of Health Care Administration in the United States and Canada," *The New England Jounal of Medicine* 349 (2003), pp. 768-75에 보고되어 있다.

발명품의 이용을 제한한다. 저작권은 지적 생산물과 예술 창작품의 복제를 막는다. 상표권은 상표명의 이용을 보호한다. 이러한 사유재산권 형태들을 정당화하는 논리는, 이것들이 없으면 발명품, 지적 생산물, 예술 창작품을 생산할 인센티브가 거의 없어지리라는 것이다. 발명은 연구개발에 대한 시간, 정력, 자원의 투자를 필요로 하며, 그 대부분은 아주 위험성이 높다. 책이나 예술품 같은 지적 생산물 역시 많은 시간과 노력, 그리고 때로는 재정적 투자도 필요로 한다. 이렇게 투자를 해서 귀중한 생산물을 만들었을 때 이 생산물의 경제적 수익에 대해 권리를 가질 것임을 미리 알지 못한다면, 사람들은 애초에 이 투자를 하지 않을 것이다.

이것은 분명 설득력 있는 주장인 것처럼 보인다. 하지만 이 주장을 지지할 수 있는 경험적 증거는 사실 거의 없다.[24] 여기에는 세 가지 주요한 쟁점이 있다. 첫째, 지적재산권은 인센티브를 제공할 수도 있지만, 정보의 확산과 새로운 생각의 이용을 막아 또 다른 진보를 낳지 못하게 하기도 한다. 따라서 발명, 창작, 지적 생산에 대한 특허권과 저작권의 순 효과는 이 상반되는 두 가지 힘—인센티브의 긍정적 영향, 그리고 이용과 확산을 막는 것의 부정적 영향—의 상대적 크기에 좌우된다. 일반적으로 전자가 후자를 압도한다고 가정할 이유가 없다.

둘째, 지적재산권 옹호자들은 창작과 발명을 위한 인센티브로서 화폐적 보상이 유일하게 신뢰할 만하다고 생각하지만, 이것은 결코 사실이 아니다. 많은 연구개발은 대학 및 여타 연구 환경에서 공적 자금 지원을 받은 프로젝트를 통해 이루어진다. 과학자들은 화폐적 보상 이외의 여러 가지 동기들, 즉 명성, 호기심, 인류를 위한 문제의 해결 같은 동기들로 움직

---

24 특허권이 왜 일반적으로 발명을 촉진하지 않는지에 관한 철저한 논의에 대해서는 Michele Boldrin and David Levine, *Against Intellectual Monopoly* (Cambridge: Cambridge University Press, 2007)을 보라.

인다. 대부분의 예술가들과 작가들, 심지어 가장 헌신적인 사람들도 그들의 작품으로부터 큰 재정적 보상을 받지 않지만, 그들이 계속하는 이유는 미학적 가치에 대한 그들의 헌신과 자기 자신의 표출 필요성 때문이다. 이것은 재정적 보상이 아무 역할을 하지 않는다고 말하는 것이 아니다. 지적 생산물의 생산자들이 그들의 창작품에 대해 아무 재정적 보상을 받지 못한다면, 그들이 계속하기는 분명히 어려울 것이다. 그러나 창조적인 지적 활동에 종사하는 많은—아마 대부분의—사람들에게, 지적재산권에 의해 보호되는 화폐적 인센티브는 이차적 중요성밖에 가지지 못한다.

셋째, 화폐적 보상을 강조하고 지적재산을 강하게 보호하면, 사실 혁신과 창조성에 중요한 다른 몇몇 동기들이 저하될 수도 있다. 이에 대해서는 훌륭한 경험적 연구들이 있는데, 이들이 증명하는 바에 따르면, 화폐적 인센티브는 이타적 협동 동기를 저하시키고 따라서 협동을 감소시키는 효과를 낸다.[25] 이것은 또한 과학적 예술적 창조성에도 영향을 미칠 수 있을 것이다. 상업적으로 수익성이 있는 창작 노력에 대해 재정적 보상이 너무 크면, 보다 자유분방한 예술적 작업과 과학적 연구를 추구하려는 동기가 저하될 수도 있다.

지적재산권에 대한 제한적 보호—예컨대 저자를 제대로 확정하는 것—는 인센티브 목적을 위해 사실 필요하겠지만, 자본주의를 특징짓는 강한 지적 생산물 사유재산권 체제는 아마 모든 것을 고려할 때 혁신과 창조성

---

25 여기서의 쟁점은 협동의 이타적 동기 혹은 다른 도덕적 동기가 이기적 동기와 어느 정도 상보성을 가지는가 하는 것이다. 한 가지 동기가 다른 동기의 효력을 손상시키지 않을 때, 두 동기는 상보적이다. 그렇다면 사람들이 도덕적 이유로 협동의 동기를 얻는 상황에서는 화폐적 인센티브가 더해질 경우 훨씬 더 큰 동기를 얻게 될 것이다. 다른 한편, 상이한 동기들이 배타적이거나 모순적일 경우, 화폐적 인센티브를 더하는 것은 도덕적 헌신에 근거한 동기들의 힘을 감소시킨다. 이기적인 동기들이 어떻게 이타적인 동기들을 몰아내는지에 관한 논의에 대해서는 Sam Bowls, "Policies Designed for Self-Interested Citizens May Undermine 'The Moral Sentiments': Evidence from Economic Experiments," *Science* 320: 5883 (2008), pp. 1605-9를 보라.

을 구속할 것이다. 정보기술에서 "공개 소스"(open source) 운동이라 불리게 된 움직임은 이를 실제로 증명한다. 공개 소스 운동 가운데 리눅스 컴퓨터 운영체제의 개발은 가장 잘 알려져 있다. 리눅스의 소스 코드에 대해서는 어떤 특허권도 저작권도 없다. 리눅스는 수천 명의 프로그래머들이 개발을 위해 협동하고 새로운 코드와 아이디어를 제공해서 창조되었다. 그 결과, 주요 경쟁자인 마이크로소프트가 개발한 PC 운영체제보다 기술적으로 더 뛰어난—대부분의 설명에 따르면—운영체제가 탄생했다.

◆ **불평등의 비용**

많은 자본주의 옹호자들은 평등과 효율성 사이에 "트레이드오프"(trade off)가 있다고 주장한다. 평등을 높이기 위해 재분배를 하면, 열심히 일하고 투자할 인센티브가 손상되고, 따라서 궁극적으로는 경제적 효율성이 감소된다는 것이다. 지적재산권에 대한 주장처럼, 이 주장도 직관적으로는 설득력이 있는 것처럼 보인다. 그러나 이 문제에 관한 경험적 연구들에 따르면, 한 나라의 불평등 수준은 경제성장률이나 생산성 향상, 혹은 다른 어떤 총량적 효율성 척도와도 직접적 관계가 없었다.[26] 지적재산권의 경우처럼, 이 경우에도 문제는 불평등이 일정 수준을 넘기면 많은 중요한 이유들 때문에 효율성이 손상된다는 것이다. 설령 불평등이 긍정적인 인센티브 효과를 가지고 있다 해도, 이 부정적 효과들은 그 모든 효과를 압도할 수 있다. 첫째, 높은 수준의 불평등은, 특히 최하층에서의 주변화와 연결될 때, 사회적 갈등과 사회적 무질서를 낳는다. 범죄 그 자체의 직접

---

26 Lane Kenworthy, "Equality and Efficiency: The Illusory Tradeoff," *European Journal of Political Research* 27: 2 (2006), pp. 225-54와 *Egalitarian Capitalism: Jobs, Incomes, and Growth in Affluent Countries* (New York: Russell Sage Foundation, 2007), 제4장을 보라.

적인 비용은 말할 것도 없이, 경찰, 간수, 법정, 감옥은 모두 불평등의 비용이다. 둘째, 높은 수준의 불평등은, 사회적 무질서의 비용은 차치하고도, 사회적 연대 즉 "우리는 모두 같은 배에 타고 있다"는 의식을 손상시킨다. 연대는 효율적 협동—노력과 책임을 이끌어내기 위해 큰돈과 감시를 필요로 하지 않는 협동—의 중요한 원천이다. 셋째, 높은 수준의 불평등은 인간의 재능과 자원을 엄청나게 낭비시킨다. 아마 이것은 효율성의 문제와 관련해 가장 결정적인 점일 것이다. 저명한 진화생물학자 스티븐 제이 굴드는 이것을 이렇게 표현한다. "아무튼 내가 더 관심을 가지고 있는 것은 아인슈타인의 두뇌의 무게와 주름이 아니라, 그와 동일한 재능을 가진 사람들이 면화농장과 착취공장에서 살다가 죽었다는 거의 확실한 사실이다."[27] 높은 수준의 불평등이 존재하면 필연적으로, 재능과 인간 잠재력을 발전시키는 물질적 수단에 대해 접근권이 불평등할 수밖에 없다. 이것은 엄청난 낭비이다.

이 경제적 비효율성 문제들의 대부분은 자본주의에만 고유한 것은 아니다. 높은 수준의 상호의존성을 가진 모든 발전된 복합적 산업경제에서는, 잠재적인 부정적 외부효과와 자연자원을 초과이용하려는 유혹이 존재한다. 기피와 여타의 기회주의적 행동 역시 모든 형태의 경제조직에서 문제가 된다. 창조성과 혁신을 위해 물질적 인센티브와 내재적 동기를 결합하는 것은 항상 어려운 문제이다. 따라서 자본주의가 이러한 비효율성의 원천들을 가지고 있다고 해서, 이 원천들이 자본주의에 고유하다는 것은 아니다. 이 원천들이 자본주의에서 특히 격심해지고 중화시키기 어려워진다는 것뿐이다. 왜냐하면 자본주의 시장은 사적 이윤 추구를 중심으

---

27 Stephen Jay Gould, "Wide Hats and Narrow Minds," in *The Panda's Thumb* (New York: W. W. Norton, 1980), p. 151.

로 움직이고, 자본주의 계급관계는 갈등적 성격을 가지고 있기 때문이다.

6. 자본주의는 체계적인 소비자주의 편향을 가지고 있다[28]

자본주의의 한 가지 미덕은 장기적으로 생산성을 증가시키는 경향이 있다는 것이다. 생산성이 증가할 때, 원칙적으로 두 가지 일이 일어날 수 있다. 우리는 더 적은 투입으로 같은 양의 물건을 생산할 수 있거나 같은 양의 투입으로 더 많은 물건을 생산할 수 있다. 자본주의를 비판할 수 있는 이유는, 자본주의에서는 생산성 증가가 "자유 시간"의 증가로 이어지기보다는 소비의 증가로 이어지는 체계적인 편향이 존재하기 때문이다. 물론 산출을 증가시키는 것이 사람들의 삶의 조건을 개선하는 최상의 방식일 때가 있다. 경제적 생산이 영양, 주택, 그리고 사람들을 위한 기타 설비를 충분히 제공하지 못할 때, 총 산출의 증가라는 의미에서의 경제성장은 일반적으로 좋은 일일 것이다. 그러나 한 사회가 이미 극히 부유할 때는 더 이상 총 소비의 증가가 바람직한 일이 될 이유가 없다.

이윤 추구적 자본주의 시장 경쟁의 동학으로 인해, 자본주의 경제는 생산성뿐만 아니라 총 산출도 증가시켜야 하는 강한 압력에 처한다. 이윤은 재화와 서비스를 판매하는 데서 만들어진다. 자본주의 기업이 더 많이 팔면 팔수록, 이윤은 더 높다. 따라서 자본주의 기업은 끊임없이 그들의 생산과 판매량을 증가시키려고 한다. 엄청난 자원들이 바로 이 과제에 할애된다. 이것은 광고와 마케팅 전략의 형태로 가장 분명하게 이루어지

---

28 이 명제에 관한 논의는 줄리엣 쇼의 두 책에 크게 기대고 있다. Juliet Shor, *The Overworked American: The Unexpected Decline of Leisure* (New York: Basic Books, 1992)와 *The Overspent American: Upscaling, Downshifting and the New Consumer* (New York: Basic Books, 1998).

지만, 또한 산출의 확대를 체계적으로 촉진하는 정부 정책에서도 이루어 진다. 이로 인해 전체적으로 성장 궤도가 생산의 증가로 강하게 편향된다. 소비의 증가가 개인적 만족을 가져온다는 것을 강조하는 문화 형식들이 이와 같은 역동적 소비 증가를 뒷받침하기 때문에, 이 편향은 적절하게도 "소비자주의"라 불린다.

이러한 산출 편향은 "성장률"을 보고하는 표준적 방식에 내포되어 있다. 국민총생산이나 국내총생산에서 성장이 시장가격에 의해 평가되는 것이다. 이 계산에서는 자유 시간에 영의 값이 주어진다(그것은 시장에서 팔리지 않기 때문이다). 따라서 생산성이 자유 시간의 증가로 이어지는 경제성장과정은 정체로 간주될 것이며, 다른 나라보다 사람들이 더 짧게 일하고 더 긴 휴가를 가는 나라는 "더 가난한" 나라로 간주될 것이다.

자본주의 옹호자는 소비자주의 비판에 대답하기를, 자본주의가 여가의 증가보다 산출의 증가를 낳는 기본적인 이유는 이것이 사람들이 원하는 것이기 때문이라고 주장할지도 모르겠다. 소비자주의는 다만 사람들이 정말 더 많이 가지고 싶어 한다는 것을 반영할 뿐이다. 좌익 지식인들이 일반인들의 소비 선호를 비난하는 것은 오만하다. 사람들이 더 많은 소비보다 여가를 정말 더 선호한다면, 그들은 일을 더 적게 할 것이다.

이 대답은 사람들이 여가, 노동, 소비를 선택하는 조건들에 대한 세 가지 잘못된 가정에 기초해 있다. 첫째, 소비자주의가 단지 사람들이 정말 원하는 것을 반영할 뿐이라는 주장은 소비와 여가에 대한 사람들의 선호가 자율적으로 형성되고 자본주의 기업들의 전략에 의해 영향을 받지 않는다고 가정한다. 이것은 설득력이 없는 주장이다. 사람들이 잘 살기 위해 무엇이 필요하다고 생각하는지는 문화적 메시지와 사회적으로 유포되어 있는 기대에 의해 크게 규정된다. 소비 선호가 자율적으로 형성된다고 상상하는 것은 대중매체에서의 광고, 마케팅, 소비적 생활양식의 장려가 사람들에게 아무 효과도 없다고 주장하는 것이다.

둘째, 사람들이 정말 덜 열심히 일하고 싶다면 그렇게 할 것이라는 주장은 사람들이 그들의 삶에서 노동과 여가의 균형을 자유롭게 선택하는 것에 대해 중대한 제도적 장애가 전혀 없다고 가정하는 것이다. 이것은 결코 사실이 아니다. 사람들이 노동, 소비, "자유 시간"의 균형을 자유롭게 선택하지 못하게 되는 데에는 개인적 소비 선호 이외의 중대한 장벽들이 있다. 많은 자본주의 기업들은 더 짧은 시간 동안 더 많은 노동자들을 고용하는 것보다 더 긴 시간 동안 더 적은 노동자들을 고용하는 것을 선호한다. 왜냐하면 많은 일자리들에는 개별 노동자 당 고정된 간접 고용비용이 있기 때문이다. 이 비용의 일부는 부가급부와 지급급여세 같은 것들에 대한 고용계약을 규정하는 규칙들 때문에 발생하지만, 고정된 간접 생산비용의 일부는 다양한 생산과정들에 내재하는 것이다. 이것은 공식 훈련비용, 작업장의 암묵지暗黙知를 획득하는 비용, 작업장 내에서 사회자본(즉 노동과정 참여자들 사이에서 네트워크와 원활한 의사소통을 발전시키는 것)을 구축하는 비용을 포함할 것이다. 이 모든 것은 20시간 동안 두 사람을 고용하는 것보다 40시간 동안 한 사람을 고용하는 것이 일반적으로 더 싸다는 것을 뜻한다. 이로 인해 고용자들은 피고용자들이 노동시간의 길이를 자유롭게 선택하지 못하게 하려는 인센티브를 가지게 된다(혹은 똑같은 말이지만, 이로 인해 고용자들은 노동시간의 단축에 대해 임금과 부가급부 상의 가혹한 처벌을 가하게 되고, 그리하여 노동과 여가 사이의 트레이드오프는 노동자들에게 훨씬 더 값비싸게 된다).

셋째, 소비자주의가 (체계적인 편향이라기보다) 단순히 선호에 불과하다는 주장이 가정하는 것은, 다수의 사람들이 훨씬 덜 소비적인 생활양식을 선택한다 해도, 중대하고 파괴적인 거시경제적 효과—궁극적으로 반소비자주의 자체가 유지될 수 없게 하는 종류의 효과—가 나타나지는 않으리라는 것이다. 만약 자본주의 사회에서 다수의 사람들이 소비자주의 문화가 덧씌우는 선호에 저항하고 적은 소비와 많은 여가시간의 "소박한 삶"(voluntary simplicity)을 정말 선택하게 된다면, 격심한 경제 위기가 일어날 것이다. 왜냐하면 시장에서 수요가 현저히 감소한다면, 많은 자본주의 기업들의 이윤이 폭락할 것이기 때문이다. 확대되는 시장이 부재할 경우, 기업들 사이의 경쟁은 훨씬 더 격렬해질 것이다. 왜냐하면 한 기업의 이득은 다른 기업의 손실일 것이기 때문이고, 더 넓게는 사회적 갈등이 심화될 것이기 때문이다. 이 이유들 때문에 자본주의 경제에서 국가는 반소비자주의 운동이 강한 힘을 얻어 시장에 중대한 영향을 미치게 된다면 이 운동을 좌절시키려는 정책을 채택할 것이다.

  자본주의 경제에 고유한 소비 편향을 촉진하는 데 있어 국가의 역할은 경제 위기 때 특히 첨예하게 드러난다. 경제가 하강할 때 정부는 세금을 줄여 사람들에게 더 소비하도록 장려하거나, 대출이 더 쉬워지도록 이자율을 낮추거나, 어떤 경우 사람들에게 직접 더 많은 돈을 줘 소비하도록 하는 등 다양한 방식으로 경제를 "자극"한다. 2008년에 시작된 격심한 경제 위기 때 경제학자들은 실업의 증가 때문에 소비가 감소하고 있을 뿐만 아니라 사람들이 더 많이 저축하기 시작했으며, 이는 문제를 더 악화시킬 뿐이라고 경고했다. 경제를 제자리에 도로 올려놓기 위해서는 사람들이 더 많이 쓰고 더 적게 저축하는 것이 필수적이었다. 대중 소비자주의를 재활성화하는 것은 자본주의를 재활성화하기 위한 조건이다.

  물론 이 소비자주의 편향은 소비의 계속적인 증가가 부정적 결과를 낳을 때만 문제가 된다. 여기에서 네 가지 문제들이 특히 중요하다. 첫째, 아래의 명제 7에서 논의되듯이, 소비자주의는 환경에 손상을 가한다. 둘째, 고도로 생산적인 사회의 많은 사람들은 그들의 삶에서 엄청난 "시간의 속박"을 느낀다. 시간의 희소성은 스트레스의 끊임없는 원천이지만, 소비자주의에 따르는 문화적 압력과 제도 장치들 때문에 사람들이 개별적으로 이 문제들을 해결하기는 어렵게 된다. 셋째, 자본주의적 소비자주의가 광적인 소비지향성이 덜한 생활방식보다 덜 충만하고 덜 의미 있는 삶을 초래한다는 주장은 근거가 있다. 행복에 관한 연구에 따르면, 일단 한 사람이 안락한 생활수준에 이르면, 소득과 소비가 증가해도 삶의 만족과 행복이 증가하지 않는다.[29] 사람들은 아낌없는 소비를 통해서가 아니라 다른 사람들과의 관계를 통해, 흥미 있는 일과 활동에의 참가를 통해, 공동체에의 참여를 통해 의미와 행복을 찾는다. 따라서 좋은 삶을 살기 위한 문화적 모델로서의 소비자주의는 인간의 번영을 가로막는다. 마지막으로, 누군가 좋은 삶에 대한 문화상대주의적 입장을 취해, 소비자주의는 덜 소비적인 삶만큼 훌륭한 생활방식이라고 주장한다 해도, 자본주의는 여전히 이 선택과 관련해 중립적이지 않고 덜 소비지향적인 생활방식을 체계적으로 가로막는다. 소비 자체가 아니라 바로 이 편향이 핵심적인 문제이다.

7. 자본주의는 환경 파괴적이다

자본주의는 환경문제에 세 가지 일차적인 방식으로 중대한 영향을 미친다. 각 방식에 대해서는 위의 명제들에서 논의되었지만, 환경 파괴 문제는 너무 중요해서 이 방식들에 대해 거듭 논의할 가치가 있다.

---

29 경제적 지위와 행복 사이의 관련에 관한 연구를 개관한 것에 대해서는 Richard Layard, *Happiness* (New York: Penguin, 2005)를 보라.

첫째, 자본주의 체제는 이윤을 극대화하려는 기업들에게 부정적 외부효과를 발생시키도록 압력을 가한다. 이 때문에 이를 상쇄하는 어떤 강한 메커니즘이 없을 경우 자본주의 기업들은 환경비용을 무시하게 된다. 이것은 이기적 동기를 가진 개인들의 합리적 행위에 관한 단순한 주장보다 더 강한 주장이다. 개인들이 차창 밖으로 깡통을 던져 환경을 어지럽힐 수 있는 이유는 이것이 저비용으로 깡통을 처리하는 방식이고, 이 행동이 타인에게 끼치는 부정적 영향에 대해 그들이 무관심하기 때문이다. 그러나 여기에 개인들에게 이런 식으로 행동하게 하는 강한 압력이 있는 것은 아니다. 자본주의 기업들은 비용을 줄이라는 경쟁 압력에 직면하며, 이 비용을 환경에다 전가하는 것은 좋은 비용 감축 전략이다. 시장 자체는 이 압력을 물리칠 수 없다. 이를 위해서는 국가에 의해서든, 조직화된 사회세력에 의해서든 일정한 형태의 비자본주의적 개입이 필요하다.

둘째, 재생 불가능한 자연자원들의 가격은 시장에서 체계적으로 낮게 책정된다. 미래 사람들에 대한 이 자원들의 가치가 현재의 수요공급 동학 속에 반영되지 않기 때문이다. 그 결과, 자본주의 시장의 행위자들은 이 자원들을 과소비하게 된다. 내재적으로 자본주의 시장은 상대적으로 짧은 시간 지평을 중심으로 조직된다. 따라서 미래 세대에 대한 이 자원들의 가치가 현재의 자원 이용에 관한 의사결정에서 고려될 수 있는 유일한 길은 역시 국가나 조직화된 사회세력이 자본주의에 제약을 가하는 것이다.

마지막으로 자본주의 시장의 동학에 내재하는 강한 소비자주의 편향은 무서운 생태적 결과를 낳는다. 원칙적으로 생산성 향상은 환경에 아주 유리할 수 있다. 생산성 향상은 일정한 산출을 생산하는 데 더 적은 투입이 필요하다는 것을 뜻하기 때문이다. 하지만 자본주의적 경쟁은 시장을 확대하고 소비량을 계속적으로 증가시키는 편향을 낳기 때문에, 생산성

향상은 일반적으로 자본주의에서 더 높은 생산·소비 수준으로 이어진다. 특히 우리가 이 문제를 지구적 관점에서 바라보면서, 일부 개발도상국의 경제성장이 소비자주의를 범세계적 현상으로 부추기고 있는 것을 고려하면, 이것이 어떻게 생태적으로 지속 가능할 수 있는지 상상하기 어렵다. 이것은 가난한 나라들에서의 소비 수준이 상승하지 않아야 한다는 뜻이 아니다. 사회정의의 어떤 기준으로 보아도 이것은 바람직하다. 내가 말하고자 하는 것은, 현재의 경제 체제가 이미 부유한 나라들에서 소비자주의의 확대를 야기하고 이 나라들에서 소비 증가를 제약하려는 모든 장기적 계획을 가로막고 있기 때문에, 지구적 차원에서 환경 파괴적이라는 것이다.

8. 자본주의적 상품화는 널리 견지되는 중요한 가치들을 위협한다

"상품화"라는 말은 인간 활동의 새로운 영역들이 시장을 통해 조직되어 가는 과정을 지칭한다. 역사적으로 이것은 주로 생산이 가정에서 자본주의 기업으로 이동하는 것과 관련되어 있었다. 가정에서는 재화와 서비스가 가족구성원들의 직접 소비를 위해 생산되었다면, 자본주의 기업에서는 시장을 위해 생산된다. 그러나 동시대에 와서 상품화는 생산이 국가에서 자본주의 시장으로 이동하는 것도 지칭한다.[30] 가내생산 상품화의 고전적인 예는 음식이다. 대부분의 사람들이 자기 식량의 대부분을 직접 길러 보관을 위해 가공 처리한 후 이를 요리로 바꾸던 때가 있었다. 20세기에 이르러 선진 자본주의 사회의 사람들은 대부분 모든 음식 재료를

---

30 국가 서비스—물과 전기 같은 공공사업, 공공운송, 건강 서비스 같은 것과 심지어 복지기관, 감옥, 공교육과 같은 핵심적인 국가 서비스까지 포함하여—의 광범위한 "민영화"는 부분적 상품화의 예이다. 부분적이라고 하는 것은, 이 경우에도 서비스의 공급이 보통은 공권력에 의해 상당히 크게 규제되기 때문이다.

시장에서 구매했지만, 여전히 가정에서 이 재료들을 요리로 바꾸었다. 20세기 말 이래 시장에서 구매한 음식은 점점 더 최종 요리—냉동 피자, 전기오븐 요리 등—에 가까워지고, 완전히 상품화된 레스토랑 요리는 선진 자본주의 사회의 대다수 사람들에게 음식 소비의 중요한 양식이 되었다.

시장은 많은 물건들의 생산과 분배를 조직하는 데 있어 경제적으로 효율적인 방식일지 모르지만, 대부분의 사람들은 인간의 활동에는 시장에 의해 조직되어서는 안 될 어떤 측면들이 있다고 느낀다. 비록 시장에 의해 조직되는 것이 기술적 경제적 의미에서는 "효율적"이라 해도 말이다. 소수의 극단적인 자유지상주의자들을 제외하고 사실상 모든 사람들은 아기의 출산과 입양을 위해 자본주의 시장을 창출하는 것은 잘못이라고 믿는다.[31] 이러한 시장에서의 교환이 전적으로 자발적이라 해도, 아기를 시장가격이 붙은 상품으로 바꿔 최고 입찰자에게 판다는 생각은 인간의 도덕적 가치에 대한 소름끼치는 침해로 여겨진다. 대부분의 사람들은 자발적 노예의 시장—즉, 당신 자신을 자발적으로 노예로 파는 것이 허용되는 시장—에 대해서도 반대한다. 그리고 대부분의 사람들은 신체 부위나 기관에 대해 시장이 형성되는 것에 반대한다. 이 기관이 신장과 각막의 경우처럼 살아 있는 기증자에게서 오건, 심장의 경우처럼 죽은 기증자에게 오건 말이다.[32] 부분적으로 이것은 이와 같은 시장이 필연적으로 가

---

31 어떤 자유지상주의자들은 아기의 출산과 입양을 위한 시장이 모든 관련 당사자들의 삶을 개선시킬 것이라고 주장한다. 가난한 여성들은 그들의 소득을 상당히 높일 것이다. 입양을 원하는 부부들은 아기를 얻기가 더 쉬워질 것이다. 아기들은 더 나은 삶을 살 것이다. 그리고 낙태는 더 적어질 것이다. 모든 사람들이 이 교환에서 이득을 얻을 것이므로 왜 이것을 금하느냐는 것이다. 더욱이 어떤 강한 자유지상주의자들은 부모들이 그들의 아이들에 대해 일종의 재산권을 가지며, 따라서 다른 어떤 재산에 대해서처럼 이 재산을 팔 권리를 가져야 한다고 주장한다. 이런 종류의 입장을 옹호하는 것에 대해서는 Murray Rothbart, *The Ethics of Liberty* (New York: NYU Press, 1998), chapter 14를 보라.

32 가장 두드러진 예로 혈액의 경우와 같이, 재생 가능한 신체 부위에 대해 시장이 바람직한지에 대해서는 합의가 더 낮다. 많은 사람들은 영리 목적의 상업적 혈액 기증 기업을 가지는 것에 대해 잘못된 것이 없다

난한 사람들의 취약성을 먹이로 삼고 많은 유형의 악용을 낳을 것이라는 믿음 때문이며, 또한 인간의 신체를 시장가격이 붙은 상품으로 전락시키는 것에 대한 경계심 때문이기도 하다. 따라서 고도로 상품화된 자본주의 사회에서조차 대부분의 사람들은 자본주의 시장이 우리의 활동을 조직할 수 있는 영역에 도덕적 한계가 있어야 한다고 믿는다. 인간이 상품처럼 취급되어서는 안 되니까.

상품화가 몇 가지 특별한 경우에만 중요한 도덕적 가치를 위협한다면, 상품화 측면에서의 자본주의 비판은 상대적으로 한계가 있을 것이다. 하지만 사정은 그렇지 않다. 더 세밀하게 조사해 보면, 아주 광범위한 활동에 걸쳐 상품화는 심각한 도덕적 쟁점을 제기한다. 다음의 예들을 고려해 보라.

◆ 육아

아이들은 노동집약적인 돌봄을 필요로 한다. 이것은 다양한 사회조직을 통해 공급될 수 있다. 가족, 국가가 조직하는 육아 서비스, 다양한 종류의 지역사회 기반 육아 서비스, 혹은 자본주의 기업이 조직하는 시장 기반 영리적 육아 서비스 등이 그것이다. 이 문제를 시장에서 해결한다고 해서 모든 영리적 육아가 빈약한 질을 가지고 있고 아이들의 복리에 해롭다는 것은 아니다. 그러나 그렇게 되면 돌봄의 질은 대개 부모들의 지불 능력의 함수가 된다. 육아 서비스를 공급하는 자본주의 기업들은 이

고 느낀다. 하지만 혈액 기증에 관한 연구가 일반적으로 보여주는 것은, 시장 메커니즘을 통해 획득되는 혈액의 질과 양이 이타주의에 의지하는 (이타주의를 강화하는) 잘 조직된 비시장적 체계를 통하는 것보다 더 낮다는 것이다. Jane Piliavin and Peter Callero, *Giving Blood: The Development of an Altruistic Identity* (Baltimore: Johns Hopkins University Press, 1991)과 Kieran Healy, *Last Best Gifts: Altruism and the Market for Human Blood and Organs* (Chicago: University of Chicago Press, 2006)을 보라.

윤 극대화를 주목적으로 해서 조직될 것이며, 아이들의 필요를 충족시키는 일은 그것이 이 목표에 이바지하는 한에서만 중요하다. 이윤 극대화를 위해 기업들은 육아원 직원들, 특히 빈곤 가정들에게 서비스하는 육아원 직원들을 구할 때 저비용 노동을 찾으려는 강한 인센티브를 가질 것이다. 육아 직원들의 훈련은 빈약할 것이며, 대다수 육아원에서 직원 비율은 최적 이하일 것이다. 육아 서비스 공급자들의 질과 관련해 좋은 정보를 얻을 수 있는 능력과 많은 자원을 가진 부모들은 양질의 육아를 구매할 수 있겠지만, 많은 가정들은 그렇지 못할 것이다.

시장을 강하게 옹호하는 사람들은 육아의 질이 이렇게 첨예하게 차별화되는 것을 문제로 보지 않는다. 아무튼 시장이 공급하는 빈약한 질의 육아라도 육아 서비스가 전혀 없는 것보다는 낫고, 어쨌든 부모들은 자기들이 원한다면 집에서 육아하기로 선택할 수 있다는 것이다.[33] 그들이 가족이 공급하는 높은 질의 육아보다 빈약한 질의 시장 기반 육아를 선택한다면, 이 선택을 통해 그들의 상황이 전반적으로 개선되기 때문이다. 이 과정에서 아이들의 필요를 가치 절하하는 사람이 있다면, 그것은 부모들이다. 왜냐하면 시장에서 표준적인 육아를 구매하고 일자리를 구해 더 많은 소득을 얻을지 아니면 스스로 육아를 해서 덜 벌지 사이에서 트레이드오프의 수지를 결정하는 것은 바로 그들이기 때문이다. 시장에서 자본주의적 육아 기업은 단지 부모들의 선호에 응답할 뿐이다.

이 옹호론은 경제의 자본주의적 성격 그 자체가 이 트레이드오프를 사

---

33 밀턴 프리드먼은 『자본주의와 자유Capitalism and Freedom』에서 의사들에 대해 유사한 주장을 한다. 의사들에 대한 공식 면허를 없애는 것이 더 바람직할 것이다. 이렇게 하면 가난한 사람들이 더 낮은 비용의 의료 서비스를 이용할 수 있을 것이기 때문이다. 의사들에 대한 공식 면허는 단지 공인된 의사들에 의한 서비스의 독점을 낳는 방법일 뿐이다. 공인이 없다면 사적인 품질 평가 서비스가 있을 것이며, 따라서 소비자들은 높은 질의 사적인 인허를 가진 높은 가격의 의사들을 구할지 더 값싼 대안들을 구할지를 결정할 수 있을 것이다.

람들에게 강요하고 있다는 것을 무시한다. 육아 서비스의 공급을 조직하는 다른 체계들은 다른 트레이드오프—예컨대 모든 사람들에게 양질의 육아 서비스를 제공하는 것과 낮은 세금을 내는 것 사이의 트레이드오프—를 낳을 것이다. 그러나 가난한 부모들에게 더 높은 소득을 선택하든지 아니면 빈약한 질의 육아를 선택하든지 하는 양자택일을 원천적으로 강요하지는 않을 것이다. 아무튼 아이들의 필요를 가치 절하하는 데 도덕적으로 책임이 있는 행위자가 소비자(부모)라고 믿든 자본주의 기업이라고 믿든, 시장 기반 영리적 육아 서비스 조직이 이러한 결과를 낼 것이라는 사실은 여전히 남는다.

물론 육아 서비스의 질에 있어 이 문제들은 국가 허가, 질의 기준, 감독에 의해 완화될 수 있다. 그러나 이러한 규제가 효과적이라면, 그것은 시장의 기능을 훼방하고, 사유재산권의 작용을 제한하며, 따라서 서비스의 공급을 덜 순수 자본주의적이게 한다. 이와 같은 규제가 기본적인 자본주의적 시장 생산구조를 유지한다면, 그것은 필연적으로 이러한 서비스의 비용을 올리고 가격을 높게 해서 가난한 가정을 시장에서 쫓아내는 효과를 낼 것이다. 만약 국가로부터의 비용 보조금과 같은, 어떤 다른 비시장적 메커니즘이 도입되지 않는다면 말이다. 이 역시 공급을 순수 상품화된 형태에서 벗어나게 한다. 여기서 중요한 것은 비가족 육아 서비스가 엄밀히 자본주의적 시장을 통해 공급된다면, 육아의 상품화가 아이들의 필요를 가치 절하하기가 아주 쉬울 것이라는 점이다.

◆ 제품 안전성

시장을 위한 생산자라면 반드시 다루어야 할 문제 가운데 하나가 그들이 생산해서 파는 물건들의 안전성이다. 이것은 음식이나 운송과 같은 특정한 생산영역에서 특히 두드러진다. 일반적으로 한 제품의 안전성을 개선하려면 그 비용이 증가하는데, 적어도 안전성을 높이기 위해 더 비싼 디자인이나 엄격한 품질관리가 필요할 때 그렇다. 따라서 문제는 이렇게 된다. 경쟁적 자본주의 시장의 조건 아래에서 이윤 극대화 기업들은 안전성을 증가시키는 데 따른 비용 및 수익과 관련하여 어떤 선택을 하는가?

이 문제에 대해서는 우리가 좋은 경험적 증거를 가지고 있다. 가장 악명 높은 경우의 하나는 1970년대 포드 핀토Pinto의 연료탱크 안전성에 대한 결정이었다. 마크 도위Mark Dowie가 포드사 내부 메모를 분석했는데, 그 이야기는 기본적으로 이렇다.[34] 포드 핀토는 연료탱크에 설계 결함을 가지고 있었으며, 이로 인해 연료탱크가 특정한 종류의 사고에 폭발하기 쉬웠다. 이 결함이 발견되자, 회사는 이 문제를 고치는 것이 비용이 적게 드는지, 아니면 이 결함으로 야기된 부상과 죽음으로 민사소송이 일어났을 때 소송 해결 비용을 지불하는 것이 더 나은지를 결정해야 했다. 이 비용-수익 분석을 위해 포드사는 그들의 관점에서 이 사고로 잃게 되는 각 생명의 가치가 얼마인지 계산했다. 그들은 이것을 계산할 때 무엇보다 죽음으로 잃게 될 미래의 소득에 기초했다. 그들의 견적 상으로는 1971년 시점에서 약 200,000달러에 달했다. 모든 핀토를 회수해서 문제를 고치는 비용은 차 한 대 당 약 11달러였다. 이 수치들로 포드는 무엇을 해야 하는가? 포드가 수리를 하는 데는 약 1억 3천 7백만 달러—도로 위에 있는 1천 2백 5십만 대 각각에 대해 11달러—가 들었다. 매년 약 180명이 이 결함 때문에 죽었다. 따라서 포드사에 대한 수리의 총 "수익"은 약 3천 6백만 달러에 불과했다(180×200,000달러). 이 회사의 경영진은 법정 해결 액수

---

34 이 설명은 마크 도위의 조사에 기초해 있는데, 이 조사는 그의 논문 "Pinto Madness," Mother Jones, September/October 1977에 보고되어 있다.

가 상당히 더 높아져도 수리를 위해 지불하는 것보다 법정에서 소송을 당해 희생자들에게 지불하는 것이 더 싸다고 계산했고, 그래서 그들은 수리를 하지 않았다.

이러한 계산은 이윤 극대화 자본주의 시장에서는 완전히 말이 된다. 여기에서 비용-수익 트레이드오프를 "합리적으로" 계산하는 유일한 길은 인간 생명의 "시장가치"를 평가하는 것이었다. 따라서 이처럼 생명을 사실상 상품화함으로써 이 기업은 이윤 극대화 전략의 관점에서 비용과 수익을 달아볼 수 있었다. 물론 위험을 평가하고 자원을 배분할 때 비용과 수익에 대한 일정한 종류의 계산은 항상 이루어져야 할 것이다. 당신이 모든 것을 다할 수는 없기에, 희소자원들이 결국 배분되어야 하기 때문이다. 여기서 쟁점은, 자본주의 시장이 이 문제를 '무엇이 자본주의 기업들에게 수익이 가장 많이 나는가'의 문제로 만들어 버린다는 것이며, 이는 인간적 가치들을 좀먹는다.

◆ 예술

많은 사람들은 예술을 삶, 의미, 아름다움을 탐구하기 위한, 지극히 중요한 인간 활동 영역으로 간주한다. 물론 모든 종류의 예술가들과 공연자들은 종종 예술에 정열적으로 참여하기 위해 상당한 개인적인 경제적 희생을 할 준비가 되어 있으며, 많은 예술 활동은 자본주의 시장의 규율 밖에서 일어난다. 그래서 예술은 번성을 위해 재정적 자원이 필요하다. 연극은 극장이 필요하다. 심포니는 연주장이 필요하다. 그리고 모든 공연자들과 예술가들은 먹고 살아야 한다. 만약 이를 위한 재원이 주로 자본주의 시장에서 온다면, 예술의 자율성과 생명력은 위협을 받는다. 많은 극장들은 논쟁적이거나 혁신적이거나 접근하기 쉽지 않은 연극보다는 "상업적 성공"을 거둘 연극들만을 생산하라는 엄청난 압력에 직면한다. 음악가들은 "음반 계약"의 상업적 명령에 의해 방해를 받는다. 작가들은 출판인들의 이윤 극대화 전략이 "대박"의 생산을 지향하게 될 때 소설을 출간하는 것이 어려움을 발견한다. 따라서 완전히 상품화된 예술시장은 인간 예술 활동의 핵심적 가치들을 위협한다. 다른 중요한 이유와 더불어 바로 이 이유로 대부분의 나라들에서는 예술에 대한 상당한 공적 보조금이 존재한다. 이것은 또한 부유한 사람들이 자선을 통해 그들이 소비하고 싶은 예술—오페라, 미술관, 심포니—에 찬조금을 내는 이유이기도 하다. 그들은 이 조직들이 공연 소비자들에 대한 티켓 판매를 통해 완전히 상업적 성공에만 의지해야 한다면, 살아남지 못할 것임을 깨닫고 있다.

◆ 종교와 영성

종교와 영성은 사람들이 직면하는 가장 깊은 쟁점들—죽음, 삶, 목적, 궁극적 의미—몇 가지와 씨름한다. 모든 종교는 이 쟁점들이 세속적인 경제활동의 세계를 초월한다고 본다. 종교가 존중을 받는 이유는, 사람들이 이 문제들을 해결하는 데 종교가 중요한 도움을 주기 때문이다. 종교의 독특한 가치는 상품화에 의해 끊임없이 위협받는다. 많은 독실한 기독교인들이 비난하는 악명 높은 예는 크리스마스의 상품화이다. 그러나 아마 훨씬 더 심층적인 문제는, 교회 자체의 상품화—교회를 이윤을 극대화하는 종교 판매자로 바꾸는 일—로 인해 종교적 가치들이 위협을 받는다는 점이다.

이러한 예를 드는 취지가 자원의 배분에 관한 결정을 내릴 때 시장 기준과 시장 합리성에 기대는 것이 언제나 부적절하다고 주장하려는 게 아님을 이해하기 바란다. 주장하고자 하는 바는 다만, 많은 중요한 경제적 결정과 관련해 시장의 논리가 다른 가치들과 균형을 맞추어야 한다는 것이다. 또한 특정한 종류의 배분에 대해서는 시장 기준이 대체로 배제되어야 한다는 것을 주장할 뿐이다. 이것은 매우 복잡한 문제이다. 왜냐하면 많은 상황에서 여러 가지 이질적인 가치들이 작용하기 때문이다. 그러나 이 문제들을 헤쳐 나가는 데 필요한 대화와 토의는 자본주의에서 불가능하다. 자본주의에서는 경제적 대비의 문제에 대해 상품화가 보편적으로 가장 좋은 해결책이라고 간주되고, 시장에서 이루어지는 특정한 형태의 합리적 비용수익 계산이 보편적인 선택 기준으로 받아들여지기 때문이다. 이것이 바로 자본주의가 부과하는 규율이다.

9. 자본주의는 국민국가의 세계에서 군국주의와 제국주의를 부추긴다

나는 여기에서 군국주의와 제국주의라는 용어를, 국가의 속성과 전략을 지칭하는 뜻으로 사용한다. '군국주의'는 좁은 방어 목적에 필요한 수준을 넘는 군사력의 발전을 지칭한다. 고도로 군국주의적인 국가는 군사적 인원, 군사적 신념, 군사적 가치가 국가에 스며들어 국가 정책을 군사적 우선사항에 종속시키는 국가이다. 이러한 예로는 1930년대의 일본과 20세기 중반 이후의 미국이 있다. 미국에서 군사적 우선사항은 국민국가의 예산을 지배하고, 군사적 지출이 국가와 경제의 관계에서 핵심적인 역할을 하며, 군사적 가치와 시각이 해외정책에 스며드는 데 있다. 이 패턴은 21세기의 첫 십 년에 더 강화되었을지도 모르지만, 아무튼 1950년대 이래 미국의 특징이었다. '제국주의'는 국가가 직접적인 영토적 관할권 밖에서 경제적 지배의 목적으로 정치력과 군사력을 사용하는 국가 전략을 지칭한다.[35] 여기에 사용되는 정치력과 군사력은 영토적 정복이나 체제의 타도를 수반할 수 있지만, 국제적 대출과 해외원조 같은 "더 부드러운" 형태의 힘을 수반할 수도 있는데, 이러한 자본 이전이 경제적 의존을 강화하는 한에서 그렇다. 핵심적인 생각은, 제국주의란 국가권력이 국제적으로 사용되어 세계적 형태의 경제적 착취와 지배를 지지하는 정치경제체제라는 것이다.

제국주의와 군국주의는 명백히 연결되어 있다. 왜냐하면 군사력은 세계적 형태의 제국주의적 경제관계를 확대·방어하는 데 전개되는 핵심적 권력의 하나이기 때문이다. 그럼에도 불구하고 양자를 구분하는 것이 유용한 이유는, 군국주의가 단지 경제적 목적에만 복무하는 것이 아니라 지정학적 동학[36]에 의해서도 규정되기 때문이며, 또 경제적 제국주의가 군사력에만 의존하지는 않기 때문이다.

이런 식으로 정의된 군국주의와 제국주의는 자본주의에 고유한 것이 아니다. 봉건국가는 군사력을 중심으로, 그리고 군사적 명령에 기초한 종속형태를 중심으로 중앙집권적으로 조직되어 있었다. 또한 인간자원과 자연자원을 착취하기 위한 제국주의적 영토 지배는 최초의 도시국가들이 형성된 이래 계속 존재해 왔다. 따라서 자본주의 자체가 군국주의와

---

35 "제국주의"라는 말은 어떤 때는 제국이 세계의 다른 지역들을 식민지 형태로나 넓은 다민족 국가의 일부로 정복하고 복속시키는 전략을 지칭하는 데 사용된다. 또 어떤 때는 선진 자본주의 세계의 자본주의 기업들이 세계의 다른 지역들에서 경제활동과 자본 축적을 경제적으로 지배하는 세계경제체제를 지칭하는 데 사용된다. 나는 여러 영토에 걸친 경제적 지배와 국가 전략의 특정한 교차점을 기술하기 위해 이 용어를 사용하고 있다.

36 "지정학적 동학"이란 국가 간 체계에서 국가들 사이의 경쟁에 의해 발생되는 동학을 뜻한다. 이 경쟁은 다양한 과정에 의해 부추겨지는데, 어떤 과정은 경제적이고 자본주의와 밀접히 연결되어 있을 수도 있지만, 이데올로기적 문화적 힘을 포함하기도 한다. 예컨대 이데올로기적 문화적 과정으로서의 민족주의는 국가 형성의 동력과 국가들 간의 갈등을 부추겨, 경제에 근거한 제국주의와는 다른 방식으로 군국주의에 이바지할 수 있다.

제국주의를 창조하는 것은 아니다. 그럼에도 불구하고 자본주의는 오늘날의 세계에서 특정한 방식으로 제국주의와 군국주의 모두를 부추기고 이들의 독특한 성격을 규정한다.

자본주의는 처음부터 제국주의를 동반해 왔다. 자본주의 경제의 핵심은 시장과 이윤을 추구하는 것이며, 대체로 이에 수반하여 시장이 새로운 장소로 확대되고 이윤의 원천이 세계적으로 탐색된다. 때로 이러한 종류의 세계적 시장 창조와 자본주의적 확장은 순전히 경제적 수단을 통해 일어난다. 상인들은 그들의 무역망을 확대하고, 원거리로 나아가 특정한 상품들의 새로운 공급처와 수익성 있는 투자의 새로운 출구를 찾는다. 그러나 이와 같은 자본주의의 세계적 확장은 빈번히 군사력의 뒷받침을 받아 왔다.

경제적 확장을 군사력과 연결시키는 데는 역사적으로 다양하고 상이한 힘들이 작용해 왔다. 시장을 확대·방어하기 위한 군사력의 사용은 경쟁하는 자본가 계급들을 이 시장에서 배제하는 한 방식일 수 있다. 이것은 중상주의와 식민주의 시대에 특히 중요했다. 이 시대에는 대규모 자본주의 무역회사들이 그들의 무역활동에 대해 독점권을 보장한 국가들과 밀접히 연결되어 있었던 것이다. 군사력의 사용은, 19세기 중국에 대한 제국주의 전쟁의 경우가 그러했듯이, 자본주의의 침투에 대한 저항을 극복하는 데도 핵심적인 역할을 할 수 있다. 20세기 후반, 군사력은 직접적인 군사 개입을 통해, 그리고 또한 다양한 형태의 간접적인 개입을 통해 세계의 여러 지역에서 반자본주의 혁명운동을 억압함으로써, 자본 축적의 가능성을 세계적 규모에서 유지하는 데 중요한 역할을 했다.[37]

---

[37] 제3세계 반자본주의 운동에 대한 선진 자본주의 국가들, 특히 미국의 군사력 사용은 미국의 안보에 대한 지정학적 위협인 소련과 중국을 봉쇄한다는 정치적 명분을 가지고 있었다. 이 시기에 갈등의 지정학적 동학이 작용하고 있었다는 것은 의심의 여지가 없다. 그러나 미국의 군사 개입─베트남의 경우처럼 미국의 직접적인 군사 개입 형태를 취하건 아니면 이란, 과테말라, 칠레, 그리고 다른 많은 곳들에서 군사 쿠데타를

이처럼 자본주의는 제국주의와 연결되어 있음으로 해서 군국주의에 기름을 붓는다. 군국주의와 자본주의의 깊은 연관은 이에 더해 군사적 지출의 경제적 중요성을 통해서도 이루어진다. 이것은 미국에서 특히 핵심적이다. 왜냐하면 군사적 지출이 미국 자본주의 경제에서 결정적인 역할을 하고 있고, 많은 대기업들의 이윤을 지탱하고 있기 때문이다. 그러나 스웨덴처럼 덜 군사화된 국가를 가진 나라에서도, 군사적 하드웨어의 생산은 아주 수익성 높은 자본주의 생산부문일 수 있다. 자본주의 기업들이 군사적 지출에 직접적 이해를 가지기 때문에 군국주의가 나타난다고 주장하는 것은 과장일 것이다. 그러나 군사적 지출의 경제적 중요성으로 인해, 탈군사화에 반대하는 중요하고 강력한 고객층이 형성되는 것은 사실이다.

10. 자본주의는 공동체를 손상시킨다

"공동체"는 쓰임이 유연한 용어이며, 사회적 정치적 논의에서 여러 목적을 위해 여러 방식으로 사용된다. 여기서 나는 공동체 개념을 아주 넓게 정의해, 사람들이 다른 사람들의 복리에 대해 관심을 가지고 타인들에 대해 연대와 의무를 느끼는 모든 사회단위로 정의한다. "공동체"가 이웃처럼 아주 작은 지리적 장소일 필요는 없다. 그러나 이러한 깊은 애착과 헌신은 종종 직접적이고 대면적인 상호작용에 기초하기 때문에, 공동체는 대체로 지리적 뿌리를 가지고 있다. 우리는 또한 한 공동체가 특정한 사회 환경에서 어느 '정도' 더 혹은 덜 공동체적인지를 따져볼 수 있다. 왜냐하면 호혜, 연대, 상호관심과 배려는 강도와 지속성에 있어 다양할 수 있

지원하는 간접적인 개입 형태를 취하건—은 이 지역들에서 세계 자본주의 경제구조에 대한 다양한 종류의 위협에 대응하는 것이기도 했다.

기 때문이다. 강한 공동체는 이 상호의무가 아주 깊이 이루어지는 공동체이다. 약한 공동체는 이 상호의무가 덜하고 더 쉽게 깨어지는 공동체이다.

도덕적 이상으로서의 공동체는 이러한 연대, 호혜, 상호관심, 상호배려의 가치를 지칭한다. 이런 의미에서의 공동체에 접근할 수 있느냐 없느냐는 인간 번영을 위한 한 사회적 조건이다. 그러나 공동체가 소중한 이유는 그것이 도덕적 의미에서 좋은 사회를 정의하는 한 요소이기 때문만은 아니다. 공동체는 또한 깊고 내재적이며 실제적인 인간의 문제를 가장 잘 해결해주는 도구일 수 있다. 우리는 서로 협동할 때에만 살아갈 수 있고 또 무엇보다 번영할 수 있다. 협동은 순전히 자기이해自己利害에 기초해서 이루진다. 그러나 이러한 협동은 더 깨지기 쉽고, 호혜, 의무, 연대의 의식에서 자라나오는 협동보다 더 많은 제재와 감독을 필요로 한다. 따라서 상호배려와 상호관심을 특별히 소중한 도덕적 이상으로 여기지 않는다 해도, 공동체가 사회적 협동의 비용을 낮추는 데 있어 도구적으로 소중하다고 인정될 수는 있다.[38]

경제활동을 조직하는 한 체계로서의 자본주의는 사회적 협동을 조직하는 한 방식으로서의 공동체와 심하게 모순적인 관계를 가진다. 한편으로, 자본주의는 적어도 약한 형태의 공동체를 전제로 삼는다. 왜냐하면 시장 교환과 계약이 가능해지기 위해서는 일정 정도의 상호의무가 필수적이기 때문이다. 에밀 뒤르켕은 이것을 "계약의 비계약적 기초"라 불렀

---

38 공동체의식이 협동의 비용을 낮춘다는 주장은 집합행위에 있어 "무임승차자" 문제라는 친숙한 이야기를 통해 명료화될 수 있다. 무임승차자 문제가 일어나는 것은, 한 집합행위에 참여하는 데 따른 비용을 치르지 않고도 이 집합행위로부터 개인적으로 혜택을 받는 것이 가능할 때 일어난다. 사람들의 행위 동기가 오직 자기이해로만 이루어지는 세계에서는 이러한 무임승차를 막는 데 보통 아주 많은 비용이 든다. 이를 위해서는 상당한 양의 강제나 특별한 인센티브가 필요하기 때문이다. 사람들의 행동 동기가 공동체의식―공유된 의무, 호혜, 상호배려 등―에서 나올 때, 무임승차는 덜 긴급한 문제가 된다.

다.³⁹ 폴라니는 시장이 효과적인 공동체적 제도에 의해 제약되지 않으면 사회를 파괴할 것이라고 강조했다.⁴⁰ 다른 한편, 자본주의는 공동체를 손상시킨다. 여기서 두 가지 사항이 특히 중요하다. 첫째, 시장이 공동체와 대립하는 동기를 조장하는 것, 그리고 둘째, 자본주의가 불평등을 낳아 넓은 사회적 연대를 손상시키는 것이 그것이다.

자본주의 시장 속에 구축되어 들어간 중심적인 동기는 공동체 원리들에 대해 심히 적대적이다. 코헨은 자신의 논문 『사회주의의 기초로 돌아가기』에서 이 적대를 눈부시게 설명한다.

> 내가 여기에서 뜻하는 '공동체'는 반시장적 원리로서, 이 원리에 따르면 내가 당신에게 봉사하는 이유는 내가 그렇게 해서 얻을 수 있는 어떤 것 때문이 아니라 당신이 나의 봉사를 필요로 하기 때문이다. 이것이 반시장적인 이유는, 우리가 생산적 공헌을 하는 동기가 시장에서는 비인격적 현금 보상을 받기 위해서이지, 동료 인간들에게 헌신을 하고, 그들'에게' 봉사를 받는 가운데 또 그들에게 봉사를 하기 위해서가 아니기 때문이다. 시장사회에서 이루어지는 생산적 활동의 직접적 동기에는 보통 탐욕과 공포가 일정하게 뒤섞여 있다……탐욕에 빠져 있기에 타인들은 치부의 원천으로 보이고, 공포에 빠져 있기에 타인들은 위협으로 보인다. 이것은 타인을 보는 무서운 방식이다. 수세기에 걸쳐 자본주의가 전개된 결과, 우리가 여기에 아무리 익숙해지고 길들여져 있다 해도 말이다.⁴¹

---

39 Emile Durkheim, *The Division of Labor* (New York: The Free Press, 1947).

40 Karl Polanyi, *The Great Transformation: The Political and Economic Origins of Our Time* (Boston: Beacon Press, 2001).

41 G. A. Cohen, "Back to Socialist Basics," *New Left Review* 207 (September-October 1994), p. 9.

시장은 강한 공동체에 필요한 동기들과 첨예하게 모순되는 성향들을 사람들 속에 키운다. 물론 그렇다고 해서 공동체와 시장이 공존할 수 없다는 뜻은 아니다. 매우 상충하는 원리들이 움직이고 있을 때 사회는 존재할 수 없다고 진술하는 사회학적 법칙은 없다. 그러나 자본주의에서는, 중요한 사회적 상호작용의 한 큰 영역이 공동체에 반하는 동기들에 지배되어 있다. 따라서 공동체를 강화하기 위해서는 시장과 시장적 사고의 광범위한 존재에 맞서 투쟁해야 한다. 그리하여 공동체의 범위는 더 넓은 사회적 상호작용 집단으로 확대되기보다는 개인적 관계와 국지적 모임의 수준으로 좁아지는 경향이 있다.

자본주의는 또한 경제적 불평등을 조장함으로써 공동체를 손상시키기도 한다. 이는 자본주의적 계급관계 내의 기본적인 착취 메커니즘을 고려할 때 특히 그렇다. 착취관계에서 착취하는 부류는 착취되는 부류의 취약함과 박탈을 유지하는 데 적극적인 이해를 가지고 있다. 이것은 이해의 적대를 발생시켜 운명을 공유하고 있다는 의식과 서로를 관대하게 대하자는 의식을 손상시킨다.

마르크스는 자본주의 사회에서 사회적 연대가 이렇게 파괴되는 사태가 피착취계급 내에서의 연대 심화에 의해 상쇄될 것이라고 생각했다. 그는 자본주의의 동학이 광범위한 노동자 대중 속에서 상호의존의 심화와 조건의 동질성을 낳고, 이 상호의존과 동질성이 연대의식의 심화를 낳을 것이라고 믿었다. 그리하여 노동자들의 공동체는 궁극적으로 자본주의를 모든 사람들의 공동체로 변혁시키기 위한 기초가 될 것이었다. 불행하게도, 자본주의의 동학은 계급 상황을 이처럼 근본적으로 동질화시킨 것이 아니라, 경제적 불평등을 더욱 더 복잡화시켰고 노동시장 경쟁을 강화시켰다. 자본주의는 비자본가 대중들 사이의 더욱 더 넓은 연대를 낳는 대신, 시장에서 불평등하고 단편화된 기회를 가진 사람들 사이의 더욱 더 좁은 틈새 연대를 낳았다. 따라서 경쟁을 추동하는, 탐욕과 공포라는 내재적 원리들 때문에, 그리고 이러한 경제에서 비롯하는 불평등 구조 때문에, 공동체는 좁아지고 파괴된다.

11. 자본주의는 민주주의를 제한한다

자본주의 옹호자들은 종종 자본주의가 민주주의의 필수조건이라고 주장한다. 이 명제의 가장 유명한 진술은 밀턴 프리드먼의 자본주의 선언인 『자본주의와 자유』에서 나온다. 프리드먼의 주장에 따르면, 자본주의의 큰 미덕은 경제권력을 국가권력으로부터 제도적으로 분리시킴으로써 권력의 일원적 집중을 예방한다는 것이다. 따라서 자본주의는 경쟁하는 엘리트들로 사회 질서를 지탱하고, 이것은 개인적 자유와 민주적인 정치적 경쟁 모두를 촉진한다. 분명 자본주의가 민주주의를 보장하는 것은 아니며, 자본주의 사회에서 권위주의적 국가가 존재하는 예들이 많다. 따라서 자본주의는 민주주의의 충분조건은 아니지만 필요조건이기는 하다. 나아가 자본주의는 결정적인 필요조건으로서 자본주의가 (역시 자본주의에 의해 발생되는) 경제 발전과 결합될 때 결국 민주주의는 거의 필연적으로 이루어진다고 프리드먼은 주장한다.

프리드먼의 강한 주장—자본주의 없이 민주주의는 불가능하다—은 거부한다 해도, 고도의 경제 발전 아래에서 자본주의가 민주적 국가 형태와 강하게 연관되어 있다는 것은 의심의 여지가 없다. 아담 쉐보르스키가 보였듯이, (지금까지) 모든 사례들을 볼 때, 일인당 소득이 약 6,000달러 (1985년 "구매력 평가" 달러) 이상인 자본주의 사회에서는 민주정부가 독재로 되돌아간 적이 없었다.[42] 그럼에도 불구하고 우리가 "민중에 의한 지배"로서의 민주주의 개념을 진지하게 취급한다면, 자본주의는 세 가지 방식으로 민주주의를 제한한다.

첫째, 생산수단의 "사적" 소유는 필연적으로 광범위한 집합적 영향력을 가진 중대한 영역들이 집합적 의사결정에서 제외된다는 것을 뜻한다. 재산권에서 사적인 것으로 간주되는 측면과 공적인 통제에 종속되는 측면 사이의 경계에 대해서는 주기적으로 다툼이 일어난다. 그런데 자본주의 사회가 가정하는 것은, 재산에 대한 결정이 사적인 문제이며 오직 특별한 상황에서만 공적 기구가 이것을 정당하게 침해할 수 있다는 것이다.

자본주의 기업 소유자들의 사적 결정이 결정 당사자가 아닌 사람들의 복리에 중대한 영향을 끼치지 않는다면, 이것은 민주주의에 대한 중요한 제한이 아닐 것이다. 민주주의의 바탕을 이루는 생각은, 사람들이 그들의 집합적 운명에 영향을 미치는 문제들에 대해 집합적으로 결정을 내려야 한다는 것이지, 한 사회에서 이루어지는 모든 자원 사용이 집합적-민주적 과정을 통해 이루어져야 한다는 것은 아니다. 따라서 핵심적인 쟁점은 이것이다. 자본주의 기업 소유자들의 사적인 결정은 종종 피고용자들에게도, 또 이 기업에 직접 고용되어 있지 않은 사람들에게도 커다란 집합적 영향을 끼치며, 따라서 이러한 결정이 공적 토의와 통제에서 배제된다면 민주주의가 축소된다는 것이다. 한 사회에서 기업 내적으로는 노동자들이 의미 있는 형태로 민주적 통제를 하고 외적으로는 공중이 민주적 통제를 한다면, 이 사회는 이러한 제도적 장치를 결여한 사회보다 더 민주적인 사회이다. 물론 자본주의 옹호자들이 주장하듯이, 비소유자들을

---

42 Adam Przeworski, "Self-enforcing Democracy," in Donald Wittman and Barry Weingast (eds.), *Oxford Handbook of Political Economy* (New York: Oxford University Press, 2006).

이러한 결정으로부터 배제하는 이유가 있을 수 있다. 경제적 효율성이 그 근거일 수도 있고, 또 사람들은 "그들의" 재산을 마음대로 처분할 권리가 있다—이것이 타인들에게 큰 영향을 끼친다 해도—는 것이 그 근거일 수도 있다. 그러나 이 사항들은 자본주의 재산권이 민주주의를 감소시킨다는 사실을 바꾸지 못한다.[43]

둘째, 민주적 기구가 투자의 배분을 통제하지 못할 때의 직접적인 결과는 차치하고라도, 민주적 기구가 자본의 흐름과 이동을 통제할 수 없다면, 민주주의는 자본주의 기업들이 직접 조직하지 않는 활동들에 대해서도 집합적 우선권을 줄 수 없게 된다. 지역 조세 기반이 사적 투자에 좌우되고 이 투자의 양이 사적 통제 아래 있을 경우, 예컨대 공교육이나 육아 경찰·화재 서비스를 가장 잘 제공하는 문제와 관련해 공동체의 결정권은 감소된다. 민주적 집합체는 다음과 같은 질문을 할 힘이 거의 없다. 우리는 어떻게 상이한 우선사안들—경제 성장, 개인적 소비, 공공시설, 공적 지원을 받는 육아, 예술, 경찰 등등—에 '사회적 총 잉여'를 배분해야 하는가? 여기에서 문제는 단순히 이러한 결정들의 다수가 민주적 토의 밖에서 이루어진다는 것이 아니다. 문제는 투자가 사적으로 이루어지기 때문에, 투자 철회의 위협이 민주적 기구 내의 다른 모든 배분 결정을 크

---

[43] 자본주의를 옹호하면서도 민주주의의 가치도 믿는 사람들은 이 비판에 대해 세 가지 방식으로 자본주의를 옹호할 수 있다. 1. 제한된 민주주의가 유일하게 안정된 형태의 민주주의이다. 사람들이 그들의 집합적 운명에 영향을 미치는 전 범위의 사물들에 대해 넓은 민주적 통제권을 가지는 것이 서류상으로는 멋지겠지만, 이것은 불가능한 일이다. 이러한 제도를 구축하려는 어떤 시도도 실패할 것이다. 2. 확장적 민주주의는 가능하고 안정적일 수 있지만, 그것은 바람직하지 못한 효율성 손실을 야기할 것이다. 이 두 가치—효율성과 민주주의—사이의 최적 트레이드오프를 위해서는 기본적인 투자 결정을 직접적인 민주적 통제로부터 제외하는 것이 필요하다. 3. 여기에서는 두 가치들이 충돌하고 있다. 하나는 사람들이 그들의 재산을 원하는 대로 처분할 도덕적 권리이고, 다른 하나는 사람들이 그들의 집합적 운명에 영향을 미치는 결정을 집합적으로 통제할 권리이다. 자유지상주의자들이 가다듬은 다양한 이유들 때문에, 첫 번째 가치가 두 번째 가치에 대해 축차적 우선성을 가지고 있다(즉, 첫 번째 가치가 완전히 충족된 후에야 두 번째 가치가 작동하기 시작할 수 있다).

게 제약한다는 것이다. 이는 심지어 자본가들이 투자를 하지 않는 분야에 대해서도 그러하다.[44]

셋째, 자본주의 동학에 따라 부와 경제권력이 엄청나게 집중되면, 민주적인 정치적 평등의 원리들이 전복된다. 정치적 평등이 뜻하는 것은, 사람들이 민주 정치에 효과적으로 참여하고 정치적 결정에 영향력을 행사하는 데 있어, 도덕과 무관한 속성들—인종, 성, 종교, 부, 소득 등등과 같은—이 기회의 불평등을 낳아서는 안 된다는 것이다. 그렇다고 해서 모든 사람이 사실상 정치적 결과에 대해 동등한 영향력을 가지고 있어야 한다는 것은 아니다. 믿음직하고, 정직하며, 자기 생각을 분명하고 설득력 있게 표현할 수 있는 사람은 이 속성들을 결여한 사람보다 사실상 정치적 과정에 더 큰 영향력을 가질 수 있다. 하지만 이것들은 집합적 결정에 관한 공적 토의와 도덕적으로 관련된 속성들이다. 정치적 평등의 열쇠는 도덕적으로 무관한 속성들이 정치권력의 불평등을 낳아서는 안 된다는 것이다. 자본주의는 이 조건을 위반한다. 정치적 평등의 위반은 미국이 다른 대다수 선진 자본주의 국가들보다 더 심할 것이다. 그러나 부자와 유력한 경제적 지위를 점하는 사람들은 예외 없이 모든 자본주의 사회에서 정치적 결과에 대해 더 큰 영향력을 가지고 있다. 여기에는 많은 메커니즘이 작용하고 있다. 부유한 사람들은 정치적 선거운동에 기부할 능력이 훨씬 더 크다. 기업

---

44 많은 저자들은 투자 철회의 위협을 자본주의적 민주주의 내에서 자본의 구조적 권력의 핵심적 형태로 보았다. 괴란 테르본은 사적 투자에 대한 국가의 이러한 의존이 국가를 "자본주의 국가"로 만드는 핵심적인 특징들의 하나라고 보았다. 찰스 린드블롬은 이것이 국가가 우호적인 "기업 환경"을 만들어내는 데 근심하지 않을 수 없는 본질적 이유라고 본다. 조슈아 코헨과 조엘 로저스는 이것이 민주 정치에 대한 "수요 제약"의 핵심이라고 본다. 사람들은 현재 진행되고 있는 자본주의적 투자와 양립할 수 있는 것만을 유효하게 요구할 수 있다는 것이다. 이 모든 분석에서 민주주의는 자본의 힘에 의해 제한을 받는다. Goran Therborn, *What Does the Ruling Class Do When it Rules?* (London: Verso, 1980); Charles E. Lindblom, *Politics and Markets: The World's Political Economic Systems* (New York: Basic Books, 1977); Joshua Cohen and Joel Rogers, *On Democracy* (New York: Penguin, 1982)를 보라.

의 유력자들은 정부의 정책 입안자들에게 접근할 수 있는 사회적 네트워크에 속해 있고, 로비스트에게 돈을 대어 정치인들과 관료들에게 영향을 미칠 수 있는 위치에 있다. 그들은 미디어, 특히 사적인 자본주의 미디어에 더 큰 영향력을 가지며, 이를 통해 공론에 영향을 미칠 수 있다. 선거 경쟁에서의 일인일표는 결정적인 형태의 정치적 평등이다. 그러나 자본주의적 민주주의에서 광범위한 정치적 평등을 보장하는 데 있어 일인일표의 효력은 정치권력과 경제권력의 깊은 관계 때문에 심각하게 손상된다.

이 열한 개의 명제는 급진적인 평등주의적 민주적 규범적 관점에서 자본주의에 무엇이 잘못되어 있는지를 규정한다. 가만히 놓아두면 자본주의가 이 모든 해악들을 머지않아 다 치유할 것임을 논증함으로써 이 명제들이 모두 거짓임을 보일 수 있다면, 자본주의에 대한 해방적 대안의 매개변수들을 명확히 밝히려는 마음은 현저히 꺾일 것이다. 그러나 자본주의의 내재적 속성과 동학에 관한 현재의 지식상태를 고려해볼 때, 결코 그럴 수는 없을 것 같다. 이 판단이 올바르다면, 이 해악들을 완화시키려는 모든 진지한 노력은 궁극적으로 자본주의 그 자체와 대결해야 한다.

이것은 즉시 두 가지 심각한 문제를 제기한다. 첫째, 자본주의의 대안은 무엇인가? 이 해악들을 실제로 감소시킬 실행 가능한 대안들이 가능하지 않다고 생각한다면, 자본주의 그 자체에 도전하는 것이 무슨 의미가 있는가? 둘째, 우리는 이 대안을 창조하기 위해 현존하는 사회의 권력관계와 제도들에 어떻게 도전해야 하는가? 우리는 어떻게 여기에서 저기로 가야 하는가? 이 책의 나머지 부분은 이 질문들에 대해 생각해 볼 것이다.

PART II
ALTERNATIVES
대안

04 | 자본주의의 대안을 생각함

이 장에서 우리는 해방적 사회 대안에 관한 이론에 기초를 놓기 위한 두 가지 주요 전략을 탐구할 것이다. 첫 번째 전략은 마르크스가 처음으로 다듬은 것으로, 이것은 단연 이 문제에 대한 역사적으로 가장 중요한 접근법이다. 사회 변화에 대한 마르크스주의적 전망은 이제 자본주의 비판자들에게 호감을 잃었지만, 마르크스주의 전통은 여전히 자본주의의 대안에 관한 과학적 이론을 구축하려는 가장 야심적인 시도이며, 따라서 이 접근법의 논리와 한계를 이해하는 것은 매우 중요하다. 마르크스의 전략이 어떤 면에서 불만족스러운지를 논의하기 전에, 이 접근법의 중심적인 요소를 간략하게 묘사하는 것에서 논의를 시작하고자 한다. 이 장은 한 가지 대안의 중심 논리를 설명하는 것으로 끝맺으며, 이 논리는 다음 제5장에서 더 다듬어질 것이다.

I 자본주의의 대안에 관한 마르크스의 이론: 역사적 궤도의 이론

마르크스는 자본주의의 대안을 설득력 있게 제시하는 문제에 대해, 궁극적으로는 불만족스럽지만 지적으로 눈부신 해답을 가지고 있었다. 그는 체계적인 이론적 모델을 발전시켜 실행 가능한 해방적 대안의 가능성을 증명하기보다, '자본주의의' 장기적 '불가능성'에 관한 이론을 제안했다. 그의 주장은 친숙하다. 자본주의는 자체의 내적 동학과 모순 때문에 그 자신의 가능성의 조건을 파괴하는 경향을 가진다는 것이다. 이것은 결정론적 이론이다. 즉, 궁극적으로 자본주의는 불가능한 사회질서가 될 것이며, 따라서 '어떤' 대안이 필연적으로 일어나리라는 것이다. 따라서 요체는 민주평등주의적 경제·사회조직이 바로 이 대안임을 설득력 있게 주장하는 것이다. 바로 여기에서 마르크스의 이론은 특별히 탁월해진다. 자본주의를 자멸의 궤도로 몰고나가는 모순들은 또한 어떤 역사적 행위자—노동계급—도 창조한다. 그리고 이 역사적 행위자는 민주평등주의 사회를 창조하는 데 이해를 가지면서도 이 이해를 행동으로 전환시키는 능력을 가지고 있다. 이 모든 요소들을 고려할 때, 사회주의에 관한 마르크스의 실제 이론에는, "뜻이 있는 곳에 길이 있다"는 원칙에 대한 일종의 실천적 신념—창조적인 연대주의적 노동자들의 실험적 문제해결 정신에 근거를 둔—이 내포되어 있다.

이 주장들을 더 자세히 살펴보자. 이 주장들은 다섯 가지의 핵심 명제로 추출될 수 있다.

명제 1. 자본주의의 장기적 지속 불가능성 명제

자본주의는 장기적으로 지속 불가능한 경제 체계이다. 그 내적 동학

("운동법칙")은 그 자신의 재생산 가능성의 조건들을 체계적으로 허물며, 따라서 자본주의를 점진적으로 허약하게 만들고 결국은 지속 불가능하게 한다.

이것은 자본주의적 발전의 장기적 궤도에 대한 명제이다. 이 명제는 미래에 대한 예측이며, 실은 아주 강한 예측이다. 자본주의적 발전의 궤도는 자본주의 자체의 종말로 귀결되리라는 것이다. 자본주의는 역사적으로 특정한 형태의 경제조직으로서, 이전 경제의 내적 동학의 결과로 탄생했으며, 궁극적으로 존재를 멈추게 될 것이다. 자본주의는 단순히 부분들의 조립이 아니라 통합된 체계이며, 따라서 그 자신의 재생산을 위한 일관된 메커니즘을 내포하고 있다. 그러나 그것은 특정한 종류의 체계—장기간에 걸쳐 이 재생산 메커니즘을 붕괴시키고 결국은 이 체계를 지속 불가능하게 할 동태적 모순을 내포한 체계—이다. 여기서 주장하는 바는, 단순히 자본주의가 인간의 구성물로서 인간의 의도적인 주도를 통해 다른 뭔가로 '변혁'될 수 있다는 것이 아니다. 오히려 자본주의는 그 내재적인 모순 때문에 다른 뭔가로 '변혁'될 것이라는 것이다. 이 명제 자체는 자본주의가 인간 복지의 면에서 더 나은 어떤 것으로 대체될 것임을 의미하지 않는다. 다만 자본주의가 고유의 자기 파괴적 동학으로 인해 역사적으로 시간이 제한되어 있는 경제임을 의미할 뿐이다.

이 예측은 마르크스가 19세기에 관찰한 네 가지 주요한 경험적 추세에 기초해 있으며, 이 추세를 발생시키는 기본 메커니즘에 대한 이론적 주장과 결합되어 있다. 이 경험적 추세는 다음과 같다. 첫째, 자본주의적 발전과정에서 생산성의 수준은 엄청나게 증가하며, 이는 특히 생산의 자본집약성이 증가하는 데에서 나오는 수익 때문이다. 둘째, 자본주의는 이중적 의미에서 무자비하게 확대된다. 점점 더 많은 생산영역이 자본주의 기업에 의해 상품화되고 조직되며, 자본주의 시장은 세계의 더 넓은 범위로 확장된다. 따라서 자본주의는 내포적·외연적으로 발전해 사회 속을 관통하고 지리적으로 범위를 확장시킨다. 셋째, 자본주의적 발전은 자본의 집적과 집중을 증가시키는 경향이 있다. 자본주의는 장기적으로 점점 더 커지고, 이 대기업들이 시장에서 통제하는 생산 비율은 꾸준히 증가한다. 그리하여 세계는 점점 더 자본주의 시장을 통해 조직될 뿐만 아니라, 이 시장도 점점 더 거대 기업들에 의해 지배당하게 된다. 넷째, 자본주의적 시장과 생산을 주기적으로 교란하는 경제 위기는 자본주의가 발전함에 따라 점점 더 심각해지고 장기화된다. 이 마지막 관찰은 앞의 세 가지와 연결되어 있다. 넓게 일반화하면, 생산력이 발전하면 할수록, 자본주의 경제에서 시장은 점점 더 포괄적이 된다. 그리고 이 시장이 거대 기업들에 지배되면 될수록, 경제 위기가 일어날 때 이 위기는 점점 더 격심해진다.

이것이 19세기의 세 번째 사반세기에 이루어진 마르크스의 일반적인 경험적 관찰이다. 이 추세들을 과학적으로 미래에 투사하려면 이 추세들을 낳고 있었던 기본적 인과과정들을 확인하는 것이 필요했다. 그렇게 함으로써 마르크스는 자본주의의 미래사에 대해 강한 예측을 할 수 있었다.[1] 그의 위대한 저작 『자본』은 이 기본적 인과과정들을 정교하게 분석하는 데 할애되었으며, 이 과정들은 집합적으로 자본주의의 "운동법칙들"을 구성한다. 이 분석에서 우리의 목적에 결정적으로 중요한 구성요소는 마

---

1 이것은 기본적으로 오늘날 지구온난화와 같은 현상들에 대한 컴퓨터 예측에서 이용되고 있는 것과 동일한 논리이다. 당신은 먼저 현재까지의 관찰 가능한 역사적 추세들을 검토한 다음, 이 추세들을 발생시킨다고 생각되는 인과과정의 모델들을 제안하며, 이 모델들은 관찰된 궤도를 효과적으로 복제한다. 그리하여 다양한 매개변수들의 행태에 대해 여러 가지 가정을 하고 컴퓨터 시뮬레이션을 사용해서 이 궤도가 미래로 어떻게 진행될지 일련의 예측을 하는 것이 가능해진다.

르크스가 "이윤율의 경향적 저하 법칙"이라고 부른 것이다. 이 법칙은 자본주의 경제에서 총합적 이윤율의 체계적인 장기적 저하 경향을 낳는 일련의 상호 관련된 인과과정을 지시한다. 마르크스의 전체 이론에서 이 요소는 왜 자본주의에서 위기가 장기간에 걸쳐 점진적으로 심화되는가, 그리고 왜 이 체계가 장기적으로 불안정한가를 가장 직접적으로 설명해주는 요소이다.

이 법칙을 이론적으로 정교화하는 것은 아주 복잡하며, 다른 무엇보다 노동가치설의 기술적 세부사항이 서술되어야 한다.[2] 나는 여기에서 마르크스의 분석에 쓰인 이론적 기초들을 체계적으로 설명하지 않겠다. 그러나 이윤율의 경향적 저하에 대해서는 약간의 설명이 필요하다. 그 주장의 핵심은 이것이다. 자본주의에서 경제 위기를 낳는 데 두 가지 다른 종류의 과정이 작용한다. 첫째, 이윤율에는 주기적인 부침이 있으며, 이는 지금 우리가 경기순환이라 부르는 것을 낳는다. 여기에 이바지하는 많은 요인들이 있지만, 이들은 대체로 "시장의 무정부성"이라는 표제 아래 묶일 수 있다. 예컨대 자본주의 기업들이 시장에서 흡수될 수 있는 것보다 더 많이 생산하는 경향("과잉생산"), 혹은 자본가들이 비용을 줄이기 위해 노동자들의 임금을 내리눌러서 시장에서 수요를 억제하는 경향("과소소비")이 그것이다. 이 과정들은 20세기에 케인스가 확인하게 될 경제 위기 메커니즘과 밀접하게 관련되어 있는 과정들이다.

둘째, 마르크스는 자본주의 경제에서 경기순환과정 전체에 걸쳐 평균 이윤율을 점차 낮추는 장기적 인과과정을 가정했다. 마르크스는 이 장

---

2 이윤율의 경향적 저하 법칙에 대해서는 많은 설명들이 있다. 이것을 자본주의적 위기의 장기적 궤도에 대한 설명과 명시적으로 연결시키는 설명에 대해서는 Erik Olin Wright, *Class, Crisis, and the State* (London: Verso 1978), 제3장을 보라.

기적 메커니즘이 자본주의적 생산의 자본 집약성 상승과 연결되어 있다고 주장했다. 그의 핵심적인 생각은, 자본주의에서 총이윤은 경제적 '잉여'—노동 투입과 비노동 투입(원료, 생산수단 등)을 포함해 생산에서 사용된 모든 투입을 단순재생산하는 데 필요한 것보다 더 많이 생산하는 것—의 생산에 좌우된다는 것이다. 이 잉여의 화폐적 가치가 바로 우리가 말하는 "이윤"이다. 따라서 이윤율은 이 잉여생산물의 가치와 생산에 이용된 모든 투입의 가치 사이의 비율이다. 왜 이 비율이 장기적으로 저하하는가? 마르크스의 대답은 노동가치설의 기술적 세부사항에 기대고 있다. 거칠게 말해 그의 주장은, 모든 생산물의 가치는 이 생산물의 생산에 체현된 노동시간의 양에 의해 결정된다는 것이다(따라서 '노동'가치설). 노동가치설에 따르면, 오직 노동만이 가치를 창조하기 때문에, "잉여가치"라 불리는 이 잉여의 가치는 얼마나 많은 노동이 이 잉여를 생산하는 데 수행되는가에 좌우된다. 자본집약성이 증가함에 따라, 생산에 사용된 새로운 노동의 양은 생산수단과 원료의 양에 비해 감소한다. 어떤 의미에서, 전반적인 생산성이 증가해도, 생산의 잉여가치 창출 집약성은 저하된다. 자본집약성의 증가와 함께 모든 투입물의 가치에 대한 잉여가치의 비율은 저하되는 경향이 있기 때문에, 이 노동가치 비율에 의해 결정되는 화폐적 이윤율 역시 저하될 것이다. 기업들 사이의 경쟁으로 인해 각 개별 기업은 생산과정에서 혁신을 하지 않을 수 없기 때문에, 그리고 마르크스가 믿기에 이 혁신이 장기간에 걸쳐 생산의 자본 집약성을 증가시킬 것이기 때문에, 이윤율이 저하되는 장기적 경향이 존재하게 되는 것이다.[3]

---

3 마르크스, 그리고 마르크스에게 영감을 받은 이후의 정치경제학자들은 또한 이 과정에 대한 다양한 상쇄 경향이 존재한다고 주장한다. 그렇지만 저하되는 이윤율을 "경향"이라 부르고 이 다른 것들을 "상쇄 경향"이라 부르기로 한 것에서 보듯이, 마르크스는 이 상쇄 요인들을 이차적인 것으로 보았고, 장기적으로 이 일차적 경향을 완전히 부정하지는 못하는 것으로 보았다.

자본주의 경제에서 총이윤율이 이처럼 장기적으로 저하되면, 과잉생산과 과소소비 같은 것에서 비롯되는 일회적인 위기들이 점점 더 심각해질 것이다. 또한 경기침체의 저점低點이 점점 더 깊어지고 경기확대의 정점이 점점 더 낮아질 것이다. 장기적으로 저하되는 이윤율은 사실상 이 체계 내에서 조작의 여지를 감소시킨다. 경기순환상의 작은 쇠퇴가 더 많은 기업들을 파산으로 몰아넣고, 이윤을 낼 수 있는 자본축적 조건을 재창출하기가 더 어려워진다. 극단적으로 장기적 이윤율이 영(zero)에 접근함에 따라, 자본주의는 너무 불안정해져서 지속 불가능한 것이 될 것이다.

명제 2. 반자본주의 계급투쟁의 강화 명제

자본주의적 발전의 동학은 (가) 자본주의에 의해 자신의 이익을 광범위하게 침해당하는 인구 부분—노동계급—을 증가시키는 경향이 있고, 이와 동시에 (나) 자본주의에 도전하는 노동계급의 집합적 능력을 증가시키는 경향이 있다. 그 결과, 자본주의에 대항하는 계급투쟁은 강화된다.

명제 1은 자본주의적 발전의 구조적 경향에 관한 명제이다. 명제 2는 행위 주체에 관한 명제이다. 명제 2는 자본주의가 자본주의에 도전하는 데 이해를 가진 동시에 도전할 능력도 가진 집합적 행위자를 낳는다고 가정한다. 마르크스주의 전통에서 인기가 있는 은유를 사용하자면, 자본주의는 그 자신의 무덤을 파는 사람들을 낳는다.

이 명제의 첫 번째 부분은 노동계급의 창출에 관한 것이다. 이것은 일반적으로 '프롤레타리아화' 과정이라 불린다. 프롤레타리아화는 두 종류의 사회 변화를 수반한다. 첫 번째 과정은 인구의 점점 더 많은 부분이 자본주의적 고용관계에 처해지고 따라서 자본주의적 착취에 종속되는 과정이다. 여기에는 다양한 비자본주의적 유형의 노동이 대규모로 파괴되는 과정이 따른다. 마르크스의 시대에 가장 두드러진 것들로는 소토지를 보유한 자영 농업노동자들, 그리고 기타의 "프티 부르주아" 자영 생산자들이 있었다. 더 최근에는 기혼 여성들이 유급 노동력으로 편입되는 형태로 이 프롤레타리아화가 진행되었다. 두 번째 과정은 노동의 정형화와 "탈숙련화" 과정을 통해, 자본주의적 고용 내에서 노동자들의 자율성과 숙련이 감소되는 과정이다. 이 두 가지 사회 변화 과정으로 인해, 노동계급의 규모는 장기적으로 증가할 것이고, 노동조건의 동질화도 장기적으로 심화될 것이다.

하지만 프롤레타리아화만으로는 명제 2에서 가정되는 반자본주의 계급투쟁의 강화를 낳기에 충분하지 않을 것이다. 왜냐하면 사회갈등의 강도는 상반되는 이익들의 강도에 좌우될 뿐만 아니라, 결정적으로는 이 이익을 추구해 집합행위에 참여하는 사람들의 능력에도 좌우되기 때문이다. 불만은 공공연한 갈등을 설명하는 데 결코 충분하지 않다. 왜냐하면 종종 사람들은 불만이 있다 해도 이 불만에 기초해 행동할 수 있는 능력이 없기 때문이다. 명제 2의 두 번째 부분은 자본주의적 발전의 동학이 이 문제를 해결하는 경향도 있음을 시사한다. 특히 자본 집약성과 생산 규모가 증가한 결과 대규모 노동현장이 성장함에 따라, 노동자들의 물리적 집중 역시 증가하며, 이는 집합행위에 필요한 소통과 조정을 용이하게 한다. 또한 노동조건의 동질화가 심화됨으로써, 노동자들의 기술 차이에 기초한 이익 분열이 감소되고, 따라서 공동 운명을 공유하고 있다는 의식이 심화된다. 이러한 추세가 계속된다면, "세계의 노동자들이여 단결하라. 당신이 잃을 것은 쇠사슬밖에 없고, 얻을 것은 세계이다"는 강한 호소는 점점 더 많은 수의 사람들에게 설득력을 얻을 것이다.

명제 3. 혁명적 변혁 명제

자본주의는 하나의 경제 체계로서 점점 더 불안정해지기 때문에(명제 1), 자본주의에 대항하는 일차적 계급이 점점 더 커지고 점점 더 자본주의에 도전할 수 있게 되며(명제 2), 결국에는 이 반대 사회세력이 아주 강해지고 자본주의 자체는 아주 약해져서, 자본주의를 보호하도록 설계된 제도들은 더 이상 자본주의가 타도되는 것을 막을 수 없을 것이다.

마르크스주의 이론에서 자본주의 사회는 자본주의 경제 이상의 것이다. 자본주의 사회는 자본주의를 다양한 위협에서 보호하는 기능을 하는 일련의 제도까지 포함한다. 마르크스주의의 고전적인 용어를 사용하면, 이 제도들은 "상부구조"라고 지칭된다. 이 점에서 특별히 중요한 것이 국가와 이데올로기적 문화적 제도들이다. 국가는 다양한 메커니즘을 통해, 특히 강제력을 사용해 재산권을 보호하고 자본주의에 대한 조직적 도전을 억압함으로써 자본주의를 재생산하는 데 기여한다. 이데올로기적 문화적 제도들은 사고, 가치, 신념을 형성시킴으로써 자본주의를 재생산하는 데 기여한다.

그런데 이 제도들이 너무 튼튼하고 강력한 나머지, 자본주의가 완전히 정체되고 소멸할 지경에 이르게 되었을 때도 이 제도들이 자본주의를 재생산하는 일이 있을 수 있다. 마르크스주의자들은 이것이 있기 힘든 일이라고 느껴 왔는데, 여기에는 두 가지 주요한 이유가 있다. 첫째, 국가와 이데올로기 기구를 효과적으로 운영하는 데는 자원이 필요하며, 이 자원들은 사회적 잉여에서 나온다. 자본주의가 이윤율의 붕괴 때문에 다소 지속적이고 심층적인 경제 위기에 빠진다면, 이 "사회적 간접"비용을 대기는 점점 더 어려워질 것이다. 국가의 재정 위기는 이런 사태의 한 징후이다. 둘째, 자본주의가 더 이상 "일을 잘하지" 못하고 끊임없는 위기에 빠지게 되면—이것이 자본주의의 장기적 숙명이라고 명제 1은 주장한다—국가 하급 인원들의 견고한 충성을 유지하는 것이 점점 더 어려워질 것이다. 계급투쟁이 강화되면(명제 2), 반자본주의적 정치 지도력이 등장해 자본주의의 대안—사회주의—에 대한 전망을 제공하게 된다. 일단 자본주의가 미래에 대한 믿을 만한 전망을 제공하지 못하게 되면, 국가 인원 대부분을 포함해 노동계급 속에 확고히 속하지 않은 많은 사람들에게도 이 사회주의에 대한 전망이 점점 더 매력적이게 된다. 일단 자본주의적 경제 토대가 국가에 충분히 돈을 대지 못하고, 국가 인원이 일관되게 국가를 지키지 못하게 되면, 국가에 대한 성공적인 정치적 공격이 가능해진다.[4] 그리고 일단 이것이 일어나면, 새로운 경제구조가 신속하게 구축될 수 있다.

　마르크스는 자본주의의 정치적 상부구조가 실제로 어떻게 파괴될지에 대해서는 비교적 분명하게 밝히지 못했다. 마르크스주의자들은 보통 이 과정이 폭력혁명을 수반할 것이며, 이 폭력혁명은 자본주의 국가를 "분쇄하고" 경제와 국가의 기본적인 조직 원리에 상대적으로 돌연한 단절을 가져올 것이라고 상상했다. 여기에 깔린 가정은, 자본주의의 근본적 변혁에 대한 자본가 계급의 저항은 아주 강하고, 자본주의 국가의 응집성 역시 손상을 입지 않을 것이므로, 평화적이고 민주적인 변혁은 결코 가능하지 않으리라는 것이다. 이 노선을 따르는 시도는 국가의 폭력적 탄압을 받고 말 것이다. 즉 자본가 계급과 국가는 규칙에 따라 경기하기를 거부할 것

4　자본주의의 장기적 침체 이론이 없다면, 국가의 자본주의 재생산 능력이 필연적으로 쇠퇴할 것이라고 믿을 이유는 거의 없을 것이다. 주기적인 순환 위기는, 이것이 장기적으로 더 격심해지는 경향이 없다면, 상부구조를 결정적으로 약화시키기에 충분하지 않을 것이다. 이것이 이윤율의 경향적 저하 이론이 자본주의의 미래에 관한 마르크스의 이론에 그렇게 중요한 이유이다.

이다. 따라서 자본주의의 기본 구조에 도전할 수 있는 유일하게 실행 가능한 전략은 사실상 국가의 폭력적 타도밖에 없다. 하지만 이러한 주장은 이 이론의 본질이 아니며, 역사적 필연성이 없는 예측에 불과하다. 이 이론의 근본적인 주장은 이렇다. 즉, 일단 자본주의 경제 체계가 빈사 상태에 이르게 되면, 자본주의의 상부구조 제도들이 자본주의의 급진적 변혁을 위한 계급투쟁의 강화에 직면하여 더 이상 자본주의를 효과적으로 재생산할 수 없게 되리라는 것이다.

명제 3의 한 가지 함의는, "자본주의의 종말"이 실제로 찾아오는 역사적 시간은 단지 자본주의를 자기 파괴로 몰아가는 자본주의 운동법칙에만 좌우되지 않는다는 것이다. 그것은 또한 계급에 기초한 사회세력들의 집합행위에도 좌우되며, 이 세력들의 집합적 힘의 발전은 수많은 우연적인 역사적 요인들에 영향을 받는다. 자본주의 경제의 장기적 정체와 위기는 자본주의를 변혁할 기회를 창조하지만, 이 변혁 자체는 여전히 자본주의와 국가에 대한 집합적 투쟁의 결과이다. 이런 의미에서 자본주의의 실제 운명은 사실 "붕괴"가 아니라 "타도"이다. 이 이론의 논리에 따르면, 자본주의에 대한 혁명적 도전자들은 자본주의가 완전한 경제적 해체 지점에 도달하기 훨씬 전에 성공을 이룰 것이다.

마르크스주의 역사에서 자본주의의 타도가 "불가피하다"고 마르크스가 실제로 믿었는지 아닌지에 대해서는 논쟁의 여지가 많다. 그가 불가피한 것이라고 분명히 믿었던 사항은 두 가지이다. 첫째, 자본주의는 빈사의, 정체한, 위기에 가득 찬 사회질서가 되고 이에 따라 장기적으로 점점 더 많은 집합적 도전에 처하게 될 것이다. 둘째, 자본주의에 도전할 수 있는 집합적 행위자가 등장할 가능성은 장기적으로 증가할 것이다. 그렇지만 이 집합적 행위자는 여전히 집합적 의지와 조직을 필요로 하며, 이를 위해서는 지도력과 혁명적 이념이 필요하다. 그럼에도 불구하고 마르크스는 단지 자본주의의 종말이 미래의 어느 시점에서 일어날 수 있다고 말하는 데 그치지 않는다. 이보다 훨씬 더 강한 말을 하고 있다. 그는 이것이 결국 일어날 것이라고 예측했다.

명제 4. 사회주의로의 이행 명제

자본주의의 궁극적인 지속 불가능성을 고려할 때(명제 1), 그리고 자본주의에 대항하는 사회적 행위자들의 이익과 능력을 고려할 때(명제 2), 강화된 계급투쟁을 통해 자본주의 국가와 자본주의가 파괴된 후(명제 3), 자본주의의 계승자가 될 확률이 가장 높은 것은 사회주의—생산체제가 집단적으로 소유되고 평등주의적 민주적 제도들을 통해 통제되는 사회—이다. 왜냐하면 집단적으로 조직된 노동계급은 자신의 이익을 새로운 탈자본주의적 제도들 속에 실현하기에 가장 좋은 위치에 있을 것이기 때문이다.

엄밀히 말해, 명제 1-3은 자본주의가 결국은 종말을 고할 것이라는 예측에 대해서만 근거를 제공한다. 자본주의를 대체할 대안의 속성을 예측하는 것에 대해서는 체계적 근거를 제공하지 않는다. 그럼에도 불구하고 마르크스와 그 이후의 마르스주의 사상가들은 탈자본주의 사회가 급진 평등주의적 민주적 원칙들에 따라 조직될 것이라는 낙관적 전망을 가지고 있었다.

이 낙관주의에는 세 가지 주요한 이유가 있다. 첫째, 자본주의는 생산성의 수준을 엄청나게 높이며, 따라서 탈자본주의 사회에서는 넓은 의미에서의 희소성이 대체로 극복될 것이다. 이로 인해 평등주의적 분배가 더 쉽게 이루어지면서도, 자유 시간이 엄청나게 많아져 사람들이 경제의 민주적 운영에 집합적 책임을 질 수 있게 된다. 둘째, 자본주의적 발전은 일종의 준 "사회적" 재산인 초대형 기업들을 낳는다. 준사회적이라고 하는 이유는 이 기업들이 실제로 소유자들 자신에 의해 운영되는 것이 아니라 소유자들의 대표자들에 의해 운영되기 때문이다. 이로 인해 더 완전하게 민주적인 통제 체계로 이행하는 일이 이전 형태의 자본주의 하에서보다 더 쉬워진다. 마지막으로—그리고 가장 결정적으로—자본주의를 타도하기 위해 노동계급은 통일적이고 강력하며 조직적인 정치세력이 되어야 한다. 그리하여 노동계급은 그들의 이익을 가장 잘 실현하는 평등주의적 민주적 제도들을 구축할 위치에 서게 된다.

물론 노동계급이 정치적으로 유력한 위치에 있고 경제의 평등주의적 민주적 조직화에 이해를 가진다고 해서, 실제로 이와 같은 제도들을 안정적이고 지속 가능한 방식으로 구축하는 것이 가능하다는 것은 아니다. 마르크스는 사회주의 제도들이 어떤 모습일지에 대해 아주 희미한 암시 밖에 제공하지 않았다. 우선 사회주의는 생산수단의 사적 소유권을 어떤 집단적 형태의 소유권으로 대체하리라는 것이었다. 그러나 이 개념의 정확한 의미는 모호했다. 그는 또한 시장이 일정한 형태의 포괄적 계획으로 대체될 것이라 주장했다. 하지만 이러한 계획의 세부가 무엇인지, 이것이 어떻게 기능할 것인지, 우리가 왜 이것이 지속 가능한 것이라고 믿어야 하는지에 대해서는 역시 거의 아무것도 말하지 않았다.[5] 마르크스는 몇 군데에서, 특히 파리 코뮌에 대한 유명한 분석에서, 활기찬 민주적 평등주의적 권력이 특별한 상황 아래에서 잠시 동안 성립되었다는 경험적 증거를

---

5 마르크스의 사회주의관의 제한적인 요소들에 대해서는 Geoff Hodgson, *Economics and Utopia: Why the Learning Economy is Not the End of History* (London: Routledge: 1999), 제2장이 뛰어나게 논의했다.

제시했다. 그러나 이것은 다음과 같은 주장—이러한 집단적 조직은 복잡하고 현대적인 경제를 민주평등주의적으로 조직할 제도들을 지속적으로 구축할 수 있을 것이다—에 강한 근거를 제공하지 못한다. 기본적으로, 이 이론은 결국 "뜻이 있는 곳에 길이 있다"와 "필요는 발명의 어머니"의 조합에 의지한다. 즉, 노동자들은 그들의 집단적 정치조직을 통해 권력을 강화시킬 것이며, 이 새로운 제도들을 구축하는 실제 과정은 창조적 시행착오적 민주적 실험 방식으로 진행될 것이다. 따라서 마르크스는 사실상 자본주의의 종말에 대해서는 아주 결정론적인 이론을, 그 대안의 구축에 대해서는 비교적 주의주의主意主義적인 이론을 제공했던 셈이다.[6]

명제 5. 공산주의 목적지 명제

> 사회주의적 발전의 동학에 따라 점차 공동체 연대가 강화되고 물질적 불평등이 점진적으로 해소되어, 계급과 국가는 결국 "사멸하고," "필요한 만큼 각인에게, 능력만큼 각인으로부터"라는 분배 원리를 중심으로 조직되는 공산주의 사회가 출현하게 된다.

이 마지막 명제는 급진 평등주의의 규범적 이상에 대한 유토피아적 긍정으로 간주될 수 있다. (명제 4에서 정의된 바와 같은) 사회주의 경제에서 공동체 연대가 심화되고 물질적 불평등이 감소하리라는 것은 설득력이 있다. 그러나 왜 이와 같은 사회에서 국가가 사멸해, 강제적 권위와 구속적

---

6 여기서 마르크스의 결정론이 인간의 주체 행위를 부정하는 것은 아니다. 자본주의가 스스로를 파괴한다는 마르크스의 강한 예측이 가능한 이유는 인간들이 합리적 창조적 행위를 할 수 있는 의식적 행위자들이기 때문이다. 이 이론이 결정론적인 이유는 이 전략과 행위의 결과들이 자본주의의 지속 가능성에 대해 예측 가능한 누적적 효과를 내기 때문이다. 주체 행위와 결정론 사이의 이 깊은 관계에 관한 논의에 대해서는 G. A. Cohen, "Historical Inevitability and Revolutionary Agency," chapter 4, in *History, Labour and Freedom: Themes From Marx* (Oxford, Clarendon Press: 1988)을 보라.

규칙이 없이 전적으로 자발적 협동과 호혜를 통해 사회질서가 보장될 수 있을지에 대해서는 어떤 주장도 입증된 것이 없다. 이러한 주장 아래에는 다음과 같은 사회학적 사고가 깔려 있을 것이 틀림없다. 즉, 오직 계급 불평등만이 강한 갈등과 반사회적 이기심을 낳기 때문에, 일단 계급 불평등이 사라지면, 사회적 재생산에서 강제력이 사용될 필요가 없다는 것이다. 이것은 설득력 있는 주장인 것 같지 않고, 마르크스도 분명 이에 대해 체계적으로 옹호하지 않는다. 따라서 공산주의 목적지 명제를 사회 변화의 미래 궤도에 관한 실제적 주장으로 보기보다는 규제적 이념으로, 우리의 행위를 인도하는 도덕적 전망으로 보는 것이 가장 좋은 것 같다.

종합적으로 이 다섯 가지 명제는 자본주의에 대한 급진 평등주의적 민주적 대안의 실행 가능성을 옹호하는 강력하고 정연한 주장이다. 자본주의가 궁극적으로 스스로를 파괴할 것이고, 따라서 어떤 대안이 틀림없이 나타날 것이며, 나아가 자본주의의 종말과 함께 민주평등주의적 대안을 구축하는 데 이해를 가진 강력한 집합 행위자가 등장할 것임을 설득력 있게 보일 수 있다면, 이러한 제도들이 실제적으로 창조될 수 있으리라고 믿는 것은 그리 지나친 신념의 비약이 아니다.

| **자본주의의 미래에 관한 마르크스 이론의 부적절함**

마르크스주의 사회이론 전통에는 아주 귀중한 통찰—특히 자본주의 비판과 계급 분석의 개념틀—이 많지만, 역사적 궤도에 관한 이론에는 심

각한 약점이 있다.[7] 자본주의의 대안에 관한 이론을 구축하는 데 있어 네 가지 문제 때문에 전통적 마르크스주의 이론은 적절함을 잃는다. 자본주의의 위기 경향은 장기적으로 점점 더 심화되는 내재적 경향을 가지는 것 같지 않다. 계급구조는 동질적인 프롤레타리아화 과정을 통해 단순화되기보다는 시간이 흐르며 더 복잡해졌다. 자본주의 권력구조에 도전하는 노동계급의 집단적 역량은 성숙한 자본주의 사회에서 쇠퇴하는 것처럼 보인다. 단절적 사회변혁 전략은 자본주의 국가를 타도할 수 있다고는 해도, 지속적인 민주적 실험주의를 위한 사회정치적 환경을 제공하는 것 같지는 않다. 이 각각의 명제는 마르크스주의와 사회 변화에 관한 동시대의 논의에서 광범위하게 다루어졌기 때문에, 나는 여기서 핵심적인 주장만을 잠시 재검토하겠다.

1. 위기 심화 이론

자본주의의 위기 경향은 장기적으로 심화되는 체계적 경향일 것이라는 명제는 마르크스주의의 전체 주장에 결정적으로 중요하다. 왜냐하면 이 명제는 자본주의의 모순이 궁극적으로 그 자신의 존재 조건을 파괴한다는 생각의 기초를 이루기 때문이다. 자본주의가 다소 격심한 주기적 경

---

[7] "사회학적 마르크스주의"를 (때로 "역사적 유물론"이라 불리는) 마르크스주의 역사이론과 구분하는 것이 유용하다. 전자는 마르크스주의 계급 분석과 자본주의 비판에 기초해 있으며, 후자는 자본주의적 동학과 역사적 궤도에 관한 이론에 기초해 있다. 내가 믿기에 후자는 현재로서는 더 이상 방어 불가능하지만, 전자는 여전히 비판적 이론과 연구를 위한 아주 생산적인 틀이자 해방적 사회과학의 본질적 구성요소이다. 사회학적 마르크스주의에 관한 토론에 대해서는, Michael Burawoy and Erik Olin Wright, "Sociological Marxism," in Jonathan Turner (ed.), *Handbook of Sociological Theory* (New York: Kluwer Academic/Plenum Publishers, 2001)을 보라. 마르크스주의 전통이 세 가지 문제군—계급 분석과 자본주의 비판, 사회주의에 대한 규범적 전망, 그리고 역사이론—을 중심으로 한다는 논의에 대해서는, Erik Olin Wright, *Interrogating Inequality* (London: Verso, 1994), chapter 1을 보라.

제 위기 경향을 가진다 해도, 전반적으로 자본축적 상의 혼란이 점점 강화되는 경향은 존재하지 않는다면, 자본주의가 장기적으로 점점 더 취약해진다는 생각은 더 이상 근거를 가지지 못한다. 그리고 이 자기 파괴적 미래 궤도가 없다면, 자본주의는 반자본주의적 사회세력들로부터의 집단적 도전에 더 취약해지지 않을 것이다. 그래도, '만약' 격심하고 장기적인 자본주의적 위기가 일어난다면 급진적 사회변혁을 위한 역사적인 "기회의 창"이 열릴지 모른다고 생각할 수는 있겠다. 그러나 이것은 이러한 위기의 확률이 장기적으로 더 높아질 것이라는 예측과는 전혀 다른 것이다. 허약한 기대일 뿐이다.

자기 파괴 명제에 대해 회의적이어야 할 이유들이 많다. 첫째, 자본주의에는 분명 주기적인 경제적 혼란을 낳는 다양한 과정이 존재한다. 그러나 마르크스와 그 이후의 마르크스주의자들은 국가 개입이 이 경향을 현저히 완화시킬 수 있다는 것을 과소평가했다. 이러한 국가 개입의 결과, 경제적 혼란이 장기적으로 일관되게 더 악화되는 경향은 존재하지 않는 것처럼 보인다. 둘째, 이윤율은 자본주의 발전의 초기 단계에서보다 이후 단계에서 더 낮을 수 있지만, 성숙한 자본주의 사회에서 이것이 계속 저하되는 장기적 경향은 존재하지 않는 것처럼 보인다. 셋째, 보다 이론적인 근거에서 볼 때, "이윤율의 경향적 저하 법칙"의 개념적 기초는 아주 문제가 많다. 가장 근본적인 문제는 이 법칙의 기반이 되는 노동가치설 자체에 문제가 있다는 것이다. 마르크스주의의 규범적 설명적 목표에 전반적으로 공감하는 경제학자들조차 노동가치설을 비판해 왔다. 노동이 가치의 원천이라는 생각은 노동 착취 개념을 증명하는 데 유용한 장치일지 모르지만, 노동만이 인과적으로 가치를 창출한다고 믿을 만한 설득력 있는 이유가 없다. 마르크스는 분명 이 가정에 대해 어떤 수미일관한 옹호론도 제시하지 않았으며, 우리 시대의 논의에서도 설득력 있는 주장이 나오지 못했다.[8] 노동가치설이 거부된다면, 자본집약성의 증가가 이윤율을 감소시킨다는 주장은 더 이상 성립하지 못한다.[9]

이제 이 고려사항들에 비추어, 자본주의의 자기 파괴적 궤도에 대한 어떤 새로운 이론을 구축하는 것이 가능할지도 모른다. 현재의 논의에서 나오고 있는 한 가지 생각은, 21세기 초 자본주의의 세계화가 심화되면서 국가의 위기 완화 능력이 심각하게 손상된다는 것이다. 왜냐하면 시장 과정의 지리적 범위가 더 이상 국가 개입의 규제 범위 아래 있지 않기 때문이다. 따라서 효과적인 세계적 위기관리 제도가 발전될 가능성이 낮기 때문에, 미래의 경제 위기는 20세기 말 때보다 현저히 더 격심할 것이다. 2008년에 시작된 금융 위기는 이 새로운 심화 과정을 신호하는 것일지도 모른다.

두 번째 생각은 자본주의적 성장이 초래하는 환경 파괴가 결국 자본주의의 생태적 존재 조건들을 파괴하리라는 것이다. 세 번째 제안은 산업

---

[8] 마르크스의 시대에 노동가치설은 널리 수용되는 경제 분석 도구였으며, 따라서 그는 아마 이 이론을 수미일관하게 옹호할 필요성을 느끼지 못했을 것이다. 노동이 가치의 기초라고 믿을 수 있는 근거에 관해 그래도 마르크스가 논평할 때, 그의 주장은 아주 단순하다. 우리는 질적으로 상이한 것들이 시장에서 고정된 비율로 교환되는 것을 본다. X 파운드의 강철은 Y 개의 치약과 동일하다. 이렇게 질적으로 상이한 물것들이 어떻게 상대적 양으로 환원될 수 있는가? 이 물건들은 어떤 양적인 실체를 공유하고 있는 것이 틀림없다고 마르크스는 추론했다. 그런 다음 그는 이 물건들의 생산에 사용된 노동시간이 유일하게 공통적인 양적 실체라고 주장했다. 그러나 이 주장은 틀린 것이다. 강철과 치약은 예컨대 일정한 수의 에너지 칼로리로 생산된다는 속성도 공유하고 있다. 우리는 이 근거 위에서 이윤과 잉여 에너지 가치 사이의 관계에 대한 설명과 함께 에너지가치설을 구축할 수 있을 것이다. 보다 일반적으로 말해, 상품의 가치는 단지 노동만이 아니라 상품의 생산에 체현되는 모든 종류의 희소자원의 양에 의해 결정되는 것으로 생각되어야 한다. 이 쟁점들과 관련된, 노동가치설의 논의에 대해서는, Ian Steedman, *Marx after Sraffa* (London: New Left Books, 1977)을 보라.

[9] 더욱이 노동가치설의 핵심적 직관을 받아들인다 해도, 이윤율의 저하 경향에 대해 마르크스가 가정한 구체적인 주장은 설득력이 없다. 이 이론의 핵심적인 사고는 (이 맥락에서 "상승하는 자본의 유기적 구성도"라 지칭되는) 상승하는 자본집약성이 총량적으로 볼 때 이윤율을 저하시키는 의도되지 않은 결과를 낸다는 것이다. 그러나 일단 자본주의적 생산이 이미 고도로 기계화되면, 자본집약성이 이후의 혁신과 함께 계속 상승할 것이라고 믿을 그 어떤 이유도 없다. 좋은 예는 기계적인 덧셈 기계가 계산기로 대체된 것이다. 이것은 단순한 "상쇄경향"이 아니다. 일단 자본집약성이 일정한 지점에 도달하면, 생산과정에서의 기술 변화는 자본집약성에 대해 어떤 내재적인 방향성도 가지지 않는다.

경제에서 서비스경제, 그리고 "지식경제"로의 이동으로 인해 미래에는 자본 소유자들이 경제활동을 지배하기가 점점 더 어려워지리라는 것이다. 지적 재산은 근원적으로 물리적 자본보다 독점하기가 더 어렵다. 특히 새로운 정보기술의 도래와 함께, 사람들이 정보와 지식의 사유재산권을 파괴하기가 너무 쉽다. 더욱이 지식과 정보의 생산은 공동적 협동적 사회활동을 통해 가장 효과적으로 이루어지며, 따라서 이 과정에 자본주의적 재산권을 부과하는 것은 이 생산력의 계속적 발전에 점점 더 "족쇄"로 작용할 것이다. 그 결과, 자본주의는 장기적으로 볼 때 정보와 지식의 생산과 분배를 비자본주의적으로 조직하는 방식들로부터 점점 더 도전을 많이 받을 것이다.

이 각각의 요인들로 인해, 혹은 이 요인들 모두로 인해, 자본주의의 장기적 궤도가 자본주의의 자기 파괴로 귀결될 수도 있을 것이다. 하지만 이 주장들은 여전히 사변적이고 정교하지 않다. 지금으로서는 자본주의의 내적 모순들이 자본주의를 장기적으로 지속 불가능한 경제구조로 만들고 있다고 믿을 이유가 없는 것 같다. 자본주의는 제3장에서 그려진 이유들 때문에 '바람직하지 않을' 수는 있지만, 여전히 '재생산 가능'하다. 그렇다고 자본주의가 변혁 불가능하다는 뜻은 아니다. 이 점을 강조하고 싶다. 자본주의의 내적 동학이 자기 파괴의 궤도를 낳지 않는다 해도, 자본주의는 여전히 집합행위를 통해 변혁될 수 있다. 그러나 이러한 집합행위가 꼭 자본주의의 취약성이 심화되기 때문에 일어나지는 않는다.

2. 프롤레타리아화 이론

자본주의의 운명에 관한 고전적 마르크스주의 이론이 지닌 두 번째 문제는 프롤레타리아화 이론과 관련된다. 자본주의 발전 경로가 노동력을 점점 더 자본주의 고용관계 속으로 편입시킨 것은 분명하다. 그러나 선진 자본주의 세계에서 이것은 프롤레타리아화와 계급 동질화의 심화로 이어진 것이 아니라, 계급구조의 복잡성이 증가하는 궤도로 이어졌다. 많은 전반적인 경향들이 언급될 만한 가치가 있다.

첫째, 내가 만든 용어이지만, "계급관계 내에서의 모순적 위치들"이 발전되고 확대되었다.[10] 계급 '위치'는 계급구조 내에서 개인들이 점하는 특정한 장소이다. 노동계급 위치와 자본가계급 위치는 자본주의 계급관계에 의해 결정되는 두 가지 근본적인 위치이다. 그러나 계급구조 안의 많은 위치들은 이 두 가지 기본 위치로 산뜻하게 들어오지 않는다. 특히 관리자나 감독 계급의 위치들은 자본가이자 노동자인 관계적 속성을 가지고 있으며, 따라서 "모순적 위치"를 점한다. 전문가와 고도 숙련 기술노동자들 역시 자격증에 대한 통제를 통해 모순적 위치를 점한다. 가장 선진적인 자본주의 국가들에서 노동력의 절반에 조금 못 미치는 숫자가 이런 모순적 위치를 점한다.[11]

둘째, 많은 자본주의 국가들에서는 자영업과 소小고용자들이 아주 오랜 시기에 걸쳐 쇠퇴했다가 다시 현저히 성장했다. 이 소기업들과 독립 자영업자들의 다수는 분명 다양한 방식으로 대기업에 종속되어 있지만, 그래도 노동계급과는 확연히 구분된다.

셋째, 최근에 와서 적어도 일부 자본주의 국가들에서는 (특히 미국에서) 부가 더 집중되었지만, 주식 소유권이 더 널리 확산되어 온 것도 사실이

---

10 계급구조 내에서의 위치들의 복잡성 문제에 관한 상세한 토론에 대해서는 Erik Olin Wright, *Classes* (London: Verso, 1985), *The Debate on Classes* (London: Verso, 1989), *Class Counts* (Cambridge: Cambridge University Press, 1997)을 보라.

11 Wright, *Class Counts*, 제2장과 제3장을 보라.

다. 점점 더 많은 비율의 인구가 주식에 대한 직접투자 형태를 통해서건 출자 연금기금을 통해서건 일정한 기업투자를 하고 있다. 이것은 "소유권 사회"나 "민중 자본주의" 같은 것을 창조하는 것과 거리가 멀지만, 그럼에도 불구하고 자본주의의 계급구조에 복잡성을 더한다.

넷째, 여성들이 대규모로 노동시장에 들어오면서, 사람들 가운데 계급구조에 연결되는 방식이 과거보다 더 복잡한 개인들이 많아졌다. 왜냐하면 맞벌이 가구에서 가족구성원들은 단지 한 일자리가 아니라 두 일자리를 통해 계급구조와 연결되기 때문이다. 그 결과, 상당수의 사람들은 "교차 계급 가구"라 불릴 수 있는 가구, 즉 남편과 아내의 유급 고용이 상이한 계급 위치 속에 있는 가구에 살고 있다.[12]

마지막으로, 많은 선진 자본주의 국가들에서는 노동계급 내의 계층화가 심화되고 있다. 임금소득자 내부의 소득 불평등은 오랜 시기에 걸쳐 감소했다가, 20세기의 마지막 사반세기에 급격하게 증가했다. 이에 더해 어떤 나라들—특히 미국—에서는 1990년대 초 이래, 일자리가 첨예하게 양극화된 모습으로 증가해 왔다. 일자리는 임금구조의 꼭대기와 바닥에서는 아주 급속하게 확대되었지만, 중간에서는 확대되지 않았다.[13] 노동계급을 어떻게 정의하든, 노동계급은 내적으로 더 동질화된 것이 아니라 더 분화되었다.

계급관계가 이렇게 복잡해졌다고 해서, 사람들의 삶에서 계급의 중요성이 쇠퇴했거나 계급구조가 근본적으로 덜 자본주의적으로 되고 있다는

---

12 1980년대—이 문제에 관해 내가 충실한 데이터를 가지고 있는 시기—에 미국 성인 인구의 약 15%가 교차 계급 가구에서 살고 있었다.

13 일자리 증가에 있어 이러한 추세를 상세히 검토한 것에 대해서는 Erik Olin Wright and Rachel Dwyer, "Patterns of Job Expansion and Contraction in the United States, 1960s-1990s," *Socioeconomic Review* 1 (2003), pp. 289-325를 보라.

것은 아니다. 다만 계급투쟁의 강화 명제가 예측한 구조적 변혁이 일어나지 않았을 뿐이다.

3. 계급 역량 이론

고전적 마르크스주의 이론에서 반자본주의 계급투쟁의 강화 명제의 두 번째 구성요소는 자본주의에 도전할 수 있는 노동계급의 역량 증가와 관련된다. 이 역량은 선진 자본주의 사회 내에서 쇠퇴하는 경향이 있었다. 부분적으로 이것은 계급구조의 복잡성과 노동계급 내의 계층화 때문에 피고용자들 내에서 이해의 이질성이 심화된 결과이다. 이러한 이질성으로 인해 연대를 구축하고 안정적인 정치연합을 형성하는 과제가 더 어려워진다. 체제 도전적인 계급 역량이 약화되었다는 것은 거꾸로 보면, 자본주의적 민주주의가 사람들에게 실질적인 조직화 기회를 제공해, 자본주의의 제약 '내에서'이기는 하지만 삶의 조건을 현저히 개선할 수 있게 했기 때문이다. 이 기회의 이용과 관련해, 국가가 가한 핵심적 제약의 하나는 혁명적 조직화와 동원에의 시도를 포기시키는 것이었다. 이에 따른 "계급타협"—노동운동과 복지국가의 형태—으로 노동자들은 실질적인 이득을 얻을 수 있었다. 이 이득은 분명 20세기의 마지막 수십 년간에 다소 손상되었지만, 그럼에도 불구하고 반체제 연대를 막을 만큼 여전히 강하다. 적어도 성숙한 자본주의적 민주주의에서 자본주의의 튼튼함과 자본주의를 재생산하는 제도들의 강고함을 고려할 때, 이러한 계급타협은 아마 노동계급 조직들에게는 여전히 믿을 만한 행동 노선일 것이다. 아무튼 어떤 선진 자본주의 사회에서도, 노동계급은 자본주의적 권력의 기초에 도전할 수 있는 집합적 역량을 발전시키지 못했다.

4. 단절적 변혁 이론

선진 자본주의 국가들에서는 자본주의에 대한 혁명적 도전이 성공한 예가 없다(성공은 고사하고 중대한 도전이 일어난 예조차 사실은 없다). 반면 자본주의에 대한 혁명적 도전은 덜 발전된 자본주의 사회에서 일어났으며, 몇몇 경우에는 사회주의 혁명가들이 권력을 얻는 데 성공했다. 국가는 타도되었고, 적어도 상징적으로는 사회주의를 표방하는 혁명체제가 들어섰다. 하지만 이 단절적 변혁 시도는 민주적인 실험적 제도 구축 과정을 길게 유지했던 적이 없었다. "뜻이 있는 곳에 길이 있다"를 믿으며 대안적 해방적 제도를 구축하려는 이론은 평범한 사람들이 힘을 얻어 민주적 토의 및 제도 구축 과정에 적극적이고 창조적으로 참여하는 것에 좌우된다. 자본주의를 혁명적으로 변혁하려는 시도들 중에는 이와 같은 평등주의적 민주적 참여가 이루어진 짧은 사건들이 있었다. 그러나 이러한 사건들은 항상 단명했고 상대적으로 고립적인 것이었다.

아마 혁명 후 지속적인 민주적 실험주의가 실패한 이유는, 혁명체제들이 강력한 자본주의 국가들로부터 극단적인 압력, 경제적인 동시에 군사적인 압력을 항상 받았기 때문이었을 것이다. 또한 권력을 공고화하고 이 압력을 견딜 만큼 강한 제도들을 구축하는 일이 엄청나게 긴급하다고 느꼈기 때문이었을 것이다. 민주적 실험주의는 필연적으로 아주 어지러운 과정으로서, 장기간에 걸쳐 자신의 실수에서 배울 수 있는 능력에 크게 좌우된다. 이 때문에 혁명체제들이 이것을 기다릴 수 없다고 느꼈을지도 모른다. 혹은 아마도 문제는, 혁명운동이 정치권력을 장악하는 데 성공한 나라들이 낮은 경제발전수준에 있었다는 것이리라. 고전적 마르크스주의는 분명, 자본주의가 아주 높은 생산성 수준에 도달하지 않으면 자본주의를 민주평등주의적 대안으로 변혁할 수 없다고 생각했다. 그러나 현존 제도들 안에서 혁명적 단절을 성공적으로 이루어내는 데는 집중적 정치권력, 조직, 폭력이 필요하다. 반면 의미 있는 민주적 실험주의를 통해 새로운 해방적 제도를 구축하기 위해서는 그에 맞는 형태의 참여적 실천이 필요하며, 이는 집중적 정치권력, 조직, 폭력과 양립할 수 없을지도 모른다. 혁명 정당은 어떤 상황에서는 자본주의 국가를 쓰러뜨리기 위한 효과적인 "조직적 무기"일 수도 있다. 하지만 민주평등주의적 대안을 구축하는 데는 극히 비효과적인 수단인 것으로 보인다. 그 결과, 자본주의와의 단절에 관해 우리가 가지고 있는 경험적 사례들은 자본주의에 대한 민주평등주의적 대안에 근접하는 것이 되지 못했다. 도리어 권위주의적인 국가관료주의적 경제조직으로 귀결되었다.

문제의 대안적 정식화를 향해

자본주의의 대안에 관한 고전적 마르크스주의 이론은 자본주의 궤도의 핵심적 속성들에 관한 결정론적 이론에 깊이 뿌리내리고 있다. 자본주의의 미래의 기본적 윤곽을 예측함으로써, 마르크스는 자본주의를 넘어선 해방적 대안의 실현에 기여하기를 희망했다. 자본주의의 운명에 관한 설득력 있는 동태적 이론이 부재할 때, 우리의 대안 전략은 동태적 '궤도'의 이론을 구축하는 대신 구조적 '가능성'의 이론을 구축하고자 하는 것이다. 이 대비를 설명해 보기로 하자. 동태적 궤도의 이론은 사회를 특정한 방향으로 밀고 가는 인과 메커니즘에 대한 이해에 기초해 미래의 사회 변화 경로의 어떤 특징들을 예측하고자 한다. 이 이론은 (이 이론이 정확하다는 것을 가정하고) '미래에 일어날' 어떤 발전들을 파악함으로써, '일어날 수 있는' 것들을 탐구하기 위한 조건들을 정의한다. 자본주의는 (결국) 스스로를 파괴할 것이며, 따라서 사회주의가 대안일 수 있을 것이다. 반대로 구조적 가능성의 이론은 장기적 발전 경로를 예측하는 것이 아니라, 단지 상이한 사회적 조건들 아래에서 일어날 수 있는 제도적 변화의 가능성의 범위를 파악하고자 한다.

구조적 가능성 이론의 가장 강한 버전은 여행에 오르기 전에 종합적인 도로지도를 가지는 것과 같다. 이 지도는 당신에게 당신의 현재 위치로부터 모든 가능한 목적지들과 당신을 각 목적지로 데리고 갈 모든 길들을 보여준다. 정말 좋은 지도는 당신에게 상이한 경로들의 도로 조건들에 대해 정보를 주면서, 어느 경로에 전지형차全地形車가 필요하고, 어느 경로가 일시적으로나 영구적으로 통과 불가능한지(적어도 더 좋은 교통수단이 발명될 때까지)를 알려줄 것이다. 이런 지도를 가지고 있을 때, 당신이 특정한 목적지로 실제로 여행을 떠날 때 직면하는 유일한 문제는 이 여행에 적합한 차량을 가지고 있느냐 아니냐이다. 물론 당신은 가장 바람직한 목적지로 가는 데 필요한 차량을 구매하는 데 충분한 자원을 돌리지 못하게 될 수도 있다. 그러나 적어도 당신은 여행을 떠나기 전에 이 제약에 대해 현실적으로 이해하고 이에 따라 당신의 계획을 변경할 수도 있을 것이다.

아! 하지만 어떤 지도도 존재하지 않으며, 현존하는 어떤 사회이론도 그리 강력하지 못해, 가능한 사회적 목적지, 가능한 미래를 포괄적으로 그리는 것은 시작조차 할 수 없다. 이러한 이론은 원칙적으로 불가능할지도 모른다. 사회 변화 과정은 너무 복잡하고 인과과정들의 우연한 연관들에 너무 깊이 영향을 받는 나머지, 가능한 미래에 대한 상세한 지도의 형태로 표현될 수 없다. 아무튼 우리는 이와 같은 지도를 가지고 있지 않다. 하지만 우리는 우리가 살고 있는 곳이 해롭고 부정의하기 때문에 그곳을 떠나기를 원한다. 무엇을 해야 할 것인가?

이미 알고 있는 목적지로 우리를 인도할 도로지도라는 은유 대신, 우리가 할 수 있는 최상의 일은 아마 해방적 사회 변화 프로젝트를 탐험여행으로 간주하는 것이리라. 우리는 우리가 가고 싶은 방향을 보여주는 나침반과 우리가 출발점에서 얼마나 멀리까지 여행했는지를 말해주는 주행거리계를 가지고, 그러나 출발점에서 최종 목적지까지의 전체 경로를 펼쳐 보여주는 지도는 없이, 잘 알고 있는 이 세계를 떠난다. 이것은 물론 위험을 가지고 있다. 우리는 깊은 구렁을 만나 더 나아갈 수 없게 될 수도 있고, 예기치 않은 장애물을 만나 우리가 계획하지 않은 방향으로 가게 될 수도 있다. 우리는 되돌아가서 새로운 길을 시도해야 할지도 모른다. 우리가 지평선을 향해 탁 트인 전망을 가진 고지에 이르는 순간들이 있을 것이며, 그리하여 우리의 여행은 잠시 아주 쉬워질 것이다. 그러나 다른 때에는 우리가 어디로 가고 있는지 거의 알 수 없는 상태에서 혼란스러운 지형과 우거진 숲 속으로 길을 가야 한다. 아마 가는 길에 우리가 발명한 기술로 어떤 인위적인 고지를 만들어 다소 먼 곳까지 바라볼 수 있을 것이다. 그리고 결국 우리는 우리가 희망한 방향으로 얼마나 멀리까지 갈 수 있는지에 대해서는 절대적 한계가 있다는 것을 발견할지도 모른다. 우리가 얼마나 멀리까지 갈 수 있는지를 미리 알 수는 없지만, 우리가 올바른 방향으로 가고 있는지는 알 수 있다.

해방적 대안의 고찰에 대한 이 접근법은 자본주의 이후의 삶에 대한 강한 규범적 전망을 가지고 있지만, 실질적인 자본주의 초월 가능성에 대한 우리의 과학적 지식에는 한계가 있음을 인정한다. 그렇다고 해서 급진민주평등주의적 대안을 구축하는 데 넘을 수 없는 한계가 존재한다는 혹자들의 확신을 수용하는 것은 아니다. 이 확신은 거짓이다. 가능성의 한계에 관한 견고한 과학적 지식이 없기는 급진적 대안의 전망을 믿는 사람도, 자본주의의 지속 가능성을 믿는 사람도 마찬가지이다.

  탐사와 발견의 여행에 오르는 열쇠는 유용한 여행 도구를 가지는 것이다. 우리는 사회주의 나침반이라 불릴 수 있는 것, 즉 우리가 올바른 방향으로 가고 있는지를 말해주는 원리들을 구축할 필요가 있다. 이것이 다음 장의 과제이다.

05 | 사회주의 나침반

자본주의의 급진 민주평등주의적 대안을 위한 종합적인 제도적 설계가 없을 때 해야 할 일은 적어도 우리가 올바른 방향으로 가고 있음을 알 수 있도록 제도적 혁신과 제도적 변화의 원리들을 작성하는 것이다. 이 장에서는 이러한 원리들을 작성하는 한 가지 방식을 탐구한다. 나는 사회주의에서 "사회적"이라는 말의 의미를 밝히는 것에서 논의를 시작할 것이다. 이를 통해 경제에 대한 권력을 조직하는 세 가지 방식, 즉 자본주의, 국가주의, 사회주의를 추상적 이념형적으로 대비할 수 있을 것이다. 그리고 이 대비에 기초해 사회주의 나침반의 항해 원리들을 상술할 것이다.

| 사회주의의 "사회적"을 진지하게 취급함

사회민주주의도 사회주의도 "사회적"이라는 말을 담고 있다. 일반적으로 사회적이라는 개념은 느슨하고 제대로 정의되지 않은 채로, 특정 엘리트들의 협소한 이해가 아니라 사회의 광범위한 복지를 주창하는 정치 프로그램을 제안할 때 자주 사용된다. 때로는 "사회적 소유권"이라는 말이 "사적 소유권"과 대비되어 사용되며, 이는 보다 급진적인 사회주의 담론에서 특히 그러하다. 그러나 사회적 소유권은 사실상 국가 소유권으로 전락했다고 보면 된다. 따라서 "사회적"이라는 용어 자체도 이러한 정치 프로그램을 정교화하는 데 있어 거의 아무런 분석적 역할을 하지 못한다.

이 장에서 내가 주장하는 것은 이렇다. 사회주의에서 "사회적"이라는 개념은 사회주의를 자본주의와도, 그리고 자본주의에 대한 순수 국가주의적 대응과도 더 정확하게 구분하는 일군의 변화 원리와 변화 전망을 확인하는 데 유용하게 이용될 수 있다. 이를 통해 어떤 변혁 원리가 자본주의에 도전하는 데 이용될 수 있는지를 생각해볼 수 있을 것이다.

사회주의에 관한 논의는 대부분 자본주의와의 이항적 대비를 통해 사회주의 개념을 발전시킨다. 표준적인 전략은, 생산을 조직하는 상이한 방식들에 대한 논의에서 시작해, 이로부터 자본주의를 한 가지 특징적인 유형의 "생산양식"이나 "경제구조"—생산수단이 사적으로 소유되고, 따라서 노동자들이 생계를 벌기 위해 그들의 노동력을 팔아야 하며, 생산이 시장 교환을 통해 이윤 극대화를 지향하는 그런 경제구조—로 정의하는 것이다. 그 다음 사회주의는 이 조건들의 하나 이상을 거부하는 것으로 정의된다. 자본주의 개념의 중심축은 생산수단의 '사적' 소유이기 때문에, 일반적으로 사회주의는 이런저런 형태의 '공적' 소유—가장 전형적으로는 국가 소유의 제도적 장치를 통한—를 필요로 하는 것으로 이해되었다.

여기에서 나는 사회주의 개념의 정의에 대한 대안적 접근법을 다듬을 것이다. 이 접근법에서는 사회주의가 두 가지 다른 형태의 경제구조, 즉

'자본주의' 및 '국가주의'와 대비된다. 사회체제는 경제적 자원의 배분-통제-사용을 규정하는 권력관계가 어떻게 조직되는가에 따라 분류될 수 있다. 자본주의, 국가주의, 사회주의는 이 권력관계를 조직하는 상이한 방식이다. 이것이 무슨 뜻인지 설명하기 위해, 나는 먼저 다수의 핵심 개념들을 분명히 하고자 한다. ⑴ 권력 ⑵ 소유권 ⑶ 국가, 경제, 시민사회. 이들은 사회적 상호작용의 3대 영역, 권력의 3대 영역들이다. 둘째, 나는 자본주의, 국가주의, 사회주의의 개념적 유형론을 발전시키고자 한다. 이 체제들은 각각 특유의 소유·권력 배열에 기초해 있는 상이한 경제구조 유형들이다. 셋째, 나는 이 경제구조 유형론이 경제체제 거시구조들의 경험적 변이에 대한 개념적 지도를 그리는 데 어떻게 도움이 되는지 설명할 것이다. 이것은 사회권력 강화의 도정을 이끌 사회주의 나침반을 정교하게 만드는 데 필요한 개념적 어휘를 제공할 것이다.

I 개념적 어휘의 명료화

1. 권력

권력은 사회이론에서 가장 논란을 일으키는 개념의 하나이다. 여기에서 나는 권력이란 행위자들이 세계에서 일을 성취할 수 있는 '능력'이라는 단순한 생각을 강조하고 싶다. "세계에서 일을 성취한다"는 표현은 아주 일반적이고 모든 것을 포괄하는 생각이다. 이 표현의 취지는 세계에서 결과를 낳는다는 생각을 포착하되, 어떤 특정한 종류의 결과도 미리 명시하지 않고 포착한다는 것이다. 유력하다는 것은 어떤 종류의 목표나 목적과 관련하여 유의미한 결과를 낳을 수 있다는 것이다. 이것은 예컨대 권력이란 한 사람의 '이익'을 실현할 수 있는 능력이라고 말하는 것보다 더 넓다. 이 정의는 '도구적' 차원과 '구조적' 차원 모두를 가지고 있다. 이 정의가 도구적인 것은, 이 정의가 세계에서 일을 성취하기 위해 사람들이 사용하는 그들의 능력에 초점을 맞추기 때문이다. 이 정의가 구조적인 것은, 이 능력의 효과성이 행동의 사회구조적 조건에 좌우되기 때문이다.[1] 예컨대 자본가들의 권력은 그들의 부에 의존한다. 그리고, 그 부가 특정한 방식으로 행사될 수 있도록 하는 사회구조에도 의존한다. 공장을 소유하는 것이 권력의 원천이 되는 것은, 생존수단에서 분리되어 생계를 벌기 위해 노동시장에 의지해야 하는 노동력이 존재하고, 계약을 이행시키고 재산권을 보호하는 일련의 국가 제도가 존재할 때뿐이다. 이 경제적 자원의 소유는 적절한 사회 조건 아래에서만 실질적 권력의 원천이 된다.

이런 식으로 이해할 때, 권력은 제로섬 현상일 필요가 없다. 한 사람이나 한 집단이 일을 성취할 수 있는 능력을 증가시키는 것이 반드시 타인의 능력 감소를 내포할 필요가 없다는 것이다. 이 권력 개념은 근원적으로 "지배"—한 행위자가 다른 행위자들의 반대에도 불구하고 그들의 행위를 통제할 수 있다는 의미에서의 지배—를 내포하지 않는다. 어떤 과제를 성취하기 위해 효과적으로 협력하는 일단의 사람들은, 이 협동을 만들어내는 데 강제가 수반되지 않는다 해도, 이 과제와 관련하여 권력을 행사하고 있

---

[1] 사회이론에서는 때로 도구적 권력 개념과 구조적 권력 개념이 첨예하게 대비된다. 예컨대 스티븐 루크스(Steven Lukes)는 찬사를 받아 마땅한 그의 책 *Power: A Radical View* (Basingstoke: Palgrave Macmillan, 2005)에서, 권력의 세 가지 얼굴을 정의하는데, 그 세 번째 것은 한 사람의 이익이 그의 의식적인 행위 없이 사회조직에 의해 확보되도록 하는 권력이다. 이것은 사람들의 주체적 행위와 무관하게 결과를 낳는 권력의 의미를 시사한다. 니코스 풀란차스(Nicos Poulantzas)는 루이 알튀세(Louis Althusser)를 따라 여기에서 더 나아가 도구적 권력 개념을 완전히 거부하고, 권력은 구조적 조건의 결과일 뿐이라고 주장한다. 여기서 나는 구조적 권력과 도구적 권력의 구분을 이용하면서도 이들의 상호작용을 강조하고자 한다. 이는 알렉스 칼리니코스(Alex Callinicos)가 *Making History* (Leiden: Brill, 2004)에서 권력을 취급하는 방식과 비슷하다. 이 책에서 그는 구조들이 행위자들로 하여금 다양한 방식으로 권력 자원을 행사할 수 있게 한다는 점에서 구조들이 권력의 한 차원이라고 주장한다.

다고 말할 수 있다. 잘 조직되고 원활하게 협동하는 사람들은 파편화되고 조직되지 못한 집단보다 더 유력하다. 이 집단은 일을 성취할 수 있는 능력이 더 크다. 그렇지만 사회관계의 성격을 고려할 때, 그리고 이해들의 갈등을 고려할 때, 많은 사회적 맥락에서 효과적 권력은 정말 지배를 수반한다. '뭔가를 할 수 있는' 권력은 자주 '뭔가에 대한' 권력에 의존한다.

권력을 이렇게 정의할 때, 권력의 여러 형태들이 구분될 수 있는 한 가지 방식은 세계에서 결과를 낳을 수 있는 능력의 기본적인 사회적 기초를 살펴보는 것이다. 현재의 문맥에서 우리는 세 가지 중요한 권력 형태를 구분할 수 있다. 경제적 자원에 대한 통제력에 기초한 '경제권력', 규칙 제정에 대한 통제력과 영토에 대한 규칙 집행 능력에 기초한 '국가권력', 그리고 다양한 종류의 자발적 집합행위를 위해 사람들을 동원할 수 있는 능력에 기초한 '사회권력'이 그것이다. 슬로건을 사용해서 말한다면, 사람들에게 일을 하게 만드는 데는 세 가지 방식이 있다. 당신은 그들을 '매수'할 수 있다. 당신은 그들을 '강제'할 수 있다. 당신은 그들을 '납득'시킬 수 있다. 이것은 각각 경제권력의 행사, 국가권력의 행사, 사회권력의 행사에 상응한다.[2] 그리고 우리가 앞으로 보겠지만, 이들은 자본주의, 국가주의, 사회주의의 구분과 밀접히 연결되어 있다.

2. 소유권

"소유권"은 다차원적인 개념으로서, 사물에 대한 여러 가지 상이한 종류의 집행 가능한 권리들(즉 효과적 권력)을 수반한다. 소유권은 세 가지 차

---

[2] 사회권력은 자발적 결사체에 뿌리내리고 있고, 자발적 결사체는 설득 및 소통과 긴밀하게 연결되어 있기 때문에, 사회권력은 말하자면 이데올로기적 권력 혹은 문화적 권력과도 밀접히 연결되어 있다.

원에 따라 다양한 모습을 가진다.

1) 소유권의 '주체': 누가 소유권 권리의 보유자인가? 많은 종류의 사회적 주체들—개인, 가족, 조직, 국가, 그리고 아마 "사회"나 심지어 "인류"와 같은 어떤 보다 추상적인 실체—이 소유자가 될 수 있다.

2) 소유권의 '대상': 어떤 종류의 사물이 소유될 수 있고, 어떤 종류의 사물이 소유될 수 없는가? 미국에는 예컨대 사람들이 다른 사람들에게 노예의 형태로 소유될 수 있는 시대가 있었다. 지금은 더 이상 그렇지 않다. 어떤 종류의 사물은 특정한 종류의 주체들에 의해 소유될 수는 있지만 다른 주체들에 의해서는 소유될 수 없다. 예컨대 어떤 경제에서는 토지가 모든 사람들에 의해 공동으로 소유되는 반면, 다른 경제에서는 개인들에 의해 소유될 수 있다. 오늘날 미국에서는 특정한 종류의 무기가 국가에 의해 소유될 수는 있지만, 개인들이나 다른 조직들에 의해서는 소유될 수 없다.

3) 소유권의 '권리': 어떤 종류의 권리들이 소유권에 수반되는가? 소유권 권리들은 어떤 것을 상이한 방식으로 사용할 권리, 그것을 파괴할 권리, 그것을 팔거나 증여할 권리, 다른 사람들이 그것을 사용하게 할 권리, 그리고 그것의 사용으로 발생되는 소득에 대한 권리 같은 것들을 포함한다.

소유권의 문제가 특히 복잡한 이유는, 상이한 종류의 소유권 권리들이 소유권의 상이한 대상들에 대해 상이한 방식으로 상이한 종류의 주체들에게 분배될 수 있기 때문이다. 예컨대, 자본주의에서는 생산수단이 '사적으로' 소유된다고 하는 흔한 생각을 고려해 보라. 생산수단이 사적으로 소유된다고 말하는 것은, (기업과 비영리 조직과 같은) 국가 바깥의 개인과 조직들이 국가와 기타 비소유자들의 간섭 없이 생산수단에 대해 다양한 종류의 결정을 내릴 권리를 가진다는 뜻이다. 하지만 모든 자본주의 경제에서 생산수단에 대한 실질적 소유권 관계는 실제로는 이보다 더 복잡하다.

왜냐하면 기계, 건물, 토지, 원료 등등의 사용에 따른 다양한 측면들에 대한 효과적 권력은 사적 소유자들로부터 제거되어 국가에 의해 보유되기 때문이다. 예컨대 기업 소유자들은 그들이 자신의 생산수단을 어떻게 사용하는가에 있어 건강과 안전 요건 때문에 제약을 받는다. 그들은 노동자와 자유롭게 접촉해 이 요건들을 무시하는 것과 같은 일은 할 수 없으며, 따라서 이 특정한 측면에서 그들은 기계의 완전 소유자가 아니다. 소유권의 일부 권리들이 국가에게 넘어간 것이다. 자본가들은 심지어 그들의 생산수단을 사용해 얻는 순소득(이윤)에 대해서도 완전한 재산권을 가지지 못한다. 왜냐하면 국가가 이 소득에 대해 다양한 형태의 세금을 부과하기 때문이다. 사실 생산수단의 사용이 낳는 이윤은 공적 실체—국가—와 사적 소유자들 사이에서 분할된다.[3]

우리가 "소유권"이라 부르는 묶음 내에서 특정한 재산권 권리들의 배분이 지닌 이 복잡성 때문에, 누가 생산수단을 "소유"하는가를 확인하는 것이 항상 간단한 과제는 아니다. 상이한 권리들이 상이한 주체들에게 배분된다. 이 문제는 많은 경제적 맥락에서 "소유권"과 "지배권" 사이의 잘 알려진 구분 때문에 더욱 복잡해진다. 대규모 자본주의 기업들은 주식소유자들에게 소유되지만, 기업의 운영에 대한 실질적 지배권은 관리자와 경영자들의 수중에 있다. 형식적으로 최고경영자들은 보통 이사회의 매개를 통해 이 주식소유자들에 의해 고용된다. 따라서 경영자들과 그들이 고용하는 관리자들은 공식적으로는 단지 "진짜" 소유자들의 대리인일 뿐이다. 사실 소유자들이 이 관리 대리인들의 행위를 효과적으로 감독하고 통제하는 것은 아주 어려울 수 있다. 이로 인해 소유자들에게 심각한 문

---

3 물론 이것이 자유지상주의자들이 "과세는 절도"라고 말하는 이유이다. 그들의 견해에 따르면, 사적 소유권은 완전한 재산권을 수반하기 때문에, 이윤의 일부에 대한 국가의 전유는 도둑질의 한 형태일 뿐이다.

제가 초래될 수 있다. 왜냐하면 관리자들에게 최적일 수 있는 기업 전략이 소유자들에게 항상 최적인 것은 아니기 때문이다(따라서 경제이론의 유명한 "주인/대리인 문제"가 발생한다). 이 문제를 극복하기 위해, 관리자들의 이익과 주식소유자들의 이익을 더 단단하게 일치시키려는 시도로서, 일련의 제도적 메커니즘이 고안되어 왔다. 경력 사다리—승진 기회—는 기업에 대한 관리자들의 충성심을 높일 수 있는 한 가지 방식이다. 경영자들을 위한 주식매입선택권도 종종 최고관리자들과 소유자들의 이해 조정을 강화하는 한 가지 방식으로 간주된다. 아무튼 생산수단의 형식적 소유자들이 당연히 생산 자체에 대해서도 효과적 권력을 가지는 것은 아니다.

현재의 문맥에서 우리가 소유권 문제에 관심을 갖는 이유는 무엇보다 이것이 상이한 종류의 경제체제가 움직이는 방식을 이해하는 것과 여러 가지로 관련이 있기 때문이다. 이 목적을 위해 특히 중요한 것은 '재산권들을 이전시킬' 권리(이것은 사적 소유권의 경우에 한 사람이 소유하고 있는 것을 팔거나 증여할 권리와 다른 사람들이 소유하고 있는 것을 살 권리를 뜻한다)와 '잉여(즉, 생산수단의 사용에 의해 발생되는 순소득)의 사용과 배분을 통제할' 권리이다. 고도로 규제되는 자본주의 경제에서는 사적 소유권이 지닌 권력들의 다수가 개인과 기업들로부터 박탈되지만, 이러한 자본주의 경제에서조차 사적 소유자들은 재산을 사고 팔 권리를 보유하고, 이 재산의 사용으로 발생되는 순소득에 대한 권리도 가진다. 이것은 소유권의 결정적인 차원이다. 왜냐하면 이것은 사회적 잉여가 상이한 형태의 투자들에 어떻게 배분될지를 결정하고, 따라서 장기적인 경제적 변화의 방향을 결정하기 때문이다.

이 책 전체를 통해 나는 재산 이전 권리와 잉여에 대한 권리라는 이 좁은 의미에서 "소유권"이라는 용어를 사용할 것이며, "권력"과 "통제"라는 용어들을 사용해 생산수단의 사용을 지휘할 효과적 능력을 기술할 것이다. 이 용어들을 사용해, 우리는 경제활동에 대해 행사되는 권력의 종류(경제권력, 국가권력, 사회권력)라는 측면에서, 그리고 생산수단의 소유권의 성격(사적 소유권, 국가 소유권, 사회적 소유권)이라는 측면에서 자본주의, 국가주의, 사회주의를 구분할 것이다.

생산수단의 '사적 소유권'과 '국가 소유권'이라는 개념은 친숙하다. 사적 소유권은 개인, 그리고 개인들의 집단이 소득을 발생시키는 재산을 사고 팔, 법적으로 집행 가능한 권리를 가진다는 것을 뜻한다. 국가 소유권은 국가가 생산수단의 처분에 대한, 그리고 생산수단이 발생시키는 순소득에 대한 권리를 직접 보유한다는 것을 뜻한다. 그러나 "사회적 소유권"은 무엇을 뜻하는가? 이것은 덜 친숙하고 또 덜 분명하다. 생산수단의 사회적 소유권은 소득을 발생시키는 재산이 "사회"의 모든 사람들에게 공동으로 소유된다는 것을 뜻한다. 따라서 모든 사람들은 이 생산수단의 사용으로 발생되는 순소득에 대한 집합적 권리, 그리고 이 소득을 발생시키는 재산을 처분할 집합적 권리를 가진다. 그렇다고 해서 순소득이 단순히 모든 사람들 사이에서 평등하게 분할될 필요는 없다. 물론 이것도 공동 소유권 원리의 한 표현일 수 있기는 하지만 말이다. 공동 소유권은 사람들이 생산수단의 사용 목적과 사회적 잉여—생산수단의 사용으로 발생되는 순소득—의 배분에 대해 결정할 권리를 집합적으로 가진다는 것을 뜻하며, 이것은 실제의 배분에서도 광범위하게 일어난다.

이 정의에서 "사회"라는 용어는 국민국가나 나라를 뜻하지 않는다. 오히려 이 용어는 생산수단을 사용해 일정한 종류의 생산물을 낳는 상호의존적 경제활동에 사람들이 참여하게 되는 모든 사회적 단위를 지칭한다. 이스라엘에서 전통적 키부츠는 사회적 소유권의 한 예이다. 키부츠의 모든 생산수단은 공동체의 모든 구성원들이 공동으로 소유하며, 이들은 또한 이 생산수단의 사용으로 발생되는 잉여를 어떻게 사용할지 집합적으로 통제한다. 노동자 협동조합 역시, 이 협동조합의 재산권들이 조직되는 특정한 방식에 따라, 사회적 소유권의 한 예가 될 수 있다. 따라서 하나의 경제구조는 사적 소유권과 국가 소유권뿐만 아니라 사회적 소유권도 가진 단위들로 구성될 수 있다.

사회적 소유권에 대해 이런 식으로 생각하면, 우리는 사회적 소유권의 '깊이, 넓이, 포괄성'에 대해 이야기할 수 있다. 사회적 소유권의 '깊이'는 특정한 생산수단이 사적 통제나 국가적 통제가 아니라 사회적 통제 아래 효과적으로 놓일 수 있는 정도를 지칭한다. 사적 소유권이 특정한 생산수단에 대해 사적으로 행사되는 일련의 권리들에 따라 다양한 모습을 취하듯이, 사회적 소유권도 효과적인 사회적 통제 아래 있는 일련의 권리들에 따라 다양한 모습을 취할 수 있다. 사회적 소유권의 '넓이'는 사회적 소유권을 특징으로 하는 경제활동의 범위를 지칭한다. 한 극단에는 가장 평등주의적이고 공동체적인 노선을 따라 조직되어 사실상 사유재산이 전혀 존재하지 않았던 시기의 키부츠가 있다. '포괄성'은 "상호의존적 경제활동에 참여하는 사람들"이라는 개념 아래 포함되는 사람들의 범위를 지칭한다. 이것은 아주 제한적으로는 특정한 생산수단을 직접 사용하는 사람들로 이해될 수 있다. 훨씬 더 넓게는 이 생산수단의 사용에 의해 삶이 영향을 받는 모든 사람들, 즉 이 생산수단의 "이해당사자"라 불리는 사람들로 이해될 수 있다.[4]

---

4 "이해당사자"라는 용어는 "주식소유자"라는 용어에 대한 대비로 사용된다. 주식소유자는 생산수단에 대한 사유재산권을 가진 일군의 사람들이다. 이해당사자는 생산수단에 "이해"를 가진 모든 사람들로, 이들이 이해를 가지는 이유는 이 생산수단이 어떻게 사용되는가에 따라 그들의 삶이 영향을 받기 때문이다. 특정한 생산수단의 사회적 소유권이 모든 이해당사자들에게로 확대되어야 한다는 생각은 제1장에서 논의된 급진 민주평등주의의 규범적 이상들과 가장 일치하는 원칙이다. 정치정의의 민주평등주의적 원칙은 모든 사람들이 개인으로서, 그리고 공동체 구성원으로서 그들의 삶에 영향을 미치는 결정에 참여하기 위한 필수적

이 세 가지 소유권 형태들 사이의 경계선이 항상 분명한 것은 아니다. 국가가 아주 민주적으로 통제되면, 국가 소유권은 특정한 형태의 사회적 소유권과 아주 비슷하게 될 수도 있다. 민주주의 사회에서 국가가 국립공원을 소유하는가 아니면 "국민"이 국립공원을 소유하는가? 생산자 조합의 개별 구성원들이 이 조합의 개인적 배당─그들이 팔 수 있고, 또 그들에게 이 경제활동의 순소득에 대해 개별적으로 차별화된 청구권을 주는─을 받는다면, 이 조합의 사회적 소유권은 사적 소유권의 한 형태에 훨씬 더 가까운 것으로 보일 수도 있다. 자본주의 경제에서 재산권의 이전에 제한(예컨대 자본 플로에 대한 수출 통제)을 가하고 여러 형태의 투자에 대한 잉여배당액을 규제한다면, 사적 소유권은 국가 소유권에 더 가까운 것으로 보일 수도 있다.

3.권력과 상호작용의 세 영역: 국가, 경제, 시민사회

사회적 상호작용과 권력의 영역들로서의 경제, 국가, 시민사회에 대해 엄밀하고 기초적인 정의를 주려는 노력은 모든 종류의 개념적 난점과 부딪친다.[5] 예컨대 "경제"는 재화와 서비스를 생산하는 모든 활동을 포함하

수단에 평등하게 접근할 수 있어야 한다는 것임을 상기해 보라. 이것은 모든 "이해당사자"가 소유권 권리를 가진다고 하는 확장적인 사회적 소유권 개념과 상응한다. 이것은 이 권리가 어떻게 상이한 이해당사자들에게 할당되어야 하는가의 문제(상이한 사람들은 상이한 이해를 가지기 때문에), 그리고 이해당사자 권리의 원칙이 어떻게 이 권리의 효과적 행사에 관한 실용적 문제들과 균형이 맞추어져야 하는가의 문제를 열어 둔다.

5 거시사회학 이론을 구축하기 위한 넓은 틀을 정식화하려는 시도는 대부분 사회적 상호작용의 "분야"나 "영역"이나 "무대"나 "수준"이나 "하위체계" 같은 까다로운 범주들을 불러낸다. 이 용어들 어느 것도 완전히 만족스럽지는 않다. 이 용어들은 대개 공간적 은유를 불러내어 오해를 불러일으킨다. 경제와 시민사회를 사회적 상호작용의 영역으로 이야기할 때, 내가 의도하고자 하는 것은 시민사회는 작업장 앞에서 멈추고 당신이 작업장에 들어가면 경제가 시작된다고 말하려는 것이 아니다. 시민사회는 (사회적 네트워크와 같은 느슨한 결사체를 포함해) 자발적 결사체들로 이루어지며, 이 결사체들은 "사회"의 조직들뿐만 아니라 경제의 조직들 안에서도 나타난다. 이 모든 용어들은 사회가 일정한 의미에서 구분 가능한 "부분"이나 "차원"을 가진

는가, 아니면 시장에 의해 매개되는 활동만을 포함하는가? 집에서 식사를 준비하는 것은 "경제"의 일부로 생각되어야 하는가? 자기 자신의 아이들을 돌보는 것은 경제의 일부로 간주되어야 하는가, 아니면 집 밖에서 생산되는 육아 서비스만 경제의 일부로 간주되어야 하는가? 경제는 그것이 "사회체계" 내에서 완수하는 '기능'에 의해 정의되어야 하는가(예컨대 탈코트 파슨스의 도식에서처럼 "적응"의 기능), 아니면 다양한 활동에 참여하는 행위자들의 '동기'에 의해 정의되어야 하는가(신고전파 경제학에서처럼 희소성 조건 하에서의 효용 극대화), 아니면 행위자들이 그들의 목적을 추구하기 위해 사용하는 '수단'에 의해 정의되어야 하는가(예컨대 이익을 만족시키기 위해 돈과 기타의 자원을 이용하는 것), 아니면 다른 어떤 요인에 의해 정의되어야 하는가? 아마 우리는 "경제활동"을 "경제" '자체'와 구분해야 할 것이다. 전자는 사회생활의 어떤 분야에서도 일어날 수 있는 반면, 후자는 경제활동이 지배하는 보다 특화된 활동무대를 지칭한다. 그러나 그렇다면 "지배한다"는 것은 정말 무엇을 뜻하는 것일까?

이런 종류의 쟁점들을 결정짓는 것은 힘든 문제이다. 어쩌면 우리의 과제에서 벗어나게 될지도 모른다. 따라서 현재의 목적을 위해 나는 사회적 상호작용의 이 세 영역을 비교적 관례적으로 정의하고, 더 깊이 개념화하는 문제는 생략하려고 한다.

'국가'는 한 영토에 대해 구속력 있는 규칙과 규제를 부과하는, 다소 일관되게 조직된 제도들의 집단이다. 막스 베버는 국가란 한 영토에 대해 폭력의 정당한 사용을 효과적으로 독점하는 조직으로 정의했다.[6] 나는 마

"체계"로 생각될 수 있다는 생각에 기초해 있고, 또 사회 분석의 중심적인 과제는 무엇이 두드러진 부분들이고 이들이 어떻게 연결되어 있는가를 이해하는 것이라는 생각에 기초해 있다.

6 Max Weber, "Politics as a Vocation," in Hans Gerth and C. Wright Mills (eds.), *From Max Weber* (New York: Oxford University Press, 1946).

이클 만의 정의를 더 선호한다. 그는 국가란 영토에 대해 구속력 있는 규칙과 규제를 부과할 수 있는 행정적 능력을 가진 조직이라고 힘주어 주장한다.[7] 폭력의 정당한 사용도 이를 성취하는 핵심적인 방식의 하나이지만, 반드시 가장 중요한 방식인 것은 아니다. 따라서 '국가권력'은 한 영토에 대해 규칙을 부과하고 사회관계를 규제할 수 있는 효과적 능력으로 정의된다. 이 능력은 강제의 정당한 사용에 대한 독점에 좌우될 뿐만 아니라 정보 및 통신 인프라, 규칙과 명령을 따르는 시민들의 이데올로기적 헌신, 행정 관료들의 규율 수준, 문제 해결을 위한 규제의 실제적 효과성에도 좌우된다.

'경제'는 사람들이 상호작용하여 재화와 서비스를 생산하고 분배하는 사회활동 영역이다. 자본주의에서 이 활동은 사적으로 소유된 기업을 수반하며, 이 속에서 생산과 분배는 시장 교환을 통해 매개된다. '경제권력'은 상이한 부류의 경제적 행위자들이 생산과 분배의 상호작용 속에서 통제하고 동원하는 경제적 자원들에 기초해 있다.

'시민사회'는 사람들이 다양한 목적을 위해 상이한 종류의 결사체들을 자발적으로 만드는 사회적 상호작용 영역이다.[8] 이 결사체들의 일부는 잘 규정된 멤버십과 목적을 가진 공식적 조직의 성격을 가지고 있다. 클럽, 정당, 노동조합, 교회, 근린 결사체가 그 예일 것이다. 다른 것들은 더 느슨한 결사체이며, 극단적인 경우에는 경계를 가진 조직이라기보다는 사회

---

7 Michael Mann, *The Sources of Social Power*, Volume 1 (Cambridge: Cambridge University Press, 1986).

8 이 정식화에서 "자발적으로"라는 용어는 이 논의에서 사용되는 많은 개념들처럼 난점으로 가득 차 있다. 이 용어는 "강제적" 결사체라 불릴 수 있는 것, 특히 국가와 강하게 대비시키려는 의도를 가지고 있다. 많은 맥락에서, 결사체적 삶에 참여하고자 하는 사람들의 욕망과 능력을 모습 짓는 모든 종류의 사회적 압력과 제약이 존재하며, 따라서 이러한 결사체들이 엄밀하게 "자발적인" 성격을 가지고 있다고 하는 것은 문제가 있을 수 있다. 종종 교회가 이러한 성격을 가지고 있는데, 특히 교회에 속하지 않는 것에 대해 중대한 제약이 존재하는 사회적 환경에서 그렇다. 따라서 결사체에 대한 참여의 자발성은 하나의 변수이다.

적 네트워크와 더 비슷하다. "공동체"라는 개념도, 그것이 한 장소에 살고 있는 개인들의 집단 이상의 어떤 것을 의미한다면, 시민사회 내 비공식적 결사체의 일종으로 간주될 수 있다. '시민사회의 권력'은 이러한 자발적 결사체를 통한 집합행위의 능력에 좌우되며, 따라서 "결사체적 권력" 혹은 "사회권력"으로 지칭될 수 있다.

국가, 경제, 시민사회는 모두 사람들 사이의 넓은 사회적 상호작용, 협동, 갈등의 영역들이며, 각각은 특유의 '권력' 원천들을 가진다. 경제 내의 행위자들은 경제적 자원들에 대한 소유권과 통제권을 통해 권력을 가진다. 국가 내의 행위자들은 강제 능력을 포함해 규칙 제정 능력과 규칙 집행 능력에 대한 통제권을 통해 권력을 가진다. 그리고 시민사회 내의 행위자들은 다양한 종류의 자발적인 집합행위를 위해 사람들을 동원할 수 있는 능력을 통해 권력을 가진다.

4. 경제구조의 유형론: 자본주의, 국가주의, 사회주의

우리는 이제 자본주의, 국가주의, 사회주의를 구분하는 핵심 문제로 전환할 수 있다. 지금 존재하는 혹은 미래에 존재할 수 있는 경제구조 유형의 변이는 '경제, 국가, 시민사회에 근거한 권력이 경제적 자원의 배분, 통제, 사용 방식을 규정하는 방식에 있어서의 변이'에 대응한다고 생각해볼 수 있다. 이 측면에서 자본주의, 국가주의, 사회주의는 생산수단에 대한 소유권의 형태, 그리고 경제활동을 결정하는 권력의 유형에 기초해 구분된다.

'자본주의'는 생산수단이 사적으로 소유되고 상이한 사회적 목적을 위한 자원의 배분과 사용이 경제권력의 행사를 통해 이루어지는 경제구조이다. 투자와 생산 통제는 자본 소유자들이 경제권력을 행사한 결과이다.

'국가주의'는 생산수단이 국가에 의해 소유되고 상이한 사회적 목적을 위한 자원의 배분과 사용이 국가권력의 행사를 통해 이루어진다. 국가 관리들은 일정한 종류의 국가 행정 메커니즘을 통해 투자과정과 생산을 통제한다.

'사회주의'는 생산수단이 사회적으로 소유되고 상이한 사회적 목적을 위한 자원의 배분과 사용이 "사회권력"의 행사를 통해 이루어지는 경제구조이다. "사회권력"은 시민사회에서 다양한 종류의 협동적 자발적 집합행위를 위해 사람들을 동원할 수 있는 능력에 근거하고 있는 권력이다. 따라서 시민사회는 활동, 사교, 소통의 무대로 간주되어야 할 뿐만 아니라 실제적 권력의 무대로도 간주되어야 한다. 사회권력은 경제적 자원의 소유와 통제에 기초한 '경제권력', 영토에 대한 규칙 제정 능력과 규칙 집행 능력의 통제에 기초한 '국가권력'과 대비된다. 이 측면에서 "민주주의" 개념은 사회권력과 국가권력을 연결하는 한 특정한 방식으로 생각될 수 있다. 이상적 민주주의에서 국가권력은 사회권력에 완전히 종속되고 사회권력에 책임을 져야 한다. "민중에 의한 지배"라는 표현은 사실 "사회의 고립되고 분리된 개인들의 원자화된 집합체에 의한 지배"를 뜻하는 것이 아니라, 정당, 공동체, 조합 등등의 다양한 결사체 속으로 집합적으로 조직된 사람들에 의한 지배를 뜻한다. 따라서 민주주의는 본질적으로 아주 사회주의적인 원리이다. "민주주의"가 사회권력에 대한 국가권력의 종속에 붙이는 이름이라면, 사회주의는 사회권력에 대한 경제권력의 종속에 붙이는 용어이다.

여기에서 분석되고 있는 개념적 장場에 대해 분명한 이해를 가지는 것이 중요하다. 이들은 모두 경제구조의 유형이지만, 오직 자본주의에서만 경제에 기초한 권력이 경제적 자원의 사용을 결정하는 데 지배적인 역할을 한다.[9] 국가주의와 사회주의에서는 경제와 구분되는 권력 형태가 여러 가지 용도를 위해 경제적 자원을 배분하는 데 지배적인 역할을 한다. 물론 자본주의에서도 국가권력과 사회권력이 존재하는 것이 사실이지만, 이 권력들은 경제적 자원의 직접적 배분, 통제, 사용에서 중심적인 역할을 하지 않는다.

사회권력에 근거한 사회주의라는 개념은 관례적인 사회주의 이해 방식이 아니다. 이것은 표준적인 정의들과 두 가지 주요한 측면에서 다르다. 첫째, 대부분의 정의들은 사회주의를 내가 말하는 국가주의와 거의 동일시한다. 제프 호드그슨이 강력하게 주장했듯이, 마르크스는 사회주의적 대안의 제도적 설계에 관해 일반적으로 아주 모호했지만, 그가 사회주의를 논의하는 몇몇 부분을 보면 그가 국가에 의해 통제되는 생산·분배체계를 구상했다는 것은 분명하다.[10] 마르크스의 시대이래, 국가 중심적 사회주의는 공산당의 프로그램들과 가장 강하게 연결되어 왔다. 그러나 20세기 말까지는 대부분의 민주사회주의 정당들도 사회주의 전망을 경제과정에 대한 국가 통제와 연결시켰다. 이 전통적인 정식화와 반대로, 여기에서 제안되고 있는 사회주의 개념은 국가권력과 사회권력, 국가 소유권과 사회적 소유권의 구분에 기초해 있다.

---

9 자본주의의 이 특별한 속성은 막스 베버가 많이 언급한 것이다. 그가 보기에 전자본주의 사회에서 자본주의 사회로의 결정적인 이동은 비경제적 형태의 권력과 개입으로부터 경제활동이 제도적으로 분리되어 나온 데 있으며, 이는 경제활동의 완전한 "합리화"를 위한 본질적인 조직적 조건이었다. 베버의 합리화 개념을 자본주의에 대한 계급적 분석과 관련시킨 논의에 대해서는 Erik Olin Wright, "The Shadow of Exploitation in Weber's Class Analysis," *American Sociological Review* 67 (2002), pp. 832-53을 보라.

10 Geoff Hodgson, *Economics and Utopia* (London: Routledge, 1999)를 보라.

내가 제안하는 사회주의 개념화가 관례적인 이해와 다른 두 번째 측면은, 내 것은 시장에 대해서는 명시적으로 아무것도 말하지 않는다는 것이다. 특히 마르크스주의 전통에서 사회주의는 보통 비시장적 형태의 경제 조직으로 다루어져 왔다. 사회주의는 자본주의 시장경제의 무정부성과 대비되는, 합리적으로 계획된 경제라는 것이다. 이른바 "시장사회주의"의 옹호자들이 이따금 있었지만, 사회주의는 일반적으로 시장보다는 (보통 중앙집권적 국가 계획으로 이해되는) 계획과 동일시되어 왔다. 이 책에서는 사회주의를 사회적 소유권과 사회권력이라는 관점에서 정의하고 있지만, 사회적으로 소유되고 통제되는 기업의 활동을 조정하는 데 있어 시장이 상당한 역할을 할 수 있다는 점을 배제하지 않는다.

사회주의는 상이한 사회적 목적을 위한 자원의 배분과 사용이 "사회권력"—시민사회에 근거한 권력으로 정의되는—의 행사를 통해 이루어지는 경제구조라고 정의했다. 이렇게 정의하면, 시민사회의 어떤 결사체가 사회권력 강화에 중요하고 어떤 결사체가 중요하지 않은가 하는 문제가 제기된다. 전통적으로 사회주의자들, 특히 마르크스주의에 확고히 기초한 사회주의자들은 이 문제를 거의 전적으로 계급적 측면에서 이해하여, 사회주의를 위한 노동계급 결사체의 중요성을 특별히 강조했다. 계급은 사람들이 생산과정에 참여하는 방식과 아주 깊이 연결되어 있기 때문에, 노동계급 조직이 경제에 대한 사회권력 강화에 결정적인 것이 사실이기는 하다. 그러나 사회권력 강화는 노동계급 권력의 강화보다 더 넓은 개념이며, 단순히 계급구조와의 관계에 의해서만 정의되지 않는 광범위한 결사체와 집합행위자들을 포함한다. 따라서 여기에서 제안되는 사회주의는 노동계급이 그들의 집합적 결사체를 통해 생산수단을 통제한다는 것과 동일하지 않다.[11] 오히려 경제에 대한 사회권력 강화는 광범위한 기반을 가진 포괄적 경제 민주주의를 뜻한다.

5. 하이브리드

이 정의들에 따르면 어떤 실존하는 경제도 순수하게 자본주의적이거나 국가주의적이거나 사회주의적인 적이 없었다. 왜냐하면 경제적 자원의 배분, 통제, 사용은 단일한 형태의 권력에 의해 결정되지 않기 때문이다. 이러한 순수한 경우들은 이론가들의 공상(혹은 악몽) 속에서만 살고 있다. '전체주의'는 국가권력이 시민사회에 대해 책임을 지지 않고 경제권력에 제약되지 않은 채 생산과 분배의 모든 측면을 포괄적으로 결정하는 가상적인 초국가주의의 한 형태이다. 순수한 '자유지상주의적 자본주의'에서 국가는 단순한 "야경국가"로 위축되어 재산권을 집행하는 목적만 수행하며, 상업 활동은 시민사회의 구석구석으로 관통해 모든 것을 상품화한다. 경제권력이 자원의 배분과 사용을 거의 완전히 결정할 것이다. 시민들은 원자화된 소비자가 되어, 시장에서 개인적 선택을 하지만, 시민사회의 결사체를 통해 경제에 대해 집합적 권력을 행사하는 일은 없다. 고전적인 마르크스주의적 '공산주의' 사회에서 국가는 사멸하고, 경제는 결사를 맺은

---

[11] 내가 사회주의를 경제에 대한 노동계급의 권력화로 축소시키지는 않는다 해도, 노동계급 결사체는 여전히 두 가지 이유 때문에 여기에서 제안되는 사회주의 개념의 중심에 있다. 첫째, 앞에서 정의되었듯이 '사회적 소유권'은 "생산수단을 사용해 일정한 종류의 생산물을 낳는 상호의존적 경제활동에 참여하는 일군의 사람들"이 가지는 소유권을 뜻한다. 이것은 노동자를 대표하는 결사체가 소유권 행사에 항상 일정 부분 참여한다는 것을 뜻한다. 둘째, 노동자들은 생산에 직접적으로 참여하기 때문에, 그들의 적극적인 협동은 경제활동에 대한 사회권력의 효과적 행사에 필수적이다. 만약 미래에 광범위한 경제 민주주의에 기초한 사회주의가 실제로 이루어진다면, 상당히 다양한 '비'계급적 결사체들이 경제에 대한 사회권력의 실현에 있어 중심적인 역할을 수행할 것이지만, 모든 있을 수 있는 사회주의는 권력 강화된 노동계급 결사체들에게 중심적 역할을 부여해야 할 것이다.

개인들의 자유롭고 협동적인 활동으로서 시민사회 속에 흡수된다.

이 순수한 형태들 가운데 어느 것도 안정적이고 재생산 가능한 형태의 사회조직으로 존재할 수 없었다. 국가주의 명령경제는 가장 권위주의적인 형태를 취했을 때조차 비공식적인 사회적 네트워크들을 완전히 제거한 적이 없었다. 이 네트워크들은 협동적인 사회적 상호작용의 기초로서, 국가의 직접적 통제 밖에서 이루어지는 경제활동에 실제적 영향력을 미쳤다. 또한 경제 제도의 실제적 작동도 중앙집권적 명령-통제 계획에 완전히 종속되지는 않았다. 국가가 자유지상주의적 공상 속에서 제시되는 최소 역할을 수행한다면, 자본주의는 지속 불가능하고 혼돈스러운 사회질서일 것이다. 그러나 폴라니가 주장했듯이, 시민사회가 완전히 상품화되고 원자화된 경제 속으로 흡수되어도, 자본주의는 훨씬 더 변덕스럽게 기능할 것이다.[12] 복합적 사회는 구속력 있는 규칙을 만들고 집행하는 일정한 종류의 권위적 수단("국가")이 없이는 기능할 수 없을 것이기 때문에, 순수한 공산주의 역시 유토피아적 공상이다. 따라서 실행 가능하고 지속 가능한 형태의 대규모 사회조직은 항상 사회적 상호작용과 권력의 세 영역들 사이의 일정한 상호 관계를 수반한다.

따라서 자본주의, 국가주의, 사회주의 개념들은 사실상 경제구조의 '전부 아니면 전무의 이념형'으로만 간주될 것이 아니라 '변수'로도 간주되어야 한다. 자원의 배분과 사용을 결정하는 데 있어 경제권력을 행사하는 행위자들이 더 많이 결정하면 할수록, 경제구조는 더욱 더 자본주의적으로 될 것이다. 국가를 통해 행사되는 권력이 이것을 더 많이 결정하면 할

---

12 시장이 사회 속에 깃들고 사회에 의해 제약되어야 한다는 것에 관한 고전적 논의에 대해서는, Karl Polanyi, *The Great Transformation: The Political and Economic Origins of Our Time* (Boston: Beacon Press, 2001[1944])를 보라.

수록, 사회는 더욱 더 국가주의적으로 된다. 시민사회에 근거한 권력이 이것을 더 많이 결정하면 할수록, 사회는 더욱 더 사회주의적으로 된다.

이 개념들이 다양한 정도를 가지고 있다고 보게 되면, 복합적이고 혼합된 사례―경제가 어떤 측면에서는 자본주의적이고 다른 측면에서는 국가주의적이거나 사회주의적인 '하이브리드'―의 가능성이 열린다.[13] 모든 현존하는 자본주의 사회는 현저한 국가주의적 요소들을 내포하고 있다. 왜냐하면 모든 곳에서 국가는 특히 공적 인프라, 국방, 교육 같은 부문들에 대한 다양한 종류의 투자에 사회적 잉여의 일부를 배분하기 때문이다. 더욱이 모든 자본주의 사회에서 국가는 사유재산권의 보유자들로부터 일정한 권력을 제거한다. 예컨대 자본주의 국가가 상표, 생산의 질, 오염을 규제하는 규칙들을 자본주의 기업들에 부과할 때가 그렇다. 생산의 이 특정한 측면들을 통제하는 주체가 경제권력이 아니라 국가권력이며, 이런 식으로 경제는 국가주의적 요소를 가지게 된다. 자본주의 사회는 또한 항상 적어도 일정한 사회주의적 요소들을 내포한다. 예컨대 시민사회의 집합행위자들이 국가와 자본주의 기업들에게 영향을 미치려는 노력을 통해 간접적으로 경제적 자원의 배분에 영향을 미칠 때가 그렇다. 따라서 한 경험적인 사례를 묘사하기 위해 "자본주의"라는 단순하고 한정되지 않은

---

13 경제체제들의 하이브리드적 성격에 관한 다소 다른 생각에 대해서는, J. K. Gibson-Graham, *A Postcapitalist Politics* (Minneapolis: University of Minnesota Press, 2006)을 보라. 깁슨-그레이엄은, 모든 자본주의 경제는 정말 복합적인 다형태적 경제로서, 자본주의 경제와 국가 경제에 대해 광범위한 다른 경제 형태들을 포함하고 있다고 주장한다. 선물(膳物) 경제, 가정 경제, 비공식 경제가 두드러진 예들이다. 하이브리드 문제에 관한 또 다른 흥미 있는 정식화는 탁월한 영국 무정부주의자 콜린 워드(Colin Ward)의 글에서 발견될 수 있다. 스튜어트 화이트는 워드의 접근법을 이렇게 묘사한다. "워드는 사회가 필연적으로 다양한 기본적 조직 기법들을 내포하고 있다고 본다. 시장, 국가, 무정부주의적 상호부조 기법 등등이 그 예들이다. '가장 전체주의적인 유토피아 혹은 반유토피아를 제외하면, 모든 인간 사회는 다원적 사회로서, 공식적으로 부과되거나 선언된 가치들에 따르지 않는 큰 영역들을 지니고 있다.'" Stuart White, "Making Anarchism Respectable? The Social Philosophy of Conlin Ward," *Journal of Political Ideologies* 12: 1 (2007), p. 14, Colin Ward, *Anarchy in Action* (제2판, London: Freedom Press, 1982)에서 인용.

표현을 사용하는 것은 "경제활동을 조직하는 데 있어 자본주의를 지배적 방식으로 삼는 하이브리드 경제구조"를 줄여서 표현하는 것이다.[14]

이 하이브리드 경제구조라는 개념은 경제체제들의 성격에 관한, 그리고 상이한 원리들과 권력관계들이 결합되는 방식에 관한 매우 어려운 질문들을 제기한다. 특히 하나의 하이브리드 배열 내에서 자본주의가 "지배적"이라고 주장하면, 이 주장이 정확히 무엇을 뜻하는가 하는 문제가 제기된다.[15] 여기에서 문제는 상이한 권력 형태들의 상대적 비중을 측정하고 비교할 단순한 척도가 존재하지 않는다는 것이다. 따라서 오늘날의 미국에서 자본주의가 "지배적"이라는 것—따라서 우리가 미국의 경제를 "자본주의적"이라고 부르는 것이 합당하다는 것—은 직관적으로 분명해 보인다. 그러나 국가권력이 수많은 방식으로 경제활동을 규제하고 일정한 종류의 생산(예컨대 교육, 국방, 상당한 양의 의료)을 규정함으로써 미국 경제에서 자원의 배분, 그리고 생산과 분배의 통제에 현저한 영향력을 가지고

---

14 하이브리드 경제구조라는 개념은 "조합적 구조주의"(combinatorial structuralism)라 불릴 수 있는 한 사회이론 양식의 특징적 예이다. 일반적인 발상은 이런 것이다. 사회 연구의 일정한 분야를 위해 우리는 일련의 원소적인 구조적 형태들을 제안할 수 있다. 이것들은 복합성의 기초 요소들이다. 따라서 모든 구체적인 사회는 이 형태들의 상이한 조합 패턴이라는 관점에서 분석될 수 있다. 따라서 이 원소적 구조들은 화학의 주기율표의 원소들과 다소 유사하다. 모든 합성물은 단지 이 성분들의 조합 형태일 뿐이다. 경제구조를 분석할 때, 나는 여기에서 아주 단순한 "사회적 화학"을 제안하고 있다. 세 가지 원소적 형태들—자본주의, 국가주의, 사회주의—이 존재한다. 따라서 실제 사회는 이것들을 상이한 방식으로 조합하는 것을 통해 형성된다. 물론 동위원소들—각 원소의 상이한 형태들—도 존재한다. 경쟁하는 소기업들로 구성되는 자본주의도 있고, 초대기업들로 구성되는 자본주의도 있다. 자본 축적이 농업에서 가장 역동적으로 일어나는 자본주의도 있고, 공업에서 가장 역동적으로 일어나는 자본주의도 있고, 다양한 서비스부문에서 가장 역동적으로 일어나는 자본주의도 있다. 낮은 자본집약도를 가진 자본주의도 있고, 높은 자본집약도를 가진 자본주의도 있다 등등. 경제형태에 관한 완성된 조합적 구조주의는 상이한 종류의 원소들이 그 변종과 더불어 원자 배열을 형성할 수 있는 다양한 방식을 탐구할 것이다. 이 원자 배열이 장기간에 걸쳐 재생산될 수 있다는 의미에서 어떤 하이브리드들은 어떻게 해서 아주 안정적이고, 다른 하이브리드들은 어떻게 해서 불안정하고 붕괴되기 쉬운지를 확인하는 것이 특별한 중요성을 가질 것이다.

15 이것은 "인과적 우선성"의 문제와 매우 유사하다. 복수의 원인이 있는 체계에서 한 원인이 다른 원인보다 "더 중요하다"고 말하는 것은 어떤 의미인가? 이 문제에 관한 논의에 대해서는, Erik Olin Wright, Andrew Levine, and Elliott, *Reconstructing Marxism: Essays on Explanation and the Theory of History* (London: Verso, 1992), chapter 7, "Causal Asymmetries"를 보라.

있는 것 또한 사실이다. 국가가 이들 경제활동을 중지한다면, 미국 경제는 붕괴할 것이며, 따라서 이 체제는 국가주의적 요소들을 "필요로 한다." 미국 경제는 분명 자본주의와 국가주의 (그리고 또한 덜 분명하기는 하지만 사회주의) 혼합물이다. 나는 이 혼합물 내에서 자본주의가 지배적이라고 믿기는 하지만, 이러한 지배를 어떻게 측정할지는 그리 분명하지 않다.

나는 권력관계의 한 배열 내에서 한 권력 형태의 지배를 정확히 어떻게 특정하는가 하는 문제에 대해 엄밀한 해법을 가지고 있지 않다. 내가 현재의 작업을 위해 편의적으로 채택하는 해법은 이 문제에 대한 "기능주의적" 이해의 한 변종이다. 즉, 오늘날 관례적으로 "자본주의적"이라고 기술되는 경제에서, 국가주의적 요소와 사회주의적 요소는 자본주의가 세우는 기능적 한계들 내에 존재한다는 것이다. 이 한계들을 넘어서려는 시도는 이 시도 자체를 손상시키는 다양한 부정적 결과를 초래한다. 이것이 지배에 대한 '기능주의적' 이해인 이유는, 자본주의적, 국가주의적, 사회주의적 형태들의 복합적 하이브리드 체계 내에서 이 체계의 요소들 사이의 기능적 양립 가능성의 원리들과 체계 파괴의 조건들을 수립하는 것이 바로 자본주의이기 때문이다.

여기에서 두 가지 사항을 명료화할 필요가 있다. 첫째, 이 한계들이 기능적 '양립 가능성'의 한계들인 것은, 이 한계들 내에서는 하이브리드의 국가주의적 요소들과 사회주의적 요소들이 자본주의의 재생산과 모순되지 않는다는 의미에서이다. 하지만 이것은 이 비자본주의적 요소들이 자본주의의 재생산에 항상 '적극적으로 기여한다'는 것을 의미하지 않는다. 여기에서 주장하고 있는 것은 다만 이 요소들이 자본주의를 체제적으로 뒤흔들지 않는다는 것뿐이다. 만약 그렇다면 이것은 교정 조치를 촉발시킬 것이다. 기능적 양립 가능성의 이 한계들은 때로 아주 넓어서, 국가주의적 요소들과 사회주의적 요소들에 모든 종류의 변이와 자율성을 허용할 수 있다. 이 점에서 하이브리드는 '느슨하게 연결된' 체계이지, 단단하게 통합된 유기적 체계여서 그 모든 부분들이 이 체계의 원활한 기능을 위해 다른 모든 부분들과 정교하게 접합되어 있는 그런 게 아니다. 둘째, 기능적 양립 가능성의 한계들은 '현재의' 구조 내에서 작동한다. 이 한계들은 체계의 미래 상태는 고려하지 않는다. 하이브리드 속의 국가주의적 요소들과 사회주의적 요소들의 현존 작용이 지금 자본 축적을 뒤흔들지 않는 한, 이 요소들은 "기능적으로 양립 가능한" 것이다. 체계 그 자체는 그 자신의 미래 상태를 예기하지 않는다. 이것은 체계의 "모순들"의 한 원천이다. 한 시점에서 완벽하게 양립 가능한 작용(즉, 자본주의를 뒤흔들지 않는 작용)이 궁극적으로 자본주의를 뒤흔드는 누적 효과를 낳을 수도 있다.

  사회체계에 관한 이런 종류의 기능적 추론은 아주 흔하다. 그러나 한 체계 내에서 부분들의 기능적 양립 가능성의 한계에 대해 명확한 이론적 기준과 경험적 증거를 제공하는 것은 아주 어려운 일이다. 기능적 양립 가능성의 한계들을 정확히 파악하는 것이 어렵기 때문에, 자본주의에서 많은 정치 투쟁은 이를 둘러싸고 일어난다. 양립 불가능하다는 '주장'은 친자본주의 세력들이 하이브리드 내의 사회주의적 요소들과 국가주의적 요소들을 확대하려는 노력에 저항하는 데 사용하는 무기의 하나이다. 이 구조적 배열들은 워낙 복잡해서, 기능적 상호의존에는 항상 커다란 모호함과 불확실성이 존재한다. 이로 인해 무엇이 건강한 자본주의와 양립 가능하고 무엇이 그렇지 않은지를 둘러싸고 이데올로기적 전투의 공간이 크게 열린다. 하지만 이 책의 목적을 볼 때, 이 쟁점들을 해결하는 것이 꼭 필요하다고는 생각하지 않는다. 사회주의의 지배, 자본주의의 지배, 국가주의의 지배에 대한 기준을 제시하지 못하면서도, 하이브리드 구조 내의 사회주의적 요소를 강화 확대하고 따라서 사회주의의 방향으로 나아가는 과정을 분석하는 것이 가능하다. 지금으로서는 "한 경제가 사회권력의 행사에 의해 제어된다면 이 경제구조는 사회주의적이다"라고 말할 수 있는 것으로 충분하다.

비록 현재의 논의에서 사용되고 있는 언어로 표현되지는 않지만, 마르크스주의자들의 전통적인 가정 역시, 한 사회가 안정적이기 위해서는 이러한 하이브리드 형태 내에서 하나의 경제구조 유형(혹은 "생산양식")이 뚜렷하게 지배적이어야 한다는 것이다. 여기에서 기본적인 직관은, 자본주의와 사회주의는 상반되는 계급 이익에 봉사하기 때문에 양립 불가능하며, 따라서 안정적이고 균형적인 하이브리드는 불가능하다는 것이다. 이 견해에 따르면, 사회적 재생산이 사회적 모순과 투쟁을 효과적으로 봉쇄하려면, 한 사회에는 특정한 생산양식에 근거한 어떤 통일적 원리가 필요하다. 따라서 두 가지 다른 권력 원천이 상당한 역할을 하는 자본주의-사회주의 하이브리드는 안정적인 균형을 이룰 수가 없다. 균형적 하이브리드가 발생한다 해도, 상당한 경제적 자원을 통할하는 자본주의적 권력이 자신의 내재적 경향에 따라 경제에 대한 시민사회의 결사체적 권력을 침식하게 되어, 결국 자본주의가 다시 뚜렷하게 지배적으로 되고 말 것이다. 하지만 "하늘과 땅 아래에서" 일어날 수 있는 모든 것을 미리 알 수 있다고 너무 자신하지 않는 것이 중요하다. 왜냐하면 "우리 철학 속에서 꿈꾸어지지 않은" 것들이 항상 일어날 수 있기 때문이다. 아무튼 이 책의 논의에서 나는 어떤 종류의 하이브리드가 안정적인지 혹은 그것이 가능하기나 한 것인지에 대해 어떤 일반적인 가정도 하지 않는다.

| 사회주의 나침반: 사회권력 강화의 경로

　이상의 개념적 제안을 요약하면, 사회주의는 경제활동—재화와 서비스의 생산과 분배—을 규정하는 일차적 권력의 측면에서 자본주의와 국가주의에 대비될 수 있다. 특히, 경제적 자원과 경제적 활동의 소유, 사용, 통제에 대해 사회권력이 더 강하면 강할수록, 경제는 더욱 더 사회주의적이라 기술될 수 있다.

　이것은 제도적 설계의 측면에서 실제로 무엇을 뜻하는가? 자본주의와 국가주의에 관해서는 역사적으로 실존하는 풍부한 예들 덕분에 이러한 경제구조 형태들을 가능하게 하는 제도 장치에 대해 상당히 잘 알고 있다. 상대적으로 포괄적인 시장과 결합되어 생산수단의 사적 소유권을 중심으로 구축된 경제구조는, 생산을 조직하고 상이한 투자들에 사회적 잉여를 배분하는 데 있어 경제권력—자본의 권력—이 일차적 역할을 수행하는 경제구조이다. 대규모 경제활동의 대부분을 직접 계획·조직하고 정당 기구를 통해 시민사회의 결사체들 속으로 관통해 들어가는 중앙집권적 관료 국가는 국가주의를 위한 효과적 설계이다. 그러나 사회주의는 어떤가? 어떤 종류의 제도적 설계를 통해 시민사회의 자발적 결사에 근거한 권력이 재화와 서비스의 생산과 분배를 효과적으로 통제할 수 있을까? 사회권력 강화를 경제의 중심적 조직 원리로 삼는 사회의 방향으로 나아간다는 것이 무엇을 뜻하는가?

　앞 장에서 논의했듯이, 여기에서 우리의 과제는 경제활동에 대한 사회권력 강화라는 이상을 실현하기 위한 청사진을 제시하는 것이 아니다. 언제 우리가 올바른 방향으로 나아가고 있는지를 말해줄 수 있는 일련의 원리들을 가다듬는 것이다. 이것은 사회주의 나침반을 상세히 기술하는 문제이다. 사회주의 나침반은 위에서 논의한 세 가지 권력 형태 각각에 기초한 세 가지 일차적인 방향을 가지고 있다.

- 국가권력이 경제활동에 영향을 미치는 방식에 대한 사회권력 강화
- 경제권력이 경제활동을 규정하는 방식에 대한 사회권력 강화
- 경제활동에 대한 직접적 사회권력 강화

사회권력 강화의 이 세 가지 방향은 권력 형태들과 경제 사이의 일련의 고리들과 연결되어 있다. 이 고리들은 그림 5.1에 그려져 있다.[16] 이 그림의 여섯 화살은 한 사회 영역이 다른 사회 영역에 미치는 권력의 효과와 경제활동에 대한 권력의 직접적 효과를 나타낸다. 그 다음 이 고리들은 다양한 배열들 속으로 결합되어, 사회권력—시민사회에 근거한 권력—이 경제에서 자원의 배분에, 그리고 생산과 분배의 통제에 영향을 미치는 다양한 방식을 보여줄 수 있다. 나는 이 배열들을 "사회권력 강화의 경로들"이라 부를 것이다. 이 장의 나머지 부분에서 우리는 일곱 가지 경로의 성격을 간략히 논의할 것이다. 국가사회주의, 사회민주주의적 국가 규제, 결사체민주주의, 사회적 자본주의, 협동조합적 시장경제, 사회적 경제, 참여사회주의가 그것이다. 다음 두 장에서 우리는 리얼 유토피아적 제도 설계를 위한 여러 가지 구체적인 제안들을 검토하고, 이 제안들이 어떻게 이 경로들에 따른 사회권력 강화에 이바지할 수 있는지를 살펴볼 것이다.

---

16 이 그림은 사회권력이 작동하는 경로들만을 예시하고 있다. 이것은 경제활동에 대한 모든 권력 관계를 묘사하는 포괄적 지도가 아니다. 유사한 종류의 지도가 국가주의로의 경로와 자본주의적 경제권력의 경로에 대해서도 그려질 수 있을 것이다.

그림 5.1 사회권력 강화의 경로들에 존재하는 고리들

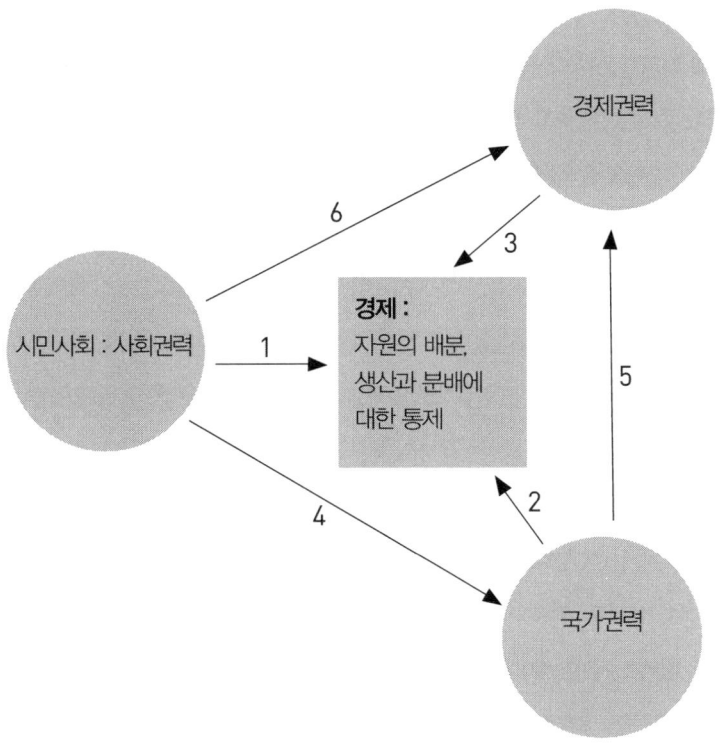

개별 고리들의 그림

1. 사회적 경제: 필요의 사회적 공급

2. 국가 경제: 국가가 생산하는 재화와 서비스

3. 자본주의 시장경제

4. 국가권력에 대한 민주적 통제

5. 자본주의 기업에 대한 국가 규제

6. 경제권력의 통제에 대한 사회적 참여

1. 국가사회주의

전통적인 사회주의 이론들에서 민중 권력—시민사회의 결사체적 활동에 근거한 권력—이 경제 통제력으로 전환되는 본질적 경로는 국가를 통하는 것이었다. 그러므로 이 이론들은 국가사회주의 모델로 묘사되는 것이 합당하다. 기본적인 생각은 이렇다. 정당은 시민사회에서 형성된 결사체로서, 그 목표는 국가권력에 영향력을 가하고 가능하면 국가권력을 통제하는 것이다. 사람들은 일정한 목적을 추구해 정당에 가입하며, 정당의 권력은 다양한 종류의 집합행위를 위해 참여자를 동원할 수 있는 능력에 크게 좌우된다. 따라서 만약 사회주의 정당이 (1) 노동계급의 사회적 네트워크와 공동체에 깊이 묻어들어 있고, 노동계급을 정치적으로 대변하는 공개적 과정을 통해 민주적 책임성을 가지며, (2) 국가를 통제해 국가로 하여금 경제를 통제하게 한다면, 통제의 이행성(transitivity-of-control) 원리에 따라 우리는, 이 상황에서는 권력 강화된 시민사회가 경제적 생산·분배 체제를 통제한다고 말할 수 있다. 그림 5.2에서 표현된 이 전망은 고전적 '국가사회주의' 모델로 불릴 수 있다. 여기에서 경제권력 자체는 주변화된다. 사람들이 생산을 조직할 권력을 가지는 것은 자산에 대한 직접적인 경제적 소유와 통제를 통해서가 아니다. 그것은 시민사회에 존재하는 그들의 집합적 정치 조직과 그들의 국가권력 행사를 통해서이다.

그림 5.2 국가사회주의

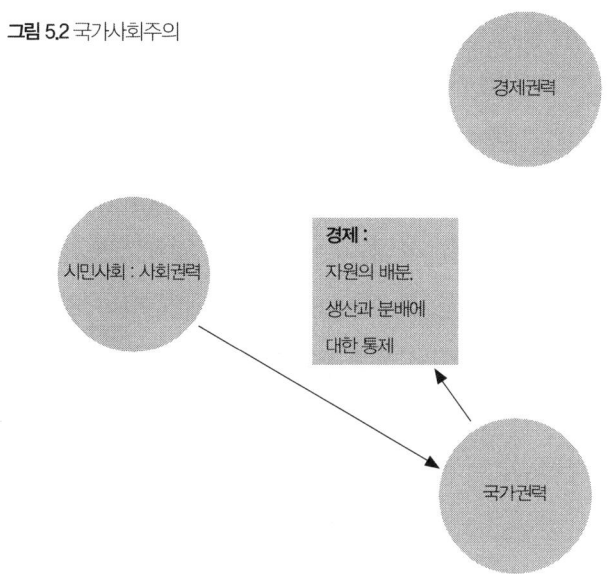

이런 종류의 국가사회주의는 혁명적 사회주의에 관한 전통적인 마르크스주의 개념의 중심에 있었다. 기본적인 생각은 적어도 서류상으로는 이러했다. 당은 노동계급과 유기적으로 연결되고, 연합한 노동자들에게 효과적으로 책임을 진다. 따라서 노동계급의 국가 통제는 바로 (계급적 관점에서 이해되는) 시민사회의 국가 통제 메커니즘이다. 이 기본적인 생각에 더해, 혁명적 사회주의는 참여적 평의회라는 조직 형태—러시아 혁명의 경우 "소비에트"라 불리게 된—를 통해 국가 제도와 경제 제도를 혁명적으로 재조직하여, 국가와 생산에서 권력을 행사하는 데 노동자들의 결사체를 직접 참여시키려고 생각했다. 이 평의회가 민주적 방식으로 충분히 권력 강화되고 자율적인 시민사회에 뿌리내린다면, 그것은 사회권력의 주도성을 제도화하는 메커니즘으로 생각될 수 있었다. 다시 한 번 당은 이 과정의 중심으로 간주되었다. 왜냐하면 당은 시민사회의 결사체들을 효과적인 사회권력으로 전환시키기 위한 리더십을 제공할("전위" 역할을 행할) 것이기 때문이었다.

물론 일이 이렇게 되지는 않았다. 혁명적 당 조직이 상층부에 권력을 집중시키는 내재적 경향 때문이건, 아니면 러시아 혁명과 그 직후의 역사적 상황의 끔찍한 제약 때문이건, 공산당이 자율적 시민사회에 종속될 수 있는 모든 가능성은 러시아 내전과 혁명의 초기 과정에서 파괴되었다. 새로운 소비에트 국가가 권력을 공고화하고 일치된 경제 변혁 노력을 전개하는 시점에 이르러서는, 공산당은 이미 국가 지배의 메커니즘이 되어 있었고, 시민사회에 침투하고 경제 조직을 통제하는 도구가 되어 있었다. 따라서 소련은 민주적 사회권력 강화에 근거한 사회주의의 원형이 된 것이 아니라, 사회주의의 이데올로기적 깃발 아래에서 '권위주의적 국가주의'의 원형이 되었다. 그 이후 혁명에 성공한 혁명적 사회주의 정당들 역시 그들의 차이에도 불구하고 전반적으로 유사한 경로를 따라 다양한 형태의 국가주의를 창조했다. 이 현실과 민주적 국가사회주의의 이론적 모델 사이의 대비가 그림 5.3에 예시되어 있다.

그림 5.3 혁명적 국가사회주의의 이론적 모델과 역사적 경험

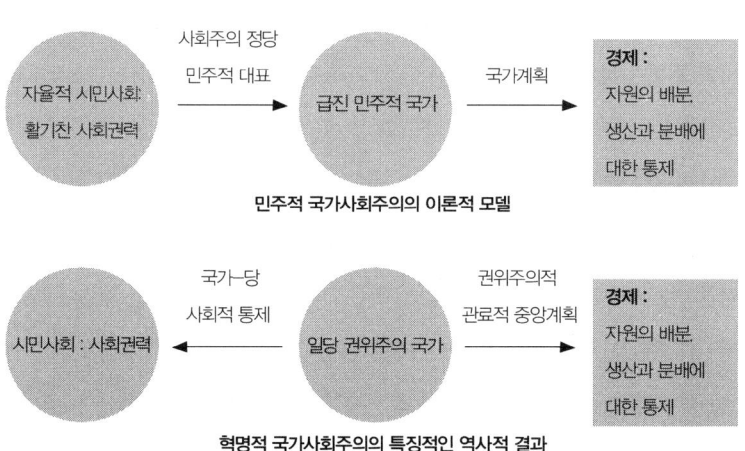

오늘날, 포괄적인 국가주의 중앙계획이 사회주의적 목표들을 실현하기 위한 실행 가능한 구조라고 믿는 사회주의자들은 거의 없다. 그럼에도 불구하고 국가사회주의는 여전히 사회권력 강화 과정의 중요한 구성요소이다. 국가는 건강에서 교육, 공공운송에 이르기까지 광범위한 공공재를 제공하는 데 여전히 핵심적이다. 따라서 사회주의자들에게 제기되는 핵심적인 질문은, 국가의 이러한 제공이 민주적으로 권력 강화된 시민사회의 통제 아래 얼마나 효과적으로 들어올 수 있느냐 하는 것이다. 자본주의 사회에서 국가의 공공재 제공은 보통 대의민주주의 제도들을 통해 사회권력에 아주 약하게 종속될 뿐이다. 자본주의적 경제권력이 국가 정책에 미치는 엄청난 영향력 때문에, 이러한 공공재는 대개 사회적 필요와 맞물려 있기보다 자본 축적의 요구와 더 맞물려 있다. 따라서 국가의 민주적 질―그림 5.1의 고리 4―을 심화시키는 것은 재화와 서비스의 직접적인 국가 제공과 관련해 핵심적인 문제이며, 사회권력 강화에 이르는 참된 경로가 된다. 제6장에서 우리는 이것을 성취하고자 하는 참여민주주의 형태들을 검토할 것이다.

2. 사회민주주의적 국가주의 경제 규제

사회권력 강화로 가는 두 번째 경로는 국가가 경제권력을 제약하고 규제하는 것을 중심으로 삼는다(그림 5.4). 20세기 말 경제적 탈규제화와 자유 시장 이데올로기의 승리의 시대에도, 국가는 여전히 생산과 분배의 규제에 깊이 연루되어 자본주의적 경제권력을 침식했다. 이것은 광범위한 개입을 포함한다. 오염 통제, 작업장 건강·안전 규칙, 생산물 안전 기준, 노동시장에서의 기술 자격 증명, 최소임금, 기타의 노동시장 규제 등이 그것이다. 지구온난화와 싸우려는 어떤 진지한 제안도 경제권력의 행사에 대해 이러한 국가주의적 규제를 강화해야 할 것이다. 이 모든 것을 위해 국가권력은 자본 소유자들의 권력을 일정하게 제한하고 그럼으로써 경제활동에 영향을 미쳐야 한다. 이 적극적인 국가 개입 형태들이 민주적 정치과정을 통해 사회권력에 효과적으로 종속된다면, 이것은 사회권력 강화에 이르는 한 경로가 된다.

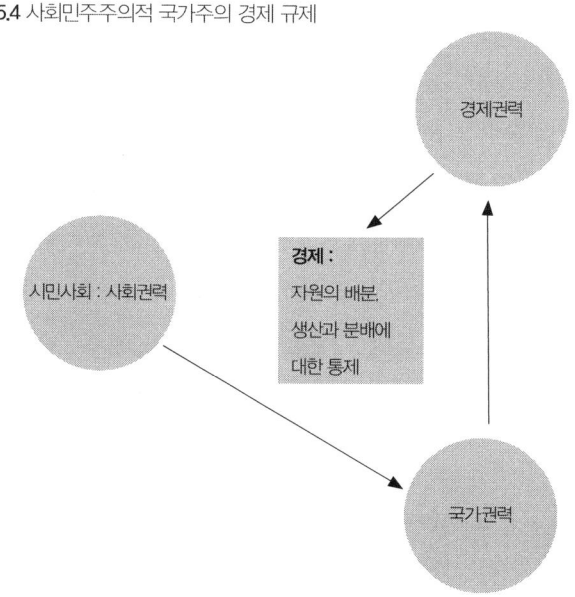

그림 5.4 사회민주주의적 국가주의 경제 규제

하지만 자본주의적 경제권력에 대한 국가주의적 규제가 꼭 현저한 사회권력 강화를 내포하는 것은 아니다. 여기서 쟁점은 다시 한 번 국가의 규제 활동이 얼마만큼 그리고 얼마나 심층적으로 시민사회의 민주적 권력을 참되게 표현한 것인가 하는 것이다. 실제의 자본주의 사회에서 많은 경제적 규제는 사실 시민사회의 필요와 권력에 대해서보다 자본의 필요와 권력에 대해 더 잘 반응한다. 그 결과는 그림 5.4보다 그림 5.5와 더 유사한 권력 배열이다. 국가권력은 자본을 규제하지만, 자본의 권력에 체계적으로 반응하며 규제하는 것이다.[17]

따라서 문제는 국가의 규제 과정을 민주화하여 자본의 권력을 줄이고 사회권력을 상승시키는 것이 자본주의 사회 내에서 얼마나 가능한가 하는 것이다. 이른바 "결사체민주주의"가 이를 위한 한 가지 방식이다.

그림 5.5 자본주의적 국가주의 경제 규제

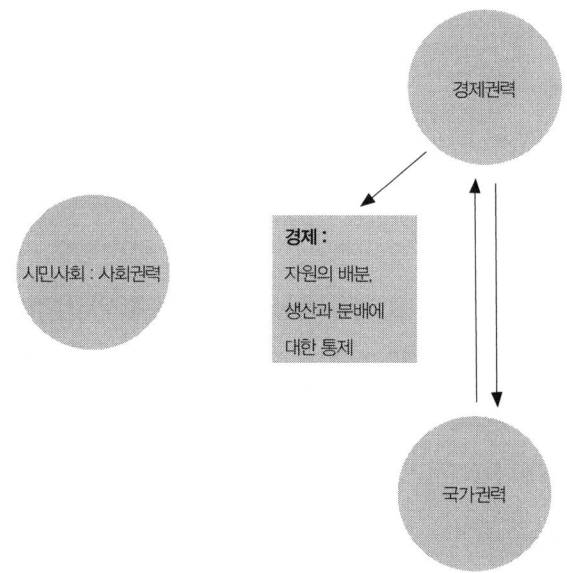

---

17 그림 5.5의 배열은 마르크스주의 전통에서 말하는 "자본주의 국가"와 상응한다. 즉 그것은 국가 기구를 조직할 때 국가권력이 자본의 필요에 반드시 응답하도록 하는 제도적 배열이다. 강한 자본주의 국가 이론은, 이 구조의 자본주의적 성격이 아주 일관되고 효과적이어서 이 자본주의 국가가 사회권력 강화의 경로가 될 모든 가능성을 사실상 배제한다고 주장한다. 예컨대 Nicos Poulantzas, *Political Power and Social Classes* (London: New Left Books, 1975)를 보라. 자본주의적 민주주의에 관한 다른 이론가들, 예컨대 아담 쉐보르스키(Adam Przeworski)는 *Capitalism and Social Democracy* (Cambridge: Cambridge University Press, 1985)에서 이 기구들이 훨씬 더 모순적이어서, 계급타협이라는 형태로 민주적 권력 강화를 위한 의미 있는 공간을 창조한다고 본다.

3. 결사체민주주의

결사체민주주의는 시민사회의 집합적 결사체들로 하여금 보통 국가 기관 및 기업 결사체들과 함께 다양한 종류의 거버넌스 활동에 참여할 수 있게 하는 광범위한 제도적 장치를 포함한다(그림 5.6).[18] 가장 익숙한 것은 아마 일부 사회민주주의 사회들에 있는 삼자 신조합주의 체제일 것이다. 이 경우 조직 노동계, 고용자들의 결사체, 국가가 함께 만나 다양한 경제 규제들, 특히 노동시장과 고용관계에 수반되는 규제들을 놓고 협상을 벌인다. 결사체민주주의는 다른 많은 영역들로 확대될 수 있을 것이다. 예컨대 생태계를 규제하기 위해 시민 결사체, 환경집단, 개발업자, 국가 기관을 함께 모으는 유역 평의회, 혹은 건강관리의 다양한 측면들을 계획하기 위해 의료 결사체, 지역사회 조직, 공중보건 관리들을 포함시키는 건강 평의회 등이 그것이다. 만약 결사체들이 내부적으로 민주적이고 시민사회의 이익을 대표한다면, 그리고 그들이 참여하는 의사결정 과정이 엘리트와 국가에 의해 크게 조작되는 것이 아니라 공개적이고 토의적이라면, 결사체민주주의는 사회권력 강화에 이르는 하나의 경로를 이룬다.

4. 사회적 자본주의

경제권력은 다양한 자본의 배분, 조직, 사용을 직접적으로 통제하는 데 근거한 권력이다. 시민사회의 이차적 결사체들은 다양한 메커니즘을 통해 이 경제권력이 행사되는 방식에 직접적으로 영향을 미칠 수 있다(그림 5.7).

---
18 리얼 유토피아 프로젝트의 일부로서, 결사체민주주의를 자세하게 논의한 것에 대해서는 Joshua Cohen and Joel Rogers, *Associations and Democracy* (London: Verso, 1995)를 보라.

그림 5.6 결사체 민주주의

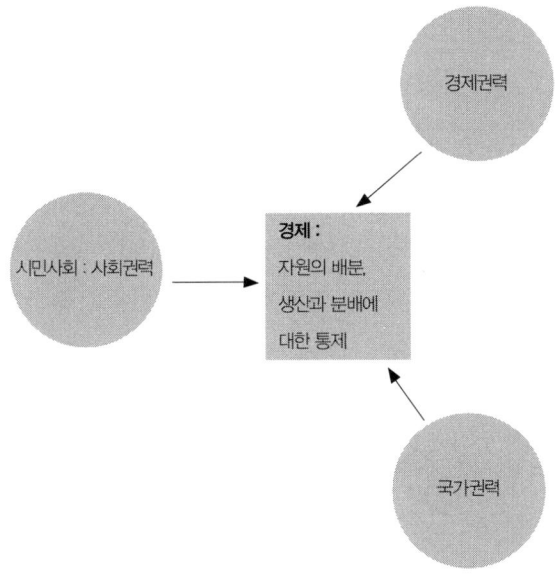

그림 5.7 사회적 자본주의

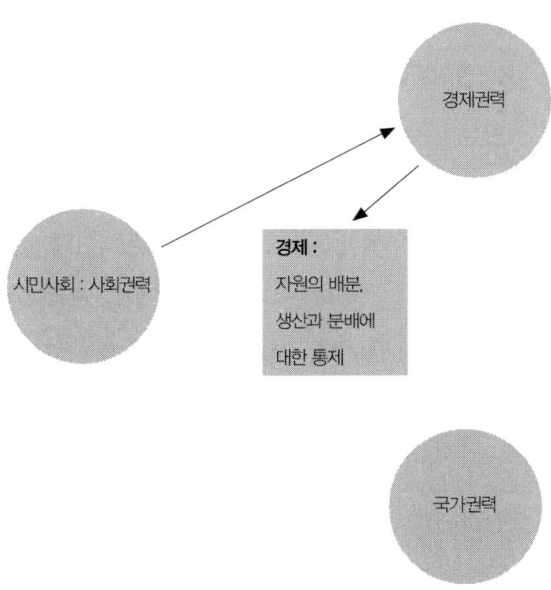

예컨대 노동조합들은 종종 대규모 연금기금을 통제한다. 이 기금은 일반적으로 수탁자 책임의 규칙들에 의해 운용되는데, 이는 수혜자에게 연금을 안정적으로 제공하는 것 이외의 목적으로 이 기금을 사용하는 데 심각한 제한을 가한다. 그러나 이 규칙들은 변할 수 있으며, 노동조합들은 이러한 기금의 관리를 통해 기업들에 대해 권력을 행사할 수 있을 것이다. 제7장에서 보겠지만, 로빈 블랙번Robin Blackburn은 더 야심차게 기업들에 대한 주식과세(share-levy)를 통해 적립되는 새로운 종류의 연금기금을 제안했다. 이 연금기금이 정말 시행된다면, 시민사회의 광범위한 이차적 결사체들이 자본 축적 패턴에 대해 상당한 영향력을 행사할 수 있게 될 것이다.[19] 오늘날의 캐나다에서 노동조합운동은 노동이 통제하는 모험자본 기금을 창조해, 일정한 사회적 기준을 충족시키는 신생 기업들에게 주주 소유권을 제공해 왔다.

역사적으로, 사회적 자본주의의 가장 중요한 형태 가운데 하나는 노동자들의 결사체들이 다양한 방식으로 권력을 동원하여 경제권력의 행사를 제약하는 것과 관련되어 있다. 이것은 보통의 노동조합들이 급여와 노동조건에 대한 협상에 참여하는 형태로 이루어질 수 있다. 이러한 협상은, 제한적이기는 하지만 경제권력의 작동에 영향을 미치는 사회권력이다. 노동자들이 기업 이사회에서 일정 규모 이상으로 대표될 것을 명령하는 독일의 공동결정 규칙은 사회권력을 기업의 직접적 거버넌스 속으로 어느 정도 확대한다. 기업 이사회에 대한 통제를 위해 주주 평의회를 이해

---

19 "The Global Pension Crisis: from Gray Capitalism to Responsible Accumulation" (*Politics and Society* 34: 2 [2006], pp. 135-86)에서 정교화된 블랙번의 제안은 1970년대 스웨덴의 루돌프 마이드너(Rudolf Meidner)가 축적에 대한 노동조합의 통제력을 증가시키는 한 방법으로서 "임금소득자 기금"을 도입하자는 제안을 본 딴 것이다. 핵심적인 생각은 기업들이 현금이 아니라 새롭게 발행한 주식을 이 기금에 지불하는 것이다. 이것은, 기업의 총 주식에 대한 사적 주식소유자의 통제력을 점차 희석시키고 이 기금을 통제하는 (노동조합과 같은) 결사체들이 기업 정책 결정력을 향상시키는 효과를 가진다.

당사자 평의회로 대체하자는 제안은 더 급진적인 버전일 것이다. 혹은 예컨대 작업장 건강·안전 규제를 고려해 보라. 한 가지 접근법은 정부 규제 기관이 있어서, 작업장에 검사관을 보내 규칙을 따르는지 감독하는 것이다. 또 다른 접근법은 작업장 내에서 노동자 평의회에게 건강·안전 조건을 감독하고 시행하게 하는 권한을 부여하는 것이다. 후자가 경제권력에 대해 사회권력을 신장시키는 예이다.

기업에 대해 소비자 지향적 압력을 가하는 사회운동 역시 경제권력에 대한 시민사회 권력 강화의 한 형태이다. 이 운동들은 예컨대 대학 캠퍼스를 중심으로 하는 반反착취공장·노동기준 운동, 그리고 어떤 사회적으로 두드러진 기준에 응하지 않는 제품들을 파는 기업들에 대한 조직적 보이콧 등을 포함한다.[20] 마찬가지로 공정한 노동과 훌륭한 환경적 실천을 채택하는 남반구의 생산자들을 북반구의 소비자들과 연결시키는 공정무역·등가교환 운동 역시 다국적기업의 경제권력으로부터 자유로운 대안적인 지구적 경제 네트워크를 구축하려고 시도한다는 점에서 사회적 자본주의의 한 형태를 이룬다.

5. 협동조합적 시장경제

독립적이고 노동자가 완전히 소유하는 협동조합적 기업이 자본주의 경제에 있다면, 그것은 사회적 자본주의의 한 형태이다. 모든 기업 구성원들이 평등주의 원칙에 따라 일인일표의 권리를 가질 때, 이 기업 내의 권력

---

20 시민사회에 기초한 노동기준 운동의 한계와 이러한 기준들이 국가권력에 의해 뒷받침되는 것의 중요성에 관한 논의에 대해서는 Gay Seidman, *Beyond the Boycott: Labor Rights, Human Rights and Transnational Activism* (New York: Russell Sage Foundation, 2008)을 보라.

관계는 상이한 사람들의 상대적 경제권력에 기초하는 것이 아니라, 자발적 협동과 설득에 기초하게 된다. 노동자들은 함께 민주적 수단을 통해 이 기업의 자본이 대표하는 경제권력을 통제한다.

오늘날의 세계에서 대부분의 노동자 소유 협동조합들은 자본주의 원리를 따라 조직된 시장 안에서 움직인다. 따라서 은행이 협동조합들에 돈을 빌려주기를 주저하기 때문에, 그들은 금융시장에서 현저한 신용 제약에 직면하며, 보통의 자본주의 기업들처럼 시장의 충격과 혼란에 취약하다. 그들은 대체로 혼자 해나가야 한다.

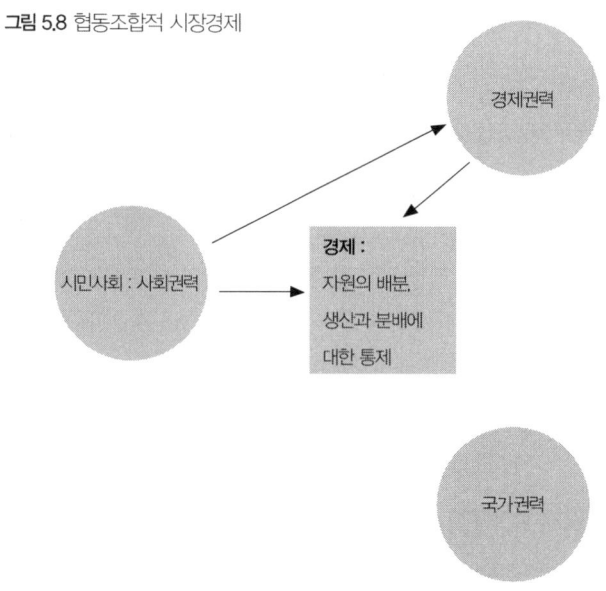

그림 5.8 협동조합적 시장경제

노동자 소유 협동조합들이 말하자면 협동조합적 시장경제 속에 착근한다면, 이 상황은 아주 달라질 수 있다. 협동조합적 시장경제(그림 5.8)는 개별 협동조합 기업들이 협동조합들의 결사체들—협동조합들의 협동조합이라 할 수 있는 것—로 함께 모이는 경제이며, 이 결사체들이 집합적으로 금융, 훈련, 문제해결 서비스, 그리고 기타의 상호지원을 제공한다. 이러한 협동조합적 시장에서 최상위 협동조합은 개별 협동조합 기업들의 소유의 사회적 성격을 넓혀, 이해당자자 모델 쪽으로 더 가까이 가게 한다. 사실, 이 확장된 협동조합 환경을 통해 경제활동을 직접 조직하는 데 있어서의 사회권력의 역할은 개별 협동조합 기업 내에서 사회적 자본주의 경로와 함께 할 때 더 강화될 수 있다.

6. 사회적 경제

사회적 경제 역시 또 다른 사회권력 강화 경로이다. 이 경우에는 시민사회의 자발적 결사체들이 단순히 경제권력의 전개를 규정하기보다 경제활동의 다양한 측면들을 직접 조직한다(그림 5.9). "사회적 경제"는 경제활동을 직접 조직하는 대안적 방식으로, 자본주의적 시장 생산, 국가가 조직하는 생산, 가내 생산과 다르다. 그 특징은 집합체가 이윤 극대화의 규율이나 국가 기술관료적 합리성의 규율에 종속되지 않고, 인간의 욕구를 직접 충족시키기 위해 생산을 조직한다는 것이다.

여기에서 사회적 경제라는 용어의 용법은 사회적 경제 활동가들 자신이 일반적으로 채택하는 정의보다 더 제한적이다. 퀘벡은 비자본주의적 경제활동의 확대를 지지하는 사회적 경제 운동이 성한 곳이다. 이곳에서 "사회적 경제"라는 용어는 포괄적인 개념으로 이용된다. 내가 말하는 사회적 자본주의와 협동조합적 시장경제를 포함할 뿐만 아니라, 때로는 관례적인 이윤 추구와 더불어 자기의식적으로 사회적 목적을 채택하는 자본주의 기업까지 포함한다. 이것은 퀘벡의 상황에서는 말이 된다. 왜냐하면 이곳에서는 이 말이 통상적인 자본주의적 관행 바깥에 있는 모든 범위의 활동에 걸쳐 광범위한 연합과 연대를 촉진하기 위해 사용되고 있기 때문이다. 다른 곳에서 "사회적 경제"라는 용어는 모든 비영리단체, NGO, 그리고 이른바 "제3부문"을 포함하는 뜻으로 사용된다. 아무튼 이 용어의 이 모든 상이한 용법은 그림 5.9에서 표현된 사회권력 강화의 경로를 포함하고 있다.[21]

사회적 경제에 기초한 생산의 순수한 예 가운데 가장 두드러진 것은 제1장에서 간략히 논의되었듯이 위키피디아를 들 수 있다. 위키피디아는 시장 바깥에서, 국가의 지원 없이 지식을 생산하고 정보를 유포한다. 이 인프라의 자금은 대체로 위키 재단의 참여자와 지지자들의 기부에서 나온다. 기술이 매개하는 사회적 네트워크는 이 자발적 결사의 기초 형태이지만, 위키피디아의 발전 과정에서 더 강한 형태의 결사도 등장했다. 이에 대해서는 제7장에서 논의될 것이다.

자본주의 사회에서 사회적 경제의 생산이 자금을 지원받는 일차적인 방식은 자선 기부를 통해서이다. 바로 이 때문에 이러한 활동은 종종 교회에 의해 조직되지만, 상이한 종류의 다양한 NGO들도 많은 사회적 경제 활동에 참여한다. 해비타트Habitat for Humanity가 한 가지 예일 것이다. 다양한 원천들—사적 기부와 재단, 시민 결사, 정부 보조금으로부터의 지원—에서 나오는 기금을 사용해 해비타트가 짓는 가옥들은 지역사회에

---

21 내가 퀘벡의 사회적 경제 프로젝트에 적극적으로 참여하는 일단의 학계 인사들과 활동가들에게 이 도식을 발표했을 때, 그들이 그림 5.9의 경로가 사회적 경제를 너무 제한적으로 규정하고 있다고 이의를 제기했다. 그들의 실제적인 일은 분명히 내가 말하는 사회적 자본주의와 협동조합적 시장경제에 속할 많은 프로젝트들을 포함하고 있다. 그들이 염려한 것은, 나의 제한적 용법이 어떤 경계를 만들어, 사회적 경제라는 명칭에서 제외되는 활동들을 폄하할지도 모른다는 것이었다. 이름을 붙이는 것은 항상 이러한 위험을 가지고 있다. 하지만 나는 현재의 문맥에서 이것이 정말 문제가 된다고는 생각하지 않는다. 왜냐하면 사회권력 강화의 여러 경로들은 원래 서로 적대적이기보다는 보충적이고 상생적인 것으로 간주되기 때문이다.

기반한 조직과 자원봉사활동에 크게 의지하고 있다.

국가가 그 과세 능력을 통해 사회적으로 조직된 비시장적 생산에 자금을 제공할 수 있다면, 사회적 경제의 잠재적 범위는 확대될 수 있을 것이다. 제7장에서 보겠지만, 그 한 가지 방식은 무조건적 기초소득 제도이다. 무조건적 기초소득 제도는 고용에서 버는 수입과 소득의 고리를 부분적으로 끊게 된다. 이렇게 되면 모든 종류의 자발적 결사체들이 사회적 경제에서 새로운 형태의 의미 있고 생산적인 일을 창출할 수 있게 될 것이다. 그러나 보다 표적화된 형태의 정부 자금 지원 역시 사회적 경제를 지원할 수 있을 것이다. 이것은 이미 세계의 많은 곳에서 예술과 관련해 흔하게 이루어지고 있다. 퀘벡에는, 비영리 기업을 통해 조직되는 노인 돌봄 가정 서비스, 그리고 부분적으로 이렇게 세금을 통해 보조금을 받으면서 부모 협동조합을 통해 조직되는 육아 서비스의 광범위한 체계가 있다.

그림 5.9 사회적 경제

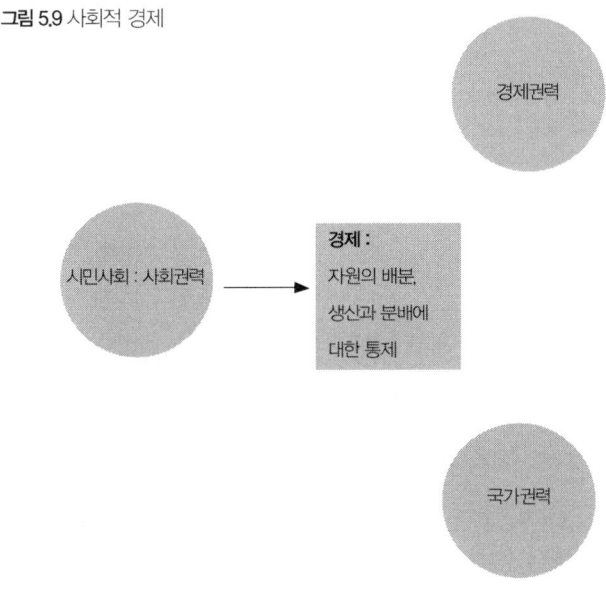

7. 참여사회주의: 권력 강화된 참여에 기초한 국가사회주의

사회권력 강화에 이르는 마지막 경로는 사회적 경제에 특유한 직접적인 사회적 참여와 국가사회주의를 결합한다. 국가와 시민사회가 재화와 서비스의 다양한 생산을 공동으로 조직하고 통제하는 것이다. 참여사회주의에서 국가의 역할은 사회적 경제에서보다 더 광범위하고 직접적이다. 국가는 단순히 자금을 제공하고 기본 사항을 정하는 데 그치지 않는다. 국가는 다양한 방식으로 경제활동의 조직과 생산에 직접 개입하기도 한다. 다른 한편 참여사회주의는 국가사회주의와도 다르다. 왜냐하면 이 경우 사회권력은 국가 정책에 대한 민주적 통제의 통상적인 채널을 통해서만 역할을 하는 것이 아니라 바로 생산활동 안에서도 직접 역할을 하기 때문이다.

제1장에서 간략히 논의된 브라질 포르토 알레그레의 참여형 예산 과정은 참여사회주의의 한 예이다. 시민사회의 시민들과 결사체들은 주州로 하여금 민주적 책임을 지게 할 뿐만 아니라, 시예산을 통해 형성된 인프라 프로젝트의 통제에도 직접 개입한다. 국영기업 내에서의 작업장 민주주의와 노동자들의 공동경영 체계 역시 참여사회주의의 한 형태이다. 시민사회가 학교 거버넌스에 적극적으로 참여할 경우 공교육도 참여사회주의의 한 형태일 것이다.

이런 일이 이미 몇몇 곳에서 일어난 한 현장이 교육이다. 스페인 바르셀로나에서 몇몇 공립 초등학교들이 이른바 "학습 공동체"로 전환되었다. 학교의 거버넌스는 부모, 교사, 지역사회 구성원들에게로 상당히 이전되었고, 학교의 기능도 협소하게 아이들을 가르치는 것에서 지역사회 전체에 더 광범위한 학습 활동을 제공하는 것으로 바뀌었다.[22] 미국에서도 시민 결사체와 사친회가 학교에 참여하는 긴 전통이 있지만, 이것이 보통 학교 거버넌스에서 결정적인 역할을 전혀 하지 못한다.

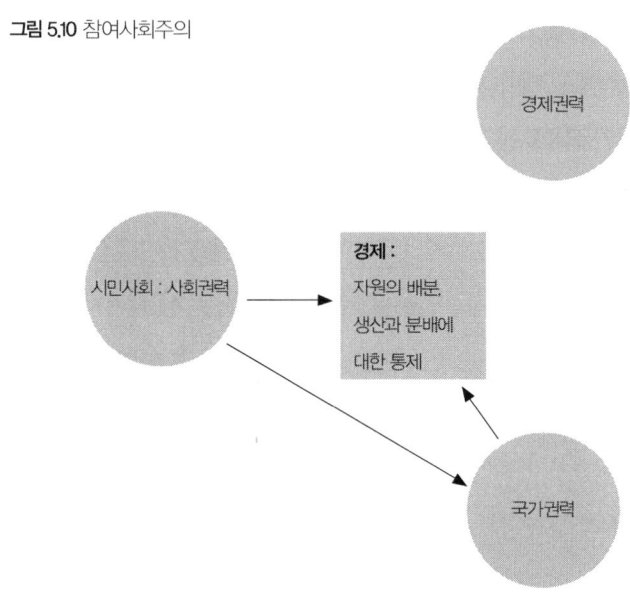

그림 5.10 참여사회주의

| 결론: 세 가지 회의적인 주석

이 일곱 가지 경로들의 중심에 깔려 있는 생각은 광범위하고 튼튼한 경제 민주주의의 성취인데, 이를 위해서는 사회권력이 시민사회의 보통 사

---

22 스페인의 학습 공동체 학교들이 교육의 공동 생산 속에서 국가와 시민사회를 연결하는 하이브리드 구조로 간주될 수 있다는 분석에 대해서는 Ramon Flecha, *Sharing Words* (Lanham, MD: Rowman and Littlefield, 2000)을 보라. 한 학습 공동체 학교에 관한 뛰어난 민속지적 연구에 대해서는 Montse Sanchez Aroca, "La Verneda-Sant Marti: A School Where People Dare to Dream," *Harvard Educational Review* 69: 3 (1999), pp. 320-57을 보라.

람들의 적극적인 참여와 권력 강화를 통해 조직되어, 경제에 대해 직간접적인 민주적 통제를 행사할 수 있어야 한다는 것이다. 이 경로들 각각을 떨어뜨려 놓을 때는 이 경로 혹은 저 경로를 따라 가는 것이 자본주의에 큰 도전이 되지 않을 것이다. 그러나 이 모든 경로를 한꺼번에 따라 가면 자본주의의 계급관계와 그리고 이에 근거한 권력과 특권의 구조가 근본적으로 변혁될 것이다. 자본주의는 경제활동을 지배하는 하이브리드적 권력관계 배열의 한 구성요소로 여전히 남아 있을지도 모른다. 그러나 국가와 경제의 민주화가 심화되면서 자본주의는 이러한 민주화가 설정한 한계 내에서 크게 제약되고, 민주주의에 종속되게 될 것이다. 그렇다고 해서 사회정의와 정치정의라는 급진 민주평등주의적 이상들이 자동적으로 실현되리라는 보장은 없다. 그러나 우리가 이 경로들을 따라 이러한 하이브리드적 사회조직 형태에 어떻게든 성공적으로 도달한다면, 우리는 훨씬 더 좋은 위치에서 사회정의와 정치정의에 대한 급진 민주평등주의적 전망을 위해 투쟁할 수 있을 것이다.

이 가능성이 현실화될 수 있는지 없는지는 세 종류의 조건들에 좌우된다. 첫째, 그것은 시민사회 자체가 집합적 결사와 행위의 활기찬 영역이 되어, 충분한 일관성을 가지고 국가권력과 경제권력 모두를 효과적으로 규정할 수 있는 정도에 좌우된다. 사회권력이 시민사회에서 나온다는 생각은, 시민사회에는 다른 행위 영역으로 옮겨갈 수 있는 잠재적 권력이 존재한다는 것을 전제한다. 둘째, 효과적 사회권력 강화는 사회권력이 이 경로들을 따라 동원되고 전개되는 것을 촉진하는 제도적 메커니즘의 존재에 좌우된다. 제도적 공고화 없는 사회적 동원은 전반적인 권력 배열에 지속적인 영향을 미치지 못할 것이다. 셋째, 효과적 사회권력 강화는 이 제도적 메커니즘이 사회권력 강화에 반대하는 권력을 물리칠 수 있는 능력에 좌우된다. 자본주의 사회의 상황에서 이는 무엇보다 자본의 권력을 물리친다는 것이다. 또한 국가권력의 여러 측면들 중에 시민사회의 주도와 행위를 가로막는 측면들을 물리친다는 것이기도 하다.

1. 시민사회와 사회권력

이 장의 핵심적인 생각을 요약해 보자. 시민사회는 사람들이 결사체를 형성해 자신들의 집합적 목표를 전진시킬 수 있는 능력에 근거한, 해방적 잠재력을 지닌 한 권력 형태―"사회권력"―의 소재지이다. 따라서 사회주의는 경제활동을 조직하는 데 있어 사회권력이 복수의 형태로 지배적 역할을 하는 경제구조로 정의되며, 이러한 지배적 역할은 사회권력이 국가권력과 경제권력의 행사를 규정하는 것을 통해 직간접적으로 이루어진다. 이것은 국가와 경제의 급진적 민주화를 주장하는 것과 마찬가지이며, 이를 이루기 위해서는 많은 결사체가 존재하는 시민사회가 필요하다.

회의론자는 다음과 같이 정당하게 대응할 수 있다. 경제에 대한 통제를 광범위하게 민주화하는 데 있어, 시민사회에서 형성된 결사체들이 거기에 적절할 것이라고 믿을 이유가 전혀 없다는 것이다. 여기에는 두 가지 문제가 있다. 첫째, 활기찬 시민사회란 바로, 상이한 종류의 연대에 기초해 상이한 종류의 구성원들을 가지고 상이한 목표들을 중심으로 구축된 다수의 이질적인 결사체, 네트워크, 공동체들을 가진 시민사회이다. 이 다원적 이질성이 논쟁과 사교의 공공영역을 위한 환경은 제공할지도 모른다. 그러나 국가나 경제를 효과적으로 통제하는 데 필요한 응집성 있는 권력의 기초로서는 좋을 것 같지 않다. 둘째, 시민사회를 구성하는 자발적 결사체들에는 배제, 협소한 이익, 특권의 유지에 기초한 추잡한 결사체들도 수없이 많다. 자발적 결사체들에는 전미유색인지위향상협회(National Association for the Advancement of Colored People)뿐만 아니라 쿠 클럭스 클랜Ku Klux Klan도 있으며, 지역사회 발전과 개방성을 증진하는 결사체들 뿐만 아니라 인종적 계급적 노선을 따라 주택지구의 배타성을 보호하는 결사체들도 있다. 이러한 결사체들의 권력을 강화하는 것이 드넓은 인간해방의 전망은 고사하고라도, 자본주의의 해악을 완화하는 데 어떤 긍정적인 기여를 할 수 있다고 믿을 것인가?

첫 번째 반론은 사실 여기에서 제안되는 사회주의 개념이 왜 무정부주의와는 다른지를 보여준다. 자본주의의 초월과 관련해 무정부주의가 상상하는 세계는, 시민사회에서 사람들의 행위가 자발적으로 조정되면 충분한 응집성이 저절로 성취되어, 국가의 개입이 없어도 사회질서가 유지되고 사회적 재생산이 이루어지는 그런 세계이다. 반대로 사회주의는 국가를 필요로 한다. 시민사회에서 나오는 집합적 권력은 게임의 규칙과 조정 메커니즘들이 없으면 국가와 경제를 통제하는 데 필요한 통합을 성취할 수 없을 것이다. 사회주의에는 이러한 규칙과 조정 메커니즘들을 세우고 집행하는 실질적 권력을 가진 국가가 필요하다.

두 번째 반론—시민사회에는 급진적인 민주평등주의적 해방적 이상과 부합하지 않는 결사체들이 많다는 반론—은 더욱 염려스럽다. 왜냐하면 이것은 배제와 억압에 근거한 사회주의의 유령을 불러내기 때문이다. 그래서 시민사회를 사회주의적 민주평등주의 이상과 부합하는 좋은 결사체들로만 이루어진다고 정의함으로써 이 우려를 다스리고 싶다. 그렇다면 사회권력 강화는 해방적 이상과 적어도 양립할 수 있는 민중적 결사체들의 권력 강화일 것이다.[23] 사악한 사회주의는 명령에 의해 제거될 것이다. 나는 이것이 바람직하지 못한 대응이라고 생각한다. 이것은 마치, 인센티브, 위험 감수, 효율적 시장에 관한 이론적 주장에 기초해 자본주의 옹호론을 전개한 다음, 독점 권력이 필연적으로 등장하리라는 비판에 대해 "자본주의는 시장을 지배할 능력이 없는 경쟁적 기업들로만 이루어진다"고 선언하는 것과 같다. 시장을 지배하는 강력한 기업들이 등장하면, 이것은 "진정한 자본주의"가 아니다. 더 나은 대응은 자본주의가 정말 이와 같은 집중된 형태의 시장 권력을 발생시키곤 한다는 것을 인정하는 것이다. 독점 기업들이 자본주의의 미덕을 심각하게 손상시킨다면, 이 효과를 상쇄할 제도적 메커니즘을 제안하는 것으로 대응한다. 이는 보통 국가 규제 형태의 제도적 메커니즘일 것이다. 이 제도적 장치들은 (사유재산의 신성함 같은) 자본주의의 원칙 일부를 위반하기에 어떤 모순적인 성격을 가질 것이다. 그러나 경제구조의 자본주의적 조직 내에 잠재한 미덕들을 얻으려면 자본주의와 사회주의의 하이브리드적 혼합이 필요할 수도 있다.[24]

사회주의는 권력 강화된 시민사회에 기초한다고 볼 경우, 시민사회에 배제적 결사체들이 존재한다는 사실은 이러한 사회주의관에 위와 유사한 난제를 초래한다고 나는 생각한다. 시민사회에 근거한 권력이 지배하는 사회가 민주평등주의적 이상을 지지하는 사회가 될 것이라는 보장은 없다. 하지만 이것은 사회주의에 고유한 문제가 아니라, 민주적 제도 일반

---

23 시민사회 개념을 다루는 논의들 중에는 시민사회를, 보편주의적 "시민적" 관심사에 의해 활성화되는 결사체와 사회적 실천이라는 관점에서 정의하는 논의들이 있다. "반(反) 시민적"인 배타적 결사체들은 시민사회의 구성요소이기보다는 시민사회의 적이다. 예컨대 Jeffrey Alexander, *The Civil Sphere* (New York: Oxford University Press, 2006)을 보라.

24 이것이 다양한 형태의 국가 규제 자본주의의 미덕을 옹호하는 표준적인 방식이다. 국가 규제는 자본주의의 자기파괴적 측면들을 물리침으로써, 자본주의 자체가 인간의 복리에 기여할 수 있게 한다는 것이다. 비록 이렇게 되면 자본주의는 더 이상 순수한 자본주의가 아니게 되지만 말이다.

의 특징이다. 보수주의자들이 종종 지적하듯이, 민주주의에는 다수의 압제 가능성이 고유하게 존재하지만, 실제로 자유민주주의는 적절한 제도를 통해 개인적 권리와 소수의 이익을 상당히 성공적으로 보호해 왔다. 시민사회의 결사체를 통해 사회권력을 강화하는 데 근거한 사회주의적 민주주의도 이와 유사한 도전에 직면할 것이다. 어떤 제도적 규칙을 고안함으로써 민주주의를 심화시키고 결사체의 권력을 강화하여 급진 민주평등주의적 해방을 촉진할 것인가? 여기에서 내가 가정하는 것은 사회권력 강화에 기초한 사회주의가 이 도전에 틀림없이 성공적으로 응답할 것이라는 것이 아니다. 사회권력 강화의 경로들을 따라 나아가는 것이, 이 이상들을 위해 투쟁하는 데 있어 자본주의나 국가주의가 제공할 수 있는 것보다 더 유리한 지형을 제공할 것이라는 것이다.

2. 제도적 정교화

회의론의 두 번째 근거는 제도적 메커니즘의 문제와 관련되어 있다. 만약 우리가 요술을 부려, 시민사회에 근거한 권력을 국가와 경제에 대한 통제력으로 전환시킬 수 있는 제도를 손에 쥐게 된다면, 이 제도는 정말 평등주의적 민주적 가치들을 증진시킬 수 있을 것이다. 그러나 우리가 왜 이러한 제도들이 가능하다는 것을 믿어야 하는가? 이러한 가능성을 부정하는 주장은 아주 익숙하다. 사람들은 대부분 너무나 수동적이어서, 어떤 형태의 실질적 권력 강화에도 신경을 쓰지 않는다. 우리에게는 복잡한 기술적 문제들에 관해 결정을 내려줄 전문가들이 필요하다. 혁신과 효율적인 투자를 위해서는 이윤 동기에 의해 추동되는 자본주의 기업들이 필요하다. 민중의 압력과 특수이익에서 상대적으로 절연된 중앙집권적이고 전문화된 국가 장치들만이 기술적으로 효율적인 방식으로 경제를 적절히 규제할 수 있다.

이런 종류의 회의론에 대응하는 것이 리얼 유토피아에 관한 토론의 핵심 목표이다. 해방적 가치들을 실현하고자 하는 어떤 제도적 설계가 과연 실행 가능한 것인지를 탐구하는 것이 바로 핵심 목표인 것이다. 다음의 두 장에서 우리는 이와 같은 일련의 리얼 유토피아 제안을 검토한다. 이 검토를 통해, 다양한 제도 장치들이 실행 가능하다는 것을 확신하게 될 것이며, 따라서 사회권력 강화의 경로들을 따라 나아가는 것이 호소력 있는 목표임이 분명해질 것이다.

3. 성취 가능성

회의론의 마지막 근거는, 어떤 제도 장치들이 사회권력 강화를 촉진하고 민주평등주의적 이상의 실현에 상당히 기여할 수 있다손 쳐도, 자본주의 사회 안에서 이러한 제도들을 창조하는 것은 불가능하다는 것이다. 이러한 제도를 진지하게 구축하려는 시도는 필연적으로 국가와 자본주의 경제에 자신의 권력을 두고 있는 엘리트들로부터 반격을 당할 것이다. 사회권력 강화는 그것이 자본주의의 기초적인 권력관계를 위협하지 않는 한에서만 허용될 것이다. 따라서 사회권력 강화의 경로들을 따라 진지하게 나아갈 때 넘을 수 없는 장벽에 마주치게 되는 이유는, 실행 가능한 해방적 제도 설계가 존재하지 않기 때문이 아니다. 사회주의로 인해 자기 이익을 위협받게 될 유력한 행위자들에게 이러한 노력이 패배 당할 것이기 때문이다. 요컨대, 경제권력을 사회적으로 조직하는 데 있어 자본주의가 지배적인 역할을 하는 사회에서는, 당신은 이러한 제도를 구축할 수 없다.

　이것은 혁명적 사회주의자들이 제기하는 비판이다. 그들은 사회주의가 가능하기 위해서는 체제 차원의 단절 속에서 자본의 권력과 자본주의 국가의 권력이 결정적으로 분쇄되어야 한다고 주장한다. 이 주장이 올바른 것일 수도 있다. 이것이 사실이라면, 상상 가능한 미래에는 사회주의가 자본주의의 대안이 될 수가 없다. 변화의 목적지로서도, 변화의 방향으로서도 대안이 될 수가 없다. 그러나 이 예측은 지나치게 비관주의적일지도 모른다. 그리하여 자본과 자본가계급의 권력을 지나치게 의식하고, 사회적 혁신에 이용될 수 있는 사회적 공간을 과소평가하고 있을지도 모른다. 이와 같은 쟁점들이, 변혁을 다루는 제3부에서 우리가 탐구할 쟁점들이다.

06 | 리얼 유토피아 I : 사회권력 강화와 국가

이 장과 다음 장에서 우리는 다음의 세 가지 주요 기준을 충족시키고자 하는 일련의 리얼 유토피아 제안들을 탐구할 것이다. 첫째, 이 제도적 설계들은 급진 민주평등주의적 해방적 이상의 관점에서 '바람직하다.' 둘째, 이 제도적 설계들은 현존 체제에 대한 '실행 가능한' 대안이다(즉, 이 설계들이 작동하는 방식은 우리의 상식적 기대와 어긋나지 않으며, 실행될 경우 의도되지 않은 도착된 결과를 낳아서 이 제도의 바람직한 속성들을 부정하거나 이 제도를 지속 불가능하게 하는 일이 없을 것이다). 셋째, 이 제안들은 앞 장에서 개괄한 사회권력 강화의 경로를 따라 나아가는 데 일정한 방식으로 공헌해야 한다. 사회권력 강화가 있어야만 어떤 제도적 변화가 추구할 만한 것이 되는 건 물론 아니다. 그러나 사회권력 강화가 누적되면 자본주의를 능가할 수 있는 잠재력을 가진 어떤 변화가 일어날 게 분명하다.

네 번째 기준, 즉 제안의 '성취 가능성'은 상당한 정치적 중요성을 가지고 있지만, 여기에서는 핵심적인 관심사가 아니다. 우리가 고찰할 제도적 제안들의 일부는 분명 오늘날의 세계에서 일정한 형태로 성취 가능하다. 어떤 것은 이미 제한적으로 실행되어 왔고, 또 어떤 것은 어떤 곳에서 적극적으로 정치적 의제 위에 올라와 있다. 또 어떤 생각들은 즉시 성취 가능할 것 같지 않지만, 많은 사회세력이 그 주위로 동원된다면 성취 가능해지는 상황을 어렵지 않게 상상할 수 있다. 그러나 적어도 이 장과 다음 장에서 논의되는 제안들의 일부는 정치적으로 아주 무리해 보이고, 현재 논의되고 있는 형태로는 전혀 성취 가능할 것 같지 않다. 예컨대 제7장에서 논의될 존 로머의 평등소유권 시장사회주의 제안이 그렇다. 그럼에도 불구하고 나는 이처럼 성취 불가능해 보이는 가능성들에 대해서도 생각해볼 가치가 있다고 믿는다. 왜냐하면 지금으로부터 수십 년이 지난 후 정치적 상황이 어떠할지를 예측하는 것은 너무나 어렵기 때문이다. 또 실행 가능하지만 성취 불가능해 (보이는) 제도적 설계의 논리를 탐구하면, 성취 가능한 혁신을 미래에 정식화하는 데 도움이 되기 때문이다.

우리는 리얼 유토피아 설계와 제안을 탐구하기 위해 두 가지 전략을 채택할 것이다. 첫 번째 것은 경험적인 전략으로, 제5장에서 정교화된 사회권력 강화의 원칙들을 상이한 방식으로 구현하는 세계 각지의 구체적인 사례들에 초점을 맞춘다. 이러한 경험적 사례들을 제대로 분석하려면 많은 과제를 수행해야 한다. 첫째, 그 사례가 정말 사회권력 강화과정을 구현한다는 것을 확증해야 한다. 둘째, 문제의 제도적 설계가 실제로 정확히 어떻게 작동하는지를 가능한 한 세밀하게 분석해야 한다. 셋째, 보다 추상적인 제도적 설계의 여러 요소들을 구성하는 몇 가지 일반 원리들을 그 사례로부터 추출해내야 한다. 넷째, 그 사례를 가능하게 한 촉진 조건들을 탐구해야 한다. 마지막으로, 이 리얼 유토피아 설계가 직면하는 모순, 한계, 딜레마를 드러내야 한다. 이러한 종류의 분석에서 결정적인 위험은 이와 같은 실례들에 대한 연구가 선전적宣傳的 응원으로 전락한다는 것이다. 급진적인 자본주의 비판자들이 그들의 포부를 구현하는 경험적 모델에 필사적이 되면, 소망적 사고가 냉정한 평가를 압도할 수 있다. 이에 상응하는 위험은 물론 냉소주의이다. 지식인들은 순진한 열정을 폭로하는 데 큰 찬사를 보낸다. 따라서 필요한 것은 경험적 사례들에 대한 설명이 순진하지도 냉소적이지도 않으면서, 사회권력 강화를 위한 실천적 노력의 진정한 잠재력뿐만 아니라 복잡성과 딜레마들까지 완전히 인식하려고 노력해야 한다는 것이다.

이 장과 다음 장에서 전개되는 두 번째 분석 전략은, 어떤 실제 사례에 의해서도 대변되지 않는 새로운 제도적 설계들의 순수 이론적 모델을 제안하는 것이다. 그렇다고 해서 이러한 분석이 이런저런 종류의 경험적 증거에 기댈 수 없다는 것은 아니다. 왜냐하면 일반적으로, 이러한 제안을 이해하는 데 적절히 참고가 되는 경험적 현상이 존재할 것이기 때문이다. 그러나 이 분석의 핵심은 명시적 전제와 이론적 주장에 기초해 논리적 구조를 정교화하는 것이다. 여기에서도 역시 결정적인 과제는 딜레마, 한계, 문제와 직접 맞붙는 것이다. 기본적인 생각은 이 모델들이 '현실적인' 유토피아 모델이어야 한다는 것이며, 우리는 이러한 설계를 이행할 때 의도되지 않은 결과가 나올 수 있음을 미리 알고 있다. 이론적 분석을 아주 정교화하려면 이 결과들도 탐구하려고 노력해야 할 것이다.

이 두 장에서 우리가 검토할 제안들은 사회주의를 위한 포괄적 제도설계 프로젝트가 아니며, 현존하는 사회구조와 사회제도에 대한 다른 어떤 포괄적인 대안도 아니다. 반자본주의 정당을 위한 통합적 정치 프로그램이고자 하는 뜻도 없다. 나는 우리가 검토한 제도적 설계의 많은 요소들이 사회주의적 민주평등주의 정치 프로그램의 일부가 될 수 있고 또

되어야 한다고 생각하지만, 앞으로 논의될 것에는 틈과 누락된 요소들이 많이 남아 있다. 앞 장에서 개괄된 사회권력 강화의 경로들 대부분은 국가를 수반하기 때문에, 여기에서는 우선 국가 속에서 민주주의를 심화시키기 위한 리얼 유토피아적 제도 설계 제안들을 검토한다. 다음 장은 새로운 경제제도를 위한 설계를 검토할 것이다.

민주주의의 세 가지 제도적 형태[1]

"민중에 의한 지배"라는 추상적인 민주주의 개념은 세 가지 일차적인 제도적 형태를 통해 실제적인 민주적 통치 체제로 변환된다. 직접민주주의, 대의민주주의, 결사체민주주의가 그것이다.

직접민주주의. 직접민주주의에서는 일반 시민들이 정치적 통치 활동에 직접적으로 연루된다. 직접민주주의의 한 형태는 때로 "국민투표제적 민주주의"라 불리는 것으로, 시민들이 다양한 법률과 정책에 대해 투표를 한다. 또 다른 형태는 시민들이 시에서 입법에 관한 공청회나 증언에 참여하거나, 더 드물게는 주민총회에서 직접 결정을 하는 것과 같은 여러 가지 방식이다.

대의민주주의. 이것은 민주주의 원리를 실현하기 위한 가장 친숙한 제도적 형태이다. 대의민주주의에서 사람들은 보통 지구 내에서 경쟁적 선거를 통해 선택되는 그들의 대표자들을 통해 지배한다. 대다수 민주주의

---

[1] 이 절의 여러 부분은 아천 펑(Archon Fung)과 공저한 미출간 논문 "Participation, Associations, and Representation in a Deeper Democracy" (2004)에서 직접 나오는 것이다.

국가들에서 대의민주주의는 단연 일반인들이 정치권력의 행사에 있어 일정한 역할을 하는 가장 중요한 방식이다.

결사체민주주의. 민주적 통치의 세 번째 일반적 형태인 결사체민주주의는 대체로 사람들에게 그리 친숙하지 않다. 결사체민주주의에서는 다양한 종류의 조직들—노동조합, 기업연합, 혹은 시민집단 같은—이 정치적 의사결정과 통치의 다양한 측면들에 직접 참여한다. 이것은 많은 방식으로 일어날 수 있다. 정부 위원회에 대한 참여를 통해, 때로 "조합주의"라 불리는 것을 통해, 다양한 종류의 규제기관에서의 조직적 대표를 통해.

이 민주적 통치 형태들 각각은 민중적 권력의 질을 심화시키는 방식으로도, 민중에 의한 지배를 약화시키는 방식으로도 조직될 수 있다. 예컨대, 선거민주주의가 선거운동 자금의 사적 조달에 주로 의존할 때, 그리고 특히 양당 체제일 때, 이것은 부유하고 유력한 행위자들에게 엄청난 영향력을 부여하며, 이를 통해 그들은 경쟁력 있는 후보의 선택에 강하게 영향을 미칠 수 있다. 광범위한 유권자층은 통치하는 일을 일군의 엄선된 전문가 계급에게 맡기며 사적인 삶으로 후퇴한다.[2] 다른 한편, 특정한 종류의 공적 선거자금 조달 제도가 비례대표제 및 내적으로 민주적인 정당조직과 결합될 때, 선거 경쟁은 더 광범위한 민중의 주도 아래 이루어질 수 있다. 민주

---

2 정치사상 속에는 엷은 형태의 대의민주주의를 옹호하는 조류가 있다. 고전적 옹호는 조셉 슘페터 (Joseph Schumpeter)가 *Capitalism, Socialism, and Democracy* (New York: Harper and Row, 1942)에서 "엘리트 민주주의"를 다룬 것이다. 엷은 민주주의에 대한 동시대의 옹호자들에 대해서는 George Kateb, "The Moral Distinctiveness of Representative Democracy," Ethics 91 (1981), pp. 357-74; Richar Posner, *Law, Pragmatism, and Democracy* (Cambridge, MA: Harvard University Press, 2003); John R. Hibbing and Elizabeth Theiss-Morse, *Stealth Democracy: Americans' Beliefs about How Government Should Work* (New York: Cambrige University Press, 2002)를 보라. 비판에 대해서는 Archon Fung and Joshua Cohen, "Radical Democracy," *Swiss Journal of Political Science* 10: 4 (2004)를 보라.

적 통치에 참여하는 결사체들이 내적으로 위계적이고 관료적일 때, 이 결사체들이 사회의 일부 이익만을 대표하고 결사체에 있지 않은 사람들을 배제할 때, 혹은 이 결사체들이 전문가들에 의해 운영되고 구성원 자격이 대체로 재정적 기부에 좌우될 때,[3] 이차적 결사체를 통한 통치는 아주 비민주적으로 될 수 있다. 반대로 결사체들이 공개적이고 포용적일 때, 그리고 통치에 대한 그들의 참여가 여러 형태의 교섭과 문제해결에 힘을 더해 줄 때, 결사체민주주의는 공적 행위의 책임성과 효과성을 심화시킬 수 있다. 마지막으로, 엘리트들에 의해 좌우되는 국민투표제 정책에 대해 시민들에게 예/아니오 투표권만이 주어질 때, 직접민주주의는 매우 엷어질 수 있다. 반면 직접민주주의가 실질적 의사결정권과 의사결정 자원을 다양한 종류의 민중평의회에 이양하는 것일 때, 그것은 중대한 민중권력 강화의 한 형태가 될 수 있다. 이 다양한 가능성들은 그림 6.1에 예시되어 있다.

그림 6.1 민주적 통치의 다양한 종류

민주적 지배의 형태		민주성의 정도	
		엷은 민주주의	깊은 민주주의
	대의민주주의	엘리트가 지배하는 선거 민주주의	튼튼한 평등주의적 선거 민주주의
	결사체민주주의	관료적 조합주의	민주적인 결사체 조합주의
	직접민주주의	국민투표제적 선거	참여적 통치

---

3 Theda Skocpol, "Advocates Without Members: The Recent Transformation of American Civil Life," in Theda Skocpol and Morris P. Fiorina (eds.), *Civic Engagement in American Democracy* (Washington, DC: Brookings and Russell Sage Foundation, 1999)를 보라.

모든 민주주의는 이 통치 형태들 각각의 몇몇 요소들을 포함한다. 급진적·심층적·평등주의적 민주주의라고 해서, 직접민주주의가 대의민주의나 결사체민주주의를 완전히 대체하지는 않는다. 오히려 해방적인 민주적 이상을 실현하려면 이러한 통치 형태들 각각을 더 심층적으로, 그리고 민주적인 방향으로 변혁하고, 또 각 종류의 민주적 참여가 다른 종류의 민주적 참여를 지지하고 강화할 수 있도록 해야 한다.

아래에서 나는 이 민주 제도의 종류들 각각에 대해 민주주의 심화를 위한 제도적 설계를 논의할 것이다. 나는 민주적 통치의 제도적 형태들 가운데 직접민주주의가 일반적으로 오늘날의 세계에서 가장 유지되기 힘들다고 생각한다. 그래서 직접민주주의의 문제에 특별히 주목하겠지만, 세 가지 형태가 다 중요하다.

▎직접민주주의: 새로운 형태의 권력 강화된 참여적 통치

직접민주주의는 "민중에 의한 지배"를 가장 투명한 방식으로 실현하기 때문에, 어떤 의미에서 직접민주주의는 급진 평등주의적 민주적 이상을 가장 순수하게 구현하는 것이라고 볼 수 있다. 사람들이 그들의 집합적 운명과 관련된 문제들을 결정하는 데 참여할 힘을 가져야 한다고 생각하면, 대리 참여가 아니라 직접 참여가 거기에 더 잘 어울린다는 생각도 따를 것이다. 대의민주주의와 결사체민주주의는 모두 "진정한" 민주주의에서 한 걸음 물러나 있는 것처럼 보인다. 이 민주주의 형태들은, 집합적 운명과 민주적 결정이 소규모의 대면적 공동체를 넘어설 때마다 일어나는 규모, 복잡성, 시간 제약의 곤란한 문제들에 대한 실용적 타협이다. 그 결과, 대부분의 사람들은 직접 참여민주주의가 동시대 사회에는 거의 부적절하다고 생각한다.

나는 새로운 형태의 직접민주주의가 실행될 수 있는 여지가 훨씬 더 크다고 믿는다. 이 새로운 직접민주주의는 민주주의를 전반적으로 재창조하는 데, 그리고 사회권력 강화의 경로들을 따라 나아가는 데 중대하게 기여할 잠재력을 가지고 있다. 나와 아천 펑의 공동 작업에서 우리는 이 새로운 형태의 직접민주주의를 "권력 강화된 참여적 통치"(empowered participatory governance) 혹은 EPG라 불렀다. EPG의 논리를 이해하기 위해, 우리는 먼저 제1장에서 간략하게 논의한 혁신적인 직접민주주의의 유명한 예―포르토 알레그레의 참여형 도시예산 입안―를 더 자세히 들여다본 다음, EPG 모델의 일반 원리를 검토할 것이다.

1. 참여형 도시예산 입안

브라질의 남동쪽 구석에 있는 인구 약 150만 명의 도시 포르토 알레그레 시의 참여형 예산은 튼튼한 직접민주주의제로 가는 일보―步이다.[4] 이 사례는 직접민주주의의 활성화를 위한 제도적 설계의 일반 원리들을 정교화하는 데 원료를 제공한다. 포르토 알레그레 참여형 예산에 대한 상세한 서술은 쉽게 구할 수 있기 때문에, 여기서 나는 그 제도적 설계만을 간략히 묘사한다.[5]

---

[4] 이 사례는 리얼 유토피아 프로젝트 제4권 Archon Fung and Erik Olin Wright (eds.), *Deepening Democracy: Institutional Innovations in Empowered Participatory Governance* (London: Verso, 2003)의 중심에 있다. 다음 몇 문단에 이루어지는 기술의 일부는 이 책의 10-12쪽에서 취해졌다.

[5] 더 상세한 설명을 위해서는 예컨대 Gianpaolo Baiocchi, *Militants and Citizens: The Politics of Participatory Democracy in Porto Alegre* (Stanford: Stanford University Press, 2005)와 "Participation, Activism and Politics: The Porto Alegre Experiment," in Fund and Wright (eds.), *Deepening Democracy*, pp. 45-76; Boaventura de Sousa Santos, "Participatory Budgeting in Porto Alegre: Towards a Redistributive Democracy," *Politics and Society* 26: 4 (1998), pp. 461-510을 보라.

참여형 예산 입안 제도는 노동자당(PT)에 의해 설립되었다. 이 좌익 사회주의 정당은 1988년 시장 선거에서 예기치 않게 승리를 거두고, 시 정부 내에 일종의 "이중권력"을 구축하는 한 가지 길로서 참여적 예산을 채택했다.[6] 세부로 들어가지 않고 기본적인 개념만을 말하자면, 시민들은 도시 전역의 민중의회에서 만나 시 예산이 어떻게 쓰일 것인지를 토의한다. 이 의회들 대부분은 이 도시의 지리적 지역들을 중심으로 조직된다. 일부 의회들은 공공운송이나 문화 같은 범도시적 범위를 가진 테마들을 중심으로 조직된다. 매년 예산 주기의 시작 시점에 이 의회들은 전원회의에서 만난다. 시 집행부, 행정가, 근린결사체나 청년클럽이나 스포츠클럽 같은 공동체 단체들의 대표자, 그리고 관심 있는 모든 도시 거주자들이 이 의회에 참석하지만, 이 지역의 주민들만이 지역의회에서 투표할 수 있다. 테마 의회에 참여하는 모든 도시 주민들도 여기에서 투표할 수 있다. 이 의회들은 시 정부 구성원들과 지역사회 대의원들에 의해 공동으로 조정된다.

이 최초의 전원의회에서는 시장실의 대표자들이 전년도 예산과정의 결과들을 검토한다. 이 전원의회에서는 또한 대의원들이 선출되어, 지출 우선순위를 짜기 위해 지역 및 테마 예산 평의회에서 만난다. 이곳이 예산에 관한 작업이 가장 참여적으로 행해지는 곳이다. 이 대의원 회의는 석 달에 걸쳐 지역 전체의 지구들에서 열리며, 이 기간 동안 대의원들은 주민들 그리고 이차적 결사체들의 대표자들과 만나 제안을 듣고, 시가 이 지역에서 어떤 프로젝트들에 예산 지원을 할 수 있겠는지를 광범위하게 고려한다. 전형적인 프로젝트들로는 도로 포장과 보수, 하수구 건설과 유

---

6 PT는 1988년 시장 선거에서 이겼지만, 시 평의회에서 다수 의석을 확보하지 못했다. 그래서 시 평의회는 여전히 전통적인 후견 정당들의 지배 아래 있었다. 그리하여 문제는 시 평의회를 지배하지 않고도 어떻게 의미 있는 진보적 정책을 시행할 수 있을까 하는 것이었다. 참여형 예산은 그 해법의 핵심 부분—시 평의회를 우회하는 일종의 회피책—이었다.

지, 탁아소, 공공주택, 건강관리소 등이 있다. 석 달의 마지막 시점에 이 대의원들은 제2차 지역 전원의회에 일련의 지역 예산 제안(혹은 범도시적 테마 전원의회의 경우 이 테마에 관한 예산 제안)을 보고한다. 이 제2차 전원의회에서는 제안들이 이 의회에 참여하는 사람들의 투표로 비준되며, 두 명의 대의원과 대리인들이 선출되어, '참여형 예산 입안 평의회'라 불리는 범도시 기구에서 의회를 대표하게 된다. 이 평의회는 다음 여러 달에 걸쳐 만나서 이 지역 및 테마 예산 제안들로부터 종합적인 범도시 예산안을 짠다. 주로 이 시점에서 기술적 전문가들이 이 과정에 체계적으로 들어와서 상이한 프로젝트들의 비용을 견적하고 다양한 제안들의 기술적 제약을 토론한다. 시민 대표자들은 대부분의 경우 비전문가이기 때문에, 시 기관들은 평의회 대의원들과 지역의회 출신의 관심 있는 참여자들을 위해 예산에 관한 과목과 세미나를 제공한다. 이 과정의 마지막 단계에서 평의회는 제안된 예산안을 시장에게 제출하며, 시장은 이 예산안을 받아들이거나, 거부권을 통해 이를 평의회에 돌려보내 수정하게 한다. 일단 시장과 평의회가 예산안에 동의하면, 이것은 마지막으로 공식적 채택을 위해 상임 시 평의회에 제출된다. 전 과정은 약 여섯 달이 걸리며, 적극적인 정책 입안 토의에 수만 명의 주민들이 참여한다.

참여형 예산이 처음 도입되었을 때, 그것은 시민들이 개인으로서 도시 통치의 핵심적인 결정에 적극적으로 참여하는 한 가지 방식으로 생각되었다. 하지만 시간이 흐르면서, 이 참여의 대부분은 시민사회의 이차적 결사체들에 의해 중재되게 되었다. 특히 지역 및 테마 예산 평의회에서 대의원으로 일하도록 전원의회에서 선출된 사람들 대부분은 이런저런 시민사회 결사체의 적극적인 참여자이다. 즉, 대의원들은 예산 우선순위를 논의하는 넓은 사회적 네트워크와 환경 속에 묻혀들어 있고, 따라서 이 문제들에 대한 공적 토의의 사회적 범위를 확대하고 있는 것이다. 대의원들과 이차적 결사체들의 이러한 연결은 또한 참여형 예산이 사회권력 강화의 메커니즘으로서 기능하는 방식들을 심화시킨다. 따라서 시간이 흐르면서, 참여형 예산은 직접민주주의와 결사체민주주의의 합성물 같은 것이 되었다.

물론 이 과정은 실제로는 대개 혼란스러우며, 많은 갈등과 결함이 있다. 어떤 지역 의회들은 전통적인 후견 정치지도자들에게 장악되어 예산을 후견 목적으로 사용하려고 시도한 적도 있었다.[7] 다른 경우에는 참여적 의회들이 일관된 예산안을 생산하는 데 실패했다. 그렇지만 전체적으로 보면, 참여형 예산과정은 직접민주주의를 심화시키는 실험이라는 점에서나, 시 예산을 짜는 실제적인 과제를 효과적으로 수행했다는 점에서나 엄청난 성공을 거두었다.

많은 지표들은 이것이 참여민주주의를 심화시키는 데 있어 성공적인 제도적 실험임을 시사한다.

1) 지출이 도시의 가장 가난한 지역들로 대대적으로 이동했다. 토의과정에서 예산을 배분할 때 권력이 아니라 이유와 필요가 중심적인 기준이 되는 것에서 예측할 수 있듯이, 도시의 가장 가난한 부분들이 최대의 예산을 가져갔다.

2) 이 과정에 대한 시민들의 참여 수준이 높았고 또 유지되었다. 근년에 브라질의 긴축 예산 때문에 (도시 수준에서 예산 배분을 위해 사용할 수 있는 재량

---

7 Rebecca Abers, "From Clientelism to Cooperation: Participatory Policy and Civic Organizing in Porto Alegre, Barzil," *Politics and Society* 26: 4 (1998), pp. 511-37을 보라.

지출이 거의 없어졌고) 참여가 현저히 감소했지만, 참여형 예산의 역사 대부분의 시기에 걸쳐 성인 인구의 약 8%가 통상적인 예산 주기에서 한 번 이상 회의에 참여했다. 더욱이 많은 "문화자본"을 가진, 고등교육을 받은 사람들만 적극적으로 참여하는 것은 아니다. 실제적인 참여 유형에 관한 면밀한 연구를 통해 지안파올로 바이오치Gianpaolo Baiocchi가 보여준 바에 따르면, 회의 참석자들의 숫자나 선출된 대의원과 의원들의 숫자에서 가장 불우하고 교육을 받지 못한 계층이 적었던 것이 사실이지만, 교육 받은 엘리트들이 참여형 예산과정을 지배한 것도 아니었다.[8]

3) **참여과정에 자극되어 시민사회가 두터워졌다.** 사회학자들이 종종 믿는 바에 따르면, 시민사회에서 사회적 네트워크의 밀도와 이차적 결사체의 활력은 대체로 깊은 문화적 역사적 요인들에서 결과하며 급속한 변화를 겪지 않는다. 그러나 바이오치가 풍부하게 보여주듯이, 여러 집단들이 형성되어 참여형 예산과정을 통해 그들의 필요를 더 잘 표현하게 되면서, 도시의 결사체적 삶이 착실하게 발전했다.

4) **부패가 대체로 사라졌으며, 이것은 투명하고 깨끗한 과정이었다.** 노동자당에 대한 정치적 반대자들이 포르토 알레그레 시의 이 예산과정에서 부패가 있었음을 증명하려고 상당한 노력을 기울였지만, 어떤 중대한 부패도 증명할 수 없었다. 전국적 차원과 주 차원에서 노동자당이 연루된 부패 추문이 있었지만, 포르토 알레그레 시정부는 이러한 문제들에서 자유로웠다.

---

8 Baiocchi, "Participation, Activism and Politics: The Porto Alegre Experiment," p. 54.

5) **이 도시에서 있었던 여러 선거 주기에 걸쳐 PT의 득표가 현저히 증가해,** 이 과정이 높은 수준의 정당화를 낳았음을 보여주었다. 가난한 나라들에서 선출되는 좌파 정당들은 보통 재임기간이 아주 짧다. 그들은 자신들이 완수할 수 없으면서도 기대를 높이고 우익 정치세력들의 집중적인 반대를 야기해 아주 신속하게 패배한다. 포르토 알레그레에서 PT는 세 번의 선거 주기—1992년, 1996년, 2000년—에 걸쳐 지지를 증가시킨 다음 이를 유지할 수 있었다. 2004년에 PT에 대한 지역적 지지가 저하되어 시장 선거에서 패배한 이유는, 정부 고위 수준에서 PT를 둘러싼, 특히 룰라 대통령과 관련된 추문이 일어났기 때문이었다.

6) 조세의 감시와 집행에 실제로 변한 것이 없고 포르토 알레그레의 부유층이 참여형 예산의 원칙적 수혜자가 아니었음에도 불구하고, **중간계급과 부유층 사이에서 조세 순응이 증가했다는 몇몇 징후들이 있었다.**[9] 조세 회피의 문제는 동시대 사회에서 보편적인 문제이다. 그러나 조세 납부 거부는 조세 감시 기구의 부패와 관료적 무능의 역사를 가진 브라질 같은 곳에서는 특히 심각한 문제이다. 포르토 알레그레에서 조세 순응이 증가했다는 것은, 이 과정의 높은 민주적 정당성과 투명성이 시민적 책임과 의무의 규범에 영향을 미쳤을지도 모른다는 것을 시사한다.[10]

---

9 조세 순응이 개선되었다는 주장은 포르토 알레그레 시장의 계획실에 있는 한 경제학자와 참여형 예산 과정에 참여한 여러 직원들이 나에게 말한 것이었다. 나는 이 주장을 검증하는 어떤 체계적인 연구도 보지 못했고, 따라서 이 주장은 신중하게 다루어져야 한다.

10 *Of Rule and Revenue* (Berkeley: University of California Press, 1989)에서 마가렛 레비(Margaret Levi)는 높은 수준의 조세 순응을 위해서는 두 조건이 충족되어야 한다고 주장한다. 첫째, 대부분의 사람들은 모아진 재원이 정당한 목적을 위해 사용되기 때문에 세금을 내는 것이 시민적 의무라고 믿는다. 둘째, 그들은 다른 사람들도 대부분 이 의무를 완수한다고 믿는다. 공무원의 부패는 첫 번째 조건을 훼손한다. 이것은 연이어 조세 회피 수준을 높이며, 이는 두 번째 조건을 훼손한다.

물론 이 혁신적인 실험이 다른 곳, 다른 문제, 다른 맥락, 다른 규모로 확대될 수 있는지는 결코 분명하지 않다. 그러나 1989년 PT가 포르토 알레그레에서 이 과정을 시작했을 때, 이것이 그곳에서 그렇게 효과적으로 작동하리라고는 사실 아무도 상상하지 못했다. 가능성의 한계는 우리가 그것을 시험하기 전에는 아무도 모르니까. 아무튼 다른 많은 곳도 다양한 형태의 참여형 예산 입안을 실험하고 있으며—브라질의 다른 도시들, 다른 라틴아메리카 국가들, 그리고 유럽에서—예비적인 연구가 시사하는 바에 따르면, 적어도 이들 일부 지역에서는 이를 변용시킨 실험들이 성공적이었다.[11]

2. 제도적 설계의 일반 원리: 권력 강화된 참여적 통치

포르토 알레그레의 경험은 놀랍지만, 그것은 시예산 입안의 문제를 넘어서는, 그리고 남 브라질의 특수한 정치적 문화적 상황을 넘어서는 민주적 통치의 교훈을 제공한다. 포르토 알레그레에서 발견되는 심층적인 민주적 참여는 잠재적으로 다른 많은 맥락에서도 창조될 수 있으며, 적용의 차이에도 불구하고 유사한 혜택을 낳을 수 있다. 권력 강화된 참여적 형태의 직접민주주의는 공공생활에서 시민들의 참여와 헌신을 증가시키고, 공무원들과 정치인들을 더 책임성 있게 하며, 정부의 효과성을 향상

---

11 유럽의 참여형 예산 입안에 관한 논의에 대해서는, Yves Sintomer, Carsten Herzberg, and Anja Rocke, "Participatory Budeting in Europe: Potentials and Challenge," *International Journal of Urban and Regional Research* 32: 1 (2008), pp. 164-78을 보라. 다른 브라질 도시들의 참여형 예산 입안에 관한 논의에 대해서는, Leonardo Avritzer, "New Public Spheres in Brazil: Local Democracy and Deliberative Politics," *International Journal of Urban and Regional Research* 30: 3 (2006), pp. 623-37을 보라. 라틴아메리카의 다른 사례들에 관한 논의에 대해서는, Daniel Chavez and B. Goldfrank, *The Left in the City: Participatory Local Governments in Latin America* (London: Latin America Bureau, 2004)를 보라.

시키고, 사회정책을 더 정의롭게 할 수 있다.

아천 펑과 나는 민주주의 이론에서의 더 넓은 문제들에 대한 우리의 이해에 기초해, 그리고 또한 포르토 알레그레와 다른 여러 사례들에 관한 우리의 연구에 기초해, 이런 종류의 민주적 과정을 특징짓는 일곱 가지 요소들을 확인했다. 첫 여섯 가지는 EPG 제도의 내부적 설계의 여러 측면들에 관한 것이다. 일곱 번째 요소는 이러한 제도들의 튼튼함과 안정성에 기여하는 사회정치적 환경의 한 중요한 측면에 관한 것이다.

1) 권력 강화된 상향적 참여

첫 번째 설계 원리는 아마 가장 명백할 것이다. EPG에서 정부의 많은 결정은 민중 참여 과정을 통해 결정된다. 일반인들—아마 이웃의 거주자나 정부 서비스의 소비자로서, 그리고 분명 민주주의의 시민으로서—은 그들의 삶에 영향을 미치는 결정의 세부사항에 참여해야 한다. EPG에서 이 참여는 보통 대면적 회의에서 일어난다.

현재 공적 참여는 정부에서 전혀 새로운 것이 아니다. 하지만 EPG에서는 참여가 단순히 '표출적'이거나 '상징적'이지 않고 '권력 강화적이다.' EPG 제도에 대한 참여는 단지 사람들에게 공적 중요성을 가진 문제들에 관해 그들의 견해를 표출하는 한 가지 방식을 부여하는 것이 아니라, 의미 있는 직접적 참여를 수반하는 실질적 의사결정력을 부여한다. 익숙한 대의민주주의 제도들 속에서는, 일반 시민들이 선거를 통해 의사결정자들—그들의 대표자들—을 선택하고 다양한 소통 채널을 통해 그들의 의견을 나타내는 한에서만 정치에 끌려들어간다. 권력 강화된 참여적 통치라는 이상은 의사결정이 이루어지는 토의·문제해결 과정에 일반 시민들을 직접 끌어들인다.

2) 실용적 지향

EPG 제도에서 정치적 의사결정은 구체적 문제해결에 대한 실용적 지향을 중심으로 삼는다. 여기에서 기본적인 생각은, 어떤 구체적이고 실제적인 목표를 성취하려는 공통적 바람을 가진 사람들을 정치 테이블로 데려오자는 것이다. 비록 그 밖의 의제에서는 그들의 이익 갈등이 상당하다고 해도 말이다. 여기에서 기본적인 가정은, 행위자들이 그들의 이익에 대한 집착을 잠시 유예하고 문제해결의 실제적 쟁점에 바로 갈 수 있다면, 토의와 실험 과정에서 그들이 문제해결책을 발견하는 가운데 그들의 이익 역시 진화하리라는 것이다. 이렇게 하면 설사 광범위하고 일반적인 합의는 나오지 않는다 해도, 적대적 이익들의 첨예함이 완화되어 협력이 촉진될 수 있다.[12]

이럴 경우 어떤 문제들은 이러한 실용적 지향을 허용하지 않기 때문에 "테이블 안에" 들어올 수 없다. 따라서 실용적 지향을 추구할 경우, 정치적 에너지가 특권과 권력의 불평등에 대한 보다 급진적인 도전에서 이탈하게 될 수도 있다. 이것은 EPG의 중대한 한계가 될 수 있다. 그러나 이와 같은 더 광범위한 갈등과 불평등에도 불구하고, 종종 실제적 문제를 실용적으로 해결하는 것이 가능하다. 나아가 사람들에게 구체적인 문제를 다루도록 권력을 부여하면 장기적으로는 권력을 보다 심층적으로 재구성하기 위한 무대가 마련될 수 있다.

참여민주주의에 대한 한 가지 공통적인 비판은 사람들이 너무 냉담하거나 무지하거나 바빠서 참여를 할 수 없다는 것이다. 하지만 ―민주주의의 심화―에서 논의되는 경험적 사례들로부터의 증거는, 사람들이 그

---

12 실용적 지향의 중요성에 대해서는 찰스 세이블이 "민주적 실험주의"에 관한 그의 다양한 저작에서 가장 체계적으로 강조해 왔다. 특히 Michael C. Dorf and Charles F. Sabel, "A Constitution of Democratic Experimentalism," *Columbia Law Review* 98: 2 (1998)을 보라.

들에게 아주 중요한 실제적 문제들과 관련해 결정에 참여할 기회가 있을 때, 그들 다수가 실제로 참여를 하더라는 것이다. 이러한 기회가 있을 때 가난한 사람들은 부유한 사람보다 더 많이 참여한다.

3) 토의

세 번째 원리는 EPG에서 결정이 '어떻게' 이루어지는가를 다룬다. 많은 정치적 과정에서 결정은 다수의 힘에 따라 결정된다. 사람들이 그들의 선호나 이익에 따라 투표할 때처럼. 다른 맥락, 예컨대 정부 기관이나 기업에서는 결정이 종종 전문지식이나 지위의 위계에 따라 이루어진다. 관례적인 자유민주주의에서 정치적 결정은 다수결의 결과이며, 이 다수는 지지와 교섭을 동원하는 다양하고 복잡한 과정을 통해 구성된다. 교섭은 타협을 수반하며, 이익 갈등은 이를 통해 해소될 수도 있지만, 여기에서 핵심은 다수가 권력을 행사함으로써 지배한다는 것이다.

반대로 EPG에서 참여자들은 토의를 통해 가능한 한 많은 결정을 한다. 이상적으로는, 참여자들은 공동 이익이나 공통적으로 견지되는 원칙에 호소하며 이유를 제시해, 적절한 행동 노선이나 문제해결 전략을 놓고 서로를 설득한다. EPG에서 결정은 상이한 주장들과 좋은 이유들에 귀 기울이고 이를 받아들이기 위한 유의미한 장을 허용하면서 이루어지지, 단순히 교섭, 전략적 책략, 호의의 교환 등등에 의지하지 않는다. 사회이론가 위르겐 하버마스가 쓰는 것처럼, 이러한 토의에서 유일한 힘은 더 나은 주장의 특유한 힘이다.

4) 이양과 탈중앙집권화

상향적 참여가 의미 있기 위해서는, 국가 기구 내의 실질적 의사결정권의 중요한 측면들이 근린 평의회, 지역학교 평의회, 작업장 평의회 등등과 같은 지역적 행동 단위로 이양되어야 한다. 이런 종류의 지역적 평의회 내에서 행동하는 사람들은 해결책을 고안하고 집행하는 책임을 맡아야 하며, 업무 수행 기준에 따라 책임을 져야 한다. 이 평의회들은 단순히 자문 기구가 아니라, 그들의 토의 결과에 따라 행동할 수 있는 실질적인 공적 권위를 부여받는다. 의사결정은 문제의 소재지로 가능한 한 많이 내려가야 한다.

5) 재조합적 탈중앙집권화

이양과 탈중앙집권화라는 설계 원리는 익숙하지만, "재조합적 (recombinant) 탈중앙집권화"라는 개념은 그렇지 않다. 보통 통치 구조에 관한 논의들은 중앙집권적 의사결정 패턴과 탈중앙집권적 의사결정 패턴을 상당히 날카롭게 대비시킨다. 하지만 EPG의 독특한 특징은 중앙집권적 과정과 탈중앙집권적 과정의 접합을 독특하게 이해하고 있다는 것이다. EPG에서 수단과 목적에 대한 기본 결정은 탈중앙집권화되지만, 중앙 정부와 중앙 당국도 실질적인 역할을 한다. 지역 단위들은 자율적이고 원자화된 의사결정 현장으로 기능하지 않는다. 대신 이 제도적 설계는 지역 단위들을 방대한 중앙 권력과 연결시키는 책임과 소통의 고리를 내포한다. 이 중앙 사무소―예컨대 시장실 또는 경찰국이나 학교의 본부―는 지역적인 민주적 토의와 문제해결의 질을 다양한 방식으로 강화할 수 있다. 자원을 조정하고 분배함으로써, 지역 단위가 스스로 다룰 수 없는 문제들을 해결함으로써, 실패 집단들에서 이루어지는 병리적 의사결정이나 무능한 의사결정을 교정함으로써, 그리고 혁신과 학습을 경계 너머로 퍼뜨림으로써.

하지만 일반적인 관료적·하향적·위계적 조직 모델과 달리, EPG의 중앙 당국은 계획을 발전시키고 명령을 발해 하부기관들이 집행하도록 하는 식으로 일을 좌지우지하지 않는다. 대신 이 중앙 당국은 보다 지역적이고 참여적인 단체의 문제해결 토의를 '지원하고', 이 단체들에게 공정하고 효과적으로 운영될 '책임을 지운다.'

따라서 해방에 대한 관심으로 인해 '자율적' 탈중앙집권화를 요구하는 무정부주의적 정치 모델과 달리, 권력 강화된 참여적 통치는 '중앙에서 조정되는 탈중앙집권화'의 새로운 형태를 제시한다. 이러한 참여적 통치는 민주집중제와 완전한 탈중앙집권화 모두를 작동 불가능한 것으로 보고 거부한다. 전자는 경직성으로 인해 지나치게 자주 지역 상황과 지역 정보를 무시하게 된다. 그 결과 경험에서 배우는 데 어려움을 겪는다. 다른 한편 조정되지 않은 탈중앙집권화는 시민들을 작은 단위들 속으로 고립시킨다. 이는 분명, 문제를 어떻게 해결하는지는 모르지만 다른 곳의 다른 누군가는 알 것이라고 생각하는 사람들에게는 무모한 조치이다. 따라서 권력 강화된 참여적 통치 개혁은 지역 단위들 사이에 정보를 전달하는 연결망을 구축하고 이 단위들에게 책임을 지운다. 이를 위해서는 강하고 효과적인 중심이 필요하다.

6) 국가 중심적 제도화

참여형 예산과 같은 제도적 혁신의 여섯 번째 특징은 이것이 국가 통치의 공식적 제도와 깊이 연결되어 있으면서도 이 공식 제도들에 중대한 변화를 일으킨다는 것이다. 비정부 조직이나 사회운동 집단들이 이끄는 많은 자생적인 행동주의적 노력이나 프로젝트는 EPG의 일부 특징들을 공유한다. 하지만 그들은 외부적 압력을 통해 국가의 정책 결과에 영향을 미치려 하거나, 때로 공식적인 국가 프로그램과 평행적으로 움직이는 활동을 조직하려고 한다. 두 경우 모두 그들은 국가 통치의 기본 제도들에 손을 대지 못한다.

반대로 EPG 개혁은 공식적 제도들을 재창조하려고 한다. EPG 실험은 국가로부터 실질적 결정을 내릴 수 있는 권한을 받는다. 가장 결정적인 것은, 단순히 국가가 하는 일에 이따금 영향을 미치려는 것이 아니라 권력의 핵심적 절차를 바꾸려 한다는 것이다. 이 EPG 변혁은 일반 시민들의 지속적 참여를 제도화하고자 한다. 예컨대 일반 시민들은 주로 공공재의 소비자 역할을 한다. 이 경우 EPG는 제도화를 통해 일반 시민들이 무엇이 공공재인지, 그것이 어떻게 하면 가장 잘 제공될 수 있는지를 결정하는 데 지속적으로 참여할 수 있도록 한다.

이 지속적인 참여는 예컨대 캠페인에 기초한 사회운동과 일반 정치의 선거 경쟁에서 나타나는 비교적 짧은 민주적 순간과 대비된다. 이와 같은 사회운동과 선거 경쟁에서는 지도자/엘리트들이 특정한 결과를 위해 민중 참여를 동원한다. 민중적 압력이 어떤 선호되는 정책을 집행하거나 어떤 선호되는 후보를 선출할 만한 정도가 되면, 광범위한 참여의 순간은 보통 끝이 난다. 그런 다음 이후의 입법, 정책 입안, 그리고 집행은 대체로 고립된 국가 영역 안에서 일어난다. EPG의 목표는 단순히 국가 정책의 일회적인 변화를 일으키는 것이 아니라, 일반 시민들이 국가의 활동에 지속 가능하고 권력 강화된 참여를 하기 위한 영속성 있는 제도를 창조하는 것이다.

7) 대항 권력: 참여적 권력 강화의 광범위한 맥락

좌파진영에 있는 많은 이들은, 현재 사회에서는 대부분 EPG가 불가능하다고 주장할 것이다. 노동자와 우두머리, 시민과 정부 관료, 부유한 시민과 가난한 시민 사이의 권력 차이가 너무나 커서 공정한 토의는 불가능하기 때문이라는 것이다. 이 시각에서 볼 때 EPG 제도는 강자가 약자를 지배할 수 있는 또 하나의 무대일 뿐이다. 나는 권력 강화된 참여적 통치의 전망이 그렇게 음울하다고 믿지는 않는다. 그러나 권력 강화된 참여의 제도들을 둘러싼 환경 속에 이른바 '조직화된 대항 권력'이 없을 경우, 이러한 제도들을 창조하고 공고화하려는 시도는 영속성을 가지기가 아주 어려울 것이라고 생각한다. "대항 권력"은 이 통치 제도 속에 존재하는 유력한 집단과 엘리트의 권력 우위를 감소시키는—그리고 아마 무력화시키기까지 하는—아주 다양한 과정을 지칭한다. 민중 정당, 조합, 사회운동 조직들은 이러한 대항 권력을 위한 특징적 매체들이다. 따라서 주장하는 바는 이것이다. 권력 강화된 참여적 통치가 장기적으로 지속되려면 일정한 형태의 조직화된 대항 권력이 필요하다. 이러한 통치가 작동하려면 민중 동원이 필요하다.

실용주의적 접근법을 취하면서, 협력적 문제해결을 통한 민주 제도의 활성화를 가장 열정적으로 지지하는 사람들조차 대항 권력의 중요성을 최소화하는 경향이 있다. 예컨대 마이클 도프와 찰스 세이블이 믿기로는, 행위자들의 사회적 지위가 그들의 이익을 그리 많이 결정하지는 않기 때문에, 일단 그들이 민주적인 실험주의적 문제해결의 과정에 들어서면, 그들의 이익이 문제해결과 함께 진화할 것이라고 본다. 따라서 이익은 사회 전반의 권력관계에 의해 외생적으로 주어지는 것이 아니라, 기본적으로 문제해결 제도의 동학 내부에서 형성되는 것이다. 다음이 도프와 세이블이 이 문제를 틀 짓는 방식이다.

혼자서는 해결할 수 없는 문제에 직면해 공동 책임을 수립하는 방법을 찾을 때, 당사자들은 종종 아무것도 하지 않는 것보다는 잠재적인 해결책을 찾으려고 할 것이다. 그 결과에 대해 확신하지 못한다 해도 말이다……실용적 문제해결은 일단 시작되면 이익의 장벽을 넘어 발작적으로 돌진함으로써 이익의 장악력을 느슨하게 한다. 그럼으로써 제한적 합리성과 습관적 이익 계산의 범위 너머에 있는 익숙하지 않은 영역에서 조금씩 해결책을 발견해 나간다. 이러한 발견은 다른 발견을 낳는다. 지금 현재 이루어지는 모든 부분적 혁신의 가치(현 문제해결 제도의 수행력의 증가로 측정되는)는 다음의 혁신에 의해 상당히 증가할 것이다. (기업에서 감독을 통한 학습의 경우처럼) 협력자들 사이에 끊임없는 운영 정보 교환이 이루어져서, 당사자들이 이 새로운 장치를 사적으로 이용할 위험은 줄어들 것이다. 따라서 등장하는 해결책은 머지않아 행위자들이 행하는 바와 그들이 서로에게 의지하는 방식을 변화시킬 것이다. 이 변화는 무엇이 가능한가에 대한 그들의 생각 자체에 반영되게 된다. 행위자들은 이전의 실천적 토의가 그들의 '자기'이익을 혼란시키는 놀라움을 겪으면서 이후의 계산에서는 이 놀라움을 출발점으로 삼는다. 따라서 모든 참여자들의 이익을 증진시키는 것은 바로 이 토의의 실천적 특수성—무엇보다, 익숙하지 않은 대안들에 다양한 관점들이 적용될 때 생겨나는 새로움—이다.[13]

민주적 실험주의의 실용적 문제해결 활동에 참여하는 사람들이 사회의 광범위한 권력관계로부터 어떤 식으로든 분리되어 있다면, 이익의 유연성에 관한 이 낙관적인 견해는 설득력이 있을지도 모른다. 그러나 그렇

---

13 Dorf and Sabel, "A Constitution of Democratic Experimentalism," p. 322.

지 않다. 실용적 문제해결은 항상 특정한 사회구조 안에서 일어나며, 이 사회구조 안에서는 기존의 이익과 연결된 유력한 집합행위자들이 이 문제해결 과정에 참여하는 사람들과 끊임없이 상호작용하고 있다. 이 개입의 예봉을 부분적으로라도 무디게 할 수 있는 여러 형태의 대항 권력이 존재하지 않는다면, 권력 강화된 참여적 통치는 피종속 집단들의 복리를 지속 가능하게 증진시키는 해결책을 낳을 수 없다.

새로운 직접민주주의 제도들이 권력 강화된 참여적 통치의 이러한 요소들을 내포하게 된다면, 국가권력의 행사에 대한 일반 시민들의 참여를 현저히 심화시킬 수 있다. 하지만 직접민주주의가 사회권력이 강화된 민주국가의 유일한 기둥일 수는 없다. 대의민주주의를 위한, 그리고 결사체민주주의를 위한 리얼 유토피아적 설계를 정식화하는 것 역시 필수적이다.

| 대의민주주의: 두 가지 제안의 스케치

대의민주주의를 심화시키고 재활성화하는 문제에 대해서는 다른 어떤 형태의 민주적 제도에 대해서보다 더 많이 씌어져 왔다. 상이한 선거 게임 규칙들―일인선거구 다수제 투표, 다양한 형태의 비례대표, 즉시 결선투표 선거와 같은―의 상대적 장점에 관해 정치학에서 오랫동안 진행된 논의는, 기본적으로 어떻게 상이한 규칙들이 다양한 정치적 가치들―선출된 관리들의 대표성, 효율성, 안정성, 민주주의, 다원주의―에 영향을 미치는가에 관한 것이다. 선거구의 경계를 어떻게 가장 잘 그을 것인지에 대한 논쟁은 근본적으로 "대표"와 "대표성"의 의미에 관한 것이다. 이와 비슷하게, 미국에서 특히 열띠게 진행되고 있는 선거운동 자금 개혁에 관한 논쟁 역시 무엇보다 대의민주주의의 박약함에 관한 것이다. 미국에서는 사적 자금이 선거 결과를 결정하는 데 너무 두드러진 역할을 하고 있다.

이 논의는 비교적 익숙하기에 나는 여기서 이에 대해서는 재검토하지 않고, 대의민주주의의 민주적 질을 향상시키기 위한 최근의 두 제안을 간략히 스케치할 것이다. 평등주의적 정치 자금 공영제와 무작위로 선출된 시민의회가 그것이다.

1. 평등주의적 선거 자금 공영제

브루스 애커먼은 선거 정치와 관련해 새로운 제도적 장치를 제안해 왔다. 이 장치는 부富의 역할을 제한시키는 동시에, 관례적인 선거운동에 대해서는 물론 정치 일반에 대해서도 훨씬 더 평등주의적으로 자금을 조달할 수 있도록 고안되어 있다.[14] 정치 캠페인에 대한 재정적 기부는 "자유 언론"의 한 형태라는 대법원 판결은 미국의 선거 정치에 아주 강한 제약을 가해 왔다. 애커먼의 제안은 특별히 이 제약에서 기인하는 캠페인 자금조달의 부적절함을 치유하려고 설계되었다. 그러나 애커먼의 제안이 가지고 있는 일반적인 발상은, 정치활동에 기여하기 위한 자원에 있어 시민들 사이에 불평등이 존재하는 모든 정치 체제에 적용된다. 기본적인 생각은 간단하다. 매년 연초에 모든 시민은 특별한 종류의 직불카드를 받는다. 애커먼은 이를 '애국자 카드'라 부르지만, 나는 이를 '민주주의 카드'라 부르고 싶다. 그는 각 카드에 50달러를 넣자고 제안한다. 18세 이상이 2억 2천만 명에 이르는 미국에서 이렇게 하려면 1년에 총 110억 달러 가량의

---

14 Bruce Ackerman, *Voting With Dollars: A New Paradigm for Campaign Finance* (New Haven: Yale University Press, 2004).

비용이 들 것이다. 이 카드에 들어 있는 자금은 오로지 선거운동에만 사용될 수 있다. 특정 선거운동에 나오는 후보자나, 선거에 참여하는 정당에 기부하는 데 사용될 수 있는 것이다.[15] 하지만 민주주의 카드의 자금을 받는 후보자나 정당은 다른 '어떤' 자금원으로부터도 자금을 받을 수 없다. 바로 이 핵심 조건으로 인해 애커먼의 제안은 급진 평등주의적 제안이 된다.[16] 그러나 왜 후보자와 정당이 이 제한을 선택해야 하는가? 왜 계속 뚱뚱한 고양이에게 구애하며 사적 자금조달에 기대지 않아야 하는가? 여기에는 두 가지 이유가 있다. 첫째, 민주주의 카드의 자금조달 수준이 충분히 높으면, 이것은 다른 모든 자금원을 압도할 것이다. 자금조달을 위한 민주주의 카드 "정치시장"을 통하면 사적 자금조달 시장보다 훨씬 많은 돈을 가지게 될 것이다. 두 가지 자금원은 섞일 수 없기 때문에, 대부분의 후보들은 투표자들에게서 모금하는 것이 유리하리라는 것을 알게 된다. 둘째, 일단 이 제도가 자리 잡고 정치생활의 규범적 질서의 일부가 되면, 사적 자금을 이용하는 것 자체가 정치적 쟁점이 되기 쉽다. 동등한 재정적 능력을 가진 시민들에게서 자금을 구하는 민주적 메커니즘에 의존하는 후보자들은 기업과 부유한 개인들에게서 자금을 구하는 후보자들에 대해 강력한 무기를 가지게 된다.

민주주의 카드는 전혀 다른 선거과정을 가동시킬 것이다. 사실 모든 선거는 본질적으로 두 단계를 거치게 될 것이다. 첫째, 후보자와 정당들이

---

15 민주주의 카드 제안은 특별히 선거 자금조달에만 향하고 있지만, 이 제안을 수정하면 자금이 다른 형태의 정치 행위, 예컨대 국민투표, 로비, 사회운동에도 사용될 수 있을 것이다. 핵심적인 쟁점은 경제영역에서 발생된 불평등이 정치영역의 행위자들에 대한 재정적 자원의 불평등으로 쉽게 이어지지 않게 하는 메커니즘을 창조하는 것이다.

16 공적 자금을 전혀 받지 않는 사람들에게 무제한적인 사적 자금조달을 허용하면서도 이처럼 사적 자금조달과 공적 자금조달의 혼용을 금지하는 것은, 사적 선거 지출의 제한에 관한 헌법적 쟁점에 대해 현 미국 대법원이 내린 판결에 민주주의 카드를 맞추기 위해서이다.

시민들에게서 민주주의 카드 자금을 모집하려고 시도하는 단계, 그리고 둘째, 정당과 후보자들이 이 자금을 선거 경쟁에서 사용하는 단계. 물론 현재의 조건에서도 선거 정치는 이 두 단계를 거친다. 어떤 민주주의 체제에서도 선거운동은 재정적 자원을 필요로 한다. 따라서 문제는 이 자금을 제공하는 데 이용할 수 있는 메커니즘이 정치적 평등의 민주적 원리들과 일치하는가이다. 현존하는 게임 규칙 아래에서 첫 번째 단계는 근본적으로 불평등한 과정이다. 부자와 기업들이 자금 모금 게임의 주요 선수들이기 때문이다. 민주주의 카드 제도가 행하는 것은 선거과정의 이 두 단계에 강한 정치적 평등 개념을 회복시켜 주는 것이다. 투표에서의 일인일표에 더해, 이제 선거 자금조달에서의 일인일카드가 존재하게 된다. 따라서 이 메커니즘은 급진 평등주의 원칙에 기초해 선거 정치에 공적으로 자금을 조달한다. 각 시민은 정치활동에 대한 정확히 동일한 재정적 기부 능력을 가진다.

애커먼이 다듬은 것과 같은 민주주의 카드 제도의 실제 장치에는 다른 요소들도 많다. 예컨대, 이러한 선거 자금 제도가 가진 한 가지 문제는, 애초에 이 민주주의 달러를 얻는 데도 자금이 필요한데 후보자들이 이 자금을 어떻게 획득할 수 있는가 하는 것이다. 애커먼은 후보자들이 일정한 수의 서명을 받은 후 선거운동 보조금의 형태로 최초의 직접적인 공적 자금을 받을 수 있는 메커니즘을 제안한다. 이것은 선거과정의 민주주의 달러 모금 단계에서 필요한 착수 자금을 제공할 것이다. 사기—가짜 후보자가 선거운동을 위해서가 아니라 개인적 소비를 위해 민주주의 달러를 모금하는 상황—를 방지하는 규칙도 필요할 것이다. 우리는 또한 시민이 자기 민주주의 달러의 일부 혹은 전부를 사용해 활동가 집단과 로비 집단의 비선거적 정치활동에 자금을 지원할 수 있게끔 하는 부가적 규칙도 생각해 볼 수 있다. 이 카드들의 자금 지원 대상의 범위가 확대된다면, 카트의 액수도 아마 증가되어야 할 것이다. 또한 미국의 경우보다 정당의 역할이 더 큰 선거제도 아래에서는 이 규칙들이 달라질 수도 있을 것이며, 전국 정치는 물론 지역 정치에도 적용되기 위해서는 다양한 방식으로 수정되어야 할 것이다. 핵심적인 것은, 민주주의 카드 제도를 통해 선거운동의 공적 자금조달 제도를 잘 설계하면, 정치 자금의 배분에 대한 통제권을 국가에 인도하지 않고도, 정치과정으로부터 사적 자금을 대체로 제거할 수 있으리라는 것이다. 따라서 이것은 시민들의 정치적 평등과 정치적 효과성을 심화시킬 것이다. 자금을 제공하는 것은 국가이지만, 자금의 배분을 통제하는 것은 시민이다.

얼핏 보기에, 민주주의 카드 제안은 정말 작은, 거의 기술적인 개혁에 불과하고, 사적 선거운동 자금에 있어 부의 지나친 역할로 인해 깊이 더럽혀진, 미국 같은 선거제도에만 해당되는 것으로 보일지도 모른다. 돈을 지출하는 것이 자유 언론의 한 형태라고 하는 기묘한 헌법적 규칙이 없는 많은 나라들에서는, 사적 자금조달에 대해 아주 효과적인 제약들이 있어서 선거민주주의가 상당히 잘 움직인다. 이러한 경우들에서는 민주주의 카드 제도가 거의 적절하지 않은 것으로 보일 수도 있다. 나는 이것이 착각이라고 생각한다. 물론 민주주의 카드의 세부사항은 국가적 맥락에 따라 달라질 필요가 있을 것이다. 그러나 개별 시민들이 여러 가지 정치적 목적에 자원을 기여하는 데 있어 평등주의 메커니즘을 창조하는 것은, '모든' 자본주의적 민주주의 국가에서 더 큰 정치정의와 더 깊은 민주주의를 향한 움직임이 될 것이다. 민주주의 카드는 두 가지 일차적인 방식으로 광범위한 사회권력 강화 과정에 기여한다. 첫째, 민주주의 카드는 현재 경제권력이 국가권력의 행사에 영향을 미치는 여러 경로 중 하나를 축소시킬 것이다. 이 카드는 국가권력이 사회권력에 더 완전히 종속되도록 할 것이며, 따라서 경제적 과정에 대한 더 효과적인 사회적 통제 메커니즘이 될 것이다. 둘째, 민주주의 카드는 시민들에게 우리는 평등하고 정치적 능력이 있다는 의식을 더 강하게 느끼게 해줌으로써, 더 넓고 더 깊은 형태의 시민 참여를 촉진할 것이다. 특히 민주주의 카드가 선거보다 더 넓은 범위의 정치활동으로 확대된다면, 이것은 시민사회의 정치적 결사체들이 더 평등주의적인 구조를 가지도록 해, 사회권력 강화의 전망을 향상시킬 것이다.[17]

2. 무작위 선출 시민의회

대의민주주의 개념에 대한 관례적 이해는, 시민들이 선거를 통해 입법부와 행정부에서 그들을 대표할 정치 관리들을 선출하는 것으로 대표를 실현한다는 것이다. 한 대안적 대표 개념은 일정한 종류의 무작위 선출 과정을 통해 정치적 의사결정자들을 선출할 것이다. 많은 나라에서 배심원들이 선출되는 방식이 이와 비슷하다. 고대 아테네의 입법부도 이런 식

---

17 애커먼은 제도적 혁신을 위해 또 다른 제안도 한다. 이는 동시대 자유민주주의의 또 다른 "민주적 결함," 즉 정치적 쟁점에 대한 공적 토의에 적극적인 시민 참여가 부족한 것을 다룬다. 효과적인 민주주의는 정보를 갖춘 시민들이 정치적 쟁점에 대한 적극적 토의에 참여하는 데 좌우되지만, 이러한 적극적 참여는 시민 대부분의 삶에서 점점 더 주변적인 부분이 되고 있는 것으로 보인다. 이 문제를 역전시키기 위해, 애커먼은 "토의의 날"이라는 새로운 휴일을 도입하자고 제안한다. 이 휴일은 전국 선거가 있기 전 여러 주에 걸쳐 개최될 것이다. 이 휴일은 선거의 쟁점들에 대한 조직적이고 집약적인 공적 토의에 할애될 것이다. 시민들은 적당한 액수의 돈을 받고 공립학교 같은 편리한 공공장소에서 하루 종일 열리는 행사에 참여할 것이다. 이곳에서는 다양한 활동이 진행될 것이다. 전국에 TV로 방송되는 지도적 정치 인물들의 발표, 지역 정치인들 사이의 논쟁, 소집단 토론, 후보자들과의 질의응답 시간 등이 그것이다. 그 목적은 평균적 투표자가 얻는 정보의 양을 높이는 동시에, 훨씬 더 중요하게는, 일반 시민들이 정치적 토론에 더 적극적이고 더 공적으로 참여하도록 정치문화의 규범을 변화시키려는 것이다. 자세한 것에 대해서는, Bruce Ackerman and James S. Fishkin, *Deliberation Day* (New Haven: Yale University Press, 2005)를 보라.

으로 선출되었다. 따라서 문제는 무작위 선출 시민의회(혹은 줄여서 시민의회)가 오늘날의 세계에서 바람직하고 작동 가능한가를 살펴보는 것이다.

어떤 상황들에서는 선출 입법부보다 무작위로 선출된 의회가 여러 가지 잠재적인 이점이 더 있다. 첫째, 이러한 의회의 구성원들은 직업적 정치인들이 아니라 일반 시민들이다. 따라서 그들의 이익은 주민 전체의 이익과 훨씬 더 밀접히 조화되기 쉽다. 선거과정은 의사결정 과정에서 필연적으로 경제학자들이 말하는 주인-대리인 문제를 야기한다. 선출된 대표자는 시민들(주인)의 대리인이지만, 그들의 이익은 동일하지 않기 때문에, 이 대리인이 주인의 소원을 실제로 어느 정도 수행하는지의 문제가 항상 존재한다. 무작위로 선출된 의회는 주인들의 하위집합에 직접적으로 권력을 부여하며, 따라서 이 문제를 최소화시킨다.

둘째, 의회구성원들이 일반 시민들인 데서 더 나아가, 적절한 표집 기법을 사용하면 그들이 일정한 인구학적 특성들을 완전히 대표하는 샘플이 될 수 있다. 선출 입법부는 거의 항상 남성이 지배한다. 시민의회는 설계를 통해 50%가 여성이 될 수 있다. 선출 입법부는 일반적으로 불우한 소수자들을 과소 대표한다. 시민의회는 설계를 통해 이와 같은 대표를 보장할 수 있다. 아마 일정한 목적을 위해서는 과대 대표도 할 수 있을 것이다.

셋째, '만약' 시민의회가 이유의 제시와 합의의 추구에 기초한 참된 토의과정을 수행할 수 있다면, 여기에서 나오는 결정은 정치인들과 강한 끈을 가진 특정한 사회세력의 특수이익보다 시민들의 어떤 "일반"이익을 반영할 확률이 높다. 통상적인 선출 입법부의 경우 시민과 입법자 사이의 관계에 있어 문제가 되는 것은, 정치인들이 일반 시민과는 다른 이익과 선호를 가진다는 것만이 아니다. 정치인들이 보통 다양한 유형의 엘리트들에게 지배되는 강한 사회적 네트워크와 사회적 환경에 속해 있다는 것도 문제이다. 이것이 특히 큰 문제가 되는 것은 선거운동에 많은 돈이 들 때인데, 이렇게 되면 정치인들은 일인일표에 기초해 선출되는 것 못지않게 일 달러 일표에 기초해 선출되는 셈이다. 그러나 돈 문제를 차치하고라도, 직업적 정치인들의 사회적 네트워크는 입법부에서 어떤 종류의 토의가 이루어질지도 규정한다. 따라서 시민의회가 내리는 결정이 토의적이고 합의 추구적인 과정에서 나온다면, 이 결정은 직업 정치인들이 내리는 결정보다 "민중의 의지"를 반영할 확률이 더 높다.

물론 이것은 아주 큰 "만약"이다. 시민의회에서 과연 합의 형성의 토의 과정이 일어날지에 대해서는 의문을 품을 이유가 많다. 반론은 이런 식으로 진행된다. 시민의회의 구성원들은 일반적으로 그들이 뽑힌 시점에서 논의되고 있는 쟁점들에 대해 그리 잘 알고 있지 못할 것이다. 따라서 그들의 최초 견해는 유력한 이해당사자들이 일반 매체를 통해 유포한 정보들을 반영할 것이다. 의회가 열리는 동안 다양한 방면의 전문가들이 새로운 정보를 제시하겠지만, 대다수 의회 구성원들은 이러한 정보를 평가하고 좋은 정보와 나쁜 정보를 가려낼 준비가 제대로 되어 있지 않을 것이다. 그들은 일반적으로 이러한 평가에 필요한 교육을 받지 않았을 것이며, 어떤 정보가 믿을 만하고 믿을 만하지 않은지를 알 수 있는 전문직업적 경험도 없을 것이다. 어떤 민주적 기구가 내리는 의사결정의 질은 이해관계가 명료화되는 과정에 좌우될 뿐만 아니라, 정보의 질에도 그리고 이해관계를 의사결정과 연결시키는 정보처리의 질에도 좌우된다. 직업 정치인들이 형성하는 이해관계의 지형에 아무리 결함이 많다 해도, 적어도 그들은 그들 자신의 교육과 경험을 통해, 그리고 또한 그들의 참모진과 당 조직을 통해, 의사결정 상의 정보 문제를 다룰 준비가 되어 있다.

이것은 정말 문제가 되는 것들이며 가볍게 무시되어서는 안 된다. 그럼에도 불구하고, 믿을 만한 증거에 따르면, 적절한 조건들이 주어질 경우 일반 시민들도 대량의 정보를 흡수해 이를 분별 있게 평가하고, 이 정보를 이용해 합당한 집합적 결정을 내릴 수 있다. 제임스 피시킨은 복잡한 문제들에 대한 공적 토의의 가능성을 집중적으로 연구하고 있는 정치학자로, 일련의 "토의적 여론조사"(deliberative polling) 실험을 했다. 그는 이 실험을 이렇게 묘사한다.

먼저, 정해진 쟁점들에 관해 무작위 대표 표본을 대상으로 여론조사를 한다. 이 기초 여론조사 후에, 이 표본 구성원들은 한 주말에 한 장소에 모이도록 초청을 받고 이 쟁점들을 토론한다. 세심하게 균형을 맞춘 브리핑 자료가 참여자들에게 보내지고, 일반 공중도 이를 볼 수 있게 한다. 참여자들은, 훈련된 사회자의 진행 아래 그들이 소집단 토론에서 도출한 질문들에 기초해, 서로 경쟁하는 전문가들 및 정치지도자들과 대화에 임한다. 이 일주일 행사의 일부는 생방송으로든 녹화·편집된 형태로든 텔레비전에 방송된다. 이 토의 후에 이 표본은 원래의 질문을 다시 받는다. 이에 따른 의견 변화는, 공중이 이 쟁점들에 더 관심을 기울이고 더 많은 정보를 얻게 될 경우 그들이 도달할 결론을 의미한다.[18]

이 연구에 따르면, 참여자들의 의견이 공적 토론을 통해 변화되더라도 그들이 어떤 참된 합의를 이루게 되는 것은 아니다. 그러나 이 연구는 보통 사람들도 정보를 흡수하고 지속적인 토론에 참여하며, 또 그 토론에 비추어 자신들의 마음을 바꿀 수 있다는 것은 증명하고 있다. 적어도 이

---

18 James S. Fishkin, "Deliberative Polling: Toward a Better-Informed Democracy," http://cdd.stanford.edu에서 얻을 수 있음.

것은 시민의회가 적절한 참모진으로 잘 조직될 경우 분별 있는 정보 평가에 기초해 의사결정을 내릴 수도 있음을 시사한다.

피시킨의 연구는 인위적인 환경에서 이루어진다. 사람들은 토의에서 아무 실질적인 결정도 내려지지 않는다는 것을 아는 상태에서 주말에 모인다. 따라서 시민의회가 민주적 대표와 토의의 새로운 모델이 될 수 있을 거라는 암시를 얻으려면 의미 있는 이해관계가 걸린 실세계 환경에서 이러한 의회가 어떻게 기능할지 검토해야 한다. 이와 같은 실험 하나가 캐나다 브리티시 콜롬비아 주에서 이루어졌다.

2003년 브리티시 콜롬비아 주 정부는 무작위로 선출된 시민의회를 세웠다. 이 의회에 요구된 것은 새로운 주 의회 선거제도를 만들기 위한 국민투표 제안을 정식화하는 것이었다.[19] 브리티시 콜롬비아는 전형적인 소선거구 최다수제 의회제를 가지고 있었다. 이 주의 많은 사람들은 점점 더 이 제도에 불만을 가지게 되었다. 어떤 사람들의 논거는 이 제도가 투표자들의 선호를 정확히 반영하지 않는다는 것이었고, 또 어떤 사람들의 논거는 투표 선호의 작은 변화가 의회에 아주 큰 변화를 가져와 지나친 정치적 진폭을 초래한다는 것이었다. 따라서 문제는 여러 가지 선거 규칙들 가운데서 하나의 대안을 선택하는 것이었다. 물론 한 가지 절차는 의회 스스로 새로운 규칙들을 선택하는 것이었을 것이다. 그러나 이러한 상황에서는 현직 정치인들이 그들의 정치적 이익을 촉진하는 새로운 규칙들을 지지할 것이기 때문에, 이는 변화의 정당성을 훼손시킬 수 있었다.

---

19 이 설명은 Amy Lang, "But is it For Real? The British Columbia Citizens' Assembly as a model of state-sponsored citizen empowerment," Politics and Society 35: 1 (2007), pp. 35-70과 *A New Tool for Democracy? The Contours and Consequences of Citizen Deliberation in the British Columbia Citizens' Assembly on Electoral Reform* (PhD dissertation, Department of Sociology, University of Wisconsin, 2007)의 연구에 기초하고 있다.

해결책은 무작위로 선별된 160명의 대표자들—이 주의 79개 선거구 각각에서 남녀 각 1인 플러스 두 "원주민" 대표자—로 구성된 선거 개혁 시민의회를 만드는 것이었다.

시민의회의 일은 세 단계로 수행되었다. 2004년 1월에서 3월까지 시민의회는 밴쿠버에서 격주로 만나, 대표자들이 강도 높은 강의, 세미나, 토론을 통해 상이한 선거제도들에 대해 배웠다. 매주 150달러의 사례와 함께 대표자들의 비용은 시민의회가 지불했다. 두 번째 단계인 2004년 여름 동안 대표자들은 주 전역에서 일련의 공청회에 참가해, 쟁점들을 더 광범위한 공중 앞에 가져가 공중의 반응을 얻었다. 세 번째 단계인 2004년 가을, 시민의회는 다시 한 번 격주로 만나 강도 높은 토론을 벌였고, 마지막에 대표자들이 새로운 선거법을 위한 일반투표 제안서를 기초했다. 놀랍게도 그들은 간단명료한 비례대표제가 아니라 단일전환투표제(Single Transferable Vote, STV)라 알려진 제도를 선택했다. 에이미 랭은 이 메커니즘을 다음과 같이 묘사한다.

> 단일전환투표제는 다인선거구를 중심으로 조직되며, 이는 선거구에 충분한 구성원이 있을 경우 의석의 비례적 분배를 증가시킨다. STV는 또한 선호 투표를 이용해 각 선거구의 후보자들에 대해 순위를 매긴다. 사실상 같은 정당의 후보자들이 예비선거제의 경우처럼 투표자의 선호를 놓고 서로 경쟁하게 됨으로써, 투표자들은 누가 그들의 대표자일지에 관해 더 많은 선택권을 부여받는 반면, 정당이 이 선거구의 후보자들을 통제할 수 있는 능력은 손상된다.[20]

---

20 Lang, *A New Tool for Democracy?*, pp. 18-19.

이후 이 제안은 2005년 5월 일반투표에 부쳐졌다. 이것은 즉시 통과되는 데 필요한 60%에 조금 못 미치는 57.3%의 투표를 얻었다.[21]

이 일반투표가 첫 번째 시도에서 통과되지 못했다 하나, 브리티시 콜롬비아 실험은 하나의 과정으로서 매우 성공적이었다. 그것은 좁은 정책적 문제―새로운 선거법의 정식화―에 초점을 맞춘 실험이었지만, 국가 입법부를 포함해 다른 광범위한 상황에 이 생각을 확대시킬 수 있다.

많은 입법체계는 양원을 가지고 있다. 민주주의의 입법 제도에서 제2의 의원議院을 가지는 목적은 정확히 무엇인가? 이 질문에 대해서는 대략 두 가지 종류의 대략적인 대답이 있다. 당신이 제2의 의원을 원하는 이유는, 당신이 민주주의를 신뢰하지 않아서 민주적 권력에 제약을 가하고 싶어 하기 때문이다. 혹은 당신이 민주주의에 대한 신념을 가지고 있기는 하지만, 정치체제를 더 깊이 민주화하는 데 제2의 의원이 필요하다고 믿기 때문이다. 첫 번째 근거의 좋은 예는 영국 상원이다. 영국 상원은 선거민주주의가 과잉으로 흐르는 경향이 있어서 모종의 냉철한 제도적 견제가 필요하다는 믿음에 기초해 있었다. 이 장치는 대표 제도들이 새로운 법률과 규정을 낳는 과정을 막거나 적어도 늦추어야 했다. 세습 귀족들에 의해 지배되다가 나중에 임명된 귀족들에 의해 지배되게 되는 옛 상원은 선거민주주의에 대한 이와 같은 브레이크였을 뿐이다. 1999년 토니 블레어 정부에 의해 상원이 귀족들의 의원(House of Lords)에서 명사들의 의원(House of Notables)으로 바뀌었을 때도, 이 사정은 조금밖에 바뀌

---

21 분석가에 따르면, 이 투표가 실패한 이유는 투표자들이 대체로 이 과정과 제안된 제도에 관해 충분한 정보를 얻지 못했기 때문이었다. 주정부는 이 선거에 대한 대대적인 홍보 운동을 삼갔다. 홍보 운동을 하면 정부가 이 제안을 지지한다고 암시하게 되어 이 과정의 자율성을 손상시키게 될 것을 꺼렸기 때문이었다. 출구조사 분석에 따르면, 시민의회와 이 제안에 대해 잘 알고 있었던 투표자들은 이 일반투표에 강한 찬성 투표를 던진 데 반해, 이 과정에 대해 잘 모르는 사람들의 지지율은 훨씬 더 낮았다.

지 않았다.[22]

"왜 제2의 의원이 있어야 하는가"라는 질문에 대한 두 번째 대답은 제2의 의원을 추가함으로써 민주주의가 더 활성화되고 심화될 수 있다는 것이다. 여기에서 주장하는 것은 민주주의가 견제되어야 한다는 게 아니라, 단일한 대표 메커니즘은 민주적 이상을 완전히 실현할 수 없다는 것이다. 따라서 이 경우 입법체계의 양원은 상이한 메커니즘을 구현하려는 설계를 가지고 있다. 예컨대 한 의원은 표준적인 지역구 대표제를 통해 선출될 수 있고, 제2의 의원은 어떤 직능 대표의 원리에 기초해 선출되어 그 구성원들이 여러 조직된 집단들(노동조합, 기업 결사체, 경제부문 등등)을 대표할 수 있다.

'무작위로 선출된' 구성원들의 시민의회는 또 다른 형태의 제2의 의원일 수 있다. 이렇게 하는 방법은 많지만, 한 가지 가능성은 대략 다음과 같이 묘사될 수 있다.

- 구성원들은 예컨대 3년간 교대로 봉사할 것이다.
- 무작위 선출 과정은 주요한 인구 집단들에게 대체로 비례적인 대표를 보장하도록 조직될 것이다.
- 보수는 충분히 높은 수준으로 정해져, 대다수 시민들이 참여에 동의할 수 있도록 강한 재정적 인센티브를 제공할 것이며, 고용자들은 임

---

22 미국과 같은 연방체제에서 국가 입법부의 두 번째 의원―상원―은 다른 종류의 기능에 복무하는데, 왜냐하면 이것은 연방구조에서 주들의 준 주권적 지위를 반영하려는 뜻이기 때문이다. 이것은 분명 전국적 차원에서의 정치적 평등 원리를 위반하지만, 보다 지역적인 차원에서는 원칙적으로 이 원리를 보존하는 데 일조할 수 있을 것이다. 아무튼 이것은 여전히, 평등한 투표권을 가진 시민들을 원칙적으로 보다 직접적으로 대표하는 하원에 견제를 가함으로써 전국적 차원의 민주주의에 대한 브레이크로 작용하고 있다. 물론 미국 체제의 특이함을 감안할 때, 그리고 선거구가 획정되는 방식 때문에 평등한 대표의 원리가 심각하게 왜곡되어 있음을 감안할 때, 어떤 의원이 실제로 더 민주적인지는 분명하지 않다.

기 말에 연공의 손실 없이 구성원들을 복직시키게 될 것이다.
- 시민의회는 현재의 영국 상원과 비슷하게 기능해, 입법을 늦추고 재심의를 위해 돌려보낼 수 있지만, 궁극적으로 이러한 입법에 거부권을 행사할 수는 없다.
- 시민의회는 열정적인 전문적 기술적 참모진을 가지고 정보, 청문회, 세미나, 그리고 기타의 메커니즘을 촉진하게 해서, 이를 통해 의회 구성원들이 의회에서 일하는 법을 배우는 동시에 토의에 참여하는 데 필요한 정보를 얻게 될 것이다.

수상은 이 체계를 조작할 수 없을 것이며, 그들의 정당도 그렇게 할 수 없을 것이다. 시민의회는 선출로 구성되는 의원議院이 그 성격상 제공할 수 없는 것을 제공한다. 즉 입법과정에 참여하는 사람들의 참된 다양성을 제공하는 것이다. 시민들은 직업적 정치인도 아니고, 직업적 정치인의 앞잡이도 아니다. 무작위 선출 시민의회는 그 구성원들이 "민중의" 구성원들이기에 충분한 정당성을 가지겠지만, 항상 분명히 제2의 의원일 것이다. 입법 과정은 개선되겠지만, 그 일관성은 위협받지 않을 것이다. 결정적인 것은, 시민의회가 민중에 의한 지배라는 민주주의의 핵심적 가치를 긍정한다는 것, 그리고 일반 시민들이 권력 강화되어, 단순히 그들의 입법자를 뽑는 데 머무르지 않고 법을 만드는 결정적인 작업에 직접 참여하는 그러한 민주적 질서를 구상한다는 것이다. 시민의회는 민주주의를 제약하는 것이 아니라 민주주의를 심화시킴으로써, 정당에 기초한 경쟁적 선거민주주의의 한계들에 대항한다.

이런 종류의 무작위로 선출된, 권력 강화된 의회는 때로 "무작위 민주주의"(randomocracy)라 불리는데, 이것은 다른 많은 방식으로 이용될 수 있다.[23] 한 가지 생각은 다양한 종류의 정책 형성 과정에서 "시민 배심원"을 이용하는 것이다. 배심원이란 결국 한 중요한 유형의 국가권력, 즉 법정 소송에서 심판권을 행사하도록 국가로부터 권한을 부여받은, 무작위로 선출된 시민들이다. 다른 종류의 의사결정에도 배심원을 이용하자는 제안이 있었다. 예컨대 토지 이용 및 구획 규제를 놓고 복잡하고 갈등적인 쟁점들이 존재하는 도시들에서, 시민 배심원은 이 쟁점들에 대한 토의와 합의 형성에 있어, 선출로 구성된 도의회나 직업 관료적 계획부서보다 더 효과적인 기구일 수 있다. 적어도 미국의 경우, 시의회와 토지 이용 정책이 지닌 문제는 선출된 의원들과 직업적 도시계획자들이 모두 토지개발업자와 사업 관계자들로부터 종종 지나치게 영향을 받는다는 것이다. 일반 시민들의 토의 기구는 "공익"에 관해 더 잘 토의할 수 있고, 서로 경쟁하는 주장과 야심들의 균형을 더 잘 잡을 수 있을 것이다.

아주 흥미 있는 마지막 한 가지 생각은 이러한 의회를 이용해, 유서 깊은 직접민주주의 제도, 즉 시민 발의권과 국민투표의 민주적 성격을 심화시키는 것이다.[24] 관례적인 시민 발의와 국민투표는 다음과 같이 진행된다. 일단의 시민들이 새로운 법이 통과되거나 현행 법률이 폐지되기를 원한다. 그래서 그들은 제안서를 작성하고 필요한 수의 서명을 받으며, 그런 다음 이 제안서가 투표소에 나타나고 유권자들이 이에 대해 투표한다. 이런 종류의 투표 발의는 미국의 일부 도시들, 가장 두드러지게는 캘리포니아와 워싱턴에서 널리 이용되어 왔다. 이 모든 것은 직접민주주의의 외관을

---

[23] "무작위 민주주의"라는 용어는 브리티시 콜롬비아 의회 의원 잭 맥도날드(Jack MacDonald)가 시민의회에 관한 소책자 *Randomocracy: A Citizen's Guide to Electoral Reform in British Columbia* (Victoria, BC: FCG Publications, 2005)에서 사용했다.

[24] "발의"는 새로운 법을 통과시키자는 시민 제안에 쓰이는 용어이고, "국민투표"는 현행 법률을 폐지하자는 시민 제안에 쓰이는 용어이다.

가지고 있다. 일반 시민들이 직접 참여를 통해 어떤 법률이 통과될지를 결정하는 것이다. 하지만 미국에서 전형적으로 조직되는 발의와 국민투표에는 두 가지 결정적인 문제가 있다. 첫째, 보통의 대의제 선거에서와 같이, 사적인 자금이 이 발의들에 관한 정보를 유포하는 데 엄청나게 큰 역할을 하며, 이는 특히 텔레비전 광고의 구매를 통해 이루어진다. 이것은 국민투표 과정과 관련해 자금의 후원을 받는 이해관계자들에게 엄청나게 불균형적인 영향력을 부여함으로써 민주적 평등을 왜곡한다. 이 문제는 두 번째 문제 때문에 더 악화된다. 대다수 투표자들은 투표 쟁점들에 깊이 몰두하지 않으며, 따라서 주로 값싼 정보들에 의존해 어떻게 투표할지 마음을 정한다. 이것이 선거정치에서 "합리적 무지"라는 고전적 문제이다.[25] 그 결과, 많은 투표자들은 쟁점들에 관한 아주 빈약한 질의 정보에 기초해 투표하며, 좋은 정보를 가지고 있었다면 내리지 않았을 결정을 한다.

워싱턴 주와 오리건 주의 민주주의 활동가들은 무작위로 선출된 시민발의재심(Citizens Initiative Review) 평의회를 이용해 이 문제를 다룰 것을 제안하고, 이것을 실현할 수 있는 모범적인 법안을 발전시켜 왔다.[26] 존 가

---

25 "합리적 무지"는 정치적 맥락에서 분별 있는 선택을 위한 정보 획득 문제를 논의하기 위해 정치학자들이 사용하는 용어이다. 대다수 사람들에게 있어 그들의 개별적 행위는 대다수 정치적 과정의 결과에 큰 차이를 만들어낼 가능성이 없기 때문에, 그들은 많은 시간과 자원을 들여 쟁점이 되고 있는 문제들에 대해 양질의 정보를 얻으려고 하지 않는다(학계의 경우처럼 그들이 좋은 정보를 가지고 있는 것 자체를 즐기지 않는다면). 그 결과, 그들은 값싼 정보에 의지하며, 이러한 정보는 주로 텔레비전에서 얻는 정보를 뜻한다. 이에 따른 무지가 합리적이라고 하는 것은, 이 무지가 합리적 결정—개인적으로 감당하는 비용과 편익에 대한 합리적 평가를 반영하고 있는—의 산물이기 때문이다.

26 무작위로 선출된 시민발의재심 평의회가 국민투표에 대해 토의하게끔 하자는 생각은 네드 크로스비(Ned Crosby)와 패트 벤(Pat Benn)이 처음 제안한 것으로, 이는 시민 배심원에 관한 크로스비의 이전 작업을 연장한 것이었다. CIR과 모범 법안에 대한 이론적 근거를 상세히 설명한 것에 대해서는 J. Gastil, J. Reedy, and C. Wells, "When Good Voters Make Bad Policies: Assessing and Improving the Deliberative Quality of Initiative Elections," *University of Colorado Law Review* 78 (2007), pp. 1435-88을 보라. 이와 관련된, 시민 배심원에 관한 논의에 대해서는 N. Crosby and D. Nethercutt, "Citizens Juries Creating a Trustworthy Voice of the People," in J. Gastil and P. Levine (eds), *The Deliberative Democracy Handbook* (San Francisco: Jossey-Bass, 2005), pp. 111-19를 보라.

스틸은 이 생각을 이렇게 묘사한다. "단적으로 말해, CIR은 워싱턴 주민들의 무작위 표본을 모아 보수를 지불하고 주 전체 차원의 법안 각각을 정밀하게 연구할 것이다. 각 위원단의 결과물들은 공식 투표자 안내서에 출간될 것이며, 이 안내서는 등록된 투표인이 한 명 이상 있는 워싱턴 주의 모든 가구로 배포될 것이다."[27] 여기에서 기본적인 생각은 이 평의회가 제안 법안에 대한 찬반 증언을 듣고, 문서, 입장설명서, 그리고 주제에 관한 기타 자료를 읽은 후 제임스 피시킨의 토의적 여론조사 식으로 쟁점들에 대해 토의한다는 것이다. 이 과정의 마지막에 가서 그들은 제안에 대해 투표하고, 그들의 투표결과가 유권자들에게 보고될 것이다. 그리하여 유권자들은 어떻게 투표해야 할지에 대해 새로운 신호를 얻게 될 것이다. 이렇게 해서 나 같은 일반 시민들은 이 문제에 대해 며칠간 진지하게 연구하고 토론한 후 투표를 결정할 것이다. CIR 평의회의 결과는 이익집단이 제공하는 값싼 정보에 대한 평형추로서 텔레비전의 공익광고로 널리 유포될 수 있을 것이다. 이 신호는 사익에 복무하는 선전의 영향력으로부터 유권자들을 예방접종처럼 보호할 것이다.

| 결사체민주주의[28]

민주주의 제도의 세 형태 가운데 결사체민주주의는 공중의 의식에서 두드러진 위치를 차지하지 못한다. 사실 정치와 정부에 관한 논의에서 이차적 결사체들이 어떻게 고려되기라도 한다면, 그들은 민중에 의한 지배

---

27 "Citizens Initiative Review," by John Gastil, http://faculty.washington.edu에서 이용할 수 있음.
28 이 절은 리얼 유토피아 프로젝트의 첫 번째 책 Joshua Cohen and Joel Rogers, *Associations and Democracy* (London: Verso, 1995)에 크게 기대고 있다.

와 일반이익을 촉진한다기보다는 "특수이익"을 위해 정책 입안자들에게 로비를 하고 "파당의 해악"을 조장함으로써 민주주의를 전복시키는 것으로 간주된다. 그럼에도 불구하고 조슈아 코헨과 조엘 로저스가 쓰고 있듯이, 좋든 나쁘든 "이러한 결사체들은 현대 민주주의 사회의 정치에서 중심적인 역할을 한다. 그들은 정치적 의제를 설정하고, 이 의제로부터 선택지들을 결정하며, 이 선택지들을 이행하고(혹은 이행을 방해하고), 개인들이 더 큰 정치 무대로 가져가게 될 신념, 선호, 자기이해自己理解, 그리고 사고와 행위의 습관을 규정하는 데 기여한다."[29] 결사체들의 행위·전략 능력이 엘리트와 특수이익에 봉사하기 위해 권력을 약탈함으로써 민주주의를 손상시킬 수 있다는 것은 명백하다. 문제는 정치제도를 잘 설계해 이차적 결사체들이 민주주의의 심화에 긍정적인 역할을 하도록 할 수 있느냐이다.

코헨과 로저스는 특수한 사회집단의 이익을 대변하는 결사체들이 네 가지 주요한 방식으로 민주주의를 신장시킬 수 있다고 주장한다. 그들은 약자들로 하여금 정치적 목적을 위해 자원을 함께 모을 수 있게 함으로써 개인들 사이의 '자원 불평등을 부분적으로 개선'할 수 있다. 그들은 "민주주의의 학교"로 기능함으로써 '시민 교육'에 공헌할 수 있다. 그들은 정책 입안자들에게 다양한 '정보문제'를 해결해줄 수 있다. 그리고 그들은 새로운 형태의 '집합적 문제해결'에 있어 핵심적 행위자들이 될 수 있다.[30] 첫 번째와 두 번째는 국가 정책이 민중의 의지에 반응하는 정도를 향상시킨다. 세 번째와 네 번째는 사람들의 삶에 영향을 미치는 집합적 문제들을 해결하는 데 국가권력이 기여하는 정도를 향상시킨다. 깊은 민주주의

---

29 Cohen and Rogers, *Associations and Democracy*, p. 7.

30 Cohen and Rogers, *Associations and Democracy*, pp. 42-4.

는 국가가 민중에 의해 통제되는 동시에 그들의 이익에 복무하는 그런 민주주의이며, 이를 위해서는 국가가 능력이 있어야 한다. 민주주의는 '사람들 삶의 집합적 조건에 대한' 민중의 지배를 뜻하며, 이를 위해서는 국가가 민중의 의지에 반응하여 이러한 조건들을 효과적으로 규정할 수 있어야 한다. 바로 여기에서 결사체민주주의는 민주주의를 신장시키는 데, 즉 민주적 제도들의 창조적이고 효과적인 문제해결 능력을 향상시키는 데 가장 특징적인 역할을 할 수 있을 것이다.

이차적 결사체들은 민주 국가가 사회적 경제적 규제의 아주 까다로운 문제들을 해결하는 데 도움을 줄 수 있다. 기본적인 쟁점은 이것이다. 입법기구들은 다양한 종류의 경제적 사회적 법률을 수립해 광범위한 문제들을 다룬다. 그러나 이 법률들이 수행되기 위해서는, 법률 자체에는 시늉만 되어 있는 모든 종류의 상세한 규칙들, 표준들, 절차들이 특정되어야 한다. 전통적으로 이 과제는 직업적 참모진과 기술적 전문가들을 지닌 관료집단에게 위임되어 왔으며, 이들의 일은 이러한 규칙들을 특정하고 이를 이행하는 것이다. 분명 중앙집권적 관료집단이 이 일을 상당히 잘 할 수 있는 상황들이 있다. 그러나 경제적 사회적 조건들이 더 복잡해짐에 따라, 규칙을 특정하고 이행하는 과정을 이렇게 중앙집권적으로 명령·통제하는 것은 덜 효과적으로 되었다. 중앙집권적 행정은 동질적 상황들에 대해 획일적인 규칙을 부과하는 일은 잘 하지만, 아주 이질적인 상황들을 다루는 데 효과적인 규칙을 창조하는 일에는 큰 어려움을 겪는다. 중앙집권적 행정이 이렇게 하려고 할 때, 그것은 보통 비효과적이고 나아가 해까지 끼치는 고압적인 규제를 생산한다. 이것은 예컨대 환경 규제와 건강·안전 규제의 경우 만성적인 문제이다. 생태계와 작업장은 너무나 다양하고 복잡해서, 모든 사람에게 맞는 한 가지 사이즈(one size fits all) 식 규제는 만족스러운 경우가 거의 없다.

이 어려움들에 대한 한 가지 반응은 탈규제화를 주장하는 것이다. 국가가 표준과 효과적 규제를 능숙하게 만들어낼 수 없다면, 그렇게 하려는 노력을 포기해야 한다. 기업들 스스로 규제하게 해서 시장이 문제를 해결하게 하라. 이것이 규제 실패에 대한 보수주의자들의 전형적인 반응이다. 하지만 코헨과 로저스가 말하듯이,

> 경제적 사회적 중요성을 가진 많은 영역에서—환경과 직업안전—건강에서부터 직업 훈련과 소비자 보호에 이르기까지—평등주의적 목표들은 국가-시장 이분법으로 인해 나쁜 취급을 받는다……종종 '국가가 이 문제를 돌보아야 하는가 아니면 이 문제는 시장에 맡겨져야 하는가?'라는 질문에 대한 올바른 대답은 두 가지 모두를 부정하는 것이다……이런 종류의 문제들에 마주칠 때 결사체적 통치는 공적인 규제 노력에 대한 환영할 만한 대안 또는 보완책을 제공한다. 왜냐하면 결사체들은 사적인 행위자들 사이에서 지역적 정보를 수집하고 행동을 감독하며 협동을 장려하는 특징적인 능력을 가지고 있기 때문이다. 이와 같은 경우, 결사체적 전략이 권유하는 것은 결사체들이 공적인 과제의 수행에 명시적으로 참여할 가능성이 있는지를 따져보라는 것이다.[31]

따라서 기본적인 생각은 이차적 결사체들을 통치의 핵심적인 과제들, 즉 정책 형성, 경제활동의 조정, 규제의 감독·관리·집행에 체계적으로 공식 포함시키는 것이다. 결사체들은 단순히 특정한 규칙들을 위해 정치인

---

31 Cohen and Rogers, *Associations and Democracy*, p. 45.

들과 기관들에 로비를 해서 외적 압력을 가하는 데 머무르지 않을 것이다. 그들은 적극적인 참여자로서 이 핵심적인 국가 기능 속으로 통합될 것이다.

(미국 이외의 곳에서) 이런 일이 일어날 때 가장 익숙한 경우는 조직된 노동, 기업 결사체, 국가를 포함하는 전국가적 차원의 정책 형성 과정으로, 이는 이른바 신조합주의 제도를 통해 이루어진다. 과거에 특히 북유럽에서 이러한 교섭과정은 소득 정책, 노동시장 정책, 그리고 자본과 노동의 이익에 영향을 미치는 여타 공공정책들에 있어 종종 핵심적인 역할을 했다. 많은 분석가들은 이러한 조합주의 제도들이 심화되는 지구화 시대에 그 유용성을 다했다고 주장해 왔다. 반대로 코헨과 로저스는 이러한 전국가적 차원의 조합주의적 교섭 제도가 지구적인 경제적 힘의 도전에 대응하여 정책을 정식화하는 데 훨씬 더 중요할 수 있다고 주장한다. 노동의 수요, 공급, 질과 관련된 "적극적 노동시장 정책"의 핵심 영역을 생각해 보라.

[신조합주의적 정책 입안 제도들에 있어] 노동자와 고용자 대표들 사이의 협동은 국가의 지원이 있는 상황에서 여러 가지 도움을 줄 수 있다. (1) 인구 가운데 기술이 새로 필요한 층을 포착하고 기술 전달의 필수적인 공적 사적 구성요소들을 확인하는 것. (2) 노동자, 노동조합, 고용자, 실업자를 위해 기업과 지역을 가로질러 실행 가능한 인센티브 구조를 수립하고, 이러한 구조 내에서 기술을 발전시키거나 업그레이드하는 것. (3) 정책 선택지들이 분배에 어떤 결과를 초래할지에 관한 조기 경고를 제공하는 것. (4) 노동시장이 조정될 때 일어나는 동요에 대응하기 위해 상이한 지역들 혹은 나아가 기업들까지 포괄하는 보조금 프로그램을 고안하는 것. (5) 상이한 지역 노동시장들 사이에서 기술자격을

이전시킬 수 있도록 최소한의 국가 표준을 안출하는 것.[32]

고용자와 노동자를 대표하는 결사체들을 포함시키는 이러한 전국가적 정책 형성 과정의 효과성은 세 가지 조건들이 충족되는 정도에 좌우된다. 첫째, 결사체들은 '비교적 포괄적'이어서, 관련된 사회적 범주의 상당 부분을 대표할 수 있어야 한다. 둘째, 결사체 지도부는 내부의 의미 있는 민주적 과정을 통해 '회원들에게 책임'을 질 수 있어야 한다. 셋째, 결사체들은 '구성원들을 제재할 수 있는 권력'을 상당히 크게 가져야 한다. 결사체들이 포괄적일 때, 결사체들 사이에서 이루어진 정책 교섭은 갈등하는 이해당사자들을 모두 아우르는 진정한 타협이 될 것이다. 지도부가 민주적으로 책임을 질 때, 정책 타협은 정당한 것으로 보일 것이다. 결사체들이 구성원들을 제재할 수 있는 권력을 가질 때, 정책 교섭의 결과에 대한 승복이 더 높을 것이고, 무임승차는 덜 일어날 것이다. 이 조건들은 모두 공공정책에 의해 촉진될 수 있는 것들이다. 즉, 이러한 결사체들의 설립을 비교적 용이하게 하는 일반적 법률 규칙을 만듦으로써, 그리고 관련 집단을 대표한다고 주장하는 결사체가 어떤 높은 기준을 충족한 다음에야 국가가 조직하는 정책 형성 과정에 참여하도록 함으로써 이 조건들을 촉진시킬 수 있다.

이런 종류의 신조합주의적 정책 형성 과정은 자본 및 노동 관련 경제 정책 쟁점들과 가장 강하게 결부되어 있지만, 이 모델을 다른 정책 영역들로 확대하는 것도 가능하다. 1996년 퀘벡 주는 "고용과 경제에 관한 대표자회의"를 개최해, 일련의 사회적 문제들에 관한 정책들을 논의하고 정식화했다. 지역사회에 기초한 사회운동세력들이 노동자 조직과 고용자 조직

---

32 Cohen and Rogers, *Associations and Democracy*, p. 57.

등 전통적인 "사회적 동반자"와 함께 대표되었다. 이 대표자회의로부터 사회적 경제 태스크포스(Chantier de l'écomomie sociale)[33]가 구성되어, 이 정책 형성 및 이행 과정에 대한 사회운동의 참여를 조정했다. 몇 년 후 샹티에는 자율적인 상설 조직이 되었고, 선출 이사회는 이사 낸시 님탠이 묘사하듯이 "사회적 경제의 다양한 현실을 대변하기 위해 상이한 선거인단이 선출한 28명의 개인들로 구성되어 있다……이사 구성원들과 이사회는 협동조합적 비영리 기업들, 지방과 지역사회 개발 네트워크들, 대규모 사회운동의 대표자들을 포함한다."[34] 제7장에서 보겠지만, 샹티에는 일련의 공공정책을 입안해 퀘벡의 사회적 경제를 심화 확대하는 데도, 이 사회적 경제 내에서의 활동을 직접 조정하는 데도 핵심적인 역할을 수행해 왔다.

퀘벡 사례는 민주주의의 결사체적 차원을 심화시키는 과정과 관련해 한 가지 매우 중요한 점을 보여 준다. 민주적 통치의 결사체적 환경은 고정된 변수가 아니라는 것이 그것이다. 이 환경은 설계를 통해 바뀔 수 있다. 이 사례에서 결정적으로 중요한 포괄적 결사체, 곧 사회적 경제 태스크포스는 1990년대 중반 이 과정이 처음으로 시작되었을 때 존재하지 않았다. 그것은 정책 형성 과정의 효과성과 그 민주적 성격 모두를 강화하기 위해, 설계를 통해 창립된 것이었다. 이 태스크포스 자체의 거버넌스 규칙들은 이 사회적 경제의 포괄적 성격을 보장할 수 있게끔 만들어졌다. 이는 이 사회적 경제 구성원들의 다양성을 반영하는 선거인단을 창조함으로써 가능했다.[35] 샹티에는 문제해결, 공적 토의, 실천적 조정에서 필수

---

33 "chantier"의 글자 그대로의 의미는 "건축 현장" 혹은 아마도 "작업장"이지만, 이 문맥에서는 때로 "태스크포스"로 번역된다.

34 Nancy Neamtan, "The Social Economy: Finding a Way Between the Market and the State," *Policy Options*, July-August 2005, p. 74.

35 샹티에르의 선거인단에서, 특정한 종류의 사회적 경제 조직들의 상이한 네트워크들 각각은 이 네트워

불가결한 역할을 함으로써, 사회적 경제의 참여자들이 샹티에의 일에 비교적 높은 수준으로 헌신할 수 있게 해 왔다.

결사체민주주의의 확대―심화 가능성은 포괄적 결사체들이 최고 수준의 신조합주의적 정책 형성 과정에서 수행하는 역할에 국한되지 않는다. 결사체민주주의는 지방적 지역적 수준에서도 기능해, 문제를 해결하고 다양한 종류의 상세한 규칙과 표준을 설계―이행할 수도 있다. 두 가지 예가 이를 보여 준다. 지역 노동시장 내에서의 기술 형성, 그리고 멸종위기종들을 위한 서식지 보존이 그것이다.

경제학자들과 경제사회학자들이 잘 증명하고 있듯이, 기술 형성은 자본주의 경제에서 노동자나 고용자 모두에게 수많은 심각한 문제를 야기한다. 직무에 필요한 많은 기술들은 특화된 직업학교에서보다는 일과 관련된 훈련을 통해 가장 잘 획득된다. 직업학교가 아주 일반적인 기술들을 가르치는 데 있어 일정한 역할을 하는 것은 분명하다. 그러나 아주 안정적이고 동질적인 기술 환경이 아닐 때는 직무에 필요한 기술들을 훈련시키기 어렵다. 고용자들은 다른 문제에 직면한다. 그들이 자원을 들여 노동자들에게 휴대 가능한―즉 노동자들이 다른 기업에서도 사용할 수 있는―기술을 훈련시키면, 그들은 애써 이러한 투자를 하지 않은 다른 고용자들에게 자기 노동자들을 빼앗길 위험을 안게 된다. 이것은 고전적인 무임승차자 집합행위 문제이다. 즉, 전체 고용자들 차원에서는 그들 모두가 자원을 들여 노동자들의 기술을 향상시키면 더 좋겠지만, 개별 고용자들 차원에서는 그렇게 하지 않고 훈련비용을 절약한 다음, 노동자들을 훈련시킨 기업들로부터 그들을 빼내오려는 유혹에 처하게 되는 것이다. 그 결

크의 대표자들을 뽑아 샹티에르의 이사회에 보내는 책임을 지는 선거체가 된다.

과, 고용자들은 휴대 가능한 기술을 가진 노동자들을 훈련시키는 것을 삼가고, 대신 이러한 훈련이 필요하지 않는 기술을 선택하게 된다.

이 집합행위 문제에 대한 한 가지 해법은 새로운 결사체적 제도를 만들어 지역 노동시장의 기술 형성을 운용하는 것이다. 이와 같은 한 가지 제도적 혁신이 위스콘신 주 밀워키 지역 금속가공 부문에서 1990년대 초부터 일어났다. 미국은 경제 문제들에 대한 결사체민주주의적 해법을 발전시키는 데 특별히 우호적인 환경을 제공하지 않는다. 노동조합은 약하고, 경영자들은 경제적 거버넌스의 문제들에 대한 협동조합적 해법에 일반적으로 회의적이며, 정치제도는 전통적으로 하향식 명령·통제적 규제에 더 의존해 왔다. 그럼에도 불구하고 밀워키 지역에서는 새로운 결사체민주주의적 제도들을 발전시키는 데 일정한 전진이 이루어져 왔다. 위스콘신지역훈련조합(Wisconsin Regional Training Partnership)은 노동조합, 고용자, 주 직업학교, 지역사회 조직, 위스콘신 대학교의 학술 연구자들을 함께 모아, 금속가공 부문의 노동자들을 위해 일련의 기술 표준과 훈련 절차를 입안해 왔다.[36]

WRTP는 주 체계의 바깥에 있다. 그것은 주 기관도, 주의 비공식적 기구도 아니다. 그것은 다양한 주 기관, 특히 기술대학과 계약을 맺는 자율적인 비영리 조직이며, 주의 다양한 기관으로부터 상당한 수준의 재정지원을 받는다. 이 주 재정지원으로 인해 감독을 받고, 보고를 해야 한다. 특정 노동조합들과 노동운동 전체에서 나오는 노동 리더십은 이니셔티브, 정보, 연속성의 가장 일관된 원천을 제공해 왔다. 고용자들 역시 결정적인 참여자들이지만, 그들의 개입은 일반적으로 다소 일회적이고 수동적이다. 관련

---

36 WRTP는 조엘 로저스가 지휘하는 위스콘신 대학교 연구소인 위스콘신 전략 센터(the Center on Wisconsin Strategy)의 주도를 통해 1992년에 구성되었다. WRTP에 관한 상세한 정보에 대해서는, Annette Bernhardt, Laura Dresser, and Joel Rogers, "Taking the High Road in Milwaukee: The Wisconsin Regional Training Partnership," *WorkingUSA* 5: 3 (2004), pp. 109-30을 보라.

노동조합들은 고용자들이 휴대 가능한 기술 표준들을 수용하고 훈련을 제공하는 것에 대한 대가로, 직무 분류와 노동자들의 배치에 있어 고용자들에게 더 큰 유연성을 허용하기로 했다. 그리고 고용자들은 이러한 표준을 창조하는 데 서로서로 협력하고 주 직업교육체계와도 협력하기로 했다. 그리하여 WRTP는, 노동시장과 훈련 문제들에 대한 지속적인 집합적 문제 해결에 참여하고 이 토의들에서 나오는 훈련 프로그램들의 개발과 집행을 조정하기 위해, 지역 경제에 근거한 결사체적 장치를 제공하고 있다.

이 프로젝트와 연결되어 있는 학술 연구자 로라 드레서에 따르면, WRTP는 훈련에 대한 무임승차 문제를 해결하는 데 기여해 왔다.[37] 그녀는 관련된 부문들의 모든 고용자들이 무임승차 문제와 이것이 어떻게 지역경제에 악영향을 미치는지를 이해했다고 믿는다. 더욱이 고용자들이 WRTP에 참여하는 데는 실질적인 비용이 따른다. 일단 프로그램들이 수립되면 훈련비용이 든다는 것뿐만 아니라, 특히 핵심 관리자들의 경우 상당한 시간을 할애해야 한다는 것이다. 이 비용들은 무임승차 문제를 가중시킬 수 있다. 그럼에도 불구하고 금속가공 부문의 고용자들 거의 모두가 상당히 높은 수준으로 참여하고 협력해 왔다. 드레서는 WRTP가 집합행위 문제를 완화시켰다고 느낀다. 이는 신의가 없는 고용자들에게 제재를 가해 이루어진 것이 아니었다(물론 WRTP는 기업들이 어떤 집합적 자원들에 접근하지 못하게 할 능력을 어느 정도는 가지고 있다). 그보다는 일정한 규범적 환경의 조성에 기여해 이루어졌는데, 이를 통해 적어도 고용자들의 핵심 집단은 WRTP와의 협력이 자신들뿐만 아니라 지역 전체에 혜택을 가져올 수 있다고 여기게 되었고 또 이 집합적 선에 기여해야 한다는 의무감을 발전시키게 되었다.

---

37 2008년 9월 개인 인터뷰.

지역 수준에서의 결사체민주주의를 보여주는 두 번째 예는 멸종위기 종들을 위한 서식지 보존 문제와 관련되어 있다.[38] 1973년에 만들어진 미국 멸종위기종법안(the Endangered Species Act)은 멸종위기종들이 사는 서식지의 개발을 규제함으로써 이러한 종들을 보호하기 위한 비교적 엄격하고 단순한 규칙을 수립했다. 일반적으로 이 규칙은 보호 서식지의 경제 내에서 모든 경제 개발을 금지하는 것이었다. 이 엄격한 규칙으로 인해, 새로운 종들을 멸종위기에 처한 것으로 등재하는 것에 대해 항상 심각한 갈등이 일어났다. 왜냐하면 이러한 등재는 토지소유자들과 개발업자들의 이익을 위협했기 때문이다. 그리고 일단 한 종이 등재되면, 보호 서식지의 경계를 가능한 한 좁게 그으려는 압력이 상당히 컸다. 그 결과, 종 보호의 관점에서 보았을 때 전반적으로는, 보호된 종의 수가 더 적어졌고 보호도 보호주의자들이 원한 것보다 더 불확실해졌다. 한 가지 대안은 덜 엄격한 규칙을 만들어서, 어떤 개발도 허용하지 않기보다 '양립 가능한 개발'(종의 보호와 양립 가능한 개발)이라는 기준을 허용하는 것이었다. 하지만 이 기준이 지닌 문제는, 일정한 서식지에 대해 정확히 무엇이 "양립 가능한" 것인지를 특정하기가 훨씬 더 어렵다는 것이다. 왜냐하면 이것은 서식지 상황의 미세한 세부사항에 따라 엄청나게 다를 것이기 때문이다. 그리고 일정한 서식지에서 양립 가능성에 대한 기준이 특정된다 해도, 이는 "모든 개발의 불허"보다 감독과 시행이 더 복잡해지는 상황이다. 모든 개발의 불허에 대한 위반을 관찰하기는 쉽다. 그러나 양립 가능한 개발에 대한 위반을 확인하기는 어렵다.

---

38 이 예는 리얼 유토피아 프로젝트에 대한 크레이그 토마스(Craig Thomas)의 기고문 "Habitat Conservation Planning," in Fung and Wright, *Deepening Democracy*, ㄴchapter 5, pp. 144-72에서 상세히 논의된다.

따라서 서식지 보호는 관료적인 중앙집권적 명령·통제적 규제의 약점을 보여주는 좋은 예이다. 획일적인 규제가 최적에 미치지 못한다면, 개별적 맥락에 맞추어진 규제는 입안이 어렵고 감독비용이 크다. 결사체민주주의적 해법은 다음과 같은 것일 수 있다. 멸종위기종법안에 의해 규제되는 모든 서식지는 지역 환경보호 집단의 대표자, 토지소유자와 개발업자, 지방정부, 그리고 환경보호 기관의 기술적 전문가들로 구성되는 서식지 계획위원회를 가질 것이다. 이 위원회는 두 가지 책임을 질 것이다. 첫째, 양립 가능한 개발을 위한 일련의 규칙들을 만드는 것, 둘째, 이 규칙들에 대한 준수를 감독하는 것이 그것이다. 제안된 규칙들은 정부감독기관이 검토하겠지만, 수용한다는 가정 하에 검토할 것이다. 서식지 계획위원회가 일련의 서식지 관리 규칙들에 대해 동의에 이르지 못할 경우, 개발 불허라는 무조건적 규칙이 적용될 것이다. 이것은 모든 당사자들이 보다 유연한 규칙들에 동의하도록 하는 인센티브를 줄 것이다. 이 규칙들을 만드는 데 참여하는 환경주의자들과 개발업자들의 이해는 상반되지만, 그들 모두 적절한 양립 가능한 개발 규칙들을 찾아내는 것에서 이익을 얻을 것이다. 이는 토의, 실용적 문제해결, 합의 형성의 과정에 기초가 될 것이다. 테이블에 앉아 여러 쟁점들을 검토해 나가는 과정은 또한, 일단 규칙들이 채택되고 나면 이 규칙들을 효과적으로 감독하는 데 필요한 미시적 차원의 신뢰가 쌓이도록 할 수 있을 것이다.[39]

미국 환경보호 기관은 이 방향과 상당히 일치하는 규제 과정을 1980

---

39 이와 유사한 결사체적 이해당사자 위원회가 유역 관리 및 삼림 관리와 같은 다양한 환경 규제를 위해 이용되어 왔다. 결사체민주주의의 일정한 요소들을 지닌 이해당사자 유역 위원회들의 네트워크의 예에 대해서는, "2007 Watershed Councils in Oregon: An Atlas of Accomplishments," available at http://www.oregonwatersheds.org를 보라. 캘리포니아의 시에라 산맥의 숲 관리에 현저한 영향을 끼쳐 온 논쟁적인 삼림 위원회의 예에 대해서는, http://www.qlg.org에 있는 퀸시 라이브러리 그룹(Quincy Library Group)의 논의를 보라.

년대에 발전시켰고, 1990년대에 선택적으로 사용했다. 크레이그 토마스가 분석하듯이, 이 실험은 확실히 엇갈리는 결과를 낳았다. 강한 지역 환경 집단이 이미 존재한 몇몇 경우, 위원회들은 환경주의자들과 개발업자들 모두의 목표에 부합하는 효과적인 서식지 관리 규칙들을 고안하고 집행할 수 있었다. 다른 경우, 위원회들은 기본적으로 기만적인 것이었고, 이 과정을 자신들에게 유리하도록 조종하는 개발업자들에게 지배되었다.

서식지 계획위원회 실험의 한계는 결사체민주주의의 내재적인 난점을 반영하고 있다. 활력 있는 풀뿌리 이차 결사체들이 없을 경우, 결사체민주주의적 문제해결 제도를 구축하려는 노력은, 많은 자원을 가지고 있는 소집단들, 보통 이미 강력한 이익을 대변하고 있는 소집단들에게 지배되기가 아주 쉽다. 바로 이 때문에 결사체적 과정을 이용해 민주주의를 향상시키려는 프로젝트는 단순히 현존하는 결사체들에게 의존하기보다, 노동계급과 민중에 근거한 결사체들의 활성화를 고려해야 한다.

┃ 민주주의와 사회권력의 심화

제5장에서 논의한 사회권력 강화로의 일곱 가지 경로 가운데 네 가지, 즉 국가사회주의, 사회민주주의적 국가주의 규제, 결사체민주주의, 참여사회주의는 국가와 관련되어 있다. 이 모든 경로에서 핵심적인 쟁점은 시민사회의 사회권력과 국가권력 사이의 관계이다. 국가권력을 시민사회의 사회권력에 종속시키는 효과적 메커니즘이 없다면, 이 경로들 가운데 어떤 경로도 사회권력을 경제에 대한 통제력으로 효과적으로 전환시킬 수 없다. 자본주의의 대안으로서의 사회주의가 경제 민주주의를 핵심으로 삼는다면, 보아벤투라 산토스의 말을 사용하자면, 민주주의 자체가 민주

화되는 것이 필수적이다.[40]

우리가 이 장에서 본 세 가지 형태의 민주주의—직접민주주의, 대의민주주의, 결사체민주주의—는 어떻게 국가를 시민사회에 종속시키는가 하는 문제에 대한 세 가지 해법이다. 직접민주주의의 경우, 이것은 국가권력의 여러 측면을 일반 시민들의 권력 강화된 참여와 집합적 토의로 이양시킴으로써 일어난다. 대의민주주의의 경우, 시민사회에 대한 국가권력의 종속은 민주적으로 선출된 시민 대표자들이 시민들을 대신해 결정을 내림으로써 성취된다. 그리고 결사체 민주주의의 경우, 국가의 종속은 시민사회에 근거한 결사체들이 다양한 종류의 공적 기능을 수행하도록 권력 강화됨으로써 일어난다. 철저하게 민주화된 민주주의는 이 세 가지 형태의 민주주의 모두를 심화시킬 것이다.

일반적으로 국가와 민주주의에 대한 전통적인 마르크스주의적 설명은, 경제구조가 여전히 자본주의적인 한 이런 식으로 민주주의를 심화시킬 수 있는 가능성에 대해 아주 회의적이다. 대다수 마르크스주의 국가 이론의 중심 명제는 자본주의 사회의 국가가 특유한 자본주의적 성격을 가진다는 것이다. 그것은 단지 '자본주의 사회의 국가'인 것이 아니라 '자본주의 국가'인 것이다.[41] 따라서 국가의 제도들은 자본주의적 관계를 재생산하고 반자본주의적 가능성을 차단하는 경향을 강하게 가지도록 조직

---

40 Boaventura de Sousa Santos (ed.), *Democratizing Democracy: Beyond the Liberal Democratic Canon* (London: Verso, 2006)을 보라.

41 "자본주의 사회의 국가"와 "자본주의 국가" 사이의 수사적 대비는 1970년대 니코스 풀란차스와 랄프 밀리반트 사이의 영향력 있는 논쟁에서 유래한다. Nicos Poulantzas, "The Problem of the Capitalist State," *New Left Review* 58 (November-December 1969), pp. 67-78; Ralph Miliband, "The Capitalist State: Reply to Poulantzas," *New Left Review* 59 (January-February 1970), pp. 53-60; Ralph Miliband, "Poulantzas and the Capitalist State," *New Left Review* 82 (November-December 1973), pp. 83-92를 보라. 국가에 특유한 자본주의적 형태를 부여하는 국가의 구조적 속성들에 대한 가장 체계적인 설명은 Goran Therborn, *What Does the Ruling Class Do When It Rules?* (London: NLB, 1978)이 제공한다.

된다. 이 기능적으로 통합된 배열로부터의 이탈은 가능하지만, 이러한 이탈이 일어날 때 그것은 자본주의의 작동에 혼란을 일으킨다. 이어서 이 혼란은 재생산 기능을 회복하기 위한 대응책을 촉발시킬 것이다. 따라서 자본주의와 기능적으로 양립할 수 있는 형태로부터 자본주의 국가가 안정적으로 이탈할 수 있는 한계는 상대적으로 협소할 것이다.

이 주장들이 옳다면, 자본주의 내에서 민주주의를 의미 있고 지속 가능하게 심화시키는 것은 불가능하다. 권력 강화된 참여적 통치는 시민이 직접민주주의에 참여하기 위한 적절한 설계일지도 모르지만, 자본주의 내에서 이것은 주변적 틈새에 국한될 것이다. 민중이 대표 과정을 보다 심층적으로 통제하는, 튼튼한 평등주의적 대의민주주의 체제는 이 대표의 민주적 질을 향상시킬지도 모른다. 하지만 역시 자본주의 내에서 이러한 장치들은 자본에 대해 시민사회의 권력을 실제로 강화시킬 수 있는 국가의 능력에 거의 아무런 영향을 미치지 못할 것이다. 그리고 결사체민주주의가 급진 민주주의의 중요한 요소일지 모르지만, 자본주의 경제 내에서는 결사체들 사이의 권력이 비대칭적이기 때문에 결사체민주주의는 항상 자본주의에 유리한 조건으로 문제해결에 임할 것이다.

이것은 자본주의 내에서의 사회권력 강화와 국가의 가능성에 대한 중요한 비판들이다. 이 비판들이 핵심적으로 기대고 있는 생각은, 사회란 응집되고 통합된 체계로서 이 체계가 괜찮게 기능하기 위해서는 그 부분들이 서로 아주 잘 맞아야 한다는 생각이다. 이에 대한 대안적 시각은 사회란 단단하게 통합된 총체라기보다 느슨하게 연결된 체계라는 것이다. 사회는 '유기체'라기보다 '생태'이다. 아주 적대적인 요소들이 체계의 폭발 없이, 변동하는 불균등한 균형 속에서 공존할 수 있다. 우리는 자본주의적, 국가주의적, 사회주의적 경제구조들이 복잡하게 공존하는 하이브리드 경제구조의 개념 속에서 이미 이 생각과 마주친 적이 있다. 이와 동일한 주장이 국가의 여러 형태들에 적용될 수 있다. 말하자면 자본주의 유형의 국가라는 이론적 개념을 정교화하는 것이 정말 의미는 있지만, 실제의 국가 제도들은 자본주의적 형태와 비자본주의적 형태를 결합할 수 있다. 국가는 내적으로 모순적인 요소들을 담고 있으며, 이 요소들이 국가를 모순되게 행동하도록 몰고 갈 수 있다. 국가는 경제구조와 마찬가지로 구조적 하이브리드이다. 따라서 자본주의 사회의 국가가 자본주의 국가인 것은 정말 맞는 말이지만, 그것이 '단지' 자본주의 국가이기만 한 것은 아니다. 그것은 자본주의 형태가 지배하는 하이브리드 구조인 것이다.

이렇게 되면, 국가 내의 이 요소들이 얼마만큼 모순적으로 될 수 있는가 하는 문제가 제기된다. 국가가 현존하는 계급관계를 재생산할 수 없을 정도로 혼돈스러워지지 않는 범위 내에서 말이다. 여기에 한계가 존재한다는 것은 의심의 여지가 없다. 이 한계의 성격과 해방적 변혁에 대한 이 한계의 함의가 이 책 제3부의 중심 관심사가 될 것이다.

07 | 리얼 유토피아 II : 사회권력 강화와 경제

 사회주의가 어떤 식으로 이해되든, 자본주의에 대한 사회주의적 대안의 중심에는 경제제도의 문제가 있다. 특히 자원의 배분에 대한 권력, 그리고 생산과 분배에 대한 통제력을 사회적으로 어떻게 조직할 것인가 하는 문제가 있다. 국가주의적 관점의 사회주의에서는 이러한 권력과 통제력이 일차적으로 국가를 통해 작동하며, 가장 강한 사회주의 버전에서는 주요한 생산수단에 대한 직접적인 국가적 소유와 포괄적 중앙계획을 통해 작동한다. 여기에서 제안되는 사회권력 강화 관점에서의 사회주의에서는 경제과정을 통제하는 문제가 덜 분명하다. 재화와 서비스의 생산과 분배를 둘러싸고, 사회권력은 다양한 경로를 따라 복수의 이질적인 제도적 형태들을 통해 행사된다.
 우리가 여기에서 고찰할 제안들 대부분은 사회권력 강화를 위한 제도적 설계를 하면서 시장에 상당한 역할을 맡긴다. 따라서 이 설계들은 이

런저런 의미에서 일정한 종류의 "시장사회주의"를 구상하는 경향이 있다. 이것은 자본주의 계급관계뿐만 아니라 시장 그 자체도 초월하겠다는 전통적인 마르크스주의적 사회주의관과 상반되는 것이다. 전통적 마르크스주의에서, 한 생산체제로서의 자본주의가 발생시키는 해악은 시장의 해로운 효과에서도 기인하는 것이고, 자본가와 노동자의 계급관계와 관련된 권력과 착취에서도 기인하는 것이다. 따라서 자본주의 너머의 세계에 대한 전망에 중심이 되는 것은, "필요에 따라 각인에게, 능력에 따라 각인으로부터"라는 반계급적 경구에 표현된 평등주의이자, 또한 재화와 서비스의 생산과 분배가 일정한 집합적 계획 메커니즘을 통해 조직되는, 합리적인 질서를 갖춘 경제이기도 하다.

경제적 조정에서 시장—가격이 공급과 수요에 반응하는 것을 수반하는, 탈중앙집권적이고 자발적인 교환의 체계로 이해되는—이 일정한 역할을 하지 않고도 복잡한 대규모 경제가 가능할 것이라고 아직도 믿고 있는 이론가들은 오늘날 거의 없다.[1] 그렇다고 해서, 대체로 규제되지 않은 "자유로운" 시장에 의해 경제가 조정되어야 한다는 것은 아니다. 또 절대다수의 경제적 욕구가 시장교환을 통해 충족될 것이라는 것도 아니다. 다만 시장의 가격을 통한 탈중앙집권적 교환이 경제의 조직에서 중대한 역할을 할 것이라는 것뿐이다. 동시대의 자본주의 비판자들은 대부분 더 이상 포괄적 계획을 실행 가능한 대안으로 보지 않는다. 그것이 중앙집권적 관료 제도를 통해 조직되건, 참여적인 탈중앙집권적 제도를 통해 조직

---

1 어떤 반자본주의자들은 시장이 어떤 역할도 하지 않는, 탈중앙집권적이고 민주적으로 계획된 경제가 가능하다고 믿는다. 마이클 앨버트(Michael Albert)가 이 입장을 보다 영향력 있게 제시하고 있다. 그는 자신의 책 *Parecon* ("참여적 경제"의 약자) (London: Verso, 2003)에서 복잡한 세계경제조차 생산자와 소비자 위원회에 근거한 참여적 계획을 통해 조직?조정될 수 있다고 주장한다. 이 장의 마지막 부분에서 이 제안에 대해 서술할 것이다.

되건 말이다. 그리하여 제기되는 질문은 이것이다. 국가를 통해 그리고 사회권력 강화의 다른 경로들을 통해 수립되는 민주적 우선사항들과 관련해 시장이 어느 정도 강한 혹은 약한 제약 아래 작동해야 하는가, 그리고 정확히 어떤 메커니즘에 의해 시장의 힘의 부정적 효과들이 중화될 것인가 하는 것이다.

사회권력의 범위와 심도를 증가시킴으로써 우리를 자본주의 너머로 데리고 가는 대안적 경제구조와 경제제도들에 대해 그 동안 일련의 제안이 있었다. 이 장에서 우리는 이 제안들을 탐구할 것이다. 이 제안들이 좌파를 위한 정책 이니셔티브의 완전한 목록은 아니다. 사람들의 삶의 질을 향상시키고, 건강관리, 불평등, 빈곤, 에너지, 환경보호 등등을 둘러싼 구체적인 문제들을 해결하는 데 기여할 가치 있는 진보적 정책들은 많다. 하지만 이 정책들이 특별히 '사회권력 강화의 정책들'인 것은 아니다. 불평등을 감소시키는 평등주의적 과세·이전 정책은 정의의 평등주의적 이상들을 진전시킬 수도 있다. 그러나 이것 자체만으로는 경제구조가 변화되어 사회권력이 더 큰 비중을 차지하는 하이브리드로 가지 못한다. 정부의 환경 규제 강화와 재생 가능한 에너지를 개발하기 위한 적극적인 에너지 정책은 바람직한 것이고, 좌파 정치 프로그램의 일부가 되어야 할 것이다. 그러나 이 역시 경제 민주주의 제도들을 직접적으로 강화하는 데는 많은 도움이 되지 못할 수도 있다.

따라서 이 장에서 우리의 관심은 사회권력 강화 사회주의의 핵심적인 요소가 될 수 있는 다양한 제도적 설계와 제안을 탐구하는 것이다. 이들 가운데 몇몇은 순수히 이론적인 모델이다. 다른 것들은 여러 곳에서 적어도 제한적인 형태로 존재해 왔다. 몇몇은 자본주의 제도의 전반적인 구조를 변혁한다. 다른 것들은 보다 부분적인 성격을 가지고 있으며, 자본주의와 함께 다소 마찰 없이 공존할 수 있다. 몇몇은 제한적이고 부분적인 형태로 설립된 다음 장기적으로 성장해 갈 수 있다. 다른 것들은 전부 아니면 전무의 성질을 가지고 있어서, 이미 상당히 발전된 형태로 설립될 때만 작동할 것이다. 이 모든 설계들은 이런저런 모습으로 자본주의의 권력 배열을 변화시켜, 사회권력 강화에 의해 활성화되는 경제로 나아가고자 한다.

| 사회적 경제

"사회적 경제"라는 용어는 광범위한 경제 형태들을 지칭하기 위해 사용되어 왔다. 때로 그것은 "비영리 부문"과 동일시된다. 때로는 협동조합 기업들을 포함하기도 하는데, 이 기업들이 시장을 위해 생산하고 자본주의 기업들과 경쟁한다 해도 그렇다. 때로 사회적 경제는 엄밀하게 소극적으로 정의되어 비국가 기업과 비시장 기업들만을 포함하기도 한다. 퀘벡의 사회적 경제 활동가 낸시 니트먼 같은 저자들은 특정한 내부적인 조직적 속성들을 그 정의에 포함시킨다. 그녀는 이렇게 쓴다. 사회적 경제 기업은

> 단순히 이윤을 추구하기보다 그 회원들이나 공동체에 봉사하는 것을 목표로 한다. 국가와 독립해 있다. 그 정관이나 행동 규약 속에 민주적 의사결정 과정을 확립해 사용자와 노동자들이 참여할 것을 요구한다. 수익과 잉여의 배분에 있어 자본보다 사람과 노동을 우선시한다. 그 활동은 참여, 권력 강화, 개별적 집합적 책임의 원칙들에 기초해 있다.[2]

---

2 Nancy Neatman, "The Social Economy: Finding a Way Between the Market and the State," *Policy Options*, July-August 2005, pp. 71-6.

나는 사회적 경제를 아주 넓게 정의해, 일정한 형태의 사회권력의 행사를 통해 직접적으로 조직되고 통제되는 경제활동으로 정의한다. 사회권력은 시민사회의 자발적 결사체에 근거한 권력이며, 다양한 종류의 집합행위를 위해 사람들을 조직할 수 있는 능력에 기초해 있다. 사회적 경제에서는 재화와 서비스의 생산과 분배—경제활동—가 이러한 사회권력의 행사를 통해 직접적으로 조직된다.

이 정의는 "비영리 부문"의 모든 조직이나 기업이 사회적 경제에 속한다는 것을 의미하지 않는다. 어떤 비영리 조직들은 시민사회에서 형성된 자발적 결사체라기보다 기본적으로 자본주의 기업이나 국가의 일익이다. 또 어떤 비영리 조직들은 대규모 자본 기부금을 받아 생산활동을 하는 데 필요한 자원을 공급받으며, 위계적 기업의 방식으로 지휘된다. 따라서 경제활동에 대한 그들의 통제는 사회권력(즉, 시민사회의 집합적 결사체에 근거한 권력)의 동원에 기초한 것이라기보다 그들의 기부금에서 나오는 경제권력의 행사에 기초해 있다. 이것이 시사하는 바는, 많은 조직들은 혼합적 혹은 하이브리드적 성격을 가질 것이라는 것이다. 그들이 시민사회의 결사체적 삶에 근거한다면, 그들은 사회적 경제 활동의 예이다. 재화와 서비스의 생산과 분배에 종사하는 그들의 권력이 국가권력이나 경제권력에 기초한다면, 그들은 국가주의적 조직이나 자본주의적 조직이다.[3]

이 절에서 우리는 사회적 경제 활동의 두 가지 아주 다른 예들을 검토할 것이다. 위키피디아, 그리고 퀘벡 주 육아 및 노인 보호 급여의 사회적 경제가 그것이다.

---

[3] 시민사회 "안에서" 재화와 서비스의 생산에 종사하는 많은 조직들이 하이브리드적 성격을 가지고 있다는 주장은, 경제구조 전체가 보통 자본주의적 국가주의적 사회주의적 요소들을 결합한 하이브리드적 성격을 가지고 있다는 제4장에서의 주장과 유사하다.

1. 위키피디아[4]

◆ 제도적 설계

위키피디아는 아마 일반적으로는 정보기술, 특수하게는 인터넷의 반자본주의적 잠재력을 보여주는 가장 유명한 예일 것이다.[5] 위키피디아에 적극적으로 참여하는 많은 사람들은 위키피디아가 근본적으로 반자본주의적인 조직으로 규정되는 데 놀랄지도 모른다. 사실 위키피디아의 공동설립자 지미 웨일스Jimmy Wales[6]는 아인 랜드Ayn Rand의 열렬한 숭배자인 것으로 알려져 있는데, 아인 랜드는 순수한 개인주의적 자기이익이라는 도덕적 입장과 자본주의의 미덕에 대한 대표적 옹호자이다.[7] 더욱이 위키피디아의 저명한 논평가들 가운데 적어도 일부는 위키피디아를 새로운 세계자본주의 경제를 위한 노동 조직의 전범으로 본다. 돈 탭스코트와 안소니 윌리엄스는 그들의 책 『위키노믹스Wikinomics』에서 위키피디아를 떠받

---

[4] 이 절은 에도 나보트(Edo Navot)와 함께 쓴 것이며, 부분적으로 미간 논문 "Wikipedia as a Real Utopia"(이집트 알렉산드리아에서 열린 2008년 위키매니아[Wikimania] 학술대회에서 발표)에 기초해 있다.

[5] 다른 유명한 예는 오픈 소스 소프트웨어 개발일 것이다. 가장 두드러진 것으로는 핀란드의 컴퓨터 프로그래머 리누스 토르발츠(Linus Torvalds)가 1991년에 시작한 리눅스 컴퓨터 운영체제가 있다. 이 프로그램의 소스 코드는 "오픈 소스" 소프트웨어로서, 이 체제의 개량에 관심이 있는 누구나 자유롭게 이용할 수 있다. 오랜 시간에 걸쳐 전 세계의 프로그래머들 수천 명이 리눅스의 개발에 힘쓰면서, 새로운 특징을 제시하고 코드를 더하며 결함들을 확인하고 교정해 왔다.

[6] 위키피디아의 역사를 꼼꼼하게 추적한 사람들 사이에서는 지미 웨일스와 그의 초기 협력자 래리 생어(Larry Sanger)가 이 프로젝트의 고안과 설계에 각각 정확히 얼마나 공헌했는지에 대해 약간의 논쟁이 있다. 그러나 누구의 생각이 이 노력을 모습 짓는 데 더 큰 역할을 했는지와는 무관하게, 지미 웨일스가 이것을 설립하고 발전시키는 데 깊이 관련되어 있는 것은 사실이다. 이 쟁점들에 관한 논의에 대해서는 Marshall Poe, "The Hive," *The Atlantic Monthly*, September 2006을 보라.

[7] 아인 랜드에 대한 웨일스의 애착을 논한 것에 대해서는 "The Free-Knowledge Fundamentalist," The Economist, June 5, 2008을 보라. 이 논문은 아인 랜드에 대한 웨일스의 견해 아래 깔려 있는 기초에 대해서는 깊이 논의하지 않는다. 내가 생각하기에 이 견해는 자본주의 자체에 대한 믿음과 관련되어 있다기보다는 중앙집권적 국가 규제에 대한 자유지상주의적/무정부주의적 적개심과 더 관련되어 있다.

치는 원칙들—그들이 "대량 협력"이라는 이름 아래 추출한 원칙들—이 새로운 형태의 기업 경쟁력에 열쇠를 제공하고 있다고 본다. "대기업들에게 대량 협력은 더 큰 경쟁력과 성장을 위해 외부의 지식, 자원, 재능을 이용하는 수많은 방법을 제공한다"[8]고 그들은 쓰고 있다. 자본주의를 위한 조언은, 이 새롭고 공개적이며 비위계적이고 협력적인 네트워크 과정을 이용해 경쟁력과 수익성을 향상시키라는 것이다.

하지만 위키피디아의 근본적인 조직 원리들은 단지 '비'자본주의적인 데 그치는 것이 아니라 철저히 '반'자본주의적이다.

1) 비시장적 관계: 자발적인 무보수 기고와 무료 접근

위키피디아에 글을 쓰는 사람은 아무도 보수를 받지 않는다. 심지어 위키피디아의 소프트웨어 인프라와 관련된 많은 기술적 작업까지 자원봉사자에 의해 수행된다. 위키피디아의 수백만 개 글에 접근하는 데 아무도 요금을 지불하지 않는다. 그것은 인터넷에 접근할 수 있는 사람이라면 세계의 누구에게나 무료이다. 위키피디아의 페이지에는 어떤 광고도 없다. 아무도 그 활동으로부터 직접적으로 수익을 올리지 않는다. 이 시스템의 하드웨어 비용을 대기 위한 재원, 그리고 몇 가지 기술적 기능에 필요한 소수의 인원에게 보수를 지불하기 위한 재원은 위키피디아 재단으로부터 제공되며, 이 재단의 기금은 대체로 위키 공동체의 기부에서 나온다.[9]

---

8 Don Tapscott and Anthony D. Williams, *Wikinomics: How Mass Collaboration Changes Everything* (New York: Penguin, 2006), p. 33. 물론 위키피디아의 설계가 근본적으로 반자본주의적이면서도 이 설계 내에서의 비위계적 협력 원칙들이 자본주의 기업에게도 유용할 수 있다.

9 처음에 이 재단은 위키피디아를 시작하기 전 성공적인 투자 은행가였던 지미 웨일스에게서 나온 자원으로 설립되었다. 그 후 이 재단은 위키피디아를 이용하는 개인들의 기부에 주로 의존해 왔다.

2) 완전하고 공개적이며 평등주의적인 참여

위키피디아는 내용의 생산과 수정에 참여하고자 하는 누구에게나 완전한 편집권을 준다. 누구라도 편집자가 될 수 있고, 어떤 편집자도 내용의 생산에 있어 다른 사람들에 비해 특권을 가지지 않는다. 박사학위 소지자와 독서를 많이 한 고등학생은 형식적으로 평등한 지위에 있다. 따라서 편집과정은 전문 자격증을 가진 전문가들에게 크게 의존하는 관례적 편집과정과 극히 다른 방식으로 움직인다. 이용 가능한 위키피디아 통계치로부터는 얼마나 많은 사람들이 편집과정에 기여했는지 알 수 없지만, 2008년 12월 현재 "활동 계정," 즉 직전 달에 적어도 한 개의 편집을 행한 계정이 157,360개가 있었다.

3) 기고자들 사이의 직접적 토의적 상호작용

위키피디아의 기고와 결정은 일반적으로 편집 통제권이나 관리 통제권을 가진 사람들의 중재 없이, 편집자들이 다른 편집자들과 토의하는 과정에서 직접 이루어진다. 위키피디아 기사들은 일정한 생애주기를 보이는 경향이 있다. "토막글"(아직 위키피디아 기사의 정상적인 구조로 "성숙하지" 않은 아주 짧은 글에 대한 위키 용어)로 시작해, 편집을 점점 더 많이 거쳐 온전한 기사로 확장되다가 마침내 일정한 균형점으로 수렴된다. "최종" 결과물은 대체로 정지해서 "완전한" 상태로 남아 있거나 그렇지 않으면 아주 사소한 편집만을 거치는 기사이다. 이 과정은 종종 편집자들 사이의 상당한 상호 토론을 동반하는데, 이 토론은 기사와 연결되어 있는 토론 페이지에 기록된다. 따라서 위키피디아의 모든 기사에 대해 편집과정의 전 역사를 재검토하는 것이 가능하다. 기사 작성의 대량 협력적 노력은 느린 '합의 형성' 과정이다. 영어 위키피디아의 기사들은 기사 하나에 대해, 저장

된 수정본만 따지면 평균 90개에 이르는 수정본을 가지고 있다.[10]

4) 민주적 통치와 판결

모든 위키피디아 인들은 처음에는 본질적으로 ("시솝"으로 불리는) 편집 관리자였다. 그러나 이 백과사전의 명성이 높아지면서 파괴행위와 기타의 악행이 심해짐에 따라 일종의 준 관리구조가 설치되어, 사용자들이 갈등의 판결에 있어 상이한 수준의 조직적 책임과 역할을 획득할 수 있게 되었다. 이것은 리얼 유토피아적 제도적 설계로서 위키피디아의 발전의 가장 흥미로운 측면들 가운데 하나이다. 이러한 자유분방한 네트워크 구조에 적절한 사회적 통제·판결 메커니즘이 출현하고 진화한 것이다.

현재 기본적인 관리적 차원의 사용자들에는 네 부류가 있다. 편집자(editor), 관리자(administrator), 관료(bureaucrat), 집사(steward)가 그것이다. 2008년 중반 현재, 약 1,660명의 관리자, 31명의 관료, 36명의 집사가 있었다. 하지만 이 직함과 연관된 관리 특권은 여전히 이 백과사전의 "정화"에 초점을 맞추고 있었다. 이것이 위키피디아의 내용을 생산하는 데는 특권을 주지 않는다. '관리인'은 일반 편집자들 위에 있는 이 관리구조의 기초수준에 있는 사람들인데, 위키피디아는 이들에 대해 다음과 같이 묘사한다. "흔히 애드민admin이라 알려져 있고 시솝(*system operator*)으로 불리기도 하는 관리인은 보수유지를 돕는 기술적 특성들에 접근할 수 있는 위키피디아 편집자이다." 관리 절차를 논의하는 위키피디아 웹사이트에 묘사되어 있듯이,

---

10 http://en.wikipedia.org/wiki/History_of_Wikipedia (위키피디아 웹 페이지에 대한 모든 참조는 2008년 중반의 내용에 준함).

영어 위키피디아 관행은, 적어도 몇 달 동안 위키피디아에 적극적이고 규칙적으로 기고했고, 위키피디아 정책에 친숙하면서 그것을 존중하며, 관리권 요청(Requests for adminship) 과정을 통해 나타나는 바처럼 이 공동체의 신뢰를 얻은 사람이라면 누구에게나 관리인 지위를 부여하는 것이다. 관리인들은 여러 가지 기술적 능력 중에서도 페이지를 보호하거나 제거할 수 있고, 다른 편집자들을 차단할 수 있으며, 이 조치들을 철회할 수도 있다. 이 특권들은 무기한 부여되며, 요청에 의해 혹은 고위의 개입이 필요한 상황(아래의 관리자 학대를 보라) 아래에서만 제거될 수 있다. 관리자들은 자발적으로 더 많은 책임을 떠맡을 수 있으며, 위키피디아 재단의 피고용자가 아니다.[11]

이 관리 역할에 대한 접근권은 민주적 수단을 통해 획득된다. "관리권 요청"을 논의하는 위키피디아 페이지에서 묘사되고 있듯이, 이 과정은 공개적이고 합의 추구적인 성격을 강조한다.

어떤 사용자라도 계정을 가진 다른 사용자를 지명할 수 있다. 자기 지명도 허용된다. 당신이 스스로를 지명해 관리권을 얻을 수 있을는지 확신이 서지 않는다면, 먼저 관리 지도(admin coaching)를 참조해 이 공동체가 당신의 요청에 대해 어떻게 생각하는지를 엿볼 수도 있다. 또한 당신은 경험이 더 많은 사용자와 결연을 맺어 경험을 얻을 수도 있다. 지명은 그것이 이 페이지에 실리는 때부터 여러 날 동안 계속 실리게 되며, 그 동안 사용자들은 의견을 내고 질문을 묻고 논평을 한다. 이

---

11 http://en.wikipedia.org/wiki/Wikipedia:Administrators.

토론과정은 투표가 아니다(때로 이 과정은 컴퓨터과학 부정 기호를 사용해 !vote로 지칭된다). 이 시기가 끝날 때, '관료'가 이 토론을 검토해 승진에 대한 합의가 있는지를 본다. 이것은 때로 확인하기 어렵고 수적인 측정이 아니지만, 대체적인 주먹구구식 규칙으로는 ~80% 승인 이상은 대부분 통과되고, ~70% 이하는 대부분 실패하며, 이 사이는 관료의 재량에 달려 있다……계정을 가진 어떤 위키피디아인도 지지, 반대, 중립 섹션에 논평을 달 수 있다. 후보자는 다른 사람들의 논평에 응답할 수 있다. 어떤 논평들은 사기가 의심될 경우 무시될 수 있다. 이것들은 아주 신참 편집자, 속퍼피트sockpuppet, 미트퍼피트meatpuppet[12]의 기고문들 일지도 모른다. 당신의 추론에 대한 간단한 설명을 포함시킴으로써 당신의 견해를 설명하라. 당신의 기고는 이를 지지하는 증거를 동반할 때 더 큰 무게를 지닐 것이다.[13]

이 위계의 다른 수준들로 뽑히는 절차는 다소 다른 규칙들을 가지고 있지만, 그것들은 모두 공개적인 민주적 과정을 수반한다.[14]

이 상이한 수준의 관리인들이 행하는 핵심적인 역할의 하나는 갈등의 해결이다. 물론 편집자들 사이에서 내용에 대한 상당한 불일치가 존재하는 주제들이 있다. 이로 인해 때로는 한 기사가 합의된 문서로 수렴되는

---

12 위키피디아에 설명되어 있듯이, '속퍼피트'는 "인터넷 공동체 내에서 기만의 목적으로 이용되는 온라인 신원"을 가리키는 위키 표현이며, '미트퍼피트'는 "공동체의 새 회원이 기존의 회원에 의해 모집이 될 때(혹은 그렇다고 주장될 때) 그 유일한 목적이 이 회원의 입장을 지지하는 것일 경우 이 새 회원의 기고문을 폄하기 위해 흔히 사용"된다.

13 http://en.wikipedia.org/wiki/Wikipedia:RFA.

14 이 묘사에 관한 한 가지 주의 사항. 에도 나보트는 여기에서 제출된 분석을 2008년 위키매니아 학술대회에서 "리얼 유토피아로서의 위키피디아(Wikipedia as a Real Utopia)"라는 논문으로 발표했다. 그 후 위키피디아에 오랫동안 참여했던 사람들과의 토론에서 몇몇 사람들은 이 위계의 여러 수준들에 접근하는 실제 과정이 위키피디아에 표사되어 있는 절차만큼 간단한 것인지 회의를 표했다.

것이 어려울 때도 있다. 위키피디아 기사들에 대해 악의적인 파괴행위가 일어나는 경우도 있다. 위키피디아는 편집자들 사이의 불일치를 공개적인 소통에 기초해 해결할 것을 촉구하며, 사용자들은 이를 위해 지침과 충고를 제공하는 수많은 안내서와 논문을 써 왔다.[15] 대부분의 증거에 따르면, 편집자들의 숫자가 많은 것에 비해, 그리고 불일치가 일어날 수 있는 내용의 양이 엄청난 데 비해 편집자들 사이의 다툼은 드물다. 하지만 분쟁은 반드시 일어나며, 편집자들이 이 쟁점들을 스스로 해결하지 못할 경우, 중립적 관리인이 요청에 따라 협상, 조정, 중재—관련 당사자들의 권력 강화, 합의, 호혜적인 결과를 강조하는 모든 과정들—를 통해 갈등을 처리한다. 분쟁이 계속 해결되지 않으면, 개입이 점차 강화될 수 있다. 분쟁은 공식 조정에 회부되고 최종적으로는 중재에 회부될 수도 있다. 2004년 초에 형성된 중재위원회는 분쟁 해결의 최종적 호소 메커니즘이자, 제재를 포함하여 일정한 결정을 사용자들에게 강요할 수 있는 유일한 기구이다.[16] 중재위원회의 구성원들은 광범위한 위키피디아 공동체가 자문의 목적으로 선거를 치룬 후, 이에 기초해 지미 웨일스가 임명한다. 이 최종적인 통제 수준에서, 위키피디아 과정은 잔여적인—그렇지만 중요한—비민주적 권력 요소를 가지고 있다.[17]

---

15 위키피디아의 "dispute resolution process" 페이지 아래에 있는 "See Also" 링크는 여러 자료를 제공하고 있으며, 다른 곳에도 많다.

16 http://en.wikipedia.org/wiki/Wikipedia:Arbitration Committee.

17 지미 웨일스는 위키피디아 조직 내에서 계속해서 "최종적 권위"를 지니고 있다. 그는 광범위한 위키 공동체에 의해 선출된 후보자들의 명부에서 중재위원회 구성원들을 임명하며, 특별한 상황에서 새로운 규칙과 정책을 부과할 수 있는 권리를 보유해 왔는데, 지금까지는 이 권력의 사용을 삼갔다. 웨일스는 이러한 권력을 보유하는 것이 유해한 사용자들이나 악의가 있는 사용자들의 일치된 노력에 의해 이 프로젝트를 빼앗기는 것에 대한 필수적인 보호조치라고 주장해 왔다. 현재 위키피디아는 행사되지 않은 독재적 권위를 가진, 대체로 민주적인 기관으로 남아 있다.

종합적으로 볼 때, 위키피디아의 이 네 가지 특성—비시장적 관계, 평등주의적 참여, 기고자들 사이의 토의적 상호작용, 민주적 통치와 판결—은 급진 민주평등주의의 규범적 이상들과 밀접히 부합한다. 놀라운 것은, 세계 전역에 걸쳐 수만 명의 사람들이 협력하여 엄청난 세계적 자원을 '생산'하는 데 이 원칙들이 밑받침이 되어 왔다는 것이다. 통계치는 놀랍다. 위키피디아가 제공하는 수치들에 따르면 2009년 중반 현재 2백9십만 개의 영어 기사가 있었으며, 200개 이상의 다른 언어로 된 위키피디아에는 거의 7백만 개의 기사가 있었다. 2007년 현재, 위키피디아의 영어 기사에 매일 접근한 숫자는 2백만을 상회했다. 아무튼 위키피디아는 아주 광범위한 규모의 생산적인 비시장적 평등주의적 협력이 가능하다는 것을 보여준다.

2. 위키피디아에 대한 비판

위키피디아에 대한 가장 심각한 비판은 그 기사들의 신뢰성에 집중되어 있다. 여기에는 세 가지 쟁점이 있다. 첫째, 아마추어가 쓴 기사는 부정확하다는 단순한 문제, 그리고 가장 높은 목소리—가장 사려 깊고 식견 있다고 할 수 없는 목소리—가 논쟁에서 이길 수 있다는 문제가 있다. 많은 연구들은 위키피디아 기사들의 오류 비율이 보다 정평 있는 자료들보다 더 낫다는 것을 보여주었지만, 많은 사람들은 여전히 회의적이다. 둘째, 특정한 주제들에 대해 진정한, 심층적인 불일치가 일어나는 경우들이 있다. 위키피디아의 일반적인 편집 방침은 기사들이 "중립적 관점"(NPOV: neutral point of view)으로 씌어져야 한다는 것이지만, 어떤 기사들의 경우—이스라엘과 팔레스타인 같은—이것은 사실상 불가능하다. 이는 위키피디아 모델에 중대한 문제를 야기한다. 한 가지 해법은 상이한 입장을 반영하는 다수의 기사를 쓰는 것일 수 있지만, 아직 위키피디아인들은 이것이 이러한 문제를 해결하는 최상의 길이라는 데 합의를 이루지 못하고 있다. 셋째, 의도적인 왜곡의 문제가 있다. 때로 이것은 땅돼지에 대한 기사가 삭제되고 "아주 못생긴 동물"로 대체되었을 때처럼 단지 장난에 불과할 수도 있다. 그러나 때로 한 사람이나 기관의 평판에 영향을 주기 위해, 한 기사에 허위 정보를 추가하거나 본 모습을 보여주는 자료를 제거함으로써 의도적인 왜곡이 일어나기도 한다. 2006년에 일어난 가장 잘 알려진 예 한 가지는 의회 보좌관들의 추문이다. "여러 정치 보좌관들이 여러 정치인들의 위키피디아 전기들에 영향을 주려고 바람직하지 못한 정보(언론에 인용된 경멸적인 언급 혹은 깨어진 선거 공약을 포함해)를 삭제하고, 우호적인 정보나 '열렬한' 찬사를 추가하거나, 보좌진이 인정한 전기로 기사를 부분적 혹은 전체적으로 바꾸려 하다가 덜미를 잡혔다."[18] 기업들도 이와 유사한 전략을 구사해, 사람들을 고용해 우호적인 기사를 쓰게 한다거나, 그들의 제품에 정당성을 주기 위한 마케팅 전략의 일부로 위키피디아 기사를 이용하려 하고 있다. 의도적인 허위가 많이 발견되어 왔지만, 얼마나 많은 것이 발각되지 않은 채 지나가고 있는지는 알 수 없으며, 이것은 기사의 신뢰성에 대해 회의를 더한다.

이 문제들에 대한 응답으로, 다른 인터넷 백과사전 프로젝트들이 많이 시도되어 왔다. 이 가운데 두 가지가 특히 흥미롭다. 래리 생어의 시티즌디움Citizendium 프로젝트와 위키피디아에 대한 구글 경쟁자 놀Knol이 그것이다. 첫 번째 것은 위키피디아의 사회적 경제 측면들 중 많은 측면들을

---

18 http://en.wikipedia.org/wiki/History_of_Wikipedia.

지니고 있지만, 자격 있는 전문가들에게 보다 권위 있는 역할을 부여함으로써 신뢰성의 문제를 교정하려 한다. 두 번째 것은 사회적 경제 모델을 완전히 거부하며, 이 정보 요람의 개발에 이윤 동기를 도입하려 한다.

시티즌디움은 위키피디아의 공동설립자 래리 생어가 세웠다. 그는 편집자 공동체와 갈등을 거듭 겪은 후 2002년에 위키피디아를 떠났다.[19] 그는 이 프로젝트가 종종 세련되지 못한 논쟁에 빠지는 것에 실망했으며, 위키피디아가 특권화된 전문지식을 거부하고 규율을 결여한 것이 이 백과사전의 신빙성과 정교함을 손상시키는 약점이라고 확신했다. 생어는 위키피디아를 떠나 그 자신의 온라인 백과사전을 시작했으며, 그는 이를 시티즌디움이라 불렀다.

시티즌디움은 여전히 "베타" 프로젝트이고 그래서 진화할 수도 있다. 하지만 현재로서는 "'만물에 대한 시민들의 요람'……거대하고 자유롭고 '신뢰할 만한' 백과사전을 창조하고자 하는 공개적인 위키 프로젝트"[20]라 자칭하고 있다. 시티즌디움은 "부드러운 전문가적 감독"을 이용함으로써 신빙성을 성취하기를 희망하며, 기고자들이 실명을 사용하도록 요구하고, 기고자들과 기사들 내에서 수평적인 위계를 창조한다. 누구라도 시티즌디움 계정을 열고 기사를 '저술'할 수 있지만, '편집인'이 되려면 먼저 계정을 연 다음 이력서와 이 이력서의 주장을 입증하는 전문지식의 증거—온

---

19 생어가 실제로 위키피디아의 공동설립자인지 아니면 단지 지미 웨일스와 협력한 그의 피고용자였는지에 대해서는 논쟁이 있다. 그들이 함께 일했을 때, 그들 둘 다 생어를 공동설립자라 지칭했지만, 2004년 이후 웨일스는 자기 혼자서 위키피디아를 설립했다고 역설했다. 위키피디아의 역사, 그들의 협력과 최종적인 불화에 관한 저널리즘적 설명에 대해서는 Poe, "The Hive"를 보라. 생어가 뉴피디아(Nupedia)(위키피디아의 선구)에서 행한 역할과 그 후 그가 이 프로젝트에서 떠난 일에 관해서는 많은 설명이 있다. 생어 자신의 이야기와 비판에 대해서는 2005년 4월 18일 Slashdot에 실린 그의 논문 "The Early History of Nupedia and Wikipedia: A Memoir"를 보라. http://features.slashdot.org에 있음.

20 시티즌디움의 "About" 페이지(강조는 원문), http://en.citizendium.org/wiki/CZ:About.

라인 학술대회 의사록이나 학과 홈페이지 같은―를 제출함으로써 편집인 지위를 신청해야 한다. 편집인 지위에 대한 신청서는 물론 저자 지위에 대한 신청서도 모두 입증 가능한 개인 정보, 특히 실명, 이력, 전문지식 분야의 명세서를 포함해야 한다. "치안관"(constable)이 모든 신청서를 검토한다.

기본 방침의 준수를 감독하고 행동을 둘러싼 분쟁―편집을 둘러싼 분쟁이 아니라―을 해결하며 문제를 일으키는 사람들을 제어하는 시티즌디움의 "공동체 관리인"이나 "조정자"……그들은 "권력 분립" 안에서 움직이며, 엄격한 이해 상충 정책에 묶인다. 모든 시티즌디움 치안관들은 적어도 학사 학위를 보유하며, 적어도 25세이다.[21]

이 프로젝트는 위키이기 때문에, 누구나 기사를 창작하고 편집하는 등등을 할 수 있다. 편집인 지위의 특권은 저자로서의 모든 책임을 포함하며, 또 기사들을 공식적으로 "승인하고" 저자들의 내용 창작을 인도하며 통치에 참여할 수 있는 힘을 포함한다.[22] 시티즌디움의 기사들은 두 가지 구분될 수 있다. 하나는 진행중인 혹은 "활동중인"(live) 기사들이다. 다른 하나는 사실상의 동료심사 과정을 거쳐 일정한 전공 작업 집단 내의 편집인 공동체에 의해 "승인되는" 기사들이다.[23] 2008년 5월 1일 현재 61개의 승인된 기사가 있으며, 2008년 1월 1일 현재 총 7,000개에 조금 못 미

---

21 시티즌다움의 "치안대" 설명 페이지. http://en.citizendium.org/wiki/CZ:Constabulary.
22 편집인의 역할에 대한 더 상세한 사항에 대해서는 http://en.citizendium.org/wiki/CZ:The_Editor_Role을 보라.
23 승인과정에 대해 더 보려면 http://en.citizendium.org/wiki/CZ:Approval_Process를 보라.

치는 기사들이 있다.[24]

생어는 시티즌디움이 위키피디아 같은 프로젝트들에 참여하려는 일반 공중의 열정을 이용하는 가운데 그들의 작업을 자격 있는 전문가들의 지성적인 승인과 종합하기를 희망한다. 이 제도적 틀 속에서, 전문가들은 규율을 제공하고 공중의 기고를 지원한다. 따라서 시티즌디움은 위키피디아의 개방성과 학술적 전문가들의 아버지 역할이 혼합된 단체적인 제도적 구조를 가지고 있다. 비록 시티즌디움이 생산과정 그 자체에서는 불완전한 평등주의 모델을 채택하고 있지만, 그것은 여전히 사회적 경제 생산―욕구를 충족시키기 위해 자발적 협동의 동원에 기초한 생산―의 실례이다.

놀은 위키피디아와 직접 경쟁하려는 구글의 시도이다. 놀은 2008년 여름 웹사이트로 공식적으로 출범했다. 놀은 지식(knowledge)에 대한 구글의 약어이기도 하고, "지식의 단위"를 뜻하기 위해 사용되는 말이기도 하며, 일정한 주제에 관한 하나의 웹페이지이기도 하다. 구글은 사용하기 쉬운 무료 소프트웨어를 제공할 의도이다. 이 소프트웨어를 통해 저자들은 그들이 일정한 전문지식을 가지고 있는 주제에 관해 기사 혹은 놀을 생산하게 될 것이다. 누구라도 기사를 생산할 수 있을 것이며, 구글은 (구글의 블로깅 소프트웨어처럼) 이를 무료로 올릴 것이다. 놀을 출범시키려는 의도를 처음으로 발표한 구글의 엔지니어링 부사장 우디 맨버는 다음과 같이 쓴다. "놀은 강한 공동체 도구들을 포함시킬 것이다. 사람들은 논평, 질문, 논설, 부가내용 등등을 제출할 수 있을 것이다. 누구나 놀을 평가하거나 놀에 대한 비평을 쓸 수 있을 것이다." 하지만 편집은 저자만의 책임이다.

---

24 http://en.citizendium.org/wiki/CZ:Statistics.

마지막으로 저자의 재량에 따라 구글은 각 놀과 관련된 광고를 내걸 것이며, "구글은 이 광고 수익의 상당한 몫을 저자에게 제공할 것이다." 이 기사들의 목적은 "이 주제에 대해 처음으로 검색하는 누군가가 최초로 읽기를 원하는 기사가 되는 것이다. 목표는 놀이 모든 주제, 즉 과학적 개념에서 의학 정보까지, 지리적 역사적 정보에서 오락까지, 제품 정보에서 물건을 고치는 지침까지 모든 주제를 포괄하는 것이다."[25]

구글은 사람들이 동일한 주제에 관해 경쟁적으로 놀을 쓰기를 기대하며, 이 경쟁을 환영한다. 그 목적은 구글표 벨벳 글러브 자본주의(외견상으로는 부드럽게 보이는 자본주의-옮긴이)의 틀 안에서 경쟁적 지식 시장을 창조하는 것이다. 구글은 위키피디아에 기고하는 사람들에게 보수를 제공해 그들의 열정을 뽑아내면서, 구글 검색에서 위키피디아의 월등한 순위를 손상시키고자 한다. 놀의 정당성을 알리기 위한 구글의 전략은 저자들과 그들의 자격증을 표 나게 내보이는 것이다. 따라서 이 체계는 자격 있는 전문가들이 창작한 놀을 우대할 것이다.

위키피디아에 대한 이 대안들이 심각한 경쟁자가 될지 안 될지는 불분명하다. 물론 위키피디아가 시티즌디움과 놀 같은 프로젝트들에 대응하며, 그리고 그 자신의 내적 동학에 대응하며 미래로 어떻게 발전해 나갈지도 불분명하다. 위키피디아가 출범한 후 처음 몇 년간 일어난 열광적인 참여 수준이 미래에도 유지될 것인가? 이 과정은 20년 후에 어떤 것이 될 것인가? 기사들의 숫자를 급속히 확대시키고 질을 비교적 효과적으로 감독하는 데 결정적인 역할을 해 왔던, 광범위한 편집자들의 근면·헌신·열정은 자발적으로 무한히 유지될 수 있을 것인가?

---

25 Udi Manber, "Encouraging people to contribute knowledge," *The Official Google Blog*, posted 12/31/2007, http://googleblog.blogspot.com/2007/12/encouraging-people-to-contribute.html.

3. 퀘벡의 사회적 경제

새로 부상하고 있는 사회적 경제의 가장 활기찬 한 가지 예는 캐나다 퀘벡 주에서 찾을 수 있다.[26] 퀘벡에서는 오랫동안 다양한 부문에서 협동조합이 존재해 왔고, 또 넓게 봐서 사회적 경제의 일부라고 생각될 수 있는 기타의 경제활동들 역시 오랫동안 존재해 왔다. 하지만 이 용어는 1990년대 중반에 와서야 여러 경제적 대안들에 관한 공적 담론에 들어왔다. 제6장에서 지적되었듯이, 결정적인 사건은 실업과 경제발전이라는 퀘벡의 장기적 문제를 다루기 위해 1996년에 주정부가 소집한 "고용과 경제에 관한 대표자회의"였다. 시민사회와 경제계의 아주 다양한 조직들이 참가 초청을 받았다. 이러한 조합주의적 정책 포럼은 강한 사회민주주의 전통이나 가톨릭 조합주의 전통을 가진 많은 나라들에서 친숙하게 나타나는 것이다. 하지만 퀘벡의 1996년 대표자회의가 특별했던 점은 사회운동 조직, 지역사회 조직, 그리고 기타의 풀뿌리 시민사회 조직이 대화에 포함된 것이었다.

이 회의로부터, 퀘벡의 사회적 경제의 활력을 높이기 위해 주가 수행해

---

26 이 논의는 사회적 경제를 연구하는 몬트리올 경제학자 멘델, 그리고 사회적 경제 태스크포스 이사 님 탠과의 개인적 토론과 다음의 저작들에서 나온 것이다. Marguerite Mendell, Benoit Levesques, and Ralph Rouzier, "The Role of the Non-profit Sector in Local Development: New Trands," Paper presented at OECD/LEED Forum on Social Innovation, August 31, 2000; Marguerite Mendall, "The Social Economy in Quebec: Discourses and Strategies," in Abigail Bakan and Eleanor MacDonald (eds), *Critical Political Studies: Debates From the Left* (Kingston: Queen's University Press, 2002), pp. 319-43; Neamtan, "The Social Economy"; Nancy Neamtan and Rupert Downing, "Social Economy and Community Economic Development in Canada: Next Steps for Public Policy," *Chantier de l'economie sociale* issues paper, September 19, 2005; Marguerite Mendell, "L'empowerment au Canada et au Quebec: enjeux et opportunites," in Economie, *geographie et societe* 8: 1 (janvier-mars 2006), pp. 63-86; Marguerite Mendell, J-L. Laville, and B. Levesque, "The Social Economy: Diverse Approaches and Practices in Europe and Canada," in A. Noya and E. Clarence (eds), *The Social Economy: Building Inclusive Economies* (France: OECD Publications, 2007), pp. 155-87.

야 할 일련의 구체적인 정책들이 제안되었고 시민사회가 수행해야 할 행동 계획이 나왔다. 이후 이 제안의 일부가 채택되었다. 이 제안들에 포함된 것은 무엇보다 다음과 같은 것이었다. 사회적 경제 활동에 참여하는 비영리 결사체들이 정부 보조금, 간접 보조금, 혹은 신용을 통해 필요한 재원을 더 쉽게 획득할 수 있도록 하는 것, 주정부 안에 사회적 경제 사무실을 만드는 것, 그리고 사회적 경제의 역할을 확대·심화시키기 위한 전략을 조정하기 위해 시민사회의 우산 조직, 즉 사회적 경제 태스크포스를 세우는 것 등이었다.[27] 퀘벡의 사회적 경제는 여전히 퀘벡 전체 경제에서 작은 부분에 불과하지만, 제도적으로 확고히 뿌리를 내리고 있고, 중요성이 점증하고 있으며, 바람직한 것으로 널리 받아들여지고 있다.

퀘벡의 사회적 경제가 움직이는 여러 모습을 보여주는 두 가지 예가 있다. 첫 번째 예는 육아 서비스이다. 이 서비스는 기본적으로 네 가지 방식으로 조직될 수 있다. 첫째, 이 서비스는 가족, 친족, 친구들의 개인적 네트워크 내에서 조직될 수 있다. 이것은 전통적으로 가장 흔한 육아 방식이고, 사적인 관심을 그 동기로 삼으며, 무엇보다 타인의 복리에 대한 배려와 관심이라는 도덕적 규범에 의해 규제된다. 둘째, 육아는 영리 목적의 자본주의적 탁아소를 통해서건 개인적인 자영 육아 서비스 제공자를 통해서건 시장을 통해 조직될 수 있다. 시장을 통해 육아 서비스를 제공하는 중심적인 동기는 사적 이윤이며, 이 서비스 제공을 규제하는 규범은 재산권에 근거해 있다. 사람들은 사업체를 세워 서비스를 제공할 권리를

---

27 이전 조직이었던 퀘벡협동위원회(Conseil de la cooperation du Quebec)(최근 퀘벡협동상조위원회 [Conseil quebecois de la Cooperation et de la Mutualite]로 개명)가 1940년대 이래 사회적 경제의 한 측면이었던 협동조합운동에서 중요한 역할을 했다. 샹티에는 사회적 경제 조직과 활동의 전 영역—집단 기업, 비영리 조직, 협동조합—을 대표하려 한다는 점에서, 그리고 구사회운동과 신사회운동을 포함하는 통치구조를 가진다는 점에서 이 위원회와 다르다. 이 위원회는 샹티에와 함께 계속 존속하고 있으며, 때로 이 두 조직 사이에는 긴장이 있어 왔다.

가지고 있으며, 부모들은 이 서비스 계약에 서명할 권리를 가지고 있다는 것이다. 이것은 미국에서 비가족 육아 서비스가 제공되는 일차적인 방식이다. 셋째, 프랑스처럼 국가가 직접 육아 서비스를 제공할 수 있다. 서비스 제공의 동기는 일정한 공공선 관념을 내포하며, 이 서비스 제공을 규제하는 규범은 일반적으로 일정한 시민권 관념을 내포한다. 마지막으로, 육아 서비스는 이런저런 형태의 시민사회 결사체에 의해 제공될 수 있다. 국가가 제공하는 경우처럼 이 경우의 동기도 집합적 이익에 근거해 있지만, 그 규범은 돌봄에 대한 도덕적 관심에 더 가까이 근거해 있다. 이것이 퀘벡의 해법이다. 이 네 가지 가능성은 그림 7.1에 그려져 있다.

퀘벡에서 주정부는 (2008년) 하루 7 캐나다 달러의 요금으로 보편적 육아를 보장하지만, 주정부가 탁아소를 직접 운영하는 것은 아니다. 오히려 주정부는 육아 노동자와 부모 자원봉사자가 공동으로 운영하는 비영리 탁아소에 보조금을 제공한다. 그리하여 부모의 요금과 주의 보조금을 합친 것이 육아 서비스 제공자들에게 견실한 생계임금을 제공한다. 2008년에 이르러, 이처럼 보조금을 지급받는 사회적 경제 부문에서는 육아 노동자들의 숫자가 40,000명 이상에 달했다.[28] 원래 설계된 대로, 이 보조금은 그 관리 규칙에 따라 비영리 결사체 혹은 노동자 조합으로서 조직된 육아 서비스 제공자들에게만 주어졌다. 이러한 관리 규칙으로 인해 자본주의 기업은 이 시장에 들어오기 어려웠다. 자본주의적 육아 서비스가 퀘벡에서 영업을 금지 당하지는 않았지만, 협동조합의 재정적 생활력을 뒷받침하는 사회적 경제 보조금을 받지는 못했다. 말할 필요도 없이, 영리적 탁아 제공자들은 이 정책에 완강히 반대하면서, 이것이 "불공정 경쟁"을

---

28 낸시 님탠과의 개인적 서신 교환.

야기한다고 말했다. 더 최근에는 신자유주의적 이데올로기를 가진 보수 정부의 주도 아래, 사기업들도 이 보조금을 받도록 허용되었지만, 이 부문은 여전히 비영리 결사체들이 압도적으로 지배하고 있다.

그림 7.1 육아를 제공하는 네 가지 방식

	육아의 제공을 규제하는 핵심 규범	
	권리	돌봄
집합적	국가가 제공하는 육아	사회적 경제 육아
사적	자본주의적 시장 육아	가족 육아

(육아 제공의 동기가 되는 일차적 이익)

두 번째 예는 노인들을 위한 비의료적 자택돌봄 서비스이다. 이 혁신은 사회적 경제 태스크포스가 1996년 10월의 대표자회의에서 제출한 행동 계획 중 한 가지 제안에 기초해 시작되었다. 경제적으로 발전된 대부분의 지역들처럼, 퀘벡은 노인 보호를 둘러싸고 여러 가지 어려운 문제들에 직면해 있다. 이 문제들은 인구의 노령화와 기대수명의 증가로 점점 더 심각해지는 것으로 여겨지고 있다. 노인들이 스스로를 잘 돌보지 못하게 됨에 따라, 한 가지 선택은 그들이 은퇴 공동체나 요양원으로 들어가는 것이다. 이 시설들의 위치에 따라, 이러한 입소는 사회적 네트워크에 극히 파괴적인 영향을 미칠 수 있고, 아무튼 (이 시설들이 저질이라도) 일반적으로 비용이 매우 많이 든다. 한 가지 대안은 다양한 종류의 서비스를 창출해, 노인들이 그들 자신의 집에서 지낼 수 있도록 실질적 지원을 지속적으로 제공하는 것이다. 이것은 청소, 식사 준비, 장보기 도움, 그때그때의 일 등을 포함할 것이다. 이러한 서비스들은 퀘벡에서 사회적 경제를 통해 꽤 광범위한 규모로 제공되기 시작했다. 샹티에의 이사 낸시 님탠이 묘사하고 있듯이, 이 이니셔티브가 시작된 지 10년 후 퀘벡 전역의 비영리 협동조합 자택돌봄 사업 네트워크는

> 거의 8,000명을 고용하고 있으며, 그 가운데 절반은 이전에 미숙련 복지 수혜자였다. 다수가 75세 이상인 76,000명이 넘는 고객들에게 5백6십만 시간의 자택돌봄 서비스를 제공함으로써, 이 조직들은 일자리를 창출하고, 공공부분 서비스의 압력을 덜고, 많은 노인들에게 기관 수용을 늦추어 주고, 복지 수혜자 명부를 줄이고, 기록적으로 짧은 시간에 이 주 전역의 모든 지역사회가 자택돌봄 서비스에 접근할 수 있게 했다.[29]

고객들은 이 서비스에 대해 가구소득에 연동하여 시간 당 4~18 캐나다 달러를 지불한다. 주정부는 보조금을 제공해, 서비스 제공자의 임금을 법정 최저임금보다 약간 높은 수준에 이르게 한다.[30]

이 노인 돌봄 자택 서비스 제공자들은 다양한 유형의 협동조합과 비영리 조직으로서 조직된다. 낸시 님탠은 "연대 협동조합"이라는 것이 이 부문의 이상적 모델이라고 보고한다.[31] 이것은 순수한 생산자 소유 협동조합과 비영리 조직을 혼합한 일종의 하이브리드로, 전자의 경우 기업의 소유권과 통제권이 전적으로 서비스 제공자의 수중에 있는 반면, 후자의 경우

---

29 Neamtan, "The Social Economy," p. 74.
30 사회적 경제의 자택돌봄 서비스 부문은 육아 부문보다 보조금을 훨씬 더 적게 받아 왔으며, 따라서 (2009년 현재) 서비스 제공자에 대한 임금은 훨씬 더 낮다.
31 개인 인터뷰.

기업의 소유권과 통제권이 지역사회 비영리 결사체의 수중에 있다. 연대 협동조합의 경우 이사회는 모든 핵심적인 이해당사자들의 대표자들을 이 협동조합의 활동에 참여시킨다. 노동자, 서비스 이용자, 그리고 지역사회가 그들이다. 지역사회의 참여는 이 협동조합이 많은 곳에 뿌리를 내리는 데 도움을 준다. 사용자의 참여는 노인들의 욕구에 대한 반응도를 향상시킨다. 그리고 노동자의 참여는 서비스의 직접적 제공자가 그들의 노동조건에 대해 상당한 통제권을 가지는 것을 보장한다. 연대 협동조합 모델은 사회적 경제의 제공에 있어 보다 단순한 협동조합 모델 또는 지역사회 비영리 모델보다 사회권력 강화의 원리들을 더 완전히 실현하고 있다.

사회적 경제 돌봄 서비스의 이 두 가지 예들―육아 서비스와 노인을 위한 자택돌봄 서비스―이 발전을 이루고 활력을 가질 수 있었던 큰 이유는 퀘벡의 사회적 경제를 조정하고 증진시키는 책임을 진 결사체, 사회적 경제 태스크포스가 존재했기 때문이다.[32] 샹티에는 스스로를 "네트워크들의 네트워크"로 특징짓는다. 사회적 경제의 모든 요소들이 만나서 문제를 토론하고 새로운 이니셔티브를 정식화하며 상승작용을 낳을 수 있는 포럼이라는 것이다. 그것은 광범위한 범주의 구성원들을 포함한다. 탁아 및 주택 협동조합과 같은 것들을 포함하는 사회적 경제 사업체들의 네트워크, 지역사회 발전 센터, 사회적 경제 활동을 지원하는 기술 자원 센터, 그리고 노동조합, 환경운동, 여성운동, 다양한 종류의 지역사회운동을 포함하는 사회운동 등이 그것이다. 최근에는 원주민의 네트워크가 샹티에에 추가되었다. 이 구성원 범주들 각각은 샹티에의 이사회에 앉을 사람들을 뽑는다. 투표를 하지 않는 다양한 범주의 구성원들도 이사회에서

---

32 샹티에에 대한 다음의 서술은 낸시 넘탠과의 개인적 토론에서 나온 것이다.

의석을 가진다. 이사회는 전략적 결정과 새로운 이니셔티브를 책임지는데, 특히 샹티에의 통제를 통해 창출되는 재정적 수단과 관련된 것일 때 그러하다. 샹티에라는 핵심적인 결사체적 메커니즘 덕분에 퀘벡 사회적 경제의 다기한 활동은 사회권력 강화의 집합적 과정에 기여할 수 있게 된다.

4. 활기찬 사회적 경제를 위한 제도적 설계의 요소들

사회적 경제를 통해 효과적인 방식으로 조직될 수 있는 경제활동 범위는 아주 넓다. 퀘벡에서는 육아 및 자택돌봄 서비스 외에도 재활용 활동, 지적 신체적 장애를 가진 사람들을 위한 보호 작업장, 주택 등에서 사회적 경제가 이미 중대한 역할을 수행하고 있다. 세계의 많은 곳에서 공연예술의 다수는 사회적 경제 요소를 상당히 가지면서 조직된다. 건강관리 서비스는 사회적 경제 조직이 다양한 종류의 건강관리 협동조합과 지역사회 의료원의 형태로 중요한—보통 이차적이기는 하지만—역할을 수행하는 또 다른 영역이다. 미국에서 특별허가학교(charter school)와 몇몇 형태의 학교 바우처 프로그램 역시 사회적 경제의 예로 간주될 수 있다. 주가 이 교육 서비스의 비용을 지불하지만, 이 서비스는 실제로는 시민사회의 결사체들에 의해 생산된다.[33]

퀘벡의 경험은, 이런 종류의 이니셔티브들을 확대·심화시켜 사회권력 강화라는 더 넓은 의제에 기여할 수 있는 제도적 설계의 네 가지 요소들을 제시한다.

---

33 미국의 이 예들은 물론 사회적 경제 이니셔티브들이 항상 진보적이지는 않다는 것을 보여준다. 학교 바우처는 특히 급진적 민주평등주의적 사회권력 강화의 일반적 과정을 전진시키기보다 공교육으로부터 재원을 박탈하려는 전략으로 이용되는 일이 잦으며, 특별허가학교들은 교사조합을 우회하려는 전략으로 사용되는 일이 잦다.

1) 사회적 경제에 대한 맞춤형 국가 보조금

　사회적 경제 활동과 사회적 경제 사업체에 재원을 제공하는 대안적 메커니즘들은 많은 어려운 문제들에 마주친다. 자금 조달의 한 가지 원천은 개인들과 사적 재단들로부터의 사적 기부이다. 많은 비정부조직들은 이 자금원들로부터 자금을 받으며, 때로 이것은 잘 움직인다. 위키피디아는 처음에 사적 재단들과 지미 웨일스의 개인 재산에서 자금을 지원받았으며, 그 뒤에는 참여자들의 기부로 상당한 자금을 지원받았다. 그러나 많은 사회적 경제 이니셔티브들에 대해, 이러한 사적 자금 지원은 불충분할 것이다. 이는 두 가지 이유 때문이다. 첫째, 많은 프로젝트들의 경우 사적 기부와 재단은 충분한 수준의 자금을 제공하지 못한다. 퀘벡에서 이루어지는 육아 및 노인 돌봄 서비스의 사회적 경제가 사적 기부에 기초해 현재의 규모에 이르렀으리라고 상상하기는 어렵다. 둘째, 사적 재단은 보통 그 설립자와 이사회의 최우선 관심사에서 비롯되는 그 자체의 의제를 가지고 있다. 때로 이 우선사항은 민주평등주의적 이상에 근거한, 아주 진보적인 것일 수 있다. 그러나 많은 경우 부유한 재단들은 엘리트 및 기업들과 밀접한 유대를 가지고 있고, 그들의 최우선 관심사는 현존하는 권력·불평등 구조에 확고히 뿌리내리고 있다. 따라서 사회적 경제 이니셔티브가 재원을 위해 이러한 재단에 의존하게 되면, 거의 필연적으로 이 이니셔티브의 급진적 잠재력이 제약을 당하게 된다.

　물론 사회적 경제가 재원을 위해 국가에 의존해도 제약을 당하는 것이 사실이다. 자본주의 국가도 엘리트 및 기업들과 깊이 연결되어 있고, 자본주의 국가의 최우선 관심사도 현존하는 권력·불평등 구조에 확고히 뿌리내리고 있다. 그러나 적어도 국가는 민주적 투쟁과 논쟁의 영역이다. 따라서 상대적으로 높은 수준의 자율성을 허용하는 자금을 안정적으로 획득할 가능성이 높아진다.

아무튼 더 좋든 나쁘든, 사적 자금은 활기차고 역동적인 사회적 경제를 창조하기에 부족함이 많다. 따라서 국가가 다양한 종류의 보조금을 통해 사회적 경제 기업과 활동을 지원하는 것이 중요하다. 더욱이 보조금 지급과 관련한 규칙은 보조금에 대한 자본주의 기업의 접근을 차단해야 한다. 자본주의 기업들은 일리 있는 이의를 제기하고 있다. 이러한 차단으로 인해 어떤 시장에서는 사회적 경제 협동조합들이 "불공정한" 경쟁 우위를 가진다는 것이다. 위에서 지적했듯이, 이 이의는 퀘벡에서 비영리 조직과 협동조합들에 대한 맞춤형 보조금에 반대해 제기되었으며, 이 보조금은 과연 사회적 경제 노인 돌봄 자택 서비스와 육아 서비스를 급속히 성장시켰다. 이 이의에 대한 적절한 응답은 이것이다. 즉, 국가 보조금을 지급하는 한 가지 이유는 사회적 경제의 협동적 비영리적 생산 조직이 긍정적 외부효과를 낳는다는 것을 인정하기 때문이다. 이것은 돌봄 서비스에서 특히 결정적으로 중요한데, 이 서비스의 경우 이윤 동기는 양육과 돌봄의 가치들과 근원적인 긴장관계에 있기 때문이다.[34] 욕구 충족에 관한 자본주의 논리는 당신이 욕구 충족으로부터 이윤을 낼 수 있을 때에만 욕구를 충족시킬 가치가 있다는 것이다. 내가 당신을 돕는 것은 그것이 나에게 좋기 때문이다. 욕구 충족에 관한 사회적 경제 논리는 타인 지향적이다. 내가 당신을 돕는 것은 그것이 당신에게 좋기 때문이다.[35] 이러한 서비스들의 협동적 욕구 지향적 생산이 광범위하게 이루어지면, 이 가치들을 긍정하는 사회

---

34 돌봄과 시장의 긴장에 관한 논의에 대해서는 Nancy Folbre, *The Invisible Heart: Economics and Family Values* (New York: The New Press, 2001)을 보라.

35 이 대비를 이렇게 정식화하는 것은 G. A. Cohen의 논문 "Back to Socialist Basics," *New Left Review* 207, September-October 1994에서 나온 것이다. 또한 상품화가 사람들이 광범위하게 지니고 있는 중요한 가치들을 위협하는 방식에 관해서는 제3장의 논의를 보라.

문화가 튼튼한 주춧돌을 얻게 된다. 이것이 정말 욕구 지향적 생산의 긍정적인 사회적 문화적 외부효과라면, 보조금이 없을 경우 이러한 공공선公共善은 더 적게 생산될 것이다. 그러므로 사회적 경제 형태의 협동적 욕구 지향적 생산에 대해 세금 기반 국가 보조금을 주는 것은 정당한 것이며, 이는 '심지어 자본주의 시장경제의 경제 논리와도 상충되지 않는다.'

2) 사회적 경제 투자 기금의 개발

국가 보조금은 사회적 경제에 결정적으로 중요하다. 하지만 장기적으로는 사회적 경제 자체가 기금을 모아, 이를 혁신적인 사회적 경제 프로젝트들로 돌리는 내적 메커니즘을 발전시키는 것 역시 중요하다. 사회적 경제가 이러한 기금을 얻어낼 수 있다면, 자율적 성장 능력은 증가할 것이다. 퀘벡에서는 샹티에가 제한적이기는 하지만 사회적 경제 사업체를 위한 모험자본 기금을 개발하고 조정하는 데 이바지해 왔다. 사회적 경제가 확대되어 고용과 경제활동의 주요한 원천이 되려면, 사회적 경제 저축과 투자를 위한 새로운 재정적 수단이 고안될 필요가 있다.

3) 결사체민주주의를 통한 통치

퀘벡에서 사회적 경제의 발전을 이끈 역동적 중심은 사회적 경제 샹티에이다. 샹티에는 사회적 경제의 이질적인 프로젝트들과 조직들이 연합하여 향상된 형태의 사회권력 강화를 이룰 수 있도록 하는 포괄적 결사체이다. 이 과제는 시민사회의 특징인 갈등하는 이익과 정체성 때문에 어려운 과제이다. 많은 면에서 퀘벡은 이런 종류의 결사체적 해법이 발전하는 데 아주 우호적인 사회 환경을 가지고 있었다. 왜냐하면 샹티에의 설립 이전에도 이미 사회운동, 협동조합, 시민 결사체들의 다양한 네트워크가 존재하고 있었기 때문이다. 영어를 사용하는 나라에서 프랑스어를 사용하는 주라는 퀘벡의 지위도 강한 연대감을 형성시키는 데 기여했으며, 이 덕분에 조정 문제에 대한 두터운 결사체적 해법이 더 빨리 다듬어질 수 있었다. 이 요인들은 왜 사회적 경제가 퀘벡에서 그런 식으로 발전해 왔는지를 설명해 준다.

시민사회에 결사체들이 풍부하지 못하고 연대의 사회적 기초가 약한 곳에서 이러한 포괄적 결사체들을 만드는 데는 큰 난관이 따른다. 제도적 설계의 핵심적 과제는 시민사회에서 사회적 경제와 깊이 연결된 결사체들을 양성하고, 이 결사체들의 핵심적 네트워크들을 민주적으로 대변하는 조정 기구를 만드는 것이다.

4) 참여민주주의적 형태의 조직

사회적 경제를 확대하는 이유는 단지 이것이 사람들의 삶을 개선하기에 그 자체로, 자동적으로 좋은 것이기 때문만은 아니다. 사회적 경제는 또한 사회권력 강화라는 보다 광범위한 프로젝트에 있어 중요한 경로의 하나로서, 경제에 대한 광범위한 사회적 통제를 궁극적 목표로 삼는 것이기도 하다. 이런 일이 일어나려면, 사회적 경제는 연대와 사회적 응집이 심화되고 집합적 선 관념이 널리 실천되는 그런 환경이 되어주어야 한다. 이것이 바로 협동조합이 사회적 경제 활동에서 아주 중심적인 역할을 수행하는 주된 이유의 하나이다. 협동조합은 평등주의의 해방적 가치들을 긍정하기 때문이다. 보다 일반적으로 말해, 사회적 경제가 미시적 조직 수준에서나 거시적 조직 수준에서나 참여민주주의적 통치 형태를 따라 조직된다면, 그것은 사회권력 강화라는 더 큰 의제에 보다 일관되게 공헌할 수 있을 것이다.

5. 잠재적 문제들

사회적 경제는 그것이 자본주의 경제 내에서 한 틈새를 점할 수 있다는 것, 특히 사회적 경제 활동의 특정 부문들이 퀘벡처럼 국가로부터 보조금을 받을 때 더욱 그렇다는 것을 분명히 보여주었다. 그러나 이것이 자본주의 자체에 중대하게 손상을 가할 정도로 확대될 수 있을까? 사회적 경제가 사회권력 강화를 증대시키는 경로로서 확대되는 데는 두 가지 핵심적인 문제가 따른다. 시민사회에서 불평등주의적이고 배제적인 결사체들이 사회적 경제에 참여하는 문제, 그리고 자본주의적 시장관계가 사회적 경제를 왜곡할 수 있다는 문제가 그것이다.

1)배제적 결사체

사회적 경제의 구축에 내재적으로 따르는 문제는 시민사회에서 배제적이고 불평등주의적인 결사체들이 존재할 수 있다는 것이다. 시민사회의 결사체들을 통해 욕구 지향적인 사회적 생산에 참여한다고 해서 민주평등주의의 중심적인 해방적 가치들을 견지한다는 보장은 없다.

미국에는 사회적 경제의 일반적 기준을 충족시키는, 결사체적으로 조직된 일련의 경제활동이 존재한다. 그러나 이들은 해방적 사회권력 강화 프로젝트들과 잘해야 모호한 관계밖에 가지지 않는다. "신앙에 기초한 이니셔티브"라는 항목 아래 들어가는 제안들 가운데 다수는 욕구의 제공을 위한 사회적 경제 활동으로 이루어진다. 국가는 종교집단들에게 기금을 제공해 이전에 국가가 직접 운영했던 다양한 종류의 사회적 서비스를 하도록 한다. 교회는 시민사회 결사체로서, 종교적 서비스를 제공하는 데 더해 광범위한 욕구 지향적 서비스도 자주 제공한다. 교육 서비스, 아이들을 위한 하계 프로그램과 방과 후 프로그램, 빈민을 위한 급식, 상담 서비스 등등이 그것이다. 신앙에 기초한 이니셔티브에서 이 서비스들은 세금을 통해 자금 지원을 받지만, 이 서비스들을 조직하는 것은 교회이다. 때로 이 보조금은 평등주의적 참여적 방식으로 조직되어, 어떤 서비스들의 제공에 관해서는 지역사회에 통제권을 더 많이 주면서 사회권력 강화 과정에 기여하는 것이 사실이다. 그러나 이 보조금은 또한 교회의 분파적인 종교적 의제를 촉진하는 수단이 될 수도 있다.

학교 바우처는 사회적 경제 내에서 불평등주의적이고 배제적인 과정이 진행될 수 있음을 보여주는 또 다른 좋은 예이다.[36] 완비된 학교 바우처 제도의 경우, 모든 부모들은 일정액 가치의 바우처를 받은 다음, 공립이든 사립이든 그들의 아이들이 다니는 학교에 그것을 준다. 학교 선택은 시장에서처럼 이루어진다. 돈이 학생들을 따라간다. 학교들은 학생을 놓고 서로 경쟁한다. 좋은 학교들은—주장은 이렇다—많은 학생을 끌어들이고 번창할 것이다. 나쁜 학교들은 압력을 받고 개선하거나 아니면 사라질 것이다. 시장의 경쟁은 마술을 부릴 것이고, 교육은 개선될 것이다. 사립학교들이 시민사회의 자발적 결사체들에 의해 조직되는 한—자주 그렇듯이—교육 재원의 마련을 위한 바우처 제도는 자원을 사회적 경제로 끌어넣는 한 방식으로 간주될 수 있다.

21세기 초 미국의 정치적 사회적 맥락에서는 사정이 간단하지 않다. 현존하는 소수의 바우처 프로그램들이 소수의 가난한 아이들에게 참담한

---

36 미국에서 공적 기금을 지원받는 현존하는 바우처 프로그램은 상당히 제한적이어서, 아주 나쁜 공립학교에 갈 가능성이 높은 가난한 소수자 아이들을 주로 겨냥하고 있으며, 따라서 소수자 지역사회 내의 일부 진보주의자들의 지지를 받고 있다. 하지만 바우처에 대한 가장 강한 정치적 지지는 우익 사회세력에게서 나오며, 그들은 이것이 궁극적으로 공적 기금을 국립학교에서 종교학교와 사립학교로 이동시키는 한 방법이라고 본다. 빈민을 위한 특별 바우처 프로그램은 이 원칙을 확립시키고 정상화시켜 이를 미래에 대대적으로 확대시키고자 하는 일종의 트로이의 목마 전략이다.

공립학교에서 빠져나가도록 도움을 줄 수도 있다. 그러나 바우처를 보편화하자는 보다 일반적인 제안은 무엇보다 국가에 반대하는 보수주의자들에 의해 지지되고 있다. 그들이 보기에 바우처는 부모들의 선택을 통해 세금을 공립학교에서 사립학교로 이전시킴으로써 국가가 운영하는 교육을 손상시키는 한 가지 방법이다. 이 제안은 일반적으로 사립학교들이 바우처 납부금에 더해 수업료를 받을 수 있도록 하기 때문에, 이는 결국 고가의 사립교육에 대한 국가 보조금이 될 수 있을 것이다. 또한 다수의 사립학교는 종교적 결사체들이 조직했기 때문에, 미국에서 사회적 경제를 통해 바우처 제도들이 조직된다면, 극단적으로 보수적인 사회적 가치들을 가진 결사체들이 지원을 받게 될 것이다. 바우처 제도가 완전히 발전해, 결사체들이 조직한 사회적 경제 학교들이 정부 직영 학교들을 대체하게 되면, 이 제도는 결국 배제적 종파적 원칙들에 기초해 운영되는 아주 불평등주의적인 학교들을 지원하는 것으로 끝나고 말 것이다.

사회적 경제를 뒷받침하기 위해 국가 이전금, 인센티브, 보조금을 늘려 나갈 때, 이런 종류의 해로운 효과를 자동적으로 피할 수 있는 길은 없다. 따라서 국가가 사회적 경제 프로젝트들을 지원할 때, 이 지원이 보편주의적 평등주의적 민주적 성격을 가지도록 하는 특별한 규칙들을 세우는 것이 결정적으로 중요하다. 퀘벡에서 샹티에가 수행하는 결정적 기능의 하나가 바로 이것이다. 샹티에는 민주적 보편적 평등주의적 가치들에 명시적으로 헌신하고 있으며, 이는 샹티에가 퀘벡의 사회적 경제를 정교화해 나가는 방식에 체계적인 영향을 미친다. 학교와 관련해, 보울스와 긴티스는 리얼 유토피아 프로젝트로 나온 그들의 책 ―평등주의의 개조―에서 학교 바우처의 불평등주의적 배제적 가능성을 약화시킬 급진 평등주의적 설계를 제안한다.[37] 그들의 제안은 관대한 바우처 제도를 세우는 것이지만, 학교들이 다른 재원—수업료, 증여, 기부 등등으로부터의—으로 바우처 기금을 "보충하는" 것을 금할 것이다. 이렇게 하면 바우처는 부자들이 다니는 비싼 사립학교에 대한 보조금이 될 수 없다. 보울스와 긴티스는 또한, 이미 학교에 다니는 학생들의 인구학적 특성과 바우처를 가진 아이의 특성들에 따라 바우처가 학교들마다 상이한 액수를 가지게 되는 그런 제도를 제안한다. 예컨대 한 가난한 아이가 바우처를 가지고 있는데, 대개 중간계급 학생들이 다니는 학교들에 대해서는 이 바우처의 가치를 높이고, 대개 가난한 아이들이 다니는 학교에 대해서는 그 가치를 낮추는 것이다. 이렇게 되면 학교들이 학생층을 다양하게 구성하려는 인센티브를 가지게 된다. 마지막으로 보울스와 긴티스는 아주 강한 인허·감독 절차를 만들어서 바우처를 받는 학교들이 어떤 일반적인 교과 기준을 반드시 채택하게끔 하자고 제안한다. 이러한 제도 속에서라면, 학교들은 공적으로 규제되는 기준 및 교육내용을 유지한다는 의미에서, 순수하게 공적인 성격을 유지하겠지만, 그러면서도 시민사회에 뿌리내린 결사체들에 의해 다양하고 유연한 방식으로 운영될 것이다. 이 규칙들은 바우처 제도의 모든 잠재적인 문제를 제거하지는 못하겠지만, 그 불평등주의적 배제적 가능성은 피할 수 있을 것이다.

2) 자본주의와 사회적 경제

사회적 경제를 현저히 확대·심화시키려는 시도가 일반적으로 직면하는 두 번째 문제는 그것이 자본주의 시장과 접합되는 것과 관련되어 있

---

[37] Samuel Bowles and Herb Gintis, *Recasting Egalitarianism* (London: Verso, 1999).

다. 두 가지 문제가 특히 중요하다. 자본주의 경제와의 경쟁 문제, 그리고 사회적 경제가 재원을 위해 자본주의에 의존해야 하는 문제가 그것이다.

지배적인 견해에 따르면, 경쟁은 개인과 기업들이 방심을 하지 못하게 하고, 그들에게 혁신하도록, 그리고 그들이 행하는 일의 질과 효율성을 개선하도록 압력을 가한다. 사회적 경제가 정말 일정한 종류의 서비스를 더 좋게 제공하는 것이라면, 왜 사회적 경제가 자본주의 기업들로부터의 경쟁을 걱정해야 하는가? 여기에서 특히 두드러진 세 가지 문제가 있는데, 이 문제들은 자본주의 기업들이 이윤을 낼 수 있는 부문들에 사회적 경제가 진입하는 것을 어렵게 한다. 첫째, 자본주의 기업들은 사회적 경제로부터 재능 있는 지도자를 빼내올 수 있는 위치에 있다. 사회적 경제 사업체들의 지도자들은 종종 힘든 조직적 과업에 직면하고 아주 귀중한 인사 기술을 발달시킨다. 자본주의 기업들이 이러한 재능을 발견할 경우, 그들은 엄청나게 더 높은 급료를 제시해 적어도 가장 재능 있는 노동력의 일부를 사회적 경제로부터 빼낼 수 있다. 이것은 육아 서비스처럼 일반적으로 자본주의 기업에게 특별히 수익이 많이 나지 않는 몇몇 사회적 경제 분야들에 대해서는 심각한 위협이 되지 않을 수도 있지만, 사회적 경제가 새로운 분야로 나아가는 것을 제약할 수는 있을 것이다. 둘째, 자본주의 기업들은 사회적 경제를 손상시키는 형태의 경쟁에 참여할 수 있다. 자본주의 기업들은 비영리적 사회적 경제 사업체보다 신용을 더 잘 얻을 수 있으며, 따라서 일반적으로 자본이 더 많다. 그들은 비싸기는 해도 더 풍부한 서비스를 제공해 사회적 경제로부터 더 부유한 잠재적 소비자들을 빼내갈 수 있다. 이로 인해 사회적 경제는 지불 능력이 거의 없는 사람들에게만 서비스를 제공하게 될 수도 있다. 셋째, 긍정적 외부효과는 대다수 사회적 경제 활동의 핵심적 동기에 속하는 반면, 자본주의 기업들은 시장

활동을 하면서 이러한 긍정적인 사회적 외부효과에 대해 신경 쓸 필요가 없으며, 따라서 이 목적을 위해 어떤 자원도 할애할 필요가 없다. 이로 인해 자본주의 기업들은 통상적인 시장에서 사회적 경제 사업체에 비해 경쟁 우위를 얻게 된다. 이 긍정적 외부효과를 반영하는 재정적 보조금을 사회적 경제에 제공하도록 하는 강한 규칙을 만들어, 사회적 경제 사업체들을 위한 시장을 보호하지 않는다면, 자본주의적 경쟁은 사회적 경제의 원리들에 대한 이 사업체들의 헌신을 손상시키고 말 것이다.

자본주의 시장과의 직접적 경쟁 이외에도, 또 다른 요인이 사회적 경제를 왜곡할 수 있다. 자본주의적 자금원으로부터 자금을 얻어야 한다는 것이 그것이다. 사회적 경제 사업체들이 은행에서 대출을 받는다면, 그들은 이자를 지불하고 최종적으로 원금을 갚을 만큼 충분한 소득을 창출할 수 있어야 한다. 그들이 개인들과 결사체들로부터 자본 투자를 구한다면, 그들은 적정한 "수익률"을 보장해주어야 한다. 대출과 투자를 받으려면, 사회적 경제 사업체들은 자본주의 기업들처럼 행동해야 하며, 기대 이윤율에 기초해 결정을 내려야 한다. 물론 이에 대한 대안은 투자보다는 사적 개인들과 재단들로부터의 기부, 그리고 국가로부터의 지원금 형태로 보조금을 구하는 것이다. 이러한 지원금은 사회적 경제 기업들에게 더 큰 자율성을 제공하기는 하지만, 이러한 지원금을 받고 안 받고는 정치 당국들과 (보통) 부유한 개인들이 이 지원금과 기부금을 낼 의사가 있는지 없는지에 달려 있다. 이로 인해 사회적 경제는 정치적 권력 균형의 변화, 그리고 엘리트들의 지출 우선순위의 변화에 취약하게 된다.

따라서 사회적 경제에 정말 필요한 것은 핵심적 기금의 상당 부분이 무조건적이고 안정적으로 확보될 수 있는 어떤 방법이다. 이를 위한 한 가지 제도적 장치가 '무조건적 기초소득'일 것이다.

I 무조건적 기초소득

1. 기본 메커니즘

무조건적 기초소득이라는 개념은 긴 계보를 가지고 있지만, 최근에 와서야 되살아났다. 특히 유럽의 논의에서 되살아났다.[38] 이 제안은 보편적 기초소득, 국민보조금(demogrant), 시민 배당금, 부負 소득세 등 다양한 이름으로 나타났다.[39] 세부사항은 다를 수 있지만, 제1장에서 이미 묘사했듯이, 기본적인 생각은 아주 단순하다. 한 나라의 모든 합법적 주민은 그 나라의 문화적 정의에 따라 괜찮다고 생각되는 생활수준, 예컨대 "빈곤선"의 125% 수준으로 살만큼의 생활연금을 매월 받는다. 이 보조금은 '무조건적'이어서 노동의 수행이나 다른 형태의 기여를 조건으로 하지 않는다. 이 보조금은 '보편적'이어서 모든 사람이 부유하든 가난하든 받는다. 그것은 시민권인 것이다. 보조금은 가족이 아니라 개인들에게 간다. 부모는 미성년 아이들의 보조금을 보관한다. 통상적인 논의에서 기초소득은 국책으로 다루어져서, 한 나라 안의 세금이 사용되어 모든 시민이나 합법적 주민에게 기초소득을 제공한다는 것이다. 그러나 어떤 논의들은 세계적 기초소득의 바람직함과 실행 가능성을 탐구하면서, 일정한 종류의 세

---

38 기초소득은 리얼 유토피아 프로젝트의 제5권 Bruce Ackerman, Ane Alstott, and Philippe Van Parijs, *Redesigning Distribution: Basic Income and Stakeholder Grants as Cornerstones of an Egalitarian Capitalism* (London: Verso, 2006)의 핵심적 관심사이다. 이전의 논의에 대해서는 Robert Van der Veen and Philippe Van Parijs, "A Capitalist Road to Communism," *Theory and Society* 15: 5 (1986), pp. 635-55; David Purdy, "Citizenship, Basic Income and the State," *New Left Review* 208, November-December 1994, pp. 30-48; Philippe Van Parijs, "The Second Marriage of Justice and Efficiency," in Philippe Van Parijs (ed.), *Arguing for Basic Income* (London: Verso, 1992), pp. 215-34를 보라.

39 이 다양한 이름의 제안들은 기술적 세부사항에 있어 차이가 조금 나지만, 기본적으로 이들 모두 모든 사람들에게 아무 조건도 달지 않고 소득을 제공하기 위한 메커니즘을 구상하고 있다.

계적 조세 메커니즘을 이용해 세계의 모든 사람들에게 최소한의 기초소득을 제공하고자 한다.[40]

2. 근거

보편적 기초소득은 급진 평등주의의 관점에서 볼 때 몇 가지 아주 매력적인 특징을 가지고 있다.[41] 첫째, 보편적 기초소득은 자본주의의 핵심적인 강제적 측면 가운데 하나를 상당히 축소시킨다. 마르크스가 "노동의 프롤레타리아화"를 분석했을 때, 그는 "자유로운 임금노동"의 "이중적 분리"를 강조했다. 노동자들은 생산수단으로부터 분리되고, 따라서 또한 생계수단으로부터도 분리되었다. 이 두 가지 분리가 결합되면서 노동자들은 그들의 노동력을 팔아 생계를 얻도록 강요된다. 이런 의미에서 프롤레타리아화된 노동은 근본적으로 부자유스럽다. 무조건적 보편적 기초소득은 이 두 분리의 결합을 깨뜨린다. 노동자들은 여전히 생산수단으로부터 분리되어 있지만(그들 자신이 소유자는 아니다), 이제 생계수단으로부터는 분리되어 있지 않다(이것은 기초소득 보조금에 의해 제공된다). 따라서 임금을 위해 노동을 하겠다는 결정은 훨씬 더 자발적인 것이 된다. 자유롭게

---

40 세계적 기초소득에 대한 한 제안은 주장하기를, 세계의 자연자원은 모든 인류에게 "소유된" 것으로 취급되어야 하며, 따라서 이 자원의 사적 소유에서 나오는 경제적 지대는 과세되어야 하고 세계의 모든 사람들을 위한 소득으로 취급되어야 한다고 한다. 이 자원들의 불균등한 공간적 분포 때문에, 이 지대의 세계적 과세와 재분배는 상당한 세계적 재분배도 수반할 것이다. 세계적 재분배 기초소득에 대한 이러한 입장을 논의한 것에 대해서는 Hillel Steiner, "Three Just Taxes," in Van Parijs (ed.), *Arguing for Basic Income*을 보라.

41 몇몇 평등주의자들은 보편적 기초소득에 반대해 왔는데, 그 근거는 전적으로 보조금으로 사는 사람들이 생산하는 사람들을 착취하는 한 형태이기 때문이라는 것이다. 보편적 기초소득의 옹호자들은, 이것이 복합적인 사회에서 잉여가 생산되고 분배되는 과정에 대해 잘못 서술한 것이라고 주장한다. 이 쟁점에 관한 논의에 대해서는, Jon Elster, "Comment on Van der Veen and Van Parijs," *Theory and Society* 15: 5 (1986), pp. 709-21을 보라.

동의하는 성인들 사이의 자본주의는, 임금을 위해 노동할 수밖에 없는 노동자들과 고용자들 사이의 자본주의보다 훨씬 더 참을 만하다. 기초임금은 노동자들의 고용 거부 능력을 증대시킴으로써, 일반 자본주의보다 훨씬 더 평등주의적으로 실질적 자유를 배분한다. 이로 인해 번영하는 삶을 사는 수단에 접근하는 데 있어 불평등이 축소된다.[42]

둘째, 보편적 기초소득은 노동시장 내에서 더 큰 평등주의를 낳을 것이다. 노동자들이 고용을 거부할 수 있는 능력이 더 커지면, 불쾌한 노동의 임금은 아주 즐거운 노동의 임금과 비교하여 상대적으로 증가할 확률이 높다. 따라서 노동시장의 임금구조는 상이한 노동력 유형들의 상대적 희소성을 반영하기보다 상이한 노동 유형들의 상대적 비효용을 보다 체계적으로 반영하기 시작할 것이다. 이렇게 되면 고용자들은 기술적·조직적 혁신을 추구해 불쾌한 노동을 제거하려는 구조적 인센티브를 가지게 될 것이다. 따라서 기술 변화는 노동절약적 경향뿐만 아니라 노동을 인간화하는 경향도 가지게 될 것이다.

셋째, 보편적 기초소득은 자산 조사 반反빈곤 이전금의 병리를 초래하지 않고 빈곤을 직접적 대대적으로 제거한다. 모든 사람들이 보조금을 받기 때문에 낙인찍기가 존재하지 않는다. 순 수혜자와 순 기여자 사이에 명확한 경계도 존재하지 않는데, 왜냐하면 많은 사람들과 가족들이 장기간에 걸쳐 이 경계를 넘나들 것이기 때문이다. 따라서 일단 기초소득이 일정한 기간 동안 자리를 잡고 나면, 재분배에 반대하는 다수 연합이 안정적으로 형성될 가능성이 낮아질 것이다. 이전금 수여 자격과 관련된 문

---

42 Philippe Van Parijs, *Real Freedom for All* (Oxford: Oxford University Press, 1997)이 기초소득을 제안하는 핵심적인 이유는 "만인을 위한 실질적 자유"의 요청이다.

턱효과 때문에 초래되는 "빈곤의 덫"도 존재하지 않는다.[43] 모든 사람들은 이전금을 무조건적으로 받는다. 당신이 일해서 임금을 번다면, 물론 부가적 소득에는 세금이 부과된다. 그러나 세율은 누진적이며, 따라서 한 사람이 노동시장에 들어가 재량소득을 획득하는 것에 대한 역인센티브는 존재하지 않는다.

넷째, 보편적 기초소득은 시장에 의해 나쁘게 제공되는 일련의 탈상품화된 돌봄 활동의 가치, 특히 가족과 지역사회 내에서 이루어지는 돌봄 노동의 가치를 사회적으로 인정하는 한 가지 방식이다. 보편적 기초소득이 그 자체로 이러한 노동의 성적 성격을 변화시키지는 않겠지만, 이러한 부불노동이 대개 여성들에 의해 수행되는 데서 비롯되는 일부 불평등주의적인 결과들을 제거할 것이다. 사실 보편적 기초소득은 몇몇 페미니스트들의 "가사노동에 대한 임금" 제안을 간접적으로 성취하는 메커니즘으로 간주될 수 있을 것이다. 돌봄 노동이 사회적으로 가치 있고 생산적이며 재정적 지원을 받을 만하다는 것을 인정하는 것이다.[44]

다섯째, 확실하고 무조건적인 기초소득은 개별 노동자들에게 퇴장의 자유를 증가시켜줄 뿐만 아니라 조직된 노동의 집합적 권력도 증가시켜 줄 것이며, 따라서 민중적 사회세력의 사회권력 강화라는 더 넓은 의제에 기여할 수 있을 것이다. 물론 노동의 권력이 이렇게 증대하면, 기초소득의

---

43 빈곤 축소를 위해 설계되는 표준적인 소득이전 프로그램들에서, 수혜자들은 그들의 소득이 일정한 문턱 아래로 떨어지면 현금 급여를 받는다. 이 때문에 그들의 소득이 이 수준 위로 올라가면 그들은 이 급여를 잃는다. 따라서 그들의 소득이 이 문턱을 간신히 넘기면, 그들은 경제적으로 더 못살게 되기 쉽다. 소득증가에 대한 이 역인센티브가 "빈곤의 덫"이라 불린다.

44 성적 불평등에 대한 보편적 기초소득의 순 효과는 불분명하다. 한편으로, 보조금은 가구가 아니라 개인들에게로 가며, 이것은 남성과 여성의 불평등을 축소시킨다. 보조금은 부불 돌봄이에게도 소득을 제공하며, 이 역시 여성들에게 더 큰 혜택을 줄 것이다. 다른 한편, 보편적 기초소득은 돌봄 내에서의 성적 분업을 강화할 수도 있다. 왜냐하면 보편적 기초소득으로 인해, 여성들이 돌봄 활동에 대해 완전한 책임을 지라는 압력에 저항하는 것이 더 어려워질 수 있기 때문이다.

지속 가능성에 문제가 될 수도 있다. 왜냐하면 자본가들은 집합적 권력의 증대를 두려워하고 이러한 증대를 야기하는 무조건적 기초소득을 강하게 반대할 것이기 때문이다. 노동자들이 기초소득을 무조건적 파업기금으로 취급해, 임금을 마구잡이로 올리는 데 사용한다면, 투자 철회가 촉발되어 기초소득 자체의 경제적 실행 가능성이 손상될 것이다. 하지만 기초소득의 지원으로 증대된 노동계급의 권력이 단지 단기적인 경제적 이득을 위해서만 사용될 필요는 없다. 제11장에서 상세히 논의하겠지만, 그것은 '긍정적 계급타협'(positive class compromise)을 이루는 데 사용될 수 있으며, 이러한 계급타협은 계급 권력의 균형에 있어 지속성 있는 변화가 일어날 수 있는 조건들을 창조한다.

마지막으로, 현재의 문맥에서 특히 중요한 것인데, 보편적 기초소득은 사회적 시장경제와 협동조합적 시장경제에 대한 대대적인 보조금으로 간주될 수 있다. 사회적 경제에서 집합적 행위자들이 직면하는 주요 문제의 하나는 사회적 경제 서비스의 제공자들에게 적절한 생활수준을 보장해주는 것이다. 물론 이것은 예술계에서 만성적인 문제이지만, 다양한 종류의 돌봄 활동—육아, 노인 돌봄, 자택 건강관리, 일시 돌봄—에 대한 효과적인 사회적 경제 서비스를 조직하려는 지역사회의 노력에도 영향을 준다. 회원들에게 적절한 생활수준을 제공해주는 문제는 노동자 소유 협동조합들에게도 만성적인 문제이다. 이것은 협동조합이 설립되고 회원들이 기능을 배우며 조직적 세부사항을 입안하고 생산능력을 발전시키는 초기 단계에서 특히 그러하다. 기초소득이 시행될 경우, 협동조합이 이 학습단계를 극복하고 스스로를 지속적인 경제조직으로 재생산하는 과정은 훨씬 쉬워질 것이다. 따라서 기초소득은 사회적 잉여의 일부를 자본주의 시장부문으로부터 사회적 경제로, 자본 축적으로부터 사회적 축적과 협동적 축적—사회가 욕구 지향적 경제활동과 협동에 기초한 시장 활동을 스스로 조직할 수 있는 능력의 축적—으로 이전시키는 메커니즘으로 간주될 수 있다.

3. 문제

무조건적 기초소득에 대한 회의론자들은 전형적으로 두 가지 쟁점을 제기한다. '노동 공급'의 문제, 그리고 '자본 도피'의 문제가 그것이다.

보편적 기초소득이 실행 가능하려면, 충분한 수의 사람들이 보편적 보조금의 재원 마련에 필요한 생산과 세금을 발생시킬 만큼 충분한 노력을 기울여 계속해서 임금 노동을 해야 한다. 너무 많은 사람들이 (소파에 앉아 텔레비전만 보고 싶어 하기 때문이건 아니면 그저 소득을 낳지 않는 활동을 재량 소득보다 훨씬 더 선호하기 때문이건) 보조금으로만 사는 데 만족한다면, 혹은 필요한 한계세율이 너무 높아 일을 할 인센티브가 심각하게 줄어든다면, 이 제도 전체가 붕괴할 것이다. "지속 가능한 기초소득 보조금"을 보조금이 설립될 경우 이에 필요한 세금을 제공하는 데 충분한 노동 공급을 발생시킬 보조금 수준으로 정의하자. 따라서 이러한 보조금의 최고 수준은 "지속 가능한 최대 기초소득 보조금"으로 불릴 수 있을 것이다. 따라서 경험적 질문은 이 지속 가능한 최대 수준이 위에서 열거한 좋은 효과를 낼 만큼 충분히 높은가 하는 것이다. 지속 가능한 최대 보조금이 예컨대 빈곤선의 25%라면, 그것은 지불노동을 비강제적 자발적 행동으로 만들기 힘들 것이며, 아마도 빈곤을 대대적으로 감소시키지 못할 것이다.[45] 다

---

45 인색한 보조금조차도 노동시장의 말단에 대해서는 일종의 임금 보조금이 되기 때문에 긍정적인 반빈곤 효과를 낼지도 모른다. 이러한 보조금은 현재 미국에서 시행되는 근로소득세금공제나 1970년대 초에 제안된 소액의 부負 소득세처럼 기능할 것이다.

른 한편, 지속 가능한 최대 보조금이 빈곤수준의 150%라면, 보편적 기초소득은 평등주의적인 규범적 의제를 현저히 전진시킬 것이다. 이것이 정말 일어날지 아닐지는 물론 연구하기 어려운 경험적 질문이며, 한 경제에서의 노동 선호의 분포와 생산성에 좌우될 것이다.[46] 관대한 기초소득은 이미 매우 관대한 재분배적 복지국가를 가지고 있는 나라들에서는 그 지속 가능성이 더 클 것이다. 이 경우 추가적인 세금이 비교적 적을 것이기 때문이다. 강한 노동윤리와 노동 참가의 문화적 규범을 가진 나라들에서도 그 지속 가능성이 더 클 것이다. 이 경우 노동력 가운데 노동시장에서 완전히 빠져나오는 노동력 부분이 더 적을 것이기 때문이다. 아마 역설적으로 들리겠지만, 기초소득은 강한 소비자주의 문화를 가진 사회에서도 그 지속 가능성이 더 클 것이다. 이러한 사회의 사람들은 재량소득에 강한 선호를 가질 것이기 때문이다.

노동 공급 문제 외에, 보편적 기초소득은 자본 도피와 투자 철회의 문제에도 취약하다. 만약 높은 보편적 기초소득 보조금이 노동의 교섭력을 현저히 증가시킨다면, 자본이 보조금의 재원 마련을 위해 조세 부담의 상당 부분을 떠맡는다면, 그리고 경색된 노동시장이 임금을 크게 올리고 따라서 생산성의 동반 상승 없이 생산비용을 크게 올린다면, 보편적 기초소득은 투자 철회와 자본 도피를 상당히 재촉할 수 있을 것이다. 바로 이 때문에 사회주의자들은 전통적으로 노동력의 실질적인 탈프롤레타리아화는 자본주의 내에서 불가능하다―지속 가능한 높은 수준의 보편적 기초소득을 시행하는 데 필요한 조건은 자본에 대해, 특히 투자의 흐름

---

46 이 효과들에 대한 신뢰할 만한 추정치를 내는 것은 매우 어렵다. 왜냐하면 이 효과들은 현저한 비선형성과 동태적 상호작용을 수반할 확률이 높기 때문이다. 따라서 현존하는 소득 보조금 프로그램으로부터 관대한 기초소득 보조금으로 외삽하는 것은 매우 어려우며, 심지어 낮은 수준의 보조금으로부터 높은 수준의 보조금으로 외삽하는 것조차 매우 어렵다.

에 대해 상당한 정치적 제약을 가하는 것이다—고 주장해 왔다.[47]

노동 공급 문제의 경우와 같이, 상이한 수준의 보편적 기초소득 하에서 자본 도피가 얼마나 심각한 문제인지를 결정하는 것도, 의미 있는 투사를 통해 해내기는 매우 어려운 과제이다. 그래도 우리는, 조세가 국내 총생산의 절반 이상에 이르고 노동력의 75% 이상이 노동조합에 가입해 있는 스웨덴 같은 나라에서도 자본주의 경제가 원활히 움직이고 지속 가능하다는 것을 알고 있다. 스웨덴 사회민주주의가 부상하기 전 20세기 초에 누군가가 묻기를, 자본주의 경제가 이렇게 높은 수준의 과세와 노동계급 조직화로도 지속 가능할 것인지를 물었다면, 의심의 여지없이 그 대답은 "아니오"였을 것이다.

Ⅰ 사회적 자본주의

"사회적 자본주의"라는 표현은 시민사회에 뿌리내린 사회권력이 특히 자본주의 기업에서의 자본주의적 경제권력의 행사에 직접 영향력을 가하는 광범위한 제도적 메커니즘과 사회적 과정을 가리킨다. 가장 일반적인 예는 물론 노동조합이다. 노동조합은 이차적 결사체이며, 그들은 경제에서—기업과 노동시장에서—노동자를 조직한다. 그러나 노동조합의 주요한 권력 원천은 그들이 결사체로서 집합행위를 위해 사람들을 동원할 수 있는 능력에서 나오며, 이런 의미에서 그들 역시 시민사회의 일부이

---

47 나는 기초소득에 대한 이전의 분석에서, 사회주의는 지속 가능한 보편적 기초소득의 필요조건이라고 주장했다. 나는 더 이상 이 논문에서 이루어진 나의 주장이 완전히 설득력 있다고 생각하지 않는다. Erik Olin Wright, "Why Something like Socialism is Necessary for the Transition to Something like Communism," *Theory and Society* 15: 5 (1986)을 보라.

다.[48] 노동조합이 국가에 의해 크게 규제되고 노동조합의 경제권력 제어 역할이 임금 및 일부 비본질적인 노동조건들에 대한 단체교섭에 국한될 때, 노동조합을 통해 실행되는 사회권력 강화는 아주 제한된다. 그러나 일정한 시기와 장소에서는 노동조합이 훨씬 더 확장적인 역할을 지니고 자본주의의 작동을 중대한 방식으로 수정한다. 노동조합은 독일의 공동결정 제도에서와 같이 대기업 이사회의 대표자들을 선출할 권리를 가지기도 하고, 기업 내에서 다양한 종류의 작업장 통치와 노동위원회에 참여하기도 한다. 노동조합은 또한 지역사회 운동에 깊이 연루되어 그들의 노력을 시민사회의 사회운동과 조정할 수도 있다. 이러한 "사회운동 노동조합주의"는 시민사회의 다양한 이익들에 걸쳐 연대를 구축하는 데 기여하고 따라서 사회권력 강화의 응집성을 향상시킬 수 있다.[49]

아래에서 나는 노동조합의 통상적인 역할이 사회적 자본주의의 중요한 측면이기는 하지만 이에 대해서는 논의하지 않을 것이다. 대신 나는 그리 친숙하지 않은 제도적 제안들에 초점을 맞출 것이다. 이 제안들은 다양한 종류의 결사체적 형태를 통해 경제권력을 보다 민주적으로 직접 통제하는 방법을 창조하고자 한다. 자본주의 사회에는 이미 공적, 준準 공적 기구에 의해 통제되는 대규모 자본 풀pool이 존재한다. 공립대학의 기부금, 그리고 노동조합과 정부단위의 연금기금은 전형적인 예이다. 이런 종류의 자본 풀을 이용해 투자에 사회적 제약을 가하려는 시도들이 이

---

48 자발적인 집합행위를 동원할 수 있는 능력이 노동조합의 핵심적인 권력 원천이라는 논의에 대해서는, Claus Offe and Helmut Wiesenthal, "Two Logics of Collective Action: Theoretical Notes on Social Class and Organizational Form," in Maurice Zeitlin (ed.), *Political Power and Social Theory*, Vol. 1 (Greewhich, CT: JAI Press, 1980), pp. 67-116을 보라.

49 사회운동 노동조합주의의 독특한 성격에 관한 논의에 대해서는, Gay Seidman, *Manufacturing Militance: Worker's Movements in Brazil and South Africa*, 1970-1985 (Berkeley: University of California Press, 1994)를 보라.

따금 일어난다. 아마 가장 잘 알려진 예는 남아프리카공화국 아파르트헤이트 시대에 대학 기부금을 투자에서 빼내려는 일치된 노력이었을 것이다. 어떤 연금기금들도 사회적 책임의 일정한 기준에 기초해 투자를 심사해 왔다. 앞으로 보겠지만 더 급진적인 예도 있다. 1970년대 스웨덴에서 노동조합과 사회민주당 좌파는 노동조합이 운영하는 임금소득자 기금을 이용해 스웨덴 기업들에 대해 의미 있는 통제력을 점차 획득해 나갈 것을 제안했다. 이 제안은 집중 공격을 당했고, 아주 많이 수정되어 마지막 버전에서는 이 급진적 특징들이 상실되었다.

따라서 문제는, 이러한 공적인 자본 풀의 창조와 통제를 관리하는 규칙과 실천의 광범위한 제도적 재설계를 통해, 이러한 자본 풀이 자본을 제약하는 데 훨씬 더 중요한 역할을 하면서, 축적에 민주적 방향과 사회적 우선성을 부과할 수 있는가 하는 것이다. 특히 연금기금은 이미 이 목적을 위해 이용될 수 있는 방대한 자본 풀을 이루고 있다. 그리고 '확정급여형'(defined benefit) 연금을 '확정기여형'(defined contribution) 연금으로 전환시키는 일반적 추세는 미래에 이러한 자본 풀의 중요성을 증가시킬 확률이 높다.[50] 특히 이러한 대규모 연금기금이 노동조합과 같은 결사체들에 의해 운영될 때, 이 연금기금을 잘 조직하고 재원을 잘 마련해서 이를 적극적으로 이용해 기업들을 규율하고 자본의 공적 규제 회피 능력을 감소시키는 길이 있는가?

사람들과 결사체들이 자본 기금을 이용해 기업의 행동에 영향을 미칠

---

50 "확정급여형" 연금은 사람들이 퇴직할 때 그들의 연금에서 얼마나 많은 소득을 받게 될 것인지를 사전에 알 수 있는 연금이다. 미국의 전통적인 사회보장은 대기업의 많은 연금 플랜처럼 이런 식이었다. "확정기여형" 연금은 당신이 받는 연금 액수가 당신의 기여금으로 이루어지는 투자로부터의 수익에 좌우되는 연금이다. 보통 이러한 설계에서는 상이한 종류의 상호기금과 기타의 투자수단들 가운데서 선택을 할 수 있으며, 이 연금에서 발생하는 소득액은 기여금 액수와 이 기금이 시장에서 얼마나 잘 하는지에 모두 좌우된다. 사회보장의 "민영화" 제안은 이것을 확정급여형 연금에서 확정기여형 연금으로 전환시키는 것으로 이루어진다.

수 있게 하려는 목표를 가지고 다양한 전략들이 채택되거나 제안되어 왔다. 몇몇 전략은 이미 자본주의 경제에 잘 통합되었다. 예컨대 사회적으로 심사되는 상호기금은 기업의 주식 구매에 대해 다양한 종류의 윤리적 기준을 세운다. 이 기준들 일부는 포트폴리오에서 군수기업, 석유회사, 담배회사를 배제하는 것과 같은 특정한 종류의 윤리적 관심사를 목표로 삼는다. 또 어떤 기준들은 기업들이 높은 노동기준이나 환경기준을 가지고 있음을 증명 받도록 요구함으로써, 더 광범위하고 윤리적 밀도가 더 높은 적극적인 사회적 심사를 채택한다. 사회적으로 심사되는 이런 종류의 기금은 분명 사회적 관심을 가진 사람들과 결사체들이 분명한 양심을 가지고 투자하는 것을 더 쉽게 만든다. 그러나 이것이 기업의 행동에 얼마나 큰 실질적 효과를 내는지는 약간 논쟁의 여지가 있다. 회의론자들은 사회적 심사가 미심사 기업의 주식 가치에 사실상 아무 영향도 미치지 못할 것이라고 주장한다. 다른 한편, 심사는 미심사 기업들의 주식 가격에 부정적인 영향을 미칠 수 있는데, 왜냐하면 그들의 주식에 대한 수요가 약간 더 적을 것이기 때문이다. 그러나 다른 한편 이로 인해 이 주식들은 사회적 심사에 상관하지 않는 투자자들에게는 더 싼 상품이 될 것이고, 이렇게 되면 이러한 주식에 대한 수요는 증가될 것이다. 순 효과는 최소한일 것이며, 따라서 사회적 심사는 "나쁜" 기업들에 실질적 압력을 크게 가하지 못할 것이라고 회의론자들은 주장한다. 사회적 심사의 옹호자들은 주식 가격에 대한 윤리적 투자의 직접적인 효과가 작다고 하더라도, 그것은 기업의 행동에 대한 문화적 기대의 변화에 기여할 것이고, 장기적으로 더 큰 효과를 낼 수 있을 것이라고 주장한다. 최대 이윤을 무자비하게 외골수로 추구하는 것만이 기업의 행동을 움직이는 것은 아니다. 기업의 행동은 또한 어느 정도 사회적 규범에 의해 지배되며, 사회적으로 심사되는 가시적인 투자 기금의 존재는 자본주의적 행동의 도덕적 풍조를 강화하는 데 기여한다.

여기에서 우리는 자본 풀에 대한 민주적 통제 전략 두 가지를 탐구할 것인데, 이 두 전략은 주식 포트폴리오의 사회적 심사를 상당히 뛰어넘는 차원에 있다. 한 전략—노동이 통제하는 모험자본기금—은 몇몇 곳에서 제한적인 형태로 존재하며, 다른 전략—주식 과세 임금소득자 기금—은 제안은 되었지만 채택은 되지 않았다. 두 전략이 만약 광범위한 규모로 채택된다면, 사회권력이 경제권력의 행사에 직접적인 영향을 미칠 수 있는 전망이 상당히 높아질 것이다.

1. 노동이 통제하는 연대 기금

퀘벡노동연합(the Quebec Federation of Labour) 연대 기금은 1983년 퀘벡의 중소기업들에게 직접투자를 제공하기 위해 설계된 자본투자 연금기금으로 시작되었다.[51] 그 후 이 기금은 이 주에서 자기자본의 가장 중요한 재원의 하나로 성장했다. 이 기금은 다수의 독특한 성격을 가지고 있다.

1) 노동운동의 역할

퀘벡노동연합은 이 기금을 직접 관리 통제하며, 여기에 기여금을 넣을 개인들을 모집한다. 연대 기금을 통해 노동운동은 자본을 상이한 목적들에 배분하는 데 일정한 역할을 한다. 이것은 연대 기금을 사회권력 강화

---

51 이 기금은 일차적으로 주식시장에서 주식을 사기 위해 사용되는 것이 아니라, 신생 기업에 대한 모험자본투자의 형태와 기성의 "사적으로 소유된" 기업들에 대한 이른바 "사모투자"의 형태로 기업들에 직접 투자하는 데 사용된다.

의 수단으로 설계하는 데 있어 결정적인 측면이다. 시민사회에 있는 다른 종류의 결사체들도 자기자본 기금을 조직해 회원들의 이익에 봉사할 수 있겠지만, 노동조합은 노동조건과 노자관계를 이러한 투자의 핵심적인 사회적 의제로 삼을 수 있는 독특한 위치에 있다.

2) 투자의 사회적 기준

투자가 이루어지기 전에, 작업장에 대한 "사회적 평가"가 수행된다. 이 평가는 "피고용자, 경영방식, 피고용자의 이력, 노동조건, 노동관계, 생산, 경쟁, 노동연합의 주요 정책들, 특히 직장에서의 건강과 안전에 관한 주요 정책들에 대한 존중, 그리고 환경법 등과 관련해 사업체의 운영에 대한 엄밀한 검토"를 포함한다.[52] 투자는 이 사회적 회계감사를 충족시키는 기업들에 대해서만 이루어진다.

3) 노동계급 투자자

이 기금에 투자하는 개인들의 다수—58%—는 노동조합원이다. 이 기금의 공식적인 임무진술서의 일부는 "노동자들이 은퇴 준비를 위한 저축의 필요성을 인식하게 하고 저축하도록 격려하며, 또 기금 주식을 구매함으로써 경제 발전에 참여하도록 격려하는 것"이다.

4) 자원 노동자 대표

사람들을 기금에 가입시키는 과정은 대체로 자원 노동자들에 의해 수행되는데, 이들은 지역대표로 불리며 그들 자신의 작업장에 있는 동료 피

---

52 ILO Department of Communication, "Solidarity Fund: Labour-sponsored Solidarity Funds in Quebec are Generating Jobs," *World of Work* 50 (2004), p. 22.

고용자들을 가입시킨다. 기금은 이 자원 지역대표들에게 광범위한 교육과 훈련을 제공한다. "연대 기금의 척추를 형성하는 것은 바로 이 [지역대표들]이다. 이 기금 하에서 [2004년 현재] 2,000명 이상의 자원자들이 훈련을 받았고, 강의에 참석했으며, 기금의 공적 행위(즉, 회의)에 참여했고, 그들의 노동환경 안에서 전문가, 즉 기금의 운영에 관한 좋은 지식을 가진 사람들이 되었다."[53]

5) 수익성에 대한 장기적 전망

이윤 창출은 연대 기금의 사용에 관한 의사결정에서 계속해서 우선사항이 된다. 이 기금은 노동자들의 은퇴를 위한 투자저축의 재원으로 취급되며, 따라서 기금은 적절한 수익률을 올리는 것에 대해 심각하게 고려한다. 그러나 기금은 또한 기여자들의 안정된 은퇴가 퀘벡 경제의 건강에 좌우된다는 것, 그리고 이는 경제발전에 관한 장기적 전망, 일자리 유지와 창출, 그리고 전략부문들에 대한 지원에 좌우된다는 것도 깊이 고려한다. 중소기업에 투자를 집중하는 것은 특히 중요하다. 이들은 대기업보다 훨씬 더 지역에 뿌리를 내리고 있고 지리적으로 부동적이다. 총량적으로 이들은 대기업보다 더 많은 일자리를 제공하기도 한다. 따라서 자본주의가 지구화된 상황에서 중소기업의 활력은 튼튼한 경제 환경에 핵심적이다.

6) 인내하는 자본

기금은 그들이 말하는 "인내하는 자본"(patient capital)을 크게 강조하는데, 이것은 중소기업들에게 그들의 시장 능력을 발전시킬 긴 시간 지평을

---

53 ILO, "Solidarity Fud," p. 22.

주기 위해 설계된 것이다. 기금의 연례보고서는 이렇게 말한다.

우리의 성공은 전문지식과 인내하는 자본에 기초해 있다. 우리의 동반자 회사들이 수많은 도전들에 맞서는 것을 돕기 위해, 우리는 인내하는 자본—그들이 현대화 프로젝트나 확장 프로젝트를 수행하고 경쟁력을 높이도록 진정으로 돕는 자본—을 제공한다……우리의 동반자들이 경쟁적 지위를 개척하거나 성장을 이루기 위해 최대한의 지원을 필요로 하는 어려운 때에, 우리는 우리의 임무와 규모로 인해 그들이 이 어려운 때를 뚫고 나가도록 지원할 수 있다.[54]

기금의 이사회 의장인 앙리 마제(Henri Masé)는 이 우선사항을 이렇게 설명한다.

우리에게 투자는 양질의 일자리에 초점을 맞춤으로써 집합적 부를 창출하려는 접근법의 일부이다. 이 일자리들을 우리는 창출할 수 있고, 이 일자리들을 우리는 유지해야 한다……내가 순전히 투기적인 투자, 특히 미국의 사私기금이 행하는 투자에 반대한다는 것은 분명 비밀이 아니다. 이 전략 뒤에는 어떤 중기적 장기적 전망도 없다. 이 투자들은 그들이 투자하는 회사들의 생존에 전혀 관심이 없다. 그들의 유일한 이해는 이윤을 빨리 올리는 것이다. 확언하건대 우리는 매력적인 수익을 추구해 부를 증가시키는 데 어떤 반감도 가지고 있지 않다. 그러나 이것이 일자리들을 창출·보호하고 경제 성장을 돕는 우리의 사회적 가치

---

54 QFL, *Annual Report of the Solidarity Fund 2007*, p. 13.

나 사명을 훼손시켜서는 안 된다.[55]

7) 정부 지원

기금은 정부로부터 간접적으로 보조금을 받는다(초기에는 직접적으로 받았다). 기금에 대한 기여금은 주 정부와 연방 정부 모두로부터 세금 공제 형태로 아주 유리한 조세 대우를 받는다. 기금이 처음 세워졌을 때, 기금이 행할 수 있었던 투자 액수를 증가시키기 위해 정부로부터 직접적인 종자 보조금을 받았다.

8) "회사 동반자들"과의 적극적인 교류

기금은 자신이 투자하는 회사들, 즉 자신이 회사 동반자들이라고 지칭하는 회사들과 적극적으로 교류하면서, 피고용자들에게는 다양한 종류의 훈련과 교육을, 경영진에게는 기술 자문과 마케팅 자문을 제공한다. 기금은 단순히 자본의 원천으로 기능할 뿐만 아니라, 개발 대행자로도 기능한다. 동반자 회사들과의 이 밀접한 교류 덕분에, 기금이 기업들에 대한 "안내하는" 자본의 제공을 우선시하는 데서 비롯될 수 있는 위험이 줄어든다.

9) 교육 기능

피고용자 교육 프로그램의 한 가지 목적은 회사 동반자들의 피고용자들에게 재정적 경제적 과정의 기초를 교육시켜 그들의 고용자들이 직면하는 문제들의 성격을 더 잘 이해하게 하는 것이다. 2007년 연례보고서에

55　QFL, *Annual Report of the Solidarity Fund 2007*, p. 3.

서 진술되고 있듯이,

> 기금이 제공하는 경제 훈련은 동반자 회사들의 모든 피고용자들에게 맞추어져 있으며, 그들의 성장에 이바지하려는 기금의 바람에서 나오는 것이다. 이 경제 훈련 프로그램은 훈련을 받는 회사들의 경영진과 피고용자들 사이의 투명성과 원활한 소통 관행에 의지함으로써, 다른 무엇보다 이 회사들이 직면하는 문제와 과제들에 대한 공동의 이해, 재정적 관점으로부터의 공동의 이해를 수립하고자 한다. 이런 식으로 모든 사람들은 '같은 언어를 말하게 되고,' 양질의 일자리를 유지·창출하는 가운데, 좋은 제안을 해서 회사의 미래를 확고히 하는 데 이바지할 준비를 갖추게 되고 또 그렇게 하도록 동원된다.[56]

기업에 대한 사회적 평가를 강조하는 것과 결합될 때, 이것은 문제를 해결하는 데 있어 기업 내에서 고용자들과 피고용자들 사이의 협력 수준을 높이도록 설계되어 있다.

창립 2년 후인 1985년, 기금은 1천4백30만 캐나다 달러의 자산, 5,000명이 약간 넘는 회원 주주, 그리고 네 개의 동반자 회사들에 대한 투자를 가지고 있었다. 2007년 이것은 72억 캐나다 달러의 자산, 574,794명의 회원, 그리고 1,696개 회사들에 대한 투자로 성장해, 중소기업들에게 자본을 제공하는 데 중요한 주자가 되었고, 퀘벡에 있는 모든 모험자본의 거의 1/3을 차지하고 있었다.[57] 이 성공 때문에, 퀘벡노동연합의 방향을 따르

---

56 QFL, *Annual Report of the Solidarity Fund 2007*, p. 11.
57 QFL, *Annual Report of the Solidarity Fund 2007*, p. 3.

는 연대 기금들이 1990년대 초부터 다른 캐나다 주에서도 시작되었다.[58]

이 기금들은 사회적 자본주의가 사회권력 강화 경로임을 보여주는 가장 중요한 예들이다. 그들은 자본주의 자체에는 도전하지 않는다. 그들은 노동자가 소유하는 협동조합에 지분투자를 제공하기도 하지만, 대개 일반 자본주의 기업들에 투자한다. 그들의 투자전략은 퀘벡 자본주의를 약화시키는 것이 아니라 퀘벡 경제 안에서 기업들의 경쟁력을 강화하는 것이며, 계급 적대를 심화시키는 것이 아니라 고용자와 노동자 사이의 보다 협력적인 관계를 촉진하는 것이다. 따라서 사회적 자본주의는 자본주의가 여전히 본질적 요소인 하이브리드 형태이다. 그러나 이 하이브리드는, 노동운동이 기금을 운용하고 우선순위를 정하는 데 핵심적인 역할을 하기 때문에 사회권력이 보통의 자본주의 구조에서보다 더 큰 무게를 가지는 하이브리드이다.

지금까지는, 연대 기금들이 중요한 제도가 되고 있는 캐나다에서도 이 기금들이 총 투자에서 차지하는 비중은 비교적 적다. 하지만 이러한 기금들이 대대적으로 확대되지 못할 근본적인 이유는 없다. 이를 위한 한 가지 전략은 국가가 지금처럼 이 기금들에 조세 지출 형태로 간접적인 보조금을 제공하기보다 직접적인 보조금을 제공하는 것이다.[59] 퀘벡노동연합 연

---

58 노동이 후원하는 다른 기금들로는 브리티시 콜롬비아의 노동기회기금(the Working Opportunity Fund), 마니토바의 크로커스투자기금(Crocus Investment Fund), 온타리오의 제일온타리오기금(the First Ontario Fund) 등이 있다.

59 사람들이 연대 기금에 기여금을 낸 후 받는 세금 공제는 정부 측에서 보면 이른바 "조세 지출"을 이룬다. 만약 이 기금에 기여하는 사람에 대한 한계소득세율이 20%이고 그 사람이 기금에 1,000달러를 기여한다면, 그 사람은 800달러만을 지불하며, 따라서 결과적으로 나머지 200달러는 국가의 지출이다. 조세 지출은 가시적 형태의 국가 보조금이 아니라는 특별한 특징을 가진다. 왜냐하면 이 지출은 국가의 명시적인 배분이라기보다 낮추어진 세수의 형태로 나타나고 따라서 정치적 공격에 덜 취약하기 때문이다. 조세 지출은 또한 시민들의 세금 일부가 어디로 갈 것인지를 전적으로 국가가 조직하게 하는 것이 아니라 시민들이 개별적으로 결정하게 하는 속성을 가진다.

대 기금이 처음 세워졌을 때, 캐나다 정부가 한 일이 바로 이것이었다. 하지만 이러한 직접 보조금은 국가가 경제에 개입할 때 항상 이용될 수 있을 것이다. 국가가 퀘벡노동연합의 연대 기금에 종자돈을 제공한 근거는 다음과 같은 것이었다. 개별 노동자들이 연대 기금에 저축을 하면 좋겠다고 느끼려면 이 기금이 신뢰성을 가질 수 있을 만큼 커야 하고, 종자 자본은 기금이 이 문턱을 넘어설 수 있어야 했다. 항상적인 직접 보조금의 근거는 다음과 같은 것이다. 이렇게 하면 지역에 뿌리내린 중소기업과 노동자 소유 노동조합이 보다 체계적인 뒷받침을 받게 되어, 퀘벡 사람들이 지역 경제의 장기적 발전을 통제할 수 있는 능력이 향상되고, 이와 동시에 자본 축적을 규제하는 데 있어 사회권력의 역할이 높아진다는 것이다. 이것은 소기업 소유자들과 조직된 노동의 연합이 지지할 수 있는 목표이다.

2. 주식과세 임금소득자 기금

방금 묘사했듯이 연대 기금은 무엇보다 사회권력이 중소기업과 노동자 소유 협동조합의 발전 방향에 영향을 미칠 수 있는 장치이다. 주식과세 임금소득자 기금은 노동조합이 (그리고 잠재적으로 다른 시민사회 결사체가) 대기업의 운영에 대해 상당한 통제력을 얻는 장치이다. 이 제도는 원래 1970년대에 루돌프 마이드너Rudolf Meidner가 제안한 것이었는데, 그는 스웨덴의 저명한 사회민주주의 경제학자로 스웨덴 복지국가의 핵심 건축가의 한 사람이었다.[60]

주식과세제도는 특별한 방식으로 기업에 과세하는 데 기초한다. 통상

---

60 임금소득자 기금을 위한 마이트너 계획을 포괄적으로 논의한 것에 대해서는, Jonas Pontusson, *The Limits of Social Democracy* (Ithaca, NY: Cornell University Press, 1992)를 보라.

적인 법인세의 경우, 기업은 국가에 수익의 일정 비율, 예컨대 20%(마이드너의 주식과세 계획에서 제안된 비율)를 세금으로 낸다. 이윤의 나머지는 재투자를 위해 사용되거나 배당금으로 주주들에게 배분된다. 이와 같은 세금은 자본주의 경제에서 비교적 표준적인 것이다. 주식과세는 아주 다르게 움직인다.

1) 신주新株를 통한 법인세의 지불

주식과세제도에서 기업은 법인세를 현금으로 지불하는 것이 아니라, 수익세를 이 수익세와 등가인 '기업의 신주' 형태로 지불한다. 따라서 이 세금은 기업이 이용할 수 있는 직접적인 소득 흐름에 아무런 영향도 미치지 않는다. 기업은 자신의 화폐적 수익 전체에 대해 통제권을 보유하는 것이다. 대신 수익세는 기업의 수익성에 기초해 측정된, 기업 주주들의 부에 대한 세금의 형태를 취한다.

2) 임금소득자 기금

이 주식들은 경제의 모든 피고용자들을 대표하는 "임금소득자 기금"으로 들어가 일정한 민주적 과정을 통해 통제된다. 스웨덴의 경우, 이 제안은 대체로 노동조합에 의해 통제되는 지역 기금과 작업장 기금의 네트워크가 이 임금소득자 기금을 조직한다는 것이었다. 그러나 근본적인 원칙은 민주적 책임성을 가진 민중적 결사체들이 임금소득자 기금을 통제한다는 것이며, 노동조합 이외의 다른 결사체적 장치도 가능할 것이다.

3) 기금에서 주식의 지위

임금소득자 기금의 주식은 일반 주식이 가지는 모든 권리―배당권, 이사회 선출 투표권, 그리고 어떤 상황에서는 회사 정책에 관해 투표할 권리—를 부여한다. 하지만 이 주식은 판매될 수 없다. 이 주식은 사실상 임금소득자 기금 조직이 대표하는 임금소득자 집합체의 양도 불가능한 소유권 권리가 된다. 주식과세를 지불하기 위해 기업이 신주를 연례적으로 발행하기 때문에, 개별 주식의 가치는 희석된다(즉, 주식의 숫자가 증가하기 때문에, 개개의 주식이 기업의 총체적 소유권 권리를 대표하는 비중은 점점 작아진다). 따라서 주식과세는 사실상 사적인 주주들에 대한 약간의 부유세가 되는 셈이다.[61]

4) 소유권의 동적 궤도

장기적으로 볼 때, 임금소득자 기금의 주식이 축적되면 기업 통제권은 점차 사적인 주주들로부터 이 집합체로 이동할 것이다. 이렇게 되면 처음에는 임금소득자 기금이 이사회의 구성원 일부밖에 선출하지 못하겠지만, 수십 년의 시간이 지나면 임금소득자 기금이 결국 주식의 다수를 소유하게 되어 사실상의 기업 통제권을 가지게 될 것이다. 기금이 광범위한 주민을 대표하고 민주적 통제를 받기 때문에, 이 궤도는 기업의 소유권을 점점 더 사회화하는 것이 된다. 그렇다고 기업들이 완전히 사회적으로 소유되는 것은 아닐 것이다. 왜냐하면 기업들은 계속해서 공개적인 주식시장에서 그들의 주식을 팔고 사적 투자자들은 이를 살 수 있을 것이기 때문이다. 사적 투자자들이 그들의 주식 소유분에 대해 부유세를 내야 할 것이라고 해서, 그들의 주식 구매가 반드시 나쁜 투자인 것은 아니다. 이는 부동산에 대한 재산세가 있다고 해서 부동산이 나쁜 투자는 아닌 것

---

[61] 주식과세가 부유세라는 것은, 신주를 발행하는 데서 비롯되는 주식 가치의 희석은 부의 소유자들로 하여금 그들이 소유하는 주식의 일부를 임금소득자 기금에 내도록 강제하는 것과 동일하다는 의미에서이다. 하지만 그것은 특별한 종류의 부유세이다. 주택 소유자들에 대한 재산세처럼 돈으로 지불할 수 있는 부유세가 아니라 자산 이전을 요구하는 부유세인 것이다.

과 마찬가지이다. 주식과세의 진정한 효과는, 기업에 대한 권력관계가 장기적으로 사회권력을 향해 크게 이동할 것이라는 것이다. 이것은 기업의 재정적 수익을 줄이지 않고도 성취되며, 또 이 수익을 투자할 수 있는 그들의 능력을 줄이지 않고도 성취된다. 장기적으로 점차 변하게 되는 것은 이 수익의 사용에 대한, 그리고 기업 경영진의 정책에 대한 소유권 권리들의 균형이다.

5) 변이

이 기본적인 제도적 설계는 다양한 방식으로 변이되어 채택될 수 있을 것이다. 예컨대 임금소득자 기금은 회사 주식의 51% 이상을 소유할 수 없다는 규칙을 설정해서, 임금소득자 기금에 기업 통제권을 주면서도 개별적인 사적 투자자들이 총 주식의 상당 부분을 소유하게 할 수 있을 것이다. 이것은 사회적 소유권이 지배하는 하이브리드 소유권 구조를 의미하지만, 자본주의적 소유권도 여전히 허용될 것이다. 이 기금의 조직 구조도 스웨덴에서 제안된 모델과 달라질 수 있다. 스웨덴의 경우 임금소득자 기금은 지역 기금과 작업장 기금의 네트워크로서 조직되는 것이었다. 로빈 블랙번이 묘사하듯이 "이 기금의 일부는 피고용자들이 운영하는 기업 수준의 기구로 갈 것이었고, 이를 통해 피고용자들은 그들의 고용자에게 관심을 더 많이 가지게 될 것이다. 그러나 이 기금의 대부분은 지역적 네트워크와 연결되어 지역 공동체와 노동조합을 대표할 것이다."[62] 다른 가능성도 많다. 전국 수준의 기금, 지역 기금, 지역사회 기금, 그리고 아마도 부문 기금도 있을 수 있을 것이다. 이 기금들은 마이드너 계획에서처럼

62　Robin Blackburn, "Economic Democracy: Meaningful, Desirable, Feasible?," *Daedalus* 136: 3 (2007), p. 42.

노동조합과 노동연합에 의해 통제될 수도 있으며, 시민 결사체나 특별히 선출된 공적 위원회에 의해 통제될 수도 있을 것이다. 핵심적인 원칙은, 시민사회에 근거해 사회권력을 강화한 결사체들이 이 기금들을 통제함으로써 기업들에 대해 민주적 통제력을 가져야 한다는 것이다.

1976년 스웨덴 노동연합은 이러한 방향을 따르는 일반적 계획을 승인했다. 이 계획은 스웨덴 자본가계급의 대대적이고 적대적인 반응을 촉발시켰고, 그들은 이 계획을 저지하는 캠페인을 펼쳐 성공했다.[63] 이 계획이 자본 도피, 투자 철회, 스웨덴 경제의 몰락을 초래할 것이라는 무서운 경고가 있었다. 노동조합 지도부는 이 계획을 지지한 반면, 올라프 팔메(Olaf Palme)가 이끄는 스웨덴 사회민주당은 기껏해야 양면적인 태도를 취했다. 그 결과, 사회민주당은 40여 년 만에 처음으로 선거에서 졌다. 결국 1980년대에 임금소득자 기금 계획의 수정안이 도입되었지만, 특히 이 수정안은 사실상의 기업 통제권이 이 기금으로 이동할 가능성을 막았다. 1992년 스웨덴 보수당이 권력을 잡게 되었을 때, 이 제도의 수정안마저 파괴되었다.

주식과세 발상은 최근 연금 개혁에 관한 논의에서, 특히 로빈 블랙번의 저작에서 부활을 보았다.[64] 블랙번은 모든 선진 자본주의 경제는 인구의

---

63 스웨덴의 주식과세 제안을 둘러싼 정치적 논쟁을 훌륭하게 논의한 것에 대해서는, Jonas Pontusson, "Sweden: After the Golden Age," in Perry Anderson and Patrick Camiller (eds), *Mapping the West European Left* (London: Verso, 1994), pp. 23-54를 보라.

64 주식과세제도를 이용해 연금에 재원을 마련해주자는 로빈 블랙번의 제안은 2003년에 열린 리얼 유토피아 프로젝트 학회의 핵심이었다. 그 후 이 학회에서 발표된 논문 가운데 두 편이 ??정치와 사회??지에 출간되었다. Robin Blackburn, "The Global Pension Crisis: From Gray Capitalism to Responsible Accumulation," *Politics and Society* 34: 2 (2006), pp. 135-86과 Ewald Engelen, "Resocializing Capital: Putting Pension Savings in the Service of 'Financial Pluralism'?," *Politics and Society* 34: 2 (2006), pp. 187-218. 또한 Robin Blackburn, *Banking on Death, or, Investing in Life: The History and Future of Pensions* (London: Verso, 2002)와 "Captial and Social Europe," *New Left Review* 34, July-August 2005, pp. 87-114도 보라.

노령화 때문에 미래에 적절한 연금을 공급하는 데 위기에 직면할 것이라고 주장한다. 의존율—노동력에 포함되지 않는 사람들이 현역 노동자들에 의해 부양되는 비율—이 증가함에 따라, 원천부과에 기초해 현역 노동자들에게 근로소득세와 소득세를 매기는 것으로는 충분한 연금 재원을 마련하기가 점점 더 어려워질 것이다. 블랙번은 일정한 종류의 주식과세 계획을 통해 연금 재원을 사전적으로 조달하는 것이 더 나을 것이라고 주장한다. 이를 막는 핵심적 장애는 정부가 주식 재산에 대한 과세를 완강히 꺼린다는 것이다. "대부분의 정부가 사람들이 사는 집에 과세하는 것은 좋아하면서도 주식 재산에 직접 과세하거나, 마이드너의 대담한 생각처럼 사회적 기금들이 대기업에 대해 통제권을 행사하도록 하는 데 거부하는 것은 정말 놀라운 사실이다."[65]

연대 기금과 주식과세 기금은 각각 사회적 자본주의의 한 형태로서, 자본주의 내에서 재산관계의 핵심적인 특징들을 수정해 자본주의를 사회권력이 더 큰 비중을 차지하는 구조적 하이브리드 방향으로 밀고 나가고자 한다. 이 두 제안들 중에 연대 기금이 더 쉽게 자본주의에 통합될 수 있다. 작은 규모로 조금씩 설립될 수 있고, 또 적어도 이런 규모에서는 기업 자본주의의 권력을 즉각 위협하지 않기 때문이다. 주식과세 메커니즘은 내재적으로 더욱 위협적이다. 주식과세 메커니즘이 수립되어 국가로부

---

65 Robin Blackburn, "Rudolf Meidner, 1914-2005: A Visionary Pragmatist," Counterpunch, December 22, 2005. 블랙번은 자본주의 국가들이 주식 재산에 대한 과세를 꺼리는 것을 비유해, 프랑스의 앙시앙 레짐이 프랑스대혁명 전에 귀족들에 대한 과세를 꺼린 것에 비유했다. "우리는 점점 더 1789년 전 프랑스 앙시앙 레짐 비슷한 사회에 살고 있는 것 같다. 당시 봉건 귀족의 부는 대체로 과세로부터 면제되어 있었다. 지금 과세를 회피하고 있는 것은 기업 백만장자와 억만장자의 보유주이다. 루이 16세 시대를 연상하게 하는 다른 징후들로는 '나 죽은 다음에야 홍수가 나든 말든'(apres nous le deluge) 정신, 복권에 대한 의존, '세금 경작'의 현대판—예컨대 시민들로 하여금 그들의 세금(연금 기여금)을 책임성 있는 공공 기구에 내게 하는 것이 아니라 상업적 기금관리인에게 내도록 하는 법률—의 등장 등이 있다. 그러나 기업의 부에 대한 효과적 과세를 금기시하는 것은 특권의 군림을 보여주는 가장 결정적인 징후이다."

터 안정적인 지원을 받으면, 이것은 자본주의 경제의 전반적인 지형에서 자본주의 권력이 축소되는 새로운 제도적 균형을 창조할 것이다. 이 설계의 세부사항과 그 장기적인 궤도에 따라 이것은 사회권력—경제권력에 대한 민주적 통제—이 지배적으로 되는 균형의 전조가 될 수도 있다. 물론 바로 이 때문에 스웨덴의 자본가계급이 그토록 아우성을 치며 이 설계에 반대했던 것이다. 그들은 이 주식과세 제안이 자신의 계급적 이익과 계급적 권력에 장기적으로 위협이 될 것임을 인식했다. 그리하여 결국 주식과세 설계는 그것이 제안된 역사적 조건에서는 정치적으로 성취될 수 없었으며, 그것이 미래에 어떤 곳에서 제안되든 분명 날카로운 반대에 부닥칠 것이다. 그러나 날카로운 반대가 필연적으로 일어날 것이라고 해서 이 제안이 근원적으로 성취 불가능하다는 것은 아니다. 미래에 예기치 못한 상황이 일어나 이 제도적 전략이 가능해질지도 모른다.

| 협동조합적 시장경제

자본주의의 해방적 대안에 관한 가장 오래된 전망은 노동자 소유 기업이다. 자본주의는 노동자들에게서 그들의 생산수단을 박탈한 다음 그들을 자본주의 기업의 임금노동자로 고용하면서 시작되었다. 이 박탈을 가장 직접적으로 되돌리는 것은 노동자 소유 기업을 통한 역전이다. 19세기에 협동조합 운동은 강한 반자본주의적 이데올로기를 통해 생기를 얻었으며, 마르크스에게서 "공상적 사회주의"라 조롱당한, 그런 후 일부 무정부주의와 느슨하게 동일시되게 된 조류의 중심적인 생각을 이루었다. 마르크스의 일차적 공격 대상의 한 사람이었던 프루동은 노동자들의 협동조합을 사회주의적 대안의 세포단위이자 자본주의에 대한 투쟁의 중심으로 보았다. 1853년 그는 협동조합의 원칙을 이렇게 묘사했다.

> 한 산업의 모든 노동자들이, 그들에게 돈을 지불하고 그들의 생산물을 가지는 '기업가'를 위해 일하는 대신, 서로를 위해 일하고 따라서 협력하여 공동의 생산물을 만들어 그 이윤을 나누어가질 때, 상조와 호혜가 존재하게 된다. 모든 집단의 노동을 연합시킨다고 하는 호혜 원칙을 노동자협회 단위들로 확대해 보라. 그러면 당신은 모든—정치적, 경제적, 미학적—관점에서 이전의 모든 문명들과는 근본적으로 다른 한 문명을 창조한 것이다.[66]

이러한 상조적 노동자 협동조합은 조정과 공동행위를 촉진할 일종의 자발적인 연맹 구조를 통해 서로 협동할 것이다. 생산 내에서의 상조주의와 생산단위들 사이의 자발적 연맹주의는 새로운 사회의 기초를 형성할 것이며, 처음에는 자본주의 내에서 새로운 사회의 기초를 형성하겠지만 결국에는 자본주의를 전적으로 대체할 것이다.

마르크스는 이러한 전략적 전망에 대해 아주 양면적인 태도를 취했다.[67] 『공산당 선언』에서 그는 생산자 소유 협동조합 같은 것을 "필연적으로 유산될 조그만 실험"이라고 조롱조로 깎아내렸다. 『루이 보나파르트의 브뤼메르 18일』에서 그는 프랑스의 노동계급에 대해 "공허한 실험, 교환시장, 노동자 결사체"에 참여한다고 날카롭게 비판했다. 그가 보기에 이것은 "자신이 사용할 수 있는 모든 수단에도 불구하고 구세계를 타도하는 투

---

66 Pierre-Joseph Proudhon, *The Stockjobber's Handbook*, quoted in Martin Buber, Paths in Utopia (Boston: Beacon Press, 1958 [1949]), pp. 29-30.
67 마르크스의 노동자 협동조합관에 대한 이러한 설명은 Buber, *Paths in Utopia*, chapter VIII에서 온 것이다.

쟁을 포기한 후 사회의 등 뒤에서, 사적으로, 자기 존재의 협소한 틀 안에서 그 자신의 구원을 추구하고자 하는, 그리하여 필연적으로 실패하고야 말 운동"이었다.[68] 다른 한편, 1864년 국제노동자연합 개회사에서 마르크스는 협동조합을 10시간 법률의 통과보다 훨씬 더 중요한 노동계급의 주요한 성취로 선언했다.

> 그러나 노동의 정치경제학이 재산의 정치경제학에 대해 거둔 훨씬 더 큰 승리가 있다. 우리는 협동조합운동, 특히 소수의 대담한 "일손들"이 아무런 도움도 없이 노력해서 세운 협동조합 공장들에 대해 이야기하고 있다. 이 위대한 사회적 실험의 가치는 아무리 과장해도 지나침이 없다. 그들은 말이 아니라 행동으로 보여주었다. 일손 계급을 고용하는 주인 계급의 존재 없이도 대규모 생산, 현대 과학의 명령과 부합하는 생산이 이루어질 수 있다는 것을. 노동수단이 노동자에 대한 지배수단이자 노동자에 대한 강탈수단으로 독점되지 않아도 결실을 맺을 수 있다는 것을. 그리고 고용된 노동 역시 노예노동처럼, 농노노동처럼 단지 일시적이고 열등한 형태일 뿐이며, 연합한 노동이 자발적인 손, 준비된 마음, 기쁜 가슴으로 수고를 다하게 되는 날 사라질 운명에 있다는 것을.[69]

그리하여 노동자 협동조합의 건설은 마르크스에게 사회주의 전략의 정당한 요소가 되었다. 하지만 그는 자본주의적 권력이 계속 그대로 남아 있는 한 협동조합들이 비교적 협소한 한계 안에 봉쇄되어 있을 것이라고

---

68 Buber, *Paths in Utopia*, p. 84에서 재인용.

69 Karl Marx, "The Inaugural Address to the International Working Men's Associations" (1864) in Karl Marx and Frederick Engels, *Selected Works in Two Volumes* (Moscow: Foreign Languages Publishing House, 1962), volume I, p. 383.

계속해서 믿었다.

> 근로 대중을 구하기 위해 협동조합적 노동은 국가적 차원으로 발전되어야 하며, 따라서 국가적 수단에 의해 양성되어야 한다. 하지만 토지의 주인들과 자본의 주인들은 항상 그들의 경제적 독점을 수호하고 영속화하기 위해 그들의 정치적 특권을 이용할 것이다. 그들은 노동 해방을 촉진하기는커녕, 노동 해방의 길에 모든 가능한 장애를 계속해서 깔 것이다……따라서 정치권력을 정복하는 것은 노동계급의 큰 의무가 된다.[70]

노동자 협동조합은 이후 자본주의 발전사 전체를 통해 존속되어 왔다. 오늘날에는 몇몇 주목할 만한 예외를 제외하고는 대개 비교적 작은 지역적 사업체에 불과하지만 말이다. 협동조합들이 성공적일 때, 그들은 곧잘 일반 자본주의 기업의 방향으로 진화해, 생산자 협동조합의 정회원을 확대하는 것이 아니라 비회원 피고용자를 고용해 생산 확대의 방편으로 삼곤 한다.[71] 협동조합의 회원으로 일하는 많은 사람들—아마 대부분의 사람들이라 해야 하겠지만—은 계속 협동조합을 일반 자본주의 기업에서 일하는 것에 대한 대안적 생활방식으로 본다. 그러나 대다수 참여자들에게 있어 협동조합은 더 이상 자본주의의 대안을 건설하기 위한 일반 전략의 일부가 아니며, 19세기 협동조합운동과 같이 조직된 반체제 전략의 일부는 더더욱 아니다. 그럼에도 불구하고 노동자 소유 협동조합은 여전

---

70 Marx, "Inaugural Address," pp. 383-4.

71 마르크스는 협동조합들이 보통의 기업들로 되는 경향을 중대한 문제로 보았다고 부버는 지적한다. "[마르크스는] 분명 협동조합이 보통의 부르주아 공동출자회사로 퇴화되는 위험을 인식하며, 올바른 치유책까지 권한다. 고용된 모든 노동자들이 동일한 주식을 받아야 한다는 것이다" (Buber, *Paths in Utopia*, p. 85).

히 민주평등주의적 전망의 한 핵심적인 표현으로서, 경제활동을 대안적 방식으로 조직하는 데 기여할 수 있다.

1. 노동자 소유 협동조합의 기본 속성

생산자들이 그들의 생산수단을 "소유"해야 한다는 생각을 이런저런 방식으로 구현하는 제도적 설계들이 많다. 이들에게 다른 점이 있다면, 통상적인 자본주의 원리들에서 벗어나는 정도가 서로 다르다는 것이다. 이 스펙트럼의 한 극단에는 '피고용자 주식 소유권 플랜'(ESOP)이 있다. 이 계획에서 노동자들은 다양한 양의 주식을 소유함으로써 기업의 수익을 공유하는데, 이 주식은 통상적인 주주가 갖는 모든 권리를 그들에게 부여한다. 전국 피고용자 소유권 센터(the National Center for Employee Ownership)의 웹사이트에 서술되어 있듯이,

> ESOP는 일종의 피고용자 편익 플랜으로, 수익 공유 플랜과 몇 가지 면에서 유사하다. ESOP에서 회사는 신탁기금을 세우고, 이 기금에 회사 주식의 신주를 기여하거나 현 주식을 살 현금을 기여한다……신탁의 주식들은 개별 피고용자 계좌로 배분된다. 몇 가지 예외는 있지만, 일반적으로 21세 이상의 모든 전임 피고용자들은 이 플랜에 참여한다. 배분은 상대적 급여 혹은 어떤 더 평등한 공식에 기초해 이루어진다. 피고용자들이 회사에서 연공을 쌓아감에 따라 그들은 그들의 계좌에 있는 주식에 대해 점점 더 많은 권리를 획득하게 되는데, 이는 연금 수령권 취득(vesting)이라 알려져 있는 과정이다……피고용자들이 회사를 떠날 때, 그들은 주식을 받으며, 회사는 이것을 공정한 시장가치로

그들에게서 다시 사야 한다(이 주식에 대한 공적 시장이 없다면). 민간 회사들은 연례적 외부 평가를 통해 그들의 주식 가격을 결정해야 한다. 민간 회사에서 피고용자들은 폐업이나 이전과 같은 주요한 문제들에 관해 배분된 주식에 따라 투표할 수 있어야 하지만, 다른 쟁점들에 관해서는 회사가 (이사회의 투표권과 같은) 투표권을 거칠지를 거치지 않을지를 선택할 수 있다. 공적 회사에서는 피고용자들이 모든 쟁점들에 관해 투표할 수 있어야 한다.[72]

ESOP은 엄밀한 자본주의적 관계에서 벗어난다. 왜냐하면 노동자들이 수익을 공유하고, 회사의 통치에서 몇 가지 투표권을 가지기 때문이다. 하지만 ESOP 기업에서의 노동자들의 권력은 그들이 소유하는 주식의 양에 비례하기 때문에, 그리고 대부분의 ESOP에서 이것은 회사의 총 주식에서 아주 작은 부분에 불과하기 때문에, ESOP를 시행하는 기업 내의 진정한 권력관계는 보통의 자본주의 기업과 크게 다르지는 않다.[73]

스펙트럼의 다른 극단에는 두 가지 원칙을 특징으로 하는 기업들이 있다. 이 기업들은 '피고용자들에 의해 완전히 소유된다'는 원칙, 그리고 이 기업들은 일인일표에 기초해 '회원들에 의해 민주적으로 통치된다'는 원칙이 그것이다. 이와 같은 기업들은 노동자 협동조합이라 불린다.[74] 이 원

---

72 http://www.neco.org.

73 하지만 ESOP을 가진 자본주의 기업들의 경제적 수행력이 ESOP을 가지지 않은 기업들보다 조금 더 나아 보인다는 것을 지적할 가치가 있다. 전국 피고용자 소유권 센터가 보고하는 바에 따르면, "소유권 제한 회사들에서의 피고용자 주식 소유권 플랜의 수행력에 대한 연구 가운데 현재[2005년]까지 가장 크고 가장 중요한 연구에서, 러트저스(Rutgers) 대학의 더글러스 크루즈(Douglas Kruse)와 조지프 블래시(Joseph Blasi)는 ESOP가 판매, 고용, 피고용자 1인당 판매를 ESOP가 없을 때보다 연간 2.3%에서 2.4% 가량 증가시킨다는 것을 발견했다. ESOP 회사들은 또한 몇 년 후에도 여전히 영업을 하고 있을 확률이 조금 더 높다. http://www.nceo.org를 보라

74 다른 종류의 협동조합들도 많다. 식료품점과 같은 소비자조합, 마케팅조합, 주택조합, (소농들이 조합에

칙들이 실현되는 방식의 정확한 세부사항들은 상당히 다르다. 소유권의 측면에서 보면, 어떤 협동조합들에서는 기업의 모든 노동자들이 정회원이지만 다른 협동조합들에서는 노동자 일부가 기업의 통치에 있어 투표권이 없는 비회원 피고용자이다. 어떤 협동조합들에서는 모든 노동자 소유자들이 기업에서 동등한 자본지분을 가진다. 다른 협동조합들에서는 모든 회원들이 최소한의 자본지분을 가지지만, 이 지분은 상당히 다를 수 있다. 협동조합의 통치구조 역시 다양하다. 어떤 협동조합들은 직접민주주의를 통해 통치되어, 중요한 결정들은 모든 노동자들의 의회에 의해 이루어진다. 다른 협동조합들에서는 선출된 이사회가 존재한다. 모든 노동자 소유 협동조합들에서는 원칙적으로 관리자들은 민주적 과정을 통해 노동자들에게 책임을 진다. 그러나 어떤 협동조합들에서는 관리 업무가 회원들 사이에서 순환되는 반면, 다른 협동조합들에서는 직업적 전문적으로 훈련된 관리자들을 가진 독특한 관리구조가 존재한다.

제도적 형태가 이렇게 다양한 이유는, 다양한 조건들 아래에서 노동자 소유권과 민주적 통치를 실현하는 것이 실천적으로 복잡한 일이어서 이에 대해 여러 가지 방식으로 적응해야 하기 때문이다. 작은 제빵 협동조합들의 최적 조직은 큰 산업 협동조합들의 최적 조직과 다를 것이다. 기술, 숙련·훈련 요건들, 생산규모, 그리고 기타의 요인들이 이렇게 다른 상황 하에서는 어떤 하나의 조직 형태도 똑같이 잘 기능할 수 없을 것이다.

노동자 소유 협동조합들이 '어떤 환경에서는' 자본주의 기업에 대한 실행 가능한 대안이라는 것은 의문의 여지가 없다. 그러나 자본주의 그 자

함께 참가해 투입물을 함께 구매할 때와 같은) 구매조합 등이 그것이다. 이들은 각각 사회권력 강화의 몇 가지 원칙들을 구현하고 있지만, 노동자 소유 협동조합만큼 자본주의에 대해 첨예한 대조―그리고 아마도 도전―를 제기하지 않는다.

체를 극복하는 대안에 있어서는 협동조합이 얼마나 중요한 요소일지가 훨씬 덜 분명하다. 미국 노동자 협동조합 연맹에 따르면, 오늘날의 미국에는 고작 300개가량의 민주적 작업장에서 단지 3,500명의 사람들만이 고용되어 연수 4억 달러 가량을 생산하고 있다.[75] 이것이 미국 경제의 미소(微小)한 부분밖에 대표하지 못한다는 것은 분명하다. 협동조합 회의론자들이 주장하는 바에 따르면, 이렇게 미소한 부분밖에 대표하지 못하는 이유는, 경쟁적 시장경제에서는 노동자 소유 협동조합들이 낮은 자본 요건들을 가진 안정적 시장에서 비교적 동질적인 노동력이 존재하는 작은 틈새 속에서만 효과적으로 생존할 수 있기 때문이다. 일단 협동조합의 규모, 복잡성, 그리고 무엇보다 노동자 이질성이 증가되면, 민주적 의사결정이 너무 거추장스럽고 갈등을 일으키게 되어 효과적인 사업이 이루어질 수 없다. 요컨대 협동조합이 자본주의 경제의 주변에 속하는 이유는 그것이 자본주의 기업보다 덜 효율적이기 때문이다.[76]

협동조합 옹호자들은 협동조합의 이 주변화가 동시대 자본주의 경제에서 협동조합 활동을 지원하는 사회적 경제적 하부구조가 결여되어 있음을 반영한다고 주장한다. 특히, 신용시장이 심히 불완전해 협동조합들이 적절한 자본환원을 획득하기 어렵게 되어 있는 현실을 반영한다는 것이다. 협동조합은 대개 현저한 신용 제약에 직면한다. 왜냐하면 노동자 소유자들은 일반 자본주의 기업들이 가진 것과 같은 담보물을 결여하며,

---

75 http://www.usworker.coop. 이 수치들은 줄여 잡은 추정치로 보고되어 있는데, 왜냐하면 미국 노동자 협동조합 연맹에 따르면 "우리는 미국에서 노동자 협동조합의 성격과 범위에 관한 포괄적 자료를 결여하고" 있기 때문이다. 하지만 이 추정치가 두 배가 된다 해도, 민주적 기업들은 여전히 미국 경제의 아주 작은 부분에 불과할 것이다.

76 노동자 소유 협동조합이 직면하는 문제들을 "거래비용" 분석과 신고전파 경제학 틀에서 탁월하게 다룬 것에 대해서는 Henry Hansmann, *The Ownership of Enterprise* (Cambridge, MA: Harvard University Press, 1996)을 보라.

따라서 은행들로부터 더 높은 위험을 가지고 있다고 간주되기 때문이다. 민주적으로 운영되는 기업의 통치구조가 어떤 점에서 위계적 관료적으로 조직된 자본주의 기업의 통치구조보다 더 거추장스럽다는 것은 사실일지도 모른다. 그러나 협동조합이 자본주의 기업보다 더 효율적이고 생산적으로 될 수 있는 길이 존재한다는 것 역시 사실이다. 협동조합 내에서의 협동 과정은 협동조합의 문제해결 능력을 향상시킬 수 있다. 기업의 성공에 대한 노동자 소유자들의 헌신은 부지런하고 생산적으로 일할 의사를 증가시킬 수 있다. 노동자들의 이익과 관리자들의 이익이 더 긴밀하게 일치되어, 노동 노력을 감독하는 "거래비용"이 감소될 수 있다.[77] 협동조합 옹호자들은 이 반대되는 힘들이 어떻게 전개될지는 협동조합이 조직되는 방식에, 그리고 또한 협동조합들이 운영되는 사회경제적 맥락에 크게 좌우될 것이라고 주장할 것이다. 아무튼 협동조합들이 자본주의 경제에서 제한적으로밖에 존재하지 못하고 있다는 경험적 현실은, 협동조합들이 자본주의 기업들에 비해 근본적으로 비효율적이라는 증거가 아니라, 이 불리한 사회경제적 조건에서 그들의 수익성이 더 낮다는 증거일 뿐이다.

물론 이 상충하는 진단 가운데 어떤 것이 옳은지를 판단하는 것은 매우 어렵다. 그러나 협동조합과 그들의 딜레마에 관한 경험적 연구를 철저히 개관해 보는 것은 이 책의 분석 범위를 넘는 것이다. 우리가 할 수 있는 것은 일반적으로 세계에서 가장 성공적이라고 간주되는 노동자 소유 협동조합 집단들을 살펴보는 것이다. 스페인 바스크 지역의 몬드라곤이

---

[77] 노동자 소유 기업들이 노동자들의 이익과 관리자들의 이익을 더 긴밀히 일치시킴으로써 거래비용을 감소시키고 따라서 이 점에서 자본주의 기업들보다 더 효율적이라는 견해에 대해서는 Bowls and Gintis (eds.), *Recasting Egalitarianism*을 보라.

그것이다. 몬드라곤의 성공과 그것이 직면하는 몇 가지 딜레마들을 초래한 요인들을 검토하면, 사회권력 강화에 이르는 경로로서 협동조합들이 지닌 리얼 유토피아적 잠재력을 명확히 하는 데 도움이 될 것이다.

2. 몬드라곤

몬드라곤 협동조합은 원래 1956년 바스크의 몬드라곤 시에서 단일 협동조합 기업 울고르Ulgor로 시작하며, 24명의 노동자가 파라핀 난방기와 기름 스토브를 생산하고 있었다.[78] 그 후 스페인 사제 호세 마리아 아리즈멘디아리에타(José María Arizmendiarrieta)의 지휘와 영감 아래 일련의 새 협동조합들이 창립되었다. 결정적인 것은 1959년 아리즈멘디아리에타가 협동조합 은행 노동민중금고(Caja Laboral Popular)의 설립을 도운 것이었는데, 이 은행은 저축은행이자 회원을 위한 신용조합으로 기능했지만, 그 지역 생산자 협동조합들을 위한 조정기관으로 기능하기도 했다. 노동민중금고는 형식적으로 다른 모든 협동조합과 연결되어 있었고, 긴요한 투자자금과 기타 서비스를 제공함으로써 그들을 지원했다. 이 협동조합체가 성장하면서, 이들은 또 다른 협동조합 조직들을 만들어 법률문제와 회계, 연구개발, 보험과 사회보장, 그리고 훈련 및 교육 서비스와 같은 일들에 대해 일련의 서비스와 지원을 제공했다. 이 협동조합 기관들의 네트워크가 확대하는 데 따라 다양한 통치구조가 정교화되었다. 어떤 통치구조들

---

78 몬드라곤의 발전에 관한 이 설명은 몬드라곤 직원들과의 개인 면담과 여러 출간된 자료들에서 온 것이다. George Cheney, *Values at Work: Employee Participation Meets Market Pressures at Mndragon* (Ithaca: ILR Press, 1999); 몬드라곤의 공식 웹사이트 htttp://www.mcc.es; Baleren Bakaikoa, Anjel Errasti, and Agurtzane Begiristain, "Governance of the Mondragon Corporation Cooperative," *Annals of Public and Cooperative Economics* 75: 1 (2004), pp. 61-87.

은 바스크 지역의 특정한 계곡 안에서 특정한 협동조합들의 지리적 근접성에 근거했고, 다른 통치구조들은 노동민중금고와 같은 협동조합 기관들과 관련되어 있었다.

1991년 이 제도적 모체 전반이 몬드라곤 협동조합 기업(Mondragón Cooperative Corporation)으로 재구성되었다. 이 재조직은 더 효율적인 통치·조정 체계를 만들어 협동조합체들로 하여금 바스크 지역 바깥의 시장에서 더 효과적으로 경쟁할 수 있게 하려는 시도였다. 이제 통치구조는 주로 지리적 근접성에 기초하는 대신, 세 개의 일차적인 부문 집단—산업부문, 분배부문, 재정부문—으로 조직되는 기능적 특화에 기초하고 있다. 개별적인 협동조합 사업체들, 즉 노동자 회원에 의해 직접 소유되는 단위들이 이 조직구조의 가장 기초적인 수준을 구성한다. 그들은 MCC 회원들이 "주권적 권력"이라 부르는 것을 보유한다. 그런 다음 이 개별 협동조합들은 MCC 전체의 보다 포괄적인 조직 수준들에서 대표된다.

MCC 내의 개별 협동조합들은 이 기업 전체의 다양한 집합적 기능을 위해 그들의 수익 일부를 기여한다. 특히 그들은 일종의 연대 투자기금에 기여해, MCC가 최고의 수익률을 올리는 기업들에서 어려움을 겪는 기업들로 일정 정도 재분배할 수 있게 한다. 이 협동조합 네트워크는 또한 한 협동조합의 노동자들이 다른 협동조합으로 옮겨가 특히 경제 침체기에 노동력 수급을 원활하게 하는 메커니즘도 제공한다. 개별 노동조합들은 원칙적으로 파산할 수 있지만, 몬드라곤 협동조합 네트워크 내의 이 연대 과정 때문에 이러한 파산은 일어난 적이 없었다. 바로 이런 의미에서 몬드라곤 협동조합 기업은 단지 자본주의 시장경제 안의 협동조합 기업이 아니라 새로 등장하는 형태의 '협동조합적 시장경제'인 것이다. MCC는 협동조합적 소유권의 재생산과 확대를 위한 사회적 하부구조로서, 자본주의

시장의 압도하는 경쟁적 이윤 극대화 압력으로부터 개별 협동조합을 부분적으로 차단시켜준다.[79]

전체 MCC의 통치구조의 세부사항은 아주 복잡하다. 결정적인 점들은 다음과 같다.

1) 이중적 통치구조

개별 협동조합들은 내부적으로 민주적 절차에 따라 통치된다. 대체로 이것은 노동자 의회의 직접민주주의 형태를 취하기보다는 다양한 종류의 위원회와 이사회에 대해 민주적 선거를 치루는 형태를 취한다.

개별 협동조합 안에는 두 가지 통치구조가 존재하는데, 하나는 사회정치적 구조라 불리고, 다른 하나는 기술구조라 불린다. 전자는 노동자 소유자들에 의한 직접민주주의 선거를 수반한다. 협동조합의 관리적·기술적 기능에 기본적 책임을 지는 기술구조는 형식적으로는 사회정치적 구조의 통제 아래에 있지만, 실제로는 상당한 자율성을 가진다. 어떤 몬드라곤 비판자들의 주장에 따르면, 많은 협동조합들에서는 이 기술구조가 통치 절차를 사실상 지배하고 있으며, 민주적 책임성의 제약을 거의 받지 않은 채 움직이고 있다는 것이다.

2) 총회

개별 노동조합 안에서는 주기적으로 노동자 회원들의 총회도 열린다. 총회는 공식적으로 협동조합의 최고기구이다. 총회는 관리이사를 임명하

---

79 제5장에서 기술했듯이, 협동조합적 시장경제는 사회적 경제의 사회권력 강화 경로를 사회적 자본주의와 결합한다. 이것이 사회적 자본주의의 한 형태인 이유는 재화와 서비스의 생산에서 사회권력이 경제권력을 통제하기 때문이다. 이것이 사회적 경제의 한 형태인 이유는 협동조합들의 자발적 결사가 협동의 번성에 필요한 집합재를 직접 생산하기 때문이다.

는 책임을 지고, 원칙적으로 협동조합의 전반적인 전략을 결정할 힘을 가진다. 총회는 매년 열리도록 되어 있지만, 이 협동조합의 기본 전략과 관련된 특별한 정책 쟁점들을 다루기 위해 그때그때 소집될 수도 있다. 참석 규모는 협동조합들마다 크게 다르지만, 일반적으로 비교적 크지 않다.

3) 대의적 평의회

개별 노동조합들은 MCC 고위 조직 수준의 다양한 평의회와 상임위원회에 앉을 대표자를 뽑는다. MCC의 이 통치 기구들은 개별 협동조합 차원을 넘는 활동들을 조정해 다양한 종류의 상승작용을 촉진하는 동시에, 몬드라곤 전체의 장기적인 전략 계획을 작성한다.

4) 탈퇴의 권리

개별 협동조합들은 MCC 복합기업 구조의 자발적 회원이며, 원하면 탈퇴할 권리를 가진다. 2008년, 수익이 아주 많은 두 협동조합이 몬드라곤을 떠나 이 기업을 크게 실망시켰다.[80] 표면상의 이유는 MCC의 방향에 관한 불일치였지만, 몬드라곤의 많은 사람들은 이 협동조합들이 경제적 이기심으로 인해 MCC의 재분배 관행에 참여하기를 원치 않아서 탈퇴했다고 믿고 있다.

---

80 몬드라곤을 그만둔 두 협동조합은 이리자르(Irizar)와 암포(Ampo)였다. 1990년대 초, 두 협동조합은 심각한 경제적 어려움을 겪어 파산지경에 이르렀지만, MCC의 경제적 연대를 통해 구조되었다. 이것을 뒷받침했던 것은 특히 파고르(Fagor)의 강한 경제적 실적이었다. 지금은 파고르가 경제적 곤란, 아니 위기에 빠져 있으며, 이리자르와 암포 같은 잘 나가는 사업체들로부터 지원을 기대하고 있었다. MCC를 떠난 협동조합들의 지도부는 그들이 떠난 이유가 경영 모델을 둘러싼 불일치, 특히 새로운 세대의 이사들이 필요한가라는 쟁점을 둘러싼 불일치 때문이라고 주장한다. 그러나 이 쟁점에 대해 나와 이야기를 나눈 사람들이 믿는 바로는, 그들이 떠난 진짜 이유는 떠나는 것이, 그리하여 MCC의 핵심적인 경제적 연대 원칙을 어기는 것이 경제적으로 유리했기 때문이었다.

종합적으로 볼 때, 이 통치구조는 주권적 조직 단위들의 연맹 내에서 대의민주주의와 직접민주주의가 혼합된 모습을 보인다. 예상 가능한 일이지만, 이 구조는 모순과 긴장으로 가득 차 있다. 밑으로부터의 민주적 책임성과 경영 자율성 사이에, 탈중앙집권적인 의사결정과 중앙집권적인 조정 사이에, 전체 협동조합들의 연대 원칙과 개별 협동조합들의 경제적 이익 사이에, 주변 지역사회의 복지에 관심을 기울이는 광범위한 사회적 연대에 대한 헌신과 협동조합 내부 회원들의 기업적 복지 사이에. 몬드라곤에 대한 좌파 비판가들은 이 이율배반의 모든 항목에 있어 MCC는 점점 더 일반 자본주의 기업들처럼 되어 간다고 주장한다. MCC 옹호자들은, 이 긴장에도 불구하고 협동조합의 노동자 소유자들은 개별 기업들과 전체 기업의 광범위한 전략에 대해 의미 있는 민주적 통제력을 지니고 있으며, 이 점에서 자본주의 기업들과 아주 다르게 움직이고 있다고 주장한다.

MCC 협동조합들의 장기적 발전 궤도에 관한 관심은 최근에 와서 더 깊어졌다. 1990년대 중반 이래, MCC는 바스크 지역에 있는 자신의 역사적 거점을 넘어서려는 공격적 확대 전략을 채택해 왔다. 이것은 무엇보다 자본주의 기업들을 구매해 몬드라곤 협동조합들의 자회사로 전환시키는 형태를 취해 왔다. 가장 놀라운 예는 스페인의 다른 대형 식료품점 체인을 구매해 몬드라곤 식료품점 체인 에로스키Eroski를 대대적으로 확대한 것이다. 2008년에 이르러, 에로스키는 이 나라 최대의 식료품점 체인이 되었다. 다른 MCC 협동조합들도 다른 나라들에 있는 자본주의 기업들을 샀다. 예컨대 고품질 식기세척기와 냉장고를 제조하는 파고르 협동조합은 프랑스의 주방가구 기업을 구매해, 이 두 가지 생산 라인의 상승작용이 자신의 시장 지위를 향상시키기를 희망했다. 다양한 종류의 자동차 부품을 제조하는 파고르 엘리안(Fagor Elian)은 브라질에 새로운 완전소유 부품 자회사를 세우고 폭스바겐 브라질 지사에 부품을 제조해주었다. MCC의 이사가 나에게 설명해 준 바로는, 파고르 브라질 공장이 돈을 잃고 있지만, 폭스바겐사는 파고르 엘리안이 유럽공동체의 폭스바겐에 계속 부품을 공급하기를 원한다면 브라질 공장에도 부품을 제공해야 한다고 우겼다. 따라서 브라질 공장의 설립은 파고르 엘리안 협동조합이 부품 공급업체로서 바스크 지역에서 차지하고 있는 위치를 보호하기 위한 방어적 조치였다.

MCC 지도부는 지구화와 관련된 시장 압력을 고려할 때 이 전국적·지구적 확대 전략이 21세기 몬드라곤 협동조합들의 생존에 필수적이라고 믿고 있다. 이 진단이 옳은지 그른지는 상당한 논쟁거리이지만, 아무튼 몬드라곤이 이렇게 확대된 결과 몬드라곤 경제 하이브리드의 자본주의적 차원이 강화되어 왔다. 2007년, MCC의 많은 협동조합 기업들에 있는 약 십만 명의 노동자들 중에서 40%에 약간 못 미치는 사람들이 협동조합의 소유자 회원이었다. 나머지는 일반 피고용자였다. 이 가운데 일부는 직접 바스크 지역 협동조합들에서 일하는 임시 피고용자로서, 나중에 협동조합의 소유자 회원으로 될 전망을 조금 가지고 있었다.[81] 그러나 대다수는 MCC 협동조합 자회사들의 피고용자였다. 따라서 MCC 협동조합들의 소유자 회원들은 집단적으로는 자회사 노동자들의 자본주의적 고용자가 되었다. 몬드라곤 협동조합들의 복합기업 구조 내에서 형성된 이 전반적인 경제적 계급적 관계의 모습은 그 협동조합주의적 원칙들과 깊은 긴장관계에 있다.

협동조합적 시장경제의 배아적 모델로서 몬드라곤의 미래는 이 협동조

---

81 전통적으로, 몬드라곤 협동조합 노동자들의 10% 내지 20%는 비회원 피고용자였다. 과거에는 이 피고용자들 대부분이 한두 번의 예비적인 임시고용계약 기간을 거친 후 나중에 협동조합의 회원이 될 기회를 가질 것이라고 기대되었다. 하지만 최근에 임시 피고용자가 협동조합의 영구 회원이 되는 비율은 감소했다. 따라서 협동조합 내의 고용구조는 과거보다 더 이중적인 성격을 띠고 있다.

합들이 자본주의적 원칙과 협동조합주의적 원칙의 이러한 뒤섞임을 어떻게 처리할 것인지에 상당히 좌우될 것이다. 많은 해법이 가능하다. 첫 번째 해법은 이 새 피고용자들의 상당수가 모母 몬드라곤 협동조합의 소유자 정회원이 될 수 있는 메커니즘을 창조하는 것일 것이다. 몬드라곤에서 내가 토론을 했을 때, 아무도 이것이 일반적으로 실행 가능한 전략일 것이라고 느끼지 않았다. 왜냐하면 협동조합이 효과적으로 기능하는 것은 신뢰와 연대에 크게 좌우되기 때문이었다. 스페인 안에 있는 자회사들의 경우에도, 협동조합 회원들을 이렇게 확대하는 것은 큰 도전이다. 상당한 논쟁 후에, 현재 스페인 전역에서 식료품점을 가지고 있는 에로스키 협동조합은 바스크 지역 밖에 있는 점포의 피고용자들도 노동자 소유자가 될 수 있도록 결정을 내렸다. 이것은 어렵고 논쟁적인 결정이었다. 왜냐하면 이 지역 밖에서 너무나 많은 노동자 회원들을 포함시키는 탓에 연대가 희석되면, 엄청나게 확대된 협동조합의 성격과 민주적 잠재력에 변화가 초래될 것이라는 심각한 우려 때문이었다. 브라질 파고르 자회사 노동자들을 파고르 엘리안과 같은 바스크 협동조합의 통치구조에 포함시키는 것은 훨씬 더 큰 문제를 초래할 것이다.

또 다른 해법은 외국의 자회사들을 지역 노동자들에 의해 소유되고 통치되는 별도의 자주 관리 협동조합들로 전환시키는 메커니즘을 창조하는 것일 것이다. 따라서 새로 협동조합화된 이 기업들은 모 협동조합과의 장기적인 전략적 동맹과 같은 것을 형성할 것이다. 이것은 바스크 지역 내에서는 때때로 성공적으로 이루어져 왔다. 몬드라곤 협동조합들은 때로 이 지역의 실패하는 자본주의 기업들을 구매해 재구조화한 다음, 이 기업 노동자들을 도와 점차 이 자회사를 별도의 협동조합으로 전환하게 했다. 하지만 이것은 항상 어렵고 지지부진한 과정이었다. 적어도 2008년

MCC 협동조합들이 직면한 상황 속에서는, 나와 이야기한 사람들 가운데 누구도 이와 같은 "협동조합화" 과정이 MCC의 해외 자회사들에게 실행 가능할 것이라고 느끼지 않았다.[82]

마지막 해법은 자회사들 내에서 강한 조합과 기타의 노동자 권력 강화 형태들—노동자 평의회와 노동자 공동결정 같은 것을 포함해—을 적극적으로 형성하도록 하는 것일 것이다. 이 해법은 세계적 협동조합 기업이 자본주의 시장 조건들 하에서 아주 하이브리드적인 성격을 가지고 있다는 것을 인정하는 것이다. 또한 단순하고 일원적인 조직 형태만을 통해서는 사회권력 강화를 더 크게 하는 방향으로 이 하이브리드를 밀고 나가는 것이 어려울 수밖에 없다는 것을 인정하는 것이다. 협동조합 기업들의 세계화는, 그들의 모 협동조합들이 사회적 자본주의의 다양한 메커니즘을 통해 그들의 자본주의적 자회사 노동자들의 권력 강화를 촉진한다면, 여전히 사회권력의 잠재력을 확대시키는 데 이바지할 수 있을 것이다. 적어도 지금까지는 몬드라곤도 이 전략을 추구하지 않고, 그 자회사들 내의 조합들에 대해 오히려 적대적인 태도를 취해 왔다. 따라서 지금 당장은 MCC의 해외 자회사들이 통상적인 자본주의 기업들과 아주 흡사하게 운영되고 있다.

포괄적 체제 대안의 두 모델

경제에 대해 사회의 권력을 강화하는 것에 관한, 지금까지 논의한 모든 예들은 각각 사회권력과 경제의 전반적인 관계 가운데 그 부분적인 측면

---

[82] 내가 몬드라곤 회원들과 가진 인터뷰에서 드러난 또 다른 문제는 이 자회사들이 브라질 노동자들에 대해 큰 불신과 편견을 가지고 있다는 것이었다. 그들은 아주 신뢰하기 어렵고 게으르며 성공적인 협동조합을 운영하는 데 필요한 동기를 결여했다고 여러 사람들이 지적했다.

들에 초점을 맞춘다. 모두 합쳐질 때 이 예들은 체제 수준의 변혁에 이를 수도 있지만, 각각의 예는 그 자체만으로는 사회권력 강화의 특정한 경로를 따라 나아가는 것일 뿐이다. 이것은 앞에서 제안한 리얼 유토피아 구상의 일반적인 틀과 합치하는 것이다. 즉 이 전략은 최종 목적지의 설계를 상세히 그리기보다는 올바른 방향으로 나아가는 특정한 메커니즘들을 검토하는 것이다.

자본주의를 초월하는 문제에 접근하는 데 있어 이것이 유일한 길은 아니다. 20세기 대부분의 시기에 걸쳐 자본주의에 대한 포괄적인 체제 대안으로 한 가지 모델이 지배했다. 중앙계획을 바탕으로 한 국가사회주의가 그것이다. 이제 이 모델에 많은 신뢰를 보내는 사람들은 거의 없다. 여기에서 우리는 중앙계획 국가사회주의의 부적절함에 응답하는 두 가지 대안적인 체제 설계를 살펴볼 것이다. 첫 번째 설계는 시장의 부재를 중앙계획 사회주의의 핵심 문제로 보며, 따라서 시장사회주의 모델을 대안으로 제시한다. 두 번째 설계는 계획의 관료적 중앙집권주의를 핵심 문제로 보며, 따라서 탈중앙집권적 형태의 민주적 참여적 계획을 대안으로 제시한다. 나는 이 두 모델 모두가 사회권력 강화의 사회주의를 건설하는 데 적절한 시사점을 내포하고 있지만, 어느 것도 자본주의의 대안에 관한 만족스럽고 독립적인 모델을 이루지는 못한다고 생각한다.

1. 시장사회주의

존 로머는 경제적 조정의 시장 메커니즘을 거의 고스란히 유지하면서 자본주의 계급관계를 제거하고자 하는 시장사회주의의 이론적 모델을 제시해 왔다.[83] 로머가 말하는 '사회주의'의 의미는 자본주의적 착취가 제거되고 생산수단의 소유권이 '모든 시민들에 의해 평등하게' 보유되는 사회이다. 따라서 사회주의에 대한 그의 중심적인 생각은 내가 제안했던 것과는 다르다. 나는 사회주의를 경제에 대한 광범위한 민주적 통제라는 측면에서 정의하는 반면, 로머는 사회주의를 생산수단의 평등한 소유권이라는 측면에서 정의한다. 그럼에도 불구하고, 그의 주장은 두 가지 이유에서 현재의 논의에 적절하다. 첫째, 평등한 소유권 원칙은 그것이 성취된다면 제2장에서 정의된 사회정의의 현저한 진보일 것이다. 둘째, 평등한 소유권은 경제에 대한 민주적 통제과정을 요구하지 않기 때문에 그 자체로는 민주적 원칙이 아니지만, 그럼에도 불구하고 그것은 사적 경제권력의 집중을 제거함으로써 정치영역에서 이러한 민주적 통제의 공간을 현저히 확대시킨다. 따라서 로머의 제안은 경제를 민주화하는 문제에 대해 아주 다른 접근법을 취하는 셈이다. 그는 사회권력을 더 강화하는 제도적 메커니즘을 직접적으로 설계하는 대신, 집중된 경제권력의 행사를 차단하고 이를 통해 민주주의의 작동에 대한 결정적 장애물을 제거하는 메커니즘을 제안한다.

전통적인 국가주의적 사회주의 모델에 반해 로머는 중앙집권적인 관료적 행정이 아니라 주식시장과 탈중앙집권적 의사결정에 기대는 소유권 평등 배분 메커니즘을 제안한다. 어떤 경제도 조금이라도 그의 제안대로 조직된 적이 없기에 그의 탐구는 순전히 이론적이다. 그럼에도 불구하고 그의 탐구는 실제의 시장경제에서 다양한 메커니즘들이 작동하는 방식에 대한 우리의 이해에 주의를 기울이면서 이 제도적 설계를 상세히 제시하고자 한다.

---

83 John Roemer, *A Future for Socialism* (Cambridge, MA: Harvard University Press, 1994)와 *Equal Shares: Making Market Socialism Work* (London: Verso, 1996).

◆ 제도적 설계

두 종류의 화폐를 가진 경제를 상상해 보라. 우리는 이를 "달러"와 "쿠폰"이라 부를 것이다. 달러는 소비의 목적으로든 생산의 목적으로든 상품을 구매하는 데 사용된다. 쿠폰은 한 종류의 시장, 즉 기업의 소유권 주식을 위한 시장에서만 사용된다. 따라서 주식은 달러가 아니라 쿠폰으로 표시된다. 달러는 주식을 사는 데 사용될 수 없고, 달러와 쿠폰은 법률적으로 거래될 수 없다. 쿠폰은 또한 선물로 기증되거나(이것은 사실상 쿠폰을 달러 가치로 무가에 파는 것이다) 상속될 수도 없다. 모든 사람은 성인이 되면 쿠폰 가치로 환산한 경제의 총 주식 중에서 일인당 몫에 해당하는 일정량의 쿠폰을 받는다. 이 쿠폰으로 사람들은 기업의 주식을 구매하는데, 이는 주식시장에 직접 투자함으로써 이루어질 수도 있고, 어떤 중개인—쿠폰 상호기금이라 하자—에게 위임해 그들의 쿠폰 투자를 관리하게 함으로써 이루어질 수도 있다. 따라서 주식 소유권은 자본주의 경제에서 통상적으로 주식 소유에 따르는 권리들—(달러로 되어 있어 소비재를 구매하는 데 사용될 수 있는) 배당금 흐름에 대한 권리와 이사회 및 기타의 기업 정책과 관련해 투표할 권리—을 사람들에게 부여한다. 사망을 하면 한 사람의 모든 쿠폰은 공동기금으로 반환되어 다음 세대에게 재분배된다. 다시 한 번, 쿠폰의 상속은 존재하지 않는다.

단 한 가지 상황에서만 쿠폰은 달러와 교환될 수 있다. 기업들이 신주를 발행해 주식시장에서 이를 팔아 쿠폰을 얻을 때, 그들은 이 획득한 쿠폰을 정부가 운영하는 중앙은행에 가지고 가서 이를 달러와 교환하며, 그리하여 새로운 자본투자에 필요한 보통의 상품 구매 화폐를 얻는다. 중앙은행은 쿠폰과 달러의 환율을 결정한다. 이것은 경제계획을 위한 핵심적인 정책 수단이 된다. 공공정책 상의 이유로 특정 부문들에 더 많은 투자를 장려하는 것이 바람직할 경우, 쿠폰을 투자 달러로 전환시키는 비율은 이 선호되는 부문들에서 더 높아질 수 있을 것이다.

대부분의 사람들은 위험을 회피하므로 비교적 균형이 잘 잡힌 포트폴리오로 상호기금에 투자하겠지만, 어떤 사람들은 주식시장에 직접 투자할 것이다. 따라서 평생에 걸쳐 어떤 사람들은 비교적 쿠폰을 많이 가지게 될 것이고, 또 어떤 사람들은 쿠폰이 적을 것이다. 그럼에도 불구하고 쿠폰 부의 불평등은 영향이 별로 없을 것이다. 왜냐하면 세대 간 이전이 허용되지 않기 때문이고, 달러가 없는 사람들이 그들의 쿠폰 보유분을 현금으로 바꾸고 싶은 유혹을 실현할 수 없기 때문이다. 따라서 이 제안은 1990년대에 이전의 국가사회주의 경제를 민영화하기 위해 채택된 주식 배분 계획과는 현저히 다른데, 이 계획에서는 사람들이 현금을 위해 그들의 주식을 팔 수 있는 권리에 아무 제약이 없었으며, 그 결과 아주 신속히 대다수 사람들은 주식을 다 잃고 주식이 일부에게 고도로 집중되고 말았다.

이 모델에서 국가는 비록 생산수단을 직접 소유하지는 않지만, 중심적인 역할을 한다. 국가는 "부재하는 시장"을 시행하는 데(즉 쿠폰을 달러와 교환하는 것을 막는 데) 필요하고, 새로운 세대에게 쿠폰을 지속적으로 재분배하는 데 필요하며, 중앙은행을 통해 기업이 소유한 쿠폰을 달러로 전환시키는 비율을 관리하는 데 필요하다. 이들 개입은 이 모델의 평등주의적 성격을 재생산하고 자본을 효율적으로 배분하는 데 필수적이지만, 이러한 개입을 통해 국가 활동이 시장 메커니즘과 접합되는 것이지 국가가 시장을 대체하는 것은 아니다.

쿠폰에 기초한 시장사회주의 모델을 완전히 정교화하려면, 또 다른 일련의 제도적 세부사항들이 필요하다. 예컨대 계속해서 사적으로 소유될 소상점과 소기업들을 다루기 위한 어떤 메커니즘, 그리고 모험자본 창업 사기업을 쿠폰 주식 공기업으로 전환시키기 위한 어떤 메커니즘이 필요하다. 또한 은행제도의 작동 방식을 정교하게 만들 필요도 있을 것이다. 왜냐하면 노동시장의 고소득자들은 아마도 그들의 수입 일부를 은행에 저금할 것이고, 은행은 기업들에게 대출을 할 것이기 때문이다. 따라서 은행제도는 저축 자산과 연결된 대출의 이자율을 통해 기업 수익을 불평등하게 가져가는 비밀 메커니즘이 될 수도 있다. 로머의 모델은 또한 이 과정의 핵심에 있는 상호기금—왜냐하면 대부분의 사람들은 그들의 쿠폰을 기업에 직접 투자하기보다는 이 기금에 투자할 것이기 때문이다—이 어떻게 운영되고 통제될 것인지에 대해 어떤 상세한 설명도 포함하고 있지 않다. 기금 관리자들은 일종의 비밀 자본가 계급이 되어 엄청난 양의 자본을 통제하고, 집중된 경제권력의 영향력을 효과적으로 재구축할 수도 있을 것이다. 분명, 쿠폰에 기초한 형태의 시장사회주의가 실제로 설립된다면, 이러한 세부사항들은 중요할 것이며, 민주평등주의적 이상을 전진시키기 위한 이 제도적 설계의 실행 가능성은 아마 이 실제적 고려사항들이 어떻게 다루어지느냐에 달려 있을지도 모른다. 하지만 우리의 현재 목적을 위해 우리는 이 복잡한 문제들을 생략하고, 핵심적인 제도적 장치의 근거를 검토할 것이다.

◆ **근거**

로머가 설계하는 시장사회주의는 두 가지 근본적인 근거를 가지고 있다. 첫째, 쿠폰 기반 시장사회주의는 자본주의에서 나타나는 불평등의 한 핵심적 원천을 제거하는데, 왜냐하면 투자 불평등에서 나오는 소득 불평등이 크게 감소될 것이기 때문이다.[84] 비록 이것이 노동시장에서의 소득 불평

---

84 마르크스주의 틀에서 이것은 또한 자본주의적 착취 형태들 대부분을 제거한다는 뜻이다. 왜냐하면 자본주의적 착취는 직접 생산자들이 생산수단의 소유로부터 배제되는 것에 달려 있기 때문이다.

등을 바꾸지는 못한다 해도, 이 불평등이 고소득으로부터의 투자에서 나오는 불로소득의 불평등에 의해 강화되는 일은 더 이상 존재하지 않을 것이다. 하지만 자본 재산의 급진 평등주의적 재분배는 노동시장과 관련된 불평등에도 간접적인 영향을 미칠 것이다. 노동시장에서의 소득 불평등을 결정하는 요인들에 대해서는 많은 논쟁이 있지만, 소득 불평등이 단지 시장에서 숙련을 놓고 벌어지는 경쟁의 힘 때문에 자생적으로 일어나는 것이 아니라, 상당 부분 권력관계 때문에 일어난다는 증거가 많다. 노동시장에서의 불평등이 20세기 마지막 사반세기에 미국에서 그토록 대대적으로 심화되었던 한 가지 이유는, 노동조합이 쇠퇴하고 기타의 노동시장 규제 메커니즘들(특히 최저임금)이 약화되면서, 기업들이 임금을 내리고 간부의 급료를 올리는 것에 대해 제약을 가하지 못하게 되었기 때문이다. 자본 소유권이 전 주민에게 평등하게 분배된다면, 노동조합과 기타의 평등주의적 노동시장 규제 메커니즘들에 반대하는 사회세력들이 약화될 것이다. 자본 소유권의 평등화는 그 자체로는 노동시장 소득의 분배를 변화시키지 못하겠지만, 동태적으로 볼 때, 노동시장의 불평등 역시 현저히 줄어들 것이다.

쿠폰 기반 시장사회주의의 두 번째 주요한 근거는 민주주의에 초점을 맞추고 있다. 시장사회주의는 부의 고도 집중을 제거함으로써, 세 가지 방식으로 민주적 평등을 향상시킨다. 첫째, 가장 명백한 것은 고도로 집중된 자본주의적 부는 정치적으로 동원될 수 있는 자원이라는 것이다. 경제권력의 집중이 제거될 때, 국가와 경제에 대해 사회권력을 강화할 수 있는 잠재력은 향상된다. 둘째, 아마 좀 덜 명백한 것이겠지만, 주식 소유권을 일반 주민에게 아주 널리 분산시키면, 사람들이 한 정체政體의 평등한 시민으로서 갖는 우선사항과 그들이 생산수단의 비교적 평등한 소유자로서 갖는 우선사항을 조화시키는 것이 훨씬 더 쉬워질 것이다. 통상적인 자본주의 경제에서, 공공정책 조치들이 특정한 사적인 자본주의적 이익에 역효과를 낼 경우, 이에 관한 민주적 의사결정은 자본 도피와 투자 철회의 문제들 때문에 큰 제약을 받는다. 소유권이 노동자와 시민들에게 완전히 그리고 지속 가능하게 분산된다면, 또 대다수 사람들의 쿠폰을 예치 받는 상호기금들이 회원들에 의해 민주적으로 통제된다면, 투자 철회와 자본 도피의 위협은 크게 감소될 것이다. 시장사회주의는 민주주의에 대한 경제적 제약을 완전히 제거하지는 않을 것이며, 이는 적어도 지구적 규모의 경쟁이 계속 시장경제의 특징으로 남아 있는 한 그럴 것이다. 그러나 시장사회주의는 그 압력은 감소시킬 것인데, 왜냐하면 공적 결정에 대한 정치적 투표의 분포와 투자 결정에 대한 "소유권적" 투표의 분포는 아주 긴밀히 상응할 것이기 때문이다. 셋째, 현존 자본주의 경제에서는 ("공공선"의 반대인) "공공악"의 감소를 위해 설계된 일련의 중요한 정책들이 난관에 봉착할 수 있다. 왜냐하면 소유권이 집중되면, 공공악을 생산하는 데 집중적 이해를 가지고 있는 동시에 이 이해에 따라 행동할 수 있는 집중적 능력을 가진 행위자들이 등장할 것이기 때문이다. 예컨대 오염산업에서 부유한 소유자들의 연합은 로비를 통해서, 그리고 환경보호에 그다지 헌신하지 않는 정당에 기부를 함으로써, 그들의 부를 반공해정책의 차단을 위한 정치적 투자로 사용하는 데 이해를 가질 것이고 또 그렇게 사용할 능력을 가질 것이다. 따라서 쿠폰 기반 시장사회주의는 이런 종류의 공공악을 감소시킬 수 있는 민주적 능력을 향상시킬 것이다.

로머의 제도적 설계는 두 가지 주요한 이유에서 "시장사회주의"의 한 종류—단지 독특한 종류의 자본주의가 아니라—로 간주될 수 있다. 첫째, 국가가 비교적 높은 계획 능력을 가진다. 비록 이 계획이 시장 메커니즘을 통해 실현되는 계획이라 해도 말이다. 따라서 경제 발전의 방향과 관련해 민주적으로 결정되는 우선순위는 자본주의에서보다 쿠폰 기반 사회주의에서 훨씬 더 큰 역할을 할 것이다. 둘째, 직접 생산자들이 생산 수단의 소유로부터 배제되는 사태—자본주의 계급구조의 핵심적 특징—가 대체로 극복된다.

◆ 잠재적 문제들

쿠폰 기반 사회주의는 많은 문제들에 직면할 수 있다. 이미 지적했듯이, 로머의 설명에서 제시되는 제도적 설계는 특히 은행을 둘러싼 권력관계의 정확한 구조 및 상호기금 투자 과정과 관련해 상세한 설명이 되어 있지 않다. 그런데 많은 것은 이 제도들이 실제로 어떻게 작동할 것인지에 좌우되며, 또 이 제도들이 이 체제의 사회주의적 성격을 전복시키는 방식으로 발전될 수 있다는 것도 분명하다. 그러나 이 문제들이 적절히 해결된다 해도, 예상되지 않은 인센티브 효과와 관련해 중요한 잠재적 쟁점들이 있다. 혁신을 둘러싼 위험 감수는 어떻게 관리될 것인가? 극히 높은 수준의 소유권 분산을 고려할 때, 평등한 소유자 주주와 기업 경영자들 사이의 주인-대리인 문제는 어떻게 해결될 것인가? 이러한 문제들과 대결하려면, 쿠폰 기반 시장사회주의는 많은 의도되지 않은 결과들, 인센티브 실패, 주인-대리인 문제 등등과 관련해 이 체제가 잘 기능하도록 일련의 정교한 제도적 장치들을 발전시켜야 할 것이다. 딱 한 가지 예만 들자면, 사람들은 나이가 들어가면서 그들의 쿠폰 기반 투자 대상을 바꿔, 강한 성장 잠재력을 가진 기업들의 주식에 투자하는 것으로부터 높은 배당을 지급하는 기업들로 이동하기를 원할 것이다. 이것은 일부 기업들이 "현금 젖소"가 될 가능성을 낳는다. 즉, 사람들이 기업에 그들의 쿠폰을 투자하는 대가로 너무 높은 배당금 지급을 받는 나머지, 이 기업의 자산이 고갈

되어 결국 이 주식의 쿠폰 가치가 영으로 떨어지게 되는 것이다. 사실 이것은 사람들이 그들의 쿠폰을 달러와 교환할 수 있도록 하는 간접적 장치가 되는 셈이며, 이는 이 모델의 기본 논리를 위반하는 것이다. 이를 막기 위해서는 기업의 행동을 감시하기 위한 복잡한 규제와 장치가 필요할 것이다. 쿠폰 기반 시장사회주의의 행정적 구조는 고전적인 중앙집권적 국가사회주의에서보다 훨씬 더 적은 부담을 지겠지만, 그래도 상당한 복잡성을 수반한다. 이러한 복잡성 때문에, 이 체제의 더 광범위한 파생효과와 의도되지 않은 결과들이 무엇일지를 예상하기는 어렵다.

2. 파레콘: 비시장적 참여민주주의 경제

존 로머가 구상하는 시장사회주의는 시장경제의 특징들 대부분을 유지하지만, 자본의 사적 축적을 차단하고 그리하여 경제권력의 사적 행사를 차단함으로써 시장경제의 특징적인 자본주의적 성격을 제거하고자 한다. 따라서 기본적인 발상은 이렇다. 즉, 자본주의적 계급관계가 없는 시장체제는 지속 가능한 평등주의적 방식으로 부를 분배해 민주평등주의의 평등주의적 측면을 증진시키는 동시에, 경제권력이 민주적 국가권력 통제를 손상시킬 가능성을 대체로 중화시켜 민주평등주의의 민주적 측면도 증진시키리라는 것이다.

마이클 앨버트Michael Albert는 사적 소유권과 시장관계 모두를 완전히 제거함으로써 자본주의와 훨씬 더 급진적으로 단절하는 설계를 제안한다. 물론 문제는 어떻게 경제활동에 대한 권력을 국가로 이전시키지 않고 이 설계를 실행할 수 있느냐 하는 것이다. 앨버트의 제안—"참여경제" 혹은 줄여서 "파레콘"parecon—은 일련의 복잡한 참여위원회를 만들어 여기에 사회 생산자원의 배분과 사용에 관한 모든 결정권을 부여하고 이를 통해 경제 제도를 재조직하자는 것이다.

◆ 제도적 설계

앨버트가 정교화한 파레콘의 제도적 설계는 다섯 가지 핵심 원칙들을 중심으로 구축된다. 모든 시민들의 평등한 소유권으로 이해되는 사회적 소유권, 영향에 비례하는 참여 원칙에 기초한 평등주의적 민주적 권력 강화, "균형적 조합"(balanced complex)으로서 구성되는 직무, 노력-희생과 필요에 따른 노동 보상, 그리고 포괄적인 참여적 계획에 기초한 경제 조정이 그것이다. 이 원칙들 각각의 핵심적 특징은 간략히 다음과 같다.

1) 사회적 소유권

앨버트는 생산수단의 평등한 소유권에 관해 로머보다 훨씬 더 강한 개념을 지지한다. 로머의 모델에서 시민들은 평등한 양의 '쿠폰'을 받아 이것으로 경제의 총 기업 자산 가운데 일정한 몫, 곧 주식을 구매하지만, 그들은 이 주식과 배당에 대해 개인화된 권리를 가지며, 일생에 걸쳐 이러한 주식 가치에서 불평등이 생길 것이다. 앨버트의 모델에서는 "각 작업장이 모든 시민들에 의해 평등한 몫으로 소유되고, 이에 따라 소유권은 어떤 특별한 권리나 소득 우위를 내포하지 않는다……우리는 작업장을 평등하게 소유할 것이며, 그리하여 소유권은 소득, 부, 권력의 분배와 아무 관련이 없을 것이다."[85] 따라서 사람들은 특정한 경제적 자산과의 관련을 통해

---

85 Michael Albert, *Parecon* (London: Verso, 2003), p. 9. 앨버트는 뒤에서 이 사회적 소유권 개념을 다음과 같이 명확히 한다. "우리는 생산수단의 소유권이라는 것을 경제적 그림에서 싹 지우기로 한다. 이는 아무도 생산수단을 소유하지 않기로 하는 것이다. 혹은 만인이 생산수단의 모든 품목의 일정 몫을 소유하며 이는 이 품목에 대해 다른 모든 사람이 소유하는 몫과 같게 하는 것이다. 혹은 사회가 모든 생산수단을 소유

서 직접 소득을 획득하는 것이 아니라, 어떤 공적 분배 메커니즘을 통해 소득을 획득한다.

2) 평등주의적 민주적 권력 강화

민주적 평등에 대한 대부분의 시각은 일인일표 원칙에 근거하고 있다. 표면적으로 보면, 이것은 평등주의 원칙을 잘 구현하고 있는 것처럼 보인다. 하지만 이것은 특별한 상황에서만 사실이라고 앨버트는 주장한다. 보다 일반적인 원칙은 사람들이 의사결정력을 가지되 이것이 그들의 삶에 대한 이 결정의 영향에 비례해야 한다는 것이다. 이것은 훨씬 더 복잡한 생각이다. "정보를 유포하는 방법, 그리고 결정에 도달하고 선호를 결정에 부합시키는 방법은 각 관련 당사자에게 '이 결정에 대한 영향력을 부여하되 이 결정이 관련 당사자에게 영향을 미치는 정도에 비례하여 부여해야 한다'는 것이 결정의 규범이다."[86] 따라서 어떤 종류의 결정에 있어서는 이 결정이 각 개인에게만 영향을 미치기에 이 개인은 이 결정에 대해 완전한 통제력을 가지는 반면, 다른 유형의 결정에 있어서는 한 개인의 영향력이 다를 것이다. 따라서 작업장의 경우라면 어떤 결정은 작업 팀들에 의해, 어떤 결정은 부서에 의해, 또 어떤 결정은 전 노동력의 회의에 의해 내려진다. 물론 모든 의사결정 소재지를 이런 식으로 정확히 결정하는 것은 불가능하겠지만, 상이한 민주적 무대에 참여할 권리의 기본 윤곽을 확정하는 것은 이 원칙이다.

하지만 생산수단의 어떤 것에 대해서도 발언권이 없고 이로 인한 생산수단의 산출물에 대해서도 아무 권리가 없게 하는 것이다" (p. 90).

86 Albert, *Parecon*, p. 9(강조 첨가).

3) 직무 조합

모든 경제에서, 수행되어야 할 아주 다양한 과제들은 "직무"로 묶인다. 대체로 자본주의에서는 한 직무를 구성하는 과제들의 묶음은 자본가들과 경영자들에 의해 결정된다. 그 결과 노동분업이 어떤 직무는 흥미롭고 도전적이고 권력 강화하는 반면, 다른 직무는 지겹고 판에 박혀 있고 권력 박탈하는 형태를 취하는 경향이 강하다. 앨버트는 직무를 근본적으로 재설계하여 노동자가 "균형적 직무 조합" 속에서 일할 수 있게 할 것을 제안한다. 이는 "각 노동자가 가지는 과제와 책임의 조합이 다른 모든 노동자가 가지는 조합과 동일한 수준의 권력 강화와 삶의 질을 부여함을 뜻한다."[87] 상징적인 예를 들면, 뇌 외과의사는 병원에서 하루의 일부를 변기를 갈거나 다른 더럽고 단조로운 일을 하면서 보낼 것이다. 작업장 전체가 경제 전반의 평균에 비해 더 높거나 더 낮은 수준의 요망 과제를 가지고 있을 경우, 직무 조합의 균형은 이 작업장 바깥에서의 적절한 생산 활동을 통해 이루어질 것이다. 그 결과, 직장 안에서 경험되는 삶의 질은 사람들 사이에 거의 차이가 없을 것이다.

4) 노력-희생과 필요에 따른 보상

앨버트는 사람들의 소득 획득 방식에 대해 두 가지 상이한 원칙을 세운다. 하나는 노동과 연결되어 있고, 다른 하나는 그렇지 않다. 전자는 노동 보상이 다음과 같은 것을 반영해야 한다고 말한다.

> 우리가 얼마나 열심히 일했는가, 우리가 얼마나 길게 일했는가, 그리

---

87 Albert, *Parecon*, p. 10.

고 우리가 노동을 할 때 얼마나 큰 희생을 했는가. 우리가 더 생산적인 도구, 더 많은 숙련, 더 큰 재능을 가지고 있다고 해서 더 많이 가져서는 안 되며, 하물며 우리가 더 많은 권력이나 더 많은 재산을 가지고 있다고 해서 더 많이 가져서도 안 된다. 우리가 얼마나 많은 노력을 했는가 혹은 우리가 유용한 노동을 할 때 얼마나 많은 희생을 했는가에 의해서만 우리는 더 많이 가져야 한다."[88]

이 보상 원칙은, 노동에 대한 정당한 보수 체계는 "우리의 통제력을 넘는 것에 대해서가 아니라 우리가 영향을 미칠 수 있는 것에 대해서만" 보상해야 한다는 많은 평등주의자들의 강한 통찰과 일치한다.[89] 두 번째 보상 원칙은 노력에 대한 보상을 통해 충족될 수 없는 특별한 필요에 기초해 사람들에게 소득을 제공한다.[90] 이것은 한 경제에서의 소득 분배에 관한 도덕적 쟁점이 사람들의 소득 창출 기여분에 대해 공정하게 보상하는 것으로만 완전히 해결될 수는 없다는 것을 인정하는 것이다.

---

88 Albert, *Parecon*, p. 10.

89 Albert, *Parecon*, p. 10.

90 앨버트는 보상의 두 번째 기초가 정의의 원칙이 아니라 동정의 원칙이라고 서술한다. 필요에 따른 보수는 "사실 경제정의의 정의에 들어가지 않는다…경제가 공평하고 공정하고 정의롭다는 것과 경제가 동정적이라는 것은 별개의 것이다. 정의로운 경제는 도덕적으로 바람직한 경제의 최종적인 말이 아니다"(*Parecon*, p. 37). 내가 제2장에서 제시하는 사회정의의 정의는 앨버트의 동정 규범을 사회정의의 개념 속으로 결합한 것이다. 사실 내가 주장하는 것은, 사람들이 번영하는 삶을 사는 데 필요한 자원을 그들 자신의 노력으로 얻을 수 없다면 그들에게서 이 자원을 박탈하는 것은 정의롭지 않다는 것이다. 하지만 나는 정당한 동정이 사회정의의 한 측면으로 간주될 것인지 독립적 원칙으로 간주될 것인지에 많은 것이 좌우된다고 생각하지 않는다. 나는 "정의"가 사회 제도를 평가하는 데 있어 유일하게 적절한 가치가 아니라는 데 대해 앨버트에게 동의하며, 내가 말하는 "번영하는 삶을 사는 데 필수적인 수단에 대한 평등한 접근권"에서의 "평등한 접근권"은 소득을 발생시키는 노동—노력을 소득의 핵심적 결정요인으로 삼는—에 대한 평등한 접근권도 포함하고, 특별한 필요를 반영하는 동정적 소득 분배에 대한 평등한 접근권도 포함한다.

5) 참여적 계획을 통한 경제적 조정

이것은 앨버트가 제안하는 파레콘의 제도적 설계에 있어 많은 면에서 가장 논쟁적인 요소이다. 이것은 앨버트가 보기에 시장이 완전히 제거되면서 실제로 전체적인 사회적 효율성을 높일 수 있는 메커니즘을 제공한다. 제안의 핵심은 중층적인 구조를 이루는 노동자평의회와 소비자평의회를 창조하는 것으로, 이 위원회들은 종합적인 생산·소비 계획을 작성하고 수정하는 책임을 진다. 앨버트는 우선 이 체계의 전반적인 성격을 다음과 같이 서술하고 있다.

> 참여적 계획은 노동자평의회와 소비자평의회가 그들의 선택에 따른 모든 사회적 편익과 비용에 대한 참된 평가에 비추어 노동자로서의 그들의 활동과 소비자로서의 그들의 선호를 제안하는 체계이다. 이 체계는······지표가격, 촉진위원회, 새로운 정보에 따른 조절위원회······를 포함한 여러 가지 단순한 소통·조직 원칙과 수단을 통해 서로의 선호를 협동적으로 전달하는 데 기초한다.[91]

노동자평의회는 작업팀, 단위, 부, 전체 작업장, 산업부문 등 생산 활동의 모든 수준에서 조직된다. 소비자평의회도 이와 비슷하게 모든 수준에서 조직된다. 가족은 동네평의회에 소속될 것이고, 동네평의회는 도시의 더 큰 단위들을 위한 평의회 연맹에 소속될 것이고, 연맹은 도시소비평의회에 소속될 것이고, 도시평의회는 주평의회 혹은 지역평의회에 소속될 것이고, 이것은 다시 전국소비평의회에 소속될 것이다. 앨버트는 "민주적

---

91 Albert, *Parecon*, p. 12.

노동자평의회의 중층적 연맹이 생산을 조직하듯이, 민주적 평의회의 이 중층적 연맹이 소비를 조직할 것"이라고 쓴다.[92]

이것은 어떻게 움직일까? 기본적인 생각은, 이 다양한 노동자 계획평의회와 소비자 계획평의회의 행위자들이 (앨버트의 구상에서는 1년으로 제시되는) 차기 계획기간에 그들이 수행하고자 하는 노동 활동과 그들이 원하는 소비에 대해 제안을 한다는 것이다. 이 계획들은 먼저 이 체계의 가장 낮은 수준에서 입안된 다음 더 포괄적인 수준의 평의회에서 검토되어, 촉진위원회로부터의 정보에 비추어 수용되거나 거부된다(촉진위원회는 다양한 종류의 기술적 정보, 특히 "지표가격"을 제공하는데, 이 지표가격은 경제 전체에서 이루어지는 전체 선택들을 감안해 상이한 선택들의 참된 사회적 비용을 반영하기로 되어 있다). 소비평의회의 경우, 참여적 계획은 다음과 같이 움직일 것이다.

> 참여적 계획에서 모든 수준의 모든 행위자(개인이나 평의회)는 자기 활동에 관한 제안을 할 것이며, 각 행위자는 다른 행위자들의 제안에 관한, 그리고 자신의 제안에 대한 다른 행위자들의 대응에 관한 정보를 받은 후, 새로운 제안을 한다.
>
> 따라서 개인으로부터 큰 소비자연맹에 이르기까지 각 소비 "행위자"는 소비계획을 제안한다. 개인들은 옷, 음식, 장난감 등등과 같은 사적 재화에 대한 제안을 한다. 지구평의회는 새로운 수영장이나 지역 공원을 포함한 그 지구의 집합적 소비 요구와 사적 재화에 대한 승인된 요구를 포함하는 제안을 한다. 더 높은 수준의 평의회와 평의회연맹은 이 연맹의 더 큰 집합적 소비 요구와 회원 평의회들로부터의 승인된 요구

---

92 Albert, *Parecon*, p. 93.

를 포함하는 제안을 한다.[93]

이것은 계획들이 제안되어 더 포괄적인 수준으로 제출되고 평가된 다음, 새로운 정보와 함께 원래 제안한 평의회로 되돌려 보내져 재평가되고 재작성된 다음, 다시 상부로 제출되어 새롭게 고려되는 반복과정이다.

첫 번째 반복에서 소비자들은 "희망 목록"을 제안하고 노동자들은 노동생활의 상당한 개선을 제안하게 되는데, 이 단계에서는 어떤 재화는 과잉공급 상태에 있는 반면 대다수 재화들의 경우에는 최초의 제안들이 전체적으로 실행 가능한 계획이 되지 못할 것이다. 다음 단계에서 모든 평의회는 어떤 재화가 과잉공급 혹은 과잉수요 상태에 있고 그 양이 얼마인지, 그리고 그 평의회의 제안이 다른 비교 가능한 단위의 제안과 어떻게 비교되는지 등을 알려주는 새로운 정보를 받는다. 촉진위원회는 공급과 수요의 균형을 맞출 것이라고 예상되는 지표가격의 새로운 추정치를 제공한다.

이 시점에서 소비자들은 새로운 가격에 비추어 그들의 요구를 재평가하고, 과잉수요 상태에 있는 재화들에 대한 그들의 요구를 "변경해," 과잉공급 상태에 있거나 적어도 다른 재화들보다 수요가 적어 지표가격이 떨어진 재화를 요구한다. 자신의 전반적인 요구가 평균보다 높은 소비자평의회와 개인들은 그들의 제안을 승인받으려는 희망에서 그들의 요구를 삭감할 수밖에 없다고 느낄 것이다. 공평성과 효율성은 이 협상단계로부터 동시에 등장한다.[94]

---

93 Albert, *Parecon*, p. 28.
94 Albert, *Parecon*, p. 131.

이 전 과정은 중층적 "촉진위원회들"의 평행 구조에 의해 지원되는데, 이 위원회들은 일련의 기술적 서비스들—컴퓨터 서비스, 시뮬레이션, 회계 등등—을 각 수준의 평의회들에게 제공한다.

파레콘은 다양한 "촉진위원회" 혹은 기관들을 가지며, 이들은 무엇보다 집합적 소비 제안을 위한 정보 교환과 처리, 대규모 투자 프로젝트를 위한, 직장을 바꾸고자 하는 노동자들의 요구를 위한, 생활단위와 동네에서 회원이 되고자 하는 개인과 가족들을 위한 정보 교환과 처리를 촉진한다.[95]

앨버트는 이것이 복잡한 과정이라는 것, 그리고 이 과정에서 나오는 최종 계획의 질은 이 체계를 흐르는 정보의 질에 달려 있다는 것을 인정한다. 이것은 부분적으로 양적 "지표가격"을 이용해 성취되지만, 또한 의미 있는 '질적' 데이터의 흡수를 필요로 하기도 한다.

정확성을 보장함은 물론 연대를 촉진하기 위해 우리는 양적 가격을 설정해야 할 뿐만 아니라, 노동생활과 소비활동에 관한 변화하는 질적 정보도 고려하여 이 가격을 끊임없이 재설정해야 한다……참여경제는 변화하는 조건들에 비추어 사회적 비용과 편익의 정확한 양적 척도를 창출하고 수정해야 할 뿐만 아니라, 다른 사람들의 상황에 관한 상당한 질적 정보도 전달해야 한다.[96]

95　Albert, *Parecon*, p. 127.
96　Albert, *Parecon*, p. 126.

충분한 반복과 강력한 컴퓨터 소프트웨어를 이용한 적절한 기술적 지원이 있을 경우, 이 과정은 하나의 일관된 연간 생산소비계획으로 수렴될 것이라고 앨버트는 믿는다. 이 계획은 예상대로 작동할 경우, 한 경제의 가용한 자원을 상이하게 사용하는 데 따른 사회적 비용 전체를 고려할 것이며, 이 비용을 평등한 시민들의 종합적인 소비 선호와 일치시킬 것이다.

◆ **실행 가능성의 문제**

우리가 탐구해 온 사회권력 강화 경로를 위한 일반적 틀이라는 측면에서 보면, 마이클 앨버트의 파레콘 모델은 '사회적 경제'라는 단 하나의 경로에 의지하는 자본주의 극복 전망으로 간주될 수 있다. 앨버트의 파레콘에서 모든 생산은 호혜와 자발적 결사의 원칙들 위에서, 필요에 대한 직접적 공급을 중심으로 조직된다. 내가 정의했던 것과 같은 경제권력은 완전히 제거되며, 이와 함께 시장도 완전히 제거된다. 그리고 국가권력은 경제를 조직하는 데 어떤 직접적인 역할도 행사하지 않는다. 경제활동은 노동자평의회와 소비자평의회에 대한 자발적 참여를 통해 지역에 기반을 둔 민주적 계획 과정에 의해 전적으로 지배된다. 따라서 이것은 우리가 탐구해 온 일곱 개의 경로 가운데 여섯 개의 경로를 거부하는 자본주의 극복 모델이다.

자본주의의 대안을 위한 '도덕적 전망'의 진술로서, 앨버트의 다섯 개 제도적 설계 원칙들은 이 책의 주장과 많은 것을 공유하고 있다. 그는 이 쟁점들을 논의하는 데 이 책과는 다소 다른 언어를 사용하지만, 파레콘의 설계 원칙들을 고무하는 대단히 평등주의적이고 민주적인 가치들은 이 책의 분석 아래 깔려 있는 규범적 원칙들과 아주 가깝다.

- '사회적 소유권'은 내가 사회주의 개념에 있어 사회적 소유권의 문제를 국가 소유권과 사적 소유권에 대비되는 것으로 규정한 방식과 유사하다.
- '민주적 자주관리'는 삶의 조건들을 통제하는 데 필요한 수단에 대한 평등한 접근권으로서의 정치정의 개념과 밀접히 연결되어 있다.[97]
- '직무 조합'은 번영하는 삶을 사는 데 필요한 수단에 대한 평등한 접근권으로서의 급진 평등주의적 사회정의 원칙을 심화시키는 유용한 방식인데, 왜냐하면 흥미 있고 의미 있는 노동은 번영의 중요한 조건이기 때문이다.
- '노력에 대한 보상'은 필요에 대한 보상이라는 또 다른 규범과 결합될 때, 번영하는 삶을 살 수 있는 물질적 수단에 대한 평등한 접근권이라는 원칙과 아주 가깝다.
- 이상으로서의 '민주적 참여 계획'은 한 사람의 삶에 영향을 미치는 결정에 참여하는 것에 대한 평등한 접근권으로서의 민주주의를 더 깊이 표현한 것이다.

따라서 파레콘과 사회권력 강화로서의 사회주의는 이상理想의 차원에서는 아주 동일한 도덕적 우주 속에서 움직인다. 그렇지만 양자가 어떤 틀을 통해 이 이상들을 사람들의 삶과 노동이 이루어지는 실제적인 제도적 구조로 전환시키려는가를 보면 양자의 차이가 상당하다. 앨버트는 참여적 계획의 작동 방식에 대해 많은 세부사항을 구체적으로 제시하려고

---

97 결정에 대한 개인의 영향력은 이 결정이 그의 삶에 미치는 영향에 비례해야 한다는 원칙은 정치정의에 관한 나의 규정에서는 명시적으로 나타나지 않았지만, 이 원칙은 사람들이 그들의 삶에 영향을 미치는 결정들에 대해 평등한 접근권을 가져야 한다는 생각을 적절히 더 정교화시킨 것이라고 생각한다.

노력한다. 그럼에도 불구하고, 그의 모델은 자본주의에 대한 리얼 유토피아적 대안의 실행 가능한 설계라기보다는, 복잡성, 어려운 균형, 의도되지 않은 결과 등의 실천적 문제들을 그리 진지하게 고려하지 않는 유토피아적 전망처럼 보인다.

다음과 같은 질문을 통해 우리는 이 문제를 제기할 수 있다. 우리가 지금 살고 있는 세계에서 우리는 현실적으로 얼마나 자신 있게 완전히 새로운 사회구조의 동학을 이해한다고 할 수 있겠는가? 파레콘의 방향을 따라 조직된 경제 체제에서 일어나게 될 핵심적인 문제들에 대한 우리의 과학적 이해는 얼마나 확실한가? 이것은 예컨대 다음과 같은 문제들에 관한 이론을 포함할 것이다. 사람들이 상이한 조건들 아래에서 그리고 상이한 복잡성 문제들에 직면하여 어떻게 결정을 내릴 것인가? 상이한 배분 규칙들 아래에서 연대는 어떻게 형성되고 붕괴될 것인가? 정보 복잡성은 어떻게 혼돈과정을 발생시킬 것인가? 협동과 경쟁의 상이한 미시적 거시적 과정 아래에서 선호는 어떻게 형성되는가? 이기적 이타적 성향과 선호의 변이는 어떻게 발생하고 재생산되는가? 상호작용이 일어나는 복잡한 상황에서는 정보의 왜곡으로 이익을 얻을 수도 있는데, 이런 상황에서 얼마나 정확한 정보가 발생할 수 있는가? 이외에도 많은 문제가 있다. 내가 생각하기에, 이러한 쟁점들에 대한 우리의 통찰과 이해 수준은 우리가 현존하는 세계로부터 사회권력 강화 경로들을 따라 나아가는 것이 가능하다고 믿을 수 있을 만큼은 된다. 그러나 탈중앙집권적 계획평의회를 통해 조직된 복잡한 경제 체제가 어떻게 시장도 없이 실제로 기능할 것인지를 알 만큼 높다고는 생각하지 않는다. 또한 이러한 구조가 최소한으로라도 실행 가능한 것인지를 알 만큼 높다고도 생각하지 않는다. 우리가 관찰해 왔고 우리가 연구할 수 있는 것은 민주적 참여적 원칙들이 엄격하게 자리 잡은 특정한 작업장들, 그리고 (포르토 알레그레의 참여형 예산의 경우처럼) 의미 있는 형태의 참여적 평의회들이 운영되어 온 보다 거시적인 여러 환경들이다. 그러나 이 제한적인 환경들은 하나의 경제 체계 전체가 이 원칙들에 기초해 어떻게 기능할 것인지에 관해 자신 있는 주장을 할 수 있을 만한 경험적 기초가 되기는 어렵다. 물론 그렇다고 해서 그 역―마이클 앨버트가 구상하는 파레콘이 불가능하다고 확신할 만큼 우리가 충분히 알고 있다는 것―이 옳다는 것은 아니다. 그러나 파레콘이 (일련의 문제들에 관한 우리의 무지 때문에) 가능할 수도 있음을 받아들인다고 해서, 이것이 민주평등주의 사회에서 시장의 역할을 자신 있게 거부하는 변혁 프로젝트를 제안할 수 있는 충분한 근거는 되지 못한다.

앨버트는 파레콘이 아주 잘 움직여서 자본주의는 물론 시장사회주의보다도 우월한 체제가 될 것이라는 데 대해 조금도 물러섬 없이 절대적 확신을 표한다. 그렇다고 해서 그가 미래 파레콘 경제의 제도들이 실제로는 이상의 근사치일 뿐임을 인정하지 못한다는 것은 아니다. 그는 실수와 실패가 있을 것임을 강조한다. 직무 조합은 완벽한 균형에 대략적으로만 일치할 것이다. 민주적 자주관리는 결코 투표 및 참여 규칙을 참여자들의 삶에 대한 영향의 비례성에 완벽하게 맞추지 못할 것이다. 참여적 계획은 결코 경제적 자원의 상이한 배분에 따른 모든 사회적 비용과 편익을 완벽하게 반영할 수 없을 것이다. 그리고 적절하게도 그는 파레콘 제도들이 어떻게 설립되고 발전될 것인지에 대해 실용적인 실험주의적 견해를 받아들인다. 이 제도들이 작동하지 않는다면, 이들은 미리 예상될 수 없는 방식으로 수정될 것이라는 것이다. 그럼에도 불구하고 그는 파레콘이 어떤 실천적 한계를 가진다 해도 이것은 그래도 가장 잘 설계된 시장사회주의보다도 더 우월할 것이며, 파레콘의 진화 방향이 아무리 예측되지 않는다 해도 시장을 포함하는 일은 없을 것이라고 명료하게 단언한다.

시장을 반대하는 앨버트의 비타협적인 극단적 입장은 두 가지 명제에 기초해 있다. 첫 번째 명제는, 자본주의와 관련된 해악은 자본주의의 독특한 계급관계에서 유래하는 것 못지않게 자본주의가 시장경제의 한 유형이라는 사실에서도 유래한다는 주장이다. 이 이유 때문에 앨버트는 어떤 형태의 시장사회주의도, 그것이 자본주의적 소유권을 완전히 제거하는 것이라 해도, 자본주의보다 아주 조금밖에 우월하지 않다고 믿는다.

> 시장사회주의를 성취하면서 자본주의에 대해 어떤 개선을 이룬다 해도 여전히 시장사회주의는 그 본질상 연대, 공평성, 다양성, 참여적 자주관리를 증진하지도, 경제적 기능도 효율적으로 수행하지 못한다. 대신 '시장의 모든 내재적 해악'—특히 위계적인 작업장 분할, 산출과 교섭력에 따른 보상, 인성과 동기의 왜곡, 재화와 서비스의 가격 왜곡 등등—이 존속하는 가운데, 우리를 화나게 하는 사적 자본의 존재 '만이' 초월될 뿐이다.[98]

따라서 그는 시장이 내재적으로 자발적이고 탈중앙집권적인 교환을 내포할 뿐만 아니라 위계와 그리고 산출과 교섭력에 따른 보상과 같은 것들도 내포한다고 보는 반면, 나는 이것들이 시장 그 자체의 결과가 아니라 규제되지 않은 시장의 결과라고 본다.

앨버트의 두 번째 기본 명제는 제한적인 시장만이 존재해도 민주평등주의적 가치들이 부식되고 파괴된다는 주장이다. "파레콘에서 작은 시장

---

98 Albert, *Parecon*, p. 79(강조는 첨가).

을 가지는 것은 민주주의에서 작은 노예제를 가지는 것과 같다. 전자가 후자보다 훨씬 더 유지 불가능한 것이긴 하지만 말이다. 시장의 논리는 참여적 계획의 논리와 파레콘 전체의 논리를 무효화하며, 그것은 제국적이기도 해서 일단 존재하기 시작하면 가능한 한 널리 퍼지려고 한다."[99] 따라서 앨버트는 상반되는 논리를 결합하는, 재생산 가능한 하이브리드 형태의 경제구조 개념을 근본적으로 부정한다. 내가 말하는 사회주의 하이브리드 내에 시장이 존재하면, 이것은 필연적으로 사회주의적 요소들을 파괴하리라는 것이 그의 생각이다.

이 두 가지 명제를 받아들인다면, 시장을 완전히 제거하고 탈중앙집권적인 참여적 계획으로 대체하자는 주장이 말이 될 것이다. 비록 한 복잡한 경제가 시장의 역할 없이 정말 잘 움직일 것이라는 데 설득력 있는 증거가 없다고 해도 말이다. 하지만 나는 시장을 이렇게 절대적으로 거부하는 데 좋은 근거가 있다고 생각하지 않는다. 시장이 평등주의적 민주적 가치들을 부식시킨다 해도, 이 부식 효과를 크게 중화시킬 여러 가지 형태의 사회적 정치적 규제를 시장에 부과하는 것이 불가능하다는 결론은 내릴 수 없다. 앨버트는 시장 자체가 이 모든 부정적 효과를 발생시킨다는 데 대해 명료한 경험적 증거를 가지고 있다고 주장한다. 그러나 사실 우리가 명료한 경험적 증거를 가지고 있는 것은 시장이 '자본주의적 계급 관계와 결합될 때' 이 효과들을 발생시킨다는 것이다. 우리는 다른 형태

---

99 Albert, *Parecon*, p. 277. 나는 노예제와 시장을 이렇게 비유하는 것이 설득력이 있다고 생각하지 않는다. 내재적으로 노예제는 도덕적으로 혐오스러운 것이다. 시장이 혐오스러운 것이 된다면, 그것은 시장의 분자적 성격 때문이 아니라 시장의 전체적인 출현적 속성과 효과 때문이다. 평등한 사람들끼리의 쌍무적인 자발적 교환은 도덕적으로 부당한 것이 아니다. 이 평등성을 유지하는 메커니즘이 존재한다면, 이러한 교환의 정례화는 노예제가 내재적으로 부당한 것과 동일한 의미에서 내재적으로 부당한 것이 아닐 것이다. 전체적으로 시장의 출현적 속성과 부정적 외부효과가 너무나 강력해서 어떤 형태의 민주적 규제도 이것을 중화시키지 못할 수도 있지만, 이것은 노예제에 관한 것보다 훨씬 더 복잡한 주장이다.

의 경제조직과 결합될 때 시장의 효과가 무엇일지를 모른다. 시장은 임금 불평등을 발생시킬 수 있지만, 소득세는 소득을 상당히 재분배할 수 있다. 시장 안에서 영업하는 기업들은 부정적 외부효과들을 무시할 수 있지만, 민주적 규제과정은 이 외부효과를 평가해 시장의 결정에 제약을 가할 수 있다. 이 규제과정 자체가 중앙집권적인 명령·통제적 규제를 통해 조직되는 것이 아니라 결사체 민주주의를 통해 조직될 때 특히 그렇다. 더욱이 미래의 어떤 가설적 상황에서 사회권력 강화의 많은 경로들을 따라 진보를 이루고 이에 따라 집중된 '자본주의적' 권력이 축소될 경우, 이러한 민주적 규제과정은 우리가 이미 논했던 이유들 때문에 자본주의 하에서보다 훨씬 더 효과적일 것이다. 물론 시장을 규제하려는 이러한 시도는 항상 불완전할 것이다. 그러나 파레콘에서 체제 전반을 계획하려는 시도 역시 그렇다. 우리는 이러한 "불완전"이 낳는 문제들이 앨버트가 제안하는 종류의 순수한 참여경제에서 더 클지 아니면 시장이 계속해서 의미 있는 역할을 하는 하이브리드 형태에서 더 클지 미리 알 수 없다.

일단 우리가 시장이 암과 같다—그래서 조금이라도 안에 있으면 필연적으로 사회권력 강화를 부식시키고 파괴시킬 것이다—는 가정을 버린다면, 참여적 계획 배분과 계획되지 않은 시장 배분 사이의 최적 균형이라는 문제는 사회 변혁의 실천적 학습과정에 앞서 미리 결정될 수 없는 문제이다. 토의민주주의 과정을 통해 도달할 균형이 100%의 계획과 0%의 시장일 것이라고 가정할 선험적인 이유는 분명 존재하지 않는다.

사람들이 파레콘의 민주평등주의적 가치에 근거한 활발한 민주적 참여과정에 참여하면서도 시장이 유의미하게 존재하기를 바랄만한 이유가 적어도 네 가지 있다.[100] 첫째, 민주적 과정의 참여자들은 그들의 선호가 사회적 상호작용 속에서 형성된다는 것, 그리고 오늘의 사람들이 내일의 선호에 대해 완전히 합리적인 이해를 가질 수 없다는 것을 알고 있다. 따라서 그들은 선호 형성을 위한 경제적 환경을 창조하는 과정 속에 혼돈스럽고 계획되지 않은 요소가 있는 것이 미덕임을 인정할 수도 있다. 민주적으로 계획된 참여 경제는, 한정적이기는 하지만 유의미한 비계획적 요소가 있을 경우 더 나을 수도 있다는 것이다. 약간의 "생산의 무정부성"은 보다 철저히 계획된 경제과정보다 더 효과적으로 기능할 수도 있다. 비록 이로 인해 부정적인 시장 효과가 일부 존재하고, 이는 규제를 통해 상쇄되어야 한다고 해도 말이다.

둘째, 참여적인 민주적 경제형태와 시장형태의 다양한 조합을 실험하고 있는 한 경제의 참여자들은 시장이 어떤 바람직한 형태의 위험 감수에 대해 일정한 이익을 제공한다는 것을 발견할 수도 있다. 평의회와 위원회로부터 위험 감수 허락을 받을 필요가 없이 위험 감수의 여지를 가지는 것은 좋을 수도 있으며, 이러한 덜 계획된 형태의 위험 감수는, 역시 시장 활동과 시장 인센티브를 허용함으로써, 가장 쉽게 촉진될 수 있을 것이다. 이것은 혁신이 반드시 시장을 필요로 한다는 뜻이 아니다. 그러나 혁신과 관련한 최적 수준의 위험 감수는 혁신을 유도하는 사회과정을 필요로 할 수 있다. 이는 개인들과 집합체들에게 특정한 위험 프로젝트에 대해 사전 허락을 받지 않고도 시장을 통해 위험을 감수하도록 하는 것을 포함한다.

셋째, 『파레콘』에서 묘사되는 반복된 계획과정의 정보 복잡성은 결국 계획과정을 압도해버릴 수도 있다. 앨버트는 적절한 컴퓨터와 소프트웨어

---

100 나는 이 쟁점을 시장과 참여적 계획 사이의 균형이라는 측면에서 접근하고 있지만, 중앙집권적 국가 규제와 참여적 계획 사이의 균형에 관해서도 비슷한 주장을 할 수 있다.

가 있으면 이것은 문제가 아니라고 확신한다. 그리고 그는 이에 대해 그에게 동의하지 않는 사람들을 무시한다. 아마 그가 옳을지도 모른다. 그러나 그가 완전히 틀렸을 수도 있다. 『파레콘』에서 묘사되듯이, 정보 과정은 엄청나게 부담스러워 보인다. 특히 정보 과정에서 노동자와 소비자들이 그들의 필요와 활동에 대한 양적 설명을 쓰고, 평의회들이 이러한 양적 정보를 흡수해 계획 평가 때 이를 이용하기 때문이다. 정보 과정에 대한 앨버트의 묘사는 일이 어떻게 일어나는지에 대해 일정한 감을 주는 데는 유용하지만, 이 정보과정을 통해 실제로 수미일관한 계획들이 나와 한 대규모 경제의 모든 생산물들에 대해 일정한 양과 가격이 형성될 것이라는 데 대해서는 설득력 있는 주장을 제공하지는 않는다.

마지막으로, 사람들이 자신의 삶을 어떻게 살기를 원하는가, 그리고 참여자들이 순수한 파레콘 경제에서 서류작업, 모임, 컴퓨터 단말기에서 보내는 시간의 양이 민주적으로 선택되는 양인가 하는 문제가 있다. 물론 파레콘이 정말 전부 아니면 전무의 것이라면—시장 없는 완전한 참여 경제를 가지든가, 아니면 이 체제가 완전한 시장경제로 퇴화되든가—민주평등주의자들은 이러한 참여에 필요한 시간에 대해 일반적으로 불만이 있다 해도 파레콘을 선택할 수도 있을 것이다. 삶은 트레이드오프를 수반하며, 이렇게 엄한 선택을 해야 한다면 그럴 가치가 있을 것이다. 그러나 경제적 사회권력 강화가 전부 아니면 전무의 것이 아니라면, 그리고 하이브리드가 가능하다면, 참여적 의사결정의 과제에 더 많은 시간이 투여되는 무無 시장 참여 경제와 이러한 과제에 시간이 덜 빼앗겨도 되는 하이브리드 사이의 트레이드오프에 대해 선택이 이루어질 수 있다. 이 제도들 안에서 사는 사람들이 상이한 가능성들을 경험하고 실용적 민주적 실험주의 과정을 통해 사정을 이해할 기회를 가지기 전에, 최적 균형이 무엇인지를 결정하는 것은 불가능하다.

┃결론: 사회권력 강화의 확장적 의제

이 장은 경제에 대한 사회권력 강화를 심화시킬 제도적 설계의 제안들 가운데 소수의 선별된 제안들만을 다루었다. 다른 많은 경험적 실례와 이론적 발상들도 논의될 수 있었을 것이다. 더 넓은 범위의 가능성에 대해 약간 감을 준다면, 경제에 대한 사회권력 강화의 다른 형태들 가운데 다음과 같은 것들이 있다.

1) 공동체 토지신탁

이것은 집합적 토지 소유권—공동체 집단, 사회운동조직, NGO, 혹은 때로 정부조직에 의한—형태로서, 부동산시장에서 토지를 빼내어, 소유권의 이전을 중대하게 제약하는 "토지신탁"이라는 특이한 법률적 형태의 재산권 속으로 이 토지를 넣은 다음, 저소득층 주택, 자연 보존, 지역사회 개발 프로젝트들과 같은 다양한 종류의 사회적 목적을 위해 이 토지를 사용한다. 토지는 사적 개인이나 자본주의적 개발업자에 의해 통제되는 것이 아니라 사회에 근거한 집합적 결사체들에 의해 통제되어야 한다는 것이 그 기본적인 발상이다.

2) 국제노동기준 캠페인

자본이 생산설비를 선진국에서 개도국으로 옮기는 한 가지 이유가 값싼 노동과 낮은 노동기준 때문이라는 것은 널리 알려져 있다. 이에 대한 북반구 노동운동의 한 가지 대응은 저임금 국가들에서 생산되는 산업생산물의 수입품에 대해 무역장벽을 세우거나 혹은 다른 방식으로 아웃소싱을 통한 일자리의 "수출"을 차단하려고 노력하는 것이다. 그러나 또 다른 대응은 국제노동기준을 만들어 개도국에서 효과적으로 시행되게 하려는 시도이다. 이러한 노력들에는 많은 어려움이 수반된다. 단순히 위장된 형태의 보호주의가 아닌 일련의 노동기준을 세우는 것, 특히 많은 부문들에서 일어나는 복잡한 하청계약관계를 고려할 때 기준의 준수에 관한 신뢰할 수 있는 정보를 제공할 효과적인 감시기구를 만드는 것, 그리고 준수 불이행에 대해 의미 있는 제재를 가할 수 있는 것 등이 그것이다. 게이 사이드먼이 설득력 있게 주장했듯이, 초국경 노동기준 캠페인이 가장 효과적인 때는, 이 캠페인이 감시·집행과정에 대한 국가의 참여와 함께 북반구와 남반구 사회운동의 협력을 동반할 때이다.[101]

3) 반착취공장학생연합

미국의 대학들은 티셔츠와 스웨트셔츠 같은 상업 제품들 속의 대학 이름과 대학 로고의 사용권을 통제한다. 반착취공장학생연합(United Students Against Sweatshops)은 대학들에게 엄격한 노동기준 규약에 동의하는 제조업체들에게만 그들의 로고를 인가하라고 압력을 넣기 위해 결

---

[101] Gay Seidman, *Beyond the Boycott: Labor Rights, Human Rights and Transnational Activism* (New York: Russell Sage Foundation, 2007). 또한 Cesar Rodriguez-Garavito, "Global Governance and Labor Rights: Codes of Conduct and Anti-Sweatshop Struggles in Global Apprel Factories in Mexico and Guatemala," *Politics and Society* 33: 2 (2005)도 보라.

성되었다.[102] 이 목적을 위해 USAS는 2000년 감시조직인 노동자 권리 콘소시움(Workers' Rights Consortium)을 세워 대학 로고가 새겨진 의류를 생산하는 공장들의 노동조건을 조사했다. 당시에는 의류산업이 지원하는 감시조직—공정노동협회(Fair Labor Association)로 개명되었다—이 있었는데, 이 조직은 대학들에게 훨씬 더 약한 기준을 제공하고 있었다. 행정 사무실에서의 농성, 집회, 시위를 포함해 대학 캠퍼스에서 지속적인 투쟁을 벌인 결과, 많은 대학들이 더 강한 기준을 채택하기에 이르렀다. 더 최근에 USAS는 WRC에 의해 기준을 준수하고 있다고 공인된 공장들의 목록을 만드는 지정공급업자 프로그램을 만들어 반착취공장 운동의 효과성을 높이려고 노력해 왔다. 2008년 말 경, 40개 이상의 대학이 이 지정공급업자 프로그램에 있는 공장들에게로만 대학 의류 계약을 제한하기로 했다.

4) 산림보존 인증

사회운동은 또한 환경문제를 둘러싼 투쟁에도 참여해, 정보 캠페인, 보이콧, 그리고 기타의 전략을 사용하여, 다국적기업들이 다양한 종류의 좋은 환경기준에 따르도록 해 왔다. 1990년대 초, 이와 같은 한 캠페인이 "산림관리협의회"(Forestry Stewardship Council)의 설립으로 이어졌다. 이는 산림경영에 대해 높은 생태학적 기준을 특정하고, 문제가 되는 숲이 이 기준을 충족시키는지에 관한 인증 메커니즘을 세우려는 노력이었다. FSC의 구조는 결사체 민주주의의 많은 요소들을 구현하고 있다. 크리스틴 오버디베스트(Christine Overdevest)가 묘사하듯이,

---

102 http://www.studentsagainstsweatships.org.

FSC 기구의 특징은 토의적 민주적 통치 구조이다. 전통적으로 대립되는 공식 이익집단들의 대표자들이 FSC의 "균형적" 참여적 토의적 회원 기반 통치 구조를 구성한다. 회원은 현재 미국인 79명을 포함해 전 세계적으로 561명으로 구성되어 있지만, 투표 비중은 세 개의 회의실인 경제회의실, 사회회의실, 환경회의실 사이에 균등하게 배분되어 있다. 경제회의실은 산림기업, 이차가공업자와 소매업자, 감사조직, 그리고 자문들로 구성된다. 사회회의실은 지역사회 개발 조직, 빈곤 조직, 인권·노동권 조직을 대표하는 시민사회 집단 및 개인들을 포함하며, 환경회의실은 그린피스Greenpeace와 지구의 친구들(Friends of the Earth) 같은 행동 지향적 조직에서 세계야생기금(World Wildlife Fund)과 자연보존협회(Nature Conservancy) 같은 주류 조직들에 이르기까지 다양한 환경 이익집단들을 포함한다. 각 회의실은 투표권의 1/3을 가진다. 보존의 의미가 다를 수 있기 때문에, FSC 각 회의실 내에서 투표권의 1/2이 다시 "북반구 회원들"에게, 1/2이 "남반구 회원들"에게 배당되어, 선진국과 개도국의 이익 사이에 균형을 맞춘다.[103]

이 통치 기구는 인증 기준을 설정하고 숲의 감시과정을 감독한다. 숲의 인증은 이어서 이 숲에서 나오는 목재 제품이 환경의 지속 가능성과 일치하는 방식으로 생산된 것임을 인증하는 기초가 된다.

이 인증·감시과정은 상당히 복잡하다. 아주 넓은 지역에 걸쳐 임업 관행을 면밀히 감시해야 할 뿐만 아니라, 이 숲들에서 나온 생산물을 추적해 이 생산물들이 공급망을 따라 가는 길에 인증되지 않은 생산물들과 뒤섞

---

[103] Christine Overdevest, "Codes of Conduct and Standard Setting in the Forest Sector: Constructing Markets for Democracy?," *Relations Industrielles/Industrial Relations* 59: 1 (2004), pp. 179-80.

이는 일이 없도록 해야 한다. 더욱이 임업 자체가 보통 더 낮은 기준을 가진 인증 프로그램을 만들어서 소비자들을 혼란시켜 왔다. 그럼에도 불구하고 이 캠페인들로 인해 몇몇 대규모 소매업자들은 산림관리협의회가 인증한 목재를 가져가게 되었고, FSC로부터의 압력으로 인해 임업 자체의 기준 설정 및 인증 조직인 "지속 가능한 산림 이니셔티브"(Sustainable Forestry Initiative) 역시 자신의 기준을 점차 올리지 않을 수 없게 된 것 같다.[104] 이 캠페인들은 사회운동 결사체들에 근거한 감시조직으로 제도화되게 될 때 사회적 자본주의의 한 형태를 이루게 된다. 사회권력이 생산과 분배의 특정한 측면들을 놓고 경제권력의 행사를 제약하는 것이다.

5) 등가교환 무역 협동조합과 공정무역운동

전 세계 북반구의 노동자 소유 협동조합들이 전 세계 남반구의 협동조합들에 의해 생산되는 상품의 무역에 참여하려는 노력이 아직은 작지만 점차 커나가고 있다. 가장 잘 알려진 예는 1986년 매사추세츠에서 설립된 노동자 소유 커피 협동조합 "등가교환"(Equal Exchange)이다. 그 핵심적인 목적은 전 세계 남반구의 농업협동조합에서 생산된 커피(이어서 차와 초콜릿)를 수입하는 것이다. 1990년대에 등가교환은 공정무역운동이라는 것에 참여한 다른 조직들과 합류했다. 그 기본적인 생각은 "공정한 무역"을 위한 세계적 기준을 만드는 것, 그리고 재화가 이 기준에 따라 생산되었음을 인증하는 신뢰할 수 있는 조직을 세우는 것이다. 최근에 와서 공정무역운동이 스타벅스와 홀푸드 같은 대규모 소매업자들로 하여금 공정무

---

104 Overdevest, "Codes of Conduct and Standard Setting"을 보라.

역 제품을 받아들이도록 시도하면서, 공식적인 공정무역 인증과정의 정직성이 의문에 처해지게 되었다. 이로 인해 공정무역 인증이 대농장과 플랜테이션에서 키운 상품들로 확대되면서—어떤 최소한의 조건을 충족시킨다면—인증 기준이 약화되어 왔다고 어떤 이들은 주장한다. 이 이유 때문에 위스콘신 주 매디슨에 있는 "정의로운 커피"(Just Coffee) 같은 일부 커피 협동조합들은 공정무역 인증 조직에서 빠져나와, 전 세계 남반구의 커피 협동조합과 전 세계 북반구의 커피 볶는 업자 및 소매업자들 사이에 보다 직접적인 연결망을 만들어내려고 시도하고 있다.[105]

* * *

사회권력 강화 경로를 따라 나아가기 위한 이 일련의 제도적 제안들은 풍부하고 다양한 가능성을 제시한다. 우리가 탐구한 이 제도적 설계들의 일부는 한결 같은 마음으로 함께 일하는 소수의 사람들에 의해서도 구축될 수 있다. 변혁적 사명을 가진 협동조합들을 포함해 많은 노동자 소유 협동조합들이 그런 경우이다. 다른 제도적 설계들은 우리가 검토한 사회적 자본주의 제안의 몇몇 경우처럼 사회운동과 집합적 결사체들의 집중적인 노력을 필요로 한다. 그리고 또 다른 제도적 설계들은 기초소득의 경우처럼 국가의 강한 개입이 있을 때만 이루어질 수 있다. 각 제안은 개별적으로는 사회권력 강화를 확대하고 심화시키는 데 기여하는 것으로 간주될 수 있지만, 경제적 하이브리드의 권력 배열을 변화시키는 데 있어

---

[105] "정의로운 커피"에 관한 정보는 그 웹사이트 http://justcoffee.coop에서 찾을 수 있다. 공정무역 커피에 대한 철저한 연구에 대해서는, Daniel Jaffee, *Brewing Justice: Fair Trade Coffee, Sustainability, and Survival* (Berkeley: University of California Press, 2007)을 보라.

참된 진보는 이들 사이의 상호작용과 상승작용으로부터 이루어질 것이다. 기초소득은 협동조합과 사회적 경제 사업체들의 형성을 촉진할 것이다. 다양한 형태의 사회적 자본주의는 협동조합적 시장경제를 확대하는 데 기여할 수 있다. 그리고 이 모든 것은 새로운 형태의 참여사회주의를 위한 정치적 의지를 강화시킬 수 있다.

하지만 이러한 상승작용의 전망은 변혁투쟁의 가능성에 좌우된다. 그리고 이 가능성을 이해하기 위해 우리는 변혁 이론을 필요로 한다. 이것이 다음 네 장의 주제이다.

PART III
TRANSFORMATION
변혁

08 | 변혁이론의 요소들

우리가 탐구해 온 사회권력 강화의 전망이 '바람직하고 실행 가능한' 것이라고 인정한다 해도, 다음과 같은 질문이 여전히 남아 있다. 이것이 어떻게 '성취 가능할' 수 있을까? 회의론자는 이렇게 주장할지도 모른다. 급진 민주평등주의적인 해방적 이상들을 향해 나아가는 데 있어 이 제도적 장치들이 핵심적인 요소라 하자. 그러면 이 제도들을 만들었을 때, 이러한 변화에 자기 이익을 위협받는 엘리트들이 대대적인 반대에 나서지 않겠는가. 그리고 자본주의가 경제구조의 지배적 구성요소로 남아 있는 한, 이 엘리트들은 사회권력의 강화 경로들을 밟는 어떤 심각한 움직임도 차단 혹은 전복시키기에 충분한 권력을 가지고 있을 것이다.

따라서 이것은 변혁이론의 근본적 문제이다. 민주평등주의적 이상들을 진전시키기 위해서는 자본주의 사회의 경제구조 내에서 사회권력의 비중을 급진적으로 확대·심화시켜야 한다. 그러나 이 방향으로 나아가는 어떤 유의미한 움직임도, 자본주의 구조에서 가장 큰 혜택을 입고 자신들의 권력을 이용해 이러한 움직임에 반대할 수 있는 권력자들의 이익에 위협이 될 것이다. 그렇다면 사회권력의 강화 경로를 밟는 유의미한 움직임이 어떻게 성취될 수 있는가? 이 질문에 대답하기 위해서는 해방적 사회변혁 이론이 필요하다.

완성된 사회변혁 이론은 서로 연결된 네 가지 구성요소, 즉 '사회적 재생산'에 관한 이론, '재생산의 틈과 모순'에 관한 이론, '의도되지 않은 사회변화의 궤도'에 관한 이론, '변혁 전략'에 관한 이론을 포함한다. 첫 번째 것은 해방적 변혁의 장애에 관해 설명한다. 두 번째 것은 이 장애에도 불구하고 어떻게 실제적인 변혁 가능성이 있는지를 보인다. 세 번째 것은 장애와 가능성이 미래에 어떻게 전개될지를 특정하려고 한다. 마지막으로 네 번째 구성요소는 장애, 가능성, 미래의 궤도에 대한 앞의 설명에 비추어 "무엇을 해야 할 것인가?" 하는 질문에 대답하려고 한다. 우리가 이 네 가지 이론적 의제를 구분하는 것은 설명의 목적을 위한 것일 뿐, 이들은 사실 깊이 상호 관련되어 있다. 재생산 과정, 모순, 변화의 동적 궤도는 첨예하게 구분되지 않는다. 사회적 재생산 과정은 원천적으로 모순적이며, 이러한 모순적 재생산에 수반되는 행위는 그 자체로 의도되지 않은 사회변화의 궤도를 내생적으로 발생시킨다.

이 장에서 나는 이 의제들 각각에 대해 간략히 서술할 것이다. 나는 그 어떤 의제에 대해서도 철저히 탐구하지는 않을 예정이다. 이렇게 하려면 다시 책 한 권이 필요할 것이기 때문이다. 나의 목적은 다음의 세 장에서 해방적 변혁의 상이한 양식들을 논의하기 위한 무대를 놓는 것이다.

I 사회적 재생산

"사회적 재생산"이라는 용어는 사회이론에서 다양한 방식으로 사용되고 있다. 때로 그것은 사회적 지위의 세대간 재생산 문제를 가리킨다. 여기에서 사회적 재생산은 무엇보다 부모들이 사회화, 교육, 부의 이전 등등을 통해 지위를 자식들에게 전하는 방식을 가리킨다. 때로 사회적 재생산은 "생산"에 대비되는 개념으로 사용된다. 재화와 서비스를 생산하는 활동과 대비되어, 재생산은 장기간에 걸쳐 사람들을 재생산하는 활동, 특히 여성들에 의해 수행되는 돌봄과 양육 활동을 가리킨다. 여기에서 나는 한 사회의 사회관계와 사회제도의 기초 구조를 재생산하는 과정을 가리키는 것으로 이 용어를 사용하고 있다. 이 용어는 분명 지위의 세대 간 전달의 메커니즘을 포함하고, 일상적으로 사람들을 재생산하는 문제를 포함한다. 그러나 현재의 문맥에서 나는 사회구조의 재생산을 가리키는 것으로 이 용어를 사용할 것이다.

모든 형태의 해방적 사회이론은 적어도 사회적 재생산에 관한 기초적 설명을 담고 있다. 때로 이것은 아주 단순해서, 권력과 특권을 가진 행위자들이 강제력을 사용해 그들의 우위를 유지하는 방식을 강조할 수 있다. 그러나 보다 전형적인 사회적 재생산 이론은 사람들의 주관성과 일상적 행위가 어떻게 사회체계를 안정화시키는 방식으로 이루어지는지를 복잡하게 설명한다.

자본주의 사회에서 사회적 재생산은 두 종류의 상호 관련된 과정을 통해 일어나는데, 나는 이를 '수동적 재생산'과 '능동적 재생산'이라 부르고자 한다. 수동적 재생산은 일상생활의 일상적 상례와 활동에 뿌리 내리고 있는 사회적 재생산의 여러 측면들을 가리킨다. 이것은 "일상생활의 단조로운 강제"의 사회적 재생산이다. 사람들은 몸에 배어 있는 습관과 성향, 그리고 그저 사회 세계에 살고 있기에 이 세계가 너무나 자연스럽고 당연하다는 생각을 가지고 일상생활을 살아간다. 노동자들은 일터에 가서 명령을 따르고, 그렇게 하는 가운데 그들은 시장을 위한 상품을 생산할 뿐만 아니라, 노동자라는 그들 자신의 지위도 재생산한다.[1] 사회적 재생산의 이 수동적 측면은 특별한 노력의 결과이거나, 사회적 재생산의 목적을 위해 설계된, 의식적으로 구축된 제도의 결과가 아니다. 수동적인 사회적 재생산은 사람들의 일상적 활동이 서로 뒤섞여 일종의 자기 지속적인 균형—행위자들의 성향과 선택이 일련의 상호작용을 낳고 이 상호작용이 다시 이 성향과 선택을 강화하면서 나타나는 균형—에 도달하는 사태의 부산물일 뿐이다.[2]

반대로 능동적인 사회적 재생산은, 적어도 어느 정도는 사회적 재생산의 목적을 위해 설계된 특정한 제도와 구조의 결과이다. 여기에는 광범위한 제도가 포함된다. 경찰, 법정, 국가 행정부, 교육, 미디어, 교회 등등이

---

[1] 특히 마르크스주의 전통 내에서 사회적 재생산 개념을 다루는 몇몇 사람들은 수동적인 사회적 재생산이 동시에 동태적 발전 과정이기도 하다는 것을 강조한다. 자본주의적 생산과 축적 과정은 노동자들이 일터에 가서 노동과정에 들어가 상품을 생산한 다음, 자본가들이 이 상품을 팔아 이윤을 실현하고 이 이윤을 자본주의적 생산에 투자하는 등등으로 이루어진다. 이 과정은 정태적이고 고정된 구조로서 재생산되는 것이 아니라, 관계와 과정이 동태적으로 발전되는 구조로서 재생산된다. 따라서 노동자와 자본가는 그들의 상호 관련된 일상적 실천을 통해 이 관계를 재생산하는 동시에 이 관계를 변화시킨다. 재생산의 이 내생적 발전이라는 측면은 변혁이론의 세 번째 요소, 즉 의도되지 않은 사회변화의 궤도 문제를 논의할 때 전면에 나온다.

[2] 사회적 재생산에 대한 피에르 부르디외(Pierre Bourdieu)의 분석은 대체로 여기에서 내가 말하는 수동적 재생산의 다양한 측면들과 관련되어 있다. 부르디외의 아비투스 개념은 개인들이 관계들의 구조 내에서 원활하게 움직일 수 있는 무의식적 성향을 획득하는 방식을 포착한다. 이것은 사회적 재생산 과정의 기초가 될 수 있는데, 이는 이 성향이 스스로를 강화하는 실천을 낳을 때 그러하다. *The Power of Ideology and the Ideology of Power* (London: Verso, 1980)에서 Goran Therborn은 이데올로기적 실천이 어떻게 사회적 주체를 형성하는가에 대한 분석에서 "종속"(subjection)과 "한정"(qualification)에 대해 눈부신 논의를 하는데, 이 역시 대체로 수동적 재생산에 대한 분석이다. 수동적 재생산은 또한 게임이론에 기초한 일정한 갈래의 제도 경제학에서 사용되는 균형 개념과도 아주 가깝다. 한 제도적 균형에서 각 행위자의 선호, 규범, 기대는 다른 행위자들의 자발적 전략에 의해 끊임없이 강화된다. 예컨대 Masahiko Aoki, *Comparative Institutional Anaysis* (Cambridge, MA: MIT Press, 2001)을 보라.

그것이다. 이러한 제도들의 유일한 목적이 사회적 재생산이라는 것은 아니다. 대부분의 복합적인 사회제도들은 다양한 "기능"을 한다. 능동적인 사회적 재생산의 제도들이 존재한다고 해서 이 제도들이 항상 효과적이라 말하는 것도 아니다. 사실 이러한 제도들의 한계와 모순은 사회해방 이론에 핵심적으로 중요하다. 여기에서 중요한 것은 사회적 재생산이 개인들의 의도적 행위와 제도들의 의도적 설계의 결과이지 단순히 일상적 활동의 무의식적 부산물이 아니라는 것이다.

능동적 재생산과 수동적 재생산은 중요한 방식으로 상호작용한다. 수동적 재생산은 일상생활의 일상적 상례를 안정시키는 데 이바지하는 다양한 제도들의 도움을 받는다. 예컨대 국가의 계약 규제는 노동시장과 일터에서의 예측 가능한 상례를 북돋우며, 이러한 상례는 이어서 작업장에서의 일상적 활동이 낳는 수동적 재생산을 뒷받침한다. 따라서 일상생활의 상황을 규정하는 제도들 자체가 이런저런 이유로 교란될 때, 수동적 재생산도 교란될 수 있다. 그러나 수동적 재생산 과정이 약하고 모순적이라면, 능동적인 사회적 재생산의 제도들이 지는 부담은 훨씬 더 커진다. 따라서 능동적인 사회적 재생산과 수동적인 사회적 재생산은 여러 수준의 응집성과 효과성을 지닌 체계를 이룬다.

해방적 사회이론의 조류들 내에서 사회적 재생산 이론들의 기본적 (암묵적) 명제는 다음과 같다. '사람들에게 체계적으로 해악을 가하는 사회구조, 사회제도가 장기적으로 유지되려면 강력한 적극적인 사회적 재생산 메커니즘이 필요하다.' 억압과 착취는 단순히 수동적 재생산 메커니즘에 근거한 어떤 사회적 관성을 통해서만 유지되지는 않는다. 억압과 착취가 유지되려면 적극적인 사회적 재생산 메커니즘이 필요하다.[3] 이 명제 자체는 세 가지 기초적인 주장에서 도출된다.

1) 해악의 현실

자본주의에 대한 진단과 비판에서 명시되는 해악들은 단순히 이론가들의 특수한 가치와 관념을 반영하는 것이 아니다. 이 해악들은 많든 적든 사람들에게 진정한 해악으로 경험된다.[4] 물론 그렇다고 해서 사람들이 꼭 이 해악들의 '원천'을 이해한다는 뜻은 아니다. 바로 이 때문에 해방적 사회과학은 현존하는 사회구조, 사회제도에 대한 진단과 비판에서 시작하는 것이다. 그러나 해악의 성격과 원인이 투명하지 않다 해도, 해악은 실제적인 것이지 단지 시각의 문제에만 그치는 것은 아니다. 해악은 사람

---

3 이 쟁점들을 이런 식으로 규정하면 사회적 재생산 이론은 어떤 "기능주의적" 색조를 띤다. 이 주장은, 억압적 사회구조는 생존을 위해 일련의 과정들을 "필요로 한다"는 것으로 시작된다. 우리는 이 구조가 정말 생존한다는 것을 본다. 따라서 우리는 반드시 필요한 종류의 메커니즘이 틀림없이 존재한다고 결론짓는다. 예컨대 국가에 대한 전통적인 마르크스주의적 분석에서 종종 국가는 경제구조를 재생산하는 "기능을 완수하는" 것으로 취급된다. 코헨은, 역사적 유물론에서 자본주의에 대한 고전적인 토대/상부구조 분석은 기능적 설명에 의지했다고 설득력 있게 주장해 왔다. 상부구조가 존재하는 이유, 그리고 상부구조가 현재의 형태를 취하고 있는 이유는 그것이 경제적 토대를 재생산하기 때문이라는 것이다. G. A. Cohen, *Karl Marx's Theory of History: A Defense* (Princeton: Princeton University Press, 1978)을 보라. 하지만 이러한 기능적 추론이 옳다고 해도, 재생산 메커니즘이 사람들의 "등 뒤에서" 작동하는 어떤 자동적이고 비의도적인 과정에 의해 발생된다고 생각할 필요는 없다. 사회적 재생산은 다툼의 대상이 되고 편향적이며 모순적인 현실이다. 만약 특정한 제도들이 사회적 재생산에 기능적으로 기여하는 경향이 강하다면, 이것은 사회적 재생산을 둘러싼 투쟁사의 결과이자 이에 따른 제도 구축 과정의 결과이지, 체계가 지닌 어떤 자동적이고 기능적인 논리의 결과는 아니다.

4 동시대 사회이론의 몇몇 조류들은 해악과 고통에 대해, 그리고 그 반명제인 인간의 번영에 대해 객관적인 주장을 하는 것이 가능하다는 생각을 거부한다. 고통과 번영은 오로지 자의적이고 가변적인 문화적 기준에서 유래한다는 주장이다. 문화적으로 정의된 관점에서만 "진정한 해악"에 대해 이야기하는 것이 가능하다는 것이다. 문화는 해악과 고통을 해석하는 데 핵심적인 역할을 하고 사람들이 해악과 고통에 대처하는 방식에 영향을 미치기는 하지만, 내가 생각하기에 해악의 문제는 문화적으로 결정되는 인식의 문제로 환원될 수 없다. 고통과 번영에 관한 실재론적 견해를 통찰력 있게 논의한 것으로, Andrew Sayer, *The Moral Significance of Class* (Cambridge: Cambridge University Press, 2005)를 보라.

들의 생체험에 실제로 체화되며, 일반적으로 사람들이 모든 관련 정보를 가진다면 이 해악은 사회적으로 발생된 해악으로 인식될 것이다.

2) 인간의 능력과 동기

사람들은 보편적으로 일정한 기본적 능력(지력, 상상력, 문제해결 능력 등등)과 동기(물질적 복리와 안전, 사회적 결연, 자율 등등에 대한)를 가진다. 따라서 사람들이 그들의 삶에 유해한 일을 경험하면 이에 대해 뭔가를 할 것이라고 예측할 수 있다. 해악의 원천이 사회적이라면, 사람들은 이 해악을 발생시키는 사회 상태를 변화시키려 할 것이다. '방해하는 힘이 없다면' 말이다. 이는 사람들이 결코 고통스러운 삶에 체념하지 않을 것이라는 뜻이 아니라, 인간의 지력과 문제해결 능력을 고려할 때 체념한다면 왜 체념하는지가 설명되어야 한다는 것이다. 대응을 하면 그들의 상황이 개선될 텐데, 그렇게 하지 않는다면 뭔가가 훼방하고 있음에 틀림없다.

3) 장애

사회구조와 사회제도가 해악을 낳는다면 사람들은 여기에 도전하려 할 것이다. 사회 변혁을 가로막는 메커니즘들이 없을 때는 말이다. 그들이 이 도전에 언제나 완전히 성공하지는 않겠지만, 이 구조와 제도가 변할 확률은 높다. '따라서 억압이 있는데 도전이 없다면 설명이 필요하다.' 이것이 바로 사회적 재생산 이론이 해방적 사회과학에 제공하려고 하는 것이다. 즉, 억압을 감소시키는 이러한 사회 변혁 과정에 대해 장애를 가하는 특정한 메커니즘을 이해하는 것이 그것이다. 그렇다고 해서 억압적 사회구조가 항상 불안정하고 도전받기 쉬운 나머지, 이 구조를 유지하기 위해서는 세밀하게 조정되는 적극적 메커니즘이 필요하다는 것은 아니다. 자본주의는 아주 특별하고 제한적인 조건 하에서만 생존할 수 있는 생물유기체 같은 것이 아니다. 자본주의와 같은 억압적 사회체제에 필요한 것은, 사회 갈등을 용인 가능한 한계 내로 봉쇄시키고 자본주의적 투자와 자본 축적이 일어날 수 있도록 이 갈등의 파괴적 효과를 충분히 저지할 수 있는 효과적 메커니즘이다.

이런 식으로 이해할 때, 해방적 사회과학 내에서의 사회적 재생산 문제는 사회학 내에서의 고전적인 "사회질서의 문제"와 동일한 것이 '아니다.' 사회질서 이론과 사회적 재생산 이론은 모두 사회통합과 안정성을 설명하려고 하지만, 상이한 반反사실들을 배경으로 그렇게 한다. 사회질서에 대한 반사실은 홉스적 혼돈인 반면, 사회적 재생산에 대한 반사실은 사회변혁이다. 사회질서의 문제는 개인들이 규범적으로 제약되지 않은 약탈적 방식으로 행동할 잠재적 가능성—만인에 대한 만인의 투쟁—에 근거한다. 사회질서 이론은 이러한 개인주의적인 반사회적 약탈 경향을 저지시킴으로써 안정적 형태의 협동과 사회통합을 낳는 메커니즘을 설명하려고 한다. 사회적 재생산의 문제는 사람들이 지배, 억압, 착취의 구조에 집합적으로 도전할 잠재적 가능성에 근거하고 있다. 이 이론은 이러한 집합적 변혁 경향을 저지하기에 충분한 안정적 형태의 협동과 체제통합을 낳는 메커니즘을 설명하려고 한다. 사회질서의 문제와 사회적 재생산의 문제 모두 사회이론에서 중요한 주제이며, 어떤 제도들은 양자 모두에 기여한다. 예컨대 경찰은 혼돈을 막는 동시에 해방적 변혁을 차단한다. 하지만 여기에서 우리의 관심은 사회질서의 쟁점 자체가 아니라 어떤 과정이 자본주의 사회에서 근본적인 사회적 권력·억압·특권 구조의 재생산에 체계적으로 이바지하는가 하는 것이다.

그렇다면 사회적 재생산 이론의 중심적 요소들은 무엇인가? 네 가지 메커니즘이 특히 중요한데, 이 메커니즘을 통해 다양한 종류의 제도들이 사람들의 행위에 개별적 집합적으로 영향을 미치게 된다. '강제, 제도적 규칙, 이데올로기, 물질적 이익'이 그것이다. 이들이 자본주의적 사회적 재생산 메커니즘인 이유는 두 가지가 있다. 첫째, 이들은 자본주의적 권력·특권 구조에 위협적일 수 있는 개별적 집합적 행위를 차단하기 때문이다. 둘째, 사람들의 행위를 잘 유도하여 그들의 행위가 사회구조의 안정성에 적극적으로 이바지하도록—특히 그들의 행위가 수동적 재생산에 이바지하게끔 해서—하기 때문이다.[5] 자본주의 재생산 이론의 핵심적인 문제는 자본주의 사회의 제도들이 이를 성취하는 방식들을 이해하는 것이다.

강제, 규칙, 이데올로기, 물질적 이익은 다양한 방식으로 상호작용하며, 일관된 사회적 재생산을 창출하는 데 있어 이들 가운데 어떤 것들은 다른 것들보다 더 효과적이다. 두 가지 배열이 특히 중요한데, 나는 여기에서 이들을 '전제專制'와 '헤게모니'[6]라 부르겠다. 전제에서는 강제와 규칙이 사회통제의 중심적 메커니즘들이며, 이데올로기와 물질적 이익은 주로 강제와 규칙을 강화한다. 헤게모니에서는 이데올로기와 물질적 이익이 사회

---

[5] 위협적인 행위를 차단하는 것과 안정성을 증진시키는 것은 같은 것이 아니다. 왜냐하면 위협적이지 않은 행위 중에 어떤 것들은 권력과 특권을 유지하는 데 적극적으로 이바지하는 반면, 다른 것들은 안정성 문제에 어떤 체계적인 영향도 미치지 않을 수 있기 때문이다.

[6] 이 대비에 대한 이 특별한 용어는 마이클 뷰러워이가 헤게모니에 대한 그람시(Gramsci)의 이해를 재해석한 것에서 도출된 것이다. 노동자들이 노동과정 내에서 자본가와 협력하는 문제를 논의할 때, 뷰러워이는 그가 말하는 헤게모니적 공장체제와 전제적 공장체제를 구분한다. 이것은 전제적 형태 및 헤게모니적 형태의 사회적 재생산이라는 보다 일반적인 개념의 특수한 예이다. Michael Burowoy, *Manufacturing Consent: Changes in the Labor Process Under Monoploy Capitalism* (Chicago: University of Chicago Press, 1979) 그리고 *The Politics of Production: Factory Regimes Under Capitalism and Socialism* (London: Verso, 1985)를 보라.

적 재생산에서 훨씬 더 중심적인 역할을 한다. 아래에서 우리는 먼저 이 메커니즘들의 각각을 간단히 살펴본 다음, 전제 배열과 헤게모니 배열의 대조점을 검토할 것이다.

1. 강제: 집합적 도전의 비용을 올리는 메커니즘

적극적인 사회적 재생산의 중심에는, 현존하는 권력과 특권의 구조에 집합적으로 도전하는 사람들에게 다양한 종류의 처벌을 가함으로써 이러한 도전의 비용을 높이는 다양한 과정들이 있다. 이것들은 집합행위에 참여하는 개인들에 대한 비용과 이러한 행위를 조직하는 집합체에 대한 비용 모두를 포함한다.

여기에서 특히 중요한 것은 국가가 특정한 형태의 집합행위를 불법화함으로써 상황을 규제한다는 것이다. 이것은 단지 국가가 현존하는 권력 구조에 직접 도전하는 혁명운동의 반란적 폭력을 금지한다는 문제에 그치지 않는다. 이것은 또한 국가가 광범위한 결사체적 실천을 규제해, 변혁적 사회투쟁을 위한 집단적 조직의 형성을 막으려는 시도도 포함한다. 예컨대 미국의 노동운동이 허약한 부분적인 이유는, 노동자들을 조직해 집합행위에 임하는 노동조합에 특별히 구속적인 법률적 규칙들이 가해지기 때문이다. 개인과 조합에게 집합행위의 비용을 높이는 규제로는 고용자들이 파업기간 동안 정규직 대체 노동자들을 고용할 수 있는 법률적 권리, 노동자의 이차적 태업을 금지하는 법률, 조합의 인정·불인정 선거와 관련하여 고용자들에게 유리하게 되어 있는 규칙 등등과 같은 것들이 있다. 이 규칙들을 위반하는 노동조합은 무거운 벌금부터 노동조합 구성원들과 지도자들의 감금에 이르기까지 국가의 직접적인 억압적 행위에 직면할 것이다. 노동의 조직화에 불리한 이 법률 환경은, 노동에 우호적인 규칙은 약하게 집행하는 국가 규제 장치의 행정적 관행에 의해 더욱 악화된다. 따라서 전반적으로 보면, 노동조합 조직에 대해서는 상대적으로 억압적이고 적대적인 규제 환경이 나오게 된다. 직접적인 국가 규제에 더해, 비국가 행위자들 역시 다양한 방식으로 강제를 사용해, 그리고 강제할 것이라는 위협을 통해, 권력과 특권의 구조에 대한 집합적 도전의 비용을 올린다. 때로 이 비국가적 형태의 억압은 그 자체가 국가에 의해 인정된다. 고용자들로 하여금 골칫덩이로 여겨지는 피고용자를 해고하도록 허용하는 규칙, 혹은 사람들이 상가에서 전단을 배포하는 것을 막는 규칙도 그런 경우이다. 때로는 사적 억압이 공식적으로 인정되지는 않아도 국가에 의해 용인된다. 사적으로 조직된 강제가 인종적 지배와 배제의 구조를 유지했던 긴 역사가 그런 경우이다.

우리가 알고 있듯이, 억압이 항상 먹히는 것은 아니다. 억압은 분노를 키우고 정당성을 손상시키며 공동의 희생자들이 연대를 이루는 데 이바지할 수 있다. 따라서 어떤 상황에서 강제는 강한 저항을 촉발하고 따라서 사회적 재생산의 메커니즘으로서 실패할 수 있다. 그러므로 사회적 재생산 이론의 핵심적인 문제는 사회적 재생산의 강제적 수단의 효력을 강화하거나 손상시키는 조건들을 이해하는 것이다. 우리는 헤게모니에 관한 아래의 논의에서 이 쟁점을 검토할 것이다.

2. 제도적 규칙: 집합행위 기회의 난이도를 만들기

불법 활동에 대한 직접적 억압의 중요성이 과소평가되어서는 안 되지만, 사회적 재생산에서 국가의 역할이 이러한 명시적인 강제를 통해서만 이루어진다고 보는 것은 잘못일 것이다. 똑같이 중요한 것이, 어떤 행위 경로는 추구하기 어렵게 하고 어떤 것은 훨씬 더 쉽게 하는 절차적 "게임규칙"이다. 집합행위 기회의 이러한 난이도는, 더 쉽고 덜 위험한 전략이 더 어려운 전략보다 자본주의의 안정성을 위협할 확률이 훨씬 더 낮을 때, 사회적 재생산에 기여한다.

예컨대 자본주의 사회의 핵심적인 대의민주주의 제도를 생각해 보라. 보편적 참정권의 도래 이전에, 자본주의의 지배 엘리트들은 일반적으로, 민주주의가 자본주의의 안정성을 위협할 것이라고 두려워했다. 이것은 아주 분명해 보인다. 자본주의 때문에 해를 입는 사람들에게 투표권을 주면, 이것은 분명 그들이 자본주의에 도전하기 쉽게 할 수밖에 없다. 마르크스가 대의민주주의에 대해 썼을 때 그도 이 기대를 드러내었다.

> 하지만 이 헌법의 포괄적인 모순은 다음에 있다. 이 헌법이 항구적인 사회적 노예로 삼으려는 계급들, 즉 프롤레타리아트, 농민, 소부르주아지는 이 헌법에 힘입어 보통선거권을 통해 정치권력을 소유하게 된다는 것이다. 그리고 이 헌법에 의해 자신의 오랜 사회권력을 승인받는 계급, 즉 부르주아지에 대해 이 헌법은 이 권력의 정치적 보장을 철회한다는 것이다. 그것은 부르주아지의 정치적 규칙을 민주적 조건 속으로 밀어 넣으며, 이 조건은 매 순간 적대적인 계급들이 승리하는 것을 돕고 부르주아 사회의 기초 자체를 위험에 빠뜨린다.[7]

후에 드러났듯이, 대의민주주의는 선진 자본주의에서 사회적 안정성의 한 결정적인 원천이었다. 아담 쉐보르스키는 자본주의적 민주주의의 역동적인 재생산 효과에 대한 빛나는 분석에서 이 결과를 설명하는데, 자

---

7 Karl Marx, "Class Struggles in France," in Karl Marx and Frederick Engels, *Selected Works in Two Volumes*, Vol. I (Moscow: Foreign Languages Publishing House, 1962), p. 172.

본주의적 민주주의는 자본주의적 사회관계를 재생산시키는 방향으로 사회 갈등을 유도하는 메커니즘을 가지고 있다는 것이다.[8] 역사적으로 사회주의 정당들이 직면한 딜레마는 기본적으로 다음과 같은 것이다. 그들이 선거 경쟁에 진지하게 참여한다면, 그들은 책임감 있게 행동하고 규칙에 따라 게임하라는 갖은 체제적 압력에 처할 것이며, 이는 장기적으로 전투성을 손상시킬 것이다. 다른 한편 그들이 이 압력을 피하기 위해 선거 경쟁을 삼간다면, 그들은 정치적 주변화의 위험에 처하게 된다. 왜냐하면 다른 정당들이 노동자들과 기타의 잠재적인 사회주의 정당 지지자들의 즉각적인 경제적 이익을 옹호하기에 더 나은 위치에 있기 때문이다. 이러한 주변화를 피하기 위해, 사회주의 정당들은 역사적으로 선거에 대한 정력적 참여를 선택했다. 그러나 선거를 이기기 위해 그들은 자본주의와 아주 첨예하게 상충되는 이익을 가지지 않은 중간계급 투표자들을 끌어들일 정책들을 지지해야 했다. 그리고 그들이 이따금 선거를 이겨서 권력에 남아 있기를 원한다면, 튼튼한 자본 축적을 촉진할 정책을 추구해야 했다. 쉐보르스키가 강조하듯이, 이것은 사회주의 정당과 사회민주주의 정당들이 노동자들의 중요한 정치적 이익에 봉사하지 않았다는 뜻이 아니라, 봉사는 했으나 자본주의를 손상시키기보다 강화하는 방식으로 해 왔다는 뜻이다.

자본주의 국가의 선거제도 설계는 클라우스 오페가 "부정적 선택"—국가 제도가 자본주의의 재생산에 특히 파괴적인 효과를 가지는 실천과 정책을 여과하는("부정적으로 선택하는") 방식으로 조직되는 것—이라 부르는

---

[8] Adam Przeworski, *Capitalism and Social Democracy* (Cambridge: Cambridge University Press, 1985). 그리고 Adam Przeworski and John Sprague, *Paper Stones: A History of Electoral Socialism* (Chicago: University of Chicago Press, 1988). 또한 Joshua Cohen and Joel Rogers, *On Democracy* (New York: Penguin Books, 1983)에서도 자본주의적 민주주의의 체제 유지적 특징들에 대한 빼어난 분석을 보라.

보다 일반적인 현상의 특수한 예이다.[9] 국가 속에 구축되어 들어가 있는 부정적 선택 메커니즘은 (국가 관료제를 인민의 압력에서 절연시키는) 관료적 행정의 형식적 규칙들, (반체제세력이 법정을 효과적으로 사용하는 것을 어렵게 하는) 법정의 절차들, 그리고 (국가가 조세 기반을 위해 자본주의 경제 내에서 발생되는 소득에 의존하도록 하는) 국가의 세입 획득 규칙들 같은 것들을 포함한다. 오페는 이 메커니즘들의 결정적인 재생산적 속성은 그것들이 무엇을 체계적으로 '배제하는가'에 있다고 주장한다. 이 여과 메커니즘들은 모두 자본주의의 기본 구조들에 대한 체제적 도전이 국가의 행위로 변환될 가능성을 체계적으로 차단하는 효과를 가지고 있다.[10] 자본주의 비판자들이 자본주의 국가는 자본가 계급을 선호하는 쪽으로 체계적으로 편향되어 있다고 주장할 때, 대체로 그들이 묘사하고 있는 것은 국가 장치의 제도적 규칙 속으로 구축되어 들어가 있는 이 부정적 선택 메커니즘들의 계급적 성격이다.[11]

3. 이데올로기와 문화: 행위자의 주관성을 규정하는 메커니즘들

행위자의 주관성이 형성되는 사회적 과정, 그리고 이것이 사회적 재생산에 기여하는 (혹은 아마도 사회적 재생산을 손상시키는) 방식을 논의하기 위해 우리가 사용할 수 있는 용어들은 다양하게 많다. 한 가지는 '이데올로

---

9 Claus Offe, "Structural Problems of the Capitalist State: Class Rule and the Political System. On the Selectiveness of Political Institutions," in Klaus Von Beyme (ed.), %German Political Studies,% Vol. I (London: Sage, 1974), pp. 31-54를 보라.

10 국가의 구조가 국가의 행위에 부정적 선택성을 부과한다는 주장은 약한 기능주의의 한 형태이다. 국가의 구조는 역기능적인 행위, 즉 자본주의를 심각하게 손상시키는 행위를 배제하지만, 배제되지 않는 가능성들 중에서 기능적으로 최적적인 행위가 선택된다는 주장은 성립할 수 없다.

11 자본주의 국가의 기관 속으로 구축되어 들어가 있는 계급적 편향, 그리고 이것이 자본주의의 재생산에 이바지하는 복잡한 방식에 관한 가장 상세하고 체계적인 분석은 Goran Therborn의 *What Does the Ruling Class Do When it Rules?* (London: Verso, 1978)이다.

기'와 '문화'를 대비시키는 것이다. 내가 여기에서 사용하는 이데올로기라는 용어는 주관성의 '의식적' 측면들을 가리킨다. 믿음, 생각, 가치, 교의, 이론 등등이 그것이다. 문화는 주관성의 '비의식적' 측면을 가리킨다. 성향, 습관, 취향, 숙련 등이 그것이다. 따라서 예컨대 치열한 경쟁적 개인주의는 좋은 것이라는 '믿음'은 자본주의 이데올로기의 한 측면일 것이다. 치열하게 개인주의적이고 경쟁적인 방식으로 행동하는 개인적 습관, 숙련, 성향은 자본주의 문화의 한 측면이다.[12]

사회적 재생산 이론에서 한 가지 핵심적인 문제는 이렇게 정의된 이데올로기와 문화가 어느 정도로 권력·불평등·특권 구조들의 지속 가능성에 이바지하는가 하는 것이다. 사람들의 내적 성향뿐만 아니라 그들이 지니고 있는 생각도 사회구조의 안정성에 공헌하는 것은 왜인가? 이 질문에 대답하기 위해 다양한 메커니즘들이 제시되어 왔다. 가장 단순한 메커니즘은 현존하는 권력·특권 구조로부터 상당한 혜택을 받는 개인과 기관들이 사고의 생산과 유포를 현저히 통제한다는 데 초점을 맞춘다.[13] 예컨대 자본주의 기업들의 매스 미디어 지배는 이 과정의 특히 두드러진 측

---

[12] 이것은 문화와 이데올로기라는 용어들이 실제로 사회과학적 설명에서 사용되는 주요한 방식들과 상응하지만, 이 두 용어들의 차이를 명시적으로 정의하는 표준적인 방식은 아니다. 많은 논의에서, 문화는 모든 것을 포괄하는 용어이며, 이데올로기는 특정한 종류의 문화적 생산물이다. 다른 논의에서는 이데올로기가 보다 제한적으로 사용되어, 주관성의 의식적 요소들 전체라기보다는 일관되고 성문화된 교의를 가리킨다. 여기에서 채택되고 있는 문화의 정의는 주관성의 비의식적 측면을 중심에 두고 있으며, 피에르 부르디외의 아비투스 개념과 밀접히 상응한다. 아비투스 개념은 사람들을 사회구조 내에서의 그들의 위치와 연결시키는 내면화된 개인적 성향으로 정의된다.

[13] 사람들이 지니고 있는 사고와 지배계급의 이익 사이의 상응을 확립하는 이 메커니즘은 *The German Ideology* (New York: International Publishers, 1970)에서 마르크스와 엥겔스가 행하는 유명한 이데올로기 설명에서 나오는 주제의 하나이다. "모든 시대의 지배계급의 사고는 지배적 사고이다. 즉, 사회의 지배적인 물질적 세력인 계급은 동시에 사회의 지배적인 지적 세력이다. 물질적 생산수단을 마음대로 처분할 수 있는 계급은 동시에 정신적 생산수단을 통제하고 있으며, 그리하여 일반적으로 말해 정신적 생산수단을 결여하는 사람들의 사고는 거기에 종속되어 있다"(p. 64). 이 주장 아래에 있는 메커니즘은 자본가들과 그들의 대리인들이 사고의 생산과 유포의 과정을 통제한다는 것이다.

면일 것이다. 그렇다고 해서 사람들이 무조건 권력자들의 이익과 상응하는 메시지만을 받아들이는 것은 아니다. 그러나 권력과 특권의 구조에 도전하는 사고보다 체제 긍정적인 사고가 더 지배적일 것이고, 더 널리 유포될 것이며, 더 적은 비용으로 노출될 것이고, 더 높은 지위의 미디어와 기관들에 의해 지지될 것이다. 사람들이 지니고 있는 믿음과 사고가 그들이 받아들이는 명시적인 메시지에 의해 규정되는 한, 지배적인 믿음과 사회적 재생산의 요건은 대체로 상응하게 될 것이다.

이데올로기와 문화가 자본주의의 사회적 재생산 요건에 상응하는 경향이 존재한다면, 이것은 단순히 권력을 가진 행위자들이 사고를 의도적으로 주입한 결과가 아니다. 이러한 상응은 믿음과 성향의 미시적 형성과정에 의해서도 발생된다. 일반적으로 가족과 학교 같은 사회화 제도는 아이들에게 적절한 습관과 성향을 주입해, 그들이 성인이 되었을 때 세상에서 제대로 구실하게 하고 또 그들이 직면하리라고 예상되는 제약 아래에서 가능한 최상의 삶을 살 수 있게 하려고 한다. 이를 위해 부모와 교사들은 최선을 다해, 현존하는 권력·불평등·특권의 구조 내에서 효과적으로 구실함과 최소한 양립 가능한 성향을 격려할 것이다. 이것이 항상 완벽하게 이루어지지는 않지만, 사회구조가 재생산되는 데 필요한 사회적 주체와 사회 내에서 생산되는 사회적 주체는 대체로 상응하게 된다.[14]

물론 믿음은 아동기 사회화 과정에서만 주입될 뿐만 아니라, 평생에 걸쳐 끊임없이 형성되고 재형성되며, 이것은 또한 재생산 과정과도 관련된

---

14 Goran Therborn은 *The Power of Ideology and the Ideology of Power*에서 이러한 과정은 아이들로 하여금 사회에서 효과적으로 구실하도록 '한정시키는'(qualify) 주관성 형태에 이 아이들이 '종속되는' 과정이라고 적절히 묘사한다. 학교에서의 사회적 주체의 형성과정과 자본주의적 조직의 요건들 사이의 이 전반적인 기능적 상응은 교육에 대한 마르크스주의적 비판적 연구에서 오랫동안 지속되어 온 주제이다. 이 상응에 대한 영향력 있는 설명에 대해서는 Samuel Bowles and Herbert Gintis, *Schooling in Capitalist America* (New York: Basic Books, 1976)을 보라.

다. 여기에서 문제는 믿음 형성의 심리과정이 사회적 환경 속에서의 사람들의 산 경험과 상호작용하는 다양한 방식이다. 이것이 적극적인 사회적 재생산 과정과 소극적인 사회적 재생산 과정이 만나는 곳이다. 예컨대 욘 엘스터는 주장하기를 '적응적 선호 형성'(adaptive preference formation)은 사람들이 무엇이 바람직한 것인지에 대한 그들의 믿음을, 무엇이 가능한지에 대한 그들의 지각과 일치시키는 한 심리과정이라고 한다. 이것은 불평등을 지지하는 이데올로기들의 어떤 핵심적인 요소들에 심리적 기초를 제공한다.[15] 괴란 테르본은 이데올로기와 인간 주체의 형성에 대한 분석에서 간명한 학습모델을 정교화해 왔다. 우리 개인은 살아가면서 사회 세계의 성격에 대한 일정한 믿음에 기초해 행동한다. 개인적으로 교육을 받는 것이 그들의 물질적 조건을 개선하는 한 가지 길이라고 믿는다면, 그들은 교육이 중요하지 않다고 믿을 때보다 교육을 받으려고 할 확률이 높으며, 그들이 교육을 더 받으면 그들의 경제적 전망은 교육을 받지 않은 사람보다 더 나을 것이다. 매일 사람들이 일터에 갈 때, 그들은 다른 사람들이 어떻게 행동할 것인지, 그리고 그들의 행동의 결과가 무엇일지에 대한 기대에 기초해 행동한다. 행동의 다양한 기대들, 그리고 행동의 다양한 패턴들이 서로 맞물려 있는 잘 기능하는 제도들 속에서는 이 기대와 예상이 상당히 일관되게 확인될 것이며, 따라서 이 아래 깔려 있는 믿음은 강화될 것이다. 예상이 실패할 때 이 믿음은 약화될 것이다. 사회체계가 어떤 이데올로기 내의 믿음과 일치하는 "확인과 제재"(테르본의 표현을 사용하면) 패턴을 발생시킨다면, 이 이데올로기는 그에 따라 강화될 것이다. 따라서 사회적 안정성에 이바지하는 믿음이 개인들의 일상적 실천

---

15 Jon Elster, *Making Sense of Marx* (Cambridge: Cambridge University Press, 1985), 특히 제8장, "Ideologies," pp. 458-510을 보라.

에서 확인될 때, 이데올로기는 사회적 재생산에 이바지한다.

이데올로기와 믿음 형성의 다양한 측면들은 사회적 재생산의 문제, 그리고 권력과 특권의 구조에 대한 잠재적 도전의 문제와 관련되어 있다. 이 측면들 가운데 아마 가장 중요한 것은 '무엇이 가능한가'에 대한 믿음일 것이다.[16] 사람들은 사회세계에 대해 많은 불만을 가질 수 있고, 사회세계가 그들 자신과 다른 사람들에게 상당한 해악을 낳는다는 것을 알 수 있다. 그러나 여전히 이러한 해악이 불가피하다고 믿고, 상황이 현저히 더 나아질 다른 어떤 실질적인 가능성도 없다고 믿으며, 따라서 상황을 변화시키려고 투쟁하는 것은, 특히 이러한 투쟁이 상당한 비용을 초래하기에, 거의 아무런 의미가 없다고 믿는다. 이러한 믿음은 부분적으로 교육과 미디어 등을 통해 형성된다. 그러나 이러한 믿음은 또한 현존하는 제도, 사회관계, 구조를 자연스럽고 불가피한 것처럼 보이게 하는, 일상적이고 세속적인 활동들을 통해서도 형성된다.

4. 물질적 이익: 개인들의 복지를 자본주의 구조의 효과적 작동에 묶는 메커니즘

1930년대에서 1950년대까지 캠브리지 대학교 경제학자였던 조안 로빈슨Joan Robinson은 이렇게 말했다. "자본주의에서 착취당하는 것보다 더 나쁜 한 가지는 착취당하지 않는 것이다." 물론 그녀가 이렇게 말한 의미는 착취 자체가 바람직하다는 것이 아니라, 실업이 일터에서 착취당하는 것보다 더 나쁜 상태라는 것이다. 이 명언은 자본주의 사회의 사회적 재생산 과정에 관한 한 가지 핵심적인 점을 반영하고 있다. 자본주의 경제에

---

16 테르본은 *The Power of Ideology and the Ideology of Power*에서 다음과 같은 세 가지 핵심적인 질문에 대해 이데올로기가 사람들에게 그 답을 준다고 한다. 무엇이 좋은가? 무엇이 존재하는가? 무엇이 가능한가? 첫 번째 질문은 믿음의 규범적 차원을 정의한다. 두 번째 질문은 사회세계가 어떻게 작동하는가에 대한 기술과 설명에 초점을 맞춘다. 그리고 세 번째 질문은 어떤 대안이 상상 가능한지와 관련된다.

서는 상황이 나쁠 때는 거의 모든 사람들이 못 살게 되지만, 상황이 좋을 때는 거의 모든 사람들이 더 잘 살게 된다. 이것이 바로 자본주의가 삶의 물질적 조건을 조직하는 방식이다. 따라서 "제너럴 모터스에게 좋은 것은 미국에게도 좋다"는 유명한 슬로건은 결정적인 진실을 담고 있다. 잘 기능하는 자본주의에서 거의 모든 사람들의 물질적 이익은 자본주의적 경제활동이 성공적인지 아닌지에 상당히 의존한다.

모든 사람들의 물질적 이익이 자본주의 기업의 이윤 추구에 이처럼 거의 보편적으로 의존한다는 것은 아마 자본주의 사회의 가장 근본적인 사회적 재생산 메커니즘일 것이다. 이것은 자본주의가 자본가계급에게만 이익을 주는 것이 아니라 모든 사람에게 이익을 준다는 주장에 신빙성을 부여하며, 자본주의의 대안이 더 낫다는 주장에 훨씬 더 큰 부담을 안긴다. 이로 인해 튼튼한 자본 축적의 유지를 꾀하는 광범위한 국가 정책들에 대해 광범위한 공중의 지지가 뒷받침되며, 대다수의 사람들에게 혜택을 주더라도 자본주의적 이윤을 위협할 수 있는 정책은 체계적인 제약을 받는다. 자본주의가 대다수 인구의 물질적 이익을 자본의 이익에 효과적으로 묶어둘 수 있는 한, 다른 사회적 재생산 메커니즘들은 일할 것이 적다.

사회적 재생산에 관한 논의에서 자본주의의 경제 위기가 그렇게 크게 부각되는 것도 바로 이 메커니즘이 핵심적이기 때문인데, 위기 상황에서는 개인의 물질적 이익과 자본주의의 밀접한 연관이 약화되는 것이다. 위기가 계속될 때, 다수의 사람들은 노동시장과 자본주의적 통합의 핵심적 메커니즘들로부터 상대적으로 주변화될 수 있으며, 따라서 그들은 자본주의에 도전하는 이데올로기와 운동을 더 신뢰할 만한 것으로 여길 수 있다. 마르크스와 엥겔스의 『공산당 선언』의 유명한 마지막 말—"프롤레타리아들이 잃을 것이라고는 그들의 사슬밖에 없다. 그들이 얻을 것은 세계 전체이다. 만국의 노동자들이여, 단결하라!"—은 자본주의가 기본적인 물질적 복지와 안정을 제공하지 못할 때 특별한 설득력을 가진다. 노동자들에게 이 말이 설득력을 가진다면 이는 자본주의가 그들의 자유를 가로막기 때문만은 아닌 것이다. 따라서 자본주의의 안정성, 그리고 변혁적 도전에 맞선 자본주의의 튼튼함은 자본주의가 다수의 사람들에 대해 이와 같은 경제적 통합성을 계속 발생시킬 수 있는지에 상당히 좌우된다.

전제적 재생산과 헤게모니적 재생산

강제, 규칙, 이데올로기-문화, 물질적 이익은 그 각각 사회적 재생산 과정에 조금씩 부가적으로 공헌하는 네 가지 독립적이고 자율적인 메커니즘들로 이해되어서는 안 된다. 오히려 사회적 재생산은 이 과정들이 복잡한 형태로 상호작용한 결과이다. 제도적 규칙이 가장 잘 기능할 때는, 그것이 정당한 것이라고 사람들이 믿을 때(이데올로기의 한 측면), 그것을 따르는 것이 사람들에게 물질적 이익이 될 때, 그리고 그것을 위반하는 것에 대해 예측 가능한 제재가 존재할 때이다.[17] 강제는 드물게 이용될 때 더 효과적인데, 왜냐하면 대부분의 사람들은 의무나 자기이해로부터 법에 순응하기 때문이다. 이데올로기는 물질적 이익의 중요한 측면들과 결합될 때 더 강력하다. 따라서 사회적 재생산의 문제를 이해하기 위해 우리는 이 메커니즘들을 따로 떨어뜨려 연구해야 할 뿐만 아니라 무엇보다 메커

---

17 여기에서 요점은 사람들이 단순히 처벌을 두려워해서 제도적 규칙을 따른다는 것이 아니다. 대부분의 사람들이 대부분의 경우에 규칙에 순응하는 것은 규칙을 따르는 것이 의무라는 믿음 때문이다. 그럼에도 불구하고, 제재가 현실적으로 존재하고 예상 가능하다는 것은 여전히 중요한데, 왜냐하면 그것은 의무감을 가진 사람들에게 '다른 사람들'이 이 의무감을 결여해 규칙을 위반하면 처벌을 받기 쉬울 것임을 보여주기 때문이다. 이로 인해, 사람들이 규칙을 위반해도 무사할 때 일어나기 쉬운 의무감의 쇠퇴가 예방된다. 의무와 강제의 상호작용에 대한 체계적인 논의에 대해서는, Margaret Levi, *Of Rule and Revenue* (Berkeley: University of California Press, 1989)를 보라.

니즘들의 배열을 연구해야 한다.

이 재생산 메커니즘들의 두 가지 배열이 특히 중요하다. 전제적 재생산과 헤게모니적 재생산이 그것이다.

전제적 형태에서, 강제는 강제의 행사를 규정하는 특정한 제도적 규칙과 결합된 일차적인 사회적 재생산 메커니즘이다. 사회질서는 일차적으로 공포를 통해 유지되며, 잠재적인 변혁적 도전은 일차적으로 다양한 형태의 억압에 의해 차단된다. 이데올로기와 문화에도 여전히 역할이 있고, 물질적 이익에도 역할이 있다. 엘리트가 응집할 수 있게 하고 억압세력 내부가 필요한 만큼 충성할 수 있게 하는 한에서. 그러나 강제적 과정이 사회적 재생산의 대부분의 부담을 진다.

헤게모니적 형태의 재생산에서, 강제는 배경으로 물러나며, 피종속 계급과 집단의 적극적 동의가 훨씬 더 중요하다.[18] 적극적 동의는 사람들이 현존하는 권력·불평등의 구조를 재생산하는 데 기꺼이 참여하고 협동한다는 것을 뜻한다. 사람들이 그렇게 하는 것은 주로 공포 때문이 아니라, 그렇게 하는 것이 그들에게 이익이 되고 또 그것이 올바른 일이라고 믿기 때문이다. 적극적 동의는 그저 한 사람의 생계가 자본가의 이윤에 의존한다는 것을 인정하는 것이 아니다. 적극적 동의는 그 이상을 필요로 한다. 이는 자본주의적인 사회적 재생산의 전제적 체제에서조차 그렇다. 적극적 동의는 훨씬 더 강한 의미를 필요로 하는데, 자본 축적과 자본주의적 발전에서 나오는 이득의 일부 이상이 생산성 연계 임금 상승이나 "사회적 임금" 형태로 국가 재분배를 통해 보통사람들과 공유되어야 하는 것이다.

---

18 안토니오 그람시의 표현으로 헤게모니는 "강제의 갑주에 의해 보호"된다. Antonio Gramsci, *Selections from the Prison Notebooks,* edited and translated by Quintin Hoare and Geoffrey Nowell Smith (London: Lawrence and Wishart, 1971), p. 263을 보라.

성장으로부터 이득을 얻는 대가로 노동자들이 적극적 협력을 하는 이런 종류의 호혜적 보상은 "계급타협"이라 불린다.

적극적 동의가 일어나기 위해서는 또한, 그람시의 표현을 사용하면, 지배계급이 사회 전체에 "도덕적 지적 지도력"을 제공하는 것처럼 여겨져야 한다. '지도자'는 '우두머리'와 다르다. 우두머리에게 복종하는 것은 그의 권력 때문이다. 지도자를 따르는 것은, 그가 당신의 편이라고 믿고, 당신의 이익을 마음에 두고 있다고 믿으며, 당신이 그와 좋은 사회에 대한 전망을 공유하고 있다고 믿기 때문이다. 사실이 그렇다면, 현상태를 뒷받침하는 이데올로기는 사회에 강요된 소원한 사고로 경험되는 것이 아니라, 공동의 프로젝트 속에서 엘리트와 대중을 함께 연결시키는 "공동의식" (common sense)으로 경험된다.[19]

국가의 제도적 규칙들은 전제적인 사회적 재생산 체제에서보다 헤게모니적 체제에서 훨씬 더 복잡하다. 전제적 체제에서, 국가의 제도적 규칙들은 무엇보다 위협과 제재의 행사에 있어 일정한 역할을 수행함으로써 사회적 재생산에 영향을 미친다. 이 제도적 규칙들이 직면하는 주요한 문제는 자의적이고 자기 파괴적인 형태의 억압을 억제하는 것이다. 헤게모니적 형태의 사회적 재생산에서는 제도적 규칙들에 훨씬 더 큰 부담이 가해진다. 왜냐하면 이 규칙들은 계급타협을 촉진하고 적어도 대략적인 이데올로기적 합의를 조성하도록 요청받기 때문이다. 따라서 이 게임의 규칙들은 피종속 계급들의 행동뿐만 아니라 엘리트와 지배계급의 행동도 긍정적인 방식으로 이끌 필요가 있다.

---

19 Chantal Mouffe, "Hegemony and Ideology in Gramsci," in Chantal Mouffe (ed.), *Gramsci and Marxist Theory* (London: Routledge and Kegan Paul, 1979), pp. 168-206은 그람시의 이데올로기적 헤게모니 개념을 탁월하게 설명하면서, 이데올로기적 헤게모니가 엘리트와 대중 사이에 실질적인 이데올로기적 연관을 창조한다는 것을 강조한다.

사회적 재생산의 전제적 배열과 헤게모니적 배열은 이념형이다. 실제적인 자본주의 체제는 대부분 전제적 과정과 헤게모니적 과정 모두를 포함하고 있다. 오늘날의 미국에서 전제적 재생산은 인구의 일정 부분, 특히 도심 소수자와 관련하여 핵심적인 역할을 한다. 비상하게 높은 수준의 흑인 청년 감금은 헤게모니적 프로젝트의 실패를 반영한다. 다른 한편, "중간계급"의 상당 부분은 완전히 헤게모니적인 과정을 통해 사회적 재생산의 과제에 열정적으로 참여한다. 노동계급의 대부분에 대해서는 사회적 재생산은 혼합된 형태를 취한다.

| 한계, 틈, 모순

사회적 재생산 과정이 포괄적이고 효과적이며 완전히 일관적이라면, 효과적인 급진적 사회변혁 전략의 가능성은 거의 없을 것이다. 의도적인 사회 변화 가운데 유일하게 가능한 것은 현존하는 권력·특권 구조의 재생산과 완전히 양립할 수 있는 변화뿐이다.

사회이론에는 이 견해에 가까이 가는 조류들이 있다. 예컨대 푸코의 작업에 대한 어떤 해석들은 지배가 일상생활의 피륙 속으로 너무나 깊이 관통해 있어서 변혁적 저항의 여지가 사실상 존재하지 않는다고 본다. 이데올로기와 문화에 대한 몇몇 설명에 따르면, 지배적인 이데올로기와 문화 형태들의 장악력이 너무나 강력해서 의미 있는 도전이 어떻게 일어날 수 있는지 알기 어렵다. 그리고 국가의 억압 능력에 대한 몇몇 설명에 따르면, 사람들이 어떤 식으로든 헤게모니적 이데올로기의 구속에서 벗어난다 해도, 그들이 지배계급과 엘리트들을 심각하게 위협하는 집합행위를 조직할 때마다, 이러한 도전을 무용하게 하는 수준의 억압이 촉발될 것이다.

이 근본적인 비관주의에 대해 의심할 이유가 여러 가지 있다. 해방적 사회과학의 중심적인 과제의 하나는 변혁 전략의 공간들을 여는 재생산 체계들 내의 모순, 한계, 틈을 이해하는 것이다. 물론 이 공간들이 아주 넓어서, 지배, 억압, 착취의 구조들을 근본적으로 변혁하는 방향으로 의미 있게 나아갈 수 있을 것이라는 선험적인 보장은 언제 어디에도 없다. 그러나 이 공간들이 제한적일 때조차, 그것은 중요한 변혁을 허용할 수 있다. 아무튼 해방이론은 사회적 재생산의 메커니즘들을 조사해야 할 뿐만 아니라, 재생산 체계에서 금과 틈을 발생시키는 과정도 확인해야 한다.

그렇다면 자본주의 사회에서의 사회적 재생산에 존재하는 한계와 모순의 원천은 무엇인가? 네 가지 주제가 특히 중요하다.

1. 복잡성과 사회적 재생산의 모순된 요건들

사회적 재생산에 존재하는 한계와 틈의 첫 번째 원천, 아마도 가장 중요한 원천은 복잡성일 것이다. 특히 사회체계가 깊은 분열과 여러 형태의 억압을 중심으로 구축되어 있을 때, 사회체계의 안정적 재생산을 위해서는 다수의 요건들이 필요하며, 일반적으로 이 요건들이 완전히 일관적이라고 믿을 이유가 없다. 그리하여 사회적 재생산 과정은 끊임없이 딜레마와 트레이드오프에 직면하는데, 한 문제들을 해결하고 나면 이것이 다른 문제들을 심화시킬 수 있는 조건을 창조하게 되는 것이다.

이는 국가의 "프랑켄슈타인 문제"라 부를 수 있는데, 이에 대해 예증해 보자. 많은 익숙한 이유 때문에 시장과 생산의 다양한 측면들을 규제할 수 있는 효과적인 국가가 부재할 경우 자본주의는 스스로 파괴될 것이다. 따라서 국가가 개입하여 이러한 자기 파괴적 과정을 예방할 수 있도록 하는 "측면지원 체계"의 기능적 필요성이 존재한다. 금융제도가 규제되어야 하고, 인프라가 건설되어야 하며, 훈련과 교육이 제공되어야 하고, 약탈적 기업 관행이 통제되어야 하며, 계약이 이행되어야 하고, 부정적 외부효과가 저지되어야 하며, 독점이 규제되어야 한다는 것 등이다. 이 개입이 잘 먹혀들려면 국가가 일정 정도의 자율성과 효과적인 행동 능력—특정 자본가와 기업의 이익으로부터의 자율성, 그리고 자본가와 제 부문을 규율하기 위해 개입할 수 있는 실질적 능력—을 가져야 한다. 이러한 자율성이 없을 경우, 국가의 일부분이 특정한 자본가 집단들에 의해 사로잡히고, 국가권력이 자본주의 체제 전체의 작동을 관리하기보다 그들의 특수한 이익을 보호하기 위해 이용될 수 있다. 효과적인 행동 능력이 없을 경우, 국가의 규제적 개입은 효과가 없을 것이다. 하지만 국가가 이러한 자율성과 능력을 가지고 있다는 것은, 국가가 자본 축적을 촉진할 뿐만 아니라 그것에 손상을 가할 능력도 가지고 있다는 뜻이다. 이것은 국가가 심각한 실수를 저지른다든지 아니면 국가의 정치적 지도력이 이런저런 이유로 반자본주의적 목표를 추구한다든지 하여 사회적 재생산을 손상시킬 수 있다는 유령을 만들어낸다. 그리하여 프랑켄슈타인 문제가 발생한다. 자율적으로 기능적 개입을 할 수 있기 위해서 국가는 반드시 파괴적으로 개입할 수 있는 능력을 가져야 한다. 국가는 통제 불가능한 괴물이 될 수 있는 잠재력을 가지고 있는 탓이다.[20]

이 잠재적인 문제는, 안정적인 자본주의 경제의 조건들이 더 복잡해지

---

20 국가를 잠재적 프랑켄슈타인이라고 묘사하는 것은 클라우스 오페에게서 유래한다. 특히 Claus Offe, "The Capitalist State and the Problem of Policy Formation," in Leon Lindberg (ed.), *Stress and Contradiction in Contemporary Capitalism* (Lexington: D.C. Heath, 1975), pp. 125-44과 "The Crisis of Crisis Management: Elements of a Political Crisis Theory," in Claus Offe, *Contradictions of the Welfare State* (London: Hutchinson, 1984), pp. 35-61을 보라.

고 더 광범위한 국가 규제와 개입을 필요로 하게 됨에 따라 특히 심화된다. 국가의 개입 능력이 확대 심화됨에 따라, 행위의 영역들로서의 국가와 경제 사이에 그 경계가 어디인가 하는 문제가 항구적으로 발생한다. 이들은 더 이상 "자연적으로" 분리된 영역들로 간주되지 않으며, 따라서 경제와 관련된 국가 행위의 범위와 목적에 대해 항구적으로 이의가 제기된다. 이러한 이의 제기에 응답하여 자본주의 엘리트들과 그들이 지지하는 정치적 대표자들은 얼마 동안은 탈규제와 민영화를 향한 국가의 근본적 후퇴를 주장할 수도 있겠지만, 국가가 자본주의에 대한 경제적 규제로부터 정말 후퇴한다는 것은 환상이다. 만약 신자유주의의 반국가주의 주문呪文이 정말 이행되기라도 한다면, 자본주의의 위기는 격화될 것이고, 사회적 재생산에는 문제가 훨씬 더 많이 발생할 것이다. 그리하여 딜레마가 발생한다. 국가의 규제적 역할을 현저히 축소시켜 보라. 그러면 2008년에 시작되었던 것과 같은 심각한 경제적 혼란의 확률이 증가한다. 국가에게 효과적 개입에 필요한 능력과 자율성을 부여해 보라. 그러면 자본주의 경제의 영원한 정치화를 감수해야 한다.[21] 이 딜레마로 인해, 자본주의 국가 권력과 자본주의 경제의 접합에 있어 안정적이고 지속 가능한 균형은 존재하기 힘들 것이며, 장기적인 궤도는 규제-탈규제-재규제의 간헐적 순환을 수반할 확률이 더 높을 것이다.

자본주의의 안정적인 사회적 재생산을 위한 다수의 요건들 때문에, 다른 많은 모순과 딜레마도 발생한다. 지구적 기업의 재생산 조건과 지역적 자본주의 기업의 재생산 조건 사이의 긴장, 경제의 상이한 부문들(예컨대

---

21 클라우스 오페는 자본주의 경제를 재생산하는 국가의 역할에 있어 이러한 긴장을 묘사하기를, "정치적 행정[체계]가 경제체계를 정치적으로 규제하면서도, 이 경제체계의 실질을 정치화함으로 인해 자본주의 경제체계로서의 그 정체성을 부정하는 일 없이 규제할 수 있는가의 문제"라고 묘사한다. Offe, "The Crisis of Crisis Management," p. 52를 보라.

석유 대 수송, 그리고 건강관리 대 제조업)의 요건들 사이의 긴장, 자본주의의 장기적인 환경적 조건과 단기적인 자본 축적률 사이의 긴장 등등. 이 모든 조건들이 동시에 만족스럽게 충족되어 이 모든 긴장이 해소될 수 있는 안정적 균형은 존재하지 않으며, 이는 사회 변화 전략에 기회를 창조한다.

2. 전략적 의도성과 그 파생효과들

자본주의는 다양한 종류의 심각한 문제를 낳으며, 이를 해결하지 않은 채 방치하면 자본주의가 도전과 변혁에 더욱 취약하게 된다. 자본주의의 적극적인 사회적 재생산은 이와 같은 문제들을 해결하는 제도를 통해 이루어진다. 하지만 사회적 재생산의 문제에 대한 기능적으로 적절한 해법은 사회가 저절로 잘 움직여 이리저리해서 자동적으로 나오는 것은 아니다. 해법은, 문제와 대결하고 제도의 모습과 운영을 정의하는 권력을 놓고 투쟁하는 사람들의 의도적―전략적 행위를 통해 생산된다. 따라서 사회적 재생산 제도는 필연적으로 세 가지 중요한 문제들에 직면한다. 첫째, 제도적 설계는 단순한 강요의 결과라기보다 설계를 둘러싼 투쟁의 결과라는 문제. 둘째, 대안적인 제도적 설계―실천의 효과에 대한 지식이 불충분하다는 문제(그리고 때로 유력한 행위자들이 완전히 우둔하다는 문제). 셋째, 의도적 행위의 의도되지 않고 예상되지 않은 결과들이 누적된다는 문제.

사회적 재생산에서 핵심적인 역할을 하는 제도들은 이러한 제도들을 자신들이 원하는 대로 자유롭게 세울 수 있는 유력한 행위자들이 세심하게 의도적인 설계를 해서 나온 결과가 아니다. 이 제도들은 투쟁의 결과로서, 특히 다양한 엘리트 분파들 사이의 투쟁의 결과이지만, 또한 엘리트들과 민중적 사회세력 사이의 투쟁의 결과이기도 하다. 사람들은 "역사를 만들지만 그들이 원하는 대로 역사를 만들지는 않는다"는 마르크스의 경구는 대중들에게 적용되는 것만큼 엘리트들에게도 적용된다. 따라서 제도적 설계는 이 설계를 창조하고 발전시키는 데 참여한 사회세력들의 힘의 균형과 타협을 반영한다. 여기에서 비롯되는 제도는 분명 대부분의 경우 사회를 적절히 재생산하는 데 "꽤 좋겠지만", 변혁적 사회 변화에 대한 모든 시도를 막을 수 있는, 세밀하게 조절된 최적의 기구가 될 가능성은 아주 낮다.

둘째, 사회적 재생산에 중요한 제도들의 설계와 발전에 영향을 미치는 비교적 혼란스러운 조건들은 차치하고라도, 불충분한 지식은 만성적인 문제이다. 유력한 행위자들은 일반 시민들보다 더 세련된 경제학과 사회과학에 접근할 수 있겠지만, 여전히 사회의 작동 방식에 관해 단순한 이론에 빠지기 쉽고, 사회적 재생산을 위한 최적의 정책들에 관해 이데올로기적 판단 장애에 빠지기 쉽다. 국가와 기타 사회적 재생산 기관들의 지도자들이 자본의 이익과 자본주의의 사회적 재생산을 확보해주는 정책을 시행하고 싶다 해도, 많은 상황에서 그들은 이 목표들을 성취하는 데 무엇이 필요한지에 대한 아주 그릇된 이해에 기초해, 때로 놀랍도록 어리석게 행동한다. 부자와 유력자의 지혜는 고사하고라도 그들의 지력과 선견지명을 과대평가하는 것은 심각한 잘못이다. 따라서 아주 심각한 실수도 벌어질 수 있음을 예상해야 한다.

마지막으로, 정책들이 건전한 이론에 기초할 때조차, 대부분의 정책들은 의도되지 않은 부수효과를 가지고 있으며, 의도되지 않은 결과들이 누적되면 장기적으로는 최초에 효과적이었던 제도들의 가치가 손상될 수 있다. 따라서 이 제도들이 구축되는 전략적 조건들 때문에 사회적 재생산 과정에는 처음부터 틈이 존재하고 있으며, 이 틈은 의도되지 않은 결과들의 파생효과를 통해 장기적으로 더욱 커진다.

3. 제도적 경직성과 경로 의존성

의도되지 않은 결과들의 문제가 특히 중요한 이유는 사회적 재생산에 가해지는 제한들의 세 번째 원천, 즉 제도적 경직성 때문이다. 이것은 익숙한 쟁점이다. 거시사회적 재생산에서 중요한 역할을 하는 제도들은 특정한 역사적 조건 아래에서 창조되어, 특정한 문제와 특정한 제도 설계 가능성들에 마주친다. 이후 이 제도들의 발전은 이 최초 조건들의 흔적을 담고 있다. 더욱이 이 제도들은 그 자체가 사회체계여서 내적 균열, 위계, 권력 구조, 이익 갈등 등등을 지니고 있다. 장기적으로 유지되기 위해서는 이 제도들도 그 자신의 사회적 재생산을 위한 메커니즘을 필요로 한다.[22] 이 내적인 사회적 재생산 메커니즘들은 제도들을 상대적으로 경직되게 만든다. 즉 이 메커니즘들은 이 제도 내에서 권력과 불평등의 기본적인 구조를 유지하는 데 일조한다. 하지만 이 경직성으로 인해, 더 광범위한 사회적 재생산의 요건들이 변할 때 제도들이 유연하게 대응하는 것이 더 어려워진다.[23] 국가는 특정한 종류의 선거 규칙, 정치적 관할권, 행정 구조를 가지고 있다. 자본주의 기업은 특정한 기업구조, 관리 위계, 노동분업을 가지고 있다. 교육체계는 특정한 종류의 학생들, 노동시장, 문화시장을 다루도록 설계되어 있다. 따라서 한 시기에 일련의 조건 아래에서 사회적 재생산에 효과적으로 이바지한 제도들조차 조건들이 변화함에 따라 쉽게 그 효과가 현저히 떨어질 수 있다. 그러나 이 제도들 내의 기득

---

22 전통적인 마르크스주의 언어를 사용하면, 어떤 의미에서 상부구조가 상부구조를 내포하고 있는 것이다. 국가의 구조적 속성 몇몇은 국가 그 자체를 재생산하는 "기능"을 가지고 있다.

23 이 문제는 현존하는 제도를 유지하는 조직들뿐만 아니라 이 제도에 도전하는 조직들에게도 적용된다는 것이 지적되어야 한다. 정당과 노동조합은 그 자체의 내적인 위계와 권력관계, 그리고 내적인 사회적 재생산 메커니즘을 가진 제도들로서, 이러한 내적인 위계, 권력관계, 메커니즘들은 경로 의존적 경직성을 발생시켜, 이 조직들이 그들의 사회 환경 속에서 변화하는 전략적 요건들에 적응하는 것을 어렵게 할 수 있다.

권과 그들 자체의 재생산 메커니즘들의 힘 때문에, 이 제도들은 변화하거나 교체되기가 매우 어려울 수 있다.[24]

세 가지 예가 이 문제들을 예증할 것이다. 미국에서 대부분의 사람들은 그들의 고용자들로부터 건강보험을 얻는다. 1950년대와 1960년대에 대기업들은 피고용자들을 기업에 묶어두는 길로서 이 체제를 받아들였다. 이것은 비교적 값싼 부가혜택이었고, 안정적이고 충성스러운 노동력의 확보에 이바지한 종합정책의 일부로 간주되었다. 이 혜택은 점차 확대되어, 특히 오랫동안 기업을 위해 일한 은퇴 노동자들을 포함하게 되었다. 20세기 말에 이르러 인구가 노령화되고 건강 비용이 급속히 상승하게 되면서, 이 건강보험 의무는 많은 기업들에게 큰 부담이 되었다. 이는 미국의 자동차 대기업들이 21세기 초에 심각한 경제적 어려움에 처하게 된 이유의 하나이다. 하지만 이 사회적 재생산 제도는 대규모의 강력한 사적 건강보험체계에 묶여 있으며, 이 체계는 적어도 지금까지 대안적인 보편적 공공보험체계를 향한 모든 진지한 움직임을 효과적으로 가로막아 왔다. 미국에서 자본 축적이 전반적으로 안정되고 사회적으로 잘 재생산되어 왔다는 점에서 볼 때, 1990년대에 이르러서는 공적 재원에 기초한 일정한 형태의 보편적 보험이 고용자가 재원을 대는 사보험보다 거의 확실히 더 좋았을 것이다. 그러나 현존하는 체계의 제도적 경직성과 이와 결합된 이해들 때문에 이 변화는 일어날 수 없었다.

두 번째 예는 대부분의 미국 도시들에 존재하는 도시 운송과 주택의 패턴이다. 1950년대와 그 이후, 대대적인 고속도로 건설 및 근교화 프로젝

---

24 이것은 조직사회학에서 "조직 생태학"이라 불리는 학파의 강력한 발견 가운데 하나이다. 자본주의 기업에 대한 연구에 따르면, 기업들의 기본적인 조직적 설계는 내적인 변화 과정을 통해서 변하기보다는 주로 한 종류의 기업이 다른 종류의 기업을 대체함에 따라 변한다.

트는 미국에서 자동차에 기초한 활기찬 자본주의적 경제성장 과정에 기름을 부었다. 이 정책들은 미국 도시의 기존 환경을 변화시켰고, 공적 운송양식과 사적 운송양식의 균형에 대한 규범적 기대를 바꾸었다. 근교화와 자동차화의 이 쌍둥이 과정은 제2차 세계대전 이후 수십 년간 노동자들의 물질적 이해가 자본주의적 발전과 헤게모니적으로 통합되는 과정의 중심적 구성요소였다. 이 과정은 또한 공공운송의 물리적 인프라, 특히 가장 유명한 것으로 로스앤젤레스의 물리적 인프라를 파괴했고, 수송체계의 미래 발전에 심각한 제약을 가했다. 대부분의 미국 대도시들에서는 인프라가 결여되고, 저밀도 주거지 개발과 도시의 불규칙한 확대가 만연하게 되었다. 이로 인해, 오늘날 에너지 비용이 급속히 상승하고 지구온난화에 관한 염려가 심화되는 상황에서도, 새로운 대중 도시운송체계로 이동하기가 아주 어려워지고 있다. 이것이 개인들에게는 물론 자본주의에도 더 바람직한데 말이다.

세 번째 예는 캘리포니아 주에서 세금을 올리기 어렵도록 설계된 제도적 장치들, 특히 주 차원에서 절대 다수를 요건으로 한 것과 지역 차원에서 재산세에 대해 엄격한 제한을 가한 것이다. 이 메커니즘들은 1970년대에 주 행정 서비스의 확대에 반대한 반反 세금 보수주의 세력들에 의해 설치되었다. 당시에 만들어진 게임 규칙들은 헌법 수정을 필요로 하기에 바꾸기가 어렵다. 그 결과, 2009년 캘리포니아 주 정부의 재정 위기 때 기본적인 주 서비스에 필요한 세입을 올리는 것조차 거의 불가능했다. 이에 따른 주 정부의 마비는 주민 일반에 대해서는 물론 자본의 이익에 대해서도 아주 역기능적이다.

4. 우연성과 예측 불가능성

사회적 재생산의 과제와 문제가 계속해서 상당히 고정적이거나 이 과제들의 변화가 충분히 예측 가능해서 미리 잘 예상될 수 있다면, 제도적 경직성이 꼭 사회적 재생산 과정에 중대한 틈을 야기하지는 않을 것이다. 그러나 사정은 그렇지 않다. 아마 우리가 확실히 예측할 수 있는 한 가지는 미래가 불확실하다는 것일 것이다. 사회적 재생산의 핵심적인 제도들은 이 제도들에 가해지는 새로운 요구들에 신속하고 유연하게 대응하도록 설계될 수 있을지도 모른다. 결국 학습 능력과 적응 능력은 잘 설계된 제도들의 특징이다. 이것은 어느 정도는 자유민주주의가 자본주의 내에서 성취한 바이다. 왜냐하면 민주적 제도들은 사실 폐쇄적인 권위주의적 제도 구조들보다 더 효과적으로 학습과 변화를 가능하게 하기 때문이다. 그럼에도 불구하고 잘 기능하는 자유민주주의 제도들조차 제도적 타성에 빠져 있으며, 원활하게 조정되다가도 사회경제적 정치적 변화의 우연성과 예측 불가능성으로 인해 끊임없이 혼란에 빠진다.

사회적 재생산 과정의 틈과 모순에 대한 이 네 가지 주장은 자본주의의 사회적 재생산이 영구적으로 불안하다는 것을 의미하지 않는다. 강제, 제도적 규칙, 이데올로기, 물질적 이익의 메커니즘들에 힘입어 일반적으로 자본주의 사회는 그럭저럭 상당히 잘 헤쳐 나가고 파괴적 변화의 폭풍우를 견뎌낼 수 있다. 그러나 심지어 변혁적 도전의 전망이 아주 제한되어 있는 것처럼 보일 때에도, 사회적 재생산에서의 필연적인 한계와 모순으로 인해 미래에 예상치 않은 우연한 변화가 일어나 이러한 도전의 공간이 열릴 수 있다.

∎ 의도되지 않은 사회 변화의 기초적 동학과 궤도

해방적 변혁 이론의 구성요소들 가운데 앞의 두 가지가 우리에게 말해주는 것은, 어떤 급진적 사회 변혁 프로젝트도 사회적 재생산 메커니즘들에 의해 발생되는 체계적 장애에 직면하리라는 것, 그러나 재생산의 한계와 모순들이 적어도 주기적으로 변혁 전략을 가능하게 해주기에 이러한 장애에도 행동을 위한 틈과 공간이 있으리라는 것이다. 하지만 이 구성요소들은 그 스스로는 해방적 변화의 장기적 전망에 관해 어떤 특별한 진단도 제시해주지 않는다. 이 구성요소들은 이러한 행동 공간이 미래에 확대될지 아니면 축소될지, 혹은 재생산 메커니즘들이 더 일관적으로 될지 아니면 위기에 빠지게 될지를 말해주지 않는다. 이 때문에 우리에게는 사회 변화의 궤도에 관한 이론이 필요하다.

우리가 역사에서 관찰하는 대규모 사회 변화의 실제적 궤도는 변화를 낳는 두 가지 과정이 상호작용한 결과이다. 첫째, 현존하는 사회관계 아래에서 사람들이 행하는 '행위의 의도되지 않은' 누적적 '부산물', 그리고 둘째, 이러한 사회관계를 변혁시키기 위해 전략적으로 행동하는 사람들에 의한 '의식적인 사회 변화 프로젝트들의 의도된' 누적적 '결과'들이 그것이다. 첫 번째 과정은 자본가들이 새로운 기술을 도입하거나 새로운 투자·경쟁 전략을 채택하는 것, 가족들이 출산 행동을 바꾸는 것, 여성들이 아이를 출산한 후 그들의 노동시장 참여를 중단하지 않기로 결정하는 것 등을 포함한다. 이 모든 경우에 사람들은 세계를 변화시키려는 행위에 임하는 것이 아니라 그들이 직면하는 특정한 문제들을 해결하려는 행위에 임한다. 하지만 이러한 개별적 행위들이 전체적으로 누적된 결과 아주 광범위한 파생효과를 지닌 사회 변화가 일어난다. 이것이 "의도되지 않은 결과"인 이유는 이것이 반드시 원치 않은 것이기 때문이 아니라—예컨대 여성들의 개별적인 적응 전략의 누적적 결과로서 전통적 성 규범이 쇠퇴할 수 있고 이는 여성들이 환영하는 바일 것이다—이 광범위한 거시적 결과가 애초에 이 행위를 야기한 의도와 전략 속에 포함되어 있지 않았기 때문이다.

변화를 낳는 두 번째 과정은 다양한 종류의 집합행위자들—정당, 조합, 사회운동, 비영리 재단, 기업, 국가—이 사회구조와 사회제도를 다양한 방식으로 의도적으로 변화시키려는 행위를 포함한다. 국가 정책을 통해, 사회적 저항을 통해, 강력한 조직에 대한 압력을 통해, 실제적인 제도 구축 노력을 통해, 그리고 때로 폭력적 대결을 통해서 말이다. 물론 이 행위들도 의도되지 않은 누적적인 결과를 초래하고 따라서 첫 번째 종류의 과정의 예들이기도 하지만, 사회 변화를 낳으려는 목표를 직접적인 동기로 한다는 점에서 다르다.

의도적인 사회 변화 과정과 의도되지 않은 과정 모두 해방적 변혁에 결정적으로 중요하다. 급진 민주평등주의적 사회권력 강화를 향한 의미 있는 이동은 그저 우연히 다른 목적을 위한 사회적 행위의 부산물로 일어나는 어떤 것이 아니다. 그것은 의도적인 전략적 행위를 필요로 한다. 그리고 이러한 민중권력 강화는 유력한 행위자들의 이익을 위협하기 때문에, 이 전략적 행위는 보통 투쟁을 수반한다. 그러나 전략과 투쟁만으로는 충분하지 않다. 근본적 변혁이 일어나려면, 조건이 "무르익어야" 한다. 사회적 재생산 과정에 모순과 틈이 존재하기에, 전략이 유의미한 변혁적 효과를 낳을 수 있는 실질적 기회는 틀림없이 창조될 것이다. 물론 어떤 역사적 시기에는 집합적 행위자들의 의도적 전략 자체가 "조건들을 무르익게 하는" 일이 있을 수 있다. 그러나 보다 일반적으로 말하면, 사회적 해방 투쟁에 참여하는 집합적 행위자들에게 핵심적인 문제는, 변혁의 기회가 대체로 그들과 무관한 이유로 일어날 때, "그 때를 장악하는" 것이다.

의도되지 않은 사회 변화의 궤도가 이처럼 의도적 변혁 전략과 합류하는 것은 동시대에 일어난 모든 주요한 해방적 변혁의 특징이었다. 20세기 중반 이래 성 관계의 극적인 변화를 생각해 보라. 남성과 여성은 일자리를 찾고 결혼생활 속에서 집안일로 싸우며 수지를 맞추려고 애쓰고 아이들을 기르면서 삶을 살아갔다. 고용자들은 새로운 기술을 채택하고 새로운 종류의 노동 요건에 직면하며 노동자들을 찾았다. 대체로, 사람들은 세상을 바꾸기 위해 의도적으로 노력하지 않았다. 그들은 최선을 다해 삶을 살아가면서 그들이 맞닥뜨린 구체적인 문제들을 다루고자 했다. 하지만 그들이 직면한 기회들의 성격, 그들이 통제한 자원, 그들이 지닌 믿음, 그리고 그들이 궁극적으로 행한 선택 때문에, 그들은 성 관계의 변화에 누적적으로 이바지한 일들을 했다. 물론 이것이 이야기의 끝이 아니다. 사회 변화를 위한 의도적 노력 역시 결정적이었다. 여성들은 서로 힘을 합쳐 평등한 권리를 위해 싸웠다. 그들은 세계에 대한 그들의 이해를 바꾸려는 명시적인 목적을 가지고 의식 고양 그룹을 구성했다. 그들은 성 평등을 위한 지역적 제도 구축 프로젝트와 체제 수준의 변화를 위한 대규모 정치적 동원에 참여했다. 남성들은 자주 이 변화에 저항하고(그러나 항상 그런 것은 아니었다) 페미니스트들을 조롱했지만, 전반적으로는 변혁을 위한 세력이 더 강했다. 그들이 더 강했던 한 가지 중요한 이유는, 의도되지 않은 과정들의 누적적 효과로 인해 유력한 행위자들이 남성 지배를 유지하는 데 이해를 덜 가지게 되었다는 것이다.[25] 21세기 초에 이르러 개별적 행위들의 의도되지 않은

---

25 '유력한' 남성들이 성 평등에 적극적으로 반대하는 데 이해를 점차 잃게 된 사태를 특별히 강조하는 논의는 Robert Max Jackson, *Destined for Equality: The Inevitable Rise of Women's Status* (Cambridge, MA: Harvard University Press, 1998)에서 나온다. 미국에서 성 관계의 모순적 변화에 관한 내 견해를 더 상세히 논의한 것에 대해서는, Erik Olin Wright and Joel Rogers, *American Society: How it Really Works* (New York: W. W.

결과와 의도적 변혁 전략의 결과로, 20세기 중반의 성 질서는 광범위하게 변화되었다. 이것은 심층적인 성 평등이 실현되었다는 뜻이 아니라, 그래도 해방적인 방향으로 심층적인 변혁이 이루어져 왔다는 뜻이다.

데이비드 제임스는 1950년대와 1960년대의 시민권운동이, 앞선 시기에 실패했던 것과 달리, 미국 남부의 차별주의 인종 지배 제도들을 성공적으로 변혁시킨 것에 대해 위와 유사한 주장을 해 왔다.[26] 제임스의 주장은 19세기 말에 차별주의 인종 국가가 등장해 남부에서 현저히 공고화되었는데, 왜냐하면 이러한 국가는 농업노동, 특히 소작에 대한 억압적 형태의 통제를 사회적으로 재생산하는 데 중요했기 때문이라는 것이다. 그러나 1930년대에 소작의 파괴와 남부 농업의 기계화가 일어났고 이것이 핵심적인 역할을 하여 이러한 국가 형태의 물질적 기초가 허물어졌으며, 제2차 세계대전 이후 정치적 조건이 변화하면서 이러한 국가 형태가 변화에 훨씬 더 취약해졌다. 따라서 시민권운동이 차별주의 제도에 대해 투쟁을 강화했을 때, 동원 능력은 더 커졌고, 변화에 대한 저항 형태들은 반세기 전보다 더 불균등해졌다. 이 투쟁은 차별주의 국가를 파괴하는 데 여전히 결정적이었지만, 이 투쟁의 성공 확률은 이전의 사반세기에 걸친 의도되지 않은 사회 변화의 누적적 효과들 때문에 크게 높아졌다.

사회 변화의 궤도를 발생시키는 과정들의 이 이중성은 해방적 변혁 프로젝트에 헌신하는 사람들에게 심각한 문제를 제기한다. 문제는 이것이다. 특히 선진 자본주의 사회에서 현존하는 권력·불평등·특권 제도들의 근본적인 해방적 변혁 전략은 설득력을 가지려면 상당히 긴 시간 지평을

Norton, 2010), chapter 15, "Gender Inequality"를 보라.

26　David James, "The Transformation of the Southern Racial State: Class and Race Determinants of Local-State Structures," *American Sociological Review*, 53 (1988), pp. 191-208.

가져야 한다는 것이다. 설득력 있게 먹혀들 수 있는 단기적 전략은 결코 존재하지 않는다. 우리가 세우는 전략의 환경이 되는 기본적인 사회구조적 매개변수들이 계속 고정되어 있다고 믿는다면, 우리는 아마 조건들이 장기적으로 어떻게 변하는지에 대해 지나치게 염려하지 않아도 될 것이다. 그러나 사정이 그렇지 않기에, 일관된 장기적 전략을 가지기 위해 우리는 의도되지 않고 계획되지 않은 변화들이 미래로 펼쳐지는 일반적 궤도에 대해 적어도 거칠게라도 이해할 필요가 있다.

고전적 마르크스주의가 바로 이러한 이론을 제안했다. 제4장에서 주장했듯이, 역사적 유물론은 기본적으로 자본주의의 미래사에 관한 이론이다. 마르크스는 자본 축적 과정에서의 자본주의적 경쟁과 착취의 의도되지 않은 결과가 어떻게 자본주의 "운동 법칙"을 발생시켜, 자본주의가 특정한 발전 궤도를 따라 나아가게 하는지를 확인하고자 했다. 이 궤도는 여러 가지 두드러진 특징을 가지고 있었다. 시장관계의 넓이와 깊이가 계속 심화되어 지구적 자본주의와 사회생활의 상품화로 귀결되는 것, 심화되는 자본의 집적과 집중, 자본 집약도와 생산성이 장기적으로 증가하는 일반적 경향, 경제 위기의 주기적 강화, 노동계급의 확대 및 그 동질화 경향 그리고 그 결과 노동계급의 집합적 투쟁 능력의 상승 경향, 그리고 이윤율의 장기적인 경향적 저하의 결과 적극적인 사회적 재생산 메커니즘의 약화 등등이 그것이다. 이 고전적 이론에서는 사회적 재생산 과정, 동태적 궤도, 모순들 사이에 깊은 연관이 존재한다. 자본/노동관계를 소극적으로 재생산하는 과정들—착취와 자본 축적—자체가 이 자본/노동관계를 동태적으로 변화시켜, 체제 전체의 적극적 재생산에 있어 모순이 증가하는 궤도를 야기하는 것이다.

사실 역사적 유물론의 많은 예측들이 자본주의의 실제 역사를 통해 증명되어 왔다. 특히 자본주의는 지구적 자본 축적 체제가 되었다. 기업들은 절대적 규모에서도 상대적 규모에서도 성장했다. 그리고 자본주의적 상품화는 사회생활 속으로 훨씬 더 광범위하게 침투했다. 그러나 다른 예측들은 적절해 보이지 않는다. 자본주의는 체계적인 위기 강화 경향에 직면하는 것으로 보이지 않는다. 계급구조는 양극화된 구조로 단순화되지 않았고, 노동계급은 동질화되지 않았다. 대다수 사람들의 직접적인 물질적 이익을 자본주의에 묶는 사회적 재생산의 경제적 메커니즘들이 크게 약화된 것으로 보이지는 않는다. 따라서 (자본주의의 미래에 관한 이론으로 이해되는) 역사적 유물론은 의도되지 않은 사회 변화의 궤도에 관한 적절한 이론으로 보이지 않으며, 따라서 해방적 변혁 전략을 발전시키는 문제의 토대를 닦을 수 없는 것 같다.

현재로서는 우리에게 이러한 이론이 없다. 가까운 미래를 넘어서는 사회 변화의 내재적 경향에 관한 우리의 이론은 기껏해야 근래의 과거에서 관찰 가능한 경향들을 현재에 외삽外揷한 것이거나 장기적 가능성에 관한 추측에 불과하다. 따라서 급진적 사회 변화를 위한 전략적 행위·계획의 바람직한 시간 지평과 우리 이론의 실제적 시간 지평 사이에는 간극이 존재한다. 이것은 다만 좋은 이론을 발전시키지 못한 것을 반영하는 것일 수도 있다. 그러나 이것은 또한 이 문제의 고유한 복잡성을 반영하는 것일 수도 있다. 아무튼 미래의 경향에 관한 이론을 발전시키지는 못해도, 과거에 일어난 역사적 발전 궤도를 설명하는 아주 강력한 이론을 가질 수는 있다. 진화생물학이 그런 경우인데, 진화생물학은 단세포동물에서 현재에까지 이르는 생물의 궤도에 관한 견실한 설명을 가지고 있지만, 미래의 진화가 어떤 것이 될지에 대해서는 사실상 아무 이론도 가지고 있지 않다.[27] 이것은 사회 변화 이론에 대해서도 그럴 수 있다. 우리는 현재에까지 이르는 변화의 궤도에 대해서는 엄밀하고 설득력 있는 설명을 제시할 수도 있지만, 미래가 어떤 모습을 준비해 두고 있는지에 대해서는 사실 많이 설명할 능력이 없다.

아무튼 이유가 무엇이든 간에, 우리에게는 현재 의도되지 않은 사회 변화의 장기적인 내재적 궤도에 대해 설득력 있는 이론이 없다. 이것은 변혁 이론의 네 번째 요소, 즉 변혁 전략의 이론에 더 큰 부담을 안긴다. 왜냐하면 이 이론은 변혁 투쟁이 십중팔구 마주치게 될 조건들의 궤도에 대한 만족스러운 이해도 없이 변혁 투쟁의 문제와 씨름하지 않을 수 없기 때문이다.

| 변혁 전략

변혁 이론의 마지막 요소는 집합행위와 변혁 전략에 직접 초점을 맞춘다. 핵심적인 문제는 이것이다. 사회적 재생산 과정이 낳는 해방적 변혁의 장애와 기회, 이 과정의 틈, 그리고 미래로 이어지는 의도되지 않은 사회 변화의 불확실한 궤도를 고려할 때, 우리는 어떤 집합적 전략의 도움으로 사회적 해방의 방향으로 나아갈 것인가?

다음의 세 장에서 우리는 사회권력 강화의 새로운 제도들을 구축할 수 있는 세 가지 기본적인 변혁 논리에 초점을 맞출 것이다. '단절적'

---

27 생물학적 진화의 미래를 이론화하는 것이 이처럼 불가능한 이유는 실제의 진화 과정을 설명하는 데 있어 우연한 사건들—예컨대 소행성이 지구와 부딪치는 것—이 엄청난 역할을 하기 때문이다. 진화론의 역사적 설명들이 지닌 독특한 특질에 관한 논의에 대해서는, Erik Olin Wright, Andrew Levine, and Elliott Sober, *Reconstructing Marxism: Essays on Explanation and the Theory of History* (London: Verso, 1992), chapter 3를 보라.

(ruptural) 논리, '틈새적'(interstitial) 논리, '공생적'(symbiotic) 논리가 그것이다. 이 변혁 논리들은 체제 변혁의 궤도에 관한 전망 면에서, 그리고 또한 이 궤도를 따라 나아가는 데 필요한 전략들의 성격에 대한 이해 면에서 서로 틀리다. 이 차이들은 그림 8.1에서 이념화된 방식으로 요약될 것이다.

1. 체제 변혁의 궤도에 관한 전망

체제 변혁의 궤도에 관한 여러 전망을 가르는 핵심적인 차이, 자본주의를 넘어서는 어떤 궤도도 필연적으로 결정적인 '단절'을 수반할 것이라는 견해와, 그리고 체제 전반에 어떤 불연속의 순간도 없는, 지속적인 '변형'의 궤도를 예상하는 견해들 사이의 차이이다. 단절적 변혁은 현존하는 제도와 사회구조 내에서의 첨예한 파열을 통해 사회권력 강화의 새로운 제도들을 창조하는 것을 구상한다. 그 핵심적인 생각은 직접 대결과 정치투쟁을 통해 제도적 구조에 근본적 분열을 야기해, 현존하는 제도를 파괴하고 새로운 제도를 아주 빨리 건설할 수 있다는 것이다. 먼저 분쇄하라, 그 다음 건설하라. 이 발상의 대표적 버전이 사회주의로의 이행을 위한 혁명적 시나리오이다. 혁명은 사회권력 강화를 향한 민중세력의 결정적이고 포괄적인 승리로서, 국가의 구조, 그리고 경제구조의 기초가 급속히 변혁되기에 이른다.

다른 한편, 변형을 통한 변화에 관한 전망들 내에는 두 가지 견해가 있다. '틈새적' 변형과 '공생적' 변형이 그것이다. 틈새적 변혁은 자본주의 사회의 틈새와 주변에서 새로운 형태의 사회권력 강화를 구축하고자 하며, 지배계급과 엘리트들에 대해 어떤 직접적인 위협도 제기하지 않는 것처럼 보일 때가 많다. 이 사회권력 강화 전략은 시민사회 속에 가장 깊이 묻혀들어 있고, 종종 급진적 자본주의 비판가들의 레이더 스크린 밑에 있다. 틈새 전략은 사회 변화에 대한 일부 무정부주의적 접근법의 중심에 있고 또 많은 지역사회 활동가들의 노력에서 커다란 실천적 역할을 하고 있다. 하지만 마르크스주의 전통에 있는 사회주의자들은 종종 이러한 노력을 비난하면서, 이러한 노력이 단지 현실을 완화하는 것이거나 상징적인 것일 뿐이어서 현상태에 대한 심각한 도전의 전망을 거의 제공하지 못한다고 본다. 하지만 누적적으로 볼 때 이러한 발전은 사람들의 삶에 진정한 차이를 가져올 뿐만 아니라, 사회 전체적으로 사회권력 강화의 변혁적 범위를 확대시키는 핵심적인 구성요소가 될 수도 있다.

공생적 변혁은, 민중적 사회권력 강화의 제도적 형태를 확대·심화시키는 것이 동시에 지배계급과 엘리트들이 직면하는 어떤 실제적 문제들을 해결하는 데 도움이 되는 전략을 수반한다. 자본주의 국가의 민주화가 이러한 성격을 가지고 있었다. 민주주의는 아래로부터의 집중적인 압력과 투쟁의 결과로서, 처음에는 자본가 지배의 안정성에 심각한 위협으로 여겨졌다. 그러나 자유민주주의는 결국 광범위한 문제들을 해결하는 데 기여했고 그런 가운데 자본가 지배의 안정성에 공헌했다. 사회권력 강화는 환상이 아니라 현실이었지만, 그것은 또한 문제들을 해결하는 데 도움을 줘 자본가와 기타 엘리트들의 이익에 복무했다. 따라서 공생적 변혁은 모순적인 성격을 가지고 있어서, 사회권력을 확대하는 동시에 현존 체제의 여러 측면들을 강화하기도 한다.

이 세 가지 전망은 반자본주의의 세 가지 전통, 곧 혁명적 사회주의 전통, 무정부주의 전통, 사회민주주의 전통과 대체로 상응한다.

그림 8.1 변혁의 세 가지 모델: 단절적, 틈새적, 공생적 모델

자본주의를 넘어서는 체제 변혁의 궤도에 관한 전망

	단절적	틈새적 변형	공생적 변형
변혁 논리와 가장 밀접히 관련된 정치 전통	혁명적 사회주의/ 공산주의	무정부주의	사회민주주의
변혁을 위한 핵심적인 집합행위자	정당으로 조직된 계급	사회운동	사회세력과 노동의 연합
국가에 관한 전략적 논리	국가 공격	국가 밖에서 대안 건설	국가의 이용 : 국가 영역에서 투쟁
자본주의 계급에 관한 전략적 논리	부르주아지와 대결	부르주아지 무시	부르주아지와 협력
성공의 은유	전쟁 (승리와 패배)	생태적 경쟁	진화적 적응

2. 변혁을 위한 핵심적 집합행위자

전략이 다르면 변혁에 참여하는 핵심적 집합행위자들에 대한 구상도 달라진다. 단절 전략에서는 '정당을 통해 조직된 계급들'이 중심적인 집합행위자들이다. 마르크스주의 전통에서 이것을 포착하는 것이 "계급투쟁은 역사의 동력이다"라는 경구이다. 틈새 전략은 이질적인 유권자, 이질

인 이익, 이질적인 정체성에 근거한 '사회운동'을 중심으로 한다. 어떤 사회적 범주도 변혁 프로젝트의 지도자라는 특권을 가지지 못한다. 각기 다른 집합행위자들은 각기 다른 종류의 틈새 전략을 수행하기에 가장 좋은 위치에 있으며, "가장 중요한" 행위자로 생각될 수 있는 집합행위자가 있느냐 없느냐는 역사적으로 그리고 상황에 따라 다를 것이다. 마지막으로, 공생 전략은 '민중연합'을 중심으로 구축되며, 여기에서는 보통 노동운동이 특히 중심적인 역할을 하는데, 이는 적극적인 계급타협을 창출하는 데 노동운동이 중요하기 때문이다.

3. 국가에 관한 전략적 논리

단절 전략은 '국가에 대한 정면 공격'을 정점으로 하는 정치과정을 그린다. 이것은 혁명적 정치 전략의 특징적인 생각이다. 국가권력은 자본주의를 초월하는 데 필수적이며, 반체제 세력은 자본주의 국가의 핵심 제도들을 파괴함으로써만 국가권력을 안정적으로 확보할 수 있다. 반대로 틈새 전략은 '국가 밖에서' 움직이며, 국가권력과의 대결을 가능한 한 피하려고 한다. 여기에서 핵심적인 생각은 사회에 대항 헤게모니적 제도들을 구축하자는 것이다. 이 공간들을 창조하거나 방어하려면 국가에 대립하는 투쟁이 필요한 상황이 존재할 수도 있지만, 이 전략의 핵심은 국가 밖에서 움직이는 것이다. 마지막으로, 공생 전략은 국가 자체를 투쟁의 영역으로 보며, '국가를 이용'해 국가 내에서는 물론 기타의 권력 소재지에서 사회권력을 구축할 수 있는 가능성이 존재한다는 것이다.

4. 자본가계급에 관한 전략적 논리

단절 전략은 자본가계급과의 계급투쟁이 '첨예한 대결'의 형태를 취한다고 예상한다. 자본가들은 양보를 하도록 강제되어야 하며, 이러한 양보가 지속될 수 있는 유일한 길은 폭력을 사용하겠다고 위협할 수 있는 지속적 능력이다. 대결적 계급투쟁을 통해서만, 변혁의 궤도를 따라 나아가, 단절적 파열이 역사적으로 가능해지는 지점까지 이를 수 있다. 틈새 전략은 대결을 피하려고 노력한다. '부르주아지를 무시하라'가 전략적 목표이다. 자본주의와 직접 대결하는 것이 아니라, 대안을 건설해서 자본주의에 도전하라. 공생 전략은 '적극적 협력'—내가 말하는 적극적 계급타협—의 조건을 창출하고자 한다. 이를 위해서는 대결도 필요할 수 있지만, 이는 자본가들을 위해 어떤 위험한 시나리오들을 차단해 줌으로써 적극적 협력의 조건을 창출하기 위해서이다.

5. 변혁과정에서의 성공의 은유들

단절 전략의 핵심적 은유는 전쟁이다. 사회주의로의 이동은 자본과의 대결과 국가에 대한 공격 속에서 승리와 패배의 불균등한 과정을 통해 일어난다. 이것은 직선적인 과정이 아니다. 역전이 있고 교착상태가 있다. 하지만 그래도 이 궤도를 따라 성공적으로 나아가는 것은 이 투쟁에서의 승리에 달려 있고, 미래에 더 전면적인 승리를 거두기 위한 능력을 구축하는 것에 달려 있다. 틈새적 성공은, 한 종류의 유기체가 처음에 틈새에서 기반을 얻었다가 결국 음식을 둘러싸고 경쟁자들을 물리친 후 환경을 지배하게 되는 그런 복잡한 생태계와 비슷하다. 공생적 성공은, 구조적 속성들이 적응을 통해 수정되고 이 적응이 점진적으로 사회권력을 확장시켜 결국에는 새로운 종의 탄생으로 귀결되는 그런 진화과정과 비슷하다.

이 전략들 가운데 어떤 것도 단순하거나 문제가 없지 않다. 모든 전략은 딜레마, 위험, 한계를 내포하고 있으며, 아무 것도 성공을 보장하지 못한다. 시간과 장소에 따라 이 변혁 양식이나 저 변혁 양식이 가장 효과적일 수도 있지만, 보통은 모든 전략이 다 적절하다. 활동가들이 한 가지 전략적 전망에 깊이 몰두해 이를 보편타당한 것으로 보게 되는 일이 자주 일어난다. 그 결과, 거부된 전략 모델들과 맞서 싸우다 상당한 에너지가 소비된다. 해방적 변혁의 장기적 정치 프로젝트가 성공 가능성을 조금이라도 가지려면, 이 전략들의 상이한 요소들을 결합하는 성가신 문제와 씨름해야 한다. 비록 이 요소들이 상반되는 목적으로 움직이는 일이 흔하기는 해도 말이다. 이 세 가지 변혁 모델을 더 상세히 검토하는 것이 다음 세 장의 과제이다.

09 │ 단절적 변혁

21세기 초에 자본주의의 단절적 변혁(ruptural transformation)에 대해 길게 논하는 것은 이상해 보일 것이다. 물론 혁명적 수사가 완전히 사라진 것은 아니다. 하지만, 오늘날 자본주의 비판자들 가운데 선진 자본주의 국가를 혁명적으로 타도하는 것이 설득력 있는 해방적 사회 변혁 전략이라고 생각하는 사람은 거의 없다. 이러한 전략을 채택할 때 일어나는 직접적 결과가 도덕적으로 정당한가, 혹은 이러한 타도가 궁극적으로 바람직한 결과를 낳을 것인가는 차치하고라도, 이 전략이 성공할 수 있을 거라는 생각 자체가 아주 억지스러워 보인다.

그럼에도 불구하고 나는 네 가지 이유 때문에 단절 전략을 논할 가치가 있다고 믿는다. 첫째, 정치 활동가들은 특히 그들이 젊을 때 현존하는 제도들과 근본적으로 단절하자는 생각에 끌리기 쉽다. 현존하는 권력·특권·불평등 구조는 너무나 사악하고 인간의 번영에 대한 열망을 너무나 손상시키기에, 이 구조를 분쇄하고 뭔가 새롭고 더 나은 것을 창조하자는 생각은 매력적일 수 있다. 이것은 소망적 사고나 낭만적 환상 때문일지도 모르지만, 혁명적 단절이라는 발상은 적어도 일부 활동가들의 상상력을 계속해서 자극한다. 둘째, 단절적 사회 변혁 전략의 논리와 한계에 대한 명확한 이해는 대안적 전략을 명확히 하는 데 도움을 줄 수 있다. 좌파의 이론적·정치적 논쟁은 19세기 이래 "개혁" 대 "혁명"으로 이루어져 왔으며, 대체로 이와 같은 대비를 통해 개혁의 내용이 분명해진다. 셋째, 나는 체제 전반적인 단절 전략의 가능성에 대해 아주 회의적이다. 그러나 특정한 제도적 환경에서 이루어지는 제한적 형태의 단절은 가능할 수도 있으며, 분명 단절 전략의 어떤 측면들—지배계급 및 국가와의 첨예한 대결을 강조하는 것과 같은—은 특정한 상황 아래 중요하다. 단절적 변혁의 논리는 사회 체제 전체 차원에서의 총체적 단절로 한정될 필요가 없다. 마지막으로, 21세기 초 선진 자본주의 국가에서 사회권력 강화를 위한 체제적 단절 전략이 설득력이 없다 해도, 아무도 미래가 어떤 것일지를 보여주는 수정 구슬을 가지고 있지는 않다. 오늘날의 세계에서 선진 자본주의적 민주주의의 국가 제도들은 튼튼하기 때문에, 단절 전략은 설득력이 없어졌다. 그러나 어떤 예기치 않은 미래에 선진 사회들의 모순은 이 제도들을 대대적으로 손상시킬 수 있을 것이다. 균형은 깨지게 마련이다. 체제적 위기는 헤게모니의 기초를 파괴한다. 단절은 만들어지는 것이 아니라 그냥 일어날 수도 있으며, 이러한 상황에서 단절 전략은 마르크스주의자들이 말하곤 했던 역사적 "필연성"이 될 수도 있다.[1] 단절 전략은 미래의

---

[1] Theda Skocpol은 그녀의 영향력 있는 책 *States and Social Revolutions* (Cambridge: Cambridge University Press, 1979)에서 혁명은 만들어지는 것이 아니라 일어나는 것이라고 주장했다. 이것이 뜻하는 것은, 국가권력의 혁명적 장악을 가능하게 하는 위기 조건들은 혁명가들의 전략의 결과가 아니라, 대규모의 동태적 과정들이 행위자들의 등 뒤에서 작동하는 가운데, "혁명적 상황"을 일으키는 사건들이 우연히 역사적으로 결합

어떤 시점, 어떤 곳에서 더 적절해질 수 있기 때문에, 단절 전략 개념은 여전히 사회 변혁에 관한 우리의 전략적 사고에 포함되어야 한다.

Ⅰ 핵심적인 질문과 기본적인 가정들

내가 이 장에서 제기하고 싶은 질문은 이것이다. 사람들은 어떤 조건들 아래에서 선진 자본주의 국가들의 자본주의에 대항하는 단절 전략에 광범위한 지지를 보낼 것인가? 이에 대한 분석은 세 가지 가정에 기초해 있다.

첫째, 잘 기능하는 자유민주주의 제도를 가진 선진 자본주의 국가들에서 사회주의를 위한 단절 전략은 중요한 면에서 자본주의 국가의 통상적인 민주적 과정을 나가야 할 것이다. 그렇다고 이 단절 전략이 국가 형태 그 자체의 근본적 변혁을 수반하지 않으리라는 것은 아니다. 국가를 더 깊이 민주화시키는 것은 분명 사회권력 강화라는 의제의 핵심이다. 또 단절 전략이 국가 바깥에서의, 시민사회와 경제 안에서의 정치적 행위를 수반하지 않으리라는 것도 아니다. 내가 가정하는 것은 다만, 단절적 변혁 전략이 실행 가능하다 해도, 그것은 고전적 혁명 모델처럼 탈의회주의적 수단을 통해 폭력적 반란을 일으켜 국가를 공격하고 전복하는 형태를 취하지는 않으리라는 것이다. 이 가정을 하는 이유는 반란적 폭력에 대한 어떤 절대적인 도덕적 반대에 기초해 혁명을 거부하기 때문이 아니다. 예측 가능한 역사적 조건 아래에서 이러한 수단으로는 선진 자본주의 국가들에서 심층적으로 평등주의적이고 민주적인 형태의 사회권력 강화가 실

된 결과라는 것이다. 혁명 정당들은 "그 순간을 장악하며," 이를 위해 그들은 분명 어떤 의미에서 준비되어 있어야 한다. 그러나 실제적인 단절 전략은 정말 이러한 순간들 속에서만 작동하게 된다. (이 쟁점들은 존스 홉킨스 대학의 두 대학원생 Sefika Kumral과 Erdem Yoruk가 단절적 변혁 논리에 관한 토론에서 제기했다.)

현될 수 없을 것이라고 믿기 때문이다.[2] 따라서 '민주평등주의적 사회주의의 목표를 위해' 단절 전략을 추구한다면, 그것은 아무리 어렵다 해도 현존하는 불완전한 국가 기구를 거쳐 나가야 할 것이다.[3]

둘째, 나는 대의민주주의 제도를 거쳐 나가야 할 필요성을 고려할 때 광범위한 민중적 지지는 설득력 있는 단절 전략의 필요조건이라고 가정한다. 충분조건은 아니라 해도 말이다. 잘 조직된 정치 세력이 대다수 인구의 지지를 받지 않고서도 "그 순간을 장악하고" 국가가 심각하게 약화된 상황을 이용했기에 정치제도의 단절을 가져온 역사적 사례들도 분명히 있었다. 그러나 이것이 우리가 이 책에서 탐구하고 있는 종류의 광범위하고 민주적인 사회권력 강화의 궤도로 귀결되지는 않았다. 따라서 이 장 전체에 걸쳐 내가 가정하는 것은, 단절 전략을 중심으로 삼아 사회권력 강화에 기초한 튼튼한 사회주의를 건설하고자 한다면, 이 전략이 대다수 인구에게 지지를 받아야 하리라는 것이다.

셋째, 아담 쉐보르스키의 영향력 있는 저작[4]을 따라 나는 다음과 같이 가정한다. 광범위하고 '지속 가능한' 민중적 지지를 얻기 위한 필요조건은, 사회주의가 (이것이 어떻게 정의되건) 대다수 사람들에게 궁극적으로 물

---

[2] 종종 "목적은 수단을 정당화할 수 없다"고 말하지만, 수단이 완전히 무해한 것이 아니라면, '오직' 목적만이 수단을 정당화할 수 있다. 어떤 수단은 어떤 목적으로도 정당화될 수 없는 경우가 있을 수 있겠지만, 대부분의 실세계 상황에서 투쟁 수단은 국외자들에 대한 바람직하지 못한 부수효과와 다양한 종류의 의도되지 않은 부정적 결과를 야기한다. 이 수단이 그래도 정당화될 수 있는지 없는지를 결정할 때 목적의 정당성은 일정한 역할을 해야 한다. 아무튼 수단이 그 의도한 목적을 설득력 있게 이루지 못한다면, 그것은 정당하지 않다.

[3] 이것은 물론 강제가 단절 전략의 일부가 되지 않을 것임을 뜻하지는 않는다. 왜냐하면 단절적 변혁을 위해 국가권력이 일단 사용된다면, 반혁명에 맞서 국가를 방어하는 데 강제가 필요할 수 있기 때문이다. 이는 반혁명 자체가 폭력적일 때 특히 그렇다. 내가 여기에서 가정하는 것은 다만, 국가권력에 대한 통제가 권력을 쥐고 있는 체제에 대한 폭력적 반란과 타도를 통해 이루어지는 것이 아니라 통상적인 민주적 수단을 통해 이루어져야 한다는 것이며, 단절적 변혁이 일어나는 동안 국가의 민주적 구조가 유지되어야 한다는 것이다.

[4] Adam Przeworski, *Capitalism and Social Democracy* (Cambridge: Cambridge University Press, 1985)와 Adam Przeworski and John Sprague, *Paper Stones* (Chicago: Chicago University Press, 1986)을 보라.

질적 이익을 가져다주어야 한다는 것이다.[5] 그렇다고 자본주의에 대한 투쟁에서 물질적 이익과 직접 연관되지 않은 도덕적 헌신이 중요하지 않다는 것은 아니다. 도덕적 헌신은 엄청나게 중요하며, 튼튼한 집합행위에 반드시 필요한 연대와 희생을 불러일으키는 데 기여한다. 이렇듯 이데올로기와 도덕적 헌신이 자본주의와의 근본적 단절에 대한 지지를 강화함에도 불구하고, 나는 이것들이 결국 물질적 이익의 기초에 좌우된다고 가정한다. 물질적 이익이 없을 때, 이데올로기적 헌신은 그 자체로는 지속적인 민중적 지지를 낳을 수 없을 것이다.[6] 어떤 형태의 사회주의이건 대다수 사람들에 대해 삶의 물질적인 조건이 자본주의 하에서보다 더 나쁘다면, 이 사회주의는 결국 지속 가능하지 않을 것이다.

이하의 분석은 이 세 가지 가정에 기초해 있다. 이 장의 마지막 부분에서 우리는 이 가정을 완화하는 것이 어떤 함의를 지니는지를 검토할 것이다.

| 단절적 변혁과 이행의 저점

따라서 핵심적인 문제는 이것이다. 어떤 조건 아래에서 사회주의 단절 전략은 다수의 사람들에게 충분한 물질적 이익을 줌으로써 설득력 있는 변혁 전략이 될 수 있는가? 현존하는 제도와의 첨예한 단절을 수반하는 대규모 사회 변화 프로젝트와 관련해 사람들의 물질적 이익은 세 가지 핵심적인 변수에 따라 달라진다.

---

5 이 문맥에서 "물질적 이익"은 확장적으로 이해되어, 소비는 물론 여가도, 소득은 물론 노동의 질도 포함해야 한다.

6 여기에서 쟁점은 개인들이 이러한 단절을 위한 정치투쟁에 적극적으로 참여할 것인가 아닌가의 표준적인 집합행위 문제가 아니라, 어떤 조건 하에서 사람들이 이러한 단절을 자기들에게 이익이 될 것이라고 보는가이다. 무임승차를 극복하는 실천적인 "집합행위 문제"는 사람들이 실제로 이 집합행위의 성공으로부터 혜택을 얻을 것이라고 믿은 후에만 논의에 들어온다.

- '단절이 부재할 때' 사람들의 물질적 복지의 궤도. 이것은 현존하는 권력·특권 구조가 계속될 때의 삶의 모습이다.
- '단절의 시기가 끝나고' 새로운 제도가 완전히 자리 잡아 효과적으로 기능한 후 사람들의 물질적 복지의 궤도.
- 단절이 시작되는 시점과 새로운 제도적 균형이 이루어지는 시점 '사이의 시기에' 사람들의 이익의 궤도. 어떤 시나리오 하에서도 현존하는 경제구조와의 단절이 대개 아주 파괴적일 것임을 고려하면, 이 이행기에 삶의 평균적인 물질적 조건이 저하될 것임은 거의 확실하다. 따라서 아담 쉐보르스키는 물질적 조건의 장기적 궤도에서 나타날 수 있는 이 부분을 "이행의 저점"(transition trough)이라 부른다.

그림 9.1 선진 자본주의에서 물질적 이익의 가설적 궤도

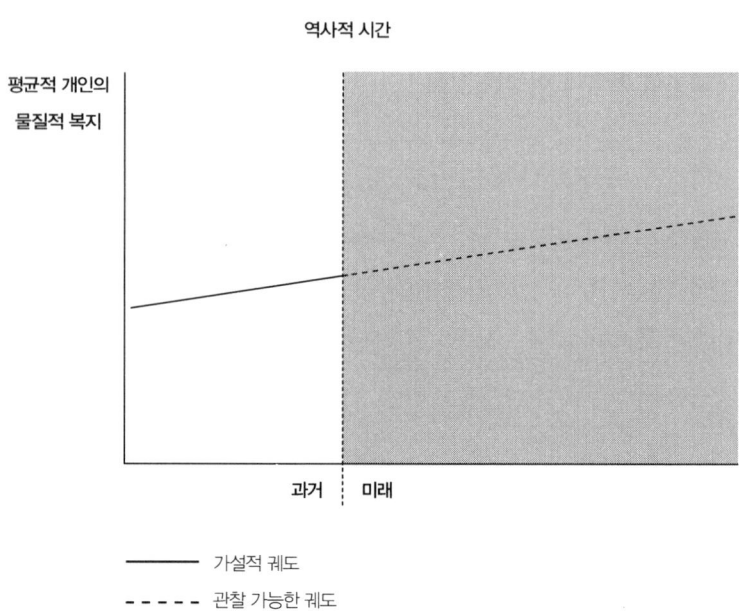

선진 자본주의에서 이 궤도들이 나타날 수 있는 방식들은 그림 9.1과 9.2처럼 그려질 수 있는데, 이는 쉐보르스키의 저작에서 도출된 것이다. 그림 9.1은 선진 자본주의의 평균적 개인의 물질적 복지 수준이 자본주의 사회에서 과거에서 현재, 그리고 미래로 전개될 가설적 궤도를 표현한다. 물론 현 순간의 관점에서 볼 때 미래는 불확실하다. 그러나 선진국의 평균적 개인에 대해 가장 가능성 있는 생활수준의 궤도는 평탄하거나 느리게 상승하는 것이라고 가정하기로 하자.[7] 이 예측은 분명 틀릴 수 있다. 미래의 어떤 시점에서 다양한 이유들—경제 위기, 생태의 악화, 과학기술에서 기인하는 대량 실업 등등—때문에 대다수 사람들의 생활수준은 평생에 걸쳐 현저히 저하될 수 있다. 이런 일이 일어나면 이하의 분석은 (이 장의 마지막에 가서 논의하겠지만) 수정되어야 할 것이다. 그러나 여기에서는 평균적 개인의 생활수준이 상당히 고정적이거나 천천히 상승할 것이라고 가정하기로 하자.

그러면 문제는 이것이다. '사회주의적 변혁을 위한 성공적인 단절 전략'이 실현된다면, 평균적 개인의 물질적 생활조건의 궤도는 어떻게 될까?[8] 비교적 낙관적인 시나리오 아래에서 이 문제를 검토하기로 하자. 민주적 과정을 통해 해방적 사회주의 정당이 대다수 득표로 국가에 대한 통제권을 얻고, 진지한 사회주의 변혁 프로그램에 착수할 만큼 충분한 권력을 가지고 있다고 가정해 보자. 이 프로그램은 우리가 논의해 온 사회권력 강화 제도들의 전체 의제를 수행한다는 의미여도 좋고, 가장 중요한 경제조직들의 국가 소유 및 국가 통제라는 국가주의적 사회주의 프로그램의 민주적 버전

---

7 나이가 들면서 소득이 늘어나기 때문에, 평균임금이 길게 정체되는 시기에도 대다수 개인들의 생활수준은 장기적으로 상승하는 경향이 있음을 지적하는 것이 중요하다. 미국에서 20세기의 마지막 사반세기에 평균 소득은 정체했지만, 평균적 개인들의 소득은 그들이 계속 일해 나가면서 증가했다.

8 여기에서 내가 이 질문을 "평균적 개인"에 맞추는 이유는, 사회주의 정당이 민주주의 규칙 하의 선거에서 지속적인 지지를 받으려면 사회주의적 변혁이 인구의 다수에게 지지를 받아야 하기 때문이다.

을 추구한다는 더 좁은 의미여도 좋다. 또한 아마 비현실적이겠지만, 이렇게 해도 사회주의에 반대하는 사회세력들이 격렬하게 저항하지 않을 것이라는 가정도 해 보자. 무력 반혁명은 일어나지 않는다. 따라서 우리는 아주 낙관주의적인 가정을 하고 있는 셈이다. 급진적인 민주평등주의적 사회주의 정당이 민주적 수단을 통해 선출되고, 진지한 사회주의 변혁 프로그램을 입안·집행할 만큼 충분한 권력을 가지고 있으며, 투자 철회의 문제와 다양한 종류의 인센티브 실패에 직면할 수는 있어도 반혁명 형태의 격렬한 반대에 부딪치지는 않는다. 모든 사람들은 현존하는 정치적 게임 규칙을 존중하기로 동의한다. 따라서 우리는 단절 전략이 지닌 문제들을 아주 유리한 조건들 아래에서 검토하고 있는 셈이다. 평균적 개인의 물질적 복지에는 어떤 일이 일어날까? 그림 9.2는 세 가지 일반적인 가능성을 보여 준다.

그림 9.2 사회주의적 단절과 물질적 이익의 궤도

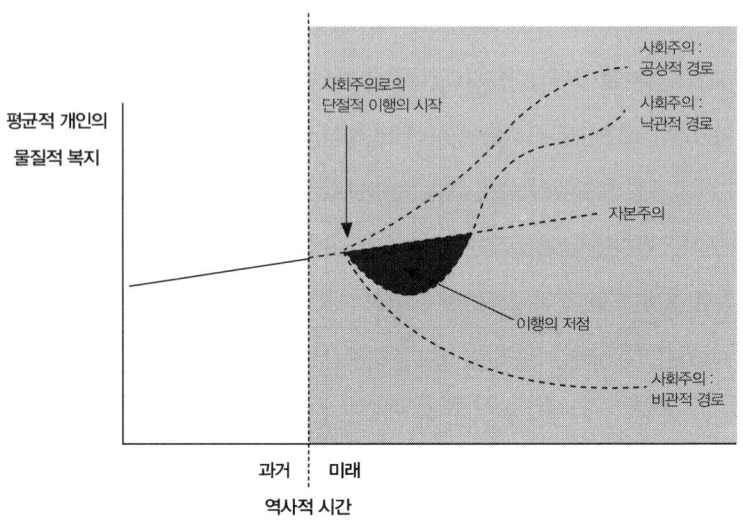

"사회주의의 공상적 경로"는 자본주의와의 단절이 즉시 사회의 평균적 개인의 물질적 생활조건에 개선을 가져온다고 상상한다. 이것은 중대한 경제적 혼란이 일어나지 않기 때문이거나, 재분배에서 오는 즉각적인 이득이 너무나 커서, 급속한 제도적 변화의 혼란에서 오는 모든 단기적 경제 침체를 삼켜버리기 때문이다. 이 경로는 적어도 복합적인 선진 자본주의 경제에서는 비현실적이다. 사회주의 경제가 완전히 정착될 때 보통사람들의 물질적 생활조건이 훨씬 더 좋아진다고 해도, 자본주의로부터의 이행이 즉시 사태를 개선시킬 것 같지는 않다.

"비관적 경로"는 반사회주의자들이 예측하는 것이다. 자본주의 메커니즘의 파괴는 경제적 붕괴를 초래하지만, 체제는 결코 회복되지 못하고 새로운 균형은 자본주의가 계속될 때의 균형보다 영구적으로 낮다. 우리가 이 경로를 믿는다면, 사회주의는 다만 바람직하지 못한 체제일 뿐이다. 문제는 자본주의에서 사회주의로의 이행의 비용이 아니라, 정상상태에서의 이 두 체제의 상대적인 경제적 수행력이다.

"낙관적 경로"는 자본주의와 단절할 때 필연적으로 중대한 경제적 혼란과 희생이 일어날 것임을 인정한다. 단절이 민주적 조건 아래에서 이루어지고 폭력적인 저항이 전혀 일어나지 않는다고 가정해도, 사회주의를 향한 모든 진지한 움직임은 자본주의 아래에서 경제적 조정을 활성화시키던 인센티브 구조와 정보 구조를 현저히 파괴할 것이다. 공급 체인, 분배 체계, 신용시장, 가격 체계, 그리고 경제적 통합의 다른 많은 핵심적 요소들이 심대하게 파괴될 것이다. 이렇게 되면 분명 일정한 기간 동안 생산과 생활수준이 현저히 저하될 것이다. 이것은 사회주의적 단절의 전前 단계에서 일어난 자본 도피와 투자 철회 때문에 강화될 것이다. 왜냐하면 많은 자본가들이 "불길한 징조"에 선제적으로 대응할 것이기 때문이다.

그럼에도 불구하고 이 경로는 낙관주의적이다. 이 경로의 예측에 따르면 결국에는 새로운 조정과정이 효과적으로 들어서고, 적절한 인센티브가 회복되며, 새로운 게임 규칙 아래에서 생산과 분배가 제도화되기 때문이다. 이런 일이 일어나면서, 상황은 개선되어 자본주의의 예상된 궤도를 지나 더 고차적인 일반적 수준을 향해 나아간다. 따라서 그림 9.2의 어두운 부분은 자본주의와의 단절적 파열이 일어나는 지점과, 평균적 개인에게 있어 사회주의 하의 물질적 생활조건이 이전 사회 질서 하의 물질적 생활조건을 상회하는 지점 사이에 있는 "이행의 저점"을 나타낸다.

이 낙관적 경로와 유사한 어떤 경로가 가장 가능성 높은 궤도라고 가정해 보자. 따라서 이행의 저점의 규모가 핵심적인 쟁점이 된다. 이행의 저점이 얼마나 깊고 길어지는가에 따라, 사회주의로의 단절적 경로를 지지하는 것이 그들에게 물질적 이익이 되지 않을 수도 있다. '비록 대다수 사람들이 일단 이행을 견디면 삶이 더 나아질 것이라고 굳게 믿는다 해도 말이다.' 이익은 항상 특정한 시간 지평 내에서 이해되어야 한다. 그리하여 이행의 저점이 상당히 오랫동안 지속된다면, 대다수 사람들은 이것이 그들에게 물질적 이익이 되지 않는다고 볼 것이다.

더욱이 이행을 겪는 행위자들의 시각에서 볼 때, 이 곡선의 모습은 경험적 관찰물이 아니라 미래에 관한 가설임을 기억하는 것이 중요하다. 미래는 불확실하며, 아무튼 이러한 예측은 논쟁의 여지가 큰 이론적 주장에 기초해 있게 마련이다. 이 주장이 좋은 근거를 가지고 있다 해도, 대다수 사람들은 이 주장에 흔들림 없는 확신을 가지지 못할 것이다. 그림 9.3에 나타나 있듯이, 이행의 저점의 하향 이동 시기에, 낙관적 경로와 비관적 경로의 경험적 궤도는 아주 비슷해 보인다. 경제가 쇠퇴함에 따라, 사회주의에 반대하는 정치세력들은 이 궤도가 파국을 향해 계속해서 내려갈 것이며 그래서 이행이 역전되어야 한다고 세차게 주장할 것이다. 물론 사회주의자들은 반박하기를, 경제는 결국 개선될 것이며 사람들은 이 경로를 고수해야 한다고 할 것이다. 그러나 이행이 오래 계속될 경우 이 주장은 많은 사람들에게 소망적 사고처럼 보일 수 있다. 이행의 저점 한가운데에 이르면, 최근에 관찰된 물질적 조건의 궤도는 반사회주의적 비관론자들이 예측하는 경로처럼 보인다. 따라서 이행의 저점이 비교적 깊고 길어진다면, 사회주의로의 민주적인 단절적 이행을 지지하는 사람들의 정치적 연합은 장기적으로 점점 더 힘겨워지고 허약해질 것이다.

그림 9.3 이행의 중간단계로부터 미래로의 투사

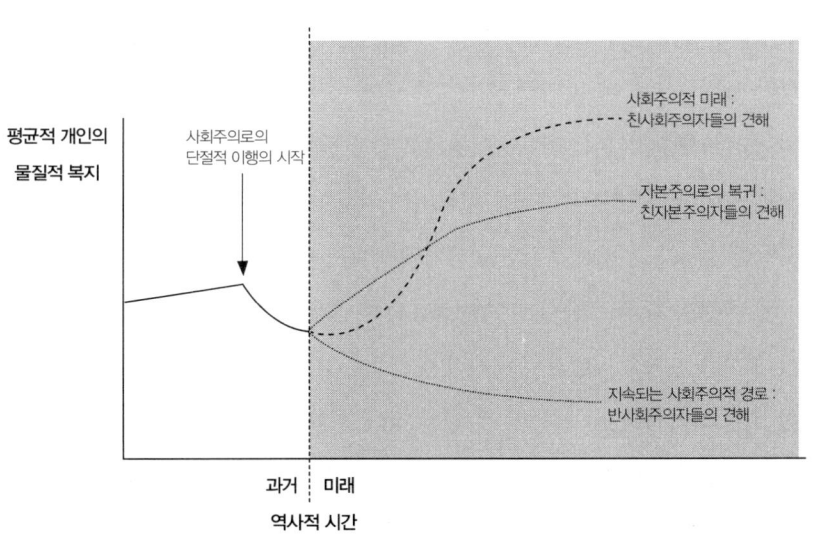

사실 상황은 이것보다 훨씬 더 불안정하기 쉬운데, 왜냐하면 지금까지 우리는 평균적 개인의 물질적 이익의 궤도만을 살펴보았기 때문이다. 사회주의로의 이행이 성공하면 궁극적으로 큰 물질적 이익을 얻을 사람들이 두 계급 있다고 가정해 보자. 이들을 "노동자계급"과 "중간계급"이라 부르기로 하자.[9] 자본주의에서 중간계급은 일반적으로 노동계급보다 생활수준이 더 높다. 이제 시간이 흐르면서 이 불평등이 심화되어 왔다고 가정하자. 그림 9.4는 사회주의로의 단절적 이행에서 이행의 저점이 이 두 계급에 대해 어떤 성격을 가지는지를 보여 준다. 민주적 조건 하에서 사회주의로의 단절적 이행이 이루어지려면, 중간계급과 노동계급의 광범위한 연합이 필요하다. 그런데 이행의 경험은 개인들이 이 연합의 어느 부분에 속해 있느냐에 따라 다를 것이다. 특히 사회주의 정부가 평등주의 원칙들을 일관되게 고수한다면, 비록 중간계급이 이 과정 내내 노동자들보다 물질적으로 더 낫다고 해도, 그들에게 있어 이행의 저점은 더 깊고 더 긴 것이 될 것이다. 따라서 이행의 저점이 길어질 때 정치적 지지가 쇠퇴할 것이라는 일반적 문제에 더해, 중간계급이 사회주의 연합으로부터 이탈할 것이라는, 특히 심각한 문제가 일어나기 쉽다.

이 주장이 대체로 올바르다면, 그리고 이행의 저점이 그림 9.2와 9.4에서 제시된 일반적 패턴과 유사하다면, 사회주의로의 단절적 이행은 '민주적 조건 하에서' 지속 가능할 것 같지 않다. 정치적 지지가 꽤 긴 기간 동안 강하게 유지되지는 않을 것이다. 따라서 민주적으로 선출된 사회주의

---

9 나는 여기에서 "중간계급"이라는 용어를 의도적으로 느슨하게 사용하고 있다. 문제는, 사회주의에 의해 삶이 개선되고 (따라서 자신의 물질적 이익에 기초해 사회주의의 목표를 지지할 수 있는) 사람들의 연합 내에서, 자본주의에서 비교적 유리한 입장에 있는 사람들을 그렇지 않은 사람들과 구분하는 것이다. 이 목적을 위해서는, 중간계급과 노동계급을 정확히 정의하는 것이 중요하지 않다. 누군가 확장적 노동계급 개념을 선호한다면, 쟁점은 노동계급 가운데 비교적 유리한 부분과 불리한 부분의 연합이라는 쟁점일 것이다.

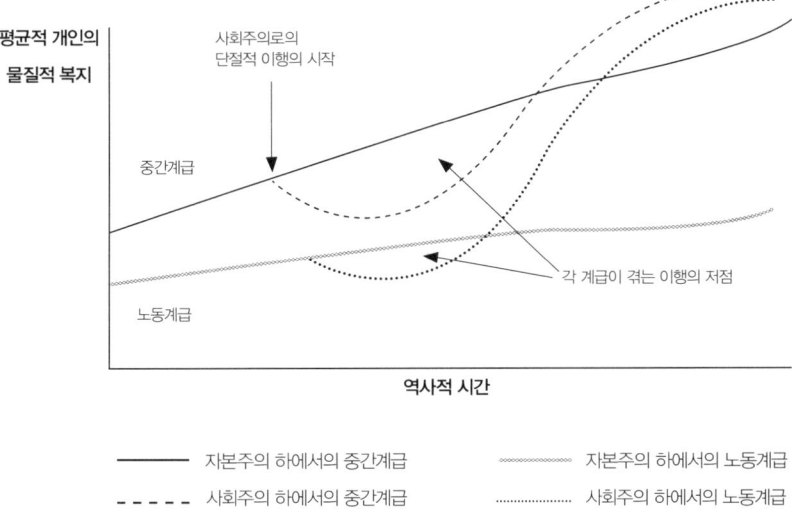

그림 9.4 물질적 이익의 궤도에 있어 계급적 차이

정부가 단절 전략을 통해 사회주의 제도를 건설하려고 하면 다음 선거에서 정치적 패배에 직면하거나, 아니면 권력을 유지하면서 이행기를 넘기 위해 비민주적 수단에 의지해야 한다. 하지만 권위주의적 정당 지배는 이 제도 건설 프로젝트의 급진 민주평등주의 자체를 손상시킬 것이다. 따라서 급진 민주적 형태의 사회권력 강화로 이행하기보다는 일정한 형태의 권위주의적 국가주의로 이행하는 게 좀 더 수월할 것이다.

어떤 혁명적 사회주의자들은 자본주의로부터의 이행기 동안 권위주의적 일당 지배로 전환한다고 해서 그 이후 유의미한 평등주의적 민주주의로 진화할 가능성이 사라지는 것은 아니라고 믿었다. 역사적 경험이 보여주는 바에 따르면 그럴 가능성은 아주 낮다. 다당제 대의민주주의와 "법치"를 폐지하는 데 따라 권력 집중과 무책임성이 일어난다. 여기에서 태어난 새로운 게임 규칙과 제도적 형태에서는 무자비함이 보상받고, 민주적 가치들이 주변화되며, 반대자들이 탄압을 받고, 민주주의에 필요한 시민사회에서의 자율적 집합행위 능력이 파괴된다. 험난한 이행기에 이러한 행동이 일어난다면, 민주 사회주의적 목적지는 가망 없는 것이 된다.

| 대답

단절 전략의 가능성을 대체로 비관적으로 보는 이 견해에 대해 여러 가지 대응이 있을 수 있다. 첫째, 가장 간단한 대응은 이행의 저점이 깊고 오래가지 않을 수도 있다는 것이다. "공상적 경로"가 현실적이지 않을지도 모르지만, 낙관적 경로도 어쩌면 너무 낙관적이지 못하다. 저점이 지속되는 기간이 꽤 짧다면, 특히 호전이 비교적 빨리 일어난다면, 변혁을 위한 민주 연합은 계속 그대로 유지될 수도 있다.

둘째, '자본주의 하에서의' 사람들의 물질적 생활조건에 대해 잘못 보고 있다고 주장할 수도 있다. 선진 자본주의가 장기적 악화 전망 하에 길고 광범위한 위기의 시기에 들어간다면, 자본주의에서 빠져나오는 이행의 저점은 그렇게 나쁘게 보이지 않을 수도 있다. 이것은 물론 마르크스가 어느 정도 믿었던 바이다. 장기적으로 자본주의는 스스로의 축적 조건들을 손상시키며, 그 결과 위기 경향이 강화된다. 그림 9.5가 예시하듯이, 위기가 심화되면서 이행의 저점은 더 얕아지게 되는데, 왜냐하면 자본주의 내에서의 가설적 궤도가 점점 더 하향하게 되기 때문이다. 심지어, 위기가 첨예하고 지속적인 붕괴의 형태를 취한다면, 사회주의 궤도가 그림 9.2의 "공상적 경로"와 더 비슷해질 수도 있다. 대다수 사람들의 물질적 조건이 단절이 없었을 때에 비해 즉시 개선되는 것이다.

그림 9.5 사회주의적 단절과 자본주의적 위기의 장기적 심화 하에서의 물질적 이익의 궤도

1. 자본주의가 장기적으로 점차 쇠퇴하는 자본주의적 위기를 가정하는 궤도

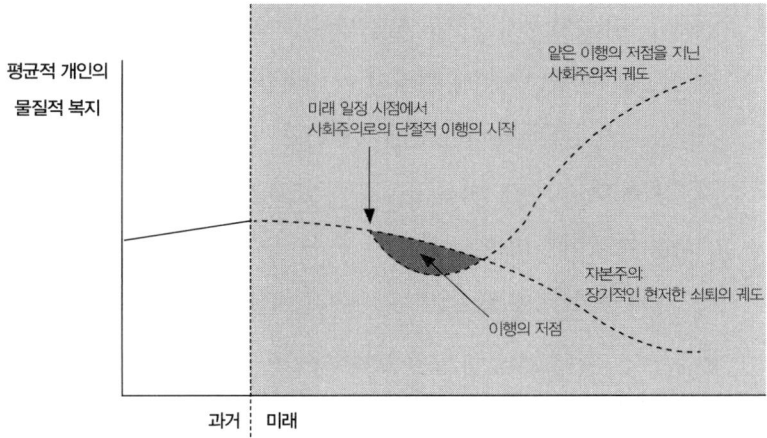

2. 자본주의가 최종적으로 급속히 붕괴하는 자본주의적 위기를 가정하는 궤도

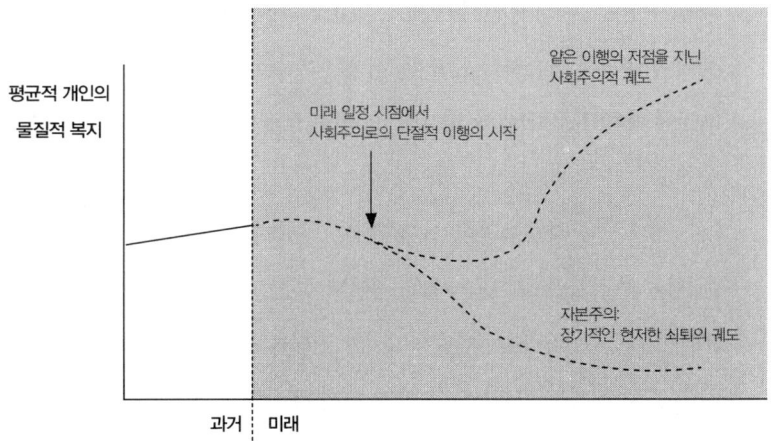

셋째, 행위자들이 사회주의로의 이행에 나서는 동기가 물질적 이익 이외의 가치일 수도 있다. 이러한 비물질적 가치들이 동기가 될 경우 첨예한 이행 저점이 반드시 존재하는 것은 아니다. 예컨대 민주적 참여와 공동체 연대의 가치들이 동기일 경우, 분명 단절과 이행의 과정 자체가 이 가치들의 실현을 촉진할 수 있다. 따라서 이 가치들이 사람들에게 튼튼하고 강력한 동기의 원천이 된다면, 물질적 조건의 저점이 오래갈 때라도 사회주의 기획에 대한 지지는 계속 유지될 수 있을 것이다.

나는 위의 어떤 대응도 설득력이 있다고 믿지 않는다. 자본주의 관계들의 급속한 변혁에 따른 혼란이 여기에서 예상되는 것보다 덜할지도 모른다. 그러나 국가가 자본에 약한 위협을 가할 때조차 투자 철회를 하는 역사적 경험에서 볼 때, 이 혼란은 아주 격심할 가능성이 더 높다. 또한 자본주의에 장기적으로 위기가 심화되고 쇠퇴가 지속되면 대다수 사람들의 생활수준이 낮아지는 일도 일어날 수 있다. 그러나 이러한 심화를 낳는 메커니즘들에 대한 설득력 있는 이론이 없는 한, 이것은 순전히 사변적인 주장일 뿐이다. 마지막으로, 물질적 이익 이외의 동기는 인간해방투쟁에 심대하게 중요하다. 그러나 이 동기가 자본주의의 급진적 변혁 프로젝트에 수반되는 첨예한 경제적 쇠퇴의 효과를 장기간에 걸쳐 중화시킬 수 있다는 역사적 증거는 거의 없다.

따라서 민주평등주의적 사회주의를 구축하기 위한 대규모 단절 전략은 지금 우리가 살고 있는 세계, 적어도 선진 자본주의경제에서는 가능해 보이지 않는다. 따라서 우리가 이러한 변혁을 위해 노력하고자 한다면, 우리는 이 문제에 대한 몇 가지 크게 다른 접근법에 대해 생각해 보아야 한다. 질문은 이렇게 된다. 자본주의 내에서 새로운 형태의 사회권력 강화의 공간을 확대하는 것이 가능한가? 이 과정의 한계들은 무엇인가?

10 | 틈새적 변혁

해방적 변혁의 체제적 단절 전략이 적어도 현존하는 역사적 조건 아래에서 가능하지 않다고 믿는다면, 유일하게 현실적인 대안은 변혁(transformation)을 대체로 누적적인 변형(metamorphosis)과정으로 보는 전략이다. 여기서 변혁이란 비교적 작은 변혁들이 누적되어 사회 체계의 동학과 논리에 질적인 변화를 낳는 변형과정이다. 그렇다고 해서 변혁이 순탄하고 갈등 없는 과정으로서 적대적인 이익들을 초월한다고 말하는 것은 아니다. 사회적 해방의 민주평등주의적 프로젝트는 착취와 지배, 불평등과 특권에 대한 도전이다. 따라서 해방적 변혁은 지배계급 및 엘리트들과의 권력 투쟁과 대결을 수반한다. 그러므로 해방적 변형을 위해서는 사실 단절적 모델의 몇몇 전략적 요소들이 필요하다. 미래의 역사—그것이 해방적 사회권력 강화의 역사라면—는 단순히 서로 다른 이익과 계급들이 타협하고 협력하는 궤도를 그리는 것이 아니라, 승리와 패배, 승자와 패자를 나누는 궤도이다. 이 궤도 위에서 여러 가지 제도적 혁신이 일어날 것이며, 이 혁신들은 민주평등주의 때문에 자기 이익을 위협받는 사람들의 반대를 극복해야 한다. 이 반대 가운데 어떤 것은 험악하고 완강하고 파괴적일 것이다. 따라서 변형을 말하는 것은 투쟁을 포기하는 것이 아니라, 투쟁의 전략적 목표와 효과를 어떤 특정한 방식으로 보는 것이다. 즉, 한 사회체제 전체의 권력 중심에 첨예한 불연속성을 일으키는 것이 목표가 아니라, 이 체제의 기본 구조와 그 재생산 메커니즘의 누적적 수정이 목표이며, 이를 통해 이 체제를 누적적으로 변혁한다는 것이다.[1]

이렇게 이해할 때, 변형으로서의 변혁 문제에 대해서는 두 가지 주요한 접근법이 있다. '틈새적 변혁'(interstitial transformation)과 '공생적 변혁'(symbiotic transformation)이 그것이다. 이 두 가지 변혁의 일차적인 차이는 국가와의 관계에 있다. 둘 다 사회권력 강화의 사회적 공간을 점진적으로 확대하는 변화 궤도를 구상하지만, 이 목적을 추구하는 데 있어 틈새적 전략은 국가를 대체로 우회하는 반면, 공생적 전략은 국가를 체계적으로 이용해 해방적 사회권력 강화 과정을 전진시키고자 한다. 이 두 전략은 상충하는 전략일 필요가 없다. 많은 상황에서 이들은 서로를 보충하며, 실은 서로를 필요로 한다. 그럼에도 불구하고 역사적으로 틈새적 변혁 전략의 많은 지지자들은 국가를 매우 조심해 왔고, 보다 국가주의적인 공생적 전략의 많은 옹호자들은 틈새적 접근을 무시해 왔다.

공생적 변혁은 다음 장에서 탐구하기로 하고, 여기에서는 틈새적 전략

---

1 변형을 이렇게 이해하면 "단절"과 "변형"을 정면으로 대비시키는 것이 어떤 점에서 잘못된 것임이 드러난다. 왜냐하면 해방적 변형 자체가 부분적이고 제한된 사회적 단절―제도적 혁신―을 통해 누적적으로 질적 변혁을 일으키는 궤도로 간주될 수 있기 때문이다. 따라서 여기에서 진짜 쟁점은 자본주의의 근본적인 권력 구조와 전반적인 대규모 단절을 일으키는 것이 어느 정도로 가능한가 하는 것이다.

의 논리를 검토할 것이다. 우리는 틈새적 '전략'과 틈새적 '과정'을 구분하는 것에서 논의를 시작한다. 그에 이어 상이한 유형의 틈새적 전략을 논의하고, 이러한 전략들이 더 광범위한 해방적 변혁에 기여할 수 있는 여러 가지 방식의 기본 논리를 논의한다. 마지막으로 틈새적 전략의 한계에 대한 논의로 이 장을 마무리한다.

I 틈새적 '전략'이란 무엇인가?

"틈새적"이라는 형용사는 사회이론에서 어떤 지배적인 사회권력 구조 내의 공간과 틈에서 일어나는 다양한 종류의 과정을 묘사하기 위해 사용된다.[2] 한 조직의 틈새, 한 사회의 틈새, 나아가 세계자본주의의 틈새에 대해서도 말할 수 있다. 이 아래 깔린 가정은 이렇다. 한 사회단위는 하나의 체계로서, 이 안에는 이 체계를 조직하는 어떤 종류의 지배적 권력 구조 혹은 지배적 논리가 존재하지만, 이 체계 안에서 일어나는 모든 활동이 이 지배적 권력관계에 의해 지배될 만큼 이 체계가 응집, 통합되어 있지는 않다. 중앙집권적 권력이 사회적 삶의 모든 영역을 깊이 관통해 들어가는 이른바 "전체주의" 체계에서조차, 개인들이 체계의 논리의 명령을 따르기보다 비교적 자율적으로 행동하는 공간이 여전히 존재한다. 그렇다고 해서 이러한 틈새적 실천이 전복적이거나 체계의 논리를 반드시 허문다는 것은 아니다. 다만 이러한 틈새적 실천이 사회조직의 지배적 권력관계와 지배적 원칙들에 의해 직접적으로 지배되거나 통제되지 않는다는

---

[2] 여기에서 논의되는 전략적 논리를 포착하는 한 방식으로서 이 "틈새적"이라는 용어는 마샤 칸 라이트(Marcia Kahn Wright)가 나에게 제안한 것이다.

것뿐이다.[3]

틈새적 과정은 사회 변화의 대규모 패턴에서 자주 핵심적인 역할을 한다. 예컨대 자본주의는 종종 봉건사회의 틈새에서 발전되었다고 서술된다. 봉건사회의 특징은 지배적인 계급·권력관계가 다양한 서열의 귀족들로 이루어져 있었다는 것이며, 그들은 많은 토지와 주요한 군사적 폭력 수단을 통제했다. 상이한 종류의 권리를 가진 농민들은 농업생산에 종사해 잉여를 생산했고, 이 잉여는 대체로 여러 강제적 메커니즘을 통해 봉건 지배계급에 의해 전유되었다. 시장관계는 도시에서 발전했다. 도시는 봉건적 관계에 완전히 통합되어 있지 않았기 때문이다. 이에 따라 시간이 흐르면서 원原 자본주의적 관계와 관행이 등장해 마침내 번성할 수 있는 환경이 창조되었다. 봉건제를 궁극적으로 변혁시킨 핵심적인 원천이 전쟁과 국가 형성의 동학에서 왔다고 생각하건, 봉건적 잉여 추출 과정의 모순에서 왔다고 생각하건, 시장의 부식 효과에서 왔다고 생각하건, 신흥 자본가들의 최종적 도전에서 왔다고 생각하건, 아니면 이 과정들이 일정하게 결합된 것에서 왔다고 생각하건, 이 이야기의 중요한 부분은 봉건사회 내에서의 자본주의의 틈새적 발전이다.

틈새적 '과정'과 '활동'은 분명 사회 변화에서 중요한 역할을 하지만, 설득력 있는 틈새적 사회 변혁 '전략'이 존재하는지는 그리 분명하지 않다. 틈새 활동을 통해 새로운 관계를 촉진한 중세사회의 도시 장인과 상인들

---

3 사회이론에서 근본적인 쟁점의 하나는 사회가 어느 정도로 "체계"로 간주될 수 있는가, 체계로 간주될 수 있다면 어떤 종류의 체계인가 하는 것이다. 한 극단에는 한 유기체가 체계인 것과 똑같은 방식으로 사회도 체계라는 견해가 있다. 이 경우 체계는 상호 관련된 기능들을 완수하는 잘 접합된 부분들로 이루어져 있다. 그러나 사회는 자연의 생태와 더 닮은 체계로 간주될 수도 있다. 즉 구성부분들 사이에는 체계적으로 상호 관련된 인과관계가 존재하며, 이 인과관계의 일부는 기능적 관련과 피드백 과정의 성격을 가질 수도 있지만, 이들은 일관된 논리에 의해 지배되지 않으며, 전체를 원활하게 통합하는 필연적 기능적 관계는 존재하지 않는다는 것이다. 여기에서 나는 사회 현상의 체계성을 이런 식으로 느슨하게 결합된 체계로 다룰 것이다.

은 봉건적 계급관계를 파괴하고 새로운 사회를 창조하려는 프로젝트를 가지고 있지 않았다. 그들은 단지 이윤 추구 활동에 종사하며 그들이 살고 있는 사회의 기회와 가능성에 적응했을 뿐이었다. 장기적 사회 변화의 광범위한 결과는 기본적으로 그들의 활동의 의도되지 않은 부산물이었지 전략의 부산물이 아니었다. 반대로 틈새적 전략이란 체제 전체의 근본적 변혁을 목적으로 하는 틈새적 활동을 의도적으로 발전시키는 것이다.

　동시대 자본주의 사회에는 분명 많은 틈새적 활동이 존재하며, 이들은 틈새적 사회 해방 전략의 요소들이 될 수 있다. 노동자 협동조합과 소비자 협동조합, 폭력피해여성 쉼터, 노동자 공장평의회, 의도적 공동체와 의도적 코뮌, 공동체 기반 사회적 경제 서비스, 시민 환경평의회, 공동체가 통제하는 토지 트러스트, 국경 등가교환 무역 조직 등등이 그것이다. 이 모든 것들은 의식적으로 구축된 사회조직으로서 지배적인 권력·불평등 구조와 다르다. 어떤 활동은 사회 전체의 재구성을 위한 거대 전망의 일부이며, 또 어떤 활동은 사회생활의 특정한 영역을 변혁하는 좀 더 소박한 목적을 가지고 있다. 어떤 활동은 체계적인 사회변혁 이론과 관련되어 있고, 또 어떤 활동은 긴급히 해결해야 할 사회적 문제에 대한 실용적 대응이다. 이들이 공통적으로 가지고 있는 것은, 해방적 이상을 체현하고 있는 대안적 제도와 새로운 사회관계를, 국가를 통해서가 아니라 무엇보다 이런 저런 종류의 직접적 행동을 통해 의식적으로 구축하려는 생각이다.

　이 틈새적 변혁 전망은 반자본주의 사상 속에서 긴, 유서 깊은 자리를 차지하고 있다. 이 전망은 19세기의 무정부주의 전통에 기원을 두고 있으며, 또 현재까지도 다양한 무정부주의적 "자치주의적" 조류 속에서 계속되고 있다.[4] 해방적 대안을 위한 틈새적 변혁 전략이 무정부주의적 전망으로 국한되어야 할 내재적인 이유는 없다. 그러나 궁극적 목적지에는 국가가 없어야 한다는 무정부주의적 전망과 국가를 대체로 무시하는 틈새적 전략 개념 사이에는 명백한 유사성이 존재한다. 20세기 초 영향력 있는 미국 무정부주의-생디칼리스트 운동(anarcho-syndicalist movement)이었던 세계 산업노동자 헌법 전문은 선언했다. "산업적으로 조직함으로써 우리는 낡은 것의 껍질 안에서 새로운 사회의 구조를 창조하고 있다."[5] 반세기 후 영국의 저명한 무정부주의 저술가 콜린 워드는 무정부주의 전략의 핵심적인 생각을 이렇게 서술했다.

[무정부성]은……미래 사회에 대한 사변적 전망이기는커녕……우리

---

[4] 내가 "무정부주의"라는 용어를 사용해 틈새적 전략의 이론적 기초에 대해 서술하는 이유는, 무정부주의 저술가들이 이러한 전략을 가장 많이 강조해 왔기 때문이다. 많은 정치적 명칭이 그렇듯이, "무정부주의" 같은 용어들에는 이 명칭이 구체적인 정치운동과 연결되게 되는 역사적 맥락에 따라 상이한 의미들이 주입된다. 사회적 해방에 대한 고전적인 무정부주의 전망은 무국가 사회 개념을 중심으로 하고 있다. 사회적 협동은 일정한 종류의 자발적 연맹을 통해 연결되는 비교적 작은 공동체들 내에서 자발적 활동을 통해 조직된다는 것이다. 하지만 때로 무정부주의는 비강제적인 공동체와 동일시되기보다는 권위의 중심에 대한 아주 폭력적인 공격과 동일시되고 혼돈과 동일시되었다. "자치주의적"이라는 용어는 20세기 후반 유럽의 몇몇 정치적 환경에서 어떤 새로운 운동을 지칭하는 데 즐겨 사용되었다. 무정부주의 전통의 일부이지만 평등주의적 협동의 자발적 자율적 형성을 강조하는 운동이 그것이다.

[5] IWW의 문헌은 새로운 형태의 노동자 조직을 미래 사회의 "배아적" 형태라고 계속 지칭하며, 미래는 현재의 틈새 안에서 구축된다는 생각을 다시 한 번 제시하고 있다. 예컨대 Justuys Ebert(IWW: Chicago, 1913)가 쓴 "새로운 사회의 시도"(The Trial of New Society)라는 제목의 1913년 팸플릿에서는, 배아적 발전이라는 은유가 변혁과정을 특징짓는 데 사용되고 있다. 이 소책자는 선언한다. 1912년 매사추세츠 주 로렌스에서 일어난 섬유 파업에서 노동자들의 연대주의 조직은 "미숙한 배아-산업과 정부가 직접 노동자들에 의한, 직접 노동자들을 위한, 직접 노동자들의 산업과 정부가 될 미래 상태의 거친 윤곽"이었다. 이 소책자의 결론에서 저자는 이렇게 묻는다. "새로운 경제적 권력이 등장해 낡은 사회질서 안에서 새로운 정치적 사회적 승리를 거두고 있다는 사실은 부정될 수 없다. 그러나 그것이 지속될 수 있는가 하는 질문이 제기된다. 이렇게 배태된 배아가 발달을 해서, 마침내 새로운 시대를 위해 모든 제도보다 더 성장하고 모든 제도를 지배하게 될 것인가?" 저자는 이 질문에 긍정적으로 대답하면서, 부르주아지가 등장하는 역사를 그 근거로 삼는다. 부르주아지는 "원래의 봉건체제에 특유한 제도들 바깥에서 그리고 이 제도들과 대립하여, 그들 자신의 제도, 공예, 직업, 길드, 코뮌, 연맹을 발전시켰다. 그들은 낡은 사회의 껍질 안에서 새로운 사회를 건설했다. 그들은 그들의 새로운 열망에 상응하는 새로운 제도를 통해 낡은 사회로부터 진화해 나왔다."

사회의 지배적인 권위주의적 추세 옆에서 작동하고 있는, 그리고 이 추세에도 불구하고 작동하고 있는 인간 조직의 한 양식을 서술한 것이며, 이러한 서술은 일상생활의 경험에 기초해 있다……무정부주의적 대안은 이미 저기에, 지배적 권력구조의 틈새 속에 존재하고 있다. 당신이 자유로운 사회를 세우길 원한다면, 부품은 모두 바로 곁에 있다.[6]

세계사회포럼(World Social Forum)에 모인 행동가들이 "또 다른 세계가 가능하다"고 선언한 21세기 초에, 그들이 염두에 두고 있는 것은 대체로 무정부주의 경향의 풀뿌리 이니셔티브이다. 이 이니셔티브는 노동자 협동조합과 소비자 협동조합, 공정무역 네트워크, 초국경 노동기준 캠페인 등등의 제도를 창조해, 그들이 지금 여기에서 희망하는 대안 세계를 직접 실현하고자 한다.

이미 지적했듯이, 많은 사회주의자들, 특히 마르크스주의 전통과 관련되어 있는 사회주의자들은 이러한 프로젝트들에 대해 아주 회의적이다. 그들의 주장은 이런 식으로 진행된다. 대안적 제도들을 세우려는 이 노력들 다수는 바람직한 가치들을 구현하고 있고, 나아가 어쩌면 해방적 사회관계를 예고하는 것일지도 모른다. 그러나 이들은 현존하는 권력·지배관계에 어떤 심각한 도전도 제기하지 못한다. 이 노력들은 바로 "틈새적"이기 때문에 자본주의가 "허용하는" 공간만을 차지할 수 있다. 이 노력들은 심지어 자본주의를 강화할 수도 있다. 왜냐하면 이 노력들은 불만을 흡수해버리고, 또 사람들이 지배적 제도들에 대해 불만이 있다 해도 그냥

---

6 Colin Ward, *Anarchy in Action* (London: Allen and Unwin, 1973), p. 18, quoted in Stuart White,"Making Anarchism Respectable? The Social Philosophy of Colin Ward," *Journal of Political Ideologies* 12: 1 (2007), p. 15.

여기에서 떠나 대안적 환경 속에서 살 수 있고 또 살아야 한다는 환상을 만들어내기 때문이다. 따라서 궁극적으로 틈새적 프로젝트는 급진적 사회변혁을 위한 정치투쟁으로부터의 도피이지, 이를 성취하기 위한 실행 가능한 전략이 아니다. 틈새적 프로젝트는 가장 잘해야 현 세계의 일부 사람들의 삶만을 조금 더 낫게 할 수 있을 뿐이다. 가장 나쁘게는, 더 나은 세계를 위한 진정한 정치적 도전으로부터 에너지를 빼낸다.

이 부정적인 진단이 옳아 보이는 예들이 분명 존재한다. 1960년대의 히피 코뮌들은 유토피아적 갈망에, 그리고 자신들이 "물병자리 시대의 여명"(dawning of the Age of Aquarius)에 속한다는 믿음에 고무되었을지 모른다. 하지만 실제로는 급진적 변혁의 중심점으로 기능하기보다는 자본주의 사회의 현실로부터의 도피처로 기능했다. 또 유기농 식료 협동조합 같은 예들은 자본주의 사회로부터의 도피는 아니라 해도 작은 틈새를 차지하는 데 불과한 것처럼 보인다. 왜냐하면 그것은 대개 특정한 종류의 "라이프스타일"에 대한 자신의 선호를 "채워 줄" 여유가 있는 비교적 부유한 사람들을 상대하기 때문이다. 유기농 식료 협동조합은 몇 가지 진보적 이상을 구현하고 있을지 모르지만, 체제에 위협을 가하지는 못한다.

이 부정적 판단들은 틈새적 변혁 전략에 대한 일반적 비판 치고는 너무나 가혹하다. 이것이 가정하는 것은, 정말 "체제에 심각한 위협"을 가하는 대안적 전략이 존재한다는 것, 그리고 또한 사회 변혁을 위한 틈새적 노력 때문에 이 대안적 전략이 오히려 손상된다는 것이다. 사실 현재의 역사적 조건에서는 어떤 전략도 체제에 직접적 위협을 가하지 못한다. 가까운 미래에 자본주의에 정말 위협적인 효과를 낳을 것이라는 의미에서는 말이다. 헤게모니적 자본주의 체제 속에 살고 있다는 것이 바로 이것이다. 자본주의는 그 기본 구조가 아주 안정적이고 유연하기 때문에 자본주의를 즉시 위협하는 전략이 존재하지 않는다. 우리의 전략적 문제는 우리가 지금 할 수 있는 일, 미래의 우연한 조건 하에서 가능성을 상당히 열 수 있는 일을 상상하는 것이다. 물론 틈새적 전략은 궁극적으로 막다른 골목이고 좁은 한계 안에 영원히 봉쇄될 수도 있다. 그러나 어떤 상황에서는 이 전략이 해방적 사회 변혁의 장기적 궤도에서 긍정적 역할을 할 수도 있다.

따라서 질문은 이것이다. 어떤 기본적인 사회 변혁 모델 하에서 틈새적 활동은 해방적 사회권력 강화를 위한 전반적 전략의 일부로 간주될 수 있는가? 틈새적 활동이 누적되어 사회 전체가 변혁될 수 있는 여러 가지 방식에 관한 이론은 어떤 것이어야 하는가? 무정부주의 전통의 저자들은 놀랍게도 이 문제에 거의 주의를 기울이지 않는다. 무정부주의 저작이 현존하는 자본주의적 국가주의적 권력구조를 비판하고, 국가의 강제적 지배가 없는 연합 협동조합의 전망을 옹호하면서도, 실제로 어떻게 "낡은 사회의 껍질 안에서 새로운 사회를 건설할" 것인지, 그리고 이것이 어떻게 체계적인 변혁에 이를 수 있을지에 대해서는 체계적으로 정교화하려 하지 않는다.

| 틈새적 전략은 어떻게 해방적 사회 변혁에 기여할 수 있는가

제7장에서 사회권력 강화와 경제를 논의하는 데 이용한 실례들의 다수는 상당 부분 틈새적 전략의 결과였다. 위키피디아는 사람들이 인터넷이라는 특별한 틈새 활동 공간에서 대안적 비자본주의적 지식 전파 형태를 구축한 결과이다. 사회적 경제 내의 많은 프로젝트들 역시, 그중 일부가

퀘벡의 경우처럼 국가로부터 중요한 보조금을 받는다 해도, 틈새적 전략의 결과이다. 노동자 소유 협동조합들은 고전적인 무정부주의적 틈새 변혁 전략의 중심을 이루는 전형적 산업조직이다. 다른 많은 예들이 이 목록에 추가될 수 있다. 자본주의적 지적재산권을 전복시키는, 인터넷 기반의 아주 다양한 전략들(예컨대 음악 공유 사이트인 냅스터). 오프 소스 소프트웨어·기술 프로젝트. 가난한 나라의 생산자 협동조합을 부유한 나라의 소비자들과 연결시키기 위해 설계된 공정무역 네트워크. 다양한 종류의 감시·인증 프로젝트를 통해 세계적 노동·환경 기준을 세우려는 노력. 이 각각의 틈새 활동에 참여하는 많은 행위자들은 자신들의 행위를 광범위한 사회 변화 전략의 일부로 생각한다. 단순히 특정한 라이프스타일을 추구하기 위한 자기제한적 활동으로 생각한다든지 "선행을 하려는" 것으로 생각하지는 않는다. 따라서 문제는, 이런 종류의 틈새 활동들이 사회 전체에 대해 광범위한 변혁적 해방적 효과를 가질 수 있는가 하는 것이다. 어떤 기본적 논리를 통해, 이들 활동은 또 다른 세계를 가능하게 하는 데 누적적으로 기여할 수 있는가?

자본주의 내에서의 틈새적 전략이 자본주의 극복의 길을 가리킬 수 있는 두 가지 주요한 방식이 있다. 하나는 최종적 단절의 조건들을 변경시키는 것이다. 다른 하나는 이 조건들이 작동하는 범위와 깊이를 점진적으로 확대해 자본주의적 제약들이 더 이상 엄격한 한계를 가하지 못하게 하는 것이다. 나는 이 두 가지 방식을 '혁명적 무정부주의' 전략 비전과 '진화적 무정부주의' 전략 비전이라 지칭할 것이다. 이렇게 지칭하는 이유는 무정부주의자들만이 이러한 견해를 가지고 있어서가 아니라, 국가를 사회적 해방의 수단으로 이용하지 않는다는 생각이 무정부주의 전통과 아주 밀접히 관련되어 있기 때문이다.

Ⅰ 단절로 가는 경로를 닦기

　많은 19세기 무정부주의자들은 궁극적으로 자본주의와의 혁명적 단절이 필요할 것이라고 믿었고, 마르크스주의에 고무된 혁명적 사회주의자들도 이러한 믿음을 공유했다. 그들이 첨예한 차이를 보였던 점은, 혁명적 단절이 진정한 해방적 대안 사회로 확실히 이어지기 위해서는 자본주의 내에서 어떤 종류의 변혁이 필요한가에 관한 것이었다. 마르크스의 경우, 그리고 그 뒤 레닌의 경우, 자본주의 내에서의 핵심적인 투쟁 과제는 정치적으로 통일된 노동계급의 집합적 능력을 키우는 것이었다. 이는 자본주의 타도의 필요조건인 국가권력의 성공적 장악에 필요한 것이었다. 사회를 심층적으로 재구성해, 새로운 원칙에 기초한, 그리고 새로운 형태의 사회적 상호작용과 호혜성에 기초한 새로운 생활방식을 창조하는 과제는 대체로 "혁명 후"까지 기다려야 할 것이었다.[7]

　다른 한편, 혁명적 무정부주의자들은 자본주의 내에서 이러한 재구성을 현저히 진보시키는 것이 가능할 뿐만 아니라, 자본주의와의 지속 가능한 해방적 단절의 필요조건이기도 하다고 보았다. 혁명에 관한 프루동의 견해를 논의하면서 마틴 부버는 이렇게 쓴다.

　　　[프루동은] 혁명의 비극을 예언했고, 실망스러운 경험을 겪으며 이를

---

[7] 무정부주의 사상에 대한 탁월한 연구 *Paths in Utopia* (Boston: Beacon Press, 1958)에서 마틴 부버(Martin Buber)가 주장하는 바에 따르면, 마르크스는 협동조합의 설립이 일정한 미덕을 가지고 있음을 결국 인정하게 되었지만, 이것을 자본주의 내에서의 투쟁의 중심으로 보는 견해에 대해서는 계속 비판적이었다. 그리하여 부르주아지가 권력을 잡고 있는 한, 협동조합이 사회의 재구성에 많은 것을 기여할 수 있으리라고 생각하는 것은 환상이라고 느꼈다.

점점 더 깊이 느끼게 되었다. 혁명의 비극은, 혁명이 그 '긍정적' 목표를 이루기는커녕, 항상 가장 정직하고 열정적인 혁명가들이 투쟁해서 얻고자 하는 것의 정반대로 귀결되리라는 것이다. 이 [심층적인 사회 개혁이] 혁명 '전에' 아주 깊이 진행된 나머지, 혁명적 행동이라 해봐야 혁명에 공간을 마련해 줘 방해받지 않고 발전할 수 있도록만 하면 되는 그런 상황이 오지 않는다면 말이다.[8]

마틴 부버는 또 이렇게 쓴다. 혁명이 심층적으로 평등주의적이고 민주적이며 참여적인 생활방식을 가져오기를 원한다면,

> 가장 중요한 사실은, 정치영역과 반대되는 사회영역에서 혁명은 창조하는 힘이라기보다 분만하는 힘이며, 자유롭게 하고 인증하는 것을 그 기능으로 한다는 것이다. 즉, 혁명은 혁명 이전 사회의 자궁 안에서 이미 예견된 어떤 것을 완성시키고 자유롭게 하며 그것에 권위의 인장을 부여할 뿐이라는 것, 그리고 사회적 진화와 관련해 혁명의 시간은 임신의 시간이 아니라 출산의 시간—사전에 임신이 있었음을 가정할 때—이라는 것이다.[9]

따라서 이 전략 비전에서 자본주의와의 단절은 필수적이지만, 이것이 성공하려면 사전에 심층적인 틈새적 변혁 과정이 필요하다.

---

8 Martin Buber, *Paths in Utopia* (Boston: Beacon Press, 1958), p. 44.
9 Buber, *Paths in Utopia*, pp. 44-5. 출산의 은유는 누적적 변형이라는 개념을 단절과 결합시킨다. 출산의 순간은 과거와의 단절인 것이다. 삶의 과정에서 "전"과 "후," 비연속성이 존재한다. 그러나 출산은 미래의 잠재력을 완전한 실현의 직전으로 가져오는 성공적이고 누적적인 임신 후에만 일어날 수 있으며, 출산 후 이 누적적인 과정은 성숙으로 계속된다.

나는 자본주의 내에서 혁명 이전에(즉 단절 이전에) 틈새적 사회 변혁이 이루어져야 한다는 이 시각에 네 가지 다른 주장이 암묵적으로 깃들어 있다고 생각한다. 이 주장은 그림 10.1에 제시되어 있으며, 이 그림은 앞 장에서 나온 이행의 저점 그림의 수정판이다.

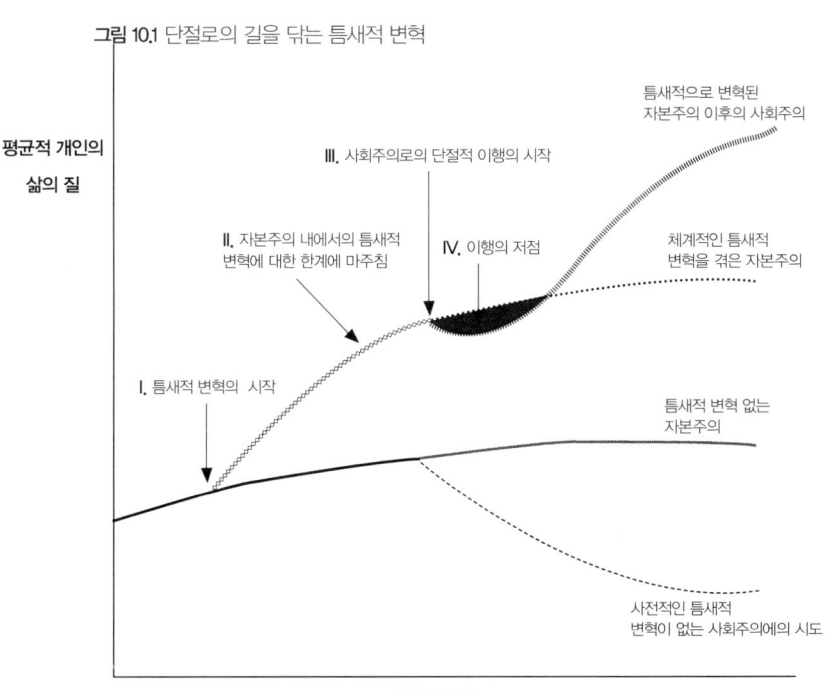

그림 10.1 단절로의 길을 닦는 틈새적 변혁

첫째, 자본주의 내에서의 틈새적 변혁이 필요하다는 것을 지지하는 사람들은 자본주의 이후 사회의 몇 가지 미덕을 자본주의 속으로 가져올 수 있다고 주장한다. 따라서 이러한 변혁은 자본주의에 살고 있는 보통사람들의 삶의 질을 향상시킨다. 그림 10.1의 제1단계에서 자본주의 내에서의 틈새적 변혁이 시작되며, 이것은 이러한 변혁이 없는 자본주의에 비해 평균적 개인의 삶의 질을 향상시킨다.[10]

둘째, 혁명적 무정부주의 전략은 자본주의 내에서의 이러한 틈새적 사회 변혁이 일정한 시점에서 한계들에 마주쳐(그림의 제2단계) 엄격한 제약을 당한다는 것을 긍정한다. 궁극적으로 자본주의는 사회권력을 강화하는 틈새적 변혁의 잠재력이 완전히 실현되는 것을 가로막는다. 이 잠재력이 더 나아가려면, 반드시 자본주의와 단절해서(제3단계) 이 한계들을 뚫고 나가야 한다.

셋째, 사회권력을 강화하는 틈새적 변혁을 통해 자본주의가 이미 내적으로 현저히 변혁되었다면, 이행의 저점은 상당히 얕을 것이며 그 기간은 비교적 짧을 것이다(제4단계). 자본주의 내에서 성공적인 틈새적 변혁이 이루어지면, 자본주의가 계속되더라도 경제생활은 자본주의 기업과 자본주의 시장에 덜 의존하게 된다. 노동자 협동조합과 소비자 협동조합이 광범위하게 발전해 경제에서 중요한 역할을 한다. 사회적 경제가 중요한 기본적 필요를 제공한다. 집합적 결사체는 사회권력이 강화된 형태의 아주 다양한 규제에 참여한다. 그리고 아마 자본주의 기업 내에서의 권력관계도 현저히 변혁되었을 것이다. 종합적으로 볼 때, 이러한 변화들이 일어나면 이와 같은 틈새적 변혁이 없을 때보다, 자본주의와의 단절로 인한 경제적

---

10 나는 여기에서 사람들의 종합적인 복리를 지칭하기 위해 "삶의 질"이라는 일반적 표현을 사용하며, 소득, 노동조건, 여가의 질, 지역사회의 성격 등등과 같은 것들에 어떤 특별한 가중치도 주지 않는다.

혼란이 덜 파괴적일 것이다. 더욱이 단절 이전의 변혁은 노동자들 및 사회주의의 다른 잠재적 수혜자들에게, 더 나은 삶의 질을 약속하는 자본주의의 대안이 실행 가능한 것임을 선연하게 보여준다. 이것은, 자본주의 내에서 넘을 수 없는 한계에 마주쳤을 때, 단절을 위한 정치적 의지를 형성시키는 데 이바지한다.[11] 따라서 그림 10.1에 나오는 이행의 저점은 훨씬 더 얕을 것이다.

그리고 마지막으로, 사회권력을 강화시키는 유의미한 틈새적 변혁이 단절 전에 일어날 때에만, 단절 후에도 평등주의적 민주적 사회권력 강화가 지속될 수 있을 것이다. 이와 같은 사전적 사회권력 강화가 없을 때는, 자본주의와 단절했을 때 강한 중앙집권적 권위주의적 경향이 출현할 것이다. 이는 억압적 형태의 국가주의를 공고화시킬 가능성이 높다. 심지어 좋은 의도를 가진 사회주의자들이라도 그들이 마주치는 모순 때문에 그들이 원한 것과는 다른 종류의 사회를 건설하지 않을 수 없을 것이다. 그 결과, 대다수 사람들의 삶의 질은 자본주의 하에서보다도 더 떨어질 것이다.

---

11 안토니오 그람시의 언어를 사용하면, 이 주장을 다른 방식으로 표현할 수 있다. 그람시는 강한 시민사회를 가진 서구에서 사회주의 혁명이 일어나려면, 성공적인 "기동전"이 가능해지기 전에 긴 "진지전"이 필요하다고 주장했다. 따라서 단절 이전의 시기는 효과적인 대항 헤게모니를 구축하는 시기이다. 그람시는 정치적 이데올로기적 대항 헤게모니의 구축을 강조했다. 그는 경제와 시민사회에서의 틈새적 변혁이라는 문제를 직접 논의하지는 않았다. 그러나 틈새적 변혁은 이러한 대항 헤게모니 운동을 신뢰성 있고 지속 가능한 것으로 만드는 데 필요한 "동의의 물질적 기초"의 핵심적 측면들을 변혁시키는 것으로 간주될 수 있다. 자본주의 내에서 시민사회를 변혁시켜 사회권력을 강화시킬 수 있는 가능성에 관한 그람시의 불분명한 견해에 대해서는, Jean L. Cohen and Andrew Arato, *Civil Society and Political Theory* (Cambridge, MA: MIT Press, 1994), "Gramsci and the Idea of Socialist Civil Society"에 관한 절, pp. 142-59를 보라.

| 자본주의의 엄격한 한계를 침식시키기

그림 10.2 자본주의의 한계를 침식시키는 틈새적 변혁

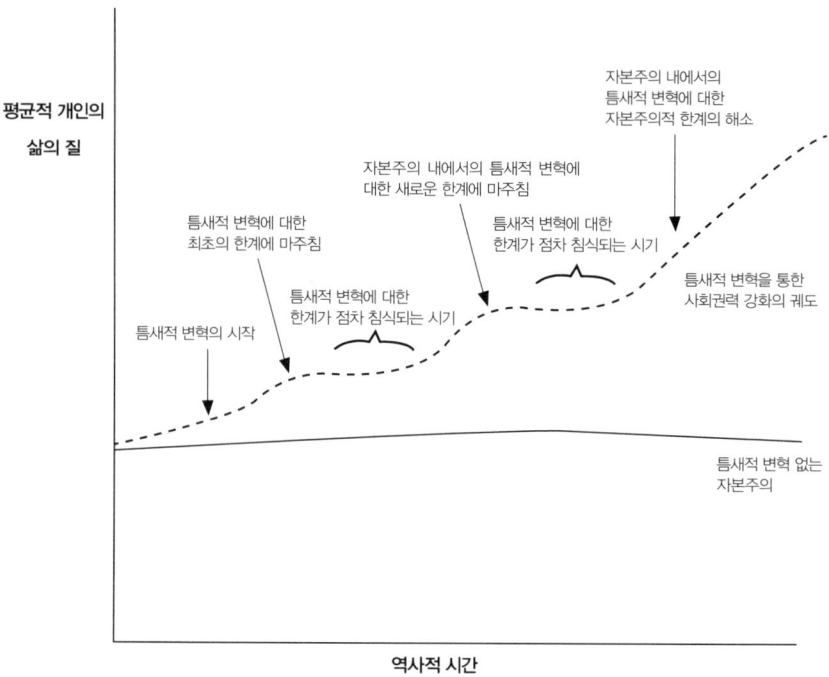

그림 10.1에 나오는 전략적 시나리오는 자본주의가 궁극적으로 민주평등주의적인 해방적 변혁의 가능성에 넘을 수 없는 한계를 지운다고 가정한다. 틈새적 변혁을 통한 사회 해방의 진화론적 무정부주의 시나리오는 이 가정을 버린다. 그림 10.2에 양식화된 방식으로 예시되어 있듯이, 기본적인 생각은 이렇다. 자본주의적 구조와 관계는 정말 틈새적 전략을 통한 해방적 사회 변혁에 한계를 지우기는 하지만, 이 한계들도 적절한 틈새

적 전략을 통해 장기적으로 침식될 수 있다. 따라서 틈새적 전략을 통한 변화의 궤도에는 변혁이 가능성의 한계를 만나 심하게 저지되는 시기들이 나타날 것이다. 이러한 시기들에는 이 한계를 침식시키는 새로운 틈새적 전략이 고안되어야 한다. 따라서 상이한 역사적 시기에는 상이한 종류의 틈새적 전략이 사회권력을 강화시키는 데 있어 결정적인 역할을 할 수 있다. 어떤 시기에는 노동자 협동조합을 건설하는 전략이 가장 중요할 수 있다. 또 어떤 시기에는 사회적 경제를 확대하거나 투자를 통제하기 위한 새로운 결사체적 장치(예컨대 노동조합이 통제하는 모험자본 기금)를 창안하는 것이 가장 중요할 수 있다. 중요한 것은, "한계"로 보이는 것이 사실은 특정한 제도 장치의 힘의 효과일 뿐이며, 틈새적 전략은 대안적 제도를 창조하여 이 한계를 약화시킬 수 있다는 것이다. 혁명적 무정부주의 시나리오에 따르면, 체제 내로부터는 변혁될 수 없는 견고한 한계가 결국은 나타난다. 반면, 보다 진화론적인 이 모델에 따르면, 현존하는 제약이 순화되어 결국 틈새적 변혁이 더 가속화되고, 이는 새로운 한계에 부딪칠 때까지 계속될 것이다. 따라서 한계들이 연이어서 나타났다가 사라짐에 따라, 사회권력 강화가 확대되었다가 정체되는 일종의 순환이 일어날 것이다. 이 과정이 지속될 수 있다면, 결국 자본주의 자체가 많이 수정되고 자본주의 권력이 많이 손상된 나머지, 자본주의는 더 이상 사회권력의 심층적 강화에 자본주의 특유의 한계를 지우지 못할 것이다.[12] 사실 틈새적 전략이 낳는 체제 하이브리드화 과정은 임계점에 도달해, 체제 전체의 논리가 바뀌면서 지속적인 사회권력 강화의 가능성을 열 것이다.

---

12 다른 종류의 구조적 한계—성 또는 세계적인 정치적 분열 또는 기타의 사회관계들이 가하는 한계—가 여전히 존재할 수 있으며, 따라서 한계에 부딪치고 새로운 한계 침식 전략을 고안하는 순환이 계속될 것이다. 그러나 사회권력 강화에 대해 자본주의가 지우는 한계는 더 이상 엄격한 제약을 가하지 못할 것이다.

물론 그림 10.2의 궤도는 아주 단순화된 것이다. 틈새적 전략에 대해 낙관적인 시각조차도 역전이 있을 수 있다는 것을 알고, 또 사회권력 강화의 전진이 좌절되는 시기가 길어질 수 있음을 안다. 그리고 우연한 역사적 상황에서는 틈새적 전략이 더 이상 가능하지 않을 수도 있다. 예컨대 틈새적 전략을 위한 정치적 공간이 닫혀 버리는 권위주의적 국가주의 상황 아래에서. 이러한 상황에서는, 자본주의를 직접 변혁시키기 위해서가 아니라 권위주의적 국가주의에 의해 차단된 틈새적 과정을 열기 위해 단절적 전략이 필요할 수 있다. 하지만 핵심적인 것은, 자본주의 구조 자체에는 이 틈새적 전략이 변혁적 효과를 가지지 못하도록 하는 것이란 원천적으로 존재하지 않는다는 것이며, 따라서 자본주의가 지배하는 세계 안에서도 사회 해방을 향한 틈새적 궤도가 가능하다는 것이다.[13]

I 틈새적 전략과 국가

틈새적 변혁 전략이 포괄적인 전략적 비전을 채택하지 않고도 사회권력 강화의 범위를 확대시키고 사람들의 삶의 질을 향상시킬 수 있다는 것은 인정할 수 있다. 틈새적 전략은 상품화되지 않은 비자본주의적 관계의 공간을 넓게 창조할 수도 있을 것이다. 그러나 이렇게 된다고 해서, 자본주의 경제에 대한 사람들의 의존성이 줄어들고, 또 자본가계급의 권력이 약화됨과 아울러 자본 축적에 대한 경제활동의 의존성이 약화되어,

---

13 자본주의 자체는 넘을 수 없는 가능성의 한계를 낳지 않는다는 주장은 때로 "반본질주의"라는 말로 지칭된다. 예컨대 J. K. Gibson-Graham (Julie Gibson and Katherine Graham), *The End of Capitalism (As We Knew It): A Feminist Critique of Political Economy* (Oxford: Blackwell, 1996)을 보라. 그들의 주장에 따르면, 경제 체제는 항상 하이브리드이며, 이 하이브리드의 자본주의적 차원 혹은 요소는 하이브리드 전체의 성격에 완강한 가능성의 한계를 지우는, 심층적이고 변경 불가능한 "본질"을 전혀 가지고 있지 않다.

혁명적 시나리오 속의 이행의 저점이 짧고 얕아지게 되는 일은 일어날 것 같지 않다. 그리고 틈새적 전략이 사회권력 강화의 범위를 확대할 수도 있지만, 이 전략만으로 어떻게 자본의 기본적인 구조적 권력이 크게 침식되어 해방적 사회 변화에 대한 자본주의적 한계가 제거될 수 있을지는 잘 모르겠다.

두 시나리오 모두의 기본 문제는 국가에 대한 입장과 관련되어 있다. 무정부주의적 사회 해방 전통에 있는 사람들은 시민사회도 경제도 느슨하게 통합된 체계들일 뿐이기에, 직접적 행위를 통해 새로운 종류의 관계와 실천을 형성시키는 데 상당한 공간을 허용한다는 것을 알고 있다. 반대로 그들은 대체로 국가란 통체적이고 통합된 제도로서 중대한 틈이 없고 해방적 변혁의 잠재력을 거의 가지고 있지 않다고 본다. 사실 혁명적 무정부주의자들에게 있어 최종적 단절을 불가피하게 하는 것이 바로 국가라는 제도이다. 국가의 강제력은 사회권력 강화에 넘을 수 없는 한계를 지운다. 국가만 없다면, 틈새적 변혁을 통해 자본주의 권력을 침식시킨다고 할 때 진화론적 무정부주의자들이 서술하는 것처럼 할 수도 있다.

이것은 국가 일반에 대한, 혹은 특히 자본주의 사회의 국가에 대한 만족스러운 이해가 아니다. 경제나 시민사회처럼 국가도 단일하고 완전히 통합된 권력 구조가 아니다. 그리고 국가가 사실 자본주의 관계를 재생산하는 데 상당한 역할을 하는 "자본주의 국가"일 수는 있지만, 자본주의 유지를 위한 순수한 기능적 논리만을 체현하는 자본주의 국가에 '만' 그치지는 않는다. 국가는 느슨하게 결합된 전체 속으로 불균등하게 통합된 일련의 이질적 기구들, 다양한 이익과 이데올로기가 상호작용하는 이질적 기구들을 포함한다. 국가는 시민사회의 경쟁 세력들이 만나는 투쟁 무대이다. 그것은 계급지배의 현장일 뿐만 아니라 계급타협의 현장이기도 하다. 요컨대 국가는 사회적 재생산을 수행하는 기구로만 이해될 것이 아니라, 사회적 재생산을 할 때 틈과 모순을 낳는 기구로도 이해되어야 한다.

따라서 해방적 변혁을 위한 투쟁은 진화론적인 틈새적 전략이 구상하듯이 국가를 무시해서도 안 되고, 단절적 전략이 구상하듯이 현실적으로 국가를 분쇄할 수도 없다. 사회 해방을 위해서는 어떤 식으로든 국가와 맞닥뜨리고 국가를 이용해 해방적 사회권력 강화의 과정을 전진시켜야 한다. 이것이 공생적 변혁의 핵심적인 생각이다.

11 | 공생적 변혁

공생적 변혁의 기본 발상은, 자본주의 사회 내에서의 상향적 사회권력 강화가 자본가와 기타 엘리트들이 직면하는 실질적인 문제들까지 해결할 수 있을 때, 이러한 사회권력 강화가 가장 안정적이고 튼튼하게 전진할 수 있다는 것이다. 사회권력의 심화와 확대가 자본가와 기타 지배 엘리트들의 이익을 첨예하게 위협할 때라도, 효과적인 민중 동원과 연대를 통해 이를 심화하고 확대할 수 있는 역사적 순간들이 존재하지만, 이러한 이득은 항상 불안정하고 역공을 받기 쉬울 것이다. 따라서 동원이 고양된 시기에 얻은 이득은 이러한 동원이 쇠퇴하는 시기에 무효화될 가능성이 높다. 사회권력 강화가 어떤 식으로든 지배 집단의 몇몇 중요한 이익들에 기여하고 체제 전체가 직면하는 실질적인 문제들을 해결할 때, 그것은 훨씬 더 내구력이 있고 더 깊이 제도화될 것이며, 따라서 더 역전 불가능할 것이다. 조엘 로저스와 볼프강 스트리크는 이것이 민주적 좌파의 튼튼한 성공을 위한 일반적 조건이라고 본다. "민주적 좌파는 노동자들의 물질적 복리를 향상시키고, 자본가들 스스로 해결할 수 없는 문제들을 그들 대신에 해결하며, 이 두 가지 일을 하는 가운데 '일반이익'의 대변을 놓고 자본가의 독점과 경쟁할 만큼 충분한 정치적 성망을 얻을 때, 자본주의 하에서 진보를 이룰 수 있다."[1]

역사적으로, 이러한 변혁 양식의 가장 중요한 예는 비교적 안정적인 형태의 자본·노동 "계급타협"으로, 이는 20세기 후반 많은 선진 자본주의 국에서 국가가 중재한 것이었다. 사회민주주의의 진보적 조류들의 핵심적인 의제가 바로 이러한 계급타협을 가능하게 하는 조건을 만들어내는 것이었다. 이 장에서 우리는 이러한 전략의 내재적 논리와 그 해방적 잠재력을 탐구한다.

⎟ 계급타협[2]

"계급타협"이라는 개념은 아주 다른 세 가지 이미지를 자아낸다. 첫 번째 이미지는 계급타협이 환영이라는 것이다. 노동계급 조직—특히 노동조합과 정당—의 지도자들은 자본가 계급과 기회주의적인 거래를 하며, 이 거래는 노동자들에게 일반적 혜택을 약속하지만 결국은 대개 공허하다. 계급타협은 그 핵심에 있어서는 상호 양보를 담은 호혜적 거래가 아니라 일방적인 항복이다.

두 번째 이미지는 계급타협이 전장에서의 교착상태와 같다는 것이다. 대

---

1 Joel Rogers and Wolfgang Streeck, "Productive Solidarities: Economic Strategy and Left Politics," in David Miliband (ed.), *Reinventing the Left* (Cambridge: Polity Press, 1994), p. 130.

2 이 절의 대부분은 이전에 출간된 논문 Erik Olin Wright, "Working-Class Power, Capitalist-Class Interests, and Class Compromise," *American Journal of Sociology* 105: 4 (2000), pp. 957-1002에서 나온 것이다.

략 비슷한 힘을 가진 두 군대가 전쟁에서 서로 얽혀 꼼짝을 못한다. 각각은 상대방에게 심각한 손상을 입힐 만큼 강하지만, 어느 편도 적수를 결정적으로 쳐부술 만큼 강하지는 못하다. 이와 같은 교착상태에서 상쟁하는 세력들은 "타협"에 동의할 수 있다. 서로에게 손상을 가하는 것을 삼가고 상대방에게 양보하기로 한 것이다. 양보가 비대칭적이라 해도, 그것은 거짓 양보가 아니라 진짜 양보이다. 하지만 이 양보는 상반되는 계급세력들 사이의 진정한 협동 과정이 아니다. 이 결과는 "소극적 계급타협"이라 지칭될 수 있다.

세 번째 이미지는 계급타협을 상반되는 계급들 사이의 상호 협동의 한 형태로 본다. 이것은 단순히 갈등의 결과가 완승과 완패 사이의 어디쯤에 속하는 세력균형의 상황이 아니다. 이 경우에는 오히려 노동자와 자본가 사이에 비非 제로섬게임, 즉 양 당사자 모두가 다양한 형태의 적극적 상호 협동을 통해 그들의 위치를 향상시킬 수 있는 게임의 가능성이 존재한다. 이 결과는 "적극적 계급타협"이라 불릴 수 있다.

공생적 변혁의 핵심적인 생각은, 안정적인 적극적 계급타협의 가능성이 일반적으로 노동계급의 '단결력'과 자본가의 '물질적 이익' 사이의 관계에 달려 있다는 것이다.[3] 신고전파 경제학자들과 전통적 마르크스주의자들의 통념에 따르면, 일반적으로 이 두 변수들 사이에는 역관계가 존재한다. 노동

---

[3] 계급타협에 관한 논의 전체에 걸쳐, 나는 자본주의의 계급구조와 관련해 노동자와 자본가밖에 존재하지 않는다고 하는 단순하고 양극화된 개념에 의지할 것이다. 어떤 목적을 위해서는, 아주 분화된 계급 개념을 전개하여 계급구조 내의 복잡한 구체적 위치들을 정교하게 보는 것이 중요하다. "중간계급"과 "계급관계 내에서의 모순적 위치"라는 문제에 관한 나의 작업은 이와 같은 분석의 한 예일 것이다. Erik Olin Wright, *Classes* (London: Verso, 1985)와 *Class Counts* (Cambridge: Cambridge University Press, 1997)을 보라. 어떤 문제들의 경우, 부문, 지위, 성, 인종과 같은 것들에 기초해 계급 내의 세밀한 분화와 분할을 특정하지 않고서는 인과과정이 적절히 연구될 수 없다. 하지만 또 어떤 목적을 위해서는, 자본주의의 핵심이 되는 양극화된 계급관계, 즉 자본가와 노동자를 중심으로 하는, 훨씬 더 추상적이고 단순화된 계급 개념을 사용하는 것이 적절하다. 내가 이 장에서 주로 사용할 계급 개념이 바로 이것이다.

자들의 힘의 증가는 자본가들의 이익에 역으로 영향을 미친다(그림 11.1을 보라). 이 견해의 근거는 마르크스주의 학자에게는 간단하다. 자본가들의 이윤은 노동자들의 착취와 밀접히 연결되어 있기 때문에, 노동자와 자본가의 물질적 이익은 원천적으로 적대적이라는 것이다. 따라서 노동자들이 자신의 이익을 위해 투쟁하고 자신의 이익을 실현할 능력을 강화하는 것은 모두 자본가들의 이익에 부정적인 영향을 미친다. 신고전파 경제학자들의 관례적 주장은 이보다는 다소 덜 간단하다. 왜냐하면 그들은 완전 균형에서는 노동자들이 자본가들에게 착취당하는 일이 있을 수 없다고 보기 때문이다. 그러면서도 그들은 노동계급의 단결력이 임금의 하방 조정을 더 어렵게 하고 고용자들의 노동자 해고를 더 어렵게 함으로써 노동시장의 효율적 작동을 방해한다고 본다. 노동조합과 기타 형태의 노동계급 권력은 시장 내에서의 독점적 권력이며, 다른 모든 독점적 관행들과 마찬가지로 독점지대와 비효율적 할당을 발생시킨다. 그 결과, 조합 노동자들은 자본가와 비조합 노동자 모두를 희생양으로 삼아 고임금 형태로 독점지대를 갈취할 수 있다.

그림 11.1 노동계급의 힘과 자본가계급의 이익 사이의 관계에 대한 관례적 견해

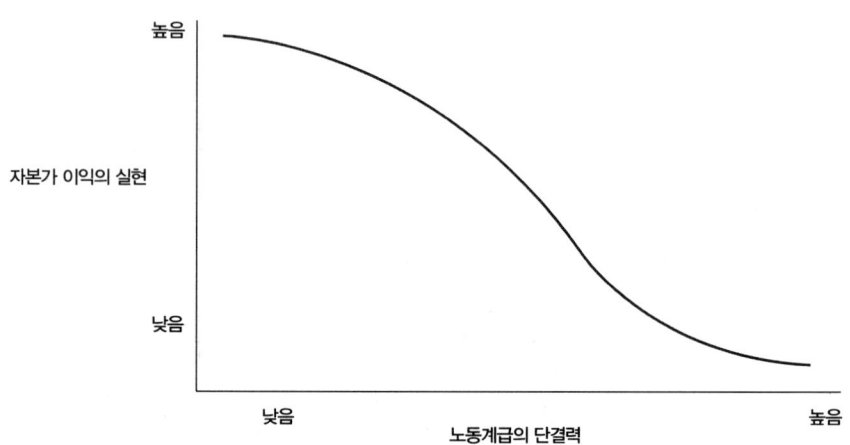

노동자들의 힘과 자본가들의 이익 사이의 관계에 대한 대안적 이해는 이것을 역관계로 보는 것이 아니라 곡선적인 '역-J' 관계로 본다(그림 11.2를 보라).⁴ 통념과 마찬가지로, 자본가계급의 이익이 가장 잘 충족되는 때는 노동계급이 잘 조직되어 있지 않을 때, 노동자들이 원자화된 방식으로 서로 경쟁하여 의미 있는 형태의 단결력을 결여할 때이다. 노동계급의 힘이 증대함에 따라, 자본가계급의 이익은 처음에는 역의 영향을 받는다. 하지만 일단 노동계급의 힘이 일정한 역치를 넘으면, 노동계급의 단결력이 자본가의 이익에 긍정적인 영향을 미칠 수 있다. 그 고전적인 예는 케인즈주의 거시경제정책에서 제기된 어떤 문제들을 해결하는 데 있어 조직 노동계가 수행한 역할이었다. 완전고용이 공장가동률을 높이고 자본주의 기업 제품에 대한 총수요를 높이는 한, 완전고용은 잠재적으로 자본가들의 이익에 봉사할 수 있다. 그러나 완전고용으로 인해 임금이 급속히 상승하고 인플레이션이 나선형으로 상승해 이윤 압착의 위험이 생길 수도 있다. 케인즈 자신도 이것을 심각한 문제로 인식했다. "단체교섭과 완전고용이 결합될 때 임금이 어떻게 제한될 수 있는지에 관해 나는 심각한 문제가 일어날 것임을 의심치 않는다."⁵ '노동자와 고용자' 모두에게 임금 제한을 가할 수 있는 강력하고 중앙집권적인 조합들이 다수의 나라에서 등장하고 공고화된 것은 아마 이 문제에 대한 가장 성공적인 해법이었을 것이다. 이런 의미에서 강력한 노동운동은 그저 '소극적' 계급타협의 근거지나 되어, 자본에 대한 위협을 통해 노동자들의 혜택을 끌어내는 데 그치지 않아도 된다. 노동운동이 충분히 규율을 가지고 있을 경우, 특히 우호적인

---

4 노동계급의 힘과 자본가의 이익 사이의 역-J 관계에 대해서는 Joel Rogers의 논문, "Divide and Conquer: Further 'Reflections on the Distinctive Character of American Labor Law'," *Wisconsin Law Review* 13: 1 (1990), pp. 1-147에서 처음으로 시사를 얻은 것이다.

5 Andrew Glynn, "Social Democracy and Full Employment," *New Left Review* 211 (1995), p. 37.

국가와 결합될 때, 노동운동은 거시경제적 문제들을 해결하는 데 일조함으로써 자본가 이익의 실현에 적극적으로 기여할 수 있다.

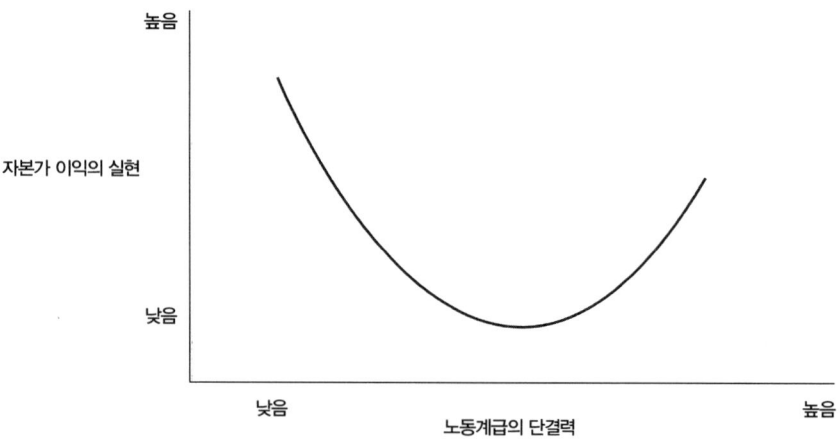

그림 11.2 노동계급의 힘과 자본가계급의 이익 사이의 곡선적 관계

그림 11.2의 역-J 가설에 반영된 사회과정을 더 깊이 이해하기 위해, 우리는 이 모델을 다양한 방식으로 정교화하고 확장할 필요가 있다.[6] 먼저 우리는 이 곡선을 발생시키는 기본적인 인과 메커니즘을 더 상세히 검토할 것이다. 다음으로 우리는 이 그림의 범위를 확대하여, 노동계급의 단결력이 매우 높은 수준에 있을 때 무슨 일이 일어나는지를 검토할 것이다. 그리고 이 곡선 위의 상이한 지역들은 계급 갈등의 제도적 환경에 따라 역사적으로 도달 가능한 전략적 목표가 될 수도 있고 도달 불가능한 전략적 목표가 될 수도 있다. 우리는 마지막 부분에서 계급 갈등의 제도적 환경이 이를 결정하는 다양한 방식을 검토할 것이다.

---

6 이 모델의 이론적 기초들을 보다 형식적으로 정교화한 논의는 Wright, "Working-Class Power, Capitalist-Class Interests and Class Compromise," pp. 969-76에서 찾을 수 있다.

1. 역-J 관계 아래에 있는 메커니즘들

그림 11.2에서 제시된 역-J 곡선은 두 종류의 인과과정에서 결과한 것으로 이해될 수 있다. 하나는 노동자들의 힘이 증가함에 따라 자본가들의 이익이 더욱 더 침해되는 인과과정이고, 다른 하나는 노동자들의 증가하는 힘을 통해 자본가들의 이익이 증진되는 인과과정이다. 이 과정들은 그림 11.3에 예시되어 있다. 대체적으로 말해, 하향 곡선은 노동자들의 힘이 증가하면서, '일방적으로 결정을 내리고 다양한 종류의 자원을 통제하는 자본가들의 능력이 침해되는' 상황을 반영한다. 반면 상향 곡선은 노동자들의 단결력 덕분에 '자본가들이 일정한 종류의 집합행위문제와 조정문제를 해결하게 되는' 상황을 반영한다.

계급투쟁과 계급타협은 무정형적인 "사회" 안에서 일어나는 것이 아니라, 특정한 제도적 맥락, 즉 기업, 시장, 국가 안에서 일어난다. 그림 11.3의 역-J 곡선을 발생시키는 진짜 메커니즘들은 이러한 제도적 맥락들 속에 묻혀들어 있다. 계급투쟁이 일어나고 계급타협이 형성되는 세 가지 제도적 영역이 특히 중요하다.

- **교환영역.** 이 영역은 무엇보다 노동시장과 관련되어 있고 여타의 여러 상품시장과도 관련되어 있지만, 어떤 상황들에서는 금융시장 역시 계급갈등이 일어나고 계급타협이 형성되는 무대일 수 있다.
- **생산영역.** 이 영역은 일단 노동자들이 고용되고 자본이 투자되었을 때 기업 내에서 진행되는 일에 관한 것이다. 노동과정과 기술을 둘러싼 갈등이 특징적인 예이다.
- **정치영역.** 계급갈등과 계급타협은 국가 정책의 형성과 집행을 둘러싸

그림 11.3 자본가의 이익과 노동자의 단결력 사이의 관계 해부

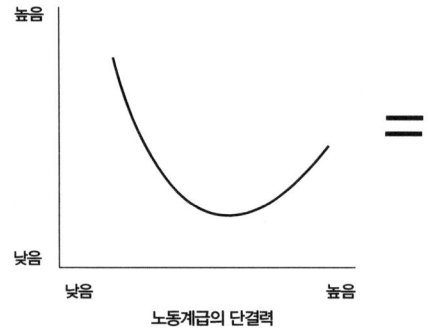

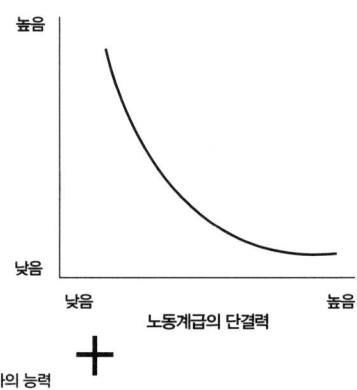

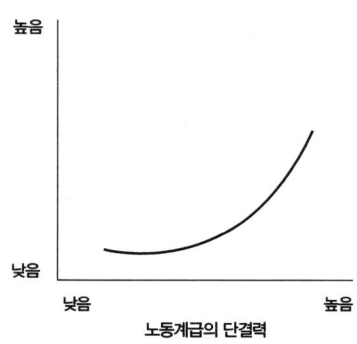

고, 그리고 국가가 시행하는 다양한 규칙들의 관리를 둘러싸고 국가 내에서 일어나기도 한다.

계급갈등과 계급타협의 제도적 영역 각각에 대해서는 대체로 그에 특유한 노동계급 집단조직이 따른다. '노동조합'은 교환영역에서의 갈등/타협에 특유한 결사 형태이다. '노동평의회' 및 이와 관련된 결사체들은 생산영역에 특유한 형태이다. 그리고 '정당'은 정치영역에 특유한 형태이다.

따라서 우리의 핵심적인 분석 과제는 노동계급 단결력의 이 상이한 형태들—조합, 노동평의회, 정당—이 교환, 생산, 정치의 영역들에서 '적극적' 계급타협을 이룰 수 있게 하는 메커니즘들을 검토하는 것이다. 이 메커니즘들은 그림 11.4에 요약되어 있다.

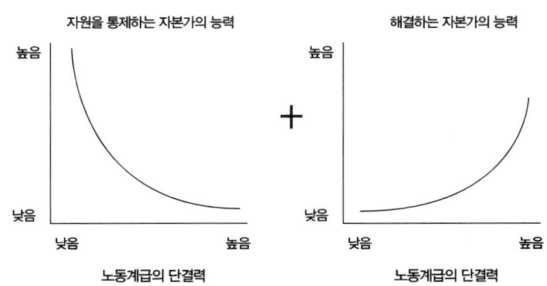

그림 11.4 정치, 교환, 생산의 영역에서 노동계급의 힘과 자본가의 이익 사이의 관계 해부

2. 교환영역

　교환영역에서 자본가들은 노동계급과의 관계와 관련된 일련의 물질적 이익을 가지고 있다. 노동비용을 최소화하는 것, 방해 없이 마음대로 고용하고 해고할 수 있는 능력, 그들이 생산하는 모든 상품을 파는 것, 예측 가능하고 충분한 노동 공급을 제공하는 노동시장에서 특정한 기술 믹스를 가진 노동력을 가지는 것 등이 그것이다. 마르크스주의자들과 비마르크스주의 정치경제학자들 모두가 종종 주장해 왔듯이, 이 이익의 몇몇은 서로 상충한다. 가장 두드러진 것은 다음과 같다. 즉 상품을 파는 게 자본가에게 이익이 된다는 것은 소비자로서의 노동자들이 많은 가처분소득을 가지는 것이 좋다는 뜻이다. 반면, 총임금을 최소화하는 것이 자본가에게 이익이 된다는 것은 피고용자로서의 노동자들에게 가능한 한 적게 지불하는 것이 이익이 된다는 뜻이다.

　노동계급의 단결력이 증가하면, 일반적으로 개별 자본가들이 노동시장에서 일방적으로 결정을 내리고 자원을 배분할 수 있는 능력이 침해된다. 조합이 없을 때, 자본가들은 마음대로 고용하고 해고할 수 있으며, 시장의 현 조건들을 고려해 가장 이윤이 많이 난다고 생각되는 수준에서 임금을 정할 수 있다. 노동계급의 단결력은 개별 자본가들이 노동시장에서 이윤을 극대화하는 결정을 내릴 수 있는 능력을 감소시키며, 따라서 그들의 물질적 이익을 해친다.

　개별 자본가들이 최소의 제약으로 사고 팔 수 있을 때 교환영역에서 자본가들의 이익이 완전히 충족되는 것이라면, 그림 11.1에서 묘사된 역逆관계 같은 것이 성립할 것이다. 그러나 그렇지 않다. 자본가들의 물질적 이익—높고 안정된 이윤율을 유지하는 능력—은 교환영역 내에서 다양한 조건들이 제공되는 것에 좌우되며, 이것은 조정과 집합행위를 필요로 한다. 이 조정문제들 가운데 적어도 몇 가지 문제는 비교적 높은 수준의 노동계급 단결력에 의해 해결될 수 있다.[7]

그 고전적인 예는 자본가들이 생산하는 소비재에 대한 불충분한 총수요 문제이다. 이것은 임금과 사회적 지출을 높이는 것이 어떻게 높은 수준의 총수요를 지탱하고 그리하여 "저소비" 문제를 해결하는 데 이바지할 수 있는가 하는 전통적인 케인즈주의 문제이다. 불충분한 소비자 수요는 자본가들에게 집합행위문제가 된다. 곧 자본가들은 그들 자신의 피고용자에게는 가능한 한 낮은 임금을 지불하기를 원하는 동시에, 제품에 대한 충분한 소비자 수요를 낳기 위해 다른 자본가들이 가능한 한 높은 임금을 지불하기를 원하는 것이다. 사실 조합화의 수준이 높아지면, 개별 기업들이 이 딜레마에 대한 협동적 해결책에서 "이탈하는" 것을 차단할 수 있다. 노동계급의 힘은 또한 노동시장을 더 예측 가능하고 안정적으로 만드는 데 기여할 수 있다. 노동력을 구하려는 자본가들의 경쟁으로 인해 보통 임금이 올라가는―아마도 생산성의 증가율보다 더 높은 비율로 올라가 인플레이션을 자극하게 되는―경색된 노동시장 조건 하에서, 높은 수준의 노동계급 단결력은 임금 제한에도 기여할 수 있다.[8] 임금 제한은 특히 복잡한 집합행위문제이다. 개별 자본가들이 임금 제한 협정에서 이탈하지 못하게 해야 하며(즉,

---

7 그렇다고 해서 노동계급의 단결력이 이러한 조정문제들을 해결하기 위한 필요조건이라는 뜻은 아니다. 이 조정문제를 해결하기 위한 대안적 전략이 될 수 있는 다른 장치들이 존재할 수도 있다. 여기서 주장하고 있는 것은 다만 노동계급의 단결력이 이러한 문제의 해결을 더 쉽게 하는 메커니즘이 될 수 있다는 것뿐이다.

8 조합의 힘과 임금 제한에 관한 논의에 대해서는, L. Calmfors and J. Driffill, "Bargaining Structure, Corporatism, and Macroeconomic Performance," *Economic Policy* 6 (1988), pp. 13-61; Glynn, "Social Democracy and Full Employment"; Jonas Pontusson, "Between N대-Liberalism and the German Model: Swedish Capitalism in Transition," in Colin Crouch and Wolfgang Streeck (eds), *Political Economy of Modern Capitalism: Mapping Convergence and Diversity* (Thousand Oaks, CA: Sage, 1977), pp. 50-70을 보라.

노동시장에 가용한 노동자들이 없을 경우 그들이 다른 고용자들에게서 노동자를 불러내려고 임금을 다투어 올리는 것을 막아야 하며), 개별 노동자들(그리고 조합들)도 경색된 노동시장 조건 하에서 임금을 극대화하려고 이 협정에서 이탈하는 것을 막아야 한다. 경색된 노동시장에서의 임금 제한은 장기적인 안정적 성장과 인플레이션의 봉쇄에 중요한데, 이것은 노동계급이 특히 중앙집권적 조합에 매우 잘 조직되어 있을 때가 그렇지 않을 때보다 일반적으로 더 쉽다.

두 번째 예는 자본가들이 노동시장에서 직면하는 심각한 기술형성문제와 관련되어 있다. 제7장에서 논의했듯이, 높은 수준의 유연한 기술을 가진 노동력을 가지는 것은 자본가들에게 이익이 되지만, 이에 필요한 훈련을 제공하는 것은 개별 자본가들에게 이익이 되지 않는다. 왜냐하면 자유로운 노동시장에서 이러한 훈련을 제공하지 않은 다른 자본가들이 이와 같은 잘 훈련된 노동자들을 빼내올 수 있기 때문이다. 강한 조합은 노동자들에게 일자리 안정을 더 많이 보장하고, 연공서열 규칙을 안정시키고 집행하며, 기타의 방식으로 빼내기 가능성을 감소시킴으로써, 이런 종류의 문제를 해결하는 데 적극적인 역할을 할 수 있다.

교환영역에서 노동계급의 단결력이 자본가의 이익에 이렇게 긍정적인 효과를 미친다고 해서, 자본가들도 강한 고용자 결사체에 똑같이 잘 조직화되어 있는 것은 아니다. 물론 북유럽 신조합주의의 역사가 시사하듯이, 강력하게 조직된 노동계급운동은 이에 상응하는 고용자 조직의 발전을 자극하는 경향이 있기는 하지만 말이다. 아무튼 노동자들이 거시경제적 문제들을 해결하는 데 건설적으로 이바지할 수 있는 능력은 자본가들도 조직되어 있을 때 향상된다.

노동계급의 힘이 클 때 그 긍정적인 케인즈주의적 노동시장 효과가 임금 비용 및 해고 재량과 관련한 그 부정적인 효과보다 일반적으로 더 약하다고 가정하면, 이 과정들의 조합은 그림 11.4에서 교환영역에 대해 역-J 관계를 낳는다.

3. 생산영역

　노동자들과 관련해 자본가들의 이익이 지닌 모순적 특징은 생산영역에서도 일어난다. 한편으로, 자본가들은 노동과정(기술을 선택하고 바꾸는 것, 상이한 과제들에 노동력을 배정하는 것, 노동의 속도를 바꾸는 것 등등)을 일방적으로 통제할 수 있는 것이 이익이다. 그러나 다른 한편으로는 피고용자들로부터 협동, 솔선수범, 책임성을 안정적으로 이끌어낼 수 있는 것이 이익이다.
　생산에서 노동계급의 단결력이 증가함에 따라, 노동과정에 대한 자본가들의 일방적인 통제력은 감소한다. 그렇다고 해서 노동 규칙과 직무 분류 등등이 경직적이고 변경 불가능해지는 상황을 자본가들이 맞이하게 되는 것은 아니지만, 그들이 노동과정의 변화를 놓고 노동자들의 대표자들과 협상과 교섭을 해야지 이를 일방적으로 강요할 수는 없다는 것이다. 이렇게 되면 특히 기술 변화가 급속한 상황에서는 자본가의 이익이 다칠 수 있다.
　다른 한편, 적어도 일정한 사회적·기술적 생산조건 하에서는, 생산 내에서 노동계급의 단결력이 높아질수록 노동과 경영 사이에서 더 복잡하고 안정적인 형태의 협동이 이루어질 가능성도 높아진다. 노동계급의 힘이 일자리 안정을 높이고 노동자들에 대한 경영자의 자의적 대우를 줄인다면, 자신의 일자리에 대한 노동자들의 시간 지평은 확대될 것이고, 이와 함께 그들의 미래 전망이 기업의 복지와 연결되어 있다는 의식도 높아질 것이다. 이렇게 되면 노동자들은 충성의식을 가지고 다양한 방식으로 더 자발적으로 협동하게 될 것이다.

가장 좋은 예가 노동평의회와 공동결정을 중심으로 조직된 독일의 강한 작업장 기반 노동자 조직일 것이다. 볼프강 스트리크는 자본가들이 특정한 문제를 해결하는 데 있어 공동결정과 노동평회회가 어떻게 긍정적 기여를 하는지에 대해 이렇게 서술한다.

> 그렇다면 공동결정의 무엇이 특별한가? 고용의 가변성을 제한해 온 다른 요인들과 달리, 공동결정은 기업에 문제를 초래했을 뿐만 아니라 해결책도 제시해 왔다. 공동결정은 한편으로 조직적 경직성을 심화시킨 반면, 이와 동시에 다른 한편으로는 효율성을 크게 손상시키지 않고 이러한 경직성에 대처할 수 있는 조직적 수단을 제공해 왔다……
> ……노동평의회는 한때 경영 특권이었던 것을 공유할 뿐만 아니라, 자신의 참여 아래 이루어진 결정을 이행하고 집행하는 책임도 진다. 이 상황은 종종 노동 혹은 조직된 노동이 경영에 "통합" 혹은 "호선"된 것으로 묘사되어 왔다. 하지만 이것은 노동력의 대표자들이 경영, 특히 인력 경영을 "식민화"한 것으로도 간주될 수 있다. 가장 적절한 은유는 아마 '자본과 노동의 상호 통합'이라는 은유일 것이다. 이를 통해 노동이 자본의 이익을 내면화하듯이 자본도 노동의 이익을 내면화한다. 그 결과 노동평의회와 경영은 하나의 통합된, 그리고 내적으로 분화된 산업 통치체계의 하위체계가 된다. 이러한 산업통치체계는 전통적인 다원주의적-대립적 노사관계체계를 점점 더 대체하고 있다.[9]

노동의 이익과 자본의 이익이 이렇게 더 긴밀히 결합되고 이에 따라 계

9　Wolfgang Streeck, *Social Institutions and Economic Performance: Studies of Industrial Relations in Advanced Capitalist Economies* (Newbury Park, CA: Sage, 1992), pp. 160, 164.

급 사이의 협동이 심화됨으로써, 고용자들은 작업장에서 일어나는 일련의 구체적인 조정문제들을 더 쉽게 해결할 수 있다. 생산 내에서의 정보 흐름이 더 효율적으로 된다(왜냐하면 노동자들이 경영 정보에 더 쉽게 접근할 수 있고, 일자리를 보호할 목적으로 정보를 감추려는 인센티브를 더 적게 가지기 때문이다). 급속한 기술 변화 시기에 노동과정의 조정이 더 효율적으로 된다(노동자들이 의사결정에 참여하고, 따라서 기술 변화가 그들의 일자리를 없애는 것에 대해 걱정을 덜하게 되기 때문에, 그들은 새로운 기술의 도입에 적극적으로 협력할 가능성이 높다). 기술형성 전략이 더 효과적으로 된다(왜냐하면 노동자들이 기술 병목과 기술 요건들에 대해 가장 깊은 지식을 갖고 훈련 프로그램의 설계에 참여하기 때문이다). 가장 널리 말해, 작업장 단결력이 강하면, 노동자들이 다양한 형태의 창조적 문제해결에 효과적으로 참여할 수 있는 가능성이 더 많이 열린다.[10]

이러한 협동 제도들의 수많은 긍정적 이점을 생각할 때, 선진 자본주의 국가들에서 작업장 단결력이 강한 경우가 아주 드문 것은 놀라운 일일지 모른다. 그 이유는 이러한 협동의 이점이 자본에 비용을 초래하기 때문이다. 스트리크는 독일의 경우마저 이렇다는 것을 인정한다.

> 무엇보다 먼저, 공동결정은 경영적 재량과 경영적 특권에 상당한 비용을 초래한다……통합은 두 방향으로 다 이루어지며, 이것이 노동과 관련해 효과적이려면, 그것은 또한 자본도 구속해야 한다. 공동결정이 그 모든 이점에도 불구하고 자본에 의해 철저히 양날의 칼로 여겨지는

---

[10] 특정한 사회적 문화적 조건 아래에서는, 노동자들의 작업장 단결력이 없이도 이러한 협력 형태들 몇 가지가 등장해 유지되는 것이 가능하다. 일본의 비교적 협동적인 고용관계체제는 종종 이런 식으로 묘사되지만(예컨대 Chie Nakane, *Japanese Society* [London: Weidenfeld and Nicholson, 1970]을 보라), 다른 사람들은 이러한 문화적 견해를 비판해 왔다(예컨대 Masahiko Aoki, Comparative Institutional Analysis [Cambridge, MA: MIT Press, 2001], pp. 304ff). 아무튼 많은 상황에서, 생산 내에서의 높은 수준의 노동자 협동은 일정한 형태의 의미 있는 단결력에 의해 후원되지 않을 경우 유지되기 어려울 것이다.

것도 바로 이 때문이다……단기적인 경제적 비용은 물론 권위와 지위에 있어서의 장기적인 비용 때문에 공동결정의 이점은 자본가계급에게 값비싼 것이 되며, 따라서 얼핏 이해할 수 없어 보이지만 업계가 공동결정권의 확대에 대해 저항하는 것도 이 때문이다.[11]

이 비용 때문에, 자본가들은 일반적으로 그들이 생산에서 노동자들의 강한 단결력과 다툴 필요가 없는 생산체계를 선호할 것이다. 그래서 노동자들의 힘과 자본가들의 이익 사이의 기능적 관계가 생산에서도 역-J 모습을 취하는 것이다.

4. 정치영역

노동계급 단결력과 자본가 이익 사이의 역-J 관계의 두 구성요소가 가장 분명하게 나타나는 영역은 아마 정치영역일 것이다. 수많은 비교역사적 연구가 보여주었듯이, 노동계급의 정치력이 증가함에 따라, 자본주의국가는 더 재분배적으로 되는 경향이 있다. 사회적 임금이 상승하고, 따라서 노동자들의 유보임금은 더 높아진다. 조세정책과 이전정책이 소득불평등을 감소시킨다. 그리고 다양한 방식으로 노동력은 부분적 탈상품화를 겪는다. 이 모든 정책들은 고소득자 일반의 물질적 이익, 그리고 특히 자본가들의 물질적 이익에 부정적 효과를 낸다. 노동계급의 정치력은 또한 교환영역 내에서 노동계급의 힘을 증가시키는 제도 장치를 뒷받침하는 경향이 있으며, 이는 종종 생산영역 내에서도 그렇다. 따라서 정치영

---

11 Streeck, *Social Institutions*, p. 165.

역에서의 노동계급 단결력은 또한 교환영역과 생산영역에서의 하향 곡선에 간접적으로 기여할 수도 있다.

정치영역에서의 상향 계급타협 곡선은 사회민주주의의 핵심적 관심사이다. 국가 중심적 삼자조합주의에 관한 풍부한 문헌은 사실상 노동계급이 고도로 조직화되어 있는 상황에서 자본가들의 이익이 어떻게 번영할 수 있는지에 관한 문헌이다.[12] (1980년대까지의) 스웨덴은 보통 모범적인 사례로 다루어진다. 스웨덴 국가에 대한 사회민주당의 통제는 중앙집권적 노동조합과 중앙집권적 고용자 결사체 사이에 일련의 조합주의 체제가 들어서게 했으며, 이는 길고 안정적인 협동과 성장의 시기를 가능하게 했다. 노동운동과 사회민주당 사이의 조직적 연결이 이 안정에 결정적이었다. 왜냐하면 이 조직적 연결은 성사된 거래에 정당성을 더했고, 이 협정의 조건이 미래에도 유지될 것이라는 노동자들의 믿음을 증가시켰기 때문이다. 이 덕분에 오랜 기간 동안 스웨덴 자본주의가 높은 가동률, 매우 낮은 수준의 실업, 비교적 높은 생산성 향상을 유지하는 것이 가능했다. 정치영역에서의 노동계급 단결력에 근거한 국가 중재 조합주의는 이러한 결과들을 내는 데 중요한 역할을 했다.

그림 11.4에 나오는 메커니즘들의 목록은 다양한 시간과 공간에 걸쳐 상이한 분석단위들 내에서 계급타협이 일어날 조건들을 파악하기 위한 일련의 예비적 변수들을 제공한다. 교환영역 내에서의 계급타협은 지구,

---

12 예컨대 Gøsta Esping-Andersen, *The Three Worlds of Welfare Capitalism* (Princeton, NJ: Princeton University Press, 1990); Philippe Schmitter, "Corporatism is Dead! Long Live Corporatism! Reflections on Andrew Schonfield's Modern Capitalism," *Government and Opposition* 24 (1988), pp. 54-73; Philippe Schmitter and G. Lembruch (eds), *Trends Towards Corporatist Intermediation* (London: Sage, 1979)를 보라.

지역, 전국 노동시장에서 혹은 특정 부문들과 연결된 노동시장에서 일어날 수 있다. 생산 차원의 타협은 전형적으로 기업 내에서 일어나지만, 부문 내에서도 조직될 수 있을 것이다.[13] 정치영역에서의 계급타협은 국민국가 수준에서 특히 중요하지만, 지구와 지역 수준의 정치적 계급타협도 가능하다. 지구적 지역적 수준의 정부가 참여하는 다양한 조합주의의 등장은 전국 이하 단위에서 정치적 계급타협이 발전하고 있다는 징후일 수도 있다. 따라서 계급타협의 배열을 그리는 역-J 곡선은 전국 수준을 포함해 모든 분석단위에서 일어나는 계급타협의 분석에 적용될 수 있다.

따라서 이 세 쌍의 계급타협 곡선들에 대해 나라들마다 다른 값들의 조합을 보일 것이다.[14] 예컨대 독일의 경우 노동계급의 단결력은 생산영역에서는 전통적으로 특히 강했고, 교환영역에서는 다소 덜 강했으며, 정치영역에서는 다소 약했다. 스웨덴의 경우—적어도 사회민주주의의 전성기에는—노동계급의 단결력은 교환영역과 정치영역에서 아주 강했고, 생산영역에서는 아마 약간 더 약했다고 할 것이다. 미국의 경우, 노동계급의 단결력은 세 영역 모두에서 줄어들었지만, 어떤 제한된 부문들 내의 교환영역에서는 아주 강하다. 따라서 한 사회에서 전반적인 역-J 계급타협 곡선은 이 각각의 영역을 구성하는 곡선들이 전체적으로 복잡하게 합성된 결과이다.

---

13 생산영역과 교환영역에서, 계급타협 곡선의 모습과 노동계급 단결력의 정도는 기업과 부문에 따라 상당한 이질성을 보일 수 있다. 그 결과, 한 나라 안에서도 계급타협의 조건은 어떤 기업과 부문들이 다른 기업과 부문들보다 훨씬 더 유리할 수도 있다. 따라서 한 주어진 영역을 특징짓는 총합적 역-J 곡선은 기업, 부문, 그리고 다른 하위 분석단위들에 걸쳐 분포하는 이러한 곡선들의 합성이다.

14 물론 다양한 시간과 공간에 걸친 실제의 변이는 여기에서 묘사되고 있는 것보다 훨씬 더 복잡하다. 각국은 이 곡선들 위에서 어디에 위치해 있는가에 있어서만 서로 다른 것이 아니라, 다음과 같은 요인들 위에서 어디에 위치해 있는가에 있어서도 서로 다를 것이다. (1) 해당 사회의 전반적인 지형을 정의하는 데 있어 다양한 곡선들의 상대적 비중. (2) 나라들 내에서 계급타협이 가장 깊이 뿌리내린 분석단위들. (3) 구성 곡선들 자체의 특정한 모습. 예컨대 어떤 시간과 공간에서는 이 곡선들의 상향 부분이 비교적 완만할 수도 있고, 다른 경우에는 아주 가파를 수도 있을 것이다. 이 관계들에 대한 나의 이론적 이해는 불충분하기에, 변이의 이 두 원천들에 대해 어떤 체계적인 이야기도 할 수 없다.

5. 모델의 복잡화: 이론적 변이 영역의 확대

그림 11.3과 11.4에서 변이의 범위는 동시대 선진 자본주의 사회들에 존재하는 가능성들의 전형적인 스펙트럼으로 간주될 수 있다. 노동계급의 조직과 연대가 계급타협의 세 영역 모두에서 동시에 전 사회적으로 확대되는 극한의 경우를 향해 노동계급의 힘이 증가할 때 과연 무슨 일이 일어나는지를 고찰하는 것이 우리의 향후 분석에 도움이 될 것이다. 이것은 "민주사회주의" 체제라 할 것이며, 노동계급이 자본에 대해 집합적인 민주적 통제력을 갖는 체제로 이해될 수 있다.

그림 11.5 투자에 대한 통제와 관련한 자본의 이익과 노동자의 힘

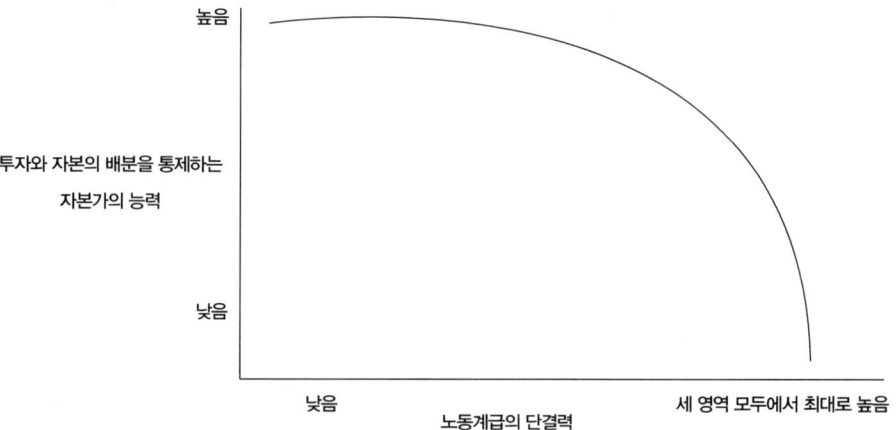

노동계급의 단결력이 이 이론적 최대치에 접근할 때 자본가계급의 이익에는 무슨 일이 일어나는가? 그림 11.5는 자본가 이익의 한 결정적인 측면—투자와 축적(자본의 배분)에 대한 그들의 통제—과 노동계급의 힘 사이의 관계를 제시한다. 투자에 대한 통제는 아마 자본주의에서 생산수단

의 "사적" 소유의 가장 근본적인 차원일 것이다. 대부분의 자본주의 사회에서는 노동계급의 힘이 증가할 때도, 자본의 이 힘은 심각하게 손상되지 않는다. 강한 노동조합과 사회민주당이 존재해도, 자본가들은 투자를 철회하고 저축을 얼마나 할지를 선택하며 이윤을 소비로 전환하거나 새로운 투자에 배분하는 등등의 전반적인 권력을 가진다. 물론 모든 자본주의 국가는 (세금, 보조금, 관세 등등을 통해) 인센티브와 디스인센티브를 창출해 자본의 배분에 영향을 미칠 수 있다. 그리고 특별한 상황에서 "디스인센티브"는 상당한 강제적 성격을 가지며 자본가들의 자본 배분 능력을 효과적으로 제약할 수 있다. 그래도 자본주의적 재산권의 이 근본적인 측면은 노동계급의 힘의 정상적인 변이 범위 안에서는 일반적으로 위협받지 않는다. 하지만 노동계급의 단결력이 그 이론적 최대치에 접근할 때, 자본가들이 자본의 배분을 통제할 권리는 의문에 처하게 된다. 사실 이것이 민주사회주의의 정의의 핵심이다. 자본의 배분에 대한 민중적 민주적 통제. 바로 이 때문에, 마이드너의 주식과세 임금소득자 기금 계획이 1976년에 제안되었을 때 스웨덴 자본가 계급이 그토록 겁을 먹었던 것이다. 이것은 그림 11.5에 나오는 곡선의 모습과 상응한다. 자본의 기본적 배분에 대한 통제와 관련하여 노동계급의 힘이 자본가의 이익에 비교적 약한 부정적 효과를 보인 후, 노동계급의 단결력이 아주 높은 수준에 이르는 시점에서 자본가의 이익이 심각한 위협을 받게 되는 것이다.[15]

---

15 그림 11.5의 x축은 생산영역, 교환영역, 정치영역으로 나누어지지 않은 노동계급의 단결력이다. 따라서 이것은 이 세 영역들 내에서의 단결력이 합쳐진 것이다(이 세 영역들 각각도, 이 영역 내의 다양한 분석단위들에서의 단결력이 합성된 것이다). 여기에 있는 통찰은, 민주사회주의가 성취되려면 노동자들의 단결력이 세 영역 모두에서 높은 수준에 이르러야 한다는 것, 그리고 민주적 조건 아래에서 자본주의적 재산권에 대한 지속 가능한 위협은 이와 같은 통일된 단결력이 존재할 때만 이루어질 수 있다는 것이다. 그렇다고 해서 이 이론적 형태에서 세 영역이 동일한 비중을 차지한다는 것은 아니다. 전통적으로 마르크스주의자들은 국가 수준에서의 노동계급의 힘이 자본주의적 재산권에 도전하는 데 가장 결정적이라고 주장해 왔다. 반면, 무정부주의-생디칼리스트들은 생산 내에서의 노동자들의 힘이 핵심이라고 주장해 왔다.

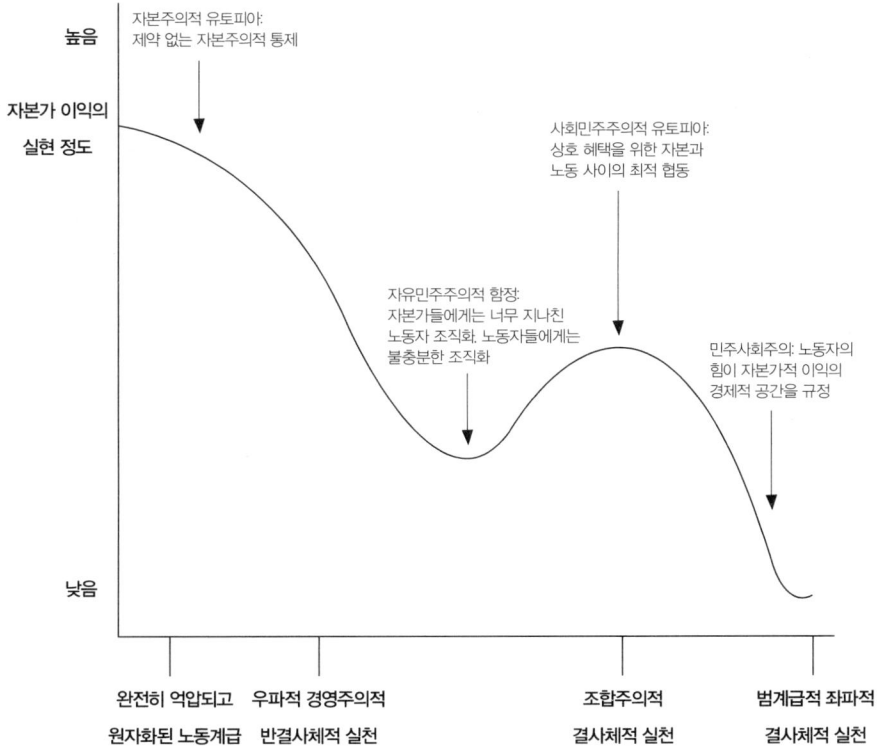

그림 11.6 노동계급 단결력과 자본가계급 이익의 확대 모델

그림 11.5가 그림 11.2에 합쳐질 때, 우리는 그림 11.6의 롤러코스터 곡선을 얻는다. 이 이론적 모델에는 두 개의 '최대점'이 있다. 하나는 '자본주의적 유토피아'이다. 여기에서 노동계급은 아주 원자화되고 미세한 조직으로 되어 있어, 자본가들이 큰 집단적 저항을 두려워하지 않는 상태에서 자유롭게 생산을 조직하고 증가된 생산으로부터 이득을 전유할 수 있다. 다른 하나는 '사회민주주의적 유토피아'이다. 여기에서 노동계급의 단결력은 기본적인 자본주의적 재산권을 위협할 만큼 강하지는 않지만, 노

동과 자본 사이에서 높은 수준의 조합주의적 협동을 낳을 수 있을 만큼은 강하다. 하지만 이 두 극점은 노동자와 자본가에게 아주 다른 전략 환경을 이룬다. 정태적으로 볼 때, 자본가들은 이 그림의 수직축에서 자신들이 어디에 서 있을지에 대해서만 신경 쓸 것이다. 이 그림 위에서 이 곡선을 세 곳에서 가로지르는 수평선을 긋는다면, 자본가들은 정태적으로는 이 세 가능성들에 대해 아무 차이를 두지 않을 것이다. 하지만 동태적으로 볼 때, 자본가들은 일반적으로 이 곡선의 왼쪽 지역에 있는 점들을 선호할 것이다.

최소한 계급적 세력 균형의 범사회적 이동이라는 이 위협 때문에, 자본가들은 노동계급의 단결력이 이 곡선의 사회민주주의적 "최고점" 왼쪽에 머물기를 선호할 수도 있다. 비록 이 최고점이 이론적으로는 자본가의 이익에 유리할 수 있다고 해도 말이다. 이 최고점에 도달하는 것은 정말 트로이의 목마 같아 보인다. 단결력에서의 작은 변화가 자본가의 이익과 권력에 대한 결정적인 도전을 촉진할 수 있다는 것이다. 따라서 그림 11.6에서 보이는 "사회민주주의적 유토피아"의 국지적 최대점은 일종의 임계점으로서, 자본가들은 이 지대에 머무는 것이 너무 위험하다고 볼 수 있다. 스웨덴 자본가들이 1970년대 "임금소득자 기금" 제안의 최초 정식화에 대해 격렬하게 반대한 것도 바로 이 때문이었다고 해석할 수 있다. 최초에 구상된 임금소득자 기금에 따르면, 스웨덴의 조합들은 조합 연금기금을 이용해 스웨덴 기업들에 대한 지배권을 획득함으로써 스웨덴 경제에 대한 통제력을 점점 더 얻게 될 것이었다. 경제적 성과의 관점에서 볼 때, 심지어 스웨덴 기업들의 중기적 이윤의 관점에서 볼 때도, 이 기금은 스웨덴의 자본에 이롭지 않을까도 생각할 수 있었다. 그러나 이 기금은 스웨덴 노동의 힘을 현저히 강화함으로써 장기적으로 민주사회주의로 향할 가능성을 낳았다. 그 결과, 스웨덴 자본은 사회민주당에 격렬한 공격을 가했다. 앤드루 글린은 이렇게 쓰고 있다. "사회민주주의자들이 제안하고 있던 정책들은, 완전고용과 복지국가에 대한 대가로 보장받았던 기업계의 권위와 행위의 자유를 침해했다. 완전고용을 핵심으로 삼고 있었던 이 스웨덴 모델을 고용자들이 거부한 근저에는 이러한 사정이 있었던 것으로 보인다."[16]

6. 성취 불가능한 지대

이 이론적으로 정의된 범위 안에 있는 모든 가치들이 현실 자본주의 사회의 실세계에서 역사적으로 실현될 수 있는 것은 아니다. 현실적 가능성들의 범위를 좁히는 효과를 가지는 두 가지 종류의 배제 메커니즘들이 있다. 이들은 각각 '체계적 배제'와 '제도적 배제'라 불릴 수 있다.

'체계적 배제'는 한 사회체계의 근본적인 구조적 특징들 때문에 가능성의 한계 바깥에 있는 곡선 부분을 정의한다. 특히 '헌법적으로 안정된 민주주의'는 곡선 중에 완전히 억압되고 원자화된 노동계급 부분을 역사적 단계로부터 제거하며, '법률적으로 안정된 자본주의 재산권'의 존재는 곡선 중에 민주사회주의 부분을 제거한다. 그렇다고 해서 이 곡선 지대들이 전략적으로 접근 가능해지는 역사적 상황이 전혀 존재하지 않는다는 것은 아니다. 하지만 거기에 이르기 위해서는 사회의 기본적인 사회구조적 원칙들이 근본적으로 변혁되어야 할 것이다.

'제도적 배제'는 체계적 배제에 의해 결정되는 한계 내에서 형성되는, 역

16　Glynn, "Social Democracy and Full Employment," pp. 53-4.

사적으로 가변적인 다양한 제도 장치를 가리키며, 곡선 중의 특정한 지역으로 이동하는 것을 어렵게 하거나 불가능하게 한다. 예컨대 구속적 노동법은 노동계급의 단결력을 곡선의 조합주의적 연합적 실천 부분으로 확대시키는 것을 어렵게 할 수 있다.[17] 다른 한편, 노동자를 자본에 덜 의존하게 하는 관대한 복지국가 급여, 그리고 조합화를 촉진하는 강한 결사권은 우익 경영주의 지역으로 이동하는 것을 어렵게 할 수 있다. 물론 이러한 제도적 배제는 그 자체로 역사적 갈등의 결과이며, 외적으로 고정된 것으로 간주되어서는 안 된다. 그러나 제도적 배제는 일단 자리를 잡으면, 행위자들에게 직접적으로 열려 있는 실행 가능한 전략들의 범위를 규정한다. 적어도 행위자들이 이 제도적 배제 자체에 효과적으로 도전하기 전까지는 말이다.

이 두 가지 형태의 배제는 그림 11.7에 예시되어 있다. 곡선의 중심 지역은 전략적으로 즉시 접근 가능한 공간을 정의한다. 로버드 앨포드와 로저 프리들랜드[18]가 채택하는 게임이론 은유를 사용하면, 이것은 일상적 정치의 영역, 일련의 잘 정의된 제도적 "게임 규칙들" 내에서 "플레이"를 놓고 벌어지는 '자유주의' 대 '보수주의' 투쟁의 영역이다.[19] 곡선의 다른 지역들은 이따금씩만 정치의 대상이 된다. '개혁주의' 대 '반동주의' 정치는 제도적 배제를 규정하는 게임 규칙에 대한 투쟁이다. '혁명' 대 '반혁명' 정치는 어떤 게임을 하고 있는지를 정의하는 체계적 제약에 대한 투쟁이다. 이 체계적인 배제의 장벽을 창조하고 파괴하는 것이 단절적 변혁

---

17 이것이 Rogers, "Divide and Conquer"의 핵심적인 주장이다.

18 Robert Alford and Roger Friedland, *Powers of Theory* (Cambridge: Cambridge University Press, 1985).

19 이 문맥에서 "자유주의"와 "보수주의"의 용법은 미국 정치의 표준적인 용법을 가리킨다. 여기에서 "보수주의"라는 용어는 많은 유럽 국가들에서 "자유주의"라 불리는 것에 상응한다.

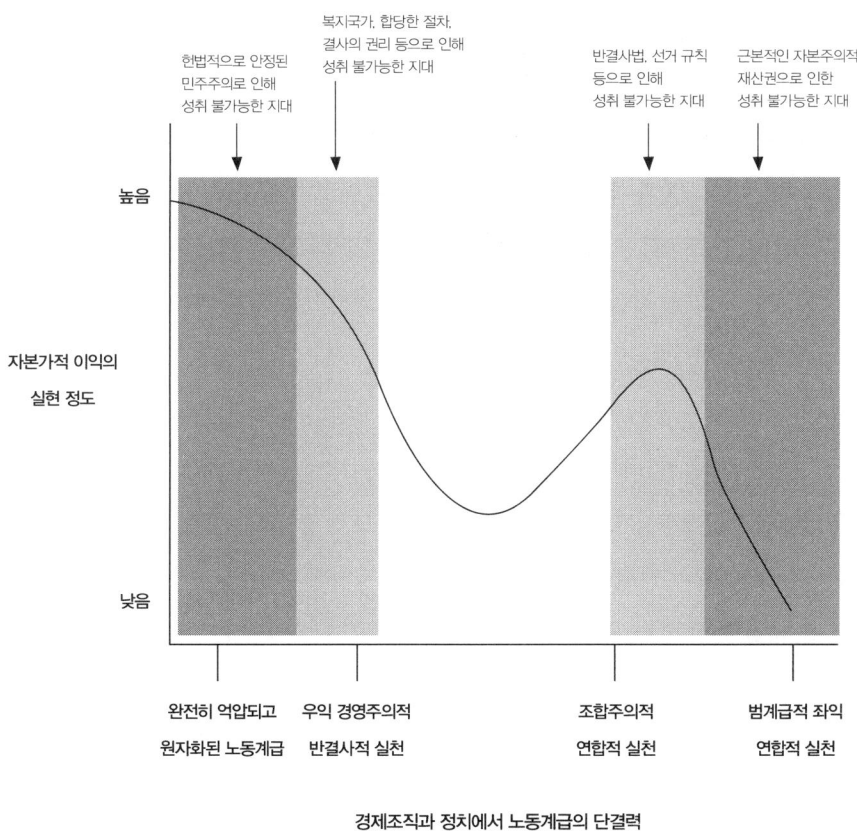

그림 11.7 민주적 자본주의에서 노동계급의 단결력과 자본가의 이익

과정에서 핵심적인 현안이며, 여기에서 핵심적인 문제는 체계를 결정하는 승패를 위해 권력 자원을 동원하는 것이다.

그림 11.7에서 체계적 제도적 배제에 의해 결정되는 "성취 불가능한 지대들"은 이론적 가능성의 곡선 양끝으로 대칭적으로 뻗어나간다. 물론 현실 세계가 이렇게 말끔할 것이라고 믿을 이유는 없다. 사실 이 복잡성을

도입하는 한 가지 이유도 바로 이 배제의 시간적 공간적 변이의 여러 형태들을 이해하기 위해서이다. 이 역사적 가변성은 그림 11.8에 예시되어 있는데, 이 그림은 스웨덴 사회민주주의와 미국 자유민주주의가 가장 안정적인 모습을 취하는 시기의 미국과 스웨덴을 비교한다.

미국과 스웨덴에서 체계적 배제는 대략 비견할 만하다. 두 나라 모두 안정적인 대의제도와 법치를 가진, 구조적으로 안정된 민주 국가를 가지고 있으며, 자본주의적 재산권을 안정적으로 보장한다. 두 나라가 상당히 다른 부분은 그들 각각의 노동계급과 맞서는, 역사적으로 가변적인 제도적 배제의 성격이다.

미국의 경우 다양한 제도적 규칙들은 곡선의 중앙 저점의 오른쪽으로 상당히 넓은 폭의 제도적 배제를 만들어낸다. 모든 선거 규칙은 중도 정치의 양당체제를 고착화시키고 또 노동의 조직화를 크게 방해하는 반反 조합적 규칙을 고착화시키면서, 이 제도적 배제 지대의 경계를 왼쪽으로 민다. 다른 한편, 약한 복지국가, 노동자에 대한 아주 제한적인 일자리 보호, 그리고 경영 자율성을 보장하는 법률 등은 모두 제도적 배제를 우익 경영주의적 반결사적 실천 주위로 좁히는 효과를 가진다. 따라서 미국의 경우 접근 가능한 전략의 폭은 노동에게 기동의 여지를 거의 주지 않으며, 노동계급의 결사적 실천을 저점의 왼쪽에 있는 하향 곡선 부분에 영원히 묶어둔다.

스웨덴의 제도적 배제는, 특히 사회민주주의가 가장 안정적일 때, 노동계급의 단결력을 촉진하는 방향으로 작용한다. 노동법은 관대해서 조합 멤버십을 형성하고 확대하는 것이 아주 쉬우며, 관대한 복지국가와 일자리 보호는 우익 경영주의 전략의 범위를 현저하게 축소시킨다. 그 결과, 스웨덴의 노동운동은 오랫동안 저점의 오른쪽에 있는 상향 곡선 부분에 머물러 있었다.

그림 11.8 자유민주주의적 자본주의(미국)와 사회민주주의적 자본주의(스웨덴)에서 노동계급의 단결력과 자본가의 이익

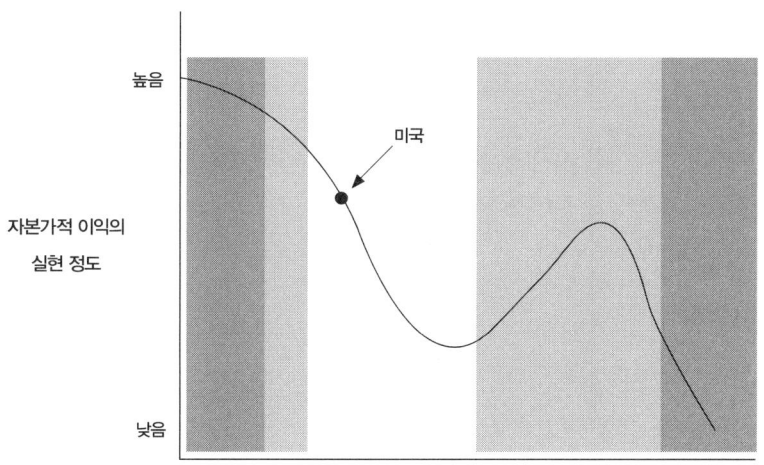

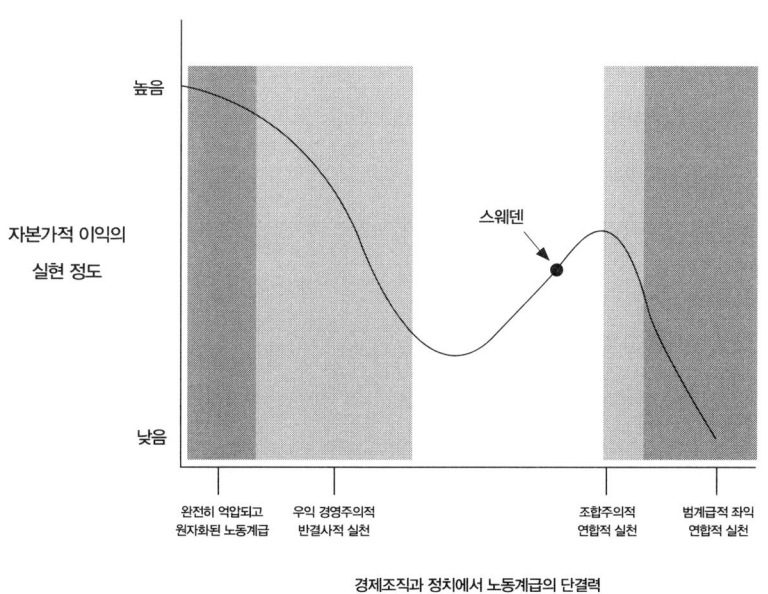

그림 11.9 사회민주주의적 자본주의와 자유주의적 자본주의에서 행위자들에게 비친 실행 가능한 결사적 정치의 전략적 환경

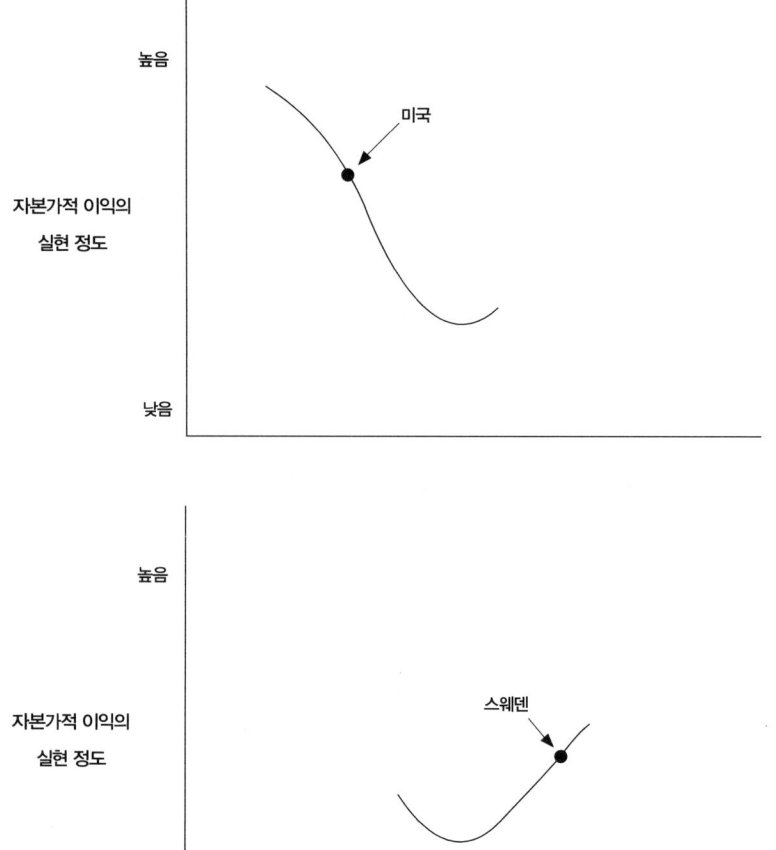

물론 이 체계들 안에서 사는 사람들은 이 그림 전체를 직접 보지 못한다. 제도적 배제 메커니즘들이 확고하게 자리 잡아 오랜 기간 동안 도전을 받지 않게 되면, 이 메커니즘들은 전혀 눈에 보이지 않게 되고, 이 메커니즘들을 나타내는 곡선 부분들은 사실상 상상 불가능한 것으로 될 수도 있다. 따라서 체계 안의 행위자들의 관점에서 볼 때, "현실적" 가능성들의 범위는 그림 11.7보다는 그림 11.9에서 묘사되는 것과 더 비슷해 보일 수 있다. 미국의 노동운동은 만성적인 수세에 처하게 하는 가능성들의 영역에 직면한다. 노동자의 힘이 증가할 때마다, 자본가들은 이를 자신의 이익에 반하는 것으로 보며, 따라서 그들은 기회가 있을 때마다 노동의 힘을 손상시키려고 한다. 반 조합 캠페인이 일상적으로 이루어지고, 불인정 선거가 규칙적으로 일어난다. 스웨덴의 경우 21세기 초의 다소 덜 우호적인 경제 환경 속에서도, 제도적으로 규정된 전략적 환경은 노동자들에게 훨씬 더 관대하다. 자본가들에 대한 핵심적인 압력은 조직된 노동과 효과적으로 협력하는 길을 닦으라는 것이었고, 견고한 형태의 노동자 단결력이 생산성 향상을 위해 이용될 수 있는 제도적 공간을 창조하는 길을 닦으라는 것이었다. 그렇다고 해서 고용자들이 노동자 단결력의 증가를 적극적으로 장려한다는 것은 아니지만, 노동자 단결력을 손상시키려는 노력은 정말 줄어들게 될 것이다.

공생적 전략의 논리

해방적 변혁의 공생적 전략이 의미하는 것은, 사회권력 강화가 효과적인 사회적 문제해결과 연결되어 엘리트와 지배계급들의 이익에도 봉사할 수 있을 때, 사회적 구조와 제도의 장기적 변형이 더 쉽게 민주평등주의적 방향으로 나아갈 수 있다는 것이다. 긍정적 계급타협은 이러한 연결의 한 예이지만, 이 논리는 계급에 기초한 집합행위에만 제한되지 않는다. 계급관계에 직접 근거하지 않는 광범위한 사회 변화 프로젝트들 중에도 이 논리의 적어도 몇 가지 요소들을 가진 것이 존재한다. 특히 지역적 차원에서 다양한 종류의 협력적 문제해결 과정들이 존재하며, 이들은 때때로 "시민 재생 운동"(civic renewal movement)이라는 명칭으로 함께 분류된다. 여기에서는 다양한 종류의 시민집단들이 시 정부, 지역 당국, 기업 엘리트와 같은 유력한 지역 행위자들과 협력하여 문제해결에 참여할 권한을 부여받는다.[20] 지역에 근거한 공생적 변혁을 위한 노력들로는 유역위원회, 지역사회 개발 프로젝트, 지역사회 보건 프로젝트, 노동시장 훈련 파트너십, 기타 많은 것들이 있다. 이 각각의 경우, 일반 시민들의 이익은 물론 엘리트들의 이익에도 이런저런 방식으로 도전하는 실천적 문제들이 존재하며, 어떤 조건들 아래에서는 협력 전략을 통해 문제해결책을 찾는 것이 서로 경쟁하는 사회세력들에게 더 매력적으로 된다. 예컨대 유역 및 생태계 관리는 환경주의자, 운동선수, 그리고 시민사회의 기타 세력들의 이익에 대해서는 물론 개발업자, 제조업자, 농업기업, 그리고 기타 엘리트들의 이익에 대해서도 문제를 제기한다. 시민사회의 권력 강화된 이해당사자들을 포함시키는 협력적 문제해결은 적어도 어떤 조건들 하에서는 모든 사람에게 이익이 되는 "상생적" 해결책을 창조할 수 있다. 이런 일이 일어날 수 있는 조건들을 창조하는 것이 공생적 변혁 전략의 핵심이다.

공생적 변혁을 위해서는 대립하는 사회세력들이 체계적인 협력과 상호

---

20 이와 같은 프로젝트들에 관한, 그리고 미국 민주주의의 재활성화에 대한 이들의 잠재적 기여에 관한 상세한 검토에 대해서는, Carmen Siriani and Lewis A. Friedland, *The Civic Renewal Movement: Community Building and Democracy in the United States* (Dayton, OH: Kittering Foundation Press, 2005)를 보라.

호혜적인 협동을 구축해야 하기 때문에, 이러한 협력을 추구하는 '전략' 역시 협력적이고 비대결적일 것이라고 생각될 수도 있다. 우리 시대 사회 분석의 어떤 조류는, 이러한 협력적 해결책을 성취하지 못하는 이유가 권력을 둘러싼 투쟁의 실패 때문이 아니라 주로 대립하는 집단들 사이에서의 신뢰와 계몽의 실패 때문이라고 본다. 이 견해에 따르면, 대부분의 갈등 상황은 참여자들이 그들 상황의 정합적(positive-sum) 가능성을 발견하지 못했기 때문이라고 보아야 한다. 이것은 보통 참여자들이 이익에 관한 선입견과 이데올로기에 눈이 멀어 정합적 협력적 가능성을 보지 못하기 때문이다. 사회 행위자들은 참된 고정 이익을 가지지 않는다고 이 주장은 말한다. 오히려 이익은 항상 문제해결을 위한 어떤 상호작용 상황에서 구축되는 것이다. 따라서 이 행위자들이 성의 있는 실험적 협력적 상호작용에 임하는 한에서만, 문제에 대한 "상생적 해결책"이 일반적으로 가능하다.

제7장에서 이미 지적했듯이, 이 견해는 찰스 세이블이 개진해 영향력을 발휘해 왔는데, 특히 마이클 도프와 공저한 중요한 논문 "민주적 실험주의의 구축"에 제시되어 있다.[21] 세이블과 도프는 존 듀이의 실용주의적 민주주의 이론 전통에 기대어, 사회적 민주적 규제에 대한 민주적 실험주의적 접근법을 발전시키면서, "복잡성의 시대에 민주적 통치의 가능성에 대한 긴급한 의심들에 비추어 미국의 입헌주의와 우리 대의민주주의의 설계를 재고하려고"[22] 시도한다. 복잡성은 민주적 제도들의 기능에 두 가지 결정적인 문제를 제기한다. 첫째, 환경 보호에서 기술 형성에 이르기까지 아주 광범위한 문제들이 정부 규제를 기다리고 있지만, 입법부는 가

---

21 Michael Dorf and Charles Sabel, "A Constitution of Democratic Experimentalism," *Columbia Law Review* 98: 2 (1998).

22 Dorf and Sabel, "A Constitution," p. 274.

면 갈수록 이러한 정부 규제를 적절히 특정하는 법률을 제정하지 못하게 된다. 그 결과, 입법부는 규칙 제정 책임을 중앙 관료기구에 사실상 위임하고 실제적 과제를 이 기구 내의 전문가들에게 맡겨버린다. 둘째, 그러나 이 중앙 관료기구 역시, 상세한 규제를 특정하여 복잡성에 의해 초래되는 지역적 조건들의 현실적 가변성에 대응하는 것이 불가능하다고 여긴다. 아울러 특정한 규칙들을 계속 다듬고 발전시켜 그 의도되지 않은 결과들에 효과적으로 대응할 능력을 상실한다. 세이블과 도프가 제안하는 해결책은 국가 제도를 실용주의적 노선에 따라 재구축하는 것이다. 그 핵심적인 제도적 설계는, 권력 강화된 이해당사자들로 구성되는 토의 기구들이 탈중앙집권적 실험들을 수행해서 규칙을 지속적으로 정식화해 나가도록 하는 것이다. 중앙 당국은 이 실험들을 감독하고 정보를 유포시켜 토의 기구들로 하여금 여러 실험들의 상대적 성공을 효과적으로 비교할 수 있도록 하는 책임을 진다. 세이블과 도프가 믿는 바로는, 일단 이 과정이 시작되면, 행위자들이 자신의 이익을(그리고 아마도 자신의 정체성까지도) 재구성해서 실용적 문제해결을 위한 정합적 협력을 강화하고, 적대적 배제적 이익을 고집스럽게 추구하는 방해 세력들을 점차 주변화시켜 나갈 것이다. 이러한 "자조자립" 과정을 통해, 협력이 협력과정 그 자체 속에서 전 사회적으로 확산되어 나갈 것이다.

이 책 전체를 통해 전개된 나의 주장은 계급 갈등에 걸려 있는 이해관계를 이처럼 온화하게 보는 견해에 도전한다. 비록 일정한 조건들 하에서는 이 갈등 안에서 정합적 타협과 문제해결적 협력이 일어날 수 있음을 부인하지 않는다. 하지만 노동자와 자본가의 적대적 이익은 현실적인 것이며, 자본주의를 정의하는 기본적인 관계 구조 속에 짜여 들어가 있다. 일반적으로 특권 엘리트들과 지배계급들은 민중세력이 조직화되어 있지 않고 권력이 없는 것을 선호한다. 이 가능성이 역사적으로 닫혀버렸을 때만, 그들은 긍정적 계급타협이라는 차선의 균형을 매력적인 것으로 여긴다. 그리고 이 권력 부재를 극복하는 것은 단지 계몽의 문제가 아니라 권력을 둘러싼 투쟁의 문제이다.

따라서 공생적 변혁 전략에서는 항상 두 종류의 과정이 평행을 이루며 진행된다. 첫째, 제도적 배제의 지대를 둘러싼 투쟁과정이 존재한다. 이 투쟁은 상향 곡선 부분을 집합행위의 대상이 되도록 열고 하향 곡선을 가능한 한 많이 닫으려고 시도한다. 둘째, 이 제도적 한계들 내에서 가장 우호적인 균형에 도달하는 과정이 존재한다. 안정적인 자본주의적 민주주의에서는 대부분의 경우 이 제도적 매개변수들이 상당히 고정적이고 공략 불가능한 것으로 보이며, 심지어는 비가시적인 것으로까지 보이기도 한다. 그러나 제도적으로 부과된 이 가능성의 한계들에 대해 심각하게 도전할 기회가 때때로 일어나며, 이런 일이 일어날 때 변화는 대결과 동원의 결과에 크게 좌우될 것이다. 가능성의 이 제도적 한계가 유력한 엘리트들에게 더 이상 퇴장 옵션을 허용하지 않고 권력 강화된 형태의 민중참여를 열 때, 협력적인 문제해결적 실험주의는 민주평등주의로 나아가는 데 있어 현실적으로 가능한 전략이 될 수 있다.

| 자본주의를 초월하는 공생적 변혁?

공생적 전략이 잠재적으로 사회권력 강화의 공간을 확대하고 비교적 안정적인 형태의 긍정적 협력을 낳을 수 있을 것이라고 말할 수는 있다. 그러나 왜 우리가, 이것이 체제 전체를 누적적으로 변혁시킬 잠재력도 가지고 있다고 믿어야 하는가? 왜 공생적 전략은 자본주의 내에서의 삶의 개선을 위한 전략으로서는 물론 자본주의의 초월 전략으로서도, 단절적 전략이나 틈새적 전략보다 조금이라도 더 설득력이 있는가? 사실 역사적으로 가장 인상적인 공생적 전략의 예들—첫 번째는 노동계급에게 참정권을 확대하는 것으로 귀결되었고, 두 번째는 노동운동의 권력이 강화되어 확장적 복지국가의 중심적 행위자가 되는 것으로 귀결되었다—은 모두 아주 튼튼한 형태의 자본주의를 확립시키는 데 기여했다. 따라서 단절적 전략과 틈새적 전략의 경우처럼, 공생적 전략이 자본주의를 초월하는 사회 변혁의 기초를 제공한다고 추상적으로 주장하기는 어렵다.

따라서 우리에게 남아 있는 것은 전략적 논리들의 차림표와 미래에 대한 불확실한 진단이다. 비관적인 견해에 따르면, 이것이 자본주의가 여전히 헤게모니를 쥐고 있는 세계에 사는 우리의 운명이다. 선진 자본주의적 민주주의 국가들에서, 자본주의를 극복하고 민주평등주의로 나아가는 체제적 단절은 대대적인 민중적 지지를 이끌어낼 가능성이 매우 낮다. 틈새적 변혁은 한정된 공간들에 제한되어 있다. 그리고 공생적 전략은, 그것이 성공적일 때 오히려 자본주의의 헤게모니적 능력을 강화한다. 낙관적인 견해에 따르면, 우리는 미래에 어떤 체제적 도전과 변혁적 가능성들이 기다리고 있을지 모른다. 오늘의 틈새적 전략은 다른 세계가 가능하다는 민중의 이해를 강화시키고, 사회권력 강화의 몇 가지 경로들을 따라 나아가는 데 기여할 수 있다. 공생적 전략은 잠재적으로 틈새적 전략의 작동 공간을 더 크게 열 수 있다. 그리고 확대된 형태의 사회권력 강화를 중심으로 이렇게 제도를 구축해 나가면, 미래의 예상되지 않는 역사적 조건들 하에서 단절적 변혁을 가능하게 하는 누적적 효과를 낼 수도 있을 것이다.

12 | 결론_유토피아를 현실로 만들기

21세기의 첫 십년 말에, 자본주의는 다시 한 번 심각한 위기의 시대에 처해 있다. 20세기의 마지막 이십 년을 장식하던 자족적인 승리주의는 대체로 사라져 버렸다. 자본주의의 미래에 대한 새로운 불확실성의 시대가 시작되었다. 자본주의를 전진시키고 안정적인 자본 축적의 조건을 유지하기 위해 설계된 제도들은 어쩔 줄 몰라 하고 있는 것 같다. 언론에서는 자본주의가 현재의 혼란에서 생존할 수 있을지 없을지에 관해 잽싼 토론을 진행하고 있다.

자본주의는 어쨌든 예측 가능한 미래에는 생존할 것이다. 2008년에 시작된 경제 위기 이후의 혼란은 많은 사람들에게 큰 고통을 초래할 수 있고, 시장 탈규제화 광기에서 빚어진 거의 재난에 가까운 결과들은 자본주의의 비합리성을 드러낼지도 모른다. 그러나 고통과 비합리성은 근본적인 사회 변혁을 낳기에 결코 충분하지 않다. 이전 시대에 투기 광풍의 여파로 금융 붕괴가 일어났을 때처럼, 자본주의에 대한 실행 가능한 대안이 역사적 의제 위에 적극적으로 올라와 있지 않는 한—그리고 이 대안이 정치운동과 연결된 광범위한 민중적 지지를 받고, 이 정치운동이 이러한 민중적 지지를 정치권력으로 전환시키지 못하는 한—자본주의는 경제조직의 지배적 구조로 남아 있을 것이다.

이 책은 여러 대안들을 역사적 의제 위에 올리는 과제에 기여하려고 노력해 왔다. 이를 위해 한 경제구조로서의 자본주의에 대한 진단과 비판을 명료히 하고, 해방적 대안을 생각하기 위한 개념적 틀을 정교화시키며, 사회 변혁 이론의 핵심적인 요소들을 설명해 왔다. 다음이 핵심적인 교훈들이다.

1. 자본주의는 사회정의와 정치정의의 실현을 가로막는다

이것은 대안의 모색에서 근본적인 출발점이다. 권력과 불평등의 구조로서의 자본주의 비판인 것이다. 여기에서 주장하는 것은, 자본주의를 하나의 독특한 경제활동 조직 방식이게끔 하는 핵심적 메커니즘과 과정이, 인간 번영과 민주주의 심화의 조건들이 보편화되는 것을 근원적으로 가로막는다는 것이다. 이것은 모든 사회적 부정의가 자본주의에서 기인한다는 것을 의미하지 않으며, 자본주의의 완전한 제거가 사회정의와 정치정의의 현저한 진보를 위한 필요조건이라는 것을 의미하지도 않는다. 이것이 정말 의미하는 것은 인간 해방을 위한 투쟁이 단지 자본주의 내에서의 투쟁뿐만 아니라 자본주의에 대한 투쟁을 필요로 한다는 것이다.

2. 경제구조는 항상 하이브리드이다

"자본주의," "국가주의," "사회주의"를 경제활동을 조직하는 권력 형태에 의해 구분되는 세 가지 질적으로 다른 유형의 경제구조로 정의하는 것은 분석적 목적을 위해서는 유용하지만, 어떤 구체적인 경제체제도 순수하게 이 형태이거나 저 형태가 아니다. 모든 실존하는 동시대의 경제체제는 자본주의적, 국가주의적, 사회주의적 형태를 다 포함하고 있는 복잡한 배열이다. 이 생각은 국민경제에만 적용되는 것이 아니라, 기업을 포함하여 경제체제 내의 모든 분석단위들에도 적용된다. 강한 노동평의회를 가진 자본주의 기업은, 일부 피고용자들을 고용하는 노동자 소유 협동조합처럼, 자본주의 요소와 사회주의 요소를 결합하고 있다.

이러한 하이브리드적 배열 내에서, 하나의 경제구조를 "자본주의적"이라 부르는 것은 이 배열 내에서의 지배적 권력 형태를 확인하는 것이다. 한 기업 내에서 경제적 자원의 배분과 사용이 일차적으로 경제권력이 행사된 결과라면, 이 기업은 자본주의적이다. 한 경제 내에서 자본주의적 권력이 경제활동에 대한 지배적 권력 형태라면, 이 경제는 자본주의적이다. 이것은 우리가 변혁의 문제를 이해하는 데 결정적인 함의를 가지고 있다. 즉, 해방적 변혁은 한 체제에서 다른 체제로의 이원적 변화로 간주될 것이 아니라, 하나의 하이브리드를 구성하는 권력관계들의 배열에서 일어나는 변화로 간주되어야 하는 것이다.

3. 사회주의 하이브리드

이 책의 핵심적인 명제는, 급진 민주평등주의적 사회정의와 정치정의를 실현할 가능성을 힘차게 확대하며 자본주의를 초월하기 위해서는 경제에 대한 사회권력의 강화가 필요하다는 것이다. 이것은 민주주의를 대단히 진지하게 취급한다는 것을 뜻한다. 넓고 깊은 사회권력 강화는 우선 국가권력을 시민사회에 근거한 사회권력에 종속시킨다는 것을 뜻한다. 이것이 "민주주의" 개념의 통상적인 의미이다. 민중에 의한 지배는 시민사회의 자발적 결사에서 나오는 권력이 국가에 근거한 권력을 통제한다는 것이다. 하지만 사회권력 강화는 국가에 대한 의미 있는 민주적 통제에 국한되지 않는다. 그것은 또한 경제권력이 사회권력에 종속됨을 뜻하기도 한다. 근본적으로 이것은 생산수단의 사적 소유권이 더 이상 생산적 자원의 배분과 사용을 지배하지 못한다는 것을 뜻한다. 마지막으로, 이것은 아마 가장 파악하기 힘든 것이겠지만, 사회권력 강화는 시민사회 자체를 민주화한다는 것을 뜻한다. 폭이 좁은 결사체와 폭이 넓은 결사체들이 민주평등주의적 원칙들에 따라 조직되고 이러한 결사체들이 두텁게 형성된 시민사회가 창조되는 것이다. 종합하면, 이 민주화 과정은 계급구조를 근본적으로 변혁시킬 것이다. 왜냐하면 자본주의 계급관계의 핵심은 생산수단의 사적 소유권과 연결된 경제권력을 수반하기 때문이다. 이 권력이 사회권력에 완전히 종속된다는 것은 자본가계급에 대한 노동계급의 종속이 종언을 고한다는 것이다.

4. 제도적 다원주의와 이질성 : 사회권력 강화의 수많은 경로

경제권력에 대한 사회권력의 강화라는 장기적 프로젝트는 상이한 종류의 다양한 제도적 구조적 변혁을 통해 사회권력을 증대시키는 것이다. 사회주의는 경제가 조직되는 방식에 관한 단일한 제도적 모델로 간주될 것이 아니라, 상이한 종류의 많은 제도적 경로들이 공동의 기본 원칙을 실현해 나가는 다원적 모델로 간주되어야 한다. 제5장에서 나는 일곱 가지 경로를 확인했다. 국가사회주의, 사회민주주의적 경제 규제, 결사체민주주의, 사회적 자본주의, 사회적 경제, 협동조합적 시장경제, 참여사회주의가 그것이다. 이 경로들은 우리가 제6장과 제7장에서 탐구한 리얼 유토피아적 혁신과 제안들 속에 상이한 방식으로 구현되어 있다. 참여형 도시 예산, 위키피디아, 육아와 노인 보호를 위한 퀘벡의 사회적 경제, 무조건적 기초소득, 연대 기금, 주식과세 임금소득자 기금, 몬드라곤, 시장사회주의, "파레콘"이 그것이다. 이 경로들과 제안들 가운데 어느 하나도 그 자체로는 사회주의 경제를 위한 실행 가능한 틀이 되기 어렵지만, 이 모두가 결합될 때 경제활동을 통제하는 기본적 권력 배열을 변화시킬 잠재력을 가진다.

5. 보장은 없다: 사회주의는 사회정의와 정치정의를 위해 노력하는 무대이지, 이 이상들의 실현을 보장하지 않는다

내가 제2장에서 정의했듯이, 사회정의는 모든 사람들이 번영하는 삶을 사는 데 필요한 사회적 물질적 수단에 대해 평등한 접근권을 가질 것을 요구한다. 정치정의는 모든 사람들이 그들의 삶에 영향을 미치는 결정들에 참여하기 위한 정치적 수단에 대해 평등한 접근권을 가질 것을 요구한다. 경제에 대한 사회권력의 지배는 이 급진적 민주평등주의 이상들의 실현을 보장하지 않는다. 시민사회는 민주평등주의적 결사체들이 형성되는 무대일 뿐만 아니라, 인간 번영의 조건들을 보편화시키는 데 반대하는 특수주의적 정체성에 근거한 배제적 결사체들의 무대이기도 하다. 한 경제구조 내에서 결사체들의 역할과 권력이 증대하면, 시민사회 내에서의 억압이 붕괴되는 것이 아니라 억압이 재생산되는 효과가 나타날 수도 있다. 따라서 사회주의를 생산자원의 배분과 사용에 대한 민주적 권력의 통제로 정의할 때, 사회주의를 위한 주장은 사회주의가 사회정의와 정치정의를 보장한다는 것이 아니라, 사회주의가 정의를 위한 투쟁에 대해 가장 유리한 사회경제적 무대를 창조한다는 것이다. 이것은 기본적으로 "민주주의에 대한 신념"이라는 것에 기댄다. 한 체제 내에서 권력의 배분이 더 민주적일수록, 인간적 평등주의적 가치들이 더 승리하기 쉬울 것이라는 믿음에 기대는 것이다. 이것이 가정하는 것은 사람들의 선천적 선함에 대한 믿음이 아니다. 그것은 넓고 깊은 민주주의가 창조되면 우리 본성의 보다 인간적인 욕구들이 더 승리하기 쉽게끔 사람들의 상호작용이 이루어질 것이라는 믿음이다. 그러나 민주주의는 강탈될 수 있다. 보편적 연대뿐만 아니라 배제적 연대도 촉진될 수 있다. 보장은 없다.

철학자들과 정치활동가들은 공통의 환상을 공유하고 있다. 우리가 제도를 완벽하게 설계하기만 하면, 우리는 쉬어도 된다는 것이다. 우리가 민주주의의 가장 좋은 제도적 형태를 가진다면, 민주주의를 영속적으로 강화하는 자기 강화 동학이 만들어질 것이다. 경제학자들은 자기 재생산하는 경제를 공상해 왔다. 우리가 재산권 제도를 올바르게 설계하기만 하면, 시장은 자기 재생산하며, 시장이 잘 기능하는 데 필요한 바로 그 인센티브와 동기를 영구적으로 낳을 것이다. 그리고 적어도 일부 사회주의자들 역시, 자본주의적 권력이 파괴되고 노동자들에 의해 운영되는 새로운 경제 제도들이 올바르게 설계되기만 하면, 사회주의는 자기 강화를 할 것이라고 희망했다. 이 제도들은 사회주의의 원활한 작동에 필요한 사람들을 낳을 것이며, 이 제도들을 와해시킬 사회의 갈등은 점차 사라질 것이다. 사회주의가 공산주의로 진화함에 따라 "국가는 사멸한다"는 마르크스의 유명한 예측 아래에는 바로 이런 종류의 열망이 깔려 있다.

이 모든 전망이 상상하는 것은, 제도를 잘 설계하면, 이 제도를 원활하게 운영하는 데 필요한, 그리고 이 제도를 손상시키거나 파괴시키는 사회적 과정을 주변화시키는 데 필요한 바로 그 사람들이 이 제도에서 저절로 나오리라는 것이다. 요컨대 이 전망들은 모순 없는 사회 체제, 개인적 행위와 집단적 행위의 의도되지 않은 파괴적 결과들이 없는 사회 체제, 자기 지속하는 해방적 균형 속에 있는 체제를 상상한다.

나는 사회주의 체제를 포함한 어떤 복잡한 사회 체제도 결코 이 이상에 부합하지 못할 것이라고 믿는다. 물론 제도의 설계는 중요하다. 리얼 유토피아를 구상하고 제도적 설계와 해방적 이상의 관계에 대해 생각해 보는 취지는 모두 일정한 가치들을 실현할 확률을 높이기 위한 것이다. 그러나 이 이상들의 실현은 결국 인간의 주체적 행위에 좌우될 것이며, 사람들이 더 나은 세계를 만들고 불가피한 실수에서 배우며 이미 이루어진 진보를 정열적으로 지키는 데 참여하려는 창조적 의지에 좌우될 것이다. 사회의 권력 무대들—국가, 경제, 시민사회—이 급진적으로 민주화된 그런 완성된 사회주의는 이와 같은 의지를 육성시키고 예기치 않은 문제들에 대처하는 사람들의 학습 능력을 신장시킬 수도 있지만, 어떤 제도적 설계도 완벽하게 자기 교정적일 수는 없다. 우리는 결코 쉴 수 없다.

6. 전략적 비결정성: 하나의 길은 존재하지 않는다

사회정의와 정치정의의 급진 민주평등주의적 이상들을 향해 나아가는 것은 단순히 의도되지 않은 사회 변화의 우연한 부산물로서 일어나지는 않을 것이다. 이것이 우리의 미래가 되려면, 이 미래를 일으키려고 집합적으로 행동하는 사람들이 의식적 행위를 통해 이 미래를 일으켜야 한다. 따라서 변혁 이론은 의식적 행위와 전략의 이론을 포함해야 한다.

사회권력을 증대시킬 수 있는 제도적 형태들이 다수 존재하듯이, 이 제도들을 구축하고 전진시킬 수 있는 전략적 논리도 다수 존재한다. 우리는 변혁의 세 가지 전략적 논리를 검토했다. 단절적 변혁, 틈새적 변혁, 공생적 변혁이 그것이다. 이 전략적 변혁 논리 가운데 어느 하나도 단독으로는 사회권력을 증대시키는 과제에 충분하지 않을 것이다. 설득력 있는 장기적 변혁 궤도는 세 가지 논리 모두로부터 여러 요소들을 끌어내야 한다. 제8장에서 나는 적어도 선진 자유민주주의적 자본주의 사회에서는 체제적 단절이 설득력 없는 민주평등주의 전략이라고 주장했다. 그렇다고 해서 단절적 변혁 논리의 모든 측면들을 부정하는 것은 아니다. 특정한 영역들에서의 부분적 단절, 제도적 돌파, 결정적 혁신이 가능할 수 있으며, 이는 특히 격심한 경제위기의 시기에 그렇다. 무엇보다, 단절적 전망 안에서의 투쟁—단순히 협력적 문제해결을 수반하는 것이 아니라 승리와 패배를 수반하는, 도전과 대결로서의 투쟁—이라는 개념은 현실적인 사회권력 강화 프로젝트에 여전히 필수적이다.

단절적 논리의 이러한 측면들은 틈새적 전략 및 공생적 전략과 결합되어야 한다. 틈새적 전략은 강화된 사회권력을 구현하는 제도들이 밑으로부터 창조되고 심화될 수 있게 한다. 이 새로운 관계들은 또 다른 세계가 가능하다는 것을 실천적으로 보여줄 뿐만 아니라, 확장을 해서 경제권력을 침식시킬 수도 있다. 이런 일이 일어날 때, 이 새로운 관계들은 결국 한계에 이르면서 자본주의 세력들로부터의 조직적 반대에 부딪치기 쉽다. 이 경우 틈새적 변혁이 일어날 수 있는 공간을 확대하기 위해서는 정치적 동원과 대결이라는 단절적 전략의 특성들이 필요할 수도 있다. 공생적 전략과 공생적 변혁은 지배계급의 이익을 사회권력의 확대와 연결시키며, 따라서 사회권력 강화의 제도적 기초를 안정화시킨다. 이것은 "긍정적 계급타협"을 위한 환경을 창조하며, 상반되는 이익들 사이의 정합 게임과 적극적 형태의 문제해결적 협력을 수반한다. 하지만 이러한 환경 자체도 유력한 집단들의 배반에 대해 값비싼 대가를 치르게 하는 게임 규칙들 속에 묻혀 들어 있으며, 이 규칙들은 종종 대결적 투쟁을 통한 승패의 결과이다.

이 전략적 요소들이 사회권력 강화의 정치적 프로젝트 안에서 어떻게 가장 잘 결합될 수 있는가는 특정한 역사적 상황들에 크게 좌우되며, 또 이 상황들이 창조하는 "역사 만들기"의 현실적 가능성(그리고 "역사 만들기"에 대한 제한)에 크게 좌우된다. 더욱이, 가장 유리한 역사적 환경조차 복잡성을 가지고 있다는 것, 그리고 의도되지 않은 결과들이 항상 판도라의 상자에서 튀어나온다는 것을 고려할 때, 어떤 상황에서든 가장 명민한 사람들도 이 전략적 전망들의 최상의 배합 방법을 정확히 알 것 같지는 않다. 유연한 전략적 다원주의가 우리가 할 수 있는 최선의 것이다.

7. 미래의 가능성의 한계들의 불투명성: 우리는 이 사회권력 강화의 궤도 위에서 얼마나 멀리 갈 수 있을지 미리 알 수가 없다

사회권력 강화의 일곱 가지 경로들은 경제체제의 사회주의적 구성요소를 확대시키는 데 필요한 변혁의 방향에 대해 거친 지도를 제공한다. 변혁의 논리들은 이 경로들을 따라 우리를 인도할 전략들에 대해 뭔가를 이야기해 준다. 그러나 우리는 어떤 제도적 형태를 통해 어떻게 이 경로들 위에서 사회권력을 확고히 심화·확대시킬 수 있을지 미리 제시할 수가 없다. 이 경로들을 따라 얼마나 멀리 나아갈 수 있는지도 정말 알 수가 없다.

앞 세대의 사회주의자들은 자본주의를 극복한 급진 민주주의적 경제가 실제로 가능하다는 데 더 큰 확신을 가지고 있었다. 우리가 이 책에서 사용하고 있는 용어들로 표현하면, 그들은 사회권력이 특히 국가를 통해 작동할 때 경제활동을 통제하는 지배적 권력이 될 수 있다고 확신했다. 마르크스는 이러한 견해를 가장 강력하게 주장했다. 그는 자신이 상당한 과학적 엄밀성을 갖고 자본주의 운동 법칙을 발견했다고 믿었으며, 이 믿음에 기초해 자본주의가 결국 그 자신의 존재 조건을 파괴할 것이라고 예측할 수 있었다. 그 결과, 자본주의 경제권력은 결국 경제활동을 조직하는 데 있어 허약하고 비효과적인 기초가 될 것이었다. 따라서 자본주의 권력이 장기적으로 붕괴될 것이라는 예측은, 노동계급에 의해 조직되는 사회권력이 급진적으로 변혁된 경제질서 안에서 지배적 위치에 오르게 될 것이라는 보충적인 예측에 상당히 강한 기초를 제공했다. 이 명제는 매우 민주적이고 평등주의적인 경제관계 구조가 어떻게 가능하고 그것이 왜 지속 가능한지에 관한 체계적인 이론에 기초하기보다는 자본주의 자체가 장기적으로 불가능해질 것이라는 주장에 더 기초해 있었다.

내가 제4장에서 주장했듯이, 자본주의의 종말에 관한 이 강한 이론이 일단 폐기되면, 사회주의가 실행 가능한 것임을 보여주는 일이 훨씬 더 긴급한 과제가 된다. 하지만 사회 해방에 대한 열망과 반대로, 사회권력을 지배적 권력 형태로 삼는 제도적 구조적 배열을 지속 가능하게 구축하는 것은 복잡한 경제체제 내에서 불가능한 것일 수도 있다. 급진적 민주평등주의 경제체제는 동시대 세계의 규모와 복잡성 하에서는 실행 불가능한 것일지도 모른다. 이와 같은 사회주의적 배열을 창조하려는 시도는 항상 불안정한 것임이 드러나고, 일정한 형태의 국가주의 경제나 자본주의 경제로 퇴보해 버릴지도 모른다. 자본주의의 가장 유해한 효과들 일부를 중화시키려고 노력하는 것이 우리가 할 수 있는 최선일지도 모른다. 우리의 의지에도 불구하고, 길이 없을지도 모른다. 이것은 사실일 수도 있다.

그러나 사회권력의 확대에 대한 한계는 우리가 상상하는 것보다 훨씬 더 약할 수도 있다. 그리고 우리가 예상할 수 없는 미래의 조건들 아래에서 이러한 한계는 오늘날의 한계와 근본적으로 다를 수도 있다는 것은 분명하며, 그렇다면 사회권력을 극적으로 전진시키는 것이 가능해질 것이다. 그리하여 세계는 다음과 같은 것이 될지도 모른다. 무조건적 기초소득은 사회적 경제에 참여할 시간을 늘린다. 주식과세 임금소득자 기금과 연대기금은 기업과 투자를 통제할 수 있는 노동조합과 여타 결사체들의 능력을 향상시킨다. 협동조합들 사이의 협동을 더 용이하게 하는 새로운 정보기술에 의해 노동자 소유 협동조합이 재활성화되고, 파괴적 시장 압력으로부터 생산자 협동조합을 보호하는 새로운 협동적 시장 인프라가 발전한다. 경제에 대한 직접적 국가 개입은 국영 기업들의 효율성과 책임성을 향상시키는 새로운 형태의 결사체적 참여와 결합된다. 참여형 예산이 광범위한 도시들에 걸쳐 확산되고, 정부 지출의 새로운 영역들로 확대된다. 그리고 지금까지 예견되지 않았던 전혀 새로운 제도들이 창안되어 사회권력 강화를 새로운 방식으로 전진시킨다. 이것 역시 사실일 수도 있다.

나는 가능성의 한계에 대한 나의 신념 부족이 단지 이론적 상상력의 실패를 반영할 뿐이라고 생각하지 않는다(물론 이에 대해서도 내가 잘못 생각하고 있을 수도 있다). 오히려 이것은 복잡한 체계 내에서 의도되지 않은 결과들의 파생효과를 이해하는 데 따르는 고유한 문제를 반영한다고 생각한다. 그러나 미래의 가능성의 한계에 대해 모르겠다고 솔직히 시인한다고 해서 사회주의는 불가능하다는 믿음으로 빠져버리지 않는 것이 정말 결정적으로 중요하다. 우리는 민주평등주의적 사회권력 강화에 대한 궁극적 한계가 무엇일지 모른다. 따라서 우리가 할 수 있는 최선은 사회권력 강화 경로들을 따라 전진하는 투쟁을 실험과정으로 다루는 것이다. 이 속에서 우리는 가능성의 한계를 끊임없이 시험하고 또 시험하며, 이 한계 자체를 확대시킬 새로운 제도를 창조하기 위해 최선의 노력을 다할 것이다. 그렇게 함으로써 우리는 리얼 유토피아를 구상하는 데 기여할 뿐만 아니라, 유토피아를 현실로 만드는 데도 기여할 수 있다.

옮긴이의 말_ '좋은 사회'를 위한 진지한 논의를 매듭지으며

이 책은 위스콘신 대학교 매디슨 분교(University of Wisconsin at Madison)의 사회학과 교수 에릭 올린 라이트Erik Olin Wright의 『Envisioning Real Utopias』를 번역한 것이다. 라이트 교수는 미국 사회학계에서 1970년대 후반 이래 분석적 마르크스주의에 기초한 계급 분석으로 명성을 얻었으며, 1990년대 중반부터는 리얼 유토피아 프로젝트에 힘을 쏟았다. 현재 미국사회학회장이기도 하다.

라이트 교수는 나의 박사논문 지도교수였다. 1998년 이 학과에 들어가 2000년부터 그의 지도를 받기 시작했다. 꼬박 10년을 보내고 2010년 5월에 박사학위를 받기까지 나는 라이트 교수에게서 많은 지적 도덕적 후원을 받았다. 내가《Politics and Society》라는 학술지에 낸 논문은 그의 도움이 없었다면 불가능했을 것이다. 박사과정의 마지막 몇 해는 나에게 특히 어려운 시간이었다. 미국에서 교수직을 얻으려는 시도가 여러 차례

마지막 순간에 좌절되었고, 개인적인 문제도 많이 따랐다. 이 어려운 시간에 그는 많은 도움을 주었다. 교수직을 얻는 데 도움이 되라고 이 대학의 연극학과 교수를 소개시켜 주며 연설 훈련을 받게 해주기도 했다. 참 고마운 선생님이었다. 내가 최종후보로 갔던 그 대학들 가운데 하나만 잘 되었어도 꽤 보은이 되었을 텐데 안타까울 뿐이다.

학위를 받은 후 지난해 말 매디슨을 방문한 적이 있었다. 라이트 교수와 만났을 때, 최근에 출간한 책이라며 『Envisioning Real Utopias』를 나에게 한 권 주었다. 그러면서 스페인어, 중국어로도 번역되고 있다고 했다. 나는 한국어 번역판도 내면 어떻겠냐고 제의했고, 그 후 일이 일사천리로 진행되었다. 이것이 내가 그나마 할 수 있는 보은이었다. 내 삶에 큰 도움이 되었던 분의 책을 번역하는 것은 아주 기쁜 일이었다.

바쁜 시간에 한국어판 서문까지 써준 라이트 교수에게 다시 한 번 깊은 감사의 말씀을 드린다. '좋은 사회'에 관한 진지한 토론을 위해 이 책의 한국어판을 출간하기로 결정해주신 들녘출판사 분들께도 감사드린다.

2012년 2월 10일
권화현

찾아보기

ㄱ

강제(coercion) 52, 93, 146, 151~152, 168~169, 177~178, 305, 382~383, 388~390, 399~400, 411, 426, 444, 449, 459, 480

건강관리(health care) 9, 34, 98, 104~105, 198, 224, 271, 293, 308, 406

건강보험(health insurance) 409

결사체민주주의(associational democracy) 21, 197~198, 218~221, 225, 237, 253, 255, 260~261, 265~267, 296, 499

경제권력(economic power) 53, 131, 134~135, 169, 173, 177~179, 182~184, 189~193, 195~196, 203, 205, 207~209, 213, 241, 273, 311~312, 315, 328, 339, 346, 349~350, 353, 362, 375, 497~498, 502, 504

계급역량(class capacity)159

계급타협(class compromise) 39, 159, 308, 401, 422~ 423, 459, 462, 463, 465, 467, 469, 477~479, 490, 493, 503

계급투쟁(class struggle) 21, 144~145, 147~149, 159, 421, 423, 467

공공재(public goods) 97~98, 195, 234

공동체(community) 44, 47, 72, 74, 77, 82, 114, 127~130, 133, 151, 174, 178~179, 192, 206, 209, 221, 223, 272, 275, 278, 280, 283~285, 290, 325, 342, 371, 440, 445

공산주의(communism) 5, 55, 151~152, 182~183, 421, 500

공생적 변혁(symbiotic transformation) 40, 420, 442, 460~461, 463, 490, 493, 502~503

공정무역(Fair Trade) 201, 375~376, 447, 450

구글(Google) 282, 285~286

구조적 가능성(structural possibility) 162

국가(state) 9~10, 13, 23, 29, 40, 43, 57, 70~72, 75~76, 78, 83~84, 86, 91, 97, 102, 104, 113, 115~116, 118, 120, 124, 126~127, 131, 134, 146~148, 151, 153~155, 157~160, 165~167, 169~171, 174~176, 178~182, 186, 189~199, 202, 204~213, 215, 218~219, 228, 231, 233~234, 237, 241, 245, 254~258, 265~269, 271~274, 289~290, 294~295, 298, 300, 309, 312, 321~323, 327, 331, 345, 348, 350~351, 353, 363, 372, 376, 383~384, 389~390, 392, 393, 400~405, 408, 413, 415, 421~422, 425~428, 431, 440, 442, 444~446, 449~451, 455, 458~460, 466, 469, 475~477, 480, 483, 486, 492, 494, 498, 499~500, 503~505

국가권력(state power) 125, 131, 169, 173, 177, 179~190, 182, 184~185, 190~192, 196~197, 199,

201~202, 205, 207~209, 237, 241~242, 251, 254, 265~266, 273, 353, 362, 404, 422, 451, 498

국가 보조금(state subsidy) 294~296, 300

국가사회주의(state socialism) 190, 192~195, 206, 265, 345, 348, 353, 499

국가주의(statism) 75, 165~167, 171, 173, 178~180, 182~184, 186~187, 189, 194~196, 212, 265, 267, 269, 273, 346, 431, 437, 442, 449, 455, 458, 497, 504

군국주의(militarism) 73, 124~127

권력(power) 11, 13, 15, 50, 52, 53, 58~59, 68~71, 79, 125, 131, 150~151, 159~160, 165, 167~169, 171~173, 175, 178~186, 188~190, 192~194, 196~201, 206, 208~212, 214, 219, 222, 228~230, 232~233, 234~235, 237, 243, 250, 258, 267, 272, 284, 294, 303, 307~308, 311, 326~328, 330, 333, 338, 344, 353, 355~356, 368, 376, 381, 388~390, 394~395, 400, 402, 405~406, 408, 415, 422, 425, 431, 435, 437, 443, 445, 447, 457, 459, 464, 480, 482, 498~501

권력 강화된 참여적 통치(empowered participatory governance) 222, 228~229, 233, 235, 237, 267

그람시, 안토니오(Antonio Gramsci) 29, 401

급진 민주평등주의(radical democratic egalitarianism) 30, 44, 68~69, 163, 165, 208, 212, 215, 281, 380, 413, 437, 497, 501

긍정적 외부효과(positive externalities) 98~99, 295, 302~303

기술 형성(skill formation) 260~261, 491

긴티스, 허버트(Herbert Gintis) 300~301

노동가치설(labor theory of value) 142~143, 154~155

노동기준(labor standard) 201, 314, 371~372, 447

노인 보호(elder care) 273, 290, 499

놀(Knol) 282

님탠, 낸시(Nancy Neamtan) 259, 291

단결력(associational power) 463~473, 475~482, 484~485, 487, 489

단절적 변혁(ruptural transformation) 40, 160, 419, 425~429, 486, 494, 502

대의민주주의(representative democracy) 218~221, 229, 237~238, 242, 266~267, 341, 391,

428, 437, 491
대중매체(mass media) 112
동태적 궤도(dynamic trajectory) 63~65, 161, 416
뒤르켐, 에밀(Emile Durkheim) 128
등가교환(Equal Exchange) 201, 375, 445

ㄹ

라이트, 에릭 올린(Erik Olin Wright) 507
러시아혁명(Russian Revolution) 5
로머, 존(John Roemer) 21, 216, 345, 353
로저스, 조엘(Joel Rogers) 21, 254, 461
리눅스(Linux) 108
리얼 유토피아 프로젝트(Real Utopia Project) 8, 13, 21, 104, 300

ㅁ

마르크스, 카를(Karl Marx) 85
마이드너, 루돌프(Rudolf Meidner) 200, 322
멸종위기종(endangerd species) 260, 263~264
몬드라곤(Mondragón) 31, 33, 336~345
무작위 민주주의(randomocracy) 250
무정부주의(anarchism) 184, 210, 233, 274, 328, 420~421, 445~447, 449~451, 454, 456, 459, 481
무조건적 기초소득(unconditional basic income) 33~35, 56, 205, 303~304, 308~309, 499, 505
민주주의(democracy) 10, 13, 18, 21, 23, 31, 51~53, 74, 77, 90, 131~133, 135, 159, 175, 179, 182, 207~208, 212, 218, 221, 229~230, 237~241, 248~250, 252~255, 265~267, 271, 346, 350~351, 363, 367~368, 373, 391~392, 420, 426, 437~438, 483, 491, 493~494, 496, 498, 500, 502, 504
민주주의 카드(democracy card) 238~242

ㅂ

바람직함(desirability) 54, 304
배제적 결사체(exclusionary association) 211, 298, 499
베버, 막스(Max Weber) 85, 176, 180
변혁(transformation) 9, 18, 21, 22, 33~34, 36~37, 39~40, 42, 54, 59~64, 69, 74, 130, 140,

147~148, 156, 159~161, 166, 194, 208, 214, 221, 264, 268, 271, 345~346, 368, 376, 381, 386~387, 389, 399, 400, 402~403, 406~407, 411~415, 417, 418~421, 423~427, 429, 431~432, 440~444, 448~450, 452~457, 459, 461, 484, 486, 489~490, 493~494, 496~498, 502

변형(metamorphosis) 419, 421, 441~442, 452, 489

보울스, 사무엘(Samuel Bowles) 21, 300~301

복잡성(complexity) 33, 56, 157~159, 171, 217, 221, 335, 353, 364, 369, 403, 417, 486, 491~492, 503~504

부르디외, 피에르(Pierre Bourdieu) 63, 383, 394

부정적 선택(negative selection) 392~393

부정적 외부효과(negative externalities) 94~95, 97, 101~102, 109, 115, 367~368, 404

분석적 마르크스주의 그룹(Analytical Marxist Group) 15, 21

뷰러워이, 마이클(Michael Burawoy) 14, 20, 348

블랙번, 로빈(Robin Blackburn) 200, 325~326

사이드먼, 게이(Gay Seidman) 372

사회권력(social power)

사회권력 강화(social empowerment) 40, 167, 181~182, 189~190, 194~195, 197~198, 203~204, 206, 208, 210, 212~213, 215~216, 217~218, 222, 225, 241, 265, 267, 269, 271~272, 292~293, 296~299, 307, 312, 315, 321, 337, 339, 344, 362~364, 368, 370, 372, 376, 380, 413, 418~420, 426~428, 431, 437, 440~442, 449, 455, 457~459, 461, 489, 494, 498, 502, 503, 505~506

사회권력 강화 경로(pathways to social empowerment) 203, 321, 339, 362, 364, 376, 506

사회적 경제(social economy) 190, 203~206, 255, 259~260, 272~273, 282, 285, 287~303, 308, 339, 363, 377, 445, 449, 454, 457, 499, 505

사회적 경제 태스크포스(Chantier de l'économie sociale) 259, 288, 290, 292

사회적 자본주의(social capitalism) 190, 198,~201, 204, 311~312, 321, 327, 339, 344, 375~377, 499

사회적 재생산(social reproduction) 62~65, 72, 152, 188, 210, 381~385, 387, 389~391, 393~407, 409, 411~413, 416~418, 460

사회정의(social justice) 5, 6, 18, 20, 43~44, 48~50, 53, 56, 73, 92, 116, 208, 346, 363, 496~497, 499, 500~501

사회주의(socialism) 9, 12, 15, 18, 20, 23, 29, 39, 40, 55, 73, 75~76, 84, 129, 139, 147, 150~151, 153, 160, 162, 164~167, 169, 173, 178~181, 183~184, 186~190, 192~195, 206~207, 209~214, 217, 265, 267, 269~271, 310, 328, 330, 345~346, 348, 352, 363, 367, 377, 392, 419~420, 427~429, 431~434, 436~437, 440, 447, 451, 453, 455, 497~501, 503~504

산림보존(forestry conservation) 373

상부구조(superstructure) 146~148, 408

상품화(commodification) 73, 116~118, 120, 122~124, 141, 182~183, 416~417, 458

생산물 안전(product safety) 195

생어, 래리(Larry Sanger) 274, 282~283

서식지 보존(habitat conservation) 260, 264

선거운동 자금(campaign finance) 219, 237, 241

성취 가능성(achievability) 39, 54, 60~61, 213, 215

세계사회포럼(World Social Forum) 447

세이블, 찰스(Charles Sabel) 230, 235, 491

소련(Soviet Union) 8, 13, 38~39, 57, 75, 77, 194

소비자주의(consumerism) 11, 57, 73, 110~116

소외(alienation) 84, 91

소유권(ownership) 91, 150, 157~158, 166~167, 169~175, 178, 180~181, 189~200, 292, 324~325, 332, 334, 338, 346~347, 350~354, 363, 371, 498

쉐보르스키, 아담(Adam Przeworski) 131, 391, 428

스웨덴(Sweden) 16, 127, 200, 311, 313, 322~323, 325~326, 328, 477~478, 480, 482~483, 486~489

시민발의재심(Citizens Initiative Review) 252

시민사회(civil society) 18, 167, 175, 177~179, 181~184, 188~202, 205~212, 224, 226, 242, 265~267, 273, 287~289, 293, 296~299, 301, 311~312, 316, 322, 326, 374, 427, 429, 490, 498~499, 501

시민의회(citizen assembly) 238, 242~244, 246~247, 249~250

시장사회주의(market socialism) 181, 216, 270, 345, 348~353, 365~366, 499

시티즌디움(Citizendium) 282~285

실행 가능성(viability) 19, 35, 39, 54~57, 60, 152, 304, 308, 349, 362

ㅇ

아리즈멘디아리에타, 호세 마리아(Jose Maria Arizmendiarrieta) 337

애커먼, 브루스(Bruce Ackerman) 238

앨버트, 마이클(Michael Albert) 270, 353, 362, 365

엘스터, 욘(Jon Elster) 396

역사적 유물론(historical materialism) 64, 153, 385, 416~417

연대 기금(solidarity fund) 315, 317, 322, 327, 499, 505

오페, 클라우스(Claus Offe) 392, 404, 405

운송(tranportation) 98, 120, 409~410

육아(childcare) 75, 118~120, 133, 176, 205, 273, 288~295, 302, 308, 499

웨일스, 지미(Jimmy Wales) 274~275, 280, 283, 294

위스콘신지역훈련조합(Wisconsin Regional Training Partnership) 261

위키피디아(Wikipedia) 31~32, 204, 274~283, 285~286, 489, 499

이데올로기(ideology) 125, 146, 169, 177, 187, 194~195, 240, 328, 383, 393~402, 407, 411, 429, 455, 459, 491

이윤율의 경향적 저하(the falling tendency of the rate of profit) 142, 147, 154

인간의 번영(human flourishing) 45, 47, 50, 53, 69, 88~89, 114, 385, 425

ㅈ

자본주의(capitalism) 7, 9, 8, 11, 13, 18, 21, 23, 29, 32~34, 39~40, 44, 57, 64, 68~84, 87, 89~91, 93~99, 101~105, 109~111,113~122, 124~127, 129~132, 134~135, 138~143, 146~149, 151~160, 162~163, 165~167, 175, 177~178, 180, 183~190, 195~197, 200~204, 208~214, 217, 241, 260, 265~275, 286, 288~290, 294~296, 298, 301~303, 306, 310~312, 315, 321, 325~329, 331, 333~336, 338, 341~347, 349~353, 356, 362, 364~368, 371, 375~376, 382, 385, 387~388, 391~395, 397~399, 403~406, 409~411, 415~417, 419~423, 425~427, 429~434, 437~440, 443~445, 447~462, 469, 475~476, 479~480, 482, 484, 486, 488, 492~498, 502, 504

자유(freedom) 38, 44, 51~52, 55, 68, 70, 73, 77, 90~91, 95, 110~112, 131, 150, 238, 241, 306~307, 399, 483

자율성(autonomy) 122, 145, 187, 294, 303, 339, 341, 404~405, 486

전제(despotism) 128, 208, 217, 388, 399~402

전체주의(totalitarianism) 182, 443

제국주의(imperialism) 5, 73, 124~127

제너럴 모터스(General Motors) 398

정의로운 커피(Just Coffee) 376

정치정의(political justice) 44, 51~52, 208, 241, 363, 496~497, 499~501

제도적 경직성(institutional rigidity) 408~411

주식과세 임금소득자 기금(share-levy wage-earner fund) 322, 480, 499, 505

중앙계획(central planning) 55~56, 75, 194~195, 269, 345

지구온난화(global warming) 196, 410

지적재산권(intellectual property) 97, 103, 105~108, 450

직접민주주의(direct democracy) 218, 220~222, 225, 228, 237, 251, 266~267, 334, 339, 341

직무 조합(job complex) 356, 363, 365

ㅊ

착취(exploitation) 7, 21, 76, 78, 80, 83~84, 109, 125, 130, 145, 154, 201, 270, 346, 384, 387, 397, 403, 416, 441, 464

착취공장(sweatshop) 109, 201

참여민주주의(participatory democracy) 31, 221, 225, 230, 297, 363

참여형 도시예산 입안(participatory city budgeting) 222

ㅋ

케인즈, 존 메이나드(John Maynard Keynes) 465, 471~472

코헨, 제럴드(Gerald Cohen) 21

코헨, 조슈아(Joshua Cohen) 134, 254

퀘벡노동연합(Quebec Federation of Labor) 315, 320~322

ㅌ

테르본, 괴란(Göran Therborn) 134, 396

토지신탁(land trust) 371

틈새적 변혁(interstitial transformation) 40, 419, 441~442, 445~446, 448, 452~459, 494, 502

ㅍ

파레콘(parecon) 353~354, 358, 361~370, 499

파리이스, 필리페 반(Philippe Van Parijs) 52, 92

펑, 아천(Archon Fung) 218, 222, 229
평등한 접근권(equal access) 44~45, 47~50, 51, 357, 363, 499
포르토 알레그레(Porto Alegre) 31, 206, 222, 226~229, 365
폴라니, 카를(Karl Polanyi) 129, 183
푸코, 미셸(Michel Foucault) 63, 402
프랑켄슈타인 문제(Frankenstein problem) 403~404
프루동, 피에르 요셉(Pierre Joseph Proudhon) 328, 451
프리드먼, 밀턴(Milton Friedman) 90, 119, 131
프롤레타리아화(proletarianization) 144~145, 153, 156~157, 305, 310
피고용자 주식 소유권 플랜(employee stock ownership plan) 332

ㅎ

하버마스, 위르겐(Jürgen Habermas) 231
하이브리드(hybrid) 182, 184~188, 208, 211, 267~268, 271, 273, 291, 321, 325, 327, 342, 344, 367~368, 370, 376, 457
학교 바우처(school voucher) 293, 299~300
합리적 무지(rational ignorance) 252
해방적 사회과학(emancipatory social science) 40~42, 54, 59, 61, 63~64, 385~387, 403
헤게모니(hegemony) 388~390, 399~402, 410, 422, 426, 448, 494
협동조합(cooperative) 32~33, 104, 174, 190, 201~203, 205, 259, 261, 272, 287, 289, 291~293, 295~297, 308, 321~322, 328~344, 375~376, 445, 447~450, 454, 457, 497, 499, 505
환경기준(environmental standard) 314, 373
환경보호(environmental protection) 264, 272, 351